国家社科基金
GUOJIA SHEKE JIJIN HOUQI ZIZHU XIANGMU
后期资助项目

国际社科基金后期资助项目(18FZS015)研究成果

观念·知识·群体：
19世纪中叶中日近代世界认识比较研究

李存朴　著

山东大学出版社
SHANDONG UNIVERSITY PRESS
·济南·

图书在版编目(CIP)数据

观念·知识·群体：19世纪中叶中日近代世界认识比较研究／李存朴著．—济南：山东大学出版社，2023.11

ISBN 978-7-5607-7773-3

Ⅰ．①观…　Ⅱ．①李…　Ⅲ．①思想史－对比研究－中国、日本－近代　Ⅳ．①B250.5　②B313.4

中国国家版本馆CIP数据核字(2023)第017159号

责任编辑　滕正辉
封面设计　王秋忆

观念·知识·群体：
19世纪中叶中日近代世界认识比较研究

GUANNIAN·ZHISHI·QUNTI：19 SHIJI ZHONGYE
ZHONG-RI JINDAI SHIJIE RENSHI BIJIAO YANJIU

出版发行　山东大学出版社
社　　址　山东省济南市山大南路20号
邮政编码　250100
发行热线　(0531)88363008
经　　销　新华书店
印　　刷　济南乾丰云印刷科技有限公司
规　　格　720毫米×1000毫米　1/16
　　　　　31印张　554千字
版　　次　2023年11月第1版
印　　次　2023年11月第1次印刷
定　　价　128.00元

国家社科基金后期资助项目
出版说明

后期资助项目是国家社科基金设立的一类重要项目，旨在鼓励广大社科研究者潜心治学，支持基础研究多出优秀成果。它是经过严格评审，从接近完成的科研成果中遴选立项的。为扩大后期资助项目的影响，更好地推动学术发展，促进成果转化，全国哲学社会科学工作办公室按照“统一设计，统一标识、统一版式、形成系列”的总体要求，组织出版国家社科基金后期资助项目成果。

全国哲学社会科学工作办公室

目 录

导　论

一、研究主题释解

首先，需要界定本书的研究内容。世界认识是一个宏观性概念，主要是指对世界格局的认识。本书是从历史角度探讨这一问题，因而以中日传统世界认识主要是中国传统世界认识为切入点，分析“天下观”“华夷观”及其闭关锁国体制在近代的演变和转型。换言之，就是世界是怎样的，如何处理本国与世界的关系。

“世界格局，是指国际关系体系中在一定时期内形成的相对稳定的力量对比结构。”[①]从人类历史的发展进程看，中世纪以前包括中世纪基本上是地域性格局，中世纪以后才形成真正意义上的世界格局。在中世纪以前的地域性格局中，以中国为中心的地域性秩序是有重要影响的代表性世界秩序之一，形成了以天下观、华夷观及其朝贡体制为特征的地域性秩序，为本地区的稳定和发展做出了贡献。中世纪以后总体上可以被称为“近代世界格局”，它是以工业化的西方国家为支配力量的世界。近代世界格局是在文艺复兴、新航路开辟等一系列重大历史事件后的数百年间形成的，是人类社会和世界发展的重大转型，它使人类社会从农业文明进入工业文明，使世界从相对孤立的地区性发展模式转变为不断接近全球性的一体化发展模式。在这一重大的转型过程中，尚处于前工业化阶段的国家在各个方面都承受着空前的冲击，中日两国也是如此。面对西方的冲击，中日能否及时做出反应，正确认识世界形势的变化对本国带来的影响。特别是18世纪末以后，西方的冲击日益加强，中日已经面临着不断增长的现实危机，两国对此需要做出正确的抉择。所以，中

---

① 卫林:《当代国际体系特征与90年代世界格局》,《世界经济与政治》1990年第8期。

日近代世界认识问题是随着16世纪新航路开辟后“世界”范围的扩大而引发的，其实质是如何在新的世界格局中重新确定本国的地位，或者说，这是中日如何理解近代世界，如何应对近代世界，如何从传统世界认识过渡到近代世界认识，使传统的天下观、华夷观及其相关体制适应近代世界格局的问题。

本书意在探讨在西方影响下中日传统世界认识的变化和近代世界认识的形成。因此，在研究对象的选择上着重分析与近代世界认识的发展有直接关系、代表两国近代世界认识发展方向的主要事件和主流人物及其著作，特别是其中的世界史地著作和游历、考察世界的著作；在时间跨度上，大致可以上溯到16世纪西方国家沿新航路到达中日两国的时期，而重点则是探讨19世纪中叶西方冲击加大与中日近代世界认识形成的时期；在内容方面，主要侧重分析传统世界观念、近代世界知识及其知识群体的影响下形成的近代世界认识。因为中日近代世界认识的发展虽受多种因素的制约，但从比较的角度看，中日传统世界观念、近代世界知识及其知识群体同近代世界认识的发展具有最直接的密切关系。传统世界观既是中日近代世界认识形成的基础，又是中日近代世界认识发展的障碍。要消除这一障碍，关键是看中日近代世界知识的累积和普及程度，如果近代世界知识能不断发展，并且拥有相当的近代世界知识群体的支撑，传统世界观念就会逐渐受到压制，近代世界认识就能借助适当的时机成为社会的主流意识。哈耶克在《自由宪章》中指出：“长远而言，是观念，因而也是传播新观念的人，主宰着历史发展的进程……透过历史学家和舆论人物、教育家与作家及各式知识分子的努力而成为人们的共识之时，他们实际上就指引着历史的发展。”[①]我们不能完全认同哈耶克的这一论断，但就新航路开辟后，特别是19世纪中叶中日两国的历史而言，哈耶克的认识无疑具有重要的参考价值，因为中日作为后发外生型近代化国家，是在西方的冲击下卷入更广阔的世界，西方国家是中日现成的学习、借鉴对象，有关西方的知识、观念等思想因素是中日近代化过程中的首要推力。“毫无疑问，现代化最为普遍认可的方面是知识的积累以及获得它的理性解释方法，这一内容处于现代化过程的核心位置，正像灵魂内在于人体那样。”[②]所以，观念、知识、群体可谓中日近代世

---

① 〔英〕阿兰·艾伯斯坦:《哈耶克传》,秋风译,北京,中国社会科学出版社,2003年,第242页。

② 〔美〕C.E.布莱克:《现代化的动力——一个比较史的研究》,景跃进、张静译,杭州,浙江人民出版社,1989年,第10页。

界认识形成的核心要素，它们交织在一起，成为中日世界认识从传统向近代转变的主要力量或障碍，因而也是本书重点强调和论述的中心内容。

对中日两国来说，世界认识的重要性是毋庸置疑的。中日作为后发外生型近代化国家，可谓“既幸运又不幸”，幸运的是已经有近代化模式可资借鉴，因而可以用更短的时间实现近代化的起步；不幸的是对外部条件的依赖性很强，尤其是在近代化的起步阶段，因而必须对世界有正确的认识和判断，才能为发展提供一条正确的道路和一个良好的外部环境。世界文化虽然是丰富多彩的，我们也赞同多元性的世界文化，但多元共生的前提是各方之间尤其是主要文化体之间的基本价值观没有明显冲突，特别是不能存在尖锐矛盾。因此，中日近代世界认识发展的趋向必然是在很大程度上认同近代西方文化和近代西方世界观念，这是中日在世界一体化过程中发展自身的基本前提，由此才能进一步以自身的实力和文化影响世界一体化进程。

同时，中日近代化比较研究是学术界关注的核心课题之一，人们一直在追问：为什么19世纪中日两国的近代化是如此截然不同的命运——一个是庞大帝国，却在近代化的道路上步履蹒跚，成为任人宰割的对象；一个是蕞尔岛国，却在近代化的过程中毅然崛起，成为令人恐惧的列强。对这类复杂问题的解释必然是多种多样的，从世界认识的角度寻求历史的可能答案，可以丰富相关的研究，在比较中进一步深入认识这一时期中日世界认识的转变情况，为中日近代化研究提供参考。

中日近代世界认识的发展也有相当程度的可比性。首先，中日同处于东亚地区，以儒家文化为核心或深受儒家文化的影响，而两国的传统世界认识也基本是以儒家文化为标准构建的，具有一定程度的相近性。其次，中日近代世界认识的萌芽和形成的过程比较相近，主要都是受西方影响的结果。西方国家及其传教士大约在同一时期到达中日两国，18世纪末以后又在同一时间要求中日开国，所以中日两国无论是16世纪以后近代世界认识的萌芽，还是19世纪中叶近代世界认识的基本形成，都经历了相近的过程。最后，日本近代世界认识的形成与中国有直接的关联，由中国流入日本的汉文著作和鸦片战争后中国的局势都对日本世界认识的发展产生了重要影响。

那么，在这些条件的作用下，中日近代世界认识是如何形成的，有哪些异同之处，原因是什么，它对两国的近代化过程和历史发展产生了何种影响等，这就是本书所要探讨的问题。

二、中日近代世界认识及其比较的相关研究

19世纪中叶特别是甲午战争之后，中日近代历史的发展已为不同群体的人们密切关注，并被进行了多种比较。下面就其中与本书相关的主要论著和观点做一综合分析。

(一) 中日传统世界认识的研究

中日的传统世界认识与近代世界认识是在不同的时空环境中形成的，因而既有本质差别，又有割不断的联系，探讨中日近代世界认识首先就涉及两国的传统世界认识。

中国传统世界认识是学者研究较多的课题，包括其理论形态、表现形式、历史影响等都有系统论述。费正清与邓嗣禹的《论清代的朝贡制度》(《哈佛亚洲研究杂志》1941年第2期)是较早论述这一问题的文章，并初步提出了“朝贡体系”这一概念。其后，费正清在《中国沿海的贸易与外交》等著作中对朝贡制度进行了比较细致的研究论述，特别是其主编的《中国的世界秩序：中国传统的对外关系》围绕中国传统世界观念、朝贡制度、与周边国家关系以及对西方世界的最初态度等方面进行了深入探讨。费正清认为：“中国人与其周围地区，以及与一般‘非中国人’的关系，都带有中国中心主义和中国优越的色彩。中国人往往认为，外交关系就是将中国国内体现于政治秩序和社会秩序的同一原则向外示范。因此，中国的外交关系也像中国社会一样，是等级制的和不平等的。久而久之，便在东亚形成一个大致相当于欧洲国际秩序的中外关系网。不过我们可以看到，‘国际’甚或‘邦际’这些名词对于这种关系似乎都不恰当。我们宁可称它为中国的世界秩序。”[①]费正清的着眼点是解释近代中西冲突的原因，所以他认为朝贡体制建立的结果是“一个‘中国中心的和闭关自守的’中国发展了一套壁垒森严的文化主义，对抗着更为现代的民族主义，而且在对付十九世纪打到中国大门前面的西方列强时，仓促上阵，准备不足”[②]。何伟亚指出：“费正清的朝贡体系就展示了功能派人类学、韦伯—帕森斯社会学、英国帝国主义式史学研究的碎片和

① 〔美〕费正清:《中国的世界秩序:一种初步的构想》,陶文钊编选:《费正清集》,林海等译,天津,天津人民出版社,1992年,第4～5页。

② 〔美〕何伟亚:《从朝贡体制到殖民研究》,《读书》1998年第8期。

中国知识分子想把中国置于全球文明史之中的努力。”①

西嶋定生的“册封体制”论是另一个有影响的传统中国对外关系的解释框架。在1962年岩波讲座《日本历史》第2卷中，西岛以《东亚世界和册封体制——4～8世纪的东亚》为题，展开了对东亚世界秩序的论述，提出“册封体制”。他从汉字、儒教、律令制和佛教等四个方面对东亚世界进行论证，认为“在古代，东亚是一个以中国为中心，内在联系紧密的自律完结的世界，它通过中国对周边国家的册封而构成一个有序的整体。因此，册封不仅是东亚世界外在的表现形式，而且也是其内在联系的强有力纽带”。不过，“西岛理论的结构分析方法过于强调外在形式(如册封等)和国家间的政治从属关系，缺乏从周边国家的立场进行的研究侧面，在比较中外文化时着重于求同的一面，在运用于具体历史的研究上显得僵硬，甚至有些削足适履。”②堀敏一认为：“中国同东亚各国之间的关系不仅仅局限于册封，还包含从羁縻州到单纯的朝贡等多种形式，它们随着中国与各民族之间的实力关系而呈现多种形态，并因此而缔结比较宽松的关系……宽松的关系是东亚世界的特征。”③

黄枝连的《天朝礼治体系研究》是近年来对传统中国对外关系进行宏观建构的系统论著。“1900年以前，中国封建王朝（天朝）与周边的国家和地区（藩邦），以礼义、礼仪、礼治为内容，形成了我所谓的‘天朝礼治体系’(Pax Sinica)，以之来维持相互之间的和平与平衡。”④“‘天朝礼治体系’作为一种国际关系的形态，可以理解为一个社会巨系统，或者说，一种文明体系”，是“内部实行礼治体系的小农国家在外事活动上的一种宏观取向”。⑤何伟亚的《怀柔远人：马嘎尔尼使华的中英礼仪冲突》也聚焦于礼仪问题，“清廷最关心的，是在一个多主制、多权力中心的世界上，如何以适当方式建构最高权力。清廷运用礼仪技巧，建立宇宙—道德优势，并在时间和空间上拓展其帝国权力”，清帝国也“怀有

① 〔美〕何伟亚：《怀柔远人：马嘎尔尼使华的中英礼仪冲突》，邓常春译，刘明校，北京，社会科学文献出版社，2002年，第251～252页。

② 韩昇：《译者的话》，〔日〕堀敏一：《隋唐帝国与东亚》，韩昇、刘建英译，昆明，云南人民出版社，2002年，第9、10页。

③ 〔日〕堀敏一：《隋唐帝国与东亚》，韩昇、刘建英译，昆明，云南人民出版社，2002年，第2页。

④ 陈奉林：《历史学者的探索与奉献》，《历史教学》(高校版)2007年第5期。

⑤ 黄枝连：《天朝礼治体系研究》(下)，北京，中国人民大学出版社，1995年，“序”，第1页。

包举宇内的雄心和支撑这一雄心的复杂的玄奥的体系”。[①]

礼仪问题研究主要涉及朝贡体系的运作和性质，它代表了学术界的一种倾向性观点，而日本学者滨下武志则强调朝贡体制的经济内容，这是学术界的另一种倾向性观点。“朝贡的根本特征，在于它是以商业贸易行为进行的活动，也就是说，因朝贡关系而使得以朝贡贸易关系为基础的贸易网络得以形成。”[②]不过，该论著的研究对象是19世纪中期亚洲近代史，只是针对费正清的“冲击—反应”模式而提出的论题。

因此，传统中国的对外关系无论是作为当时现实的制度和观念还是作为后人研究的对象，都生成一些不同的概念。这些从不同侧面对中国传统世界秩序和观念的描述，说明其具有比较丰富的内容，也是一种比较成熟的世界体系。正如杨联陞指出：“对整个中国历史加以观察，即可发现这个多面的中国中心之世界秩序，是在不同的时间，从许多程度不一，甚至有时几近于零的事实上，建立起来的一个神话。”“讨论中国的世界秩序，尽可能分清神话与事实，当属重要，两者都可彼此影响。一个人可以说神话是一个文化的或心理的事实，但是无论如何要和政治事实分别清楚。”[③]本书选择“中国中心观”来表述中国传统世界观念及其秩序，中国中心观虽主要侧重于思想观念，但思想观念是中国传统世界秩序的核心内涵和本质内容，这一概念也是利玛窦以后的近代西方文献描述中国传统世界秩序的常用名词之一。“西方人自开始与东方接触以来，一直强调自负和傲慢是中国人的民族特征。由于同世界其他部分分离，他们藐视世界上的其他国家。中国人一直把自己的国家称之为‘天朝上国’，还称其为‘中央王国’（中国）。其他民族都是蛮夷之邦，注定是生活在‘四方大地’的某个角落上，或者生活在环绕‘中央王国’四周大海的某个小岛上。”[④]

与中国相比，日本传统世界认识的范围要狭小得多，其影响更是基本限于本国，有时亦延及朝鲜半岛、琉球等，日本学者等对此进行了多

① 〔美〕何伟亚：《怀柔远人：马嘎尔尼使华的中英礼仪冲突》，邓常春译，刘明校，北京，社会科学文献出版社，2002年，第57、27页。

② 〔日〕滨下武志：《近代中国的国际契机：朝贡贸易体系与近代亚洲经济圈》，朱荫贵、欧阳菲译，虞和平校审，北京，中国社会科学出版社，1999年，第36页。

③ 杨联陞：《从历史看中国的世界秩序》，《国史探微》，北京，新星出版社，2005年，第1、3页。

④ 〔美〕M.G.马森：《西方的中国及中国人观念（1840—1876）》，杨德山译，北京，中华书局，2006年，第84页。

方位研究。[1]应地利明的《绘地图的世界像》是其中的代表作，该书以日本古代地图为线索，分析了前近代日本人的"国土—域外"观，认为古代日本既以"净"与"秽"区别国土与域外，又在三国世界观中自居为"粟散边土"，是一种相互矛盾的世界观，并最终以神国观的形式消解了矛盾。该书在日本学者众多研究成果的基础上重点分析了古代日本世界认识的空间观及特点。[2]

（二）西学东渐与19世纪中叶以前中日世界认识的研究

新航路的开辟，使人们走进了近代世界，人类社会以不可逆转的趋势走向一体化，东西方文化交流也发生了质的转变。在19世纪中叶以前，尽管中日两国仍实行"闭关锁国"政策，但西方文化已通过多种方式传入两国，成为影响两国社会发展的重要因素。同时，这一时期的文化交流也是影响19世纪中叶中日开国之后发展道路的重要因素。因此，学术界一直孜孜以求地探索，成果丰硕。

这一时期的中西文化交流主要集中于明末清初时期，学术界的研究也以此为中心。20世纪20～30年代是我国交通史学科体系建立时期，"主要以《中西交通史》(向达，1930)和《中西交通史料汇编》(张星烺，1930)两部著作的问世为标志"[3]。而50年代出版的方豪的《中西交通史》则是这一研究的继续和深入，是中西交通史研究的代表作。方豪认为，传教士自觉地充当了中西文化交流的使者，并全面系统地论析了利玛窦世界地图的影响与贡献，传教士参与绘制的《皇舆全览图》也使当时中国的地图绘制技术走在世界前列。另外，著者还分析了明清士人对西学的反应，包括西学传播的途径、地域、阶段性特点等。[4]洪业的《考利玛窦的世界地图》系统地考证了利氏世界地图在中国的流传情况，但同时亦指出："利氏地图虽继续印刷至明以后；虽继利氏而编译世界地图者，尚有庞迪我、艾儒略、汤若望、南怀仁、蒋友仁等，然中国士大夫尚有不甚了了于世界地理之基本知识者。"[5]

---

① 田中健夫:『前近代の国際交流と外交文書』,吉川弘文館,1996年;田中健夫:『前近代の日本と東アジア』,吉川弘文館,1995年;石母田正『中世的世界の形成』,岩波書店1985年;中田易植[ほか]『近世対外関係史論』,有信堂,1979年;森公章『古代日本の対外認識と通交』,吉川弘文館,1998年;井上秀雄『古代日本人の外国觀』,学生社,1991年。

② 応地利明:『絵地図の世界像』,岩波書店,1996年。

③ 张维华、于化民:《略论中西交通史的研究》,《文史哲》1983年第1期。

④ 参见方豪:《中西交通史》,长沙,岳麓书社,1987年。

⑤ 洪业:《考利玛窦的世界地图》,《洪业论学集》,北京,中华书局,1981年,第191页。

明末清初中西文化交流研究被推向高潮是在20世纪90年代以后[①]，代表性论著有安田朴、谢和耐等《明清间入华耶稣会士和中西文化交流》，林仁川、徐晓望《明末清初中西文化冲突》，孙尚扬、钟鸣旦《一八四〇年前的中国基督教》，黄一农《两头蛇：明末清初的第一代天主教徒》，沈定平《明清之际中西文化交流史——明代：调适与会通》和《明清之际中西文化交流史——明季：趋同与辨异》，徐海松《清初士人与西学》等，学者们围绕文化交流双方深入探讨了明末清初西学的性质、内容、意义等。

首先是对明末清初耶稣会士输华西学的性质和明末清初西学的意义之辨析。如何兆武坚持认为："无论耶稣会会士可能夹带进来什么科学的断片，但是若脱离了根本性的科学体系，脱离了根本性的世界观和思想方法，而单纯地看取某一点科学的断片，就不可能有近代科学在中国的发生与发展。"[②]不过，多数学者则对此行为给予了较高评价："一般常识所认为的科学与宗教的对立是近代以后的观点，在欧洲从中世纪后期开始直到文艺复兴时期为止，自然科学的发展毋宁说是与神学的发展并驾齐驱的。"[③]孙尚扬、钟鸣旦对此进行了系统分析，认为"利玛窦等人输入中国并产生较大影响的主要还是希腊科学，可以说与近代科学理论和方法差距甚远，但对于缺乏公理化、系统化、符号化的科学体系的中国士大夫来说，它确实具有解放的意义，因而颇具吸引力。因此，我们应将耶稣会士在主观上的意图（传教）和做法（对近代科学传播不甚充分、全面），与其客观影响或对中国文化的意义区别开来"[④]。

关于中国士大夫如何接纳西学及其接纳西学的原因，孙尚扬等认为，明末天主教之"'教中三大柱石'在接受'天学'时，最初无一不以一种拟同的态度将'天学'纳入他们自己原有的认知结构之内，然后各自赋予'天学'以自己的理解，或阐发对天主教的信仰对他们各自的意

① 在中国大陆学术研究中断期间，港台及海外的研究尚在继续。如方豪《中国天主教史人物传》(台中光启出版社，1967～1973年)对明末清初天主教在中国盛行的原因做了重点剖析，提出了"适应"说。法国汉学家谢和耐于1982年出版了《中国与基督教》，比较了基督教文明与中国文明，指出二者在"所有方面都相差悬殊"，参见〔法〕谢和耐:《中国与基督教》，耿昇译，上海，上海古籍出版社，1991年。

② 何兆武:《中西文化交流史论》，北京，中国青年出版社，2001年，第70页。

③ 〔日〕平川祐弘:《利玛窦传》，刘岸伟、徐一平译，北京，光明日报出版社，1999年，第187页。

④ 孙尚扬、〔比〕钟鸣旦:《一八四〇年前的中国基督教》，北京，学苑出版社，2004年，第135页。

义”，即“拟同与接受：‘天学’的圣学化与实学化”[①]。王扬宗认为：“关于中学、西学的关系，明清之际起先流行的是所谓中西‘心同理同’论。然而，清康熙末年以后，此说（“西学中源”说——引者注）在学术界曾经广为流传，盛行一时，其根本原因就在于康熙帝的倡导。”[②]沈定平认为：“明末士大夫对西学感兴趣乃至形成热潮，主要是因为笃信西学与儒家学说深相契合，且可鼓吹、羽翼甚至隆懿儒学，同时亦推崇传教士良好的道德修养及其科学技能，欣赏西学在拓展人们视野，加强对世界了解以及开启心智的作用。”“这些倾心西学的士大夫代表了明末西学热潮中那种寻求一个新的学术基础，藉以强化已经腐败的传统价值的趋向，并且将这种趋向直接跟他们所向往和追求的西学联系起来，希望能从中找到一条摆脱社会危机的出路。”[③]黄一农指出：“大航海时代开启了近代中、欧文明第一次较大规模的接触，而在两文化生态体系的交会带上，即出现第一代奉天主教的‘两头蛇族’。这些士大夫或皇亲贵族，大多是受到耶稣会‘文化调适’和‘知识传教’策略的吸引，而在当时社会动荡、价值混乱的大环境下，选择了天主教作为精神寄托。”[④]

美国学者罗兹曼等人分析了明末清初西学中断的原因及其与现代化的关系：“尽管对欧洲科学的兴趣在京城和朝廷里持续了一段时间，但这种对西学的好奇心，如同以前的佛学传播那样，是在政治、社会处于混乱和衰败状态的时期里出现的。”“中国人对世界看法的所有这些因素——在文化上和规范上压倒欠发达邻国的那种优越感，故意不欣赏或不追求外来思想及物产的那种政策，以及针对内陆而非沿海边陲的那种重农的官僚体制——限制了中国以日本政府1868年所宣布的‘广求世知’作为治世之道的可能性。”“清廷由于对其夷族出身存有戒心，因而，对其法定地位，关切至深。这就造成了更严厉和更顽固的势态。”[⑤]

与明末清初中西文化交流研究相比，学术界也十分关注马戛尔尼使团这一影响中西关系的重大事件，其中何伟亚的研究代表了学术界的新

---

① 孙尚扬、〔比〕钟鸣旦：《一八四〇年前的中国基督教》，北京，学苑出版社，2004年，第204～205页。

② 王扬宗：《“西学中源”说和“中体西用”论在晚清的盛衰》，《故宫博物院院刊》2001年第5期。

③ 沈定平：《明清之际中西文化交流史——明代：调适与会通》，北京，商务印书馆，2007年，第507、508页。

④ 黄一农：《两头蛇：明末清初的第一代天主教徒》，上海，上海古籍出版社，2006年，第462页。

⑤ 〔美〕吉尔伯特·罗兹曼主编：《中国的现代化》，陶骅等译，上海，上海人民出版社，1989年，第30、33、38页。

趋向:“方法之一就是改变对马嘎尔尼使团的解释,它不是文明或文化冲突,而是两大帝国构建之间的冲突。……我的观点是‘这是两个扩张性殖民帝国的接触,它们中每一个的组织原则都与另一个的不相兼容。我并不强调文化冲突’。”①

日本成功地适应了西方的挑战,因而有关日本对西方的态度受到学者的普遍重视。首先是对兰学(洋学)的研究,如佐藤昌介的《洋学史研究序说》②、沼田次郎的《洋学传来的历史》③等均从不同角度评价了洋学的内容、发展特点、性质等。欧美学者亦有专门著作论述这一内容,其中较有影响的是唐纳德·基恩的《日本人的西洋发现——本多利明及其他发现家们》,概述了1720～1830年日本人对西方的认识。④中国学者的主要研究论著有王家骅的《幕末日本人西洋观的变迁》、郑彭年的《日本西方文化摄取史》、钱国红的《德川时代的知识人和世界》等。王文是国内学者较早发表的论述日本人西洋观的论文,概述了幕末洋学者、儒学者等对西方认识的变化。⑤郑著详细地叙述了日本吸收西方文化的过程。⑥钱文以丰富的资料分析了作为个体的兰学者对世界的了解和看法。⑦所以,关于洋学的研究著作是较多的,对洋学的评价也很高。江户时代是“日本历史上的文艺复兴时代”⑧,“一般认为日本是在明治维新后,始通过明六社之同人接受西欧启蒙思想而形成上述之开明思想,但我认为18世纪后半期已自发地形成了开明思想”⑨。“西洋同时代科学书流入的渠道,在18世纪60年代大致已经出现”,“至18世纪后半叶,日本列岛已不知不觉地、逐渐地进入了东西世界文化共时性的圈内,或者说被吸引进入了这个圈内”。⑩20世纪50年代由远山茂树等人认为:“‘享保

① 〔美〕何伟亚:《怀柔远人:马嘎尔尼使华的中英礼仪冲突》,邓常春译,刘明校,北京,社会科学文献出版社,2002年,第27页。

② 佐藤昌介:『洋学史研究序說』,岩波書店,1964年。

③ 沼田次郎:『洋学伝来の歴史』,至文堂,1960年。

④ ドナルド・キーン:『日本人の西洋発見』,芳賀徹訳,中央公論社,1968年。

⑤ 参见王家骅:《幕末日本人西洋观的变迁》,《历史研究》1980年第6期。

⑥ 参见郑彭年:《日本西方文化摄取史》,杭州,杭州大学出版社,1996年。

⑦ 錢国紅:「徳川時代の知識人と『世界』」,『日本研究』2000年第20集。

⑧ 〔日〕小原国芳:《日本教育史》,吴家镇等译,上海,商务印书馆,1935年,第123页。

⑨ 〔日〕源了圆:《从开明思想言实学》,葛荣晋主编:《中日实学史研究》,北京,中国社会科学出版社,1992年,第207页。

⑩ 江上波夫編:『民族の世界史2　日本民族と日本文化』,山川出版社,1989年,第454、456頁。

改革’是企图通过恢复自然经济来阻止商业资本的抬头，从而维持封建身份秩序的一次改革，而‘洋学’正是作为加强幕藩体制的这种改革的一环，在只限于技术科学的制约之下，由封建统治者输入和传播的。‘洋学’在传入日本初期所受到的这种社会的制约，以后仍为德川封建统治者所贯彻执行，大体上规定了幕藩体制下‘洋学’的性格。”“但是这种在欧洲已经否定了封建制而形成起来的学问的移植，即‘洋学’的研究，在德川幕府体制下也不能不产生日本近代思想的萌芽。”①1975年美国学者布莱克等编写的《日本和俄国的现代化》把整个现代化进程划分为三个阶段，认为“在最初的第一阶段，变化的基础在现代以前已经确立，现代化思想和机构开始向已有的现代以前的形式进行挑战”，“在日本和俄国，从十七世纪到十九世纪六十年代是开始进行现代化变革的时期。这个第一阶段与其说是静止不动的线或点，不如说是一个生气勃勃的延续期，在这个期间，对现代化运动有很大影响的一些趋势已经出现……是作为后来发生的变化的出发点的历史基础”。②对于兰学时代西方的影响，布认为：“同荷兰人的接触和交往的重要性，与其说在于它的内容和连续性，不如说在于它们造成的态度和觉醒。”③翟新认为，18世纪中叶至19世纪50年代初期，“科学移植研究的主体也渐由民间科学家取代前一阶段的荷兰人和日本译员集团。这个主体转移的结果，使整个科学移植活动有可能根植于专家的知识和学养的基础之上进行，而更为重要的是，这一时期在移植研究上起主导作用的民间知识分子已逐渐具备近代科学的思维特征，即出现了要求摆脱传统自然观的支配而追求知识、技术的纯化的合理意识和实证倾向，这一点对于后来学问界超越‘天人合一’的自然哲学的羁绊，建构‘天人分离’的新自然观，具有深远意义”④。正如大石慎三郎等指出：“江户时代现在正受到世界各国的非同寻常的注视，原因在于有这样一种观点：从江户时代中能够看到现代日

① 近代日本思想史研究会：《近代日本思想史》第1卷，马采译，北京，商务印书馆，1983年，第18、19页。

② 〔美〕西里尔·E.布莱克等：《日本和俄国的现代化》，周师铭等译，北京，商务印书馆，1984年，第22、26～27页。

③ 〔美〕西里尔·E.布莱克等：《日本和俄国的现代化》，周师铭等译，北京，商务印书馆，1984年，第60～59页。

④ 翟新：《近代以来日本民间涉外活动研究》，北京，中国社会科学出版社，2006年，第22～23页。

本的原型。我们的意图，就是从这个角度试图重新考察江户时代。”①他与中根千枝等人主编的《江户时代和近代化》一书于1986年出版后多次重印，在日本学术界和社会上产生了很大的影响。此书从经济、政治、思想、文化诸方面对江户时代做了综合分析和研究，认为从江户时代中后期开始日本社会就步入了近代化的进程，开始了新的历史时代。

（三）关于19世纪中叶中日近代世界认识的研究

对19世纪中叶中国的世界认识的研究基本有三种主流模式：一是西方中心论模式，它以费正清提出的“冲击—反应”模式为代表，与此相近的有“传统—现代”模式、帝国主义模式等；二是“中国中心论”模式，这主要是20世纪80年代以后美国学者柯文提出的研究模式；三是无特定研究模式。

就影响力而言，费正清无疑是最大的，他将朝贡体制作为中西冲突的背景进行考察，建立了“冲击—反应”模式，并把此模式作为其研究近代中国的基本框架。1954年，费正清、邓嗣禹合著《中国对西方的反应：1839～1923年文献纵览》，围绕“中国的学者—官员阶层，面对现代西方的侵略扩张，试图了解异己的文明，并且采取行动维护他们自己的文化以及他们的政治和社会制度”②进行了诠释。费正清主编的《剑桥中国晚清史》下卷第三章“中国人对西方关系看法的变化，1840～1895年”比较集中地论述了这一时期中国的世界认识问题，并将之归结于“民族意识的出现”，包括“中国中心主义的崩溃”“经济民族主义”“国家主权观念”等内容，重点分析中国如何抵制西方列强对中国权利的侵夺这一方面的认识。③与此相近的有“传统—现代”模式、帝国主义模式等，“这三种框架以不同的方式使我们对19、20世纪的中国产生了一种以西方为中心的曲解”④。所以，“不论是否意识到，迄今为止，亚洲的近代史都是作为近代西方列强对亚洲的冲击来进行说明的”⑤。

---

① 大石慎三郎、中根千枝:『江戸時代と近代化』,筑摩書房,1987年,第7頁。

② Ssu-yü Teng and John K. Fairbank, 1954: *China's Response to the West: A Documentary Survey*, 1839—1923, Cambridge: Harvard University Press.

③ 参见〔美〕费正清、刘广京编:《剑桥中国晚清史》,中国社会科学院历史研究所编译室译,北京,中国社会科学出版社,1985年。

④ 〔美〕柯文:《在中国发现历史——中国中心观在美国的兴起》,林同奇译,北京,中华书局,2002年,“序言”,第55页。

⑤ 〔日〕滨下武志:《近代中国的国际契机:朝贡贸易体系与近代亚洲经济圈》,朱荫贵、欧阳菲译,虞和平校审,北京,中国社会科学出版社,1999年,第1页。

与“西方中心论”相对的是“中国中心论”，这是20世纪70年代以后兴起的研究趋向，“离开外在的——往往‘是殖民地历史的’——看法，而转向更加内在的取向，其特点是力图对任何特定的非西方社会的历史，从自身的情况出发，通过自身的观点，加以认识，而不是把它看成西方历史之实际或理论上的延续”①。在这种研究趋向的影响下，“大分流”说等相继出现，东方与西方的发展及其关系呈现错综复杂的特点。如滨下武志指出，欧洲进入亚洲，不仅是欧洲对亚洲的冲击，而且也是欧洲面对来自亚洲的冲击，“西欧进入亚洲时首先要面对一个有着自身规律的、按照自身秩序运行的亚洲朝贡贸易体系”②。在此前提下，滨下将中国对西方的反应分为民间与知识阶层两方面，并且每一方面都按不同层次进行了分析。

任何模式都是思考、研究历史的一种取向，如柯文所言：“美国历史学家们越来越多地采纳以中国为中心的方法，这有可能堕落为一种新形式的地方主义，它过低估计了十九、二十世纪西方在中国的作用，而只不过是以前过高估计其作用的简单替代，并不会使我们对中国的历史真正了解多少。”③所以，柯文强调“我使用‘中国中心’一词时绝对无意用它来标志一种无视外界因素，把中国孤立于世界之外的探讨这段历史的取向……我是想用‘中国中心’一词来描绘一种研究中国近世史的取向，这种取向力图摆脱从外国输入的衡量历史重要性的准绳，并从这一角度来理解这段历史中发生的事变”，因为“尽管中国的情境日益受到西方影响，这个社会的内在历史自始至终依然是中国的”。④

除了上述两种研究模式之外，也有一些研究并无特定的模式，或者说没有上述两种模式的明显痕迹。如中国学者对这一时期本国的世界认识问题就从不同角度进行了探讨，包括陈胜粦的《鸦片战争前后中国人对美国的了解和介绍——兼论清代闭关政策的破产和开眼看世界思潮的

① 〔美〕柯文：《在中国发现历史——中国中心观在美国的兴起》，林同奇译，北京，中华书局，2002年，“序言”，第59页。

② 〔日〕滨下武志：《近代中国的国际契机：朝贡贸易体系与近代亚洲经济圈》，朱荫贵、欧阳菲译，虞和平校审，北京，中国社会科学出版社，1999年，“中文版前言”，第5页。

③ 孙尚扬、〔比〕钟鸣旦：《一八四〇年前的中国基督教》，北京，学苑出版社，2004年，第9页。

④ 〔美〕柯文：《在中国发现历史——中国中心观在美国的兴起》，林同奇译，北京，中华书局，2002年，第210～211页。

勃兴》[①]、钟叔河的《走向世界——近代中国知识分子考察西方的历史》[②]、郑学益的《走向世界的历史足迹——中国近代对外开放思想研究》[③]等论著。

与中国学者相比，日本学者受西方研究模式的影响更大，但由于受日本近代化成功的有力支撑，相关研究并没有引起过多的争议和反复。就19世纪中叶而言，与锁国时代兰学发展的研究相对应，开国之后日本考察西方的历程是认识日本对西方如何反应的另一重要内容。松泽弘阳的《近代日本的形成和西洋经验》是其中的代表作，该书分析了明治维新前日本人在西方的实地考察过程及其影响，其中特别强调了日本对西方自由、民主观念的认知过程。[④]岩仓使团更是学者关注的重点，积累了相当多的资料和论著。[⑤]概而言之，日本的形象基本是正面且接近西方的，如布莱克等人所言："日本和俄国的政府领导人通常是世袭的，这个事实也许使上层人士感到比较放心，使他们能比较灵活地去应付现代社会的挑战。鉴于商人和行政官员的这些条件作为迅速顺利地过渡到现代化社会的基础，比较封闭的阶级制度看来一般比开放的阶级制度要好。总之，在实行封闭的阶级制度和盛行新教徒伦理的环境中，会产生激进的今世苦行主义。"[⑥]

(四)中日近代世界认识的比较研究

中日比较研究中，赵德宇的《西学东渐与中日两国的对应——中日西学比较研究》和于桂芬的《西风东渐——中日摄取西方文化的比较研究》是国内学术界对西方文化在中日传播进行比较的代表性著作，前者主要是比较了19世纪中叶以前以西方科学为中心的西方文化在中日两国

---

① 参见陈胜粦:《鸦片战争前后中国人对美国的了解和介绍——兼论清代闭关政策的破产和开眼看世界思潮的勃兴》,《中山大学学报》1980年第1、2期。

② 参见钟叔河:《走向世界——近代中国知识分子考察西方的历史》,北京,中华书局,1985年。

③ 参见郑学益:《走向世界的历史足迹——中国近代对外开放思想研究》,北京,北京大学出版社,1990年。

④ 松沢弘陽:『近代日本の形成と西洋経験』,岩波書店,1993年。

⑤ 大久保利謙編:『岩倉使節の研究』,宗高書房,1976年;田中璋:『岩倉使節团』,講談社,1977年;田中彰:『岩倉使節团「米欧回覧実記」』,岩波書店,1994年。

⑥〔美〕西里尔·E.布莱克等:《日本和俄国的现代化》,周师铭等译,北京,商务印书馆,1984年,第124页。

的传播情况[①]，后者是“对16世纪至20世纪中日两国摄取西方资本主义工业文明的历史发展进程作一宏观比较研究”[②]，其中都有对中日近代世界认识的分析，但因主题所限均缺乏系统的比较。日本学者的代表性著作有依田熹家的《日中两国现代化比较研究》，其中部分内容涉及世界认识问题。[③]钱国红的《走近“西洋”和“东洋”——中日世界意识形成的比较研究》是有关中日世界意识比较的专门著作，该书主要围绕代表性人物展开分析，“立足于把近代化当作谋求近代化的人们在精神上、思想上发现他者、发现自我的过程来把握”[④]。

另外，也有一些论文探讨中日世界认识问题，如田毅鹏的《中日近代世界观的形成与两国早期近代化的成败》认为：“与古代世界观相比，近代世界观的特点在于：以地圆说、五大洲等近代地理知识为基础，近代地理世界观趋于科学实证，其认识突破了地域界限，视野大大开阔。在承认世界文化多元性的基础上，以‘西欧中心论’代替了区域性的‘自我中心论’，西方资本主义工业文明成为一切非西洋国家学习师法的对象，西力东侵，西学东渐，开始了东西方文明冲突融合的历史进程。”[⑤]以此为标准，作者认为，日本开国之前已实现了向近代世界观的转变，中国直到19世纪下半叶在两次鸦片战争的刺激下才初步形成了近代世界观念。罗冬阳比较了明清西学与日本兰学，认为“明清西学，与日本幕末开国以前的洋学相比，最大的差异是缺乏类似兰学的阶段。这意味着中国在被迫开国的前近代，没有能够像日本一样较为全面地接受源于西方的近代科学并且为开国后的迅速近代化做好人才、思想方面的准备，从而使中国近代化的启动落后日本60～100年。造成这种差异的直接原因是由于在中国西学中没有出现传播媒介的转移，也没有出现中国学者掌握西方语言直接从西方原著吸取科技知识的现象，而更深层的原

---

① 参见赵德宇:《西学东渐与中日两国的对应——中日西学比较研究》,北京,世界知识出版社,2001年。

② 于桂芬:《西风东渐——中日摄取西方文化的比较研究》,北京,商务印书馆,2001年,第2页。

③ 参见〔日〕依田熹家:《日中两国现代化比较研究》,卞立强等译,北京,北京大学出版社,1997年。

④ 钱国红:《走近“西洋”和“东洋”——中日世界意识形成的比较研究》,北京,商务印书馆,2009年,第366页。

⑤ 田毅鹏:《中日近代世界观的形成与两国早期近代化的成败》,《日本研究》1996年第1期。

因则在于中日两国社会组织方式的不同”[①]。

上述相关研究史的简单分析，说明中日世界认识的研究已有一定基础，但还有深入探讨的学术空间，特别是中日近代世界认识仍有待更系统的比较研究。中日近代世界认识的研究是一个复杂、广泛的课题，“亚洲所规定的西方形象必须在亚洲自我认识的基础上重新给予描绘，这是一个既旧又新的有关‘亚洲和欧洲’关系的现代研究课题”[②]。本书希冀在前人研究的基础上，通过比较研究进一步探讨中日近代世界认识的变化和发展，特别是着重分析19世纪中叶中日近代世界认识的形成过程和主要内容，并寻求其中的同异、原因及其影响。

① 罗冬阳:《论明清西学缺乏兰学阶段的原因》,《东北师大学报》(哲学社会科学版)2005年第1期。

② 〔日〕滨下武志:《近代中国的国际契机:朝贡贸易体系与近代亚洲经济圈》,朱荫贵、欧阳菲译,虞和平校审,北京,中国社会科学出版社,第305页。

第一章　中日两国的传统世界认识

在近代世界认识的形成过程中，无论是中国还是日本，都曾不同程度地面临如何处置本国传统世界认识的问题。这一过程既是漫长的又是短暂的，因为从16世纪初西方国家特别是西方传教士沿着新航路抵达中日两国开始，两种世界体系已经不断交锋，但中日特别是中国真正全方位了解并逐渐接受近代世界认识其实也不过是在19世纪中叶数十年间。无论是漫长的交锋过程还是短暂的转型选择，传统世界认识对近代世界认识的影响都是非常明显的，因此了解中日的传统世界认识是探讨两国近代世界认识的前提和基础。

中日的传统世界认识与近代世界认识分属两个体系，前者是东亚地区历史发展的产物，一直是维系东亚地区稳定和发展的重要保障；后者主要是近代西方的产物，是在西方文明冲击下中日重新认识世界的结果。中日传统世界认识有丰富的内容，本书的切入点是其与近代世界认识的形成有较多关联或者说尖锐冲突的部分。16世纪的西方传教士已看到这种冲突，他们从西方世界认识的角度进行了评价：

> 今天我们通常称呼这个国家为中国（Ciumquo）或中华（Ciumhoa），第一个词表示王国，另一个词表示花园。两个字放在一起，就被翻译为“位于中央”。我听说之所以叫这个名称是因为中国人认为天圆地方，而中国则位于这块平原的中央。[①]
>
> 由于日本人历来很少与外国人交往，因而根据其地理学和数学知识将世界分成三部分，即日本、中国及印度……此外便无世界。[②]

---

① 〔意〕利玛窦、〔比〕金尼阁：《利玛窦中国札记》，何高济等译，何兆武校，北京，中华书局，1983年，第6页。

② 『耶蘇會士日本通信』，開国百年紀念文化事業會編：『鎖国時代日本人の海外知識』，乾元社，1953年，第192頁。

在传教士眼中，中日传统世界认识显然是狭隘的、自我中心式或地区中心式的，本章即以此为中心进行分析。

第一节　中国传统世界认识中的“中国中心观”

一、天下·华夷·中国：中国中心观的形成、发展及其主要内涵

（一）中国中心观的形成和发展

在新航路开辟之前，世界各国虽有往来，但基本是在一定区域内的独立发展，即汤因比所谓的“文明的历史单位”，没有形成真正的世界史，因而也没有科学的世界认识。各“文明的历史单位”都有自己的世界认识，其共同特点便是以自我为中心构筑的世界形象。如埃及人认为大地形体长方，埃及居于底部之中心；欧洲中世纪流行的是“T-O”图，认为耶路撒冷是世界的中心。“自我中心不仅是人类，而且也是地球上所有生物都具有的一种内在限制和缺陷。”①

同其他“文明的历史单位”一样，中国也以自我为中心认识世界，形成了以中国中心观为标志的传统世界认识。不过，与其他“文明的历史单位”的自我中心观相比，中国中心观延续的时间更长，特别是其具有更完整的理论形态和运作方式，并与中国国内的统治体制和价值观相融合，形成一套严密的系统结构。“中国对世界的看法，就其延续性而言，不愧是威严绝伦的，没有哪一个真正同样的帝国能与之相比。当然，不只是中国以其帝国威严自负，包括拜占庭帝国在内，历史上，声言老子天下第一的帝国为数颇多。本杰明·施瓦茨指出，中国的不同凡响之处，在于专以儒家文化准则相伴的那种威严。其特点是这样一个事实，即那些声言的连续不断的和独特无比的光彩，同东亚人所经历的史实，竟是如此地吻合不悖，而且，它看来由于中国的世界秩序的作用而得到加强。”②

一般认为，中国中心观渊源于先秦时期，初步形成于秦汉时期，秦

① 〔英〕汤因比:《一个历史学家的宗教观》,晏可佳、张龙华译,刘建荣校,成都,四川人民出版社,1990年,第12页。

② 〔美〕吉尔伯特·罗兹曼主编:《中国的现代化》,陶骅等译,上海,上海人民出版社,1989年,第50页。

汉以后则随着时代的更迭而变化、发展和完善，成为中国传统世界认识的核心要素。

先秦时期是中国中心观的萌芽时期，形成了此后中国传统世界秩序的核心理念和运作方式——天下与华夷观念及作为其表征的朝贡体制。中国传统世界秩序究竟应溯源于先秦时期的哪一阶段，学术界无统一认识。据《汉书·地理志》记载："昔在黄帝，作舟车以济不通，旁行天下，方制万里，画野分州，得百里之国万区。是故《易》称'先王以建万国，亲诸侯'，《书》云'协和万国'，此之谓也。尧遭洪水，怀山襄陵，天下分绝，为十二州，使禹治之。水土既平，更制九州，列五服，任土作贡。"[①]不过，古代传说时期甚至夏、商两朝仍缺乏相关的系统文献，所以学者一般是以西周的五服制作为早期朝贡制度——特别是具有对外关系性质的朝贡制度的主要标志。"夏、商两朝与被征服部落之间已有朝贡关系存在，及西周初年实行五服制，正式将朝贡制度用于处理民族关系和对外关系。"[②]《国语·周语》是目前发现的最早系统阐述五服制的文献，其记载祭公谋父曰：

> 夫先王之制：邦内甸服，邦外侯服，侯卫宾服，夷蛮要服，戎狄荒服。甸服者祭，侯服者祀，宾服者享，要服者贡，荒服者王。日祭，月祀，时享，岁贡，终王，先王之训也。有不祭则修意，有不祀则修言，有不享则修文，有不贡则修名，有不王则修德，序成而有不至则修刑。于是乎有刑不祭，伐不祀，征不享，让不贡，告不王。于是乎有刑罚之辟，有攻伐之兵，有征讨之备，有威让之令，有文告之辞。布令陈辞而又不至，则增修于德而无勤民于远。是以近无不听，远无不服。[③]

据考证，所谓"先王之制"为周公所创，是以宗法和政治关系为条件，规定封君和诸侯对周天子的义务。[④]

成书于战国时期的《禹贡》是目前所见的中国第一部系统的地理学

---

① (汉)班固撰，陈焕良、曾宪礼标点：《汉书》(上)，长沙，岳麓书社，2008年，第623页。

② 李云泉：《五服制与先秦朝贡制度的起源》，《山东师范大学学报》(人文社会科学版)2004年第1期。

③ (春秋)左丘明撰，鲍思陶点校：《国语》，济南，齐鲁书社，2005年，第2～3页。

④ 参见王树民：《畿服说考略》，《文史》第44辑，北京，中华书局，1998年。

著作，它提出了系统的“九州”“四极”之说，表明了当时中国的空间范围，并从地理学角度以“五服”的形式大致画出一个同心圆式的世界图像：

> 五百里甸服：百里赋纳总，二百里纳铚，三百里纳秸服，四百里粟，五百里米。五百里侯服：百里采，二百里男邦，三百里诸侯。五百里绥服：三百里揆文教，二百里奋武卫。五百里要服：三百里夷，二百里蔡。五百里荒服：三百里蛮，二百里流。东渐于海，西被于流沙，朔南暨声教，讫于四海。[①]

五服制是当时生产力水平和氏族部落残余的产物，中央王朝只能直接统治首都周围地区，其他地区则基本依血缘、亲疏关系的远近实行分封，并规定彼此间的权利与义务。“古者，天子之立于天下之中，县内方不过千里，诸侯列国，不及不食之地，《禹贡》至于五千里。……夫治国之道，由中及外，自近者始。近者亲附，然后来远；百姓内足，然后恤外。”[②]随着生产力的发展和统治空间的扩展，中央王朝的直接统治范围不断扩大，五服制也逐步演变成九服制。《周礼·夏官·职方氏》记载：

> 职方氏掌天下之图，以掌天下之地。辨其邦国、都鄙、四夷、八蛮、七闽、九貉、五戎、六狄之人民，与其财用、九谷、六畜之数要，周知其利害。乃辨九州之国，使同贯利……乃辨九服之邦国，方千里曰王畿，其外方五百里曰侯服，又其外方五百里曰甸服，又其外方五百里曰男服，又其外方五百里曰采服，又其外方五百里曰卫服，又其外方五百里曰蛮服，又其外方五百里曰夷服，又其外方五百里曰镇服，又其外方五百里曰藩服。凡邦国千里，封公以方五百里则四公，方四百里则六侯，方三百里则七伯，方二百里则二十五子，方百里则百男，以周知天下。凡邦国小大相维，王设其牧，制其职，各以其所能；制其贡，各以其所有。

---

① 《尚书·禹贡》叙述的是夏代的五服制，但学界普遍认为它出自战国人的设想或讲的是战国时期的情况。

② （汉）桓宽著，王利器校注：《盐铁论校注》（增订本），天津，天津古籍出版社，1983年，第205～206页。

所以，先秦时期的五服制已具备中国传统世界秩序的核心理念和运作方式，它主要以同心圆形式规定了中央与地方的远近亲疏关系，并以此模式不断向外扩展，直到当时政权所能影响的最外围夷蛮戎狄。不过，由于历史条件的限制，这种秩序实际上主要针对的还是国内各部族和诸侯。

正是在以五服制为核心构建中国传统世界秩序的西周时期，“中国”这一名称才得以出现。据学者考证和研究，青铜器何尊与《尚书·梓材》是最早记录“中国”一词的实物和文献。1963年在陕西宝鸡县贾村（今宝鸡市陈仓区贾村镇）出土的何尊是周成王五年(公元前1038年)[1]所造的青铜器，铭文载：“武王既克大邑商，则廷告于天曰，余其宅兹中国，自之辟民。”[2]《尚书·周书·梓材》的内容也处于周公旦摄政时代，周公进谏周成王：“皇天既付中国民越厥疆土于先王，肆王惟德用，和怿先后迷民，用怿先王受命。”于省吾认为，虽然何尊为成王时器，但由于追述武王祭告于天而言及“中国”；《梓材》为成王时所作，因追述皇天给予武王人民和疆土而言及中国。以金文和典籍相互验证，则中国这一名称起于武王时期，是可以肯定的。[3]有关“中国”名称的考古和文献资料在西周时期的出现，说明这一时期的人们切实感到有强调“中国”的必要。此后，“中国”更频繁地出现在先秦的各种文献之中。

《诗经·大雅·民劳》曰：

> 民亦劳止，汔可小康。惠此中国，以绥四方。……民亦劳止，汔可小安。惠此中国，国无有残。[4]

《诗经·大雅·荡》曰：

> 文王曰咨，咨女殷商。女炰烋于中国。敛怨以为德。……内奰于中国，覃及鬼方。[5]

---

① 朱凤瀚认为：“何尊铭文所记为成王亲政第五年，即‘唯王五祀’时事。”（朱凤瀚：《〈召诰〉、〈洛诰〉、何尊与成周》《历史研究》2006年第1期）

② 洪家义：《金文选注绎》，南京，江苏教育出版社，1988年，第38页。

③ 于省吾：《释中国》，胡晓明等主编：《释中国》第3卷，上海，上海文艺出版社，1998年，1515～1524页。

④《诗经·大雅·民劳》据说是周厉王时代（前877年～前841年）的召穆公所作。

⑤《诗经·大雅·荡》作者据说也是召穆公。

《礼记·大学》曰:

> 秦誓曰:……唯仁人放流之,迸诸四夷,不与同中国。

《左传》僖公二十五年夏四月载:

> 德以柔中国,刑以威四夷,宜吾不敢服也。此谁非王之亲姻,其俘之也![1]

据王尔敏的《"中国"名称溯源及其近代诠释》一文考释,先秦典籍所见"中国"总计178次,其中指称诸夏之领域凡149次。因此,在秦汉统一以前,"中国"一词主要是指诸夏之列邦,并包括其所活动之全部领域。诸夏列邦之冠以"中国"的统称,主要在表明同一族类之性质与同一文化之教养之两大特色。[2]

秦汉时期是中国大一统王朝建立时期,也是中国中心观定型的关键时期。在大一统的条件下,中国的边界向外拓展并逐渐清晰,基本形成了中国的核心地域、民族和文化。因此,了解中国与周边地区的关系,筹划如何处理对外关系,成为秦王朝特别是后来汉王朝的重要使命。据《盐铁论》所载:"秦既并天下,东绝沛水,并灭朝鲜,南取陆梁,北却胡狄,西略氐羌,立帝号,朝四夷。舟车所通,足迹所及,靡不毕至。非服其德,畏其威也。力多则人朝,力寡则朝于人矣。"[3]

但秦祚短促,汉帝国成为中国向外推行传统世界秩序的主要奠基者,特别是向西北和南方拓展中国的疆界和影响就是在汉武帝时期完成的。在西北,以张骞"凿空西域"为标志,中国在这一地区的地位逐渐确立。"《书》称'东渐于海,西被于流沙'。其九服之制,可得而言也。然荒域之外,重译而至,非足迹车轨所及,未有知其国俗殊方者也。自虞暨周,西戎有白环之献,东夷有肃慎之贡,皆旷世而至,其遐远也如此。

---

① (春秋)左丘明著,蒋冀骋点校:《左传》,长沙,岳麓书社,2006年,第68页。

② 王尔敏在《"中国"名称溯源及其近代诠释》中认为,"中国"一词,自商代起至秦汉统一以前,诸夏民族已普遍习用。参见王尔敏:《中国近代思想史论》,北京,社会科学文献出版社,2003年,第370~373页。

③ (汉)桓宽著,王利器校注:《盐铁论校注》(增订本),天津,天津古籍出版社,1983年,第497页。

及汉氏遣张骞使西域，穷河源，经历诸国，遂置都护以总领之，然后西域之事具存，故史官得详载焉。”[①]另外，武力也是扩大影响的重要手段，如公元前104年汉武帝发动大宛之战取得胜利后，“贰师将军之东，诸所过小国闻宛破，皆使其子弟从军入献，见天子，因以为质焉”[②]。所以，“武帝时，西域内属，有三十六国。汉为置使者、校尉领护之”[③]。在南方，公元前111年汉武帝派人从雷州半岛出发，经东南亚地区一直远行至南亚地区，奠定了中国在这一区域的大国地位。“自日南障塞、徐闻、合浦船行可五月，有都元国；又船行可四月，有邑卢没国；又船行可二十余日，有谌离国；步行可十余日，有夫甘都卢国。自夫甘都卢国船行可二月余，有黄支国，民俗略与珠厓相类。其州广大，户口多，多异物，自武帝以来皆献见……自黄支船行可八月，到皮宗；船行可二月，到日南、象林界云。黄支之南，有已程不国，汉之译使自此还矣。”[④]

位于汉帝国西北的安息也是地区性大国，“其属小大数百城，地方数千里，最为大国”。汉朝使节不仅在安息受到礼待，“汉使还，而后发使随汉使来观汉广大，以大鸟卵及黎轩善眩人献于汉”。[⑤]这样，无论是张骞在中国西北的“凿空”，还是南方海路的“已程不国”，抑或波斯遣使“献于汉”，都是中国中心观向更广大地域的扩展，其中既包括实际的也包括名义的。

汉帝国在对外扩张和扩大影响的同时也进行了内省，特别是围绕匈奴问题出现了如何构建中国的世界秩序的争议，由此匈奴问题成为汉帝国近三百年对外政策的焦点。从现实政策方面来说，争议主要围绕和亲与战争两方面展开，“人持所见，各有同异，然总其要，归两科而已。缙绅之儒则守和亲，介胄之士则言征伐”[⑥]。“中兴之初，更通旧好，报命

---

① (晋)陈寿撰，(南朝宋)裴松之注，武传点校：《三国志》，武汉，崇文书局，2010年，第380～381页。

② (汉)司马迁著，甘宏伟、江俊伟评注：《史记》，武汉，崇文书局，2010年，第720页。

③ (南朝宋)范晔撰，罗文军编：《后汉书》，西安，太白文艺出版社，2006年，第679页。

④ (汉)班固撰，陈焕良、曾宪礼标点：《汉书》上，长沙，岳麓书社，2008年，第667页。“根据学者们的考证，其大致的路线是经今天越南、柬埔寨、泰国，进入暹罗湾，在缅甸东岸登陆，走一段陆路以后，再乘船沿江而下，进入孟加拉湾；又西航至印度次大陆东岸，最后到达斯里兰卡，由那里回航。”[何芳川：《“华夷秩序”论》，《北京大学学报》(哲学社会科学版)1998年第6期]

⑤ (汉)司马迁著，甘宏伟、江俊伟评注：《史记》，武汉，崇文书局，2010年，第715、718页。

⑥ (汉)班固撰，陈焕良、曾宪礼标点：《汉书》下，长沙，岳麓书社，2008年，第1425页。

连属，金币载道，而单于骄踞益横，内暴滋深。世祖以用事诸华，未遑沙塞之外，忍愧思难，徒报谢而已。因徙幽、并之民，增边屯之卒。及关东稍定，陇、蜀已清，其猛夫扞将，莫不顿足攘手，争言卫、霍之事。”[①]但无论是和亲还是征伐，都是对汉帝国的重大伤害——前者伤尊严，后者害国力。所以，从政策方面来说，严尤的言论一直为后世称道。

> 臣闻匈奴为害，所从来久矣，未闻上世有必征之者也。后世三家周、秦、汉征之，然皆未有得上策者也。周得中策，汉得下策，秦无策焉。当周宣王时，猃允内侵，至于泾阳，命将征之，尽境而还。其视戎狄之侵，譬犹蚊虻之螫，驱之而已。故天下称明，是为中策。汉武帝选将练兵，约赍轻粮，深入远戍，虽有克获之功，胡辄报之，兵连祸结三十余年，中国罢耗，匈奴亦创艾，而天下称武，是为下策。秦始皇不忍小耻而轻民力，筑长城之固，延袤万里，转输之行，起于负海，疆境既完，中国内竭，以丧社稷，是为无策。[②]

但影响更大的还是观念方面，在匈奴的冲击下，华夷观念再次被强调，“华夷之辨”成为大一统条件下中国处理对外关系的核心理念。“匈奴处沙漠之中，生不食之地，天所贱而弃之。无坛宇之居、男女之别，以广野为闾里，以穹庐为家室，衣皮蒙毛，食肉饮血，会市行，牧竖居，如中国之麋鹿耳。好事之臣，求其义，责之礼，使中国干戈至今未息，万里设备，此《兔罝》之所刺，故小人非公侯腹心干城也。”[③]正因如此，极端论者甚至主张放弃蛮夷：“秦之用兵，可谓极矣，蒙恬斥境，可谓远矣。今逾蒙恬之塞，立郡县寇虏之地，地弥远而民滋劳。朔方以西，长安以北，新郡之功，外城之费，不可胜计。非徒是也，司马、唐蒙凿西南夷之涂，巴、蜀弊于邛、筰；横海征南夷，楼船戍东越，荆、楚罢于瓯、骆；左将伐朝鲜，开临屯，燕、齐困于秽貉；张骞通殊远，纳无用，府库之藏，流于外国，非特斗辟之费造阳之役也。由此观之，非人主用

---

① (南朝宋)范晔撰,罗文军编:《后汉书》,西安,太白文艺出版社,2006年,第698页。

② (汉)班固撰,陈焕良、曾宪礼标点:《汉书》下,长沙,岳麓书社,2008年,第1422页。

③ (汉)桓宽著,王利器校注:《盐铁论校注》(增订本),天津,天津古籍出版社,1983年,第453页。

心，好事之臣为县官计过也。”[1]既参与了对外事务——直接或间接的参与，特别是其弟班超在西域长达三十余年——又以史学家名世的班固，在总结汉匈关系时也主要是强调华夷有别，对后世产生了极大影响。

> 夫规事建议，不图万世之固，而偷恃一时之事者，未可以经远也。若乃征伐之功，秦、汉行事，严尤论之当矣。故先王度土，中立封畿，分九州，列五服，物土贡，制外内，或修刑政，或昭文德，远近之势异也。是以《春秋》内诸夏而外夷狄。夷狄之人贪而好利，被发左衽，人面兽心。其与中国殊章服，异习俗，饮食不同，言语不通，辟居北垂寒露之野，逐草随畜，射猎为生，隔以山谷，雍以沙幕，天地所以绝外内也。是故圣王禽兽畜之，不与约誓，不就攻伐，约之则费赂而见欺，攻之则劳师而招寇。其地不可耕而食也，其民不可臣而畜也，是以外而不内，疏而不戚，政教不及其人，正朔不加其国。来则惩而御之，去则备而守之；其慕义而贡献，则接之以礼让，羁靡不绝，使曲在彼，盖圣王制御蛮夷之常道也。[2]

秦汉以后，随着经济社会的发展，中国中心观得到进一步推广和阐释，其中唐朝与宋朝可以视为两种典型：前者国力强盛，四方来朝，形成了现实意义的中国中心观；后者文化、经济发达，但一直与少数民族政权对峙，甚至偏安一隅，因而又从思想观念方面系统地诠释了中国中心观。

盛唐时期，形成了名副其实的以中国为中心的华夷秩序：一是唐的朝贡国数量突破以往，华夷秩序成为颇有影响的地区性世界秩序；二是朝贡国在很大程度上主动认同以唐帝国为中心的华夷秩序，华夷秩序得到了内外尊重。盛唐时期，与中国建立朝贡关系的多达“七十余番”[3]，远远超过汉帝国。更重要的是，唐帝国是当时世界的政治、经济、文化中心，对世界各国具有强大的吸附力和影响力，不仅朝贡使络绎不绝，外国商人、留学生等也云集于此。在这种形势下，以唐帝国为中心的华夷秩序受到尊重，朝贡国的朝贡次数也非汉帝时期国可以比拟，“四夷大

---

① （汉）桓宽著，王利器校注：《盐铁论校注》（增订本），天津，天津古籍出版社，1983年，第206～207页。

② （汉）班固撰，陈焕良、曾宪礼标点：《汉书》下，长沙，岳麓书社，2008年，第1426页。

③ （宋）王溥：《唐会要》，北京，中华书局，1955年，第860页。

小君长争遣使入献见，道路不绝，每元正朝贺，常数百千人。”[①]西北诸部族君长甚至奉唐太宗为“天可汗”。诚如宋人所言：“唐之德大矣!际天所覆，悉臣而属之，薄海内外，无不州县，遂尊天子曰‘天可汗’。三王以来，未有以过之。”[②]杜甫甚至以诗歌描述当时的盛况：“众流归海意，万国奉君心。”[③]可见华夷秩序对世界格局的影响。

由于国力强盛，周围一些部族相继归附唐王朝并得到重用，加之唐宗室本来便有胡人血统，唐前期的对外政策相当开放，华夷观念也比较薄弱，高祖李渊称：“名实之间，理须相副。高丽称臣于隋，终拒炀帝，此亦何臣之有！朕敬于万物，不欲骄贵，但据有土宇，务共安人，何必令其称臣，以自尊大。即为诏述朕此怀也。”李渊的态度遭到侍中裴矩、中书侍郎温彦博的反对，他们仍然固守中国传统的华夷观念，认为“辽东之地，周为箕子之国，汉家玄菟郡耳！魏、晋已前，近在提封之内，不可许以不臣。且中国之于夷狄，犹太阳之对列星，理无降尊，俯同籓服。”[④]虽然唐初围绕华夷问题有过一些争议，但唐太宗还是自称“自古皆贵中华，贱夷狄，朕独爱之如一，故其种落皆依朕如父母”[⑤]。不过，这种带有汉胡混一倾向的政治并不能长久维持，“安史乱后，唐朝对边疆民族地区的态度，与它对掌握兵权将领的信任，就发生了180度的大转弯。这时候的民族政策，不再是太宗‘华夷一家’，而是你我有别，唐朝对周边的防守成为朝廷制定民族政策的主要依据”[⑥]。

从中国中心观的发展历史来看，宋代是一个很特殊的时期。“宋朝面对来自北方压迫的辽朝与代之而起的金朝，已无法将这些夷狄王朝册封为藩国，或者结合为君臣关系。而宁愿采取相互称帝，或者设定为兄弟关系、父子关系，据此岁贡，并承认夷狄王朝的优越性。但是从另一方面来看，宋朝依然是‘东亚世界’的中心，是这个世界的支配者，只不过这种支配不是在政治方面，而是在经济与文化方面。宋朝改变了‘东

① (宋)司马光:《资治通鉴》卷198,贞观二十二年二月。

② (宋)欧阳修、(宋)宋祁撰,王小甫等标点:《新唐书》,长春,吉林人民出版社,1995年,第4464页。

③ (唐)杜甫:《长江二首》,高仁标点:《杜甫全集》,上海,上海古籍出版社,1996年,第208页。

④ (后晋)刘昫等撰,廉湘民等标点:《旧唐书》,长春,吉林人民出版社,1995年,第3393页。

⑤ (宋)司马光:《资治通鉴》卷198,贞观二十一年五月。

⑥ 李鸿宾:《唐代社会的转型与民族的互动》,《河南师范大学学报》(哲学社会科学版)2006年第2期。

亚世界'的原理，并使之持续下来。"[①]从另一方面看，"直到宋代，由于北方辽、西夏和后来金、元等异族政权的先后崛起，才真正打破了唐以前汉族中国人关于天下、中国与四夷的传统观念和想象，有了实际的敌国意识和边界意识，才有了关于'中国'有限的空间意识。这种意识不同于欧洲近代民族国家意识，它的真正形成，不仅成为宋代士人极力确立'中国'与'道统'的合法性的历史背景，而且成为近世中国民族主义的一个远源"[②]。

因为不能延续传统的天下意识，宋朝时期的中国中心观从相反的方向进一步加强，即将华夷之辨提到至高无上的地位，主张严格区分华夷，否定中原夷族政权的正统性与合理性。石介《中国论》是最典型的，内载：

> 夫天处乎上，地处乎下。居天地之中者曰中国，居天地之偏者曰四夷。四夷外也，中国内也。天地为之平内外，所以限也。
>
> 夫中国者，君臣所自立也，礼乐所自作也，衣冠所自出也，冠婚祭祀所自用也，缞麻丧泣所自制也，果蓏菜茹所自殖也，稻麻黍稷所自有也。东方曰夷，被发文身，有不火食者矣；南方曰蛮，雕题交趾，有不火食者矣；西方曰戎，被发衣皮，有不粒食者矣；北方曰狄，衣毛穴居，有不粒食者矣。其俗皆自安也，相易则乱。
>
> 仰观于天，则二十八舍在焉；俯察于地，则九州分野在焉；中观于人，则君臣、父子、夫妇、兄弟、宾客、朋友之位在焉。非二十八舍、九州分野之内，非君臣、父子、夫妇、兄弟、宾客、朋友之位，皆夷狄也。二十八舍之外干乎二十八舍之内，是乱天常也；九州分野之外入乎九州分野之内，是易地理也；非君臣、父子、夫妇、兄弟、宾客、朋友之位，是悖人道也。苟天常乱于上，地理易于下，人道悖于中，国不为中国矣。……
>
> 或曰："如此，将为之奈何？"曰："各人其人，各俗其俗，各教其教，各礼其礼，各衣服其衣服，各居庐其居庐，四夷处四夷，中国处

---

① 〔日〕西嶋定生:《东亚世界的形成》,刘俊文主编:《日本学者研究中国史论著选译》第2卷,北京,中华书局,1993年,第100～101页。

② 葛兆光:《宋代"中国"意识的凸显——关于近世民族主义思想的一个远源》,《文史哲》2004年第1期。

中国，各不相乱，如斯而已矣。则中国，中国也；四夷，四夷也。[①]

由此可见，宋朝虽然仍强调华夏文化的至高无上，但已怀疑“用夏变夷”的可行性，修正了一些传统的华夷观念，只是希望华夷相安，坚守最后的华夷界限。“自古夷狄之于中国，有道未必服，无道未必不来，盖自因其衰盛。虽尝置之治外，而羁縻制驭恩威之际，不可失也。其得之未必为利，失之有足为患，可不慎哉！”[②]苏轼亦强调华夷绝对不能相混，认为在严格区别华夷的基础上维持华夷相安的局面已是“大幸”，更谈不上以华变夷，可见宋朝所面临的严峻的外部环境。

论曰：夷狄不可以中国之治治也。譬若禽兽然，求其大治，必至于大乱。先王知其然，是故以不治治之。治之以不治者，乃所以深治之也。《春秋》书“公会戎于潜”。何休曰：“王者不治夷狄。录戎来者不拒，去者不追也。”……

夫以戎之不可以化诲怀服也，彼其不悍然执兵，以与我从事于边鄙，则已幸矣。又况乎知有所谓会者，而欲行之，是岂不足以深嘉其意乎？不然，将深责其礼，彼将有所不堪，而发其愤怒，则其祸大矣。仲尼深忧之，故因其来而书之以“会”，曰若是足矣。是将以不治深治之也。由是观之，《春秋》之疾戎狄者，非疾纯戎狄者，疾夫以中国而流入于戎狄者也。[③]

另外，在严格区分华夷的同时，此时期也大力强调中国文化的纯洁性，石介在《中国论》中已开始攻击佛教甚至道教，并大加渲染在他影响下反叛“异教”的幡然悔悟者：“道士张生掷黄冠，顶章甫，衣服襜如，趋吾阶，升吾堂，请吾易其名……《春秋》之义，夷狄则夷狄之，进于中国则中国之。况能自之于鲁乎！吾请以‘归鲁’名张生。‘归鲁’所以宗圣人之道也，生其勉之。”[④]

---

① (宋)石介著，陈植锷点校:《徂徕石先生文集》，北京，中华书局，1984年，第60页。

② (宋)欧阳修撰，(宋)徐无党注，马小红等标点:《新五代史》，长春，吉林人民出版社，1995年，第516页。

③ (宋)苏轼:《王者不治夷狄论》，孔凡礼点校:《苏轼文集》第1册，北京，中华书局，1986年，第43～44页。

④ (宋)石介:《归鲁名张生》，(宋)石介著，陈植锷点校:《徂徕石先生文集》，北京，中华书局，1984年，第82页。

因此，宋朝时期的中国无论在地理方面还是在文化方面都开始放弃传统的天下观念，一方面以正统论诠释华夷的各自地理范围，认为中原地区是华夏的天下，夷狄应退出中原；另一方面在则是文化上认识到华夷“其俗皆自安也，相易则乱”，因而主张文化的纯洁性，实际是为地域中国提供理论支持。

宋朝以后，蒙古人以强大武力征服天下，建立元朝，基本是以少数民族的方式统治中国，并且只存续百余年，与中国传统没有太多联系。明朝恢复了华夏的一统天下，并从各个层面完善了中国中心观，是中国中心观发展的最鼎盛时期；清朝虽以少数民族入主中原，但没有和元朝时期蒙古人一样的强大实力，因而有选择地接受了中国中心观的某些内容。作为传统中国中心观的最后发展阶段，明、清时期的重要性及其对近代中国的影响是不言而喻的。

明朝是朱元璋[①]揭櫫华夏大义之旗而建立的，在很多方面都具有中国中心观的典型特征，这说明元朝作为此前唯一的少数民族的中国大一统王朝极大地挫伤了汉族特别是士人的民族自尊心，因此中国传统的夷夏观念必然会有强劲的反弹。在元末农民战争后期，朱元璋已经常以“同讨夷狄，以安中国”相号召。1363年鄱阳湖大战之时，他致书陈友谅：“方今取天下之势，同讨夷狄，以安中国，是为上策。结怒中国，而后夷狄，是谓无策。”[②]1367年，他发布《谕中原檄》的北伐檄文，提出“驱逐胡虏，恢复中华，立纲陈纪，救济斯民”，认为“如蒙古、色目，虽非华夏族类，然同生天地之间，有能知礼义愿为臣民者，与中夏之人抚养无异”，宣布“归我者永安于中华，背我者自窜于塞外”。[③]洪武建国后，登基次年，明太祖就派人到海外各国宣谕：“曩者我中国为胡人窃据百年，遂使夷狄布满四方，废我中国之彝伦。朕是以起兵讨之，垂二十年。芟夷既平，朕主中国，天下方安，恐四夷未知，故遣使以报诸国。”[④]

在华夷观念的驱使下，朱元璋在对外关系方面竭力重振和扩大中国中心观：“朕既为天下主，华夷无间，姓氏虽异，抚字如一。”[⑤]“夷狄奉

① 朱元璋的民族身份尚有争议，但当时朱元璋本人并未承认自己是回族，而是以汉族身份自居并大力申论华夷之别。

② 《明太祖实录》卷12，癸卯年七月辛卯。

③ 《皇明诏令》卷1《谕中原檄》。

④ 《明太祖实录》卷39，洪武二年二月辛未。

⑤ 《明太祖实录》卷53，洪武三年六月丁丑。

中国，礼之常经；以小事大，古今一理。”①可以说，朱元璋的言行代表了当时受元朝统治的汉族群体的心态，他也恰当地利用这种历史机遇推翻了元朝，并以恢复传统的华夏秩序作为明朝对外关系的宗旨，其基本取向是建立以中国为中心的天下一统秩序，重新强调以夏变夷。

将传统的华夷天下秩序推向顶峰的是明成祖朱棣，他不仅承袭了其父的观念和作为，而且派遣郑和七下西洋，可谓空前绝后。对郑和下西洋可做多角度和层次的分析与研究，但无论是从目的、操作过程和实际结果来看，重振和强化华夷秩序无疑是其中重要的内容。“成祖疑惠帝亡海外，欲踪迹之，且欲耀兵异域，示中国富强。永乐三年六月，命和及其侪王景弘等通使西洋。将士卒二万七千八百余人，多赍金币。造大舶，修四十四丈、广十八丈者六十二。自苏州刘家河泛海至福建，复自福建五虎门扬帆，首达占城，以次遍历诸番国，宣天子诏，因给赐其君长，不服则以武慑之。五年九月，和等还，诸国使者随和朝见。和献所俘旧港酋长。帝大悦，爵赏有差。”②在明成祖的经营下，以朝贡为表征的华夷秩序达到鼎盛，“自成祖以武定天下，欲威制万方，遣使四出招徕。……又北穷沙漠，南极溟海，东西抵日出没之处，凡舟车可至者，无所不届。……盖兼汉、唐之盛而有之，百王所莫并也。余威及于后嗣，宣德、正统朝犹多重译而至”③。据统计，明代典籍载有100多个朝贡国，虽然其中大多属于名义上的朝贡关系，即纯粹的贡赐贸易关系，但也说明明朝将朝贡体制这一中国古代制度推向了顶峰。④

但强调华夷秩序的明朝最终依然被清王朝取代，清朝成为传统中国中心观的“最后守望者”。清朝虽然也是以武力入主中原，但其实力与元朝不能相提并论，因而必须与中原汉族达成妥协，以中国传统资源作为维护统治的必要方式。在这一过程中，如何处理华夷观念等中国对外关系系统的资源，反映了少数民族王朝的矛盾与中国传统文化的弹性。

清朝入关建立中央政权之初已表现出不同于明朝的特点，在与周边国家建立朝贡关系的过程中，除朝鲜外皆没有采取主动出使的方式。另外，除了一些名义上的朝贡国之外，与清朝建立正式的朝贡关系的国家

---

① 《明太祖实录》卷90，洪武七年六月乙未朔。

② （清）张廷玉等撰，王天有等标点：《明史》，长春，吉林人民出版社，1995年，第5098页。

③ （清）张廷玉等撰，王天有等标点：《明史》，长春，吉林人民出版社，1995年，第5638页。

④ 参见李云泉：《朝贡制度史论——中国古代对外关系体制研究》，北京，新华出版社，2004年，第71～72页。

是当时被称为“属国”的国家，数量只有7个，实际上保持长期而稳定的朝贡关系的国家则更少，只有朝鲜、安南、琉球等国。[①]所以，清朝实际上是尽量淡化华夷之分，“夷狄”等字样在清初都避讳使用，明代的四夷馆也被改为“四译馆”。[②]特别是对被它引为奥援的蒙藏地区，清朝绝不以“蛮夷”称之，如乾隆帝晚年还曾“以巴延三奏达赖喇嘛遣使称‘夷使’，申饬之”[③]。即使对真正的“外夷”，清朝也曾有过变通。以外国公使觐见礼为例，“康熙初，外洋始入贡，中朝款接，稍异藩服。南怀仁官钦天监，赠工部侍郎，凡内廷召见，并许侍立，不行拜跪礼。雍正间，罗马教皇遣使来京，世宗许行西礼，且与握手。乾隆季叶，英使马格里入觐，礼臣与议仪式，彼以觐见英王为言，特旨允用西礼。筵宴日，且亲赐卮酒”[④]。在这种观念的影响下，清朝对建立庞大的朝贡体制也丧失了兴趣。康熙帝便明确指出：“外藩朝贡，固属盛事，传至后世，未必不因而生事。惟中国安宁，则外患不生，当培养元气为根本耳。”[⑤]所以，总体而言，清朝时期的华夷观念不同于以往汉族建立的正统王朝特别是之前的明王朝。如嘉、道时期的著名学者、今文经学家刘逢禄在1824年回复越南使臣所言：

> 四年，补仪制司主事。越南贡使陈请为其国王母乞人参，得旨赏给。而谕中有“外夷贡道”之语，其使臣欲请改为“外藩”，部中以诏书难更易。逢禄草牒复之曰：“周官职方王畿之外分九服。夷服去王国七千里，藩服九千里，是藩远而夷近。说文羌、狄、蛮、貊字皆从物旁，惟夷从大、从弓。考东方大人之国夷，俗仁，仁者寿，有东方不死之国，故孔子欲居之。乾隆间奉上谕申饬四库馆不得改书籍中‘夷’字作‘彝’，舜东夷之人，文王西夷之人，我朝六合一家，尽去汉、唐以来拘忌嫌疑之陋，使者无得以此为疑。”越南使者遂无辞而退。[⑥]

---

① 参见祁美琴:《对清代朝贡体制地位的再认识》,《中国边疆史地研究》2006年第1期。

② 少数民族建立的中原政权都在不同程度地避讳“华夷”问题,如元人编的《宋史》《辽史》《金史》都将中国传统正史的四夷传部分改为《外国传》,清人编的《明史》也沿袭为《外国传》。

③ 赵尔巽等撰,许凯等标点:《清史稿》,长春,吉林人民出版社,1995年,第356页。

④ 赵尔巽等撰,许凯等标点:《清史稿》,长春,吉林人民出版社,1995年,第1828页。

⑤ 赵尔巽等撰,许凯等标点:《清史稿》,长春,吉林人民出版社,1995年,第157页。

⑥ 赵尔巽等撰,许凯等标点:《清史稿》,长春,吉林人民出版社,1995年,第10085页。

但诸多因素又使清廷不可能漠视华夷观念等令其忌讳的问题，因此也就不可能彻底放弃朝贡体制。首先，中国传统文化已延续数千年，满族又是受汉化影响较深的民族。“清有中夏，沿元、明制，视海内外莫与为对。凡俄、英之来聘者，国史皆书曰‘来贡’。”[①]其次，清初大量明朝遗民的存在并诉诸华夷观念等反清思想，更使清廷不得不认真应对华夷问题。“清初，代明平贼，顺天应人，得天下之正，古未有也。天命既定，遗臣逸士犹不惜九死一生以图再造，及事不成，虽浮海入山，而回天之志终不少衰。迄于国亡已数十年，呼号奔走，逐坠日以终其身，至老死不变，何其壮欤！”[②]如何处理这些复杂的问题，清廷也采取了不同的策略，这一过程可谓清朝统治者与中国传统观念不断调适的双向互动。雍正帝的下述言论颇具代表性，其在强调清王朝实力强大的同时，也夸耀清王朝对中国的贡献，进而否定反清的狭隘华夷观念：“自我朝入主中土，君临天下，并蒙古极边诸部落，俱归版图，是中国之疆土开拓广远，乃中国臣民之大幸，何得尚有华夷中外之分论哉！”[③]借此观点，建立大一统王朝就拥有了正当性，并且也能从中国传统观念中得到支持。“大一统而斥偏安，内中华而外夷狄，此天地之常经，古今之通义。是故夷狄而中华，则中华之；中华而夷狄，则夷狄之。此亦《春秋》之法，司马光、朱子所为亟亟也。”[④]在此背景下，才出现不得改书籍中“夷”字作“彝”等法令，“雍正十一年和乾隆四十二年（1777），清廷两度严旨禁止蓄意改避，认为该作法反倒是‘背理犯义，不敬之甚’。”[⑤]这种态度同时也反映了清廷作为少数民族统治者逐渐建立起的文化自信和华夷平等观念。

所以，虽然清朝曾考虑修正中国传统的对外观念及其体制，也确实做出了一些调整，尽管其对此并非如明朝那样主动、积极，且华夷观念等元素的内涵也复杂多元甚至矛盾，但最终仍基本接受了传统的中国中心观。

中国中心观经过两千余年的发展，形成了一个比较稳定的体系，是

① 赵尔巽等撰，许凯等标点:《清史稿》，长春，吉林人民出版社，1995年，第7047页。

② 赵尔巽等撰，许凯等标点:《清史稿》，长春，吉林人民出版社，1995年，第10454页。

③《大义觉迷录》，长春，北方妇女儿童出版社，2001年，第11页。

④（清）庆桂等编:《国朝宫史续编》，北京，北京古籍出版社，1994年，第869页。

⑤ 黄一农:《两头蛇:明末清初的第一代天主教徒》，上海，上海古籍出版社，2006年，第268～269页。

西方近代资本主义世界体系兴起之前运作最成功、覆盖范围最广的地域性观念，对维护、促进东亚地区的和平、发展起到了不可替代的作用。同时，中国中心观也有其历史合理性，因为任何国家和地区都以自我为中心认识和处理世界事务，关键是要达到相对的公平、正义以及这种做法被其他地区接受的程度。不过，正如汤因比所言："自我中心成了生命的必要条件，但是这种必要条件也是一桩罪恶。自我中心是一种理智的错误，因为没有一种生物真正是宇宙的中心；自我中心又是一种道德的错误，因为没有一种生物有权利以宇宙的中心自居。"①

(二)中国中心观的主要内涵及其表征

中国的传统世界秩序经过数千年的发展，无论是作为当时的历史事实，还是作为后人的研究对象，都有一些不同的内涵，因而产生了不同的名词和名称，如天下、华夷、中国、朝贡，等等。这些名词及其所代表的价值观既是一体的，又有各自不同的确指和侧重。接下来将讨论作为中国传统世界秩序表达形式之一的中国中心观的主要内涵和表征。

中国中心观的主要内涵表现为两个方面：一是天下观，这本来是地理意义上的中国中心论，是中国中心观的外在基础，但同时天下观又带有"奉天而治"的政治内涵，形成了比较复杂的思想体系；二是华夷观，这强调的是文化意义上的中国中心论，是中国中心观的内在标准。"当孔子编纂《春秋》时，他已经有内诸夏而外夷狄的看法，这是一个传统。另一方面，另一个《春秋》的传统却强调'王者无外'的原则，换言之，理想的国君应是一实实在在的天下之王而无内外之分。"②天下观与华夷观相互补充，构成了比较严密的中国中心理论，而朝贡体制则是中国中心观的主要表征，是天下观和华夷观的实现方式。这样，天下观、华夷观与朝贡体制相互结合，形成了完整的中国中心观的理论系统及运作方式。

1.天下观

天下观是中国中心观的主要内涵之一。从国家关系层面来看，它主要表现为内涵与外延的有机结合与不可分割：内涵是奉天而治并且只有一个天子，外延是可以无限延伸的边界，二者结合的最终理想境界是

---

① 〔英〕汤因比:《一个历史学家的宗教观》,晏可佳、张龙华译,刘建荣校,成都,四川人民出版社,1990年,第13页。

② 杨联陞:《从历史看中国的世界秩序》,杨联陞:《国史探微》,北京,新星出版社,2005年,第6页。

“普天之下，莫非王土；率土之滨，莫非王臣。”

天下观的形成主要是以下两个因素相作用的结果，一是与天的神秘性相联系，进而衍化出“天子”和“天下”的概念，这大致是一种观念式的政治性解读；二是与古代生产力发展水平相适应，在比较广阔的地域基础上就可以自诩为中心和天下，是所谓地理意义上的中心，这可以称为前近代的知识性解读。下面予以进一步分析。

首先，天下观是基于天的神秘性的一种政治性解读。在人类的历史发展进程中，天是既近又远、时刻影响人类却不受人类控制的最神秘莫测的自然对象，因而形成对天的崇拜，天崇拜成为具有普遍意义的社会文化现象。中国也形成了浓厚的天崇拜意识，在中国文化中天是最有权威的神秘力量。在先秦文献中，充斥着有关天的各种记载，即使是“夫子之言性与天道，不可得而闻也”的孔子，也将“畏天命”列为君子“三畏”之首。[①]《孟子·万章上》称：“莫之为而为者，天也；莫之致而至者，命也。”天成为真理的终极依托和象征，是衡量任何事物的标准。“古者包羲氏之王天下也，仰则观象于天，俯则观法于地，观鸟兽之文，与地之宜，近取诸身，远取诸物，于是始作八卦，以通神明之德，以类万物之情……穷则变，变则通，通则久。是以自天佑之，吉无不利。黄帝尧舜垂衣裳而天下治，盖取诸乾坤。”[②]

但中国的天崇拜意识并没有发展成为以宗教为中心的文化形态，而是追求“天人合一”的理念，其中最重要的概念是“天子”，是天在人间的化身。“中国自古即薄于宗教，此因中国人都重视政治……祀天地社稷，古代人君确是遵行，然自天子以下，就没有与祭的身份……根本上已非宗教了”。[③]“在人们普遍相信‘绝天地通’神话的时代，只有帝王在巫觋帮助下能直接与天沟通。因此，‘天人合一’也成了帝王的禁脔。帝王受命于天，是地上所有人的唯一代表。”[④]“天子”的称谓源于西周

① 《论语·公冶长》,《论语·季氏》。

② 徐澍、张新旭译注:《易经》,合肥,安徽人民出版社,1992年,第381页。

③ 章太炎:《国学概论》,上海,上海古籍出版社,1997年,第4页。

④ 〔美〕余英时:《天人之际》,何俊编:《余英时英文论著汉译集·人文与理性的中国》,上海,上海古籍出版社,2007年,第8页。

初年，[①]《礼记·曲礼下》谓“君天下，曰天子”。孔子也将天与最高统治者对应，称“巍巍乎！唯天为大，唯尧则之”[②]。而从秦始皇开始，皇帝使用的玉玺就刻着“受命于天，既寿永昌”。到西汉初期，董仲舒发展出系统的“天人感应”学说，说明这一理论已不断趋于成熟，“唯天子受命于天，天下受命于天子”[③]。

“天”“天下”“天子”三位一体地相互纠葛，构成了上下、四方都无限的立体结构。在这一结构中，其一，上下的无限带有神秘性，这是基于“天”的神秘性；[④]其二，对中国中心观而言，影响更大的是四方的无限性，它将所知的现实世界毫无遗漏地包含在“天下”范围之内，并且也与天联系在一起，所谓“天无二日，民无二王”，只有中国的天子才是天下共主。同时，也只有四夷并至拥有“天下”，才能显示天子的德望，甚至以此证明天子确实受命于天。如此，天下又与天子的合理性纠缠在一起。

因此，无论是受命于天的天子，还是囊括天下的天子，既与天的神秘性结合在一起，又与自身统治的合理性密不可分。《淮南子·天文训》曰：“人主之情，上通于天，故诛暴则多飘风，枉法令则多虫螟，杀不辜则国赤地，令不收则多淫雨。”如果说受命于天在某些时候还可以虚应故事，囊括天下却是有实在内容，这使追求所知的最广泛地域的“天下”成为中国历史的一种应有要求，“达则兼济天下”化为传统中国最基本的价值观，实现所谓“大道之行也，天下为公”的理想社会。以下古籍中的文字，皆有能体现这种思想。

《尚书·立政》曰：

> 今文子文孙，孺子王矣！其勿误于庶狱，惟有司之牧夫。其克诘尔戎兵以陟禹之迹，方行天下，至于海表，罔有不服。

---

⑤ 陈梦家认为“天子”一词兴起于周初稍晚，参见陈梦家：《殷墟卜辞综述》，北京，中华书局，1988年，第581页；王国维认为，周代克殷“践奄”以后天子诸侯名分才确定下来，参见王国维：《殷周制度论》，黄爱梅点校：《王国维手订观堂集林》，杭州，浙江教育出版社，2014年，第254～255页。

② 《论语·泰伯》。

③ （汉）董仲舒著：曾振宇注说《春秋繁露》，开封，河南大学出版社，2009年，第277页。

④ 这种神秘性的重要表现是刻意制造“天子”的非人格化形象，如《史记·李列传》载：“天子所以贵者，但以闻声，群臣莫得见其面，故号曰‘朕’。”

《尚书·大禹谟》曰:

帝德广运，乃圣乃神，乃武乃文。皇天眷命，奄有四海为天下君。

《礼记·经解》曰:

天子者，与天地参。故德配天地，兼利万物，与日月并明，明照四海而不遗微小。

《逸周书·太子晋》云:

君有广德，分任诸侯而敦信，曰予一人，善至于四海曰天子，达于四荒曰天王。四荒至，莫有怨訾，乃登为帝。

先秦是中华民族相互融合并朝一统方向发展的历史时期，征伐是此时期统一的主要方式，因之“天下”也不断扩大。“天下有不顺者，黄帝从而征之，平者去之，披山通道，未尝宁居。”[①]《穆天子传》是目前所知的唯一先秦时期以“天子”为名的著作，通过该书仍能感受到当时追求的“天下”之广大，也由此反映了天子的尊严。《竹书纪年》亦称:“穆王东征天下二亿二千五百里，西征亿有九万里，南征亿有七百三里，北征二亿七里。”[②]

秦始皇统一中国后，大一统的王朝更接近中国传统的“天下”概念，也使中国人对“天下”的追求更具有现实性。所以，在帝王眼中，特别是在文治武功的圣主眼中，将中国扩大为“天下”是理所当然的，或者说中国其实就是“天下”。

汉武帝征伐大宛得千里马后，曾喜形于色地作诗:

天马来兮从西极，经万里兮归有德。承灵威兮降外国，涉流沙兮四夷服。[③]

---

① (汉)司马迁著,甘宏伟、江俊伟评注:《史记》,武汉,崇文书局,2010年,第1页。

② 方诗铭、王修龄:《古本竹书纪年辑证》,上海,上海古籍出版社,1981年,第52页。

③ (汉)司马迁著,甘宏伟、江俊伟评注:《史记》,武汉,崇文书局,2010年,第119页。

在华夷观念方面比较开通的唐太宗，对于自己成功地降服四夷、征服天下也津津乐道：

> 惟天为大，合其德者弗违；谓地盖厚，体其仁者光被。故能弥纶八极，舆盖二仪，振绝代之英声，毕天下之能事。彼匈奴者，与开辟而俱生；奄有龙庭，共上皇而并列；僭称骄子，分天街于紫宸；仰应旄头，抗大礼于皇极。缅窥邃古，能无力制。自朕临御天下，二纪于兹，粤以眇身，一匡寰宇。始勤劳于昧旦，终致治于升平。曩者聊命偏师，遂擒颉利；今兹始弘庙略，已灭延陀……混元已降，殊未前闻；无疆之业，永贻来裔。古人所不能致，今既吞之；前王所不能屈，今咸灭之。斯实书契所未有，古今之壮观，岂朕一人独能宣力！盖由上灵储祉，锡以太康；宗庙威灵，成兹克定。即宜备礼，告于清庙，仍颁示普天。[①]

朱元璋借助华夷观念推翻元朝，因而将统治“天下”视为天经地义，他即位后多次敕谕海外诸国朝贡。明成祖朱棣更是有过之无不及，他在郑和下西洋时向各国诏谕：

> 朕奉天命，君主天下，一体上帝之心，施恩布德。凡覆载之内，日月所照，霜露所濡之处，其人民老少，皆欲使之遂其生业，不致失所。今特遣郑和赍敕，普谕朕意：尔等祇顺天道，恪遵朕言，循理安分，毋得违越，不可欺寡，不可凌弱，庶几共享太平之福。若有摅诚来朝，咸锡皆赏，故敕谕，悉使闻知。[②]

清朝是由少数民族建立的政权，在华夷观念方面虽有所避讳，但天下观则一如既往。雍正帝曾颁布上谕：

> 自古帝王之有天下，莫不由怀保万民，恩如四海，膺上天之眷命，协亿兆之欢心，用能统一寰区，垂庥奕世。盖生民之道，惟有德者可为天下君。此天下一家，万物一体，自古迄今，万世不易之常经。[③]

---

① （后晋）刘昫等撰，廉湘民等标点：《旧唐书》，长春，吉林人民出版社，1995年，第3409页。

② 马超群、马颖生：《马哈只碑后云南最重要的发现——评李士厚〈影印原本郑和家谱校注〉》，《回族研究》2006年第2期。

③ 《大义觉迷录》，长春，北方妇女儿童出版社，2001年，第7页。

由以上史料可以看出，从“天子”出现之后，“天下”便是“天子”的身份象征，“天子”则是“天下”的正统管理者，二者之间形成一种对应的逻辑关系。

其次，天下观是与前近代生产力发展水平相适应的知识性解读。任何时代的一种流行观念必然有其相对的合理性，天下观亦然，它是与当时的生产力发展水平相适应的一种观念，是对当时世界的近似科学的认识。因此，我们不能以近代科学发展后的标准衡量前近代的诸多观念。

如前所述，天下观从西周时期有了比较明确的表达，先秦时期已初步定型。当时的生产力发展水平是比较低下的，反映在政治方面是国家的领土比较狭小，特别是中央政府直接统治的区域更是有限，因而才有了五服制式的等级统治模式。在这种情况下，一旦统治区域扩展到一定规模，就达到了生产力水平极限，人们的观念中也会由此生成“本国已经广阔无比”的意识。同时，等级统治模式的确立也能最大限度地扩张统治区域，西周时期的中国也确实已经属于大国。所以，在先秦的文献中，禹定九州被视为煌煌功绩，“四海”“四极”等表达周边已到尽头的概念应运而生。《尔雅》作为中国最早的词典，是对先秦时期知识的总结，因而极具典型性，反映了当时人们的知识水平以及与此相关的天下界限认识：

> 东至于泰远，西至于邠国，南至于濮铅，北至于祝栗，谓之四极。觚竹、北户、西王母、日下，谓之四荒。九夷、八狄、七戎、六蛮，谓之四海。①

即使在秦汉时期，人们所能接受的地域空间也是有限的。秦始皇统一中国后，为了稳固自己的统治而四处巡视，在这一过程中既产生了不可一世的始皇帝受制于交通工具而遗失玉玺的传说，更有始皇帝对“天尽头”的感慨。西汉武帝时期中国首次突破“九州”走向世界，但无论是张骞在中国西北被象征性地誉为“凿空”，还是南方海路的“已程不国”，都说明当时的人们已很难再走向和接受更广阔的世界。“凿空”和“已程不国”之名词都很具有象征意义，它代表了当时人们在地理范围上的心理极限，就如同先秦时期的“四极”等概念。所以，司马迁对《山

① 《尔雅·释地》。

海经》中的“大九州说”持否定态度也就可以理解了。

秦汉以后的天下观，其政治性解读越来越强烈，但符合当时生产力发展水平的近似科学的知识性解读仍然存在。唐朝时“东至高丽，南至真腊，西至波斯、吐蕃、坚昆，北至突厥、契丹、靺鞨，谓之‘八蕃’，其外谓之‘绝域’。”[①]但“绝域”与汉朝“凿空”相比并无二致，人们的空间视野仍是有限的。

乾隆朝纂修的《皇朝文献通考·四裔考》开始便称：“大地东西七万二千里，南北如之，中土居大地之中，瀛海四环，其临边傍海而居者，是谓之裔；海外诸国，亦谓之裔。裔之为言边也。”[②]《清朝通典》则强调本朝疆域“已无边之可言”[③]。上述解释既有观念性的政治意味，认为“中土居大地之中”，又有前近代的知识性背景，因为作为中心的基础是本国“已无边之可言”的广大。不过，乾隆朝时期西方近代科学知识已在中国传播，同时书中也可看到受西方科学知识影响的些许痕迹，但其核心观念仍是排斥近代科学知识而寻求前近代知识，反映了其荒谬和保守性。因此，不能完全否认天下观的某些知识合理性，它是前近代知识水平的反映，特别是西方近代科学知识在中国传播之前，人们的世界视野是有限的，世界视野的承受力也是有限的，容易接受看起来更直观的世界图像，因而形成了天圆地方观念以及与此相通的天下观、中国中心观等意识。

纵观中国历史，天下观给中国也给“天子”带来了沉重负担，随着历史的演进，受中国统治、控制或影响的“天下”越来越大的同时，实际的天下更是不断扩大，“天下共主”的身份也受到越来越多的质疑和挑战。如萧公权所言：“封建与专制两时期之思想有一共同之特点，无论其内容如何，均以‘天下’为对象。其所异者封建天下为合法之分割，专制天下为绝对之一统而已……故严格言之，‘天下’时期之一切政治关系皆为内政，而无国际间之外交。至封建改为专制，则并春秋时代，形似外交关系之聘吊盟约，亦完全归于消灭。周秦以后，四夷时与中国为敌，甚至侵占中国，僭窃神器，事实上否定天下之观念。然而自汉以来，论

① (宋)欧阳修、(宋)宋祁撰，王小甫等标点：《新唐书》，长春，吉林人民出版社，1995年，第4516～4517页。

② 《皇朝文献通考》卷293《四裔考一》。

③ 《清朝通典》卷97《边防一》。

治夷政策者，仍多袭四海一家，安内柔远一类之传统思想。”[①]

当然，在实际层面上，中国的“天下”是以实力为后盾的，如汉朝人所言：“天子者，天下之父母也。四方之众，其义莫不愿为臣妾。然犹修城郭，设关梁，厉武士，备卫于宫室，所以远折难而备万方者也。”[②]随着近代西方势力席卷全球，中国的优势地位开始丧失，这对中国而言就不仅是要学习西方的坚船利炮，更重要的是观念的转变。诚如美国学者列文森所言：“近代中国思想史的大部分时期，是一个使‘天下’成为‘国家’的过程。‘天下’的观念实际上是与儒家的‘道’，亦即中国自身的主要传统紧密地结合在一起的。”[③]所以，这种转变委实不易，因为它是中国的核心价值观念之一，“受命于天”以统治“天下”是王朝合理性的象征之一，不到万不得已绝对不能或不敢放弃。除非有另一种足以威胁到自身统治的强大力量，甚至超过坚持天下观。所以，自1793年马戛尔尼使团开始，中西之间便围绕礼仪问题等激烈交锋，一直到1873年，亲政的同治帝才以承认国家主权平等的方式接见了外国驻华公使，这种接见其实也象征着中国从理论上放弃了天下观。

2.华夷观

华夷观是中国中心观的另一本质内容，也是更切实际的本质内容，是中国中心观的内在标准。因为，既然天下观中的“天下”边界是可以无限延伸的，那就不可能达到“普天之下，莫非王土”，而只能是一种理想境界；更重要的是，即使是实际可以到达的有限区域，但由于现实力量不足等种种原因，也只能遥控甚至放弃，现实中的有限天下观也很难实现。所以，华夷观与天下观是相辅相成的，是在承认于不同这一华夷观的现实基础上，追求理想的天下观。华夷观强调的是彼此的区别，且主要是文化方面的区别，形成以文化别华夷的基本价值取向。以文化别华夷尽管也不是严格的民族和国家概念，但毕竟是对天下观的补充和限制，可以在某种程度上形成以文化认同为主要标准的有限国家及其疆域，因而可以说是有中国传统特色的古代国家观和民族观。

就华夷观发展的历史而言，它主要渊源于早期的族群意识，西周初

---

① 萧公权:《中国政治思想史》第1册,沈阳,辽宁教育出版社,1998年,第12~13页。

② (汉)桓宽著,王利器校注:《盐铁论校注》(增订本),天津,天津古籍出版社,1983年,第453页。

③ 〔美〕列文森:《儒教中国及其现代命运》,郑大华、任菁译,北京,中国社会科学出版社,2000年,第87~88页。

年及其后的先秦时期开始定位于不同的文化价值观念，秦汉以后则随着历史的发展成为基本固定的区分中国与域外的认识框架。

首先是“夏”从王朝名称成为中国的一般代称，具有了抽象的意义。“夏”是我国第一个朝代名称，《史记·夏本纪》称：“禹为姒姓，其后分封，用国为姓，故有夏后氏、有扈氏……孔子正夏时，学者多传夏小正云。”[①]从西周开始，“夏”便作为中国的一般称谓具有了抽象含义。

《尚书·康诰》曰：

惟乃丕显考文王，克明德慎罚；不敢侮鳏寡，庸庸，祗祗，威威，显民，用肇造我区夏，越我一、二邦以修我西土。

《尚书·君奭》载周公言：

君奭！在昔上帝割申劝宁王之德，其集大命于厥躬？惟文王尚克修和我有夏；亦惟有若虢叔，有若闳夭，有若散宜生，有若泰颠，有若南宫括。

《尚书·立政》曰：

帝钦罚之，乃伻我有夏，式商受命，奄甸万姓。

这里的“夏”显然都是作为当时中国的一般名称使用。周人为何钟情于夏，有学者认为：“以‘小邦周’起而代殷的周人，出于实际政治的考虑，最初臣服于殷商，继而强调其‘西土意识’以推翻商。通过殖民战争逐渐控制了远较殷商更宽广的地域后，周人即面临以少数统治多数的现实，他们一方面以为殷所代的夏后裔自居，强调自身对夏的认同，并追封夏朝遗族（但一追封实不啻承认自己并非真‘华夏’）以针对殷人，更进而发展出‘华夏’之名，强调其所代表之夏文化的华美，显然

① （汉）司马迁著，甘宏伟、江俊伟评注：《史记》，武汉，崇文书局，2010年，第11页。

都有政治意味。”[①]周人能够超越族群意识进而抽象出符合自身需要的一般价值观，这使“夏”具有了特殊含义，也使华夷观逐渐成形并随着历史进程的发展不断理论化和系统化。所以，“夏”及华夷观的出现是中国历史向前发展的结果，表明这时的西周社会具有了更明确的国家意识及其运作方式，而不仅仅是以一个部落取代另一个部落。

其次，强调“夏”与“夷”的不同，进而抽象出文明程度有高下优劣的华夷观。华夷之别最初只是因生活环境不同导致的一些差异，《礼记·王制》追述了四夷的诸多特点：

> 凡居民材，必因天地寒暖燥湿，广谷大川异制。民生其间者异俗，刚柔轻重迟速异齐，五味异和，器械异制，衣服异宜。修其教，不易其俗；齐其政，不易其宜。中国戎夷，五方之民，皆有性也，不可推移。东方曰夷，被发文身，有不火食者矣。南方曰蛮，雕题交趾，有不火食者矣。西方曰戎，被发衣皮，有不粒食者矣。北方曰狄，衣羽毛穴居，有不粒食者矣。中国、夷、蛮、戎、狄，皆有安居、和味、宜服、利用、备器，五方之民，言语不通，嗜欲不同。达其志，通其欲，东方曰寄，南方曰象，西方曰狄鞮，北方曰译。

如此看来，华夷的这些差异似乎仅仅停留于表面的生活习惯，但在当时人看来是相当重要的问题，如商代晚期周部落古公亶父的长子太伯、次子仲雍为了躲避首领之位，“乃奔荆蛮，文身断发，示不可用，以避季历”[②]。所以，“文身断发”等行为是一个部族区别于其他部族的象征，只是这种区别在当时主要是一种外在标志，文明高下的意识并不明显。

随着西周的建立，华夷之间的差异发生了质的变化，主要标志就是西周以礼治为代表的文化观的产生，所谓“礼仪三百，威仪三千”[③]，形成了严密而系统的礼治文化，使西周社会开始脱离比较原始的统治形式，社会秩序更趋规范，开始了“观乎人文以化成天下”的时代，因而华夷

① 罗志田：《夷夏之辨的开放与封闭》，《中国文化》1996年第2期。另外，相对于商，夏与周更相近，傅斯年在《夷夏东西说》中指出：“我们把夷夏殷的地望条理出来，周代之创业岐阳又是不用证的，现在若把他们分配在本章的东西区域，我们可说夷与殷显然属于东系，夏与周显然属于西系。”（岳玉玺、李泉编选：《傅斯年选集》，天津，天津人民出版社，1996年，第287页）

② （汉）司马迁著，甘宏伟、江俊伟评注：《史记》，武汉，崇文书局，2010年，第180页。

③ 《礼记·中庸》。

的分化不断扩大，并最终形成以文野区分华夷的价值观念，使华夷在文明发展程度上有了先后高低的区别。从西周开始，“礼”成为区分华夷的主要标准，也是文明高下的主要标志。孔子详细地诠释了“礼”的渊源与意义：

> 今大道既隐，天下为家，各亲其亲，各子其子，货力为己，大人世及以为礼。城郭沟池以为固，礼义以为纪，以正君臣，以笃父子，以睦兄弟，以和夫妇，以设制度，以立田里，以贤勇知，以功为己。故谋用是作，而兵由此起。禹汤文武成王周公，由此其选也。此六君子者，未有不谨于礼者也，以著其义，以考其信，著有过，刑仁讲让，示民有常。如有不由此者，在埶者去，众以为殃。是谓小康……夫礼，先王以承天之道，以治人之情。故失之者死，得之者生。《诗》曰：“相鼠有体，人而无礼；人而无礼，胡不遄死？”是故夫礼，必本于天，殽于地，列于鬼神，达于丧祭射御冠昏朝聘。故圣人以礼示之，故天下国家可得而正也。

不过，西周时期社会秩序比较稳定，华夷冲突尚可控制，因而有关华夷的言论并不突出。西周之后迎来了中国大一统王朝建立前的春秋战国时期，四夷向中原地区大力推进并参与诸侯之间的混战，“当春秋时，间在中国，与诸夏盟会”[①]。这是社会秩序混乱、思想活跃的历史时期，也是华夷杂处、冲突的历史时期，因而也是有待整合的历史时期。在这一时期，华夷观得到诠释和发展并成为整合中国的重要力量，其中主要分文、武两途，而核心思想是恢复“礼”或利用“礼”作号召。

“尊王攘夷”是春秋战国时期以武力整合华夷的表现。“尊王攘夷”首先出现于齐国，齐桓公在管仲的辅佐下励精图治，成为春秋五霸之首。这种以“尊王攘夷”为指向的华夷观预示着当时华夷关系进入一个新的历史时期：一方面周王室日益衰落，中国已经分崩离析，夷狄的危害相当严重；另一方面周王室仍有道义力量，以“尊王”为号召，说明“礼”有重要的利用价值，“尊王攘夷”成为重新凝聚华夏、使中国免于分崩离析的核心价值观。所以，不仅春秋时期的齐桓公、晋文公等高举“尊王攘夷”大旗，即使是更加混乱的战国时期，拥有野心的秦惠王仍不敢接受张仪提出的伐韩以“据九鼎，桉图籍，挟天子以令天下，天下莫敢不

① (南朝宋)范晔撰，罗文军编：《后汉书》，西安，太白文艺出版社，2006年，第668页。

听，此王业也”[①]的激进主张。相反，秦惠王接受司马错的劝告攻取蜀国，既得了实惠又获正义之名。“夫蜀，西辟之国也，而戎狄之长也，而有桀、纣之乱。以秦攻之，譬如使豺狼逐群羊也。取其地，足以广国也；得其财，足以富民；缮兵不伤众，而彼以服矣。故拔一国而天下不以为暴，利尽西海诸侯不以为贪。是我一举而名实两附，而又有禁暴正乱之名。今攻韩劫天子，劫天子，恶名也，而未必利也，又有不义之名，而攻天下之所不欲，危。”[②]在这种形势下，在一定程度上便形成“戎狄豺狼，不可厌也；诸夏亲暱，不可弃也”[③]之认同。由于“尊王攘夷”产生的巨大影响，孔子等均将管仲和齐桓公视为中国及华夏文化的救星。“管仲相桓公，霸诸侯，一匡天下，民到于今受其赐。微管仲，吾其被发左衽矣!”[④]《公羊传》亦称：“南夷与北狄交，中国不绝若线，桓公救中国，而攘夷狄，卒怗荆，以此为王者之事也。”[⑤]

如果说管仲等提倡的“尊王攘夷”主要是各诸侯在“礼”的名义下以武力整合华夷秩序，那么，春秋战国时期以孔子为首的士人则是真正从文化方面整理华夷观，使华夷观念更深地融入中国传统文化，其主要原则就是后人一直遵循的以文化与道德区别华夷进而以夏变夷。“幽、厉之后，王道缺，礼乐衰，孔子修旧起废，论《诗》《书》，作《春秋》，则学者至今则之。”[⑥]《春秋》及其三传等文献中有很多以礼进退华夷的言辞，如《穀梁传》僖公三十三年曰：

> 夏，四月辛巳，晋人及姜戎败秦师于殽。不言战而言败何也？狄秦也。其狄之何也？秦越千里之险，入虚国，进不能守，退败其师徒，乱人子女之教，无男女之别，秦之为狄，自殽之战始也。

《公羊传》定公四年评价吴入楚后的无礼行为，解释《春秋》为何将吴从尊称为子再度贬为夷狄。

---

① (汉)刘向编集，贺伟、侯仰军点校:《战国策》,济南，齐鲁书社，2005年，第32页。

② (汉)刘向编集，贺伟、侯仰军点校:《战国策》,济南，齐鲁书社，2005年，第32页。

③ (春秋)左丘明著，蒋冀骋点校:《左传》,长沙，岳麓书社，2006年，第40页。

④《论语·宪问》。

⑤ (战国)公羊高撰，顾馨、徐明校点:《公羊传》,沈阳，辽宁教育出版社，1997年，第40页。

⑥ (汉)司马迁著，甘宏伟、江俊伟评注:《史记》,武汉，崇文书局，2010年，第759页。

吴何以不称子?反夷狄也。其反夷狄奈何?君舍于君室，大夫舍于大夫室，盖妻楚王之母也。

礼即文化作为华夷界限的模式，应该是西周特别是春秋战国时期社会环境的产物，主要在于当时诸侯混战导致“礼坏乐崩”，同时华夷交错混杂并无明显界限，战争更加剧了这种混杂状态。“晋文公欲修霸业，乃赂戎狄通道，以匡王室。秦穆公得戎人由余，遂霸西戎，开地千里。及晋悼公，又使魏绛和诸戎，复修霸业。是时，楚、晋强盛，威服诸戎，陆浑伊洛阴戎事晋，而蛮氏从楚。”[①]所以，礼是解决上述问题的良方，它既是对中原诸侯的约束，也是对战争的谴责，追求文化一统下的华夷融合，目标是实现共同文化背景下的大一统。因此，这一时期以礼（即文化）整合华夷是一种积极进取的方式，是中国大一统王朝建立的重要条件和保障。无论是“远人不服，则修文德以来之；既来之，则安之”，还是“天子失官，学在四夷”，抑或是“夷狄入中国，则中国之；中国入夷狄，则夷狄之”，只有放在春秋战国时期这一大的社会背景下才能显示出礼在中国历史发展中的合理性和进取精神。

不过，随着中国大一统王朝的建立，华夷之间的界限与此前相比有了很大不同，主要是原来进入和接近中原的夷已经成为华的一部分，中国的边界日益清晰并渐趋稳定，其他未被同化的夷也很难再被中国文化同化，因而形成了实际上比较固定的华夷秩序。中国成为固定的华，中国以外被称为夷。在这种情况下，于先秦时期形成的华夷观念其实已失去它本来的核心价值作用，但种种原因又使其未能退出历史舞台，或者说并没有形成另一种更具合理性的中外关系观念及其模式，因而秦汉以后面对华夷观问题时常产生争议，甚至是激烈的斗争。西汉时期的盐铁会议是时间最早、规模最大的一次争议，会议围绕应该采取军事方式还是文化方式对待匈奴展开辩论，虽然会议的目的是反省汉武帝以来的政策，包括对匈奴的武力政策，但也说明主要以文化衡量华夷、解决华夷问题的固有模式已经有一些不合时宜。正因如此，主张以文化解决华夷问题者其实也主要立足于民族意识，一方面谴责武力扩张政策，另一方面也主张修正以文化别华夷、融合华夷的文化政策，这与先秦时期的华夷观有明显区别。当然，这些人也并未完全否定固有的华夷观念，认为“若陛下不弃，加之以德，施之以惠，北夷必内向，款塞自至，然后以为

---

① (南朝宋)范晔撰，罗文军编:《后汉书》，西安，太白文艺出版社，2006年，第668页。

胡制于外臣，即匈奴没齿不食其所用矣。”但同时他们也指出西汉时期的中外关系已与先秦时期有根本不同，这才是更合理的判断：“周之季末，天子微弱，诸侯力政，故国君不安，谋臣奔驰。何者？敌国众而社稷危也。今九州同域，天下一统，陛下优游岩廊，览群臣极言至论，内咏雅颂，外鸣和銮，纯德粲然，并于唐虞，功烈流于子孙。夫蛮貊之人，不食之地，何足以烦虑，而有战国之忧哉？”[①]所以，主张以文化方式解决匈奴问题者的观点实质是放弃武力征服，致力于中国本土的安康富裕才是最理想的选择。“中国，天地之中，阴阳之际也，日月经其南，斗极出其北，含众和之气，产育庶物。今去而侵边，多斥不毛寒苦之地，是犹弃江皋河滨，而田于岭阪菹泽也。”[②]即使是退而求其次，也是要以文化吸引四夷。因此，在这种背景下，才会出现如前所述的严尤、班固等人的言论，其认为在处理华夷关系方面“周得中策，汉得下策，秦无策焉”，主张对蛮夷“外而不内，疏而不戚，政教不及其人，正朔不加其国”，即维持固定的华夷秩序。

秦汉以后，华夷观念在不同历史时期不断被强调，尽管其中也有自相矛盾之处，特别是在少数民族入主中原时期更会产生复杂的纠葛，但基本延续了先秦时期的华夷观念。综合看来，华夷观念的主要内涵是强调中国文化的至高无上，即“圣人贵中国、贱夷狄，非私中国也。中国得天地中和之气，因礼义之所在。贵中国者，非贵中国也，贵礼义也”[③]。

思想观念是社会现实的反映，同时也为解决现实问题提供了资源。华夷观念在秦汉以后的中国历史进程中虽备受争议，但始终一以贯之。因为“远人不服，则修文德以来之”，以及“修其教，不易其俗；齐其政，不易其宜”等观念与政策对华夷而言都比较容易接受，特别是中国文化在相当长的历史时期一直处于领先地位，这种做法似乎更是理所当然。所以，随着秦汉以后大一统王朝的建立，中国虽有被外夷武力征服的历史，但以中原为核心的中国文化却始终一枝独秀，认同中国文化进而被中国文化同化成为入主中原的绝大多数少数民族的宿命，中国文化始终被置于华的位置一直没有大的改变。

---

① （汉）桓宽著，王利器校注：《盐铁论校注》（增订本），天津，天津古籍出版社，1983年，第160页。

② （汉）桓宽著，王利器校注：《盐铁论校注》（增订本），天津，天津古籍出版社，1983年，第179页。

③ （宋）陆九渊：《大学春秋讲义》，《陆象山全集》，北京，中国书店出版社，1992年，第175页。

以往学者多消极地评价华夷观，但与天下观相比，华夷观其实是承认中国与外国的区别，是更切合实际的一种观念，特别是其中的以地理为中心的狭义华夷观基本也可被视作一种民族和国家观念。《盐铁论》所记载的文学之言就是如此。

文学曰："尧使禹为司空，平水土，随山刊木，定高下而序九州。邹衍非圣人，作怪误，荧惑六国之君，以纳其说。此《春秋》所谓'匹夫荧惑诸侯'者也。孔子曰：'未能事人，焉能事鬼神？'近者不达，焉能知瀛海？故无补于用者，君子不为；无益于治者，君子不由。三王信经道，而德光于四海；战国信嘉言，而破亡如丘山。昔秦始皇已吞天下，欲并万国，亡其三十六郡；欲达瀛海，而失其州县。知大义如斯，不如守小计也。"①

令狐德棻等编的《周书》亦云：

盖天地之所覆载，至大矣；日月之所临照，至广矣。然则万物之内，民人寡而禽兽多；两仪之间，中土局而庶俗旷。求之邹说，诡怪之迹实繁；考之《山经》，奇谲之词匪一。周、孔存而不论，是非纷而莫辩。秦皇鞭笞天下，黩武于遐方；汉武士马强盛，肆志于远略。匈奴既却，其国已虚；天马既来，其民亦困。是知雁海龙堆，天所以绝夷夏也；炎方朔漠，地所以限内外也。况乎时非秦、汉，志甚嬴、刘，违天道以求其功，殚民力而从所欲，颠坠之衅，固不旋踵。是以先王设教，内诸夏而外夷狄；往哲垂范，美树德而鄙广地。虽禹迹之东渐西被，不过海及流沙；《王制》之自北徂南，裁称穴居交趾。岂非道贯三古，义高百代者乎。②

即使就广义的含义而言，华夷观也是中国传统文化所表达的民族、国家观念，即文化中国是中国的象征，这不同于近代西方的民族、国家观念。同时，华夷之辨的本质是对先进生活方式的肯定，所谓"人禽之别"就是这种理念的最初反映，与近代西方宣扬的"文明""野蛮"等观

① (汉)桓宽著，王利器校注：《盐铁论校注》(增订本)，天津，天津古籍出版社，1983年，第564页。

② (唐)令狐德棻等撰，陈勇等标点：《周书》，长春，吉林人民出版社，1995年，第425页。

念也无不同。从现实层面来说，武力只是解决问题的手段，文化（先进的生活方式）才是解决问题的根本。所以，华夷之辨是基于人类社会发展的理念和追求，从本质上了设定人类社会的关系及其目标，并在尽量避免冲突的基础上达到目标。如果说华夷观确有消极或自大的成分，那主要是因为其追求一种天下观。也就是说，即使中国不能以武力征服“天下”，也要靠文化相对于外国的优势（即“华”与“夷”的差别）使“夷”主动依附于“华”，进而取得名义上的“天下”。正是在天下观的限制下，秦汉以后的华夷观不能随着现实环境的变化及时进行调整，最终沦为比较僵化的模式。

另外，从文化交流角度而言，华夷观利于向外传播中国文化而不利于中国吸收外来文化。在中国文化高于周边文化的历史时期，它的消极作用尚不明显，但随着西方近代文化的兴起，中国文化的落后性不断显现，华夷观成为阻碍中国吸收西方先进文化的主要观念因素，华夷观也因此为近代以后主张学习西方的中国人所诟病。

可以说，关键的问题是“华”与“夷”是否实至名归，但这只能相对而言，并无绝对标准，古今莫不如是。

3.朝贡体制

中国中心观的主要外在表征就是朝贡体制，朝贡是天下观和华夷观的外化。如前所述，对外关系方面的“朝贡”是随着五服制的形成出现的，它是统治与服从的象征。朝贡体制是一种向心式的等级服从体制：中国居于中心受四夷朝贡，也是体制中的核心等级内容；朝贡的次数依据中国与四夷的远近亲疏程度依次递减，四夷与中国的关系也不完全相同，这是体制内的次级等级内容。朝贡与朝贡次数的规定是中国传统朝贡体制的重要内容。《周礼》中已有详细说明：

> 邦畿方千里。其外方五百里谓之侯服，岁壹见，其贡祀物。又其外方五百里谓之甸服，二岁壹见，其贡嫔物。又其外方五百里谓之男服，三岁壹见，其贡器物。又其外方五百里谓之采服，四岁壹见，其贡服物。又其外方五百里谓之卫服，五岁壹见，其贡材物。又其外方五百里谓之要服，六岁壹见，其贡货物。九州岛之外谓之蕃国，世壹见，各以其所贵宝为挚。

迄至晚清时期朝贡体制瓦解之前，朝贡是中国各王朝共同遵循的对外关系模式。虽然各个王朝对此的重视程度并不相同，有时甚至差异很大，但这种差异只是表现为朝贡的范围不同，朝贡的国家和地区不同，朝贡在国家体制中的地位也不同，而上述有关朝贡的本质内容基本是一致的。

费正清指出：

> 中国人与其周围地区，以及与一般“非中国人”的关系，都带有中国中心主义和中国优越的色彩。中国人往往认为，外交关系就是将中国国内体现于政治秩序和社会秩序的同一原则向外示范。因此，中国的外交关系也像中国社会一样，是等级制的和不平等的。①

事实上，任何国际关系理念及其体制都是由某一时期居于世界核心地位的国家制定的，它的主要原则必然是核心国家“国内体现于政治秩序和社会秩序的同一原则向外示范”，关键是这种理念和体制是否符合当时的国际需要，是否能为该体制内的主要国家所接受。既然中国的传统朝贡体制是前近代延续时间最长、覆盖范围最广的地区性世界秩序，就必然有其存在的合理性。概而言之，表现为如下几个方面。

首先，朝贡体制是一个松散的体制，是当时中国对外理念和生产力发展水平的反映，这种体制使宗主国与朝贡国都可以承受。朝贡体制的松散性有多种表现，主要表现在不干涉朝贡国内政和规定朝贡次数随着与中国远近亲疏关系的不同而递减等。

不干涉朝贡国内政主要是针对与中国关系比较密切的朝贡国，如朝鲜、越南等国家。这些朝贡国紧邻中国，受中国的影响较大，因而朝贡次数较多，其目的是维护中国边疆的稳定与安全，这是中国传统中典型的“天子得道，守在四夷”理念的表现。正因如此，这些朝贡国受中国的影响也很大。如何平衡彼此的关系，使朝贡国放心地“守在四夷”，宗主国也需要做出妥善的安排，即宗主国不干涉朝贡国内政。朱元璋甚至下令编订《皇明祖训》，劝诫后世子孙切勿兴兵外侵，并将朝鲜、日本、安南等15个海外国家列为“不征之国”。

朝贡体制松散性的另一表现是对外围朝贡国的控制比较宽松，并且越接近外围约束越少，所以中国的朝贡国多数只是名义上的，并无实质性内容。这主要是因为外围朝贡国不会对中国构成直接威胁，同时也是

---

① 〔美〕费正清：《中国的世界秩序：一种初步的构想》，陶文钊编选：《费正清集》，林海等译，天津，天津人民出版社，1992年，第4～5页。

受生产力发展水平制约的一种反映。如西汉时期到达中亚一带的张骞已经被时人喻为“凿空”，海路方面也只能到达今斯里兰卡一带，“黄支之南，有已程不国，汉之译使自此还矣”①。对朝贡国而言也是如此，如中国历史上朝贡国最多、范围最广的是郑和下西洋时期，原因之一便是海外朝贡使可以搭乘庞大、安全的中国宝船顺利到达中国。

当然，外围朝贡国的无实质性内容的朝贡只是相对于核心朝贡国而言的，实际上这些数量众多的外围朝贡国也是朝贡体制的必要部分，因为朝贡国越多，影响就越大，朝贡体制也更趋于稳定。同时，由于各朝贡国的目的并不相同，松散的体制为不同的朝贡国提供了不同的选择。所以，朝贡体制才能成为前近代覆盖面最广的地区性世界秩序。

其次，朝贡体制是维护权威的体制，符合宗主国与朝贡国的共同要求。维护权威表现为两个方面：一是通过朝贡及繁杂的礼仪维护宗主国的绝对权威；二是通过册封维护朝贡国的权威。其中，前者是主要方面。

费正清认为：“朝贡制度既像一个处理贸易、外交关系的机构在起作用，又像一种断言儒教秩序之普遍性的宗教仪式在起作用。”②黄枝连直接称之为“天朝礼治体系”。在18世纪末马戛尔尼使团因礼仪之争开启中西争端后，朝贡体制中的礼仪问题一直为人所诟病。朝贡体制呈现为“宗教仪式”或“天朝礼治体系”，主要在于它是华夷观特别是天下观的外在表现，具有某种神圣性，其目的就是强调它的不可侵犯。同时，繁杂的礼仪也是表现宗主国拥有强大的实力的一种方式，是既维护宗主国权威又避免使用武力的一种方式。所以，通过繁杂的礼仪维护权威在某种程度上是为了避免武力干涉。正因如此，朝贡体制主要是强调“朝贡”，进而出现来而不往的“天朝外交”。“《诗》曰：‘莫敢不来享，莫敢不来王。’荒服称其来，不言往也。”③

另外，繁杂的礼仪也包含对朝贡国与朝贡使的尊重，如《周礼·秋官·小行人》便称小行人“掌邦国宾客之礼籍，以待四方之使者。令诸侯春入贡，秋献功；王亲受之，各以其国之籍礼之。凡诸侯入王，则逆劳于畿，及郊劳、视馆、将币，为承而摈。凡四方之使者，大客则摈，小客则受其币而听其辞”。

① （汉）班固撰，陈焕良、曾宪礼标点：《汉书》上，长沙，岳麓书社，2008年，第667页。

② 〔加〕保罗·埃文斯：《费正清看中国》，陈同等译，上海，上海人民出版社，1995年，第195页。

③ （宋）欧阳修、（宋）宋祁撰，王小甫等标点：《新唐书》，长春，吉林人民出版社，1995年，第4360页。

册封是朝贡体制的另一程序，主要是针对与中国关系密切的朝贡国，其含义包括尊重宗主国与承认朝贡国两个方面，类同于近代两国之间建立正式的外交关系，是对朝贡国现实政权的支持，以维护朝贡国政治的稳定。

总之，朝贡体制中的繁杂礼仪既是手段又是目的，在避免使用武力的同时也维护了宗主国的权威，以和平的方式保证朝贡体制的运行。应该说，这在前近代是一种比较理想的地区性世界秩序的运作方式。

再次，朝贡体制是维护地区秩序的重要保障，对比较弱小的国家和地区而言更是如此。中国作为朝贡体制范围内的天下共主，无论在形式上还是实质上都具有维护秩序的责任，这种作用在古代中外关系的文献中有多种表现，其中主要通过军事和道义两种方式履行宗主国责任。以军事方式直接维护地区秩序主要是针对与宗主国有重大利害关系的问题，这方面比较典型的是中国在朝鲜半岛与日本的军事冲突，包括唐朝时期支持新罗和明朝时期阻击日本。从道义上维护地区秩序则更常见。《三国志》中就有早期来华的日本使节寻求中国道义支持的记载："倭女王卑弥呼与狗奴国男王卑弥弓呼素不和，遣倭载斯、乌越等诣郡说相攻击状。遣塞曹掾史张政等因赍诏书、黄幢，拜假难升米为檄告喻之。"[①]东南亚地区的许多国家也有寻求中国道义支持的情况，如明洪武年间，"安南、占城构兵，帝命翰林编修罗复仁、兵部主事张福谕令罢兵，两国皆奉诏"。"安南怙强，欲灭占城，反致丧败。帝遣官谕前王叔明毋构衅贻祸，以叔明实主国事也，叔明贡方物谢罪。"[②]这种道义外交随朝代更迭也一直延续了下来，例如清朝时期的琉球是弱小的岛国，将朝贡中国作为维护国家独立的重要保障。"琉球国小而贫，逼近日本，惟恃中国为声援。又贡舟许鬻贩各货，免征关税，举国恃以为生。其赀本多贷诸日本，国中行使皆日本宽永钱，所贩各货，运日本者十常八九。其数数贡中国，非惟恭顺，亦其国势然也。"[③]又如晚清时期清政府对越南与朝鲜的态度和行为主要也属于这一范畴。

事实上，上述见之于记载的文字大部分只是事端发生之后的一些特别处理情况，而加入朝贡体制本身就意味着遵守秩序，自然具有一种约

① (晋)陈寿撰，(南朝宋)裴松之注，武传点校：《三国志》，武汉，崇文书局，2010年，第388页。

② (清)张廷玉等撰，王天有等标点：《明史》，长春，吉林人民出版社，1995年，第5436～5437页。

③ 赵尔巽等撰，许凯等标点：《清史稿》，长春，吉林人民出版社，1995年，第10995页。

束力。所以，朝贡体制对于地区关系而言，正如明成祖致日本责其加入朝贡的表文中所言："天生斯民，立之主宰；大邦小国，上下相维，无非欲遂民之生耳。"[①]

最后，朝贡具有文化与经济交流价值，其中文化价值是朝贡体制本身包含的内容，经济利益是朝贡体制在发展过程中出现的一种附带结果，但在某些情况下经济利益甚至成为朝贡国追求的主要目的。中国是文明古国，其高度发达的文明是形成中国中心观的基础，推广中国文化也是朝贡体制所追求的核心利益之一。所以，日本学者西嶋定生提出"册封体制论"，主张古代东亚的国际秩序是以册封体制为媒介而形成，汉文化、儒教、律令制和佛教则是其四个标志。[②]

与文化价值相比，经济交流是朝贡体制的一种附带结果。本来，朝贡品与中国的回赠品都是象征性的，但在交往不便的时代，通过朝贡进行的商品流通逐渐成为重要的经济交流方式。相传商初大臣伊尹便开始制定四夷献令。张骞第二次出使西域时，为了笼络当地部族，携带了大量钱财物品，这也使秦汉以后向外推行的朝贡体制打上了较深的经济烙印。据《汉书》记载："拜骞为中郎将，将三百人，马各二匹，牛、羊以万数，赍金币帛直数千巨万，多持节副使，道可便遣之旁国。"[③]朝贡到明朝时达到鼎盛，故明代的朝贡关系常被称为朝贡贸易。例如，明朝根据厚往薄来的原则对日本的优遇，使参与其中的商人楠叶西忍称明朝"真乃罕有之善政国也"[④]。

综上所述，在近代西方主权、民族等观念兴起之前，中国的朝贡体制不失为一种维护地区性世界秩序的有效方式，在文化交流和社会进步方面也起到了积极的推动作用。"送往迎来，嘉善而矜不能，所以柔远人也。继绝世，举废国，治乱持危，朝聘以时，厚往而薄来，所以怀诸侯也。"[⑤]正如1879年清朝驻外公使曾纪泽对西方国际法人士所言："至于中国之接待边徼小国朝贡之邦，则列圣深仁厚泽，乃有远过于公法所载者，西洋人询诸安南、琉球、高丽、暹罗、缅甸之人，自能知之。"[⑥]与西方近代国际法

---

① 《明太宗实录》卷193，永乐十五年冬十月乙酉。

② 西嶋定生：『中国古代国家と東アジア世界』，東京大学出版会，1983年。

③ (汉)班固撰，陈焕良、曾宪礼标点：《汉书》(下)，长沙，岳麓书社，2008年，第1012页。

④ 藤田元春：『日支交通の研究(中近世篇)』，富山房，1938年，第160頁。

⑤ 《礼记·中庸》。

⑥ (清)曾纪泽：《出使英法俄国日记》，长沙，岳麓书社，1985年，第226页。

相比，朝贡体制的最大弊端就是形式上的不平等，这与强调国家主权等原则的形式平等的近代国际法对立，因而也逐渐失去了话语权。

二、中国中心观下的世界知识与世界认识

中国中心观是中国传统世界认识的核心理念，是在历史发展过程中形成的一种制度，影响着中国与外部世界的关系及其对外部世界的认识。在认识外部世界的具体实践中，中国中心观产生了何种影响，既关系到中国能否更准确地认识世界，能否正确地处理世界事务，也在很大程度上影响到中外关系的发展方向和中国中心观的结局。

从整体上看，中国中心观对古代中国世界认识发展的影响可谓利害参半：一方面，在明朝末年西方人沿新航路到达中国之前，由于中国的优越地位未受到挑战，这种自我中心主义理念促进了中国人积极地探索域外世界，扩展了中国的世界视野及其相关知识，因而其正面作用是显而易见的；另一方面，世界视野及其知识的扩展却没有带动世界认识水平的提升，中国传统世界认识在数千年内没有发生根本性变化，世界知识在中国中心观的解读下丧失了应有价值，甚至发生扭曲。所以，世界知识的丰富与世界认识的僵化都同中国中心观密不可分。

（一）中国中心观与世界视野及世界知识的扩展

中国中心观的形成是一个历史的过程，有许多条件，其中之一是中国是否居于中心，这不仅是一个观念性的文化命题，而且也是一个实证性的地理命题，而观念性的文化命题也应基本建立在实证性的地理命题之上，二者相辅相成，特别是在中国中心观萌芽的先秦时期。所以，在先秦文献中才有“九州”“四海”“四极”等概念，以证明中国确已达到当时的地理认识极限。这一时期，中国疆域的拓展与中国中心观既是同步进行的，也是相互支撑的。

随着秦汉以后大一统王朝的建立，中国的疆域逐渐固定，中国人的视野开始真正投向中国以外的世界，一方面继续向外探索世界以进一步证明中国中心观，另一方面通过朝贡体制实行文化上的中国中心观。此时，中国中心观已凝化为中国对外关系的核心价值追求，支撑和刺激着中国的对外交往。因此，大一统王朝建立后，中国中心观继续成为中国探索和了解世界的重要理由和条件。概括起来，中国中心观主要从以下两个方面推动了中国进一步了解世界。

首先，中国中心观扩展了中国的世界视野，拓宽了中国人的世界认识。天下观是中国中心观的核心内涵之一，拥有“天下”是传统中国政

治的合法性根据和理想性追求，因而它使中国不断探寻新的世界，尽可能地将自己的影响扩展到已知的世界。在这一过程中，军事、政治、文化、经济甚至个人都可能不同程度地受到这种观念的影响，进而拓展中国的世界视野。不过，这里只是围绕与中国中心观有直接关系的行为特别是政府行为，其中最典型的是各种出国使臣。19世纪以前，中国派出的使臣所承担的主要任务是基于中国中心观的宣扬国威，中国世界认识的范围也主要是这些使臣拓展的。

张骞是拓宽中国人世界视野的第一人，他出使西域的目的本来是联合大月氏抗击匈奴，与中国中心观本身没有太大的直接关系，但他后来有关西域的言行以及由他建议并得到汉武帝支持的开通中国西南对外交通，就明显受到中国中心观的影响。《史记·大宛列传》记载了这一过程：

> 天子既闻大宛及大夏、安息之属皆大国，多奇物，土著，颇与中国同业，而兵弱，贵汉财物；其北有大月氏、康居之属，兵强，可以赂遗设利朝也。且诚得而以义属之，则广地万里，重九译，致殊俗，威德遍于四海。天子欣然，以骞言为然，乃令骞因蜀犍为发间使，四道并出：出駹，出厓，出徙，出邛、僰，皆各行一二千里。[①]

同时，张骞在公元前119年第二次出使西域时，所到之处极力宣扬汉帝国的富饶和强大，弥漫着中国中心观。正是在张骞的经营下，汉帝国拓宽了自身的世界视野，认清周围没有和自己一样的庞大帝国，并看到了别国的自大：“滇王与汉使者言曰：‘汉孰与我大?’及夜郎侯亦然。以道不通故，各自以为一州主，不知汉广大。”[②]

汉朝开辟的丝绸之路是中国人世界视野的象征，隋朝人裴矩的三卷本《西域图记》中首次系统地记载了三条丝路通道，明确了中国在西北方向的视野，这与中国中心观也紧密地结合在一起。“大业初，西域诸蕃款张掖塞与中国互市，炀帝遣矩监其事。矩知帝方勤远略，欲吞并夷狄，乃访西域风俗及山川险易、君长姓族、物产服章，撰《西域图记》三卷，入朝奏之。”[③]《西域图记》已佚，《隋书·裴矩传》收录了该书的“序论”部分：

---

① (汉)司马迁著，甘宏伟、江俊伟评注:《史记》，武汉，崇文书局，2010年，第715~716页。

② (汉)司马迁著，甘宏伟、江俊伟评注:《史记》，武汉，崇文书局，2010年，第668页。

③ (后晋)刘昫等撰，廉湘民等标点:《旧唐书》，长春，吉林人民出版社，1995年，第1519页。

> 臣既因抚纳，监知关市，寻讨书传，访采胡人，或有所疑，即详众口。依其本国服饰仪形，王及庶人，各显容止，即丹青模写，为《西域图记》，共成三卷，合四十四国。仍别造地图，穷其要害。……发自敦煌，至于西海，凡为三道，各有襟带。北道从伊吾，经蒲类海铁勒部突厥可汗庭，度北流河水，至拂菻国，达于西海。其中道从高昌、焉耆、龟兹、疏勒，度葱岭，又经钹汗、苏对沙那国、康国、曹国、何国、大小安国、穆国，至波斯，达于西海。其南道从鄯善、于阗、朱俱波、喝槃陀，度葱岭，又经护密、吐火罗、挹怛、忛延、漕国，至北婆罗门，达于西海。其三道诸国，亦各自有路，南北交通。其东女国、南婆罗门国等，并随其所往，诸处得达。故知伊吾、高昌、鄯善，并西域之门户也。总凑敦煌，是其咽喉之地。[①]

就中国的对外影响而言，能与汉朝媲美的是唐朝。“汉威令行于西北，故西北呼中国为汉；唐威令行于东南，故蛮夷呼中国为唐。”[②]无论是西北地区的陆路对外交通，还是东南方面的海路交通，唐朝都超过了汉朝，各种方式的中外交流皆获得全面发展，其中具有中国中心观色彩的官方对外交通，开拓和代表了唐朝的世界视野。据《新唐书·地理志》记载：

> 天宝中，玄宗问诸蕃国远近，鸿胪卿王忠嗣以《西域图》对，才十数国。其后贞元宰相贾耽考方域道里之数最详，从边州入四夷，通译于鸿胪者，莫不毕纪。其入四夷之路与关戍走集最要者七：一曰营州入安东道，二曰登州海行入高丽渤海道，三曰夏州塞外通大同云中道，四曰中受降城入回鹘道，五曰安西入西域道，六曰安南通天竺道，七曰广州通海夷道。其山川聚落，封略远近，皆概举其目。州县有名而前所不录者，或夷狄所自名云。[③]

由于贾耽的著作多佚，其著作中原始记录的详细程度不得而知，但仅据上文所转载的对外交通的七条道路，便能大致获知中外交往的频繁程度

---

① (唐)魏征等撰:《隋书》,北京,中华书局,1973年,第1579～1580页。

② (宋)朱彧:《萍洲可谈》,北京,中华书局,1985年,第25页。

③ (宋)欧阳修、(宋)宋祁撰,王小甫等标点:《新唐书》,长春,吉林人民出版社,1995年,第674～675页。

和唐朝世界视野的广度。这七条道路既有陆路又有海路，其中“广州通海夷道”是最重要的对外交往通道之一，它从中国广州出发，远及波斯湾并与东非沿海联为一体，开启了中国的“海洋时代”。

明朝是中国中心观表现最典型的时期，在规模庞大的朝贡体制的影响下，中国的世界视野得到了进一步拓展。同其他王朝相比，明朝的特点是皇权在中外关系中的强势，这种强势表现在出国使臣的派遣也完全由皇帝垄断且多用宦官上。“成祖时，锐意通四夷，奉使多用中贵。西洋则和、景弘，西域则李达，迤北则海童，而西番则率使侯显。”①在明朝的竭力经营下，特别是随着郑和七下西洋，中国更深入地探寻了广大世界，成为欧洲地理大发现之前世界知识最丰富的国家之一。例如《郑和航海图》以南京为起点，最远到非洲东岸的蒙巴萨（今肯尼亚），所收外国地名约三百个，充分反映了当时中国人世界视野的广阔程度。

从张骞出使西域到郑和下西洋，中国的世界视野不断扩大，基本覆盖了东起日本、西到非洲东岸、北迄蒙古高原和中亚地区，南到东南亚这一广大地区，对北非和欧洲的部分地区也有所了解。在新航路开辟前，这样的世界视野独领风骚。

其次，中国中心观下的中外交往为中国提供了较丰富的世界知识。中国古代世界知识的来源主要有官方和私人两种渠道，其中官方渠道主要是以宣谕诸国朝贡、册封等名义派出的使臣，以及各朝贡国使臣等，这种因官方中外交通而积累的世界知识自然是中国中心观之余惠。这些文献和著作大致可分为三类。

一是朝贡国朝贡之时中国借机获取的世界知识。朝贡作为中国传统对外关系的主要外在形式，在中国的不同朝代和时期，朝贡国的范围和朝贡次数有很大差异，但总体而言规模相当可观。例如朝贡次数较多的唐、明两朝，“据初步统计，有唐一代，共约有71个国家遣使来华共582次。”“明太祖在位期间，来朝国家计有30国……总计131次。”②这些朝贡使为中国了解世界提供了重要的契机。

在中国国内，围绕朝贡形成了各种完备的体制和制度，其中也包括通过朝贡了解世界。从西周开始，中国便建立了通过朝贡使了解世界的制度，并为以后的各王朝所共同遵循。《周礼·夏官·职方氏》记载：“职方氏掌天下之图，以掌天下之地。辨其邦国、都鄙、四夷、八蛮、七

① (清)张廷玉等撰，王天有等标点:《明史》，长春，吉林人民出版社，1995年，第5099页。

② 何芳川:《古代来华使节考论》，《北京大学学报》(哲学社会科学版)2005年第3期。

闽、九貉、五戎、六狄之人民，与其财用、九谷、六畜之数要，周知其利害，乃辨九州之国，使同贯利。”汉武帝设置大鸿胪主管四夷事务。东汉时期又有“客曹尚书主外国夷狄事”①。唐朝有鸿胪寺、礼部主客、兵部职方等机构管理四夷和朝贡。“蕃客奏事，具至日月及所奏之宜，方别为状，月一奏，为簿，以副藏鸿胪。”②“职方郎中、员外郎各一人，掌地图、城隍、镇戍、烽候、防人道路之远近及四夷归化之事。凡图经，非州县增废，五年乃修，岁与版籍偕上。凡蕃客至，鸿胪讯其国山川、风土，为图奏之，副上于职方；殊俗入朝者，图其容状、衣服以闻。”③宋朝为了确保对大小国家“待遇之礼不致失当”，“初入贡者，仍询问其国远近、大小、强弱，与已入贡何国为比”，上奏朝廷。④元沿袭前代旧制，会同馆官员负责向贡使询问他们各自国家的情况，并据此编制成《职贡图》。“壬寅，礼部言：‘会同馆蕃夷使者时至，宜令有司仿古《职贡图》，绘而为图，及询其风俗、土产、去国里程，籍而录之，实一代盛事。’从之。”⑤可见，即使没有承袭多少中国传统文化的元朝统治者也借鉴了传统中国通过朝贡来了解和记录世界信息的方式。明朝是中国中心观的代表时期，各国来华朝贡的次数、规模等都是空前的，围绕朝贡获取的世界知识也相应增多。明朝还设立了四夷馆，专门负责四夷往来文书的翻译，培养外交翻译人员。万历年间提督四夷馆的王宗载还撰写了《四夷馆考》，整理了一些相关资料。清代沿袭明制并改四夷馆为“四译馆”，继续通过朝贡了解更多的世界信息。

从南朝梁元帝萧绎的《职贡图》，到清中叶的《皇清职贡图》，在千余年的时间里，此类作品成为中国描述世界的重要图像资料。这些主要通过朝贡而绘制的“职贡图”虽只有人物图像和简单的文字说明，但在域外知识匮乏的古代仍具有重要的价值，可以比较形象地认识世界。如清人对《皇清职贡图》有很高评价：“每图各绘其男女之状，及其部长属众衣冠之别。凡性情习俗，服食好尚，罔不具载。考《南史》载梁武帝使裴子野撰《方国使图》，广述怀来之盛，自荒服至海表凡二十国。张彦

① (南朝宋)范晔撰，罗文军编：《后汉书》，西安，太白文艺出版社，2006年，第806页。

② (宋)欧阳修、(宋)宋祁撰，王小甫等标点：《新唐书》，长春，吉林人民出版社，1995年，第738页。

③ (宋)欧阳修、(宋)宋祁撰，王小甫等标点：《新唐书》，长春，吉林人民出版社，1995年，第707页。

④《庆元条法事类》卷78《蛮夷门》。

⑤ (明)宋濂等撰，余大均标点：《元史》，长春，吉林人民出版社，1995年，第184页。

远《历代名画记》载梁元帝有《职贡图》。史绳祖《学斋佔毕》引李公麟云，元帝镇荆州，作《职贡图》，状其形而识其土俗，凡三十余国。其为数较今所绘不及十分之一。至《山海经》所载诸国，多出虚撰，概不足凭。《汉书·西域传》以下，史家所述，多出传闻。核以道里山川，亦往往失实。又不及今之所绘，或奉赘贡篚，亲睹其人；或仗钺乘轺，实经其地。允摄提合雒以来所未睹之隆轨。”①

其他各种通过朝贡撰述的文献也很多，如北宋时期除了有崔峡《列国入贡图》20卷、佚名的《华夷列国入贡图》《西南蛮夷朝贡图》等上述图籍类文献外，还有宋敏求《朝贡录》20卷、李清臣等《元丰土贡录》2卷、《安南土贡风俗》1卷、《诸蕃进贡令式》等。可以看出，在不同历史时期中国都通过朝贡留下了丰富文献和著作以了解世界，可惜绝大部分已佚失。

二是中国宣谕、册封等出国使臣留下的文献和著作。宣谕、册封等是以维护中国中心观为目的的朝贡体制的主要程序之一，从汉朝开始中国的各种出国使臣便络绎于道。汉朝使臣已留下出使的专门著作，如班勇的《西域风土录》等。不过，汉朝时期地理学仍不发达，《汉书·地理志》是班固新立的体裁，但《艺文志》仍使用《七略》的分类方法，并没有独立的史学类和地理学类著作。如《山海经》等被列入形法类，“形法者，大举九州之势以立城郭室舍形，人及六畜骨法之度数，器物之形容，以求其声气贵贱吉凶”②。

秦汉以后的近四百年间是中国的各种割据政权相互混战的历史时期，政府派遣出国使臣的次数相对减少，但也有以朱应、康泰为代表的遣臣留下了相关文献。朱应、康泰奉命“南宣国化”③，出使了扶南、林邑及南洋诸国。“及吴孙权时，遣宣化从事朱应、中郎康泰通焉。其所经过及传闻则有百数十国，因立记传。”④朱应写了《扶南异物志》一书，叙述其经历，介绍了扶南、林邑、天竺、大秦等国的信息，康泰也著有《吴时外国传》一书，记载其所见所闻。

隋朝又恢复了秦汉的大一统格局，内部的统一使统治者能够将视野转向九州之外。特别是隋炀帝，积极向外派遣使臣。在隋炀帝统治时期，

① 《四库全书总目提要》卷71《史部二十七·地理类四·外纪之属·皇清职贡图》。

② (汉)班固撰，陈焕良、曾宪礼标点:《汉书》上，长沙，岳麓书社，2008年，第698页。

③ (晋)陈寿撰，(南朝宋)裴松之注，武传点校:《三国志》，武汉，崇文书局，2010年，第616页。

④ (唐)李延寿撰，陈苏镇等标点:《南史》，长春，吉林人民出版社，1995年，第1112页。

使臣留下了两部著作，即常骏的《赤土国记》和韦节的《西蕃记》。据《隋书》记载："炀帝即位，募能通绝域者。大业三年，屯田主事常骏、虞部主事王君政等请使赤土。帝大悦，赐骏等帛各百匹，时服一袭而遣。"[①]"炀帝时遣侍御史韦节、司隶从事杜行满使于西蕃诸国。"[②]受此风气影响，隋朝还有几部佚名的外国传记，如《大隋西国传》《诸蕃国记》《诸蕃风俗记》等，特别是裴矩的《西域图记》详细地叙述了中国西北方向的诸国家和地区，显示了当时隋朝对外的积极态度。

隋朝的短暂统治给唐朝统治者以深刻教训，其中对外关系方面就是避免好大喜功。魏徵主修的《隋书》即认为："若深思即叙之义，固辞都护之请，返其千里之马，不求白狼之贡，则七戎九夷，候风重译，虽无辽东之捷，岂及江都之祸乎！"[③]李延寿在《北史》中亦云："及隋氏受命，克平九宇，炀帝纂业，威加八荒，甘心远夷，志求珍异。故师出流求，兵加林邑，威振殊俗，过于秦、汉远矣。虽有荒外之功，无救域中之败。《传》曰：'非圣人，外宁必有内忧。'诚哉斯言也。"[④]但唐朝是传统中国的鼎盛时期，形成了实际上以中国为中心的地区性世界秩序，中国对世界的了解也继汉帝国之后进入另一个明显的发展时期。当时的中国是世界政治、经济、文化的中心，世界知识通过多种渠道流入中国，如商人、僧侣等，出国使臣也是其中的重要部分。《新唐书》史部地理类收录唐朝及其以前的有关外国著作共数十部，其中唐朝出国使臣著作包括王玄策《中天竺国行记》10卷、《西域国志》60卷、达奚通《海南诸蕃行记》1卷、顾愔《新罗国记》1卷等。《西域国志》为"高宗遣使分往康国、吐火罗，访其风俗物产，画图以闻。诏史官撰次，许敬宗领之，显庆三年上"[⑤]。《新罗国记》的作者顾愔则是唐大历年间跟随归崇敬出使新罗之从事。

明朝为推行中国中心观频繁地向国外派使，使臣撰述的外国著作也达到传统中国的顶峰。《明史·艺文志》地理类收录的明代使臣著作共11部，其中关于朝鲜的有倪谦《朝鲜纪事》1卷、张宁《奉使录》2卷、钱

---

① (唐)魏征等撰:《隋书》,北京,中华书局,1973年,第1834页。

② (唐)魏征等撰:《隋书》,北京,中华书局,1973年,第1841页。

③ (唐)魏征等撰:《隋书》,北京,中华书局,1973年,第1860页。

④ (唐)李延寿撰,陈勇等标点:《北史》,长春,吉林人民出版社,1995年,第1733页。

⑤ (宋)欧阳修、(宋)宋祁撰,王小甫等标点:《新唐书》,长春,吉林人民出版社,1995年,第915页。

溥《朝鲜杂志》3卷、龚用卿《使朝鲜录》3卷；出使西洋的有马欢《瀛涯胜览》1卷、费信《星槎胜览集》2卷和《天心纪行录》1卷，其他有李思聪洪武中出使缅国所记《百夷传》1卷、陈诚《西域行程记》2卷、钱溥《使交录》1卷、谢杰《使琉球录》6卷。当然，明朝出国使臣撰写的外国著作远不止上述11部，以郑和七下西洋为例，除了前面的三部著作之外，还有巩珍的《西洋番国志》等。这些文献或是开拓了中国世界知识的新领域，或是补充和修正了此前中国的世界知识，使明朝成为传统中国积累世界知识最丰富的历史时期。

另外，出国使臣留下专门著作的毕竟是少数，因此，除了专门著作外，其他各种直接文献也应不少，只是保存下来的不多。不过，这方面情况比较复杂，一些相关文献多少都有受出国使臣影响的痕迹。

三是综合性的著作，其中最集中的是正史中的“四夷传”，它的主要知识来源是官方渠道的中国出国使臣和朝贡国使臣的文献。由于其他零散的中外交通史著作大多佚失，以正史“四夷传”为代表的综合类著作的文献价值更加凸显，留下了古代中外交往的基本线索。

中国自古以来就非常重视史学。“案《周官》《礼记》，有太史、小史、内史、外史、左史、右史之名。太史掌国之六典，小史掌邦国之志，内史掌书王命，外史掌书使乎四方，左史记言，右史记事。”①“外史掌书使乎四方”等说法表明中国很早就有专门负责记录海外世界信息的史官，这种传统使中国在不同时期留下了丰富的海外文献，为修史提供了极大方便。

从《史记》开始，随着大一统王朝建立后中外交通的逐渐展开，《大宛列传》《西南夷列传》等文献中有关域外情形的介绍便成为中国正史的必备内容。“汉既通使大夏，而西极远蛮，引领内乡，欲观中国。作大宛列传第六十三”②。由于汉朝的主要威胁是匈奴，因而其对外经营以西域为主，“自博望侯开外国道以尊贵，其后从吏卒皆争上书言外国奇怪利害，求使。天子为其绝远，非人所乐往，听其言，予节，募吏民毋问所从来，为具备人众遣之，以广其道”③。《史记》《汉书》《后汉书》有关西域地区的记载基本是对朝贡使特别是中国出国使臣各种开拓事业的总结。正如《后汉书》所言：“班超遣掾甘英穷临西海而还。皆前世所不

① (唐)刘知几:《史通》,沈阳,辽宁教育出版社,1997年,第89~90页。

② (汉)司马迁著,甘宏伟、江俊伟评注:《史记》,武汉,崇文书局,2010年,第767页。

③ (汉)司马迁著,甘宏伟、江俊伟评注:《史记》,武汉,崇文书局,2010年,第717页。

至，《山经》所未详，莫不备其风土，传其珍怪焉。于是远国蒙奇、兜勒皆来归服，遣使贡献。”“今撰建武以后其事异于先者，以为《西域传》，皆安帝末班勇所记云。”[①]

随着唐朝官修正史制度的确立，为前朝修史成为定例，形成了完备的正史著作体系。同时，唐朝是中外交通发达时期，与此有关的管理机构也更加完善，其中包括鸿胪寺、礼部主客、兵部职方及市舶司等，这些机构都从不同层面管理中外交通，并留下了相关的文献和资料。如礼部下设“主客郎中、员外郎各一人，掌二王后、诸蕃朝见之事。……使绝域者还，上闻见及风俗之宜、供馈赠贶之数。”[②]因此，唐代不仅官修正史出现高潮，而且也为后世纂修唐史提供了丰富的域外文献。《新唐书·南蛮传》为林邑、婆利、罗刹等30国立传，提到的国家或地区有奔浪陀、大浦、西屠夷等31个。所以，随着朝贡体制的推广和完善，正史中有关四夷的内容也不断得到丰富，成为记载古代中外交通的基本文献。

除正史之外，其他综合性的文献著作中自然也汇集了朝贡体制下形成的世界知识。以杜佑的《通典》为例，其边防部分所收的相关中外交通资料基本依据朝贡体制下的言行，如《通典·边防四·南蛮下·海南序略》称：

> 海南诸国，汉时通焉。大抵在交州南及西南，居大海中洲上，相去或三五千里，远者二三万里。乘船举帆，道里不可详知。外国诸书虽言里数，又非定实也。其西与诸胡国接。元鼎中，遣伏波将军路博德开百越，置日南郡。其徼外诸国，自武帝以来皆献见。后汉桓帝时，大秦、天竺皆由此道遣使贡献。及吴孙权，遣宣化从事朱应、中郎康泰使诸国，其所经及传闻，则有百数十国，因立记传。晋代通中国者盖鲜。及宋、齐，至者有十余国。自梁武、隋炀，诸国使至逾于前代。大唐贞观以后，声教远被，自古未通者重译而至，又多于梁、隋焉。其无异闻，亦不复更记。[③]

另外，还有一些零散的私人著作也属于综合中外官方交通资料而形

① (南朝宋)范晔撰，罗文军编：《后汉书》，西安，太白文艺出版社，2006年，第680、681页。

② (宋)欧阳修、(宋)宋祁撰，王小甫等标点：《新唐书》，长春，吉林人民出版社，1995年，第705～706页。

③ (唐)杜佑撰，王文锦等点校：《通典》，北京，中华书局，1988年，第5088页。

成的，其中的典型是唐朝宰相、著名地理学家贾耽撰著的多部地理学著作。贾耽在担任宰相前担任过鸿胪寺卿，熟悉四夷朝贡情况，担任宰相后更可以广泛地接触朝贡使与宣谕、册封使。《旧唐书·贾耽传》载："耽好地理学，凡四夷之使及使四夷还者，必与之从容，讯其山川土地之终始。是以九州之夷险，百蛮之土俗，区分指画，备究源流。"[①]《新唐书》录有贾耽的著作，包括"《地图》十卷，又《皇华四达记》十卷，《古今郡国县道四夷述》四十卷，《关中陇右山南九州别录》六卷，《贞元十道录》四卷，《吐番黄河录》四卷"[②]。

在西方资本主义制度兴起之前，国与国之间的关系基本是以政治为中心，政府的政治行为是其中的核心内容。应该说，受中国中心观影响的中国政府在对外关系方面的主流是积极的，无论是派使臣到国外还是接待，甚至催促朝贡，都从不同方面积累了丰富的世界知识，开阔了自身的世界视野。

(二)中国中心观与世界认识取向及世界知识的解读

中国中心观一方面对中国人世界视野和世界知识的扩展无疑起到了积极的促进作用，但另一方面也对中国古代世界认识的发展有相当程度的消极阻碍作用。

首先，在中国中心观的影响下，中国对自身以外的世界不太关心，因而或者主张"六合之外，圣人存而不论"，或者认为域外是蛮荒之地而予以贬低，这种中国中心观式的对外认识取向显然不利于深入认识世界。

中国传统世界意识中有追求"天下"的取向，但与此相对的另一种观念是主张放弃"天下"的追求，包括华夷观中也有约束中国向外探索的内容。这种对立观点即如西汉盐铁会议上大夫与贤良、文学各执一词，成为传统中国一直争议不休的话题。

因此，从秦汉走出九州开始，就不断有人对此提出质疑和予以谴责。"自古开远夷，通绝域，必因宏放之主，皆起好事之臣。张骞凿空于前，班超投笔于后，或结之以重宝，或慑之以利剑，投躯万死之地，以要一旦之功，皆由主尚来远之名，臣殉轻生之节。是知上之所好，下必有甚者也……古者哲王之制，方五千里，务安诸夏，不事要荒。岂威不能加，

① (后晋)刘昫等撰，廉湘民等标点:《旧唐书》，长春，吉林人民出版社，1995年，第2407页。

② (宋)欧阳修、(宋)宋祁撰，王小甫等标点:《新唐书》，长春，吉林人民出版社，1995年，第915页。

德不能被？盖不以四夷劳中国，不以无用害有用也。”[①]所以，从汉朝的严尤、班固之议到明朝时期反对郑和下西洋，这些言论都不利于中国探索和认识世界。可以说，古代中国一方面在实际中推行天下观，另一方面在舆论上反对天下观。

即使是主张和推行天下观，也并非和邹衍一样，“所谓中国者，天下八十一分之一，名曰赤县神州”，而是通过朝贡体制维系的以中国为中心的天下观。这种天下观其实仍是华夷观，它将天下分为“华”与“夷”两部分，“夷”自然野蛮落后，只是作为维护“华”的陪衬而存在。

这样，无论是主张还是反对天下观，其共同点是将九州之外的世界视为蛮荒之地，都不能促使中国进一步正确地认识世界。翻开中国历史上的文献，视域外世界为蛮荒之地的论述随处可见；同时，蛮荒之地既然不能纳入中国版图或使之“向化”，则不必认真对待，更谈不上深入探索和研究。清朝收复台湾后，甚至有人主张放弃，康熙帝本人也认为“台湾仅弹丸之地，得之无所加，不得无所损”[②]。幸而施琅及时纠正了这种错误认识：“台湾有地数千里，人民十万，弃之必为外国所踞，奸宄之徒窜匿其中，亦未可料。”康熙帝才转而强调“弃而不守，尤为不可”。[③]对近在咫尺的台湾都是如此认识，对域外世界的态度更可想而知。

以中国的近邻日本为例，双方交往很早，也有较多的来往渠道，特别是唐朝时期日本遣唐使先后大规模到中国学习，为中国了解日本提供了绝好条件。但从《三国志·倭人传》开始，直到明朝倭寇骚扰中国之前，中国对日本的认识一直没有什么大的进步。《三国志·倭人传》首次详细记述了日本情况，共2000余字，内容包括日本的地理方位、林立的诸国、风俗及其与中国特别是与曹魏的交往，其中比较重要的文字是对风俗的描述，如“男子无大小皆黥面文身”“不盗窃，少诤讼”“传辞说事，或蹲或跪，两手据地，为之恭敬”等内容。[④]但在此后很长的时期内，中国史书对日本的认识基本停滞，记载非常简略，缺乏深入的探索和考证。如《隋书·倭国传》有1500余字，《旧唐书·倭国传》不足800字，《新唐书·日本传》1200余字。以《新唐书·日本传》为例，其最有

---

① （唐）魏征等撰：《隋书》，北京，中华书局，1973年，第1859～1860页。

② 《清实录·圣祖实录》卷112，康熙二十二年十月丁未。

③ 《清实录·圣祖实录》卷114，康熙二十三年正月丁亥。

④ （晋）陈寿撰，（南朝宋）裴松之注，武传点校：《三国志》，武汉，崇文书局，2010年，第386～388页。

价值的部分是罗列了各天皇名字，但其他内容很少，还多有错误或模糊记载，如“隋开皇末，始与中国通”，“咸亨元年，遣使贺平高丽。后稍习夏音，恶倭名，更号日本。使者自言，国近日所出，以为名。或云日本乃小国，为倭所并，故冒其号。使者不以情，故疑焉”[①]。

古代中国不仅仅是对日本的认识模棱两可，其他方面的中外交通文献也有多种缺欠，如刘知几所言：“若夷狄本系，种落所兴。北貊起自淳维，南蛮出于槃瓠，高句丽以鳖桥获济，吐谷浑因马斗徙居。诸如此说，求之历代，何书不有？而作之者曾不知前撰已著，后修宜辍，遂乃百世相传，一字无改。”[②]上述这种缺陷有多种原因，但其中一个重要原因是只重视中外交通中的朝贡内容，并且热衷于古已有之的蛮夷描述。所以，中国中心观妨碍了国人深入了解域外世界。

其次，在中国中心观的消极影响下，中国对已有的域外知识、文献重视不够，或者从中国中心观角度诠释这些域外文献，妨碍了世界认识水平的提高。中国是文明古国，历史悠久，历代都有诸多记载域外世界的著作。除了如前所述的主要通过朝贡体制留下的官方著作外，还有很多私人著作。例如《隋书·经籍志》地理类中保存的有关边疆和域外史地著作书目便有法显《佛国记》，智猛《游行外国传》《交州以南外国传》《日南传》，朱应《扶南异物志》，张骞《出关志》，昙景《外国传》，法盛《历国传》《慧生行传》《林邑国记》《北荒风俗记》《诸蕃风俗记》《男女二国传》《突厥所出风俗事》，僧祐《世界记》《大隋翻经婆罗门法师外国传》，裴矩《隋西域图》《西域道里记》《诸蕃国记》等，其中除法显《佛国记》《慧生行传》等佛教著作外现在均已失传。唐朝及其以后的各种有关世界的著作数量更多，但保存下来的只是很小一部分。《四库全书总目提要》“外纪”类包括《四库全书》收录书和存目书两部分共51部著作，其中属于国内少数民族内容的有10部，明末清初传教士的著作3部。因此，《四库全书总目提要》中真正有关“外纪”的国人著作共38部，而绝大部分又是明、清时期的，其他时期的只有9部。可见，有关海外世界内容的著作佚失相当严重。这些著作的失传当然有多种原因，但同类性质著作的大规模失传，其主要原因之一是不受重视。

如前所述，古代中国对海外世界相当矛盾，这必然波及以海外世界

---

① (宋)欧阳修、(宋)宋祁撰，王小甫等标点:《新唐书》，长春，吉林人民出版社，1995年，第4480~4481页。

② (唐)刘知几:《史通》，沈阳，辽宁教育出版社，1997年，第29页。

为记述对象的著作。以裴矩为例，他作为隋及唐初的政治家和外交家，在《隋书》、《旧唐书》和《新唐书》中均有传，但时人对他的主要业绩即在西域的作为却都持否定态度。唐人认为："裴矩学涉经史，颇有干局，至于恪勤匪懈，夙夜在公，求诸古人，殆未之有。与闻政事，多历岁年，虽处危乱之中，未亏廉谨之节，美矣。然承望风旨，与时消息，使高昌入朝，伊吾献地，聚粮且末，师出玉门，关右骚然，颇亦矩之由也。"[①]宋人欧阳修等更认为"裴矩，其奸足以亡隋"[②]。这种评价看似是因隋朝的短暂统治而发，但其实蕴含着中国对外意识的一种传统取向，就是尽可能地减少与外部世界的接触，形成与天下观相对的另一种对外意识。在这样的舆论状态下，不仅裴矩在西域的做法受到非议，他撰写的具有总结性的中外交通史名著《西域图记》也未能传之久远，至《宋史》已不见其踪影。

与《西域图记》相比，元人汪大渊的《岛夷志略》是流传至今的极少数海外交通史著作之一，其能保存下来实属幸运。正如《四库全书总目提要》指出："考黄虞稷《千顷堂书目》及焦竑《国史经籍志》皆不载是书，唯钱曾《读书敏求记》载之，称为元人旧钞本，则此书久无刊版，传播殊稀。"[③]

如果说如裴矩的《西域图记》之类的有关中外交通著作的佚失情况比较复杂，那么销毁郑和七下西洋档案就是纯粹的"人祸"了，更是受观念影响导致文献失传的极端表现。所以，清人对空前绝后的郑和下西洋已相当陌生，《四库全书总目提要》存目类收录了马欢的《瀛涯胜览》一书，但对作者却一无所知，"观不知何许人。书中多记郑和出使时事，则作于永乐以后也"[④]。

即使是流传到现在的极少数有关海外的著述，我们也能从中看到，这些著作或被视为天方夜谭不被相信，或以猎奇心态权作消遣，致使这些海外著述未能发挥应有的作用。《四库全书总目提要》地理类著作共分十类，其中海外著作被称为"外纪"置于最后，并且被认为是"次外纪，

① (唐)魏征等撰:《隋书》,北京,中华书局,1973年,第1584页。

② (宋)欧阳修、(宋)宋祁撰,王小甫等标点:《新唐书》,长春,吉林人民出版社,1995年,第3019页。

③ (元)汪大渊著,苏继庼校释:《岛夷志略校释》,北京,中华书局,1981年,第389页。

④《四库全书总目提要》卷78《史部三十四·地理类存目七·瀛涯胜览》。

广见闻也”[①]。甚至对海外世界比较关心的人，也很少以客观正确的态度对待这些著作，有时也包括这些海外文献和著述的作者。汪大渊的《岛夷志略》是现今所存域外著作中以个人亲身经历记载地域范围最广的著作之一，作者两次浮海远航，记载了东起澎湖、台湾，西到非洲东岸北段的广大地区。该书在当时及明、清时期是很受重视的极少数域外著作之一，随郑和下西洋的马欢曾精研此书，《四库全书总目提要》也认为“大渊此书则皆亲历而手记之，究非空谈无征者比”[②]。即使如此，从下述文字仍可看出人们将该书视为野史奇闻之心态。作者本人在后序中便指出：“所过之地，窃尝赋诗以记其山川、土俗、风景、物产之诡异，与夫可怪可愕可鄙可笑之事……非徒以广士大夫之异闻，盖以表国朝威德如是之大且远也。”时人张翥在该书序言中称：“大抵一元之气，充溢乎天地，其所能融结为人为物。惟中国文明，则得其正气。环海于外，气偏于物，而寒燠殊候，材质异赋，固得其理也。”到了明代，钱曾在《读书敏求记》中专门选择了《岛夷志略》中有关珊瑚记载这个全书中最奇之事，随后推论出“其所记奇诡，率多类此。”[③]

由于从中国中心观角度释解这些海外著作，尽管从世界认识的广度和知识量来说，古代中国曾是世界上最发达的国家之一，但这些丰富的海外知识并未改变中国的自我中心观念，反而更强化了中国中心观。

所以，中国中心观对古代中国世界认识的发展既有积极的推动作用，也有消极的阻碍作用：前者主要表现为古代中国曾在比较广阔的范围内了解世界，但后者又使中国对海外世界漠视和不求甚解。因此，尽管世界认识的范围不断拓展，具体性的世界知识日益丰富，但世界认识的水平却没有明显提高，世界观念没有发生根本改变。

综合起来看，中国中心观作为古代中国人认知世界的一种结果，可谓正确与谬误并存，它对中国的影响也可以说是利害参半。不过，在新航路开辟和西方近代世界认识传播到中国之前，中国中心观有其生成的原因与存在的合理性，具体情况前已述及。正如美国传教士卫三畏所言：“中国人有着关于土地和人民的谬误而自傲的观念，这是可以谅解的，他们很少有欲望、更没有机会去弄清其实际情况如何；但是，他们会有着

① 《四库全书总目提要》卷68《史部二十四·地理类一》。

② (元)汪大渊著，苏继庼校释:《岛夷志略校释》，北京，中华书局，1981年，第389页。

③ (元)汪大渊著，苏继庼校释:《岛夷志略校释》，北京，中华书局，1981年，第385、2、388页。

这样的观念，无非由于他们在道德、艺术和学问上的成就大大削弱了这样的欲望，有助于免除责任，而赐福于他们。”[①]

第二节　日本传统世界认识中的“西蕃观”与“三国世界观”

日本是地处亚洲大陆东部边缘的岛国。近代以前，日本世界认识的基本趋向是在吸收中国传统世界认识特别是华夷观念的基础上不断追求自我中心意识。在这一过程中，日本传统世界认识其实被划分为两个系统，系统之间虽有关联并且也相互影响，但又基本独立：一是以日本与朝鲜半岛之间的关系构建的“西蕃观”，其特点是将朝鲜半岛国家视为日本的朝贡国，这种观念在前近代的日本一直存在并且其后仍有残留；一是以日本与中国之间的关系构建的系统，它基本是从依附中国到脱离中国的过程，即日本曾加入以中国为中心的朝贡体制，但7世纪以后便基本上退出中国的朝贡体制，9世纪以后形成了日本的“三国世界观”，日本与中国在其中都获得了相对的世界中心的位置。下面分别述之。

一、对朝意识中的西蕃观

日本对朝意识中的西蕃观脱胎于中国传统的世界认识，特别是其中的华夷观念，但又不同于中国：一方面，日本将朝鲜半岛诸国视为“西蕃”，要求其向日本朝贡，这是与华夷秩序观念相通的；另一方面，日本的“西蕃观”基本摒弃了中国传统的以文化别华夷的取向，甚至要求朝鲜半岛为其提供大陆先进的知识和人才。简言之，西蕃观保留了朝贡这一中国传统世界观念的外在形式，舍弃了作为华夷观念实质内涵的文化。荒野泰典在论述17世纪“日本型华夷秩序”时指出：“中国、朝鲜是以相对于周边国家和民族的文化方面的优越意识，自称为‘华’，其他被视为‘夷’；日本是以武力和天皇的存在为根据，自称为‘华’。”[②]永井秀夫也认为：“我国的华夷观，具有从道德的优越向‘力’的优越倾斜的趋

① 〔美〕卫三畏：《中国总论》（上），陈俱译，陈绛校，上海，上海古籍出版社，2005年，“初版序”，第2页。

② 荒野泰典：「日本型華夷秩序の形成」，朝尾直弘［ほか］編：『日本の社会史』第1巻，岩波書店，1987年，第214頁。

向。"[①]可以说,"日本型华夷秩序"自始至终是以武力维持朝贡为标志。

日本与朝鲜半岛的朝贡关系是西蕃观的核心内容,也是古代日本型华夷秩序的基石。[②]这种朝贡关系基本经历了三个发展阶段,是从强力控制性朝贡转变为正常朝贡,最后又变成观念性朝贡。在7世纪以前,是4~5世纪是强力控制性的朝贡阶段,日本采取强硬手段介入半岛事务,目标主要不是要求半岛朝贡而是直接控制,但观念上又认为存在朝贡关系;7~8世纪是正常朝贡阶段,这时的日本才与朝鲜半岛的新罗之间虽然对朝贡问题仍有争议,但朝贡关系基本是稳定的;9世纪以后双方之间的关系基本中断,直到15世纪后日本与朝鲜建立通信关系。这种关系在表面上似乎是平等的,但实际上并不平等,日本在观念方面将朝鲜视为朝贡国。

朝鲜半岛是日本距离亚洲大陆最近的地区,也是日本早期比较重视和熟悉的地区。以《日本书纪》为例,这本书是日本开始将海外世界作为重要记述内容的最古史书,有关海外地区的记述共1300余条,其中朝鲜半岛诸国便有1200余条,其他主要是以唐朝为首的中国诸王朝,合计不过百余条。[③]由此可见,古代日本世界认识的视野主要集中于朝鲜半岛诸国。

据朝鲜现存最古的史书《三国史记》记载,从公元前后起,日本就开始侵犯朝鲜半岛,新罗始祖八年(公元前50年),"倭人行兵,欲犯边,

---

① 转引自冯玮:《概论20世纪以前日本"西学"的基本历程》,《日本学刊》1996年第1期。

② 日本的朝贡国中还有8~10世纪的渤海国、15世纪后的琉球,但笔者认为这些国家在日本构筑的华夷秩序中并不占有什么地位。另外,有的学者认为,在日本的"小帝国"体制中,天皇或国家统治所及的范围称"化内",其外部教化所未及的区域称"化外",化外又分邻国、诸蕃、夷狄三种类型。参见石母田正『天皇と「諸蕃」——大寳令制定の意義に関して』,收入石母田正:『日本古代国家論』第一部,岩波書店1973年,第330~331頁;罗丽馨《日本型华夷观——七~九世纪日本的外交和礼仪》,《台湾师大历史学报》第35期。笔者认为,将日本国内的虾夷、隼人、南岛人等视为夷狄只是为了凑足"日本型华夷秩序",而且为时不长,在日本传统世界认识的进程中也无多少意义。所以,要求朝鲜半岛诸国向日本朝贡在日本传统世界意识中具有非常重要的意义,这也是尽管它与东亚正统的华夷观念有很大区别而日本却极力坚守的重要原因。而日本学者提出的"日本型华夷秩序"最初也是由朝鲜问题引起,认为以侵略朝鲜为代表的丰臣秀吉的大陆征服构想是为了实现"日本的中华意识",建立以日本为中心的新的亚洲国际秩序,这种观点受到日本学者的广泛关注,进而引出"日本型华夷秩序"这一学术问题。参见石原道博:『文禄庆长の役』,塙书房1963年;朝尾直弘:『鎖国』,岩波書店,2004年。

③ 井上秀雄:『古代日本人の外国觀』,学生社,1991年。

闻始祖有神德，乃还”[1]。《日本书纪》中对古代日本与朝鲜半岛交往的纪事，也始于公元前1世纪，并且认为是向日本朝贡。崇神天皇六十五年(公元前33年)，“任那国遣苏那曷叱知，令朝贡也”[2]。日本在朝鲜半岛大规模扩张势力当是在日本统一之后。“从公元4世纪后半叶开始，五王的时代是大和政权势力在朝鲜半岛达到全盛的时期。”[3]不过，当时日本在朝鲜半岛的实际情况仍有许多不明确的内容，如“任那日本府”等问题的争议。所以，以西蕃观为基石的日本型华夷秩序究竟从何时开始形成也难以定论。坂本太郎认为：“369年，应百济之请向半岛出兵，征讨新罗，平定了洛东江沿岸七国，西灭济州岛交给百济。于是百济王与日本使节同坐在磐石上，发誓永称西藩，朝贡日本。”[4]但沈仁安认为，《日本书纪》中所谓369年“‘己巳史实’的中心内容的‘七国平定’则应说是凭空的编造”，同时认为当时日本与百济“两国关系是对等的通好关系，而不是不平等的朝贡关系”，而且是日本首先派遣使节希望建交。[5]

根据日本当时在朝鲜半岛的扩张势头，以及日本已加入中国朝贡体制而接受的朝贡观念，要求朝鲜半岛的国家向日本朝贡是其可能的选择之一。问题的关键是如何确认日本所认同的朝贡以及朝贡关系在日本对半岛政策中的地位。由于原始文献的缺失，学界只能确认部分史实。首先是日本曾以强力手段控制百济、新罗等朝鲜半岛国家，包括质子现象和要挟处死国王等事实。4世纪末，百济、新罗曾在日本的要挟下以皇子质于日本。据朝鲜《三国遗事》称：新罗“那密王即位三十六年庚寅(390)，倭王遣使来朝曰：寡君闻大王之神圣，使臣等以告百济之罪于大王也。愿大王遣一王子，表诚心于寡君也。于是王使第三子美海以聘于倭。美海年十岁，言辞动止犹未备具，故以内臣朴娑览为副使而遣之。倭王留而不送三十年。”[6]《三国史记》载：397年，百济“王与倭国结好，以太子腆支为质”[7]。在此后的历史中，新罗等也多次被日本要求入质。如646年派遣高向玄理至新罗，要求新罗送人质至日本，因此有次年

① 〔高丽〕金富轼著，孙文范等校勘：《三国史记》，长春，吉林文史出版社，2003年，第2页。

② 『日本書紀』卷第五，崇神天皇六十五年秋七月，岩波書店，1967年。

③ 〔日〕井上清：《日本历史》上册，天津市历史研究所译校，天津，天津人民出版社，1974年，第31页。

④ 〔日〕坂本太郎：《日本史概说》，汪向荣等译，北京，商务印书馆，1992年，第37页。

⑤ 参见沈仁安：《日本起源考》，北京，昆仑出版社，2004年，第272、275页。

⑥ 〔高丽〕一然著，孙文范等校勘：《三国遗事》，长春，吉林文史出版社，2003年，第46页。

⑦ 〔高丽〕金富轼著，孙文范等校勘：《三国史记》，长春，吉林文史出版社，2003年，第299页。

金春秋的人质。百济王子余丰璋在日本为质30年，661年百济亡国后才由鬼室福信遣使向日本求援，并且要求迎接余丰璋回国以延续百济国脉。质子现象的长期存在说明双方之间关系的紧张和缺乏信任，并不存在正常的朝贡关系，也表明日本在双边关系中处于优势地位，双方并非平等关系。在这种强力控制下，百济甚至处死国王以满足日本的要求。据《日本书纪》载：392年，"百济辰斯王立之，失礼于贵国天皇。故遣纪角宿祢、羽田矢代宿祢、石川宿祢、木菟宿祢，责让其无礼状。由是百济国杀辰斯王以谢之，纪角宿祢等便立阿花为王而归"①。通过上述事例可以看出，当时的日本在朝鲜半岛拥有很强的势力，特别是对百济的控制非常严厉，因此双方可能存在朝贡关系。

其次，日本在朝贡中国时曾提出对朝鲜半岛的权利要求。451年，"赞死，弟珍立，遣使贡献。自称使持节，都督倭、百济、新罗、任那、秦韩、慕韩六国诸军事，安东大将军，倭国王"②。这一要求无论是既成事实还是希望通过中国实现既成事实，都表明日本在观念方面视朝鲜半岛的百济、新罗等为自己的势力范围。所以，这一时期即使存在朝贡关系，也只是强力控制性的朝贡关系，同时日本要求百济等国朝贡只是其次要目标，主要目标则是日本能在朝鲜半岛三国争雄的过程中积极地介入纷争，通过各种方式确立日本在半岛的绝对统治地位。这样，朝贡既不能满足日本要求，也不能保证百济等国的安全，朝贡关系对双方而言都不能实现自己的目标，这自然使朝贡关系更加难以稳定。"百济为对抗高句丽的侵略，需要日本的保护，但这种威胁一旦减弱，臣服的诚意也随之动摇。任那各国也是一有机会就要单独行动。"③有日本学者认为，日本的华夷思想至迟在这个时候就已经出现，因为据倭王武上宋顺帝的表文，"东征毛人五十五国，西服众夷六十六国，渡平海北九十五国"，其中"毛人""夷"等称谓是以文明自居者对落后民族的称呼。④

6世纪以后，东亚局势的发展明显不利于日本维持或继续扩张自己在半岛的势力，特别是要面对不断强大的新罗。663年，高句丽、百济和日本援军联合进攻驻守在白村江口的唐朝军队，遭到惨败，长期以来日本在朝鲜半岛的势力被基本根除。被驱逐出朝鲜半岛，这对日本来说是很

① 『日本書紀』卷第十，應神天皇三年。

② （梁）沈约撰，陈苏镇等标点：《宋书》，长春，吉林人民出版社，1995年，第1384页。

③ 〔日〕坂本太郎：《日本史概说》，汪向荣等译，北京，商务印书馆，1992年，第38页。

④ 片倉穰：『日本人のアジア觀——前近代を中心に』，明石書店，1998年，第20頁。

难接受的，但面对既成事实，此时最好的方式可能就是渲染日本地位一直高于朝鲜半岛国家，所以8世纪初成书的《古事记》《日本书纪》竭力强调日本与朝鲜半岛的朝贡关系。《古事记》有关域外地区的记述只有七条，却有著名的神功皇后讨伐新罗说：“其御船的波澜，押腾新罗之国，既到半国。于是其国王畏惶奏言：‘自今以后，随天皇命而，为御马甘，每年双船……共与天地，无退仕奉。’”[①]《日本书纪》的记载与《古事记》大同小异，同时更着意刻画了“日本乃神国”这一属性：“新罗王……乃今醒之曰：‘吾闻，东有神国，谓日本；亦有圣王，谓天皇，必其国之神兵也。岂可举兵以距乎？’即素旆而自服，素组以面缚，封图籍，降于王船之前，因以叩头之曰：‘从今以后，长与乾坤，代为饲部。’”[②]不仅新罗降服于日本，“高丽、百济二国主，闻新罗收图籍降于日本国，密令伺其军势，则知不可胜，自来于营外，叩头而款曰：‘从今以后，永称西蕃，不绝朝贡。’故因以，定内官家屯仓，是所谓之三韩也”[③]。神功皇后讨伐新罗说带有神话色彩，作为历史事实并不完全可信。不过，从4世纪后半期开始，日本确曾卷入朝鲜半岛诸国的纷争。据“好太王碑”记载，倭曾破百济、新罗；前述的《三国史记》中也有百济、新罗两国的太子质于日本的记录，但这些事实比神功皇后伐新罗说晚了近两个世纪。另外，神功皇后伐新罗说之所以成立，也与7世纪中期日本出兵帮助百济抵抗新罗、唐朝联军有关，这是古代日本最早的大规模海外军事行动，并且《古事记》等成书时此次军事行动刚刚过了半个世纪，作为历史事实对日本人来说肯定记忆犹新。虽然日本战败，新罗统一了朝鲜，但这反而更会使《古事记》《日本书纪》的编纂者刻意渲染带有神话色彩的神功皇后讨伐新罗说。神功皇后讨伐新罗说虽带有神话色彩，但从世界认识的角度看，它反映了日本形态的华夷观，并且为了显示其合理性，将时间尽量往前追溯。另外，《古事记》《日本书纪》的世界认识也留下了受中国传统世界认识影响的痕迹，如安万侣在《古事记》序言中便称：“道轶轩后，德跨周王。握乾符而摠六合，得天统而包八荒。”[④]

676年，新罗统一朝鲜改变了半岛的格局，日朝关系进入一个新阶

① 青木和夫[ほか]校注:『日本思想大系1古事記』,岩波書店,1982年,第198頁。

② 『日本書紀』卷第九,仲哀天皇九年冬十月。

③ 『日本書紀』卷第九,仲哀天皇九年冬十月。

④ 安万侣:『序』,青木和夫[ほか]校注:『日本思想大系1古事記』,岩波書店,1982年,第12頁。

段，即7~8世纪的典型朝贡时期。“668年新罗遣使日本，日本亦遣使新罗，此为白村江之战后，两国国交的恢复。此后新罗由于希望唐军撤出朝鲜半岛，开始与唐对立。同时为保障后方安全，与日本则维持朝贡关系。日本与新罗的国交，至7世纪末仍相当紧密，尤其新罗使节几乎连年使日。日本亦多次遣使至新罗。”[①]不过，双方也有矛盾和冲突，如689年持统天皇给新罗吊使的诏，指责新罗吊使级别低而有违前例。[②]这说明双方存在朝贡关系，同时也反映了朝贡关系中有不和谐的音调。这种不和谐在此时期一直断断续续地出现，如8世纪新罗朝贡使因不遵守朝贡礼仪被日本拒绝，包括使节不参加正月拜贺和大射仪、不携带国书、物品名称由“调物”改称“土毛”等。不过，就整体而言，这一时期是日本与朝鲜半岛之间最稳定的正常朝贡时期。

奈良时代结束后的9世纪，日本与朝鲜“几乎没有正式使节往来”[③]，新罗又于935年被王氏高丽取代，日本不久也进入中世的武家政治时代，社会比较混乱，双方一直没有什么正式的外交往来。直到15世纪以后，由于日本、朝鲜都接受了明朝的册封，被纳入东亚朝贡体制，朝鲜才又开始向日本派遣通信使，迄至19世纪初，通信使成为双方正式关系的象征。江户时代，朝鲜共向日本派遣了12次通信使。以通信使为标志的朝日关系，无论是具体操作还是日本对朝鲜通信使的态度，其实仍反映了日本视朝鲜为属国的潜在意识，这也是日本一直维持这一关系的重要原因之一。从具体操作看，通信使是朝鲜单方面的行为，日本并不向朝鲜派遣通信使，只是在朝鲜通信使回国时将日本的答书带回朝鲜，或者通过对马藩与朝鲜联系，这实际上是将朝鲜置于不平等的地位。正因如此，一旦稍有变故，日本便会责难朝鲜通信使。例如，室町幕府第四代将军足利义持拒绝明朝册封后便要求朝鲜通信使的文书改用日本年号。另外，日本对朝鲜通信使的认识也明显地继续着《日本书纪》时代的基本态度，通信使习惯被日本人称为“来朝”。所以，日本社会对朝鲜充满了蔑视，即如中井竹山在《草茅危言》中所言：“神功远征以来，韩国服从朝贡，属国之事历代不绝。今势虽异……本来蕞尔偏邦之使价，即令今非属国，

① 罗丽馨:《日本型华夷观——七~九世纪日本的外交和礼仪》,《台湾师大历史学报》第35期,第62页。

② 『日本書紀』卷三十,持统天皇三年五月。

③〔日〕坂本太郎:《日本史概说》,汪向荣等译,北京,商务印书馆,1992年,第118页。

亦不应为应接之事倾如斯天下之财粟。”[①]日本之所以在认识上仍将朝鲜作为属国对待，与双方早期的历史关系有关，但更重要的是把朝鲜视为属国乃日本型华夷秩序的基石，而如果去掉这块基石，便无法构建日本型华夷秩序。因此，在日本传统的世界认识中，朝鲜作为属国的身份很难更改。如此一来，尽管朝鲜实际上并非日本属国，但日本在观念上则将朝鲜视为“西蕃”，以此维持具有华夷色彩的日本传统世界认识。

二、从朝贡中国到三国世界观

在日本传统世界认识的发展过程中，中国问题自然是日本必须面对的核心问题。如何处理中国问题，反映了日本作为一个岛国和文明落后国家在长时期历史进程中的选择智慧，这种选择使日本达成了跳跃式发展和产生了初步的民族国家意识。当然，这种选择智慧取决于很多条件，也说明中国传统世界认识在当时的地区性世界秩序中所蕴含的理性和宽容观念。

（一）中国朝贡体制中的日本

在人类文明的发展进程中，由于岛国这一地理环境的影响，日本相对于西部大陆的文明古国中国而言，文明发展迟、程度低。公元前3世纪以前的日本尚处于绳纹时代即新石器时代。其后是弥生时代，“公元前2、3世纪至公元后3世纪末、4世纪初，在日本考古学上称为弥生文化时代。弥生文化时代是倭人脱离野蛮状态，进入文明社会的转折时期……倭人登上东亚国际舞台正是以弥生文化时代倭人社会的迅速发展为其前提的”[②]。弥生文化的特点是不同阶段的文化特征相混杂，石器、青铜器、铁器共同出现和广泛使用。“它是一种在长期闭锁的环境中，突然接受高度的外国文化时出现的异种文化的混合物，是文化发展的一种变形。”[③]一般认为，这种外来文化主要是中国文化，是“中国文化在不同时期、多形态、多渠道的传入”[④]。

日本与中国开始交往的具体时间还不明确，但中国古籍最初记述的中日关系，日本都是以朝贡国的形象出现的。《山海经》是目前所见的最早记述日本的文献，但没有说明中日之间的关系，只是描绘了后世成为

---

① 曾根勇二[ほか]編:『新しい近世史② 国家と対外関係』,新人物往来社,1996年,第81頁。

② 参见沈仁安:《日本起源考》,北京,昆仑出版社,2004年,第50页。

③〔日〕坂本太郎:《日本史概说》,汪向荣等译,北京,商务印书馆,1992年,第20页。

④ 参见沈仁安:《日本起源考》,北京,昆仑出版社,2004年,第53页。

日本专属称号的“倭”的地理方位：“盖国在巨燕南，倭北。倭属燕。”[①]王充的《论衡》记述了中国与倭的朝贡关系：“周时天下太平，越裳献白稚，倭人贡鬯草。”[②]“成王之时，越常献稚，倭人贡畅。”[③]《汉书》则在中国正史中首次记载了双方的朝贡关系：“乐浪海中有倭人，分为百余国，以岁时来献见云。”[④]《后汉书》称：“倭在韩东南大海中，依山岛为居，凡百余国。自武帝灭朝鲜，使驿通于汉者三十许国，国皆称王，世世传统。”[⑤]对上述史料中日学界有不同释解，沈仁安认为：“从《山海经》以后，中国古籍中的倭、倭人，始终一贯指古代日本和古代日本人。”[⑥]总之，在早期中日关系中，日本作为文明发展程度比较落后的国家，若想与中国建立联系，只能加入为中国所认可的朝贡体制。

这种朝贡关系得到确证始于东汉初年的光武帝时期。《后汉书》记载：“建武中元二年，倭奴国奉贡朝贺，使人自称大夫，倭国之极南界也。光武赐以印绶。”[⑦]此文献已为1784年日本福冈县出土的金印所证实。此后近500年间，中国与日本都曾建立不同的政权，但双方断断续续地保持着朝贡关系。《后汉书》记载了上述的“倭奴国奉贡朝贺”和“安帝永初元年，倭国王帅升等献生口百六十人，愿请见”。东汉之后，日本诸国继续派使节来中国，此时中国文献对日本及其朝贡的记载更加翔实：“倭人在带方东南大海之中，依山岛为国邑。旧百余国，汉时有朝见者，今使译所通三十国。”[⑧]在上述朝贡国中，日本最早的地区性国家邪马台国与曹魏关系密切，不仅邪马台国派使朝贡，而且魏国派使册封，这在文献记载中尚属首次。《三国志·倭人》载：

> 景初三年六月，倭女王遣大夫难升米等诣郡，求诣天子朝献，太守刘夏遣吏将送诣京都。其年十二月，诏书报倭女王曰：“制诏亲魏倭王卑弥呼：带方太守刘夏遣使送汝大夫难升米、次使都市牛利

---

① 《山海经·海内北经》。

② （汉）王充著，陈蒲清点校：《论衡》，长沙，岳麓书社，1991年，第129页。

③ （汉）王充著，陈蒲清点校：《论衡》，长沙，岳麓书社，1991年，第306页。

④ （汉）班固撰，陈焕良、曾宪礼标点：《汉书》上，长沙，岳麓书社，2008年，第662页。

⑤ （南朝宋）范晔撰，罗文军编：《后汉书》，西安，太白文艺出版社，2006年，第655页。

⑥ 参见沈仁安：《日本起源考》，北京，昆仑出版社，2004年，第28页。

⑦ （南朝宋）范晔撰，罗文军编：《后汉书》，西安，太白文艺出版社，2006年，第655页。

⑧ （晋）陈寿撰，（南朝宋）裴松之注，武传点校：《三国志》，武汉，崇文书局，2010年，第386～867页。

奉汝所献男生口四人，女生口六人，班布二匹二丈，以到。汝所在逾远，乃遣使贡献，是汝之忠孝，我甚哀汝。今以汝为亲魏倭王，假金印紫绶，装封付带方太守假授汝……”

正始元年，太守弓遵遣建忠校尉梯俊等奉诏书印绶诣倭国，拜假倭王，并赍诏赐金、帛、锦罽、刀、镜、采物，倭王因使上表答谢恩诏。①

其后，邪马台国又数次派使朝贡，魏国也派使册封。特别是邪马台国面临内外矛盾和冲突时，魏国都给予了坚定支持。可以说，两国之间的政治关系相当密切。所以，《三国志》就是以邪马台国为中心记述日本的。

邪马台国后的日本形成了统一的倭国，统一后的日本继续其以往的对华朝贡，南朝时期的中国留下了日本频繁朝贡的记录：“从413年到502年，在将近一个世纪的时间里，倭五王向中国南朝各王朝遣使计达13次。”②此后日本便脱离了中国的朝贡体制，直到明朝又一度短暂地加入朝贡体制。所以，从东汉到南朝时期是日本真正被纳入以中国为中心的朝贡体制的典型时期。

一般而言，在向中国朝贡的国家和地区中，其开始基本都是随着中国国势的强大被动卷入的，甚至东南亚地区和国家也多是如此。与其他朝贡国家不同，由于地理环境的关系，中国的势力并没有直接扩展到日本列岛，日本的朝贡完全是自主的行为。那么，这一时期日本朝贡的原因和目的是什么，朝贡给日本留下了哪些遗产？综合来看，日本朝贡的主要目的是提高本国的政治地位，解决自己面临的国内和国际问题。这种目的在邪马台国时期已非常明显，其中还有遣使直接要求魏国支持的记载：“倭女王卑弥呼与狗奴国男王卑弥弓呼素不和，遣倭载斯、乌越等诣郡说相攻击状。遣塞曹掾史张政等因赍诏书、黄幢，拜假难升米为檄告喻之。”③统一后的倭国已基本解决了国内问题，它继续向中国朝贡，但主要是用朝贡来解决国际问题，通过朝贡中国加强自身在朝鲜半岛的政治地位。《宋书》记载：

---

① （晋）陈寿撰，（南朝宋）裴松之注，武传点校：《三国志》，武汉，崇文书局，2010年，第388页。

② 参见沈仁安：《日本起源考》，北京，昆仑出版社，2004年，第292页。

③ （晋）陈寿撰，（南朝宋）裴松之注，武传点校：《三国志》，武汉，崇文书局，2010年，第388页。

> 赞死，弟珍立，遣使贡献。自称使持节、都督倭百济新罗任那秦韩慕韩六国诸军事、安东大将军、倭国王。表求除正。诏除安东将军、倭国王。珍又求除正倭隋等十三人平西、征虏、冠军、辅国将军号，诏并听。二十年，倭国王济遣使奉献，复以为安东将军、倭国王。二十八年，加使持节、都督倭新罗任那加罗秦韩慕韩六国诸军事、安东将军如故。①

由此来看，日本基本达到了自己的目的，但没有得到其所要求的都督百济军事之事。刘宋王朝为了满足日本“都督六国诸军事”的要求，以“加罗”替换“百济”，但日本的目的显然是控制百济而非仅仅是数目上的六国。所以，日本以后又提出包括百济在内的“都督七国诸军事”的表文。刘宋王朝自然不能使日本凌驾于其重要朝贡国百济之上，再一次拒绝了日本的要求。

所以，日本的朝贡目的与中国所推行的朝贡理念并不吻合，中国主要是以华夷别天下，以高度发达的文化自诩，更重视朝贡的文化内涵。而日本重视朝贡的政治目的，特别是希望通过向中国朝贡达到其控制朝鲜半岛的目的，其实就是依据军事实力和政治利益决定朝贡或被朝贡。这种朝贡观念对日本传统世界认识产生了很大影响，它使日本在对中国朝贡的同时也开始寻求自己的朝贡国，其中主要是针对实力与日本不相上下或弱于日本而文化不低于甚至高于日本的朝鲜半岛诸国。随着对中国政治依赖性的减弱，7世纪以后，日本直接脱离了以中国为中心的朝贡体制，进而形成三国世界观。所以，自奈良王朝建立并统一日本后，日本在对华外交中一直奉行游离于中国朝贡体制之外的政策，其间的例外就是南朝的怀良亲王一度向明朝朝贡，而维持时间比较长的则是室町幕府时期，从第三代将军足利义满接受明朝的册封后，除了足利义持等个别情况，室町幕府基本维持着对明朝的朝贡行为。

（二）日本的三国世界观

日本传统世界认识的另一重要内容是三国世界观，这是西学东渐前日本世界认识的重要代表性观点，它扩展了日本传统世界认识的范围，在更广阔的世界中确立了日本的相对中心地位。

三国世界观大致出现于9世纪以后的平安时代初期。12世纪成书的《今昔物语集》已从内容上分为天竺部、震旦部、本朝部，说明此时三国

① (梁)沈约撰，陈苏镇等标点:《宋书》，长春，吉林人民出版社，1995年，第1384页。

世界观流布已经很广。直到江户时代，三国世界观仍深深影响着日本社会，构成日本传统世界认识的基本框架。所以，16世纪中期进入日本的西方传教士很快便注意到这一观念。

日本三国世界观的形成有其复杂的内涵，其中主要是受中国华夷观念冲击的一种曲折反映，是为了回应以文化别华夷的东亚特别是中国的传统世界认识。如前所述，西蕃观是古代日本型华夷秩序的基石和核心内容，但它恰恰抽去了文化这一华夷观念的主要标志和精髓，这就使日本的所谓“华夷”有其名而无其实。三国世界观就是为了从文化层面诠释日本在东亚现实世界中的“崇高”地位，以佛教文化及其世界观将中国的影响相对化，进而形成日本与中国、天竺三足鼎立的世界观。当然，如西方传教士所言，三国世界观的形成也与日本世界知识的贫乏有关，但这只是很次要的因素。如三国世界观中并未出现日本更熟悉的朝鲜、琉球，说明其并非如实地反映现实世界，而是带有很强的观念色彩的日本古代世界认识的一种反映。

7世纪开始，日本脱离了中国的朝贡体制，在政治方面走上独立的道路，这是三国世界观形成的背景。600年，日本在相隔一个世纪后遣使隋朝，特别是607年再次遣使时已非以往朝贡中国时的恭谨态度。

> 开皇二十年，倭王姓阿每，字多利思比孤，号阿辈鸡弥，遣使诣阙。上令所司访其风俗。使者言：倭王以天为兄，以日为弟，天未明时出听政，跏趺坐，日出便停理务，云委我弟。高祖曰：“此太无义理。”于是训令改之。……
>
> 大业三年，其王多利思比孤遣使朝贡。使者曰：“闻海西菩萨天子重兴佛法，故遣朝拜，兼沙门数十人来学佛法。”其国书曰“日出处天子致书日没处天子无恙”云云。[①]

据日本学者研究，“所谓‘阿每’乃日语‘天(アメ)’、‘阿辈鸡弥’乃‘大王(オホキミ)’的音译，而‘多利思比孤(タリシヒコ)’亦为译音，末尾的‘比孤(ヒコ)’是对男子的美称，‘多利思’如何比定，似未定论。把这一连串奇怪的文字串在一起，实指男性‘天王’(アメ· オホキミ，アメキミ)，即后来定型为‘天皇’。”[②]“天皇”名号、日本国号的朦胧形

---

① (唐)魏征等撰:《隋书》,北京,中华书局,1973年,第1826~1827页。

② 韩昇:《论隋倭交往的形式及其实质》,《厦门大学学报》(哲学社会科学版)2000年第1期。

式“日出”及平等的天子国书，都体现了日本在对华交往中强烈的民族独立意识。

关于天皇、日本国号的起源问题，学界有许多争议。[①]一般认为，据《日本书纪》推古十六年（608年）的有关记载，遣隋使小野妹子所携带的国书中已有“东天皇敬白西皇帝”之句，这是迄今所知日本君主以“天皇”代替“大王”称号的正式开始。“日本”国号的使用也应始于这一时期。又据《新唐书·日本传》记载：“次用明，亦曰目多利思比孤，直隋开皇末，始与中国通。”如此，便将日本与中国的交往时间定于7世纪初，这显然不包括倭国与中国的历史关系。在《新唐书》的另一处又称：“咸亨元年（670），遣使贺平高丽。后稍习夏音，恶倭名，更号日本。使者自言，国近日所出，以为名。或云日本乃小国，为倭所并，故冒其号。使者不以情，故疑焉。”[②]由此可见，“日本”国名的正式使用应当是一个较长的过程，尤其是在同中国交往时使用“日本”更有其复杂性。因为这不仅仅是更改国号的问题，更主要的是使用“日本”这一名称蕴含着日本在对华交往中追求独立、平等的意识。隋炀帝针对日本“日出处天子致书日没处天子无恙”的国书的态度，已经说明其对日本背离中国朝贡体制的不满，“帝览之不悦，谓鸿胪卿曰：‘蛮夷书有无礼者，勿复以闻。’”[③]《新唐书·日本传》亦称：“其王姓阿每氏，自言初主号天御中主，至彦瀲，凡三十二世，皆以‘尊’为号，居筑紫城。彦瀲子神武立，更以‘天皇’为号，徙治大和州。”在中国看来，“尊”“皇”等显然不是日本可使用的名称。《旧唐书》则分别列出《倭国传》与《日本传》：“日本国者，倭国之别种也。以其国在日边，故以日本为名。或曰：倭国自恶其名不雅，改为日本。或云：日本旧小国，并倭国之地。其人入朝者，多自矜大，不以实对，故中国疑焉。”[④]因此，这个过程是中日之间相互争斗的过程。不少日本学者主张日本是以对等甚至对等以上的意识与隋进行外交往来，但也有学者认为两国交往并不对等。此两种看法，亦见于唐日关系。其实，无论是与隋朝的关系还是与唐朝的关系，

---

① 参见〔日〕大和岩度雄:《“日本”国名与天武天皇》,《国外社会科学》2004年第4期。

② (宋)欧阳修、(宋)宋祁撰,王小甫等标点:《新唐书》,长春,吉林人民出版社,1995年,第4480~4481页。

③ (唐)魏征等撰:《隋书》,北京,中华书局,1973年,第1827页。

④ (后晋)刘昫等撰,廉湘民等标点:《旧唐书》,长春,吉林人民出版社,1995年,第3406页。这里的“日本旧小国,并倭国之地”与《新唐书·东夷·日本》之“或云日本乃小国,为倭所并”也明显不同。

日本的做法均有不统一的矛盾之处，但这恰恰反映了日本摆脱以往对华朝贡外交、争取平等外交的过程。

日本是地处亚洲大陆边缘的岛国，其近邻则是文明古国中国，这使日本既受惠于高度发达的中国文明的熏陶，又感到来自中国的强大压力，因而总有一种矛盾心理。623年，从唐朝归国的留学僧人等在奏闻中称："留于唐国学者，皆学以成业。应唤。且其大唐国者，法式备定之珍国也。常须达。"①而631年，日本与唐朝使节却发生冲突："太宗贞观五年，遣使者入朝。帝矜其远，诏有司毋拘岁贡。遣新州刺史高仁表往谕，与王争礼不平，不肯宣天子命而还。"②这种冲突在很长时间内一直不能解决，如778年日本为如何接待唐朝使者展开激烈争论，一种意见认为应把唐当成与新罗等国同样的蕃国；另一种意见则认为日本应是蕃国。最后日本中央政府还是采取不同于接待新罗的方式："进退之列，行列之次，具载别式，今下使所。宜据此式勿以违失。"③日本学者森公章认为，日本当时是事大主义与日本中心主义并存，即实际上在对唐朝外交中基本是朝贡，不存在对等外交，但日本中心主义在国内有一定效力。④所以，如何消解中国文化的强大影响，摆脱矛盾心理，对日本来说是一大难题，这正是日本传统世界认识的基本模式之一的三国世界观产生的主要背景。

三国世界观的关键是引入佛教圣地天竺，在观念上将天竺置于世界的中心，进而把日本视为佛国，抬高日本的世界地位，这样日本现实视野中的强大中国就被弱化和相对化，最终形成三国世界观。佛教于552年传入日本，⑤当时正是佛教文化在中国兴盛的南北朝时期，这也自然抬高了佛教的地位。据《日本书纪》载："冬十月，百济圣明王……献释迦佛金铜像一躯、幡盖若干、经论若干卷。别表，赞流通、礼拜功德云：'是法于诸法中，最为殊胜。难解难入。周公、孔子，尚不能知。此法能生无量无边福德果报，乃至成辨无上菩提。譬如人怀随意宝，逐所须用，尽依情，此妙法宝亦复然。祈愿依情，无所乏。'"⑥这里值得注意的是，

---

① 『日本書紀』卷廿二，推古天皇三十一年。

② （宋）欧阳修、（宋）宋祁撰，王小甫等标点：《新唐书》，长春，吉林人民出版社，1995年，第4480页。

③ 森公章：『古代日本の対外認識と通交』，吉川弘文館，1998年，第34頁。

④ 森公章：『古代日本の対外認識と通交』，吉川弘文館，1998年。

⑤ 关于佛教传入日本的具体时间尚有争议。梅原猛认为，552年说大体可信。参见〔日〕梅原猛：《世界中的日本宗教》，卞立强、李力译，成都，四川人民出版社，2006年，第40页。

⑥ 『日本書紀』卷十九，欽明天皇十三年冬十月。

佛教传入日本之始便带有其宗教文化特有的神秘性；同时，特意提出周、孔与之比较，并表示佛教文化可能更优于中国文化。585年，日本朝廷围绕排佛与兴佛问题，爆发了物部氏与苏我氏的政治斗争。587年，苏我氏与圣德太子结成联盟消灭物部氏，崇佛派取得胜利，佛教开始在日本流行。圣德太子一方面派人学习中国文物，另一方面大力弘扬佛教，在其制定的《宪法十七条》的第二条规定："笃敬三宝。三宝者，佛、法、僧也。则四生之终归，万国之极宗。"[①]中国经历了北周武帝的灭佛运动，隋朝建立后，佛教也开始复苏，并影响到中日关系。石上英一指出，"在607年国书中，出现'日出处天子'云云的王者对等之语，其理论根据即如使者同时所言的'闻海西菩萨天子重兴佛法'，作为皈依佛法的国王是平等的"；"6～7世纪的佛教世界观是倭国从中国的天下观中脱离和自立的理论根据"。[②]在遣唐使中，日本向中国学习的人员也分为留学生与留学僧两部分，虽不能证明当时日本便有以佛教文化抵制单一的儒家文化的计划，但它至少说明佛教文化在日本占有重要地位，儒家文化与佛教文化在日本文化中的恰当配置是日本三国世界观形成的基本条件。

10世纪以后，随着唐朝的灭亡，中日之间的官方联系中断，这样日本便具备了将中国相对化的外部环境。西嶋定生认为，"'东亚世界'的结构，在政治上出现大变化，是十世纪初叶唐朝灭亡以后之事"，"'东亚世界'的齐一性，不论在政治方面或者文化方面均已完全丧失了"，"日本创制了假名并进入所谓'国风文化'时代。"[③]917年，三善清行的《意见十二条》就是典型，它虽具有日本中心主义色彩，但其实追求的目标是建立三国世界观。

> 臣伏案旧记，我朝家神明传统，天险开疆，土壤膏腴，人民庶富。故东平肃慎，北降高丽，西虏新罗，南臣吴会，三韩入朝，百济内属，大唐使驿于焉纳赊，天竺沙门为之归化。其所以尔者何也？国俗敦庞，民风忠厚，轻赋税之科，疏征发之役，上垂仁而牧下，

---

① 『憲法十七条』，家永三郎[ほか]校注：『日本思想大系 2 聖徳太子集』，岩波書店，1975年，第12頁。

② 石上英一：「古代東アジア地域と日本」，朝尾直弘[ほか]編：『日本の社会史』第一巻，岩波書店，1987年，第84、85頁。

③ 〔日〕西嶋定生：《东亚世界的形成》，刘俊文主编：《日本学者研究中国史论著选译》第2卷，高明士等译，北京，中华书局，1993年，第100页。

下尽诚以待上，一国之政，犹一身之治。故范史谓之君子之国，唐帝推其倭皇之尊。[1]

另外，奈良时代以后，经过对中国儒家文化数百年的消化吸收，以及中央集权制崩溃后以武家政治兴起为标志的日本社会的重大变化，日本的文化构成也重新组合，其中主要是儒家文化趋于沉寂，而佛教及其文化取得了强势地位，日本本土文化也被强调。“与基本上属于移植的中央集权政治制度的衰落相同步的是‘唐风文化’的衰落与‘国风文化’兴起。”[2]与儒学相比，同为外来文化的佛教却更加兴盛，“在儒学衰落的同时，日本佛教却进入空前活跃的时代”[3]。结果，镰仓、室町时代，儒学沦为禅宗的附庸。“王纲解纽，学校渐废，及保、元以降，区宇云扰，士大夫皆从事金革。源、平迭起，互争雄霸，一切以武断为治，无暇文字。惟足利氏尝建一校，汇藏古书而已。尔时惟缁流略习文字，国家有典章词令皆命僧徒充其役，斯文一线之传，仅赖浮屠氏得不坠地者三百余年。”[4]佛教势力不仅限于思想文化领域，而且也蔓延到政治和社会领域，“平安时代后期以来，日本社会佛教势力强大，甚至与公家、武家相对应，被称为寺家”[5]。以佛教文化抬高日本本土文化进而压低儒家文化的条件更加成熟。

从理论形态阐述三国世界观主要出现在14世纪以后，这是三国世界观逐渐趋于成熟的重要标志。《神皇正统纪》是其中的代表作，该书开始便谓：“大日本者神国也。天祖创基，日神长久传统，只有我国。异朝无有此类。故此曰神国。”[6]但神国观的理论基础却是佛教世界观：“雪山之南有五天竺……天竺在正中，故为赡部之中国也……震旦虽广，如与天竺相比，乃一边缘小国。日本远离彼土，住居海中……如此则此国在天

---

① 三善清行:『意見十二箇条』,山岸徳平[ほか]校注:『日本思想大系 8 古代政治社会思想』,岩波書店,1979年,第285頁。

② 王家骅:《儒家思想与日本文化》,杭州,浙江人民出版社,1990年,第48页。

③ 王健:《儒学在日本历史上的文化命运——神体儒用的辨析》,郑州,大象出版社,2006年,第108页。

④ (清)黄遵宪:《日本国志》下卷,吴振清等点校整理,天津,天津人民出版社,2005年,第781页。

⑤ 王青:《日本近世思想概论》,北京,世界知识出版社,2006年,第166页。

⑥ 応地利明:『絵地図の世界像』,岩波書店,1996年,第147頁。

竺、震旦之东北大海中，以别州传神明皇统之国也。”[①]1470年，瑞溪周凤撰写了日本最初的外交史书《善邻国宝记》，在序文中他进一步明确地阐述了三国世界观，其中心思想是将日本视为诸神垂迹之地，“凡此国，诸神皆垂迹也，其本则三世诸如来、十地大萨埵也”[②]。因此，瑞溪将圣德太子的事迹演绎为在天竺降生、转生于中国、最后来到日本的故事。这种以佛教世界观解释世界的方式具有两重意义：一是摆脱了现实世界中以中国为中心的世界认识；二是从主观愿望出发自由地描绘世界，进而抬高日本的地位，为三国世界观的形成提供了认识基础。佛教世界观是一种神秘的宗教世界观，想象的成分多于事实，因而也为日本的世界认识提供了想象的空间。所以，三国世界观基本是日本人的一种主观性世界认识。但如果是完全的主观想象而无任何实际的客观内容，三国世界观也很难成为一种具有较大影响的世俗性的世界认识，因而三国世界观并非完全脱离现实，而是加入了在日本现实世界中颇有影响的中国作为其中一极。尽管依佛教世界观震旦（即中国）不过是“边缘小国”，但这种贬抑却正好符合日本三国世界观的建构。可以说，三国世界观做到了主观想象与客观现实的巧妙结合，使日本形成了独特的世界认识。

当时，以儒教、佛教两种外来文化为衬托诠释日本文化是一种常用的方式，如作为日本神道说发展重要标志的吉田神道就认为：“神道是万法的根源；神道是主干、儒教是枝叶、而佛教则是花实，即所谓根叶花实论。”[③]这种方式成为日本文化的一种传统，江户时代再度兴盛的儒学——朱子学也是如此。“日本的朱子学者（除室鸠巢之外），无论是林罗山，还是贝原益轩、山崎闇斋以及他们的后学，大都主张日本固有神道与朱子学的一致不违，致力于神儒合一。”[④]

从比较的角度来看，三国世界观是日本独自完成的世界观，因而也可以说是日本传统世界认识的唯一独创内容，因为华夷观念及其做法是从中国输入的模式。内藤湖南称：“发现日本国语法，发现日本人性格上的特别之处，发现日本国体的特别之处，都是在镰仓时代至足利时代那个黑暗时代实现的。”[⑤]所以，三国世界观的形成与日本文化的整体发展

---

① 応地利明:『絵地図の世界像』,岩波書店,1996年,第147～148頁。

② 田中健夫:『前近代の国際交流と外交文書』,吉川弘文館,1996年,第94頁。

③〔日〕坂本太郎:《日本史概说》,汪向荣等译,北京,商务印书馆,1992年,第235页。

④ 王家骅:《儒家思想与日本文化》,杭州,浙江人民出版社,1990年,第114页。

⑤〔日〕内藤湖南:《日本文化史研究》,储元熹、卞铁坚译,北京,商务印书馆,1997年,第191页。

是一致的，也是其文化的一个重要组成部分。同时，三国世界观也说明中国传统的“以文化别华夷”的模式对日本的影响很深，尽管在西蕃观这一日本型华夷观的主要标准中剔除了文化，但在三国世界观中日本又“找回”了以文化这一划分世界的标准。

由于三国世界观的形成较晚，并且与传统的中国中心观相冲突，所以，日本真正将三国世界观用于外交实践主要是针对16世纪以后来到东亚的西方国家。1591年，丰臣秀吉在发布禁教令后又致函葡萄牙印度总督，称：“夫吾朝乃神国也，神乃心也，包罗万象皆出自一心也……阴阳不测，即谓神。此神在竺土谓佛法，在震旦谓儒道，在日本谓神道。知神道而知佛法，而知儒道。”[①]可以看出，丰臣秀吉是从东方文化的角度利用三国世界观，并且主要是针对天主教的，这也是西方传教士在当时特别留意日本的三国世界观的原因。

第三节　中日传统世界认识比较

中日传统世界认识是在东亚文化氛围和历史发展进程中形成的，日本传统世界认识受到中国很大影响，因而两国的世界认识有某些共同之处；但中日在现实世界中所处的地位不同，面临的外部环境也不一样，因而世界认识也有差异。

一、浓厚的等级意识

首先，就中日传统世界认识的共同性而言，两国都有浓厚的等级意识，从等级制这一视角认识世界，并把自己置于等级制的上位。中国一直以华夷观念看待世界，并通过朝贡体制付诸实践，其传统世界认识完全是一幅以中国为中心的图像，自始至终没有什么改变；日本在接受中国文化、朝贡中国的同时自然也受到华夷观念的冲击，并随着与中国交往的发展而不断强化本国中心意识。在隋朝之前，日本主要是一面加入以中国为中心的朝贡体制，一面构建以日本为中心的朝贡体制。7世纪以后，随着大化革新及东亚环境的改变，日本逐渐脱离中国的朝贡体制，故在致隋炀帝的国书中才有“日出处天子致书日没处天子”之言，民族

① 海老沢有道[ほか]校注:『日本思想大系25 キリシタン書 排耶書』,岩波書店,1970年,第596頁。

国家意识进一步增强，但等级意识并没有改变。随着遣隋使、遣唐使的频繁出现，日本对中国及其文化有了进一步了解，到《古事记》《日本书纪》编纂的8世纪之时，这种等级意识已相当浓厚。所以，《古事记》《日本书记》将朝鲜半岛诸国都视为日本的朝贡国，并且在时间上尽量向前延伸。平安时代形成的三国世界观也有强烈的等级意识，只不过是以佛教世界观降低中国的等级地位，提高日本的等级地位。

中日在17世纪以后实行闭关锁国政策，也与这种等级制世界意识不无关系。日本锁国时期实际上推行的便是等级制，即将交往国家分为“通信”和“通商”两种类型，通信限于朝鲜、琉球，通商限于中国、荷兰，其他国家一概拒绝。与日本相比，中国这一时期实行的是既严格又模糊的等级制，即只承认朝贡制度，拒绝其他形式的交往，故而与英国马戛尔尼、阿美士德等使团交往的结局都是不欢而散。同时，按照朝贡制度，除了朝贡贸易之外，也不承认其他形式的官方经济往来，但清朝却一直允许粤海关存在，并比较看重它的经济作用，进口的各种珍贵商品也是宫廷和达官贵人必不可少的奢侈品，这便增加了朝贡体制的模糊性。所以，清朝制定了各种规章制度限制这种与朝贡体制有矛盾的贸易行为，清朝官员自然不能与这些“夷人”接触，因而将这种贸易作为非官方之间的经济往来，尽量增加它的模糊性。

所以，尽管中日华夷观念的标准不同，但将世界分为华夷之类的等级制世界的做法是相同的。另外，日本比中国更依靠以实力和武力维护等级制，其中主要针对的对象是朝鲜半岛。

二、绝对中心主义与相对中心意识

与中日传统世界认识的共同性相比，两国世界认识的差异更多一些。首先，中国的传统世界认识是绝对中心主义，日本的是相对中心意识，这是两国最明显的差异。中国的世界图像中只有一个中心，即中国；日本的世界图像比较复杂，但相对化是其重要特点。这种相对化在7世纪之前表现为日本有两个世界系统，一个是日本向中国朝贡，一个是要求朝鲜半岛诸国向日本朝贡。随着日本形成三国世界观，相对化的传统世界认识得到进一步发展，中国和日本都被列为世界的中心。因此，笔者认为，中日传统世界认识的这种差异说明两国世界认识的立足点有本质的不同：中国是把自身看作世界，日本则是在世界中寻求自身的中心地位。从传统世界认识的视野来说，中国比日本大得多，《明史·外国传》共记载了91个国家和地区，涉及亚、非、欧三洲；日本的世界视野要狭窄得多，基本是其周缘诸国，如朝鲜、琉球、中国等，对其他地方所知甚少。即使是被日本视为三国世界观之中心的天竺，16世纪以前日本人也从未亲身游历其地，直到1548年日本天主教徒随耶稣会士到达葡属殖民地印度果阿，日本人才第一次实际接触印度（却是以天主教徒身份）。但开阔的视野并未使中国形成比较科学的世界观念，而狭隘的视野却使日本形成了更接近真实世界的观念，主要原因还是上述中日世界认识的根本立足点不同。所以，日本致明太祖朱元璋的国书便显得理直气壮："臣闻三皇立极，五帝禅宗，惟中华之有主，岂夷狄而无君。乾坤浩荡，非一主之独权，宇宙宽洪，作诸邦以分守。盖天下者，乃天下之天下，非一人之天下也。臣居远弱之倭，褊小之国，城池不满六十，封疆不足三千，尚存知足之心。陛下作中华之主，为万乘之君，城池数千余，封疆百万里，犹有不足之心，常起灭绝之意。夫天发杀机，移星换宿。地发杀机，龙蛇走陆。人发杀机，天地反覆。"[①]讽刺的是，日本在近代以后"天地反覆"之时恰恰"有不足之心"。

其次，在中日传统世界认识中，中国以自身文化作为认知世界的标准，日本以域外文化作为认知世界的标准，这是两国世界认识的重要差异。如前所述，中国中心观的核心内涵之一是华夷观，以文化别华夷是中国传统世界认识的主要内容和重要取向。因此，中国无论是获取域外知识还是处理域外知识，都自然地以中国文化为标准进行取舍，进而形成唯我独尊的世界意识。日本由于文化相对落后，即使把朝鲜半岛诸国视为自己的属国，也感到对方文化的先进，命令其"若有贤人者贡上"[②]。"日本之习汉学，盖自应神时始。时阿直岐自百济来，帝使教太子菟道稚郎子以经典。十五年，又征博士王仁，仁始赍《论语》十卷、《千文》一卷而来。至继体七年，百济又遣五经博士段扬尔。十年，复遣汉安茂，于是始传五经。"[③]《日本书纪》也记载了6世纪以后百济五经博士轮流赴日讲学的制度，日朝之间形成了徒有外在形式的朝贡关系，儒家与佛教文化最初就是通过朝鲜传入日本。所以，日本的西蕃观与中国的华夷观有根本不同的标准。至于日本的三国世界观，更是以佛教文化为标准绘出的世界图像。所以，中日虽然都有华夷意识，但内容并不完全相同，尤其是文化在其中的地位不同，因而形成了不同的文化认知。

---

① (清)张廷玉等撰，王天有等标点：《明史》，长春，吉林人民出版社，1995年，第5457页。

② 青木和夫[ほか]校注：『日本思想大系1古事記』，岩波書店，1991年，第214頁。

③ (清)黄遵宪：《日本国志》下卷，吴振清等点校整理，天津，天津人民出版社，2005年，第779页。

这种不同的认知标准对两国如何看待海外世界产生了很大影响，特别是在受到新世界认识的冲击时，日本能较容易、快速地重新认识世界，中国的转变则艰巨、缓慢得多。

其三，中国基本以政治为中心构建世界，日本更侧重经济在世界中的作用，特别是随着历史的发展，这种区别愈益明显。如前所述，朝贡体制是中国传统世界秩序的核心内容，是中国中心观的外在表现，其他的对外观念与制度都不足以撼动朝贡体制的中心地位。朝贡体制完全是以追求政治目的来进行运作的，即使明朝时期曾出现朝贡贸易取代朝贡政治的趋向，但在统治者眼中它仍是传统意义上的朝贡，会尽量增强它的政治色彩，构建形式上的绝对自我中心秩序。与中国相比，日本的传统世界认识前后有较大变化，但整体趋向是经济在日本对外关系中的地位不断提升，因而政治上的自我中心意识逐渐淡化。室町幕府第三代将军足利义满之所以在日本长期脱离中国朝贡体制后又一度加入朝贡体制，很大程度上是为了贸易这一经济目的。义满死后，继任将军义持为维护日本国家尊严断绝了与明朝的朝贡关系，但也因此造成了幕府的财政危机。第六代将军义教掌权后幕府再次遣使明朝，表示愿意向明称臣，两国之间重新恢复朝贡贸易。地方大名也加入与明朝的朝贡贸易行列，甚至发生了1523年细川氏和大内氏之间因利益纠纷而导致的争贡之乱。

所以，从根本上看，由于中日历史及文化地位的巨大差异，两国的传统世界认识有着本质不同：中国是以本国的标准衡量世界、从自身的角度认识世界，日本是以世界的标准衡量本国，从世界的角度认识自身；中国的传统世界认识是一种绝对的、理想的世界观，日本的传统世界认识则是相对的、现实的世界观。可以说，中国是以本国为中心认识世界，甚至是将本国等同于世界；日本则是在世界中寻求本国的中心位置。这种不同的世界认识方式和观念将对近代中日世界认识的发展产生重要影响。

当然，任何一种比较成熟的世界认识都是对本国所处环境的反映，本无优劣之分，中日传统世界认识也是如此。但中日传统世界认识又不是真正意义上的世界认识，只是对地区世界的认识，在地区之内有其合理性。随着16世纪以后西方世界的崛起，完整的世界得以形成，西方近代世界认识成为真正意义上的世界认识，并对中日传统世界认识形成冲击。在这种形势下，中日传统世界认识便因其不同的内涵而与西方近代世界认识产生了不同反应，进而影响了中日两国历史的发展进程。

第二章　西风东渐与19世纪中叶以前中日近代世界认识的萌动

15世纪末16世纪初，新航路的开辟彻底改变了世界，也改变了西方人的世界认识，地圆说、五大洲说等成为构成新世界认识的重要地理、经济、政治乃至文明的概念。西方人正是带着这样的认识来到东方，向中日两国展示了他们最新的世界图景，对中日传统世界认识形成了初步冲击。

在19世纪中叶以前，这一冲击主要分为前后两个阶段，其中18世纪末以前是第一阶段，天主教传教士特别是耶稣会传教士充当了主角，日本又通过荷兰形成了兰学时代；18世纪末到鸦片战争以前是第二阶段，西方国家开始直接要求中日改变传统对外方式，新教传教士也在中日两国外围进行活动，传播着西方的近代世界知识和观念，随时窥伺并准备打开中日闭关锁国的大门。

在西方的冲击下，从16世纪开始，世界认识问题越来越成为中日两国关注的话题，并且随着历史的发展，这一话题具有越来越重要的意义。特别是在18世纪末以后，世界认识问题与西方国家的外交、武力更紧密地联系在一起，成为中日与西方国家冲突的主要原因之一。中日传统世界认识被迫因现实问题进行了不同程度的调整。

整体而言，这一时期东西方之间基本是比较纯粹的文化交流与和平的交往方式，所以其结果如何能较典型地反映出中日两国的社会机制及其处理异质文化的态度、能力等一系列情况。换言之，从世界认识的层面来说，这一时期中日在何种程度上接受了西方的近代世界认识，既为19世纪中叶以后两国历史的发展提供了不同的条件，更是两国能否适应新的世界体系的初步预演。

第一节　西方的近代世界图像与18世纪末以前中日两国的认识

从16世纪开始，新航路开辟后形成的西方新世界认识在中日两国传播。迄至18世纪末西方国家正式要求中日改变传统的对外交往体制以前，中国主要通过耶稣会士被动地接受了部分新世界知识，但更多是排斥西方文化及其世界认识；日本先是形成“南蛮”文化热潮，锁国时代又通过荷兰主动地吸取新世界知识，形成兰学思潮及其群体，世界认识得到了更全面、更深入的发展。

一、南蛮文化时期日本对西方新世界认识的积极回应

虽然葡萄牙人最早通过新航路抵达东方，但首先将西方的新世界认识带入中日两国并予以解读和传播的是耶稣会士。1543年，葡萄牙人乘坐海商兼海盗王直的帆船，到达了日本的种子岛。[①]1549年，耶稣会士方济各·沙勿略等到达鹿儿岛，这也是基督教传教士首次进入日本。沙勿略是耶稣会的创始人之一，他于1542年抵达葡萄牙的殖民地印度果阿，开始其海外传教生涯。在印度、马六甲、望加锡、马鲁古群岛等地传教七年并取得巨大成功后，沙勿略决定离开并选择前往日本。

当时，日本正处于战国时代，各藩的大名为了扩张自己的势力，争相与到达日本的西方国家进行贸易，获取西式枪炮。“当时战云蔽诸州，偶得火器而人皆争究其术兼传习其制造法，甲乙辗转流布极速，未十年而普行全国。”[②]传教士则利用自己熟悉日本这一优势为西方在日本贸易提供帮助，甚至直接参与，极力将贸易与传教合而为一。耶稣会传教士在对日贸易中参与很深，内部因此产生了不同意见。“尽管有教皇的这项特许，澳门和日本的耶稣会士仍然对整个商业活动在良心上感到不安，有些人甚至要求禁止耶稣会卷入这项商业活动。直到16世纪80年代后期，耶稣会总会长阿夸维瓦才重申了墨丘林的立场，指令耶稣会继续他

---

① 参见陈秀武:《论日本型华夷秩序的“虚像”》,《东北师大学报》(哲学社会科学版)2008年第1期。

② 〔日〕山县有朋:《陆军史》,〔日〕大隈重信:《日本开国五十年史》上册,上海,上海社会科学院出版社,2007年,第179页。

们的金融投资。”[①]不过，这种传教策略的效果是明显的，肥前藩主大村纯忠于1563年成为日本第一位受洗的大名，并于1570年将长崎辟为对外通商港。随后，西南地区大名陆续加入这一行列，1569年织田信长也发布命令允许传教士在其领地内传教。应该说，在20年的时间里能取得如此进展，说明了当时日本社会的状态与耶稣会策略的适当性。所以，沙勿略及耶稣会在日本传教的显著特色是传教与贸易紧密结合，其目的是争取大名等统治阶层的支持，使日本快速基督化。

由于得到统治阶层的支持，传教士在日本的传教活动比较进取，其重要表现就是创办教会学校和医院，这种深入日本社会生活的传教方式影响深远。沙勿略初到日本就有建立学校的打算，而从1550年起，随同他一起到日本的托雷斯开始筹办寺子屋性质的教会初等学校，到1583年，这类学校约有200所，累计学生人数有万余人。1580年后，传教士还在长崎、京都等地建立了神学校及府内神学院。这些教会学校将传播西方世俗文化作为重要的教学内容，如神学校就设有拉丁语、葡萄牙语、数学、历史等课程。而教会医院的创办更值得特别关注，因为江户时代兰学的源头之一就是对南蛮医学的继承和发展。1557年，“与日本贸易取得最大成功的早期商人”[②]并于前一年加入耶稣会的葡萄牙人阿尔梅达在府内设立医院，标志着西洋医学开始移植到日本。随后，传教士在长崎设立了慈善医院等9家医院。尽管两年后耶稣会总会就下达了禁止会士从事医学教授和施行手术的决定，但南蛮医学仍得以在日本延续，其中最具代表性的是忠庵流和粟崎流。泽野忠庵是葡萄牙籍耶稣会传教士，他1608年到日本时已经面临禁教的困扰，1632年刚晋升为日本教区长就被捕并在遭受酷刑后叛教，以《南蛮流外科秘传书》等著作成为传播南蛮医学的代表性人物。粟崎流的开创者是粟崎道喜，他在吕宋学习南蛮流医学20年，1596年回到长崎行医进而创立粟崎流。

在葡萄牙人和传教士进入日本之后到江户幕府初期完成锁国的近一个世纪里，西方文化通过宗教、贸易等涌入日本，形成南蛮文化时期，

① 〔美〕史景迁:《利玛窦的记忆之宫》,陈恒、梅义征译,上海,上海远东出版社,2005年,第245页。

② 〔美〕史景迁:《利玛窦的记忆之宫》,陈恒、梅义征译,上海,上海远东出版社,2005年,第243页。

亦称天主教时代。[①]在南蛮文化热潮中，西方世界知识引起了日本人的极大兴趣，“日本人不知道地球是圆的，也不知道何为太阳轨道，他们对流星、闪电、雨雪等自然现象提出种种疑问。由于我们做出令人满意的说明，得到他们的信任，因而我们的宗教也使他们感动”[②]。尤其是上层统治者自然更关注世界形势，如织田信长、丰臣秀吉、德川家康等都曾不同程度地留意西方世界认识的内容。织田信长的屋中便有地球仪，并多次请传教士为其讲解。丰臣秀吉将西方世界地图绘制成屏风，充分显示了其对新世界的兴趣。德川家康礼遇新教国家的西洋人，如荷兰人牙约斯、英国人亚当斯等，“一日家康询牙约斯以海外形势，知日本之东隔海数千里而有亚美利加大洲，新西班牙国属其中”[③]。亚当斯则改名为三浦按针，家康不仅把他作为外交顾问，而且让他督造海船并于1610年派人乘坐他制造的海船横渡太平洋，“日本船航行美洲者，以是为始”[④]。所以，德川家康的世界视野是很开阔的，其遗物中也有三幅世界地图。现存日本最早的西方世界地图是以屏风形式保存下来的天主教时代的“南蛮世界图”，这是一幅卵形世界图，描绘出当时西方所知的五大洲轮廓。1603年，深田正室绘制出第一幅日本的近代世界地图。在新世界认识的影响下，1582～1620年，日本共派出三次使团出访欧美，数次横渡太平洋和大西洋，以实际行动验证了地圆说和五大洲说，这是以前日本人的世界视野所不可能达到的范围。1590年天正遣欧少年使团归国时，向丰臣秀吉进献了一部当时最新的奥尔特里乌斯世界地图集。

但日本在天主教风潮的激烈冲击下引发了严重的社会问题，荷兰的挑唆也进一步加重了日本对天主教以及葡萄牙、西班牙等国的怀疑。

---

① 根据“华夷观”，日本人称南方的外国人为“南蛮”。因而自南方抵达日本的葡萄牙人及后来的西班牙人、意大利人等皆被称为“南蛮人”，西方文化被称为“南蛮文化”。对传教士及基督教，日本人通称为“Christao”(吉列支丹或切支丹)，也有人有将天主教称为“南蛮宗”“伴天连宗”“天竺宗”等。

② 村上敬一郎:『日本近代科学の歩み』，三省堂，1977年，第51頁。

③〔日〕近藤廉平:《海运业》，〔日〕大隈重信:《日本开国五十年史》上册，上海，上海社会科学院出版社，2007年，第439页。

④〔日〕近藤廉平:《海运业》，〔日〕大隈重信:《日本开国五十年史》上册，上海，上海社会科学院出版社，2007年，第440页。

1587年，丰臣秀吉颁布《伴天连追放令》[①]，日本逐渐趋向锁国，并于宽永年间（1624～1643年）最终形成了锁国体制。[②]南蛮文化时期虽然不长，但南蛮文化作为一种新文化受到日本人及其社会的热烈追求，从世界认识发展的角度来说，它反映了两个问题：一是日本对传统世界认识并不满意，特别是对当时作为其世界认识框架的三国世界观不满意，因而主观上需要新世界认识；二是西方的新世界认识更科学，它征服了日本人。无论从哪一方面看，南蛮文化的兴盛都预示着新世界认识在日本会得到很快的发展，尽管政府的某些决策会延缓这一进程。

二、耶稣会士在中国传播的世界认识及其影响

同日本一样，以地圆说、五大洲说等为代表的西方新世界认识也是首先通过耶稣会传教士流入中国的。不过，与日本相比，耶稣会在中国的传教时间很长，直到中西因“大礼仪”之争产生尖锐矛盾，1720年后清廷才陆续发布禁教令，后至1773年罗马教廷宣布取缔耶稣会，才基本结束其在中国的活动。“据统计，16世纪至18世纪在华活动过的耶稣会士共达900余名，其中除100余名是中国人（包括澳门人）外，其他都是外国人。”[③]在此期间也有其他天主教差会在华活动，但耶稣会占有绝对优势地位。由于耶稣会传教士进行了近两个世纪的在华传教活动，他们为中国带来了较系统的西方世界知识，不仅对中国产生了很大影响，而且后流入日本并成为锁国时代日本世界知识系统的重要组成部分。

耶稣会早就有进入中国传教的打算，而第一个到达中国的耶稣会传教士仍是沙勿略。早在于东南亚一带传教时，沙勿略就开始关注中国，

---

① 关于禁教原因，据日本学者清水纮一的总结，主要有以下七种观点：耶稣会之野心说、本愿寺性质说、日本神国说、葡萄牙商人的失策说、佛教僧侣策划说、天主教会过激活动说、秀吉政权内武家官僚的策划说。参见清水紘一：『キリシタン禁制史』，教育社，1995年，第72頁。

② 中日学术界对日本德川幕府是否实行锁国均有不同认识，本书仍用“锁国”指代江户时期日本的对外政策，一方面是因为这是习惯用语，另一方面是因为这一时期日本的对外政策比较特殊，其开放程度也确实不及此前的天主教时代和此后的明治维新时代。相关研究参见〔日〕朝尾直弘、高桥幸八郎等编：《日本近现代史纲要》，谭秉顺译，长春，吉林教育出版社，1988年；荒野泰典：『近世日本と東アジア』，東京大学出版会，1989年；赵德宇：《日本“江户锁国论”质疑》，《南开学报》2001年第4期等论著。

③ 郑德弟：《中文版序》，〔法〕杜赫德编：《耶稣会士中国书简集：中国回忆录》I，郑德弟等译，郑州，大象出版社，2001年，第6页。

并通过多种方式了解中国文化。当沙勿略在日本传教时，中国文化又给他造成了一定困扰，也使其对中国及中国文化产生了更浓厚的兴趣和强烈的“征服”欲望。据《利玛窦中国札记》记载：“当沙勿略在日本的偶像崇拜者中间进行工作时，他注意到每当日本人进行激烈辩论时，他们总是诉之于中国人的权威。这很符合如下的事实，即在涉及宗教崇拜的问题以及关系到行政方面的事情上，他们也乞灵于中国人的智慧。因而情况是，他们通常总是声称，如果基督教确实是真正的宗教，那么聪明的中国人肯定会知道它并且接受它。”[①]所以，沙勿略在日本传教两年多后便准备进入中国。1551年12月，他在由日本返回葡属殖民地印度果阿的途中路过广东上川岛，次年正式从果阿抵达上川岛。“上川是一个离中国海岸约三十海里的荒芜岛屿。当时它是葡萄牙人和中国人贸易点的所在；只有一片用树枝和稻草胡乱搭成的茅屋。”[②]但沙勿略一直未能进入中国内地，不久便病死于该岛。

尽管如此，当时的中国对天主教传教士仍具有极大的诱惑力，“从1552年到利玛窦1583年到达中国为止，共有32名耶稣会士、24名方济各会士、2名奥古斯丁会士和1名多明我会士都试图在中国定居。”[③]其中，耶稣会仍是主角，特别是1573年范礼安被任命为远东传教团视察员后，他就长期在东方主持传教事务，耶稣会在东方的传教有了比较统一的规划和领袖，而中国则是范礼安最重视的国家，传教事业也因此获得了突破和发展。在范礼安的指令下，罗明坚、利玛窦等人于1579年后相继从印度传教区来到澳门，学习汉语，熟悉并顺应中国风俗等，为进入中国做准备。“范礼安的文化调适政策源出沙勿略，其主要的背景因素有二：一是对欧洲传教士在美洲大陆所推行之武力传教路线的经验总结和反思，二是考虑亚洲各国的具体国情与社会发展程度与美洲和非洲大不相同。”[④]

1583年，在范礼安主持和罗明坚等人的多方奔走下，耶稣会终于获得了两广总督认定的在中国内地定居的特许，于两广总督所在地肇庆建立了首个永久居留地。关于永久居留地获得的具体过程，据与罗明坚同

① 〔意〕利玛窦、〔比〕金尼阁:《利玛窦中国札记》,何高济等译,何兆武校,北京,中华书局,1983年,第127～128页。

② 〔意〕利玛窦、〔比〕金尼阁:《利玛窦中国札记》,何高济等译,何兆武校,北京,中华书局,1983年,第134页。

③ 〔法〕荣振华:《在华耶稣会士列传及书目补编》,耿昇译,北京,中华书局,1995年,第794页。

④ 黄一农:《两头蛇:明末清初的第一代天主教徒》,上海,上海古籍出版社,2006年,第13页。

行的利玛窦的记载，他们首先与肇庆知府王泮做了多次沟通，王泮成为他们能获取居留地的关键人物。“他一开始就对神父表现友好，情况许可时还支持他们。在最后一次晤谈中，他的答复大致如下：他完全不怀疑他们的诚实，并且愿意把他们置于他的保护之下。不错，他们可以进城看看所有可利用的地皮并随意挑选一块。他也努力使总督批准所请。……他们并没有等待多久。在基督升天节那天，长官请他们来，通知他们说，总督很高兴批准他们的请求。”①

利玛窦等人在肇庆立足之后，很快便以其新世界知识吸引了中国士人的注意，与传教士过从甚密的王泮再次发挥了作用。利玛窦详细地记录了中西首次接触的这一全过程：

> 在教堂接待室的墙上，挂着一幅用欧洲文字标注的世界全图。有学识的中国人啧啧称羡它；当他们得知它是整个世界的全图和说明时，他们很愿意看到一幅用中文标注的同样的图。在所有大国中，中国人的贸易最小；确实不妨说，他们跟外国实际上没有任何接触，结果他们对整个世界是什么样子一无所知。他们确乎也有与这幅相类似的地图，据说是表示整个世界，但他们的世界仅限于他们的十五个省，在它四周所绘出的海中，他们放置上几座小岛，取的是他们所曾听说的各个国家的名字。所有这些岛屿都加在一起还不如一个最小的中国省大。因为知识有限，所以他们把自己的国家夸耀成整个世界，并把它叫做天下，意思是天底下的一切，也就不足为奇了。当他们听说中国仅仅是大东方的一部分时，他们认为这种想法和他们的大不一样，简直是不可能的，他们要求能够加以研读，以便做出更好的判断。因此长官跟利玛窦神父商量，表示要请他在译员的帮助下，把他的地图写为中文，并向他保证这件工作会使他得到很大的声望和大家的赞许。②

依据以上记载，明朝末年耶稣会与中国社会的关系框架在此已初露端倪：士大夫为西方文化所吸引，传教士借学术传教赢得名声，双方相

① 〔意〕利玛窦、〔比〕金尼阁：《利玛窦中国札记》，何高济等译，何兆武校，北京，中华书局，1983年，第161、162页。

② 〔意〕利玛窦、〔比〕金尼阁：《利玛窦中国札记》，何高济等译，何兆武校，北京，中华书局，1983年，第179～180页。

互接近，特别是在后来传教士更是通过西方近代科学文化有意拉拢中国士大夫阶层。

1584年，由利玛窦整理的最早用中文标注的五大洲图（即《山海舆地图》）由王泮在肇庆刻版。王泮时已升任岭西道，就是上述引文中的“长官”，他对利玛窦展示的世界地图的态度代表了部分中国人想要了解更全面更真实的世界之愿望。正因如此，明末先后刻印或绘制的利氏世界地图共有12种[①]，其他以不同形式翻刻的种类也不少。这些地图引入的五大洲说、地圆说、五带说等内容开阔了中国人的世界视野，对传统的中国中心观造成初步冲击。当时，徐光启、祁光宗、郭子章等人纷纷给陆续刻印的利氏世界地图作序，为西方世界知识在中国的传播推波助澜。

李应试《刻两仪玄览图》记载：

无论国朝二百余年，即三代以继今之父老，蔑闻欧罗巴何？亦蔑闻地球何？往哲以鸡卵喻两仪，所憾言而未尽。逮西方人自欧罗巴浮桴八万里，以其国人数千年涉历天地图说，为中土先达，厥绩伟欤！庸是则冠丈夫志四方者披睹，而罔或两端。夫中土人信道宁如是？顾西方人贞瑜懿行，齐衡三代上人；所以三代未造未发，甫宪于今日，余之生亦厚矣。余嗜中土玄象，谙中西推步，而斯图心会神游，理固宜然，遂以是揭诸四方好夫同志。……余从西方人游，越兹三祀，其淑仪神言，非特一图已也。然西方人声音文字，与中土殊，殊而能同，盖心同理同，其学且周、孔一辙，故贤公卿大夫，日接而雅敬之，云西方人西泰先生及其耶稣会二三友人也。万历癸卯秋分日，耶稣教学子葆琭李应试撰。[②]

郭子章《山海舆地全图·序》记载：

利生之图说曰：天有南北两极，地亦有之，天分三百六十度，地亦同之，故有天球，有地球，有经线，有纬线，地之东西南北各一周九万里，地之厚二万八千六百余丈[里]，上下四旁，皆生齿所居，浑沦以球，原无上下。此则中国千古以来未闻之说者，而暗与

① 参见洪业:《考利玛窦的世界地图》,《洪业论学集》,北京,中华书局,1981年,第178页。

② 方豪:《中国天主教史人物传》(上),北京,中华书局,1988年,第159～160页。

《括地象》《山海经》合，岂非邹子一确证焉？……或曰：利生外夷也，其图其说，未必一一与天地券合，而子胡廑廑于兹？郭子曰：不然。郯子能言少皞官名，仲尼闻而学之，既而告人曰，天子失官，学在四夷。①

利玛窦本人也记述了当时中国人世界认识的变化："当他们第一次看到我们的地图时，发现他们的帝国并不在地图的中央而在最东的边缘，不禁有点迷惑不解……然而，现在中国人大多承认他们以前的错误，并引为笑谈。"②利氏等人所称的"大多"当然是他们接触到的中国人特别是一些开明的士大夫，但也明显地反映了中国世界认识变化的某些趋势。据说，利玛窦曾与130位高级官员和王公贵族有亲密往来，包括几位大学士和尚书。③

这种变化在距利氏地图输入中国40年后出版的意大利传教士艾儒略的《职方外纪》④中得到了更充分的证明。杨廷筠、李之藻、瞿式穀、许胥臣、叶向高等当时深受西学影响之人纷纷为《职方外纪》作序、跋，其中不乏激进之言。杨廷筠称：

西方之人，独出千古，开创一家，谓天地俱有穷也而实无穷，以其形皆大圜，故无起止，无中边。⑤

瞿式穀谓：

独笑儒者未出门庭，而一谈绝国，动辄言夷夏夷夏。若谓中土而外，尽为侏离左衽之域，而王化之所弗宾。呜呼，是何言也！……尝试按图而论，中国居亚细亚十之一，亚细亚又居天下五之一，则自

① 参见洪业:《考利玛窦的世界地图》,《洪业论学集》,北京,中华书局,1981年,第173～174页。

② 〔意〕利玛窦、〔比〕金尼阁:《利玛窦中国札记》,何高济等译,何兆武校,北京,中华书局,1983年,第6页。

③ 王友三:《中国宗教史》,济南,齐鲁书社,1991年,第867页。

④ 该书是艾儒略根据庞迪我的遗稿增补而成。参见方豪:《中国天主教史人物传》(上),北京,中华书局,1988年,第136页。

⑤ (明)杨廷筠:《职方外纪序》,〔意〕艾儒略著,谢方校释:《职方外纪校释》,北京,中华书局,1996年,第4页。

赤县神州而外，如赤县神州者且十其九，而戋戋持此一方，胥天下而尽斥为蛮貉，得无纷井蛙之诮乎！[①]

《职方外纪》之后，艾儒略还于1637年编著了《西方答问》上下卷，共包括40个问题，更广泛地介绍西方社会状况。米嘉穗在《〈西方答问〉序》中指出：

学者每称象山先生东海西海、心同理同之说，然成见作主，旧闻塞胸，凡纪载所不经，辄以诡异目之。抑思宇宙大矣，睹记几何？于瀛海中有中国，于中国中有我一身，以我一身所偶及之见闻，概千百世无穷尽之见闻，不啻井蛙之一窥、萤光之一熠也，乃沾沾守其师说，而谓六合内外尽可不论不议，此岂通论乎？要以风气各殊，本原自一；途径虽异，指归则同。一者何也？曰天也。谨其一则可于一参不一，亦可以不一证一，先圣、后圣不必同而道同，即东西海、南北海之圣人亦不必同而无不同矣。天学一教入中国，于吾儒互有同异，然认主归宗，与吾儒知天、事天若合符节，至于谈理析教，究极精微，则真有前圣所未知而若可知，前圣所未能而若可能者，岂天不爱道，不尽于尧舜周孔者而复孕其灵于西国欤？[②]

这种言论在当时的西学著作中可谓比比皆是，明末西学的最重要成果——《崇祯历书》的编纂其实也是涉及世界认识问题。可以说，明朝一些主流士大夫的表现，说明中国传统世界认识正处于发生转变的重要时期。

不过，明朝不久便被清朝取代，虽然西方传教士仍留在中国，但社会的动乱已在某种程度上抑制了西学在中国的发展势头。例如在主要推动世界认识进步的地理学方面，清朝的西方传教士显然没有明末利玛窦等人影响大，其中比较突出的只有1674年南怀仁的《坤舆图说》两卷，上卷为自然地理，下卷为人文地理，体例与《职方外纪》相似，分别介绍五大洲诸国、山川、民风、物产。《坤舆图说》之后，比较重要的是蒋友仁的《地球图说》。1761年，蒋友仁手绘《坤舆全图》进呈乾隆帝，

① (明)瞿式穀:《职方外纪小言》,艾儒略著,谢方校释:《职方外纪校释》,北京,中华书局,1996年,第9页。

② 徐宗泽:《明清间耶稣会士译著提要》,上海,上海书店出版社,2010年,第229页。

1767年木刻。当时此图仅限于宫廷内部流传，民间所知极少，数十年后经钱大昕等改写为《地球图说》才流入社会。《地球图说》篇幅不大，首要价值在于其对西方天文学新知尤其是对哥白尼日心说的介绍，而五大洲说基本选自利玛窦和艾儒略的著作，内容比较简略。另外，清政府还在传教士的帮助下组织了全国性的地理测绘工作，绘制成比较准确的全国地图《皇舆全览图》，这应该是传教士对这一时期中国地理学的最大贡献，但它也收储在皇宫，并没有进一步促进中国世界认识的发展。

所以，学者将明末与清初的西学分别称为“士大夫西学”与“宫廷西学”，可以说比较准确地概括了西学在这两个不同时期的主要特质。[①]“宫廷西学”是传教士与清廷的共同愿望或主流意愿，而满汉矛盾使士大夫与西学的隔阂越来越深。“当我们进宫时，我们被局限在一个老实说是在与皇帝的套间相邻的套间里，这是一种非同寻常的恩典，亦是极为信任的标志。但因为这个套间与帝国的显贵们汇集的地方隔得极远，使我们与他们没有任何交往。我们只能与某些太监或内侍交谈……但是，由于这样做能使我们易于接近这位君主，使他对我们神圣的宗教给予极大的信任，并使官员们尊重与保护传教士们，我们的一切痛苦就都得到了补偿。”[②]康熙帝甚至对法国传教士张诚说：“我们这个帝国之内有三个民族，满人像我一样爱敬你们，但是汉人和蒙古人不能容你们。你们知道汤若望神甫快死的那一阵的遭遇，也知道南怀仁神甫年轻时的遭遇。你们必须经常小心会出现杨光先那种骗子。你们应以谨慎诫惧作为准则。”“总之，他告诫我们不要在我们所去的衙门里翻译任何关于我们的科学的东西，而只在我们自己家里做。”[③]由于士大夫阶层在某种程度上脱离了天主教及其传教士，清朝初年天主教与西学开始分离，一方面，出现了纯粹出于宗教信仰的天主教徒，他们不以求取西方科学为目标；另一方面更重要的是，一些著名学者的西学知识不是来自西方传教士，只是通过间接途径学习西方科学。清代西学的两个代表人物王锡阐和梅文鼎都是从《崇祯历书》入手研习西学的，同传教士并没有直接的关系。

---

① 参见赵德宇：《西学东渐与中日两国的对应——中日西学比较研究》，北京，世界知识出版社，2001年。

② 《耶稣会传教士洪若翰神父致国王忏悔师、本会可敬的拉雪兹神父的信》（1704年1月15日于伦敦），〔法〕杜赫德编：《耶稣会士中国书简集：中国回忆录》I，郑德弟等译，郑州：大象出版社，2001年，第309～310页。

③ 〔法〕张诚：《张诚日记》，陈霞飞译，北京，商务印书馆，1973年，第72页。

不过，由于西学在中国已有一定影响，故仍有一些清朝学者承袭了明朝西学人士的衣钵，继续以西方世界认识批驳传统的中国中心观，比较突出的有郁永河、庄廷旉等人。郁永河的《裨海纪游》被时人誉为"盖与《海国闻见录》雅相伯仲"。郁永河在《裨海纪游》中指出："然吾人所居，自谓中华大国，未免见大言大，不知大本无据，而中亦未然。夫天地之体，既皆圆矣，人处宇内，头戴天而足履地，何莫非中？若必求天地之中，则为北极天枢之下……然天枢之下，实在朔漠以北，去禹迹甚远。中国一区，道里虽广，若以天枢揆之，其实偏在东南，而东南半壁，又皆海也。"[①]庄廷旉著有《海洋外国图编》，他还参考西式地图绘制了地球图并作《地图说》，谓"南北有两极不动之定位，至东西乃随各方人居住"[②]。

但在19世纪以前清朝统治的150余年间，有上述识见的人可谓寥寥。以清人的世界地理著作为例，这一时期能见到西方地理学影响痕迹的除上述郁、庄二人外，只有以下数种，如陆次云的《八纮译史》和《译之纪余》、陈伦炯的《海国闻见录》[③]、图理琛的《异域录》等，在数量上远远不及同一时期的日本，并且与明末相比，清代对西方世界认识感兴趣的已非上层士大夫，而是以边缘士大夫为主体的人士。可以说，此时既没有形成比较广泛的社会基础又缺乏有影响的领军人物，这是清代西方世界认识的明显特征。除私人著作外，这一时期倒是出现了几部官方性的描述世界的著作，如《皇清职贡图》《皇清四裔考》等，虽然其内容仍是沿袭中国传统的华夷观形式，但纳入了有关西方国家的一些信息。

三、兰学与日本的近代世界认识及其群体

日本从17世纪中期便进入锁国时代，幕府规定禁止日本人与日本船航行海外，同时只允许四个国家可以进入日本，即通信国家为朝鲜、琉球，通商国家为中国和荷兰，长崎为唯一的通商口岸。对于锁国体制，学术界的看法并不一致，但总体而言多趋向于否定。不过，也有学者认

---

① (清)郁永和:《裨海纪游》,(清)王锡祺:《小方壶斋舆地丛钞》第九帙,上海,上海著易堂,1894年,第165页。

② (清)庄廷旉:《地图说》,(清)王锡祺:《小方壶斋舆地丛钞》再补编第一帙,上海,上海著易堂,1894年,第2页。

③ 陈伦炯的《海国闻见录》是这一时期影响最大的地理著作,书中有关西方的知识很精确,但内容比较简略,并且缺少世界认识方面的主观言论。

为18世纪是日本思想史上的“第一次启蒙时代”，而且是极少接受外国影响的“内发性的启蒙期”。[①]

如果说18世纪是日本思想史上的“第一次启蒙时代”，那么兰学就是其中的一朵思想奇葩，它极大地推动了这一时期日本世界认识的发展，一是兰学成为日本认识世界的重要标准。二是世界历史与地理等著作是兰学的主要内容之一，构筑了日本世界认识发展的一个重要环节。因此，兰学成为日本的重要知识体系，兰学者构成了新的知识群体。

首先，兰学成为日本认识世界的重要标准，这对日本世界认识的发展具有里程碑式的意义。在漫长的历史进程中，日本传统世界认识主要受中国的影响，因为其传统文化主要来源于中国，中国文化成为衡量事物的主要标准。三国世界观是日本独创性的认知世界的框架，但也并未摆脱中国文化的羁绊。而兰学直接来源于西方文化，成为与中国文化及其世界认识相对的另一种体系和标准。

兰学形成的初始条件是荷兰继续带给日本的有关世界特别是欧洲的文化与信息。锁国初期，幕府对与西方有关的事物实行严格管制，“即便对于唯一允准来航的荷兰，也禁止阅读、书写该国通用的横行文字，因而连通词之辈也只能用片假名记录下荷兰语，凭口头来记忆进而完成翻译的公务。就这样，年复一年地过去。因处于这种情况，竟无一人想阅读、书写横行文字。”[②]所以，兰学形成的重要契机是随着锁国体制的延续，外来威胁意识日益减弱，幕府逐渐放松对西方文化的限制，特别是1720年德川吉宗实行禁书缓和令，西方技术和文化成为德川吉宗实行享保改革的重要资源。“将军吉宗下令：苟不害日本特有之思想及制度者读洋书可也。”[③]享保改革后，日本社会开始出现兰学热，在日本的为数很少的荷兰人[④]忙于应付日本人对西方文化的渴望。“锁港之禁颇严，虽不宽假，而将军吉宗好天文学务欲取西邦学术。享保五年（西历一千七百二十年）允许洋书系学术者之翻译，自是兰学勃兴，而刊行日本语之文

---

① 源了圆:『德川思想小史』,中央公論社,1975年,第117頁。

② 杉田玄白著、野上豐一郎校訂:『蘭学事始』,岩波書店,1930年,第32頁。

③ 参见〔日〕副岛种臣:《明治之外交》,〔日〕大隈重信:《日本开国五十年史》上册,上海,上海社会科学院出版社,2007年,第119页。

④ 在荷兰商船不在期间,以商馆长、次席商馆员为首的约15名工作人员负责商馆的日常营运工作。

法、辞书等者颇多。”[①]正是在这种背景和环境下，兰学逐渐形成和发展。1774年杉田玄白、前野良泽等人花费四年时间翻译出版的《解体新书》是兰学形成的标志，也是在《解体新书》之后杉田玄白正式称这种西洋学术为“兰学”。“《解体新书》一出于世，人始知西邦有此究理实测之学。颖悟之士欲窥其治术之妙者云集都下，皆入杉田玄白、前野良泽之门，而讲读兰书。久而翻译渐多，如天文、星象、内科、外科、技术、末艺等诸书皆莫不备。其徒遂成兰学派，得不恃外人而学西邦医学。”[②]“自是之后西邦文明之宝库，兰语为之钥，日本人开之，遂以资于日本之文化。”[③]

《解体新书》作为解剖学著作，将书本知识与实际的人体解剖进行对比，验证知识的准确性，杉田玄白等人想法也正是如此。所以，在观察了人体解剖，确认了来自中医的相关错误而《解体新书》准确无误之后，兰学者便成为知识标准的拥有者，文化和世界认识的话语权大大增加。《狂医之言》就是杉田玄白拥有这种话语权之后表达其思想的激情和宣泄，非常具有代表性。

> 夫礼乐文物，以为分尊卑也。何国无尊卑，何国无礼乐？孔子曰：夷狄之有君。有君尊之则礼也。衣冠者明尊卑之分也，其制各异者，从土地之寒温时代之风俗也……以是观之，则衣冠文物，明尊卑之分，不必以支那为是，以从风土之宜为是也。道者，非支那之圣人所立，天地之道也。日月所照，霜露所下，有国有人有道。道者何乎？去恶进善也……况又腐儒庸医，从支那之书，以其国为中土。夫地者一大球也，万国配居焉，所居皆中也，何国为中土？支那亦东海一隅之小国也。[④]

如此一来，兰学成为衡量世界及其文化的重要标准，日本世界认识获得了质的飞跃。随着兰学的发展，西方文化成为日本文化的一个重要组成

---

① 参见〔日〕藤冈胜二：《国语略史》，〔日〕大隈重信：《日本开国五十年史》下册，上海，上海社会科学院出版社，2007年，第1328页。

② 参见〔日〕青山胤通、〔日〕富士川游：《医术之发达》，〔日〕大隈重信：《日本开国五十年史》上册，上海，上海社会科学院出版社，2007年，第662页。

③ 参见〔日〕箕作佳吉：《博物学》，〔日〕大隈重信：《日本开国五十年史》上册，上海，上海社会科学院出版社，2007年，第635页。

④ 沼田次郎[ほか]校注：『日本思想大系64 洋学上』，岩波書店，1976年，第239～240頁。

部分和影响力量，因而也成为认知世界的标准之一，并且受重视的程度不断加强。

其次，兰学时代的世界史地等著作构筑了日本世界知识和认识的重要环节，极大地缩小了锁国造成的与世界发展之间的差距。据统计，1640～1800年，日本以兰学家为主翻译、编纂的有关世界史地著作和世界地图共112种[①]，这为同一时期的中国所望尘莫及。这些著作除了极少数如佛教系统的地图等仍欲维护传统世界认识外，其他基本是根据新航路开辟后的西方世界认识编译的，地圆说、五大洲说等开始在日本社会产生广泛影响，传统的三国世界观特别是中国中心观开始受到质疑和批判。

兰学家大槻玄泽在《六物新志》中称："和兰学一涂草创于新井白石，中兴于青木文藏，休明于前野兰化，隆盛于杉田鹳斋。近世以兰学著者，实渊源于四先生。"[②]锁国时代日本人撰写并产生巨大影响的西方世界地理著作当首推新井白石的《采览异言》（1713年）和《西洋纪闻》（1715年），新井白石也被后来的兰学大家大槻玄泽视为兰学的草创者。《采览异言》的内容是按欧洲、非洲、亚洲、南北美洲的顺序描述各国状况的地理书籍，主要资料来源于利玛窦的《坤舆万国图说》和当时日本的荷兰文地理书籍，并进行了详细的考证，成为锁国时代日本新世界地理学的权威著作，是兰学家必读之书。《西洋纪闻》则主要根据对潜入日本的罗马教皇使节、意大利传教士西多蒂的讯问整理而成。新井白石根据自己掌握的知识，初步建立了日本的近代世界认识体系。如他针对利玛窦等在华耶稣会士将火地岛视为第六大洲的错误，认为"据荷兰雕版地图，南方一带之地如今不详，故不列其地名"[③]。可见，新井白石已在比较的基础上尽量建立科学的世界认识。新井白石是朱子学者，他于1709～1716年任幕府将军顾问，经常在荷兰商馆晋谒幕府时向荷兰人询问许多问题，包括荷兰国情、地理和宗教等。因为对东西文化均有造诣，他也对两种文化进行了比较："彼方之学，唯精于其形和器，即仅知所谓

① 据開國百年紀念文化事業會编『鎖國時代日本人の海外知識』统计。

② (清)黄遵宪:《日本国志》下卷,吴振清等点校整理,天津,天津人民出版社,2005年,第795页。

③ 新井白石:『西洋纪闻』,松村明[ほか]校注:『日本思想大系35 新井白石』,岩波書店,1975年,第30頁。

形而下者，至于形而上者，则尚未预闻。”[①]他在日本历史上第一次以“道”与“器”来衡量东西方学术，这是明治维新前后“东洋道德，西洋艺术”思想的滥觞。

18世纪70年代后，随着兰学在日本的正式形成，西方世界认识成为日本知识体系的重要组成部分，兰学家以自己掌握的西方知识全面抨击日本的传统世界认识。司马江汉便编著有《地球椭圆图》《舆地全图》《舆地略说》《地球全图略说》《荷兰通舶》等著作，从全新角度认识世界。例如在《地球椭圆图》中，他以福岛为中心线将地球分成两半球，改变了以往日本流行的利玛窦式的卵形世界地图，并完整地标出了新发现的澳洲。在《地球全图略说》中，他还介绍了“日心说”，“近来西洋人之说中有一种学说，即日在正中，地在天中转动，月是一个世界而以地为中心转动。五星亦皆一地也”[②]。随后他又在《荷兰天说》《刻白尔天文图解》中多次阐述日心说，为日心说在日本的传播做出了重要贡献。在《荷兰通舶》中，他还介绍了罗得岛巨人铜像和埃及金字塔，这与清朝认为南怀仁《坤舆图识》中“七奇图”是摹拟《神异经》而作进而怀疑该书的真实性形成了鲜明对照。司马江汉掌握了较丰富的西方世界知识，并完全以西方世界认识作为认识世界的标准，其结果自然是对日本传统世界认识的全盘否定。“如称支那为中华，吾邦为苇原中津邦，似无不为中央之邦矣……若由天定之，则应称赤道下之邦为中央。”[③]所以，司马江汉主张平等地与各国交往，开始批判日本的华夷意识，认为若视西方人为“兽”而不与之交往，反而会被西方人视为“兽”。

当然，不仅司马江汉一个人有如此认识，当时日本的兰学家都从不同角度在不同程度上批驳日本的传统世界观。兰学家大槻玄泽在《环海异闻》中指出:“我国之人，多数只闻知中国、朝鲜、天竺之名，其他地方往往硕学宿儒也多有不知。听说连海外四方诸大洲有许多国土及有人居住之事也不知。凡常之人固可恬然不顾此事，但有心之人则即使是外邦也想务必辨其国情俗尚、讲论其事吧？……既有古有今无之事，亦有

① 新井白石:『西洋纪闻』,松村明[ほか]校注:『日本思想大系35 新井白石』,岩波書店,1975年,第19頁。

② 沼田次郎[ほか]校注:『日本思想大系64 洋学上』,岩波書店,1976年,第660頁。

③ 司馬江漢:『和蘭天說』,沼田次郎[ほか]校注:『日本思想大系64 洋学上』,岩波書店,1976年,第449頁。

今有古无之事。故不可以今论古，也不可以古论今。”[①]兰学时代西方世界认识的发展甚至影响到了日本佛教界，例如当时佛教系统的世界地图便调和新旧世界认识，将须弥山世界说与五大洲说合并，可见西方世界认识对日本社会的渗透程度。

随着社会形势的变化和兰学的发展，从世界认识角度关注日本国防和发展问题的著作也应运而生，其中代表性人物是林子平，他于1785年和1786年分别写成《三国通览图说》和《海国兵谈》，为日本社会的发展方向建言献策。

> 子平少倜傥有大志，尝敝衣菲食，蹑高屐，冒寒暑，凌危险，跋涉千里，诸国山川要害莫不谙知，最留意海防。再游长崎，接海外人详其情状。其意谓：自江户日本桥抵于欧罗巴列国，一水相通，彼驾驶巨舰航大洋如平地，视异域如比邻，而我不知备，可谓危矣。濒海要冲之地必严筑炮台，设戍兵，以日本全国为一大城，一旦缓急，以逸待劳，庶免外侮。又谓：我南北诸岛委之不顾，外国有窃据者为患不细。归著《海国兵谈》及《三国通览》二书。幕府以为动人心，命毁其梓，锢诸其藩。当德川氏承平之际，欧洲诸国无事之时，而有林子平其人，悉外情，议防海，可谓眼大如箕矣！[②]

总体而言，兰学的主要成就和影响使它发展成为日本锁国时代三大知识系统之一，与儒学、国学鼎足而立，由此也形成了新的知识群体。兰学基本以医学为核心，医学是兰学形成的源头，是兰学的象征。在锁国初期，西方文化受到严格控制，医学成为延续南蛮文化时期西方文化的主要标志。同时，“幕府既严禁耶稣教，不许人读横文书籍，惟允医术传习。故通词人亲接兰医而代受其医术者不少”[③]。所以，杉田玄白的《兰学事始》首先是追溯南蛮医学的流派。当然，医学也是当时包括兰学者在内的日本知识阶层的谋生手段，而荷兰商馆医师的手术成为当时兰

---

① 開国百年紀念文化事業會編:『鎖国時代日本人の海外知識』,乾元社,1953年,第52～53頁。

② (清)黄遵宪:《日本国志》下卷,吴振清等点校整理,天津,天津人民出版社,2005年,第158页。

③ 〔日〕青山胤通、〔日〕富士川游:《医术之发达》,〔日〕大隈重信:《日本开国五十年史》上册,上海,上海社会科学院出版社,2007年,第661页。

学者能亲自目睹进行观察学习的欧洲科学技术。正因如此,《解体新书》的翻译出版也成为兰学正式形成的标志。随着锁国体制的松动,在医学的推动下,兰学的触角不断延伸,从自然科学发展到社会科学,对天文学、博物学、地理学、历史学等西方科学的诸多领域都有所涉猎,并形成了系统的思想,成为这一时期日本的一个独立知识体系。据不完全统计,1744~1852年,日本出版的兰学译著达500余部,译者近120人。自兰学初兴到明治维新前夕,有34所洋学塾培养了9000余名塾生。[①]可以说,兰学的兴盛有两个主要标志:一是各领域名家辈出,译著发达,兰学成为当时的三大学术系统之一;二是兰学堂不断创办,不仅保证了兰学的发展传承,更培养了比较庞大的兰学者群体,使兰学成为影响日本社会发展方向的重要思想。

另外,需要再次强调的是,兰学主要是一种翻译的学问,兰学形成的重要基础首先是学习荷兰语,解决语言障碍。幕府本来禁止荷兰人学习日语,日本人也只学荷兰话而不学文字。杉田玄白《兰学事始》称,幕府第八代将军德川吉宗统治时期,长崎的荷兰通词西善三郎等三人向幕府上书,要求学习荷兰文字,幕府随即批准,“这是荷兰人来日后的百余年来,首次允准学习横写文字”[②]。1740年,幕府儒官青木昆阳和医师野吕元丈奉命学习荷兰语,“开了非通词钻研荷兰文化的先河,并为兰学的形成,提供了知识基础”[③]。语言问题的解决是日本人独立吸收西方文化的前提和关键,影响非常深远。

由于兰学的存在,日本世界认识的发展并未因锁国而中断,反而比更晚进入闭关状态的清朝发展得更快。日本通过荷兰了解西方世界,学习西方的最新世界知识,形成了新知识体系及新知识群体,也形成了新的认识世界的标准,为日本顺利过渡到近代社会创造了条件。

四、中日新旧世界认识的冲突

在19世纪中期以前,流入中日两国的西方世界认识并未取代传统世界认识占据主导地位,两种世界认识也有过冲突。不过,中国对西方世界认识的排斥更强烈,只有少数人选择接受;而日本则形成宣传西方世界认识的兰学家群体这一专业知识群体,并影响日本社会的其他阶层。

---

① 赵德宇:《日本近代化溯源——洋学》,《日本学刊》2004年第4期。

② 杉田玄白著,野上豊一郎校訂:『蘭学事始』,岩波書店,1930年,第33頁。

③ 冯玮:《对日本“锁国时代”吸收西方文化状况的历史分析》,《史学月刊》1994年第1期。

从利玛窦将西方世界地图带入中国，直到耶稣会被解散，其间，反对地圆说、五大洲说等西方近代世界认识的言论不绝于耳，其中主要有两种代表性观点：一是从经验层面否定西方近代世界认识的科学性；二是从正统的中国中心观角度批判西方近代世界认识的异端性。

从经验层面否定者可以说是比较理性之人的态度。明末著名科学家宋应星便反对地圆说等西方科学知识，他在《谈天·日说》一文中称："西人以地形为圆球，虚悬于中，凡物四面蚁附，且以玛八作之人与中华之人足行相抵。天体受诬，又酷于宣夜与周髀矣。"[①]虽然宋应星在自己的科学巨著《天工开物》中主张实用性学术研究，具有探本求源的科学精神，批评"乃枣梨之花未赏，而臆度楚萍；釜鬵之范鲜经，而侈谈莒鼎；画工好图鬼魅而恶犬马，即郑侨、晋华，岂足为烈哉？"[②]，但他在面对地圆说时仍难免陷入主观臆断的窠臼之中。王夫之的看法与宋应星类似，他认为人不可能倒立在物体下面，从直观角度看地球也不可能是圆的，"浑天家言天地如鸡卵，地处天中犹卵黄。黄虽重浊，白虽轻清，而白能涵黄使不坠于一隅尔，非谓地之果肖卵黄而圆如弹丸也。利玛窦至中国而闻其说，执滞而不得其语外之意，遂谓地形之果如弹丸，因以其小慧附会之，而为地球之象……玛窦身处大地之中，目力亦与人同，乃倚一远镜之技，死算大地为九万里……而百年以来无有能窥其狂呆者，可叹也"[③]。正是在这种社会氛围下，为了使人们相信西学的科学性，徐光启等受西学影响之人希望利玛窦等西方传教士能多输入"新奇而有证明"[④]的西方科学，这也正是他们翻译《几何原本》的重要原因之一。李之藻也对西方科学实际测验因经纬度不同而产生的太阳照射角度的偏差和时差，"余依法测验，良然"[⑤]。但地圆说等近代世界知识在当时恰恰是很难被一般人证明的，甚至是容易被反驳的，如上述宋应星、王夫之的言论就是其中典型。这需要专业知识特别是亲身实践，否则只会增加

① （明）宋应星：《宋应星佚著四种：野议 论气 谈天 思怜诗》，上海，上海人民出版社，1976年，第101页。

② （明）宋应星著，钟广言注释：《天工开物》，香港，中华书局香港分局，1978年，"《天工开物》卷序"，第1～2页。

③ （清）王夫之：《思问录·外篇》，北京，中华书局，1956年，第63～64页。

④ 〔意〕利玛窦、〔比〕金尼阁：《利玛窦中国札记》，何高济等译，何兆武校，北京，中华书局，1983年，第517页。

⑤ （明）李之藻：《刻职方外纪序》，〔意〕艾儒略著，谢方校释：《职方外纪校释》，北京，中华书局，1996年，第6页。

人们的疑惑和不信任。明人熊明遇在为传教士熊三拔等人的《表度说》作序时就指出："惟坤体弹丸，乾元軿冒，清扬者环动薄靡，重浊者中止澄凝，随处颅玄趾黄，而目力所际，恒半分三百六十五度，极星高下，斯其灿然者矣。奈人域是域，谁解大全？不谓西方之儒之书持之有故、言之成理也。"[①]晚清时期著名的西学家邹伯奇也曾指出："绘地难于算天，天文可坐而推，地理必须亲历。"[②]

从中国中心观角度批判者多是一些强烈的文化保守者，这些批判遍及历史、地理、天文、历法等方面，但从政治角度进行攻击是最基本方式。首先是正统性问题，这是传统政治的核心要素。明代南京教案的主角沈㴶认为："夫普天之下，薄海内外，惟皇上为覆载炤临之主，是以国号曰大明，何彼夷亦曰大西？且既称归化，岂可为两大之辞以相抗乎？三代之隆也，临诸侯曰天王，君天下曰天子，本朝稽古定制，每诏诰之下，皆曰奉天，而彼夷诡称天主，若将驾轶其上者然，使愚民眩惑，何所适从？"[③]清朝杨光先的《请诛邪教状》同沈㴶相比如出一辙："且于《时宪历》面敢书'依西洋新法'五字，暗窃正朔之权，以尊西洋。明白示天下，以大清奉西洋之正朔，毁灭我国圣教，惟有天教独尊。"[④]推而广之就是传统统治秩序问题，对此沈㴶愤然写道："今彼夷立说，乃曰：'七政行度不同，各自为一重天。'又曰：'七政诸天之中心，各与地心不同处所。'其为诞妄不经，惑世诬民甚矣。《传》曰：'日者众阳之宗，人君之表。'是故天无二日，亦象天下之奉一君也。惟月配日，则象于后，垣宿经纬，以象百官，九野众星，以象八方民庶。今特为之说曰：日月五星各居一天，是举尧舜以来中国相传纲维统纪之最大者，而欲变乱之。此为奉若天道乎？抑亦妄干天道乎？以此名曰慕义而来，此为归顺王化乎？抑亦暗伤王化乎？"[⑤]在这种情况下，阮元编辑的著名科学家传记《畴人传》却掺杂着不科学的言论也就不足为奇，如针对日心说评价道："然其为说至于上下易位，动静倒置，则离经畔道，不可为训，固未有若是甚

① （明）熊明遇：《〈表度说〉序》，徐宗泽：《明清间耶稣会士译著提要》，上海，上海书店出版社，第212页。

② 赵尔巽等撰，许凯等标点：《清史稿》，长春，吉林人民出版社，1995年，第10584页。

③ （明）沈㴶：《参远夷疏》，（明）徐昌治订，夏瑰琦编：《圣朝破邪集》，香港，建道神学院，1996年，第59页。

④ （清）杨光先等撰，陈占山校注：《不得已（附二种）》，合肥，黄山书社，2000年，第6页。

⑤ （明）沈㴶：《参远夷疏》，（明）徐昌治订，夏瑰琦编：《圣朝破邪集》，香港，建道神学院，1996年，第60～61页。

焉者也。”[①]其实，处于明清鼎革之际的王夫之之所以攻击利玛窦等，也与文化传统和正统性有关，蕴含着对清王朝的否定：“而又有进焉者，如近世洋夷利玛窦之称‘天主’，敢于亵鬼倍亲而不恤也，虽以技巧文之，归于狄而已矣。”[②]

杨光先对天主教徒李祖白的批判也很具有典型性，代表了从历史层面批判的言论。李祖白著有《天学传概》一书，称：“天主上帝，开辟乾坤，而生初人，男女各一。初人子孙聚居如德亚国，此外东西南北并无人居。当是时，事一主，奉一教，纷歧邪说无自而生。其后生齿日繁，散走遐逖，而大东大西有人之始。其时略同，考之史册，推以历年，在中国为伏羲氏。”杨光先对此予以痛诋：“祖白此说，则天下万国之君臣百姓，尽是邪教之子孙。祖白之胆信可包天矣！……谓我伏羲是天主教之子孙，岂非卖君作子，以父事邪教？祖白之头可斩也。”[③]通观上述言论可以看到，李祖白从天主教角度诠释的历史确有不可取之处，但杨光先的言论也一样偏激。

杨光先等人也从经验论层面否定西方文化，如针对地圆说，认为：“想其立论之意，见天之有浑仪，欲作一浑地之仪，以配天之宫度，竟不思在下之国土人之倒悬。斯论也如无心孔之人，只知一时高兴，随意谄谎，不顾失枝脱节。无识者听之，不悟彼之为妄，反叹已之闻见不广；有识者以理推之，不觉喷饭满案矣！夫人顶天立地，未闻有横立、倒立之人也。惟蜾虫能横立壁行，蝇能仰栖，人与飞走鳞介，咸皆不能。”[④]

从根本上来说，这些文化保守论者是从中国中心观立论的，杨光先甚至宣称“宁可使中夏无好历法，不可使中夏有西洋人”[⑤]。因为这些传统世界认识的维护者并非根据科学判断，而是以中国文化的价值观判断是非，以此维护传统的中国中心观。如梅文鼎之孙梅瑴成在明史馆参与修天文、历志时也受到类似的质疑：“客问于梅子曰：‘史以纪事，因而不创。闻子之志时宪也用图，此固廿一史所无，而子创为之，宜执事以

---

① （清）阮元等撰，彭卫国、王原华点校：《畴人传汇编》下，扬州，广陵书社，2009年，第550页。

② （明）王夫之：《周易外传》，北京，中华书局，1977年，第190页。

③ （清）杨光先：《与许青屿侍御书》，（清）杨光先等撰，陈占山校注：《不得已（附二种）》，合肥，黄山书社，2000年，第8页。

④ （清）杨光先：《孽镜》，（清）杨光先等撰，陈占山校注：《不得已（附二种）》，合肥，黄山书社，2000年，第56～57页。

⑤ （清）杨光先：《日食天象验》，（清）杨光先等撰，陈占山校注：《不得已（附二种）》，合肥，黄山书社，2000年，第79页。

为非体而欲去之也。而子固执己见，复呶呶上言，独不记昌黎之自讼乎？吾窃为子危之！’”[①]在这种情况下，以博学闻名的纪昀在编辑《四库全书》时虽然收入《职方外纪》等西方人著作，但充满了疑惑和否定，如认为《职方外纪》“所述多奇异，不可究诘，似不免多所夸饰”；关于《坤舆图识》，“疑其东来之后，得见中国古书，因依仿而变幻其说，不必皆有实迹”。这种态度几乎与杨光先别无二致，杨光先就认为利玛窦等人介绍的历法知识是“荒唐之说，不但不知历者信之，即精于历法历理者，亦莫敢不信之。何也？天远而人迩，迩者既不克问天，而远者又弗肯人答。真与不真，安所辨验？虽心知其妄，然无法以辟之，所以其教得行于中夏”[②]。但纪昀毕竟是著名学者，他同时亦认为：“核以诸书所记，贾舶之所传闻，亦有历历不诬者。盖虽有所粉饰，而不尽虚构，存广异闻，固亦无不可也。”[③]这种“存广异闻”的评价显然否定了西方世界认识的价值。既然否定了传教士传播的世界认识，自然也排斥了部分接受西方世界认识的中国学者的著作。如陆次云的《八纮译史》被指为“近事多据《瀛涯胜览》《职方外纪》诸书，亦多传闻失实”。[④]徐朝俊的《高厚蒙求》也被斥为“悉本利氏乾坤体义，荒远无凭，不足取也”。[⑤]所以，这种从中国中心观出发否定西方文化的做法致使西方世界认识在中国根本无立足之地。

另外值得注意的是，一些主张学习西方的人士，其世界观也仍未摆脱传统的天下观。如接替徐光启主持历法修订的李天经认为：“说者动以异域视之，不知皇上君临万邦，覆载之下，莫非王臣；法取合天，何分中外？”[⑥]这显然是没有意义的混淆视听。清代庄廷旉则更进一步，他从新世界认识中找回了中国中心观的位置。如前所述，庄氏接受了地圆说、五大洲说，并作《地图说》，但他一方面批评传统的中国中心观，另一方面却在经线上做文章，认为“自京师顺天府为经线，正中初度者乃东方九十度，内定九五居中之义，余经线为京师偏东偏西，循环合转仍三百

① 赵尔巽等撰，许凯等标点:《清史稿》，长春，吉林人民出版社，1995年，第10548页。

② (清)杨光先:《孽镜》，(清)杨光先等撰，陈占山校注:《不得已(附二种)》，第54页。

③《四库全书总目提要》卷71《史部二十七·地理类四·坤舆图说》。

④《四库全书总目提要》卷78《史部三十四·地理类存目七·八纮译史》。

⑤ (清)阮元等撰，彭卫国、王原华点校:《畴人传汇编》下，扬州，广陵书社，2009年，第613页。

⑥ 方豪:《中西交通史》，长沙，岳麓书社，1987年，第711页。

六十"[①]。像庄氏这样既接受了西方世界知识又极力维护旧世界观念的做法，说明了传统世界认识在人们观念中根深蒂固的程度。梅文鼎也是如此，在《历学疑问》中，他专设"地圆可信"一节，指出地圆说无疑是正确的；而在十年后1705年的《历学疑问补》中，他则认为中国居于地球之正面，而其他国家处于地球之背面，在承认地圆说的前提下，煞费苦心地提高中国的地位。所以，他也论证"《周髀算经》虽未明言地圆，而其理其算，已具其中矣"[②]，认为地圆说"窃疑为周髀遗术，流入西方者也"[③]。

如果考虑到利玛窦整理的有中文标注的卵形世界地图已经做了改动，"他抹去了福岛的第一条子午线，在地图两边各留下一道边，使中国正好出现在中央"，[④]以此来迎合中国人的观念，那么受西学影响的庄廷旉等人的言论就更值得回味，它说明传教士的退让不能甚至是不利于改变中国人传统的以自我为中心的世界观念和树立正确的文化心态，影响了西方文化传播的社会效果。中国中心观的实质是中国文化至高无上论，虽然传教士采取文化传教方式也是希望通过宣传西方文化特别是自然科学文化的优越性以肯定包括宗教在内的西方文明，但文化传教本身已经隐含着传教士的退让，其结果也自然很难达到传教士的期望。

所以，从整体上看，中国虽受到西方世界认识的某些影响，但传统世界认识仍有绝对不可动摇的地位。正如鸦片战争时期"开眼看世界"的代表人物姚莹所指出的那样，"万历中西洋人利玛窦以《万国全图》来献，维时廷臣多诞之莫信，其徒艾儒略嗣作《职方外纪》，世乃稍闻其说……本朝康熙甲寅，南怀仁又有《坤舆全图》之作，刻于京师。士大夫多与之游，亦以西人外之，莫有究其说者"[⑤]。

---

① (清)庄廷旉:《地图说》,(清)王锡祺:《小方壶斋舆地丛钞》再补编第一帙,上海,上海著易堂,第1页。

② (清)梅文鼎:《论周髀即有地圆之理》,(清)梅文鼎:《历学疑问补》,北京,中华书局,1985年,第3页。

③ (清)梅文鼎:《浑盖通宪图说订补》,(清)梅文鼎:《勿庵历算书目》,北京,中华书局,1985年,第17页。梅文鼎的这种转变与康熙帝有关,参见王扬宗《"西学中源"说和"中体西用"论在晚清的盛衰》,《故宫博物院院刊》2001年第5期。

④ 〔意〕利玛窦、〔比〕金尼阁:《利玛窦中国札记》,何高济等译,何兆武校,北京,中华书局,1983年,第180～181页。其实以制图国家和地区为中心制作地图是合理的,也是后来世界地图的一般形式。

⑤ (清)姚莹:《康輶纪行》卷16,台北,文海出版社影印本,1974年,第1页。

西方世界认识在日本有很大影响，但也受到传统世界认识的制约。丰臣秀吉对西方世界认识充满好奇，也积极寻求西方世界知识，但他在侵朝战争中却制订了有关日本、中国、天竺的“三国分割计划”，表明其内心深处仍主要是日本传统的三国世界观的残影。日本的主流知识群体儒学者对西方世界认识的排斥更强烈，1606年，林罗山在京都便与日本籍传教士不干斋·巴比庵就地圆说进行辩论，林罗山问：“无有上下乎?”巴比庵答：“以地中为下，地上亦为天，地下亦为天；吾邦以舟运漕大洋，东极是西，西极是东，是以知地圆。”林罗山称：“此理不可也。地下岂有天乎？观万物皆有上下，如彼言无上下，是不知理也。”[①]林罗山的言论可谓前近代科学观念与儒家政治观念的混合体。18世纪后半期以后，随着兰学家群体的形成，地圆说、五大洲说等西方世界认识开始有了一定市场，但一般仍局限于专业的兰学者集团。同时，兰学虽与儒学、国学等鼎足而立，是锁国时代日本重要的知识系统之一，但兰学家的社会地位较低，只被视为一个技术性的专业群体，属于东方文化中形而下的范畴，因而以兰学为代表的西方世界认识在日本也未能占据主流地位。通过兰学家的言论便可看出，当时日本占主流地位的仍是三国世界观等传统世界认识。如杉田玄白在《狂医之言》中便指责道：“腐儒庸医不知天地大也，少闻东洋二三国之事，以支那为万国之冠。”[②]山片蟠桃也将新旧世界认识加以比较，“奇哉，西洋之说，尽天地之大论，乃梵、汉、和之管见未及之所”。[③]1807年，大槻玄泽的《环海异闻》仍指出，“我国人多数只知道中国、朝鲜、天竺之名，其他地方间或硕学宿儒也不知”。[④]可见，三国世界观等日本传统世界认识的清除也非易事。即使到19世纪中期，福泽谕吉仍感到兰学家和洋学生的社会地位非常低，他所在的洋学堂适适斋的学生几乎被人视为“贱民”。[⑤]根据鲇泽信太郎的研究，日本开国前后其世界地理著作的主流是魏源的《海国图志》及传教

① 林羅山:『排耶蘇』,海老沢有道校注:『日本思想大系25 キリシタン書 排耶書』,岩波書店,1970年,第490頁。

② 杉田玄白:『狂医之言』,沼田次郎[ほか]校注:『日本思想大系64 洋学上』,岩波書店,1974年,第239頁。

③ 山片蟠桃:『夢ノ代』,水田紀久、有坂隆道校注:『日本思想大系43 富永仲基 山片蟠桃』,岩波書店,1973年,第213頁。

④『耶蘇會士日本通信』,開国百年紀念文化事業會編:『鎖国時代日本人の海外知識』,乾元社,1953年,第52頁。

⑤ 参见〔日〕福泽谕吉:《福泽谕吉自传》,马斌译,北京,商务印书馆,1980年,第54页。

士翻译的汉文西书[①]，这也从另一个侧面说明了兰学所代表的西方世界认识在日本的社会地位。不过，虽然近代世界认识在19世纪中叶以前的日本也未能占据主导地位，但与其在中国被强烈排斥的局面相比，其影响还是更广泛深入。

西方的世界认识在中日两国的流传和影响之所以形成上述差异，根本原因是两国的文化传统、社会结构及世界地位有很大不同。除此之外，也与中日接受西方世界认识的形式这一文化传播的方式有关。中国通过传教士吸取西方文化及世界认识，传教士成为其中的重要环节，一旦缺少这一环节，新世界认识便成为无源之水，很难继续发展。无论是从起因还是发展的角度，中国接受西方文化始终不能脱离传教士，这也是明末清初西学未能持续发展的重要原因。同时，宗教与世界认识混为一体，不仅容易使文化交流产生矛盾，也往往令人怀疑其世界认识的价值。“他们力图通过把文艺复兴时期的科学精华带往中国的办法，来完成他们的宗教使命，这是一种极其开明的做法。不过，对他们来说，科学只不过是达到目的的一种手段而已。他们的目的自然是利用西方科学的威望来支持和抬高‘西方’宗教的地位。这种新科学可能是正确的，但对于传教士来说，更重要的是它发源于基督教世界。”[②]王锡阐在《晓庵新法》序中指出：“天正日躔，本起子半，后因岁差，自丑及寅。若夫合神之说，乃星命家猥言，明理者所不道。西人自命历宗，何至反为所惑，谓天正日躔定起丑初乎？”[③]1614年，耶稣会日本和中国教区主教瓦伦廷·卡瓦略下令禁止“向中国传授数学或除了《福音书》之外的任何其它科学”[④]。至于传教方式问题引发的康熙帝与罗马教皇之间的中西“礼仪之争”，其结果是几乎埋葬了这一时期的中西文化交流。

与中国相比，日本在南蛮文化时期之后，已开始通过荷兰主动吸取西方文化和西方世界认识，这一方式既将宗教与世界认识相隔离，西方文化及其世界认识更易为日本人所接受；此时期的日本又形成了以兰学家为标志的独立的世界认识群体，因此，以兰学家为载体的西方世界认

① 『耶蘇會士日本通信』，開国百年紀念文化事業會编：『鎖国時代日本人の海外知識』，乾元社，1953年，第6頁。

② 〔英〕李约瑟原著，〔英〕柯林·罗南改编：《中华科学文明史》第2卷，上海交通大学科学史系译，上海，上海人民出版社，2002年，第232页。

③ 赵尔巽等撰，许凯等标点：《清史稿》，长春，吉林人民出版社，1995年，第10536页。

④ 〔法〕谢和耐：《中国与基督教(增补本)——中西文化的首次撞击》，耿昇译，上海，上海古籍出版社，2003年，第8页。

识在日本得以顺利的发展。

18世纪末以前中日两国对西方新世界认识的不同回应，既是两国近代社会发展的缩影，也为19世纪中叶以后两国的发展提供了不同的历史条件，日本比中国更快地适应新世界，开始接近以西方为主导的近代社会的大门。

第二节　西方国家的武力、外交冲击与中日两国的反应

随着新航路开辟，西方文化开始影响中国和日本。18世纪末19世纪初，西方国家以外交、武力等手段对中日认同的传统世界秩序进行了第一次大规模的冲击。与世界认识这一观念性问题相比，西方国家的武力和外交冲击是更直接的威胁。如何应对西方国家，已经成为中日共同面临的日益严峻的现实问题。中日两国也做出了各自的反应：清政府坚决固守朝贡体制，日本幕府则摇摆不定；中国知识阶层开始重新关注西方世界，但日本知识阶层认识西方世界之著作更多、水平更高，并对幕府的锁国政策进行抨击。中日的不同反应也预示了两国后来走上不同的发展道路。

一、18世纪末以前中日与西方的交往体制

新航路开辟后，西方国家不断向世界各地扩张，也与中日两国有了不同程度的接触。但在18世纪90年代以前，西方国家基本是顺应中日传统的对外交往体制，并未从制度方面对中日两国形成直接冲击。当时，中国在对外关系中推行的是传统的朝贡体制，西方国家派人进京也被视为朝贡，在经济方面则形成了广州通商体制；锁国时代的日本规定通信国家限于朝鲜、琉球，通商国家为中国、荷兰，这与日本旧有的华夷体制也有类似之处。

荷兰被日本选为通商国家，表明日本的世界认识实际上已发生了变化。不过，荷兰成为日本锁国时期世界体系的重要组成部分，与其说是日本清楚地认识到西方国家的重要意义，还不如说是日本以往世界认识范围非常狭隘。在日本的前近代世界框架中，视野最开阔的是三国世界观。所以，除个别情况外，日本一直很少与外界往来，只关注中国、朝鲜半岛、琉球等邻近国家，甚至连天竺也只是日本人观念中的地方，直

到1548年才第一次实际接触。同时，其他国家的人也很少到日本。但在16世纪后，葡、西、荷、英等西方国家相继到达日本，这在日本历史上可谓空前，这些西方国家也成为当时日本重要的贸易伙伴。天主教的冲击最终导致日本走向锁国，全面断绝了与西方国家的交往，荷兰则成为锁国体制下日本构筑的世界体系的重要一环。所以，正是以往日本人世界视野的狭隘和现实的经济利益，使非天主教系统的西方国家荷兰最终成为日本指定的通商国家。但这一结果却影响了锁国时代日本人的世界认识，因为在二百余年的锁国体制中，荷兰是4个与日本有关系的外国之一，自然受到重视。日本通过荷兰学习西方科学知识，了解、认识西方世界，并形成了兰学，使兰学成为锁国时代与儒学、国学并立的三大知识系统之一，兰学和兰学家群体成为推动日本走上近代发展道路的重要力量。

与日本相比，中国传统世界认识的范围基本涵盖了亚洲并延伸到非洲东部等地，朝贡国家甚多，因而西方国家的东来也自然被纳入朝贡体制，中国也不在意西方国家的情况。这种由中国中心观出发视域外世界为一体无外的观念以及由此导致的泛泛交往，使中国不能像日本一样重视某一西方国家，因而很难对西方国家有比较深刻的认识，阻碍了中国世界认识的进一步发展。据统计，在1655年至1795年的140年间，西方使节来华入觐中国皇帝至少有17次，其中俄国6次，葡萄牙4次，荷兰3次或4次，罗马教廷3次，英国1次。除了1793年英国特使马戛尔尼以外，其余的都向清朝皇帝行了三跪九叩之礼，特别是1795年荷兰使臣完全是按照朝贡制度所规定的礼仪行事。①当然，西方国家毕竟不同于中国传统的朝贡国，如清初广东碣石镇总兵陈昂在奏折中称："臣遍观海外诸国，皆奉正朔。惟红毛一种，奸宄莫测。其中有英圭黎诸国，种族虽分，声气则一。请饬督抚关部诸臣，设法防范。"②而在实际的运作过程中，从明朝来华第一次入贡的葡萄牙到后来的俄罗斯，都曾因礼仪问题发生纠纷，并且"当托时和德新在1731～1732年赴俄期间，他们确也向女沙皇磕了头，这是中国使节从未向任何藩属国王行过的礼节"③。所以，康

① John K. Fairbank, 1953: *Trade and Diplomacy on the China Coast: The Opening of the Treaty Ports*, 1842—1854, Cambridge: Harvard University Press.

② (清)梁廷枏著，邵循正校注：《夷氛闻记》，北京，中华书局，1959年，第2页。

③ 徐中约：《中国近代史》上册，计秋枫、朱庆葆译，茅家琦、钱乘旦校，香港，香港中文大学出版社，2001年，第110页。

熙帝晚年忧虑道:“海外如西洋等国,千百年后中国恐受其累。此朕逆料之言。”①

不过,在18世纪90年代以前,中日有一点是共同的,即两国构筑的世界体系都是中日单方面决定的,无论是加入日本锁国体制的荷兰,还是纳入中国朝贡体制和广州通商体制的西方诸国,基本是被动地接受中日两国的决定,中日仍能比较从容地推行自己认同的世界秩序。当时,西学虽已不断向中日两国渗透,也有葡萄牙租借了澳门等一些个别的特殊事例,但西方国家并未从制度方面对中日构成直接的威胁。而18世纪90年代以后,随着西方在全球范围内确立了自己的绝对优势和西方近代外交体制的完善,西方国家开始要求中日改变传统的对外交往体制,对中日对外交往体制形成了第一次大规模的直接冲击,中日政府及知识阶层也做出了各自的回应。

二、西方国家的冲击与中日两国政府的反应

18世纪末,英国和俄国分别派使团抵达中国和日本,要求中日改变对外交往体制,对中日两国认同的世界秩序提出了直接挑战。自此到鸦片战争前,中日多次面对西方的外交、武力冲击。

(一)清政府的反应

1793年,英国马戛尔尼使团到达北京,引发了中西世界秩序的第一次正面冲突。英国对使团自然抱有莫大希望,但也预料到必然会困难重重。在筹备使团时,马戛尔尼就认为,清朝是“一个如此骄傲的朝廷,他对西方国家的力量与重要性无知,而坚持东方式的妄自尊大”,为了达到目的,使团“必须给予皇帝及其大臣以庄严华丽的印象”。②使团副团长斯当东也知道,中国人“对自己文化的高度优越感,这种狭隘的观念已经形成为一种思想体系”③。所以,英国对组建使团做了充分准备,如成员的构成、携带的礼品、如何进入中国并觐见乾隆帝等。在抵达登州后,马戛尔尼再次向使团成员发布严格的训令,不允许因为任何人的私自行为而损害英国的荣誉,特别是不能被中国误解为英国只是为了追求商业利益而派遣使团。“为了避免给使节团任何商业色彩,东印度公司这

---

① 《清实录·圣祖实录》卷270,康熙五十五年十月壬子。

② 〔英〕马士:《东印度公司对华贸易编年史:1635~1834年》第一、二卷,区宗华译,广州,中山大学出版社,1991年,第533页。

③ 〔英〕斯当东:《英使谒见乾隆纪实》,叶笃义译,上海,上海书店出版社,2005年,第7页。

次宁愿牺牲开辟一个新的市场的机会，宁愿不叫‘印度斯坦’号船载运商品。这是在中国人面前提高使节团的尊严和郑重性所绝对需要的。使节团随员们个人方面任何微小的以谋利为目的的交易，都将被中国人夸大地认为整个使节团在进行贸易。”[①]但是，使团所有准备几乎都是无效的，尽管马戛尔尼等在觐见乾隆帝以及与和珅等人的会谈中也陆续地提出了公使驻京、开放通商口岸、在北京设立洋行等七项要求，涉及政治、经济、文化等内容，但清政府基本上是不加考虑就拒绝了。乾隆帝在致英王的“敕谕”[②]中比较充分阐释了中国方面的理由，这也是此一时期中国政府方面发布的就中西关系与世界秩序问题进行说明的最详细文献。节录如下：

> 奉天承运皇帝敕谕英吉利[③]国王知悉……至尔国王表内，恳请派一尔国之人，住居天朝，照管尔国买卖一节，此则与天朝体制不合，断不可行。向来西洋各国有愿来天朝当差之人，原准其来京，但既来之后，即遵用天朝服色，安置堂内，永远不准复回本国，此系天朝定制，想尔国王亦所知悉。[④]……若云尔国王为照料买卖起见……况留人在京，距澳门贸易处所，几及万里，伊亦何能照料耶？若云仰慕天朝，欲其观习教化，则天朝自有天朝礼法，与尔国各不相同，尔国所留之人即能学习，尔国自有风俗制度，亦断不能效法中国，即学会亦属无用……是尔国王所请派人留京一事，于天朝体制既属

---

① 〔英〕斯当东：《英使谒见乾隆纪实》，叶笃义译，上海，上海书店出版社，2005年，第217页。

② 乾隆帝给英国国王有两道敕谕，前一个是有关公使驻京的，后一个是得知英国的其他要求后追加的。据马戛尔尼记载，前者是10月3日交给马戛尔尼，但在当日与和珅会谈中马戛尔尼又以书面方式明确提出六条要求，故而乾隆帝再次追加敕谕并于10月7日使团离京之时授予。参见〔英〕马戛尔尼：《1793乾隆英使觐见记》，刘半农译，天津，天津人民出版社，2006年，第146～162页。

③ 原文“英吉利”三字均有“口”字旁。明清时期的文献中，涉及西方国名、人名时往往加“口”字旁，这一方面是为了与一般文字相区别，另一方面有些也带有歧视性的色彩。引用这类文献时为保证用字规范，在不引起歧义的情况下，本书一律去掉了“口”字旁。

④ 乾隆三十九年七月初九日《著两广总督李侍尧将情愿赴京效力西洋人存记档案事上谕》：“向例西洋人赴京效力之后，即不准其复回本国。近来在京西洋人内，竟有以亲老告假者，殊属非理。伊等既有亲待养，即不应远涉重洋投效中国。若既到京效技，自不便复行遣回，均当慎之于始。”（中国第一历史档案馆：《嘉庆朝前在清宫服务的西洋人史料》，《历史档案》2004年第3期）

不合，而于尔国亦殊觉无益。[1]

奉天承运皇帝敕谕英吉利国王知悉……昨据尔使臣以尔国贸易之事，禀请大臣等转奏，皆系更张定制，不便准行。向来西洋各国及尔国夷商，赴天朝贸易，悉于澳门互市，历久相沿，已非一日。天朝物产丰盈，无所不有，原不藉外夷货物以通有无。特因天朝所产茶叶、瓷器、丝觔，为西洋各国及尔国必需之物，是以加恩体恤，在澳门开设洋行，俾得日用有资，并沾余润。今尔国使臣于定例之外多有陈乞，大乖仰体天朝加惠远人抚育四夷之道……除广东澳门地方仍准照旧交易外，所有尔使臣恳请向浙江宁波、珠山及直隶天津地方泊船贸易之处，皆不可行。又据尔使臣称，尔国买卖人要在天朝京城另立一行，收贮货物发卖，仿照俄罗斯之例一节，更断不可行。京城为万方拱极之区，体制森严，法令整肃，从无外藩人等在京城开设货行之事……又据称，拨给附近广东省城小地方一处居住尔国夷商，或准令澳门居住之人出入自便一节。向来西洋各国夷商，居住澳门贸易，划定住址地界，不得逾越尺寸，其赴洋行发货夷商亦不得擅入省城，原以杜民夷之争论，立中外之大防。今欲于附近省城地方另拨一处给尔国夷商居住，已非西洋夷商历来在澳门定例……至于尔国所奉之天主教……即在京当差之西洋人等居住在堂，亦不准与中国人民交结，妄行传教，华夷之辨甚严。今尔国使臣之意，欲任听夷人传教，尤属不可……今尔使臣所恳各条，不但于天朝法制攸关，即为尔国代谋，亦俱无益难行之事。兹再明白晓谕，尔国王当仰体朕心，永远遵奉，共享太平之福。[2]

上述言论充分表现了清朝与英国之间世界观念的根本矛盾：英国希望能在北京派遣常驻使节，但中国传统朝贡体制中无此内容，若要常驻北京只有成为清朝的官员，如同传教士一样；至于使团的中心和根本任务——开拓市场和促进贸易更不符合清朝定制，因为中国从体制和价值观方面而言是排斥对外贸易的，更不认同官方参与此种事情，故广州也只是通过十三行进行间接管理。英国欲割据中国领土等野心更是受到痛

① 中国第一历史档案馆编:《英使马戛尔尼访华档案史料汇编》,北京,国际文化出版公司,1996年,第165～166页。

② 中国第一历史档案馆编:《英使马戛尔尼访华档案史料汇编》,北京,国际文化出版公司,1996年,第172～175页。

斥。不过，据斯当东记载，和珅在与马戛尔尼的交谈中称："皇上的意思完全是从考虑你们的利益出发的，其实他倒也很愿意你留在这里。"[①]这种对话自然有不愿意撕破脸面的成分，但英国人即使是留在北京也绝不会是按照英国所希望的方式。

值得一提的是，在负责陪护使团返回广州的过程中，曾经长期在边疆任职的松筠与使团相处融洽，这就是斯当东所称的"更好的途径，间接的联系"，松筠也因此了解到更多的西方信息。如"特使谈到过去曾在俄国出使三年。松大人非常奇怪一次出差怎么会长达三年。特使然后向他介绍欧洲各国互派使节的惯例，通过常驻使节来解除两国间的误会，敦睦两国间的友谊"。[②]英国使团甚至再度燃起希望，"特使认为通过这样亲切交谈间接同皇帝联系来促成使节团的真正使命，比在皇宫觐见正式谈话还更方便有利"[③]。贸易问题自然是马戛尔尼使团关注的核心，松筠"向皇帝上奏说，根据他一路仔细观察，英国使节前来确只是为了发展贸易关系，并无其他坏意图。发展对外贸易，在中国看来算不了一回事，值不得万里迢迢前来，但对欧洲国家来说则是一件头等大事。他并上奏皇帝说，从英国人的言行推测，假如发展两国往来关系，不会产生任何坏作用"[④]。新任两广总督长麟接替松筠，陪同马戛尔尼自杭州经内陆赴广州，他对英国可能采取的行动颇为关心。"总督对特使将来回到英国以后，如何向英国政府报告中国拒绝了英国的全部要求，颇为关心。假如特使的报告引起英国政府对中国的不满，而将来对中国采取任何报复行动，那就使他的处境更为难了。任何他现在将要采取的改善英国商人待遇的措施，将来都会成为被国人责难的罪行。在这一点上，他愿意特使给一个满意的答复。特使不清楚这些话是否是总督个人的思想顾虑。这种顾虑也可能是出自北京上一级人的。总之，这些话表示出骄傲自大的中国对驻扎在印度的英国陆军和世界各地的海洋的英国海军的力量还是有所顾虑的。"[⑤]可以看出，乾隆帝虽然不能变动体制以解决双方的问题，但对英国可能给清朝造成麻烦还是很注意防范。

马戛尔尼使团之所以在当时甚至后世聚讼纷纭，礼仪问题是其中的

---

① 〔英〕斯当东：《英使谒见乾隆纪实》，叶笃义译，上海，上海书店出版社，2005年，第388页。
② 〔英〕斯当东：《英使谒见乾隆纪实》，叶笃义译，上海，上海书店出版社，2005年，第400页。
③ 〔英〕斯当东：《英使谒见乾隆纪实》，叶笃义译，上海，上海书店出版社，2005年，第400页。
④ 〔英〕斯当东：《英使谒见乾隆纪实》，叶笃义译，上海，上海书店出版社，2005年，第425页。
⑤ 〔英〕斯当东：《英使谒见乾隆纪实》，叶笃义译，上海，上海书店出版社，2005年，第459页。

核心因素。后来阿美士德使团副使依里斯对清朝官员的言论描述说："他们承认了马戛尔尼勋爵第一次觐见时是按照欧洲方式行礼的，但是声称在皇上生日那一天，他是磕了头的。"①礼仪是统治秩序的表象和体现，简单来说，就如钦差大臣、理藩院尚书和世泰所言："在礼仪问题上，不能有丝毫的含糊，所有国家的人都要行礼。上天只有一个，地上的君王也只有一个，他是天下的共主，任何人不能免除向他行礼的义务和责任。"②所以，不仅英国使团，与清朝有多种联系的俄罗斯也为礼仪问题经常受困，1805年的戈罗夫金使团就因此被从库伦驱逐出境。从英国方面来说，礼仪固然重要，特别是它希望按照西方近代国家关系模式重建中英关系。但其核心利益毕竟在经贸领域，所以马戛尔尼使团之后英国继续通过东印度公司将国王的书信和礼物送到广州托两广总督转呈皇帝，1816年又派遣了阿美士德使团。阿美士德使团副使依里斯认为：

> 关于包括9次叩头的礼仪，虽说在欧洲并非没有先例，而就个人感受来说，那肯定是令人厌恶的，也是与现代欧洲宫廷的实际情况不相容的。但与此同时，如果这样来看问题，即这种礼仪就是属于东方蛮夷的一种惯例，在那样的场合，拒绝这种礼仪，去维护设定的尊严而牺牲使团更为重要的目的，那也很难说是明智之举。由于这个问题最特别需要依据当时的情况，以及中国朝廷在其他方面的安排而定，因此陛下的大臣们就将此问题留给大使自己去决定，并由埃尔芬斯通先生和乔治·斯当东爵士来协助他作出判断。③

乔治·斯当东也记载：

> 在首次阅读我国政府给勋爵的训令时，我很自然地推断，礼仪问题没有让我们公开讨论，因为特使直接宣布"要熟悉中国政府，他受尊贵的摄政王之命，在这方面要依据马戛尔尼勋爵先例。"但是，我还是很清醒地认识到，在管理委员会主席在次日给勋爵的信中，对训令做了解释。信中说，特使认为便宜时，只要对使团完成使命有利，就可以自行决定行叩头礼。初看起来，这两种交流意见

---

①〔英〕依里斯著，叶凤美译：《依里斯日记中记载的礼仪之争》，《清史研究》2009年第2期。

②〔英〕斯当东著，侯毅译：《1816年英使觐见嘉庆帝纪事》，《清史研究》2009年第2期。

③〔英〕依里斯著，叶凤美译：《依里斯日记中记载的礼仪之争》，《清史研究》2009年第2期。

> 很难调和起来，但我想，我从中可以得出推论，我们训令中的精神是这样：虽然，英国政府对于遵从中国礼节这一问题，在感情上是持反对意见的，但是，在特使认为是非常有利的情况下，由于考虑到东印度公司和英国政府同中国的贸易利益，可以遵守这样的礼节。[①]

结果，长期在广州英国东印度公司任职并担任使团副使的斯当东认为，遵循中国礼仪非但无益于中英关系，反而有害于中英贸易，其意见最终为使团所采纳，致使使团连嘉庆皇帝都没见就因双方再次冲突而离京回国。

> 乔治爵士与商馆的先生们进行了磋商，发现除了马礼逊先生之外，他们都认为遵循礼仪对公司的利益极其有害，维护商馆在广州的体面地位以及随之而来的他们的实力，完全依仗中国人对一旦宣布的原则所抱有的坚定不移的信念，而这一信念必然会被在这么有分量的一点上，和这么重要的一个场合上的让步所颠覆。乔治爵士补充说，这些在过去，在协商之前，以及在现在仍然是他的意见。阿美士德勋爵和我本人撤回了我们的建议，一份致和世泰的照会准备好了，说这是我们最终的和不可更改的决定。[②]

斯当东的推论自有其理由，就嘉庆皇帝本人而言，其实是极力限制中外贸易，他多次强调，“朕自亲政以来，屡经谕止臣工不准言利”[③]；“书云：不宝远物，则远人格。该督等当深明此意，谨守定制，内固藩篱，不可使外夷轻视。”[④]

和乾隆皇帝一样，嘉庆对英国也充满疑虑，甚至设立了统领1000名水师士兵的天津水师和水师总兵，因为他意识到英国可能会觊觎天津：“此次该国贡船来往经过浙洋，并未寄碇，其意似专欲来天津贸易，以遂其垄断之谋。”[⑤]但对英国的一知半解和过度自大，妨碍了其做出正确判

① 〔英〕斯当东著，侯毅译：《1816年英使觐见嘉庆帝纪事》，《清史研究》2009年第2期。

② 〔英〕依里斯著，叶凤美译：《依里斯日记中记载的礼仪之争》，《清史研究》2009年第2期。

③ 《清实录·仁宗实录》卷87，嘉庆六年九月庚子。

④ 《清实录·仁宗实录》卷300，嘉庆十九年十二月戊午。

⑤ 《清实录·仁宗实录》卷323，嘉庆二十一年十月丙子朔。

断。如1816年嘉庆帝向曾担任广东巡抚的孙玉庭询问英国的情况:“其国富强,有诸?”意即拒绝英国的要求是否会给中国带来威胁。孙答曰:“其富由中国,彼以所有易茶叶,转鬻于附近诸夷,故富耳!然一日无茶则病,禁之则穷,又安能强?臣愚以为该夷妄拟干求,当折以天朝法度,若其归心恪顺,不必责以中国仪文。”[①]上述言论表明,孙玉庭对英国并非完全无知,他提出对英国不必强求中国礼仪也可谓符合时代要求,但他所谓的“英国富强依赖于中国”的结论却实在荒谬,这种对话方式折射出的是典型的中国中心观。孙的这种认识并非个别现象,直到鸦片战争时期这仍是中国人坚持的普遍性观念,嘉庆帝在以往的谕旨中也有类似言论:“该夷船所贩货物,全藉内地销售,如呢羽钟表等物,中华尽可不需。而茶叶土丝在彼国断不可少,倘一经停止贸易,则其生计立穷。”[②]

由于中英未通过中央级别的谈判解决矛盾,到19世纪30年代,两国又在广州通商口岸发生冲突,起因仍是两国究竟建立何种官方关系,不过这次焦点是地方之间的官方关系。1834年,英国取消了东印度公司对华贸易的专利权,代表英国官方的首任商务监督律劳卑到达广东,与两广总督卢坤就商务监督的地位问题发生激烈争论,前者声称自己是英国政府官员,须与清朝官方平等地直接往来;卢坤坚持旧有惯例,只将律劳卑视为商人代表,不能与清官员直接往来,更不能平等交往:“查英吉利国与天朝官吏,向来不通文移。该国夷人在粤来往,除贸易以外,亦别无公事。天朝命官,从不经理贸易细事,广东自准外夷通市以来,一切交涉事宜及约束夷商,均系责成该商等经理,从无与夷目文移往还之事。”[③]卢坤在奏折中详细地叙述了双方的交涉过程:

> 该夷目不肯接见洋商,旋赴城外,呈递致臣卢坤书信一函,封面系平行款式,且混写大英国等字样。当查中外之防,首重体制。该夷目律劳卑有无官职,无从查其底里,即使实系该国官员,亦不能与天朝疆吏书信平行,事关国体,未便稍涉迁就,致令轻视。……前后四次,反复晓谕。旋据该商等禀复,该夷目不遵传谕,

---

① (清)黄钧宰:《金壶七墨》,中国史学会主编:《中国近代史资料丛刊·鸦片战争》(二),上海,上海人民出版社、上海书店出版社,2000年,第608页。

②《清实录·仁宗实录》卷300,嘉庆十九年十二月戊午。

③〔日〕佐佐木正哉:《鸦片战争前中英交涉文书》,台北,文海出版社影印本,1977年,第7页。

> 声言伊系夷官监督，非大班人等可比，以后一切事件，应与各衙门文移来往，不能照旧洋商传谕，伊亦不能具禀，只用书文交官转递。该商等答以向来无此办法，该夷目坚执不移，请即停止该国买卖。①

律劳卑的职务就是卢坤奏折中提到的“监督”，并且要求取得上述的官方平等地位，但卢坤还是不甚明白，“传闻该国因公司局散，欲向各夷船抽分税银，随后尚有兵船来粤，或系为挟制夷商起见，亦未可定”②。道光帝也同卢坤一样，或者说是接受了卢坤的说法，认为律劳卑“居住夷馆，不将办理何事，说明原委”，“必当究明原委，庶有以折服其心”。③可见中西体制的差异和相互难以理解。为了达到目的，律劳卑曾指挥两艘兵船越过虎门等炮台闯入黄埔海面，并与中国炮台守军互相轰击。在卢坤等人看来，“该夷人数万里远涉，种种受制于中华，断无能为，而其贪狡性成，不知审势量力，每思不逞”④。这是对英国不能对中国构成威胁的另一种解释。

直到鸦片战争爆发，中英之间的冲突断断续续，根本问题一直未得到解决，但战前的最后一任商务监督义律则得到了“领事”的称号，这也是“领事”一词作为外交用语在中国使用的开始。当时，义律几乎是以卑躬屈膝的方式与广东地方官员交涉。“义律希望做成律劳卑没能做成的事。所以，他愿意通过公行上‘禀’，而不坚持直接‘照会’总督。他认为，重要的是通知对方，他是政治代表而非商务代理人，尽管这意味着利用卑屈的交往方式。但巴麦尊否决义律使用‘禀’而坚持他与总督直接交往。”⑤义律的退让确实换来了他所期望的一些东西，他拥有了“领事”的头衔。清政府最初将英国商务监督由以前称为“大班”改为“领事”始于1837年2月两广总督邓廷桢的奏折：“据称义律即尊臣，系英吉利国四等职，于道光十四年秋间，附搭巡船到澳，经引水具报有案。

---

① 《卢坤等片》，中国史学会主编：《中国近代史资料丛刊·鸦片战争》（一），上海，上海人民出版社、上海书店出版社，2000年，第119～120页。

② 《卢坤等片》，中国史学会主编：《中国近代史资料丛刊·鸦片战争》（一），上海，上海人民出版社、上海书店出版社，2000年，第118页。

③ 《清实录·宣宗实录》卷256，道光十四年九月辛未。

④ 《卢坤等片》，中国史学会主编：《中国近代史资料丛刊·鸦片战争》（一），上海，上海人民出版社、上海书店出版社，2000年，第118页。

⑤ 〔美〕魏斐德：《大门口的陌生人——1839～1861年间华南的社会动乱》，王小荷译，北京，中国社会科学出版社，1988年，第47页。

该夷住澳两载，承办英吉利商船回国船牌签字。现因公司未复，并无大班，奉该国王命一等大臣信知，派伊管理商贾水梢，不管贸易，并有文凭，饬令在省领事。”“今该夷既领有该国公书文凭，派令经管商梢事务，虽核与向派大班不符，但名异实同。总之以夷驭夷，不许别有干预，似可量为变通。”[①]同年10月，邓廷桢又有一奏折，多次使用“领事”一词，如“英吉利国领事夷人义律”[②]，表明“领事”的使用开始趋向于专有名词。“领事”一词的意义在于承认了义律的官方地位，这是与以前“大班”的本质区别，虽然邓廷桢在奏折中称二者“名异实同”，但他又自相矛盾地解释了义律是英国“四等职”，并且认为应该“量为变通”。清政府正是在矛盾中逐渐调整自己的世界认识，尤其是对于实际从事对外交涉的广东当局而言更是初步感到变通的必要。“领事”出现在皇帝的谕旨中当是在1839年，道光帝在回复林则徐等人时称：“其英吉利既有在粤领事及住省夷人，经该大臣等就近谕知，办理应手，所有檄谕该国之处，亦著暂缓颁行。”[③]

不过，“领事”的出现只是变化的一个征兆，邓廷桢等人仍在平等往来等方面与义律不断交涉，中国中心观等传统对外观念并未从根本上动摇。“惟若听平行于疆吏，即居然敌体于天朝，体制攸存，岂容迁就。”[④]1839年3月林则徐到广东查禁鸦片之时，义律的禀帖中有“使两国彼此相安”之语，林马上予以严厉驳斥：“如两国二字，不知何解？我天朝臣服万邦，大皇帝如天之仁……想是英吉利、米利坚合称两国，而文意殊属不明。”[⑤]由此可见，清朝自视为天朝上国的心态丝毫未有改变。《信及录》收录了林则徐在禁烟运动过程中与英、美等国驻华人员来往的函件，其中林则徐完全是采用以上凌下的言辞，并对偶然出现的双方平等的趋向痛加驳斥。如1839年4月的《批驳广州府禀赍义律夷禀由》就称：“洋商伍敦元等送到英吉利国领事义律呈递本大臣一禀，由该府等呈缴前来。本大臣当即拆阅，封面虽写钦差大人安禀字样，而内中一纸，并无首尾款式，不知系与何人，言语朦混已极。查该领事义律，节次具禀，均尚

① 《筹办夷务始末》(道光朝)卷1，台北，文海出版社影印本，1970年，第18～19页。

② 《筹办夷务始末》(道光朝)卷1，台北，文海出版社影印本，1970年，第26页。

③ 《清实录·宣宗实录》卷320，道光十九年二月乙卯。

④ 《筹办夷务始末》(道光朝)卷1，台北，文海出版社影印本，1970年，第17页。

⑤ 〔日〕佐佐木正哉：《鸦片战争前中英交涉文书》，台北，文海出版社影印本，1977年，第175～176页。

谙知体制，不敢稍有违越，何至这一件，如此荒唐。细验封皮之字，与内一纸笔迹不符，而封口图记，亦与义律节次禀封钤印大异。其为假名混禀无疑……此禀即著该府等，饬令原商掷还义律，并将此批事理转谕凛遵，饬令自行查明究办。毋得再任弊混，大干咎戾。”①

当然，鸦片战争前中英之间的交涉与冲突在某种程度上推动了清朝统治者开始关注和重视外部世界，如1824年亚林国来华通商，两广总督阮元等人的详加考问可谓这种倾向的表现：“臣等当即谕饬洋商查明亚林距中国若干洋程？与何国相近？是否从前改名之俄罗斯？该船既系初次来粤，海道因何熟悉？系何国导引？又该国有无国主？此次船货是否该国遣令贸易，抑夷商自行合伙？”②所以，尽管清政府未能预料到鸦片战争，尤其是未能预料到以签订不平等条约的屈辱形式开始了近代历史的进程，但也并非毫无心理准备，只是在体制和观念的支配下很难做出及时、有力的调整。鸦片战争时期广东经世学者梁廷枏参与了这一时期的很多重大事件，对西方有比较多的了解，他在1846年《海国四说》序中指出，西方人“来市虽众，率贸易工技者流，习狃夷风，方自以税重货多，日持市道之见，与为窥测。大体所在，开喻原难。”③“大体所在，开喻原难”表达了梁廷枏在鸦片战争失败后的无奈和苦闷心态，但也说明了中西之间矛盾的不可避免。

综上所述，这一时期清政府的世界认识主要表现为：一是坚持传统的对外观念与体制，二是从无意了解世界到逐渐关注世界，三是面对实际交涉的地方政府更注意对外交往观念与交往方式的调整。这预示着19世纪60年代以后洋务运动的重要特色——以地方政府为中心的近代化。所以，中国传统世界认识及其体制特别是其中的天下观成为近代世界认识发展的主要障碍，直到同治帝接见外国驻华使节时才折中式地解决了这一问题，即将外国觐见中国“天子”的礼节从“天子”统治的合理性中剥离出来，实际是上放弃了传统的天下观。

① 中国史学会主编：《中国近代史资料丛刊·鸦片战争》（二），上海，上海人民出版社、上海书店出版社，2000年，第274页。

②《阮元等奏小西洋亚林国夷船来粤应否准其贸易折》，中国史学会主编：《中国近代史资料丛刊·鸦片战争》（一），上海，上海人民出版社、上海书店出版社，2000年，第48页。

③（清）梁廷枏著，骆驿、刘骁校点：《海国四说》，北京，中华书局，1993年，“海国四说序”第2页。

（二）德川幕府的反应

当中国因马戛尔尼使团及其后的一系列事件受到冲击之时，日本的锁国体制也受到了前所未有的考验。不过，最初给日本带来冲击的并非英国，而是日本的邻国俄国。

1739年，俄国船队首次出现在日本奥州地区的海岸，到1770年，俄国沿千岛群岛不断南下，控制了得抚岛以北各岛。1777年，俄国伊尔库茨克总督的使节到达北海道，但未与幕府直接接触。1792年10月，俄国女皇叶卡捷琳娜二世的正式使节拉克斯曼到达北海道的根室，同时使团也顺路护送日本伊势国漂流民大黑屋光太夫等人回国。1793年，幕府派宣谕使到松前与拉克斯曼使团正式接触，这是锁国时代幕府同锁国体制之外的国家第一次正式接触，和马戛尔尼使团到达北京是同一年。与马戛尔尼使团相比，俄国拉克斯曼使团并无详细具体的计划，只是准备打开同日本的通商关系，拉克斯曼本人也仅是远东伊尔库茨克总督下属的一名26岁的中尉军官。[①]双方交涉了三天，日本坚持锁国，但也留有余地，“如热切希望，亦可至长崎听候该地处置”[②]，结果拉克斯曼接受了宣谕使准许到达长崎的信牌便回国了。

如果将马戛尔尼使团与拉克斯曼使团出使中日两国的经过做一比较的话，便可看出中日传统世界认识的重要区别：中国基于中国中心观这一信念，将其他国家均视为朝贡国，中英双方也因礼仪问题发生激烈冲突；日本的锁国体制和其传统的三国世界观一样，并无强烈的自我中心意识，只是基于日本的现实利益和当时日本对世界的理解来限定同其他国家的交往范围，进而确立日本的世界地位。所以，日本虽然拒绝了使团前往江户的要求，但双方也进行了平等的会谈，而且在因礼节问题发生冲突之时，日本宣谕使为避免争吵，便同意采用俄国方面的礼节，这与中英之间因礼节问题发生强烈对抗形成了鲜明对比。当然，英俄对中日两国提出的要求也不尽相同，但从中日对英俄使团的不同态度仍可看出中日两国传统世界认识有着明显区别。另外，马戛尔尼使团本来计划顺路到日本，“特使从英国出发之前，已经接到政府命令，授权他假如认

① 使团负责人先后为拉克斯曼父子，其父抵达鄂霍茨克后，由其子亚·埃·拉克斯曼率领使团访问日本。参见邢媛媛：《亚·埃·拉克斯曼官方使团赴日与早期俄日关系》，《日本问题研究》2019年第6期。

②〔日〕信夫清三郎：《日本政治史》第一卷，周启乾译，上海，上海译文出版社，1982年，第87页。

为需要，可以顺便访问一下日本”[1]，但最终未能成行。

拉克斯曼使团之后，英、美、法等国的军舰、商船也相继来到日本，日本的外来压力明显增大。1840年以前，西方国家对日本的锁国体制形成了多次强烈冲击，其中主要有1806～1807年俄国袭击虾夷，1808年英国军舰闯入长崎、1824年英国人登陆大津滨及1837年美国商船摩理逊号来航等。如何处理这些突发事件，幕府方面显然没有充分的准备，因而政策摇摆不定。1806年，为了缓和与外国的紧张关系，幕府颁布了外国船只接待法令，允许为来航的外国船只提供食物和煤炭等，这其实是对锁国体制的修改。1825年，由于大津滨事件的冲击，幕府又颁布了驱逐令，对靠近日本沿岸的外国船只一律炮击驱逐，日本又回到了原有的锁国体制。

同时，幕府的另一举措是开始利用兰学。兰学在逐渐兴盛之后，便引起了幕府的注意。宽正改革时期（1787～1793年），幕府老中松平定信限制日本人与荷兰人接触，加强幕府对兰学的控制。当俄、英相继来到日本之后，“德川幕府欲探知两国事情，使玄泽据兰书搜辑具报。所著《北边探事》及《婆心秘稿》是也”[2]。1811年，幕府在天文方下设立了“蕃书和解方”，这是第一个以兰学家为主体的政府翻译机构。虽说当时幕府的主要意图是将作为私学的兰学转变为官学，但也反映了幕府在西方冲击下希望通过兰学更多地了解西方世界，兰学逐渐成为日本认识世界的有力的知识支撑。不过，和幕府的对外态度一样，幕府对兰学的态度也是反复无常，一方面利用兰学了解西方，以尽可能地规避西方侵略的风险；另一方面又压制兰学的发展，特别是打击兰学议论时政的风气，其中影响最大的是制造了“蛮社之狱”。这种比较强硬的态度甚至延续到鸦片战争以后，如1849年“德川幕府以内外人身体之不同为口实，除外科一法外，禁传习和兰医术，且限制其医书之刊行，以保护汉法医道。不宁惟是，幕府及国中诸侯虽许和兰医术之研求，而尚固执祖法，未弛海禁。故时务之论政事之议毫厘无所宽假”[3]。

通过比较可以看出，日本幕府在西方的冲击下最终仍坚持锁国，但

---

① 〔英〕斯当东：《英使谒见乾隆纪实》，叶笃义译，上海，上海书店出版社，2005年，第233页。

② 〔日〕浮田和民：《民间教育事业》，〔日〕大隈重信：《日本开国五十年史》上册，上海，上海社会科学院出版社，2001年，第531页。

③ 〔日〕浮田和民：《民间教育事业》，〔日〕大隈重信：《日本开国五十年史》上册，上海，上海社会科学院出版社，2001年，第534页。

其摇摆不定的政策说明幕府在适当的条件下可以改变本国的对外态度和对外交往体制，这与清政府坚持传统对外观念和体制的态度明显不同。

三、西方的冲击与中日知识阶层的反应

西方的冲击不仅表现为政府间的交涉和对外政策，而且也开始影响到中日两国社会特别是知识阶层，使他们在不同程度上关注西方世界，出现了一批描述和认识西方世界的著作，日本知识阶层更是对本国现状和政策提出了自己的看法。

(一) 中国知识阶层的反应

从清朝方面而言，这一时期知识阶层关注西方的主要表现是编纂有关西方的世界史地著作，大致可分两类：一是综合性的世界史地著作，包括王大海的《海岛逸志》(1806年)、谢清高的《海录》(1820年)、邵星岩《薄海番域录》(1829年）等；二是国别史地著作，其中以记述同清朝具有较密切关系的俄罗斯和对清朝威胁不断加深的英国为主，也有以东南亚国家为记述内容的，如叶羌镛的《吕宋纪略》与《苏禄纪略》等。从近代中国世界认识发展的角度来说，最具有价值的是谢清高的《海录》和鸦片战争前夕有关英国的著作。

首先是谢清高的《海录》的问世。《海录》是继1730年陈伦炯《海国闻见录》之后另一部有重要影响的有关西方世界的著作，围绕《海录》的编纂也突出地反映了当时知识阶层对域外世界的关注程度。谢清高为广东嘉应人，本是商人，因遭遇海难被外国商船救起，“遂随贩焉”。他在海外14年，足迹遍及亚洲、非洲、欧洲诸地，1795年前后回乡，因双目失明流寓澳门，以通译为生。[①]谢清高返乡之时并未引起人们的关注，直至20余年后的19世纪20年代，才因《海录》一书引起部分士人的兴趣，其间虽有偶然原因，但根本原因是随着西方国家的冲击，中国知识阶层开始注意外部世界。《海录》的最早记录者当为谢清高的同乡杨炳南，这个版本也是流传到现在的一个完整版本。1820年，杨在澳门偶遇谢，“与倾谈西南洋事甚悉。向来志外国者，得之传闻，证于谢君所见，或合或不合……谢君言甚朴拙，属余录之，以为平生阅历，得藉以传，

① 关于谢清高及其《海录》的一些问题，参见章文钦:《澳门历史文化》,北京,中华书局,1999年,第99～107页;安京:《〈海录〉作者、版本、内容新论》,《中国边疆史地研究》2003年第1期。

死且不朽。余感其意，遂条记之，名曰《海录》”[1]。除杨炳南记录的《海录》外，著名地理学家李兆洛也对谢清高的经历非常感兴趣，故而请谢之同乡吴兰修约谢清高见面，但当时谢已去世，后来李兆洛根据吴兰修的叙述整理成《海国纪闻》。据李兆洛在该书序言中所述，“就其所录各国，大致幸已粗备，船窗有暇，为整比次第，略加条定，疑者缺之，复约其所言，列图于首，题曰海国纪闻云耳”[2]。另外，姚莹等人也曾注意此事。可见，19世纪初中国知识阶层已初步兴起探索世界的趋势。

《海录》出版于1820年，是中国人首次游历西方世界的记录。[3]但谢清高本为商人，又是数十年后的回忆，且《海录》不过两万余字，因而也谈不上对世界的系统认识，只是开阔了中国人的眼界，说明域外确实还有广阔的世界。该书的内容也以记述西方诸国在亚洲的商埠为主，说明谢清高的活动范围仍集中于这一带，但对欧美的记述仍然超过了此前中国人的相关著作，这也正是其价值所在。例如《海录》对西方诸国的记述中，“英吉利国”的内容仅次于该书中对葡萄牙的描述，为中国人提供了不少新知识。“英吉利……海中独峙，周围数千里，人民稀少而多豪富……贸易者遍海内……国虽小，而强兵十余万，海外诸国多惧之。”同时，对英国社会也有相当高的评价，如自来水的方便、惠助海上遇难人员，甚至娼妓“虽奸生子，必长育之，无敢残害”[4]。这些内容显然都是对以往中国华夷观的重大挑战。

与《海录》内容相类似的是王大海的《海岛逸志》，作者侨居爪哇八年，故详细记述了南洋风土人情，其中不少内容涉及西方诸国在东南亚一带的殖民状况，也有对西方国家本土的描述。如称荷兰“与红毛、佛兰西三国鼎峙。红毛贫而强，又居咽喉之地，每被其欺陵”[5]。对于西方社会则有褒有贬，“至于和兰风俗，未免掩耳盗铃之弊，揆之于理，五常之中，无一存者。上贼其下，肆行贪酷，非仁也。夫妻反目，听其改醮，

---

① (清)杨炳南:《序》,(清)谢清高:《海录》,王云五主编:《丛书集成初编》,上海,商务印书馆,1936年,第1页。

② (清)李兆洛:《海国纪闻序》,《近代中国对西方及列强认识资料汇编》第一辑,台北,“中央研究院”近代史研究所,1984年,第763页。

③ 樊守义的《身见录》(1721年)是中国人第一部游历欧洲的记录,但当时没有出版,直到1941年才由阎宗临以《身见录校注》发表在桂林《扫荡报》的《文史地副刊》。

④ (清)谢清高:《海录》,王云五主编:《丛书集成初编》,上海,商务印书馆,1936年,第32~33页。

⑤ 王大海著,姚楠、吴琅璇校注:《海岛逸志》,香港,学津书店,1992年,第50页。“红毛”指英国。

死未周月，由其他适，非义也。长幼无序，男女混杂，非礼也。穷奢极欲，以终其身，不省燕翼诒谋之道，非智也。惟信之一字，其或庶几乎”[①]。

其次，是鸦片战争前夕有关英国的著作，其主要价值是代表了知识阶层的警醒意识。当时，随着中英冲突的加剧，一些士人很注重了解英国。1826年，著名经世学者包世臣在致任职于粤海关的萧令裕的信中指出：“足下洞见夷估至隐，谓十年之后，患必中于江浙，恐前明倭祸，复见今日，非足下固莫能远虑及此也。足下前次回江，曾言英夷占夺新埔，招闽粤逃人，事深可虑，欲著粤榷志储一书，以发其机括……闻制府甚推重，则其署册档可得见，参以粤关册档，及时著述，不朽之业斯在，珍重千万。”[②]1832年，英国东印度公司职员礼士率“阿美士德”号商船沿中国沿海北上考察时，随员有广州英国商馆办事员胡夏米及德籍传教士、翻译兼医生郭实猎等对中国文化有相当造诣之人，他们在“航行中分发许多宗教与科学书籍，其中一本关于英国概括的介绍，各阶层都迫切要求得到这本书”[③]。因此，关注域外形势成为鸦片战争前夕经世致用风潮的重要表现，出现了一批有关英国的著作，其中主要有萧令裕的《英吉利记》（1832年）、俞正燮的《鸦片烟事述》（1833年）、叶钟进的《英吉利国夷情纪略》（1834年）、汤彝的《英吉利兵船记》（1834年）和《绝英吉利互市论》（1835年）、何大庚的《英夷说》等。这些有关英国的专门著作比较简略，其中虽有一些不当之论，但认识水平的提高则是无疑的。如记述英国“乾隆末，已雄海外。嘉庆中，益强大”[④]“人性强悍，好上人，荷兰等国皆畏之，推为盟主，以时聘问”[⑤]等，说明此时部分知识分子已意识到英国的强大威胁。另外，对于马戛尔尼使团之后的中英礼仪之争也有所反应，“英吉利人……相见率免冠为礼，至敬则以手

① （清）王大海著，姚楠、吴琅璇校注：《海岛逸志》，香港，学津书店，1992年，第5页。

② （清）包世臣：《答萧枚生书》，中国史学会主编：《中国近代史资料丛刊·鸦片战争》（四），上海，上海人民出版社、上海书店出版社，2000年，第461页。

③ 〔美〕卫三畏著，陈俱译，陈绛校：《中国总论》下，上海，上海古籍出版社，2005年，第813页。

④ （清）萧令裕：《英吉利记》，中国史学会主编：《中国近代史资料丛刊·鸦片战争》（一），上海，上海人民出版社、上海书店出版社，2000年，第19页。

⑤ （清）叶钟进：《英吉利国夷情记略》，（清）魏源：《海国图志》（中），长沙，岳麓书社，1998年，第1436页。

加额，虽见王亦直立不跪”[①]。

同时，阮元、梁廷枏等人编纂的《广东通志》《广东海防汇览》《粤海关志》以及俞正燮的《癸巳存稿》、汤彝的《盾墨》等都有一些记述西方国家的内容。

除了有关东南海疆（特别是英国）的著述外，对中俄边疆的重视也是这一时期中国知识阶层认识世界的一个重要方面，主要著作有俞正燮的《俄罗斯事辑》、张穆的《俄罗斯事补辑》、姚莹的《俄罗斯通市始末》等。

总起来看，鸦片战争前的数十年间，在一批有志经世的开明士大夫的努力下，中国掀起了了解世界的初潮，上述这些著作代表了19世纪初期中国的世界认识逐渐变化的某些趋向。但也可以看出，这些著作基本内容比较简单，偏重于概况的介绍和一般性的议论，缺乏对世界总体态势的分析。同时，就中国社会整体而言，人们对域外世界特别是对西方列强的了解非常有限。1821年，李兆洛到广州，“观于洋商肆楼，见夷人形状之殊诡，室屋衣服器用之穷巧极侈，欲求土人能通晓外夷事者，一询诸国所在远近、海道曲折及其国之大小强弱、风气厚薄美恶、政令刑禁之大凡，几以考验故籍，规揣今势。而通事驿卒，率贸然莫辨，复时为漫诞以相眩骇，意常恨之久之”[②]。可见，包世臣在致即将履任广东按察使姚祖同的信中称清朝对英国的了解是“外知而中不知，下知而上不知之大患”[③]并不完全确切。而在中国中心观的影响下，又往往将西方国家妖魔化，以至于鸦片战争时期仍普遍流行大黄茶叶制夷、英人腿部屈伸不便等荒唐之言。[④]所以，针对鸦片战争前的中外冲突，西方社会也曾

① (清)萧令裕:《英吉利记》,中国史学会主编:《中国近代史资料丛刊·鸦片战争》(一),上海,上海人民出版社、上海书店出版社,2000年,第20页。

② 蒋彤编:《李申耆(兆洛)年谱》,台北,文海出版社影印本,1969年,第81页。

③ 包世臣:《致广东按察使姚中丞书》,中国史学会主编:《中国近代史资料丛刊·鸦片战争》(四),上海,上海人民出版社、上海书店出版社,2000年,第462页。

④ 赵翼《茶叶大黄》一文较早明确记载此事并产生广泛影响:“中国陆地产茶,无足异也。而西北游牧诸部,则恃以为命,其所食膻酪甚肥腻,非此无以清荣卫也……大西洋距中国十万里,其番舶来,所需中国之物,亦惟茶是急,满船载归,则其用且极于西海以外矣。俄罗斯则又以中国之大黄为上药,病者非此不治。旧尝通贡使,许其市易。其入口处曰恰克图,后有数事渝约,上命绝其互市,禁大黄勿出口,俄罗斯遂惧而不敢生事。今又许其贸易焉。天若生此二物为我朝控驭外夷之具也。”((清)赵翼:《茶叶大黄》,(清)赵翼撰,李解民点校:《簷曝杂记》,北京,中华书局,1982年,第20～21页。)至于“英人腿部屈伸不便”,则主要是马戛尔尼使团以来中英礼仪冲突所导致的一种歪曲意识。

有一些争议，“为数不多的人认为更明智的办法是，用中国语言在中国人中间传播有关英国和所有其他外国的状况、力量和意愿的正确概念。他们极力申辩说，对上述各点的无知，使一切改善现状的努力变成无用；虽然中国人傲慢而不作让步的态度应大受责备，但他们的确没有什么机会知道有关他们的来访者的真实情况，这是他们的很大不幸”①。

（二）日本知识阶层的反应

与中国知识阶层相比，日本知识阶层认识世界之著作更多、水平更高；同时，当幕府在西方的冲击下徘徊不定之时，日本知识阶层却以此为契机推动着日本世界认识的发展，并且对正确认识世界以改变幕府的对外政策表现出更急迫的心态。

首先是新世界认识的全面发展。这一时期正是兰学兴盛时期，兰学家仍是日本认识世界的主体力量，许多世界史地著作特别是有关西方国家的著作纷纷问世，其中代表性著作有山村昌永的《订正采览异言》（1803年）、大槻玄泽的《环海异闻》（1807年）、高野长英的《戊戌梦物语》（1838年）、渡边华山的《外国事情书》等。在国别史中，日本最关心的是对自己威胁最大的俄国，有工藤平助的《赤虾夷风说考》、前野良泽的《东察加志》和《鲁西亚本纪》、桂川国瑞的《鲁西亚志》和《北槎闻略》、山村昌永的《鲁西亚国志》等近20种有关俄国的著作。不仅兰学者纷纷著书立说畅言世界大势，儒学者、国学者等也开始密切关注西方冲击带来的现实问题，如本多利明的《西域物语》（1798年）、山片蟠桃的《梦之代》（1802年）、会泽安的《新论》（1825年）等。据鲇泽信太郎《锁国时代日本人的海外知识》，1790～1839年，日本知识阶层介绍海外知识的著作有78种，地图有50种，远远超过同一时期的中国。如高野长英所言：“西洋地理学者，详述万国治乱兴衰、人情世态之学也。诸硕学者，近多倾心于兰学，亦有弃儒入兰者。”②上述这些著作的观点虽不尽相同，但表明日本知识阶层在外来刺激下开始更多地关注海外世界。所以，以兰学者为主，儒学者、国学者等共同参与，西方世界认识逐渐向更大范围的日本社会渗透，这是18世纪末19世纪初日本知识阶层世界认识发展的突出表现之一。

山片蟠桃就是这种氛围中的典型代表，他被誉为市民学者的代表，

---

①〔美〕卫三畏：《中国总论》（下），陈俱译，陈绛校，上海，上海古籍出版社，2005年，第926～927页。

②〔日〕家永三郎：《外来文化摄取史论》，靳丛林等译，郑州，大象出版社，2017年，第146页。

成长于商业氛围浓厚的环境，对儒学与兰学均有研究，是学者兼商人式的杰出人物。在1802年成书的《梦之代》中，山片介绍欧洲科学，批判神道、佛教、儒家思想，“欧罗巴精于天文学，古今万国无与伦比。尤其皆以实践从事发明，谁能敌之?”[①]他据此否定了中国、印度、日本式的世界观，认为“《山海经》所言之万国尽虚妄之说毫不足取”，须弥山世界说也“不值认真辩驳”，神道世界观“其见识鄙陋愚劣”，只有欧洲的五大洲说“乃西洋欧罗巴之国实地勘测所得之图”，“没有梵、汉、日本那样的虚妄之言，故信其说”[②]。

在知识阶层共同关注世界认识的氛围中，兰学者的表现更引人注目。如山村昌永在19世纪初不到十年的时间内完成了《订正采览异言》等十余部世界史地著作，为日本近代世界认识的发展做出了巨大贡献。大槻玄泽更是这一时期兰学发展的中流砥柱，他创办“芝兰堂”培养兰学人才，出版了《环海异闻》《捕影问答》等著作，并且其世界认识超脱了狭隘的地域观念，具有了一种普遍主义的思想倾向。大槻认为，“舆地一大球，万国配居，不过皆自分区域耳。惟多自尊称我所居者：支那自称为中土·中原、中华·中国，或华洛·神州云云，和兰乃自称本国入尔玛泥亚为‘中土’，吾邦则自唱为‘中国’。”[③]日本学者源了圆认为，在18世纪后半期的开明思想者中，“思考最深刻的是洋学家大槻玄泽（1757—1827)，他对中华意识进行的批判并非仅对中国，而且亦指向自称为‘中心之地’的荷兰、以格林威治天文台为‘经度之初’的英国，及以‘中心之国’自命的日本。‘九千里外存知己，五大洲内皆如比邻’（杉田伯元在《芝兰堂新元会图》上所写的赞语）之语，正是从这种气氛中产生出来的”[④]。

其次，面对西方的冲击，兰学者对幕府的锁国体制提出了尖锐批评，其

① 山片蟠桃:『夢ノ代』,水田紀久、有坂隆道校注:『日本思想大系43 富永仲基 山片蟠桃』,岩波書店,1973年,第200頁。

②『耶蘇會士日本通信』,開国百年紀念文化事業會編:『鎖国時代日本人の海外知識』,乾元社,1953年,第45頁。

③ 大槻玄沢:『蘭学階梯』巻上,沼田次郎[ほか]校注:『日本思想大系64 洋学上』,岩波書店,1976年,第339頁。

④〔日〕源了圆:《从开明思想言实学》,葛荣晋主编:《中日实学史研究》,北京,中国社会科学出版社,1992年,第210页。

中影响最大的是幕府与兰学者围绕“蛮社之狱”在世界认识方面的冲突。①

“蛮社”是对19世纪30年代以渡边华山为中心的兰学者集团的通称。渡边华山是三河国三原藩藩士，自幼学习儒学和绘画，1832年担任三原藩家老兼海防挂之后才开始关注海防问题，并在他周围聚集了一批兰学家，如小关三英、高野长英等。“蛮社”同仁的世界认识集中于渡边华山的《慎机论》《外国事情书》《缺舌或问》及高野长英的《戊戌梦物语》等著述中，主要表达了如下观点。首先，世界是不断变化的，野蛮进于文明、新文明超越旧文明是人类历史发展规律。渡边华山认为，“天地古今变化不止”②，人类文明也是在不断地扩张和变化之中取得进步。世界五大洲中，亚、欧二洲人民“胜于其他诸洲，而亚细亚四十度以南之地更胜一筹，自古教化开、文物盛”，因而“古代南方尊，北方卑，后来南方之教化逐渐扩展至北方”，北方“剽悍诡黠之俗变为强勇深智之国”，南方“高明文华之地流于疏大浮弱之风”，文明与野蛮的角色不断变换。如今处于北方的欧洲人开始统治了世界，“欧罗巴诸国于海外无不到之处，以押领四大洲诸国，天地之间……几乎无不被欧罗巴洋夷之腥秽”。③同时，渡边华山对古今文明的内容也提出了自己的看法，认为古今文明有异，“道义方面各国都是今不如古，而物理之学则古不及今”，但这种分化是人类社会的进步，“后世人智相开，素朴风衰微，事益繁多”，故各种专门之学从单纯的教化之中脱离出来，形成各自独立的学科，但“其归皆在于道义之意”。④在此基础上，渡边华山既看到了欧罗巴诸国兴盛的历史规律，也指出了其与古代文明诸国的不同之处，进一步肯定了现实世界的合理性。另外，渡边等人认识到，西方国家对世界的态度与古代各国有不同之处，向世界各地扩张成为西方国家追求的目标。“西夷都专于物理之学，故对天地四方益明，不以一国为天下而以天

① “蛮社”具有兰学者与代表地方势力的藩共同反抗幕府政策的双重身份与意义，但更多的是表现兰学者的意愿，所以，这里将它放入日本知识阶层的反应予以分析。

② 渡辺華山：『初稿西洋事情書』，佐藤昌介［ほか］校注：『日本思想大系55 渡辺華山 高野長英 佐久間象山 横井小楠 橋本左内』，岩波書店，1971年，第62頁。

③ 渡辺華山：『外国事情書』，佐藤昌介［ほか］校注：『日本思想大系55 渡辺華山 高野長英 佐久間象山 横井小楠 橋本左内』，岩波書店，1971年，第18～19頁。

④ 渡辺華山：『外国事情書』，佐藤昌介［ほか］校注：『日本思想大系55 渡辺華山 高野長英 佐久間象山 横井小楠 橋本左内』，岩波書店，1971年，第20頁。

下为天下，颇有扩张规模之风。”[①]现实世界形势已发生了根本转变，各国之间相互争夺，日本也不可能孤立于世界之外。“今天下五大洲中，美洲、非洲、澳洲已为欧罗巴诸国所有。即使亚洲也仅有我国、中国、波斯三国保持独立。而三国之中不与西人通信者只有我邦……自西人视人，我邦如路上之遗肉，饿虎饥狼必会光顾。”[②]所以，无论从文明发展的角度，还是针对危急的现实形势，日本都必须重新认识世界，以调整自己的对外政策。如果不适应现实世界的形势进行改革，“只有束手待寇软”[③]。日本面对如此险恶之世界局势却仍坚持锁国，此乃“盲者不惧蛇，聋者不避雷”[④]，是完全基于对世界无知的结果，因而客观地了解世界，正确地认识世界，进而制定适宜的对外政策，成为“蛮社”同仁疾声厉呼的主要原因。

1839年6月，幕府以渡边华山等人撰写“赞美异国，毁谤我国之书籍”为由，传讯渡边华山和高野长英等人，制造了“蛮社之狱”，表明幕府仍极力维持传统的锁国体制。

无论是渡边华山还是国学者本多利明，抑或是水户派儒学者会泽安，当时这些经世学者在世界认识方面都有其卓越的一面，特别是对世界总体形势的认识远远超过同一时期的中国知识阶层；即使是幕府，其世界认识也高于清政府。但在现实问题面前，不仅幕府主张锁国，绝大部分兰学家也不清楚如何开国。同时，由于日本的世界认识也基本是来自间接获得的知识，有些内容不免有空谈之嫌，甚至加剧了日本社会对西方的恐怖感，这种恐怖感对此后的攘夷运动也产生了一定影响。

四、中日对西方冲击的反应比较

18世纪末19世纪初，中日对西方的冲击做出了各自的反应，其反应的异同影响了近代两国历史的发展，也是近代中日历史发展的初步缩影。

首先，日本幕府的对外政策比清政府更具有弹性。中国作为传统地

---

① 渡辺華山:『外国事情書』,佐藤昌介[ほか]校注:『日本思想大系55 渡辺華山 高野長英 佐久間象山 横井小楠 橋本左内』,岩波書店,1971年,第22頁。

② 渡辺華山:『慎機論』,佐藤昌介[ほか]校注:『日本思想大系55 渡辺華山 高野長英 佐久間象山 横井小楠 橋本左内』,岩波書店,1971年,第69頁。

③ 渡辺華山:『慎機論』,佐藤昌介[ほか]校注:『日本思想大系55 渡辺華山 高野長英 佐久間象山 横井小楠 橋本左内』,岩波書店,1971年,第72頁。

④ 渡辺華山:『再稿西洋事情書』,佐藤昌介[ほか]校注:『日本思想大系55 渡辺華山 高野長英 佐久間象山 横井小楠 橋本左内』,岩波書店,1971年,第44頁。

区强国，有独特的世界认识和对外交往体制，特别是具有强烈的自我中心意识，因而同西方国家的冲突非常明显，致使马戛尔尼和阿美士德使团毫无所获。尽管出于各种原因，与英国有更多直接接触的广东地方政府在某些方面向英国作了一些让步，如“领事”的出现，但这只是枝节问题，并且广东地方政府也做了自己的解释。与中国相比，日本毕竟只是边缘小国，其世界认识中的自我中心意识比较淡薄，基本是根据现实状况决定本国的对外政策，因而与西方国家的冲突并不明显。所以，当中英之间因礼节问题对峙之时，日本则在礼节方面向俄国让步；当清政府拒绝就朝贡体制进行任何变更之时，日本一度修改其锁国体制。

其次，中日之间更大的差异是知识阶层对西方冲击的反应程度不同。中国虽然也出现了更多的世界史地著作，但无论是数量还是世界认识水平，都远远不及同一时期的日本。特别是以“蛮社之狱”为标志，日本兰学者已开始更积极地关注和参与现实问题，逐渐上升为影响日本社会发展的核心势力。也可以说，以兰学者为主的日本世界认识群体以其知识优势成为影响幕府和诸藩关系及其力量消长的重要因素。中国知识阶层基本是处于重新“开眼看世界”的前夕，有关西方世界的知识很粗浅，更没有看到世界格局的变化，对即将到来的中西变局缺乏警醒。

最后，在西方的冲击下，日本体制的多元性更加显现出其优势，诸藩开始摆脱幕府的控制，逐渐成为推动日本社会转型的主要力量。“蛮社”不仅代表了日本兰学者对现实世界的关注，也代表了地方诸藩致力于解决日本面临的问题的努力，表明幕府与藩对西方国家的冲击有了不同的认识，这正是日本走上近代发展道路的重要前提。对幕府而言，“蛮社之狱”是具有双重意义的事件，它一方面是对知识阶层议政风气的打击，另一方面也是对地方诸藩向幕府挑战的回应。

所以，面对西方的冲击，日本表现出比中国更强的适应能力，出现了更多可能的变化趋势。不过，中日都有基于自身统治制度所构筑的世界体制，只要现实环境还未直接触及自身的存亡，便很难毅然改变本国对世界的态度和政策，甚至比较进步的世界认识也会在现实的冲突中被扼杀。以西方文明为基础的近代世界认识及其世界体制只能在中日内忧外患更加深重的环境下才会真正在两国逐渐占据主导地位，而其重要标志便是作为东亚世界支柱的中国在鸦片战争中失败。

第三节　“佛郎机现象”与“兰学现象”

——19世纪中叶以前中日新世界认识典型的诠释

纵观16世纪中叶以后至19世纪中叶以前中日新世界认识的发展历程，“佛郎机现象”与“兰学现象”可谓两国应对西方世界的典型。佛郎机现象是中国中心观在明清时期的一种特殊表现形式，它源于中国地理知识的陈旧，兴于中国文化观念的保守，主要表现为排斥或漠视新航路开辟后来华的西方国家及其文化，造成了中国对于西方世界的歪曲认识；兰学现象的前提是日本传统的世界观具有多元化的倾向，其形成则是幕府对世界的警醒意识和日本知识阶层对西方世界及其文化的热情相互促进的产物，主要表现为对西方及其文化的探索精神、科学精神和学术独立精神，形成了日本独立自主地了解西方、学习西方文化的方式，促使日本对西方世界的认识逐渐深入。在西方国家不断向世界推进之时，佛郎机现象与兰学现象对中日两国的历史命运产生了巨大影响。

一、明清时期对外认识中的“佛郎机现象”

在中国文献中，佛郎机本来只是一个普通国名，明朝末年葡萄牙最初来华时被称为“佛郎机”。但其后却因佛郎机之名产生了诸多纠葛，明朝人后来将西班牙甚至在华传教士一概视为佛郎机，清朝人却张冠李戴将明朝的佛郎机当作法国，并且长期把租借澳门的葡萄牙误植为意大利。这里姑将上述围绕佛郎机引发的问题称为“佛郎机现象”，并以此为典型诠释当时中国人世界认识的一个重要侧面。

佛郎机一词源自阿拉伯等地伊斯兰教徒对古代法兰克人之名Franks的讹读，泛指欧洲人或西方基督教徒。它最初始于十字军东征时期，明末耶稣会传教士艾儒略的《职方外纪》对此解释称：“中古有一圣王名类思者，恶回回占据如德亚地，初兴兵伐之，始制大铳，因其国在欧罗巴内，回回遂概称西土人为拂郎机，而铳亦沿袭此名。”①所以，佛郎机之

① 〔意〕艾儒略著，谢方校释：《职方外纪校释》，北京，中华书局，1996年，第82页。

名传到中国应该与东南亚等地的阿拉伯人有关。不过，中文文献中的佛郎机最初并非泛指欧洲人或基督徒，仅指葡萄牙这一具体国家。《明武宗实录》“正德十三年（1518年）正月”条记载：“佛郎机国差使臣加必丹等贡方物，请封，并给勘合。广东镇巡等官以闻，海南诸番无所谓佛郎机者，况使者无本国文书，未可信，乃留其使者以请。下礼部议处，得旨：‘令谕还国。其方物给与之’。”[①]1517年葡萄牙首次向中国派出正式使节，明朝虽对佛郎机不信任，但对佛郎机之名并无异议，只是用此称呼葡萄牙。同时，明朝已将佛郎机定位于“海南番国”，并不知道它来自遥远的欧洲。

明朝关于佛郎机之名的第一次争论始于1565年。《明世宗实录》嘉靖四十四年载：“有夷目哑喏利归氏者浮海求贡，初称满剌加，已复易辞蒲丽都家，两广镇巡官以闻。下礼部议：‘南番国无所谓蒲丽都家，或佛郎机诡托也。请下镇巡官详审，若或诡托，即为谢绝；或有汉人通诱者，以法治之，’奏可。”[②]当时，葡萄牙来华已五十余年，但中葡双方关系并无进展，反而产生了多种矛盾。葡萄牙欲重新启动双方之间的关系，故而向明朝说明本国为“蒲丽都家”而非“佛郎机”。不过，以佛郎机为标志的葡萄牙已给明朝留下了恶劣印象，它不仅攻占了明朝的朝贡国满剌加（即马六甲），满剌加曾向明朝求援，而且明朝本身亦与佛郎机发生过多次武装冲突，如屯门之战、西草湾之战、双屿之战与走马溪之战等，这些因素都使明朝对葡萄牙修改国名之事怀有疑惑。加之与倭寇等问题纠结在一起，明朝甚至早在1523年就废除了市舶司而厉行海禁政策，对外趋向保守。当然，葡萄牙在此时欲改国名亦有一丝良机，就是这一时期明朝的海禁政策和中葡双方关系都有所缓和，所以葡萄牙于1557年取得了澳门居留权，并且在此之前也是冒名混入诸国的贸易行列而进入澳门，葡萄牙人还曾帮助明朝平定1564年潮州柘林兵变等，但修改国名未果就说明这种缓和仍不足以使明朝信任葡萄牙。

同时，地理知识的陈旧也影响了明朝对葡萄牙更改国名问题做出正确的判断。按照明朝的理解，佛郎机既然攻占了满剌加，自然应与满剌加国邻近，有人便据此推断佛郎机在爪哇岛附近，“别有番国佛郎机者，前代不通中国，或云此喃勃利国之更名也。爪蛙之先，鬼啖人肉。佛郎

① 李国祥、王玉德主编：《明实录类纂》（涉外史料卷），武汉，武汉出版社，1991年，第1096页。

② 李国祥、王玉德主编：《明实录类纂》（涉外史料卷），武汉，武汉出版社，1991年，第1099页。

机国与相对，其人好食小儿”[①]。所以，明朝在东南亚一带寻找葡萄牙，自然不会有什么结果，加之此前佛郎机留下的恶劣印象，葡萄牙修改国名之事最后被明朝拒绝。

不仅葡萄牙未如愿更正国名，来华的西班牙也被明朝称为佛郎机。“有佛郎机者，自称干系腊国，从大西来，亦与吕宋互市。”[②]干系腊是Castilla的音译，为当时西班牙人的自称。西班牙虽自称干系腊，但仍被明朝归类为佛郎机，这主要是受到葡萄牙的影响。不仅葡、西两国之人长得相像，而且西班牙是在葡萄牙欲修改国名之后不久来到中国，既然上次佛郎机要改称蒲丽都家，这次也可能自称干系腊，明朝则干脆不予理睬，一概视其为佛郎机，是同一个国家。如《明史·佛郎机传》所述：“万历中，破灭吕宋，尽擅闽、粤海上之利，势益炽。……其人长身高鼻，猫睛鹰嘴，拳发赤须，好经商，恃强陵轹诸国，无所不往。后又称干系腊国。”[③]由于当时中国还不知地圆说、五大洲等新知识，更没想到在自己周边会出现这些欧洲国家，因而很难对外部世界做出客观判断。

除了中葡双方矛盾、陈旧的地理知识等因素外，僵化的观念和自我优越意识也使明朝始终抓住佛郎机之名不放，这在围绕传教士的争论中有了更突出的反映。明朝与西方接触并对西方有了进一步了解是利玛窦等传教士来华之后，明朝人关于佛郎机的再次争论也围绕传教士展开。1552年，第一个耶稣会传教士沙勿略便到达广东上川岛，但未能进入中国内地便病死。三十年以后，耶稣会士才获得在中国内地的居留权，利玛窦则是第一个成功地在中国传教的耶稣会士。利玛窦初到中国之时，自称为大西洋人，此后明朝便基本以此称呼传教士，利玛窦等以西方科学知识作为传教的手段，并且注意顺应中国风俗，特别是自觉地向儒家文化靠拢，因而其传教事业获得了极大成功。一些明朝士大夫对利玛窦等传教士推崇备至，称之为“西儒”。如徐光启在1612年《泰西水法序》中指出：“泰西诸君子，以茂德上才，利宾于国。”[④]但两种成熟的、不同的文化相遇，一种文化对另一种文化的影响愈大，造成的反弹也愈强。1616年，终于酿成南京教案，教案的成因主要是中西两种文化的冲突，

---

① (清)严行简著，余思黎点校：《殊域周咨录》，北京，中华书局，1993年，第320页。

② (清)张燮著，谢方点校：《东西洋考》，北京，中华书局，1981年，第89页。

③ (清)张廷玉等撰，王天有等标点：《明史》，长春，吉林人民出版社，1995年，第5515～5516页。

④ (明)徐光启撰，王重民辑校：《徐光启集》上册，上海，上海古籍出版社，1984年，第66页。

但佛郎机之名也被卷入教案，成为攻击传教士的口实。发动教案的核心人物南京礼部侍郎沈㴶在《参远夷三疏》中称："臣近又细询闽海士民，识彼原籍者云，的系佛狼机人。其王丰肃[1]原名巴里狼当，先年同其党类，诈称行天主教，欺吕宋国主，而夺其地，改号大西洋。然则闽粤相近一狡夷尔，有何八万里之遥？"[2]如果依佛郎机的原义泛指欧洲，王丰肃也可以说是佛郎机人，但明代的佛郎机有其特殊含义，王丰肃也未到过菲律宾，所以这里称王丰肃等传教士为佛郎机人主要是一种政治话语，目的是加强攻击传教士的分量。固守中国本位文化的士大夫宁可推测佛郎机是南番国，也不相信传教士介绍的地圆说、五大洲等世界新知识，更不会承认有比中国更先进的外部世界。如利玛窦所言："中国人把所有的外国人都看作没有知识的野蛮人，并且就用这样的词句来称呼他们。他们甚至不屑从外国人的书里学习任何东西，因为他们相信只有他们自己才有真正的科学和知识。"[3]所以，在明朝末年，佛郎机已由最初的普通国名变为一个具有特殊时代含义的词语，这从一个侧面反映了当时中国人保守落后的世界认识，佛郎机现象成为以天圆地方的地理观和内夏外夷的文化观为支撑的中国中心观的简洁脚注。

南京教案后不久明朝便被清朝取代，佛郎机这一名词也随着中国的改朝换代有了新面目。清朝官方、私人文献中对佛郎机的认识有诸多谬误，其中最严重的错误是将明朝的佛郎机当作法国，租借澳门者则变成意大利。这种错误特别是有关澳门的错误的源头主要来自《澳门纪略》。

《澳门纪略》是1745～1751年首任澳门同知（1734年增设）印光任和第三任同知张汝霖合写的著作，是我国第一部澳门地方史。"公任海疆久，于诸夷种类支派，某弱某强，某狡某愚，其地之山川形势，靡不部居别白于胸中。"[4]书中记载，"弗郎西明曰佛郎机，在占城西南，自古不通中国，明正德十三年遣使臣加必丹末等入粤贡方物请封，始知其名"；"佛郎机后又称干系腊国，今称弗郎西，或曰法郎西，岁与吕宋入粤互

---

① 王丰肃（1568～1640年），意大利籍耶稣会传教士，南京教案后改名高一志，继续在中国（主要是在山西）传教并在中国去世。

② （明）沈㴶：《参远夷三疏》，（明）徐昌治订，夏瑰琦编：《圣朝破邪集》，香港，建道神学院，1996年，第66页。

③ 〔意〕利玛窦、〔比〕金尼阁：《利玛窦中国札记》，何高济等译，何兆武校，北京，中华书局，1983年，第94～95页。

④ （清）印光任、（清）张汝霖：《澳门纪略》，台北，成文出版社，1968年，第45页。

市”。[①]可以看出，《澳门纪略》中所称的“佛郎机”在明朝的相关史实就是指葡萄牙、西班牙，但作者却把“佛郎机”与弗郎西、法郎西也就是与今天的法国联系在一起，“佛郎机”在清朝成为法国的名称而非指葡、西两国。由此，“佛郎机”在明朝的所作所为就变成法国的事情。[②]

不仅如此，最荒唐之处是租借澳门的国家从佛郎机即葡萄牙变成了意大利。在《澳门纪略》下卷《澳蕃篇》的开头，作者如此描述说：“记蕃于澳，略有数端：……其后筑室而居者为佛郎机，始与佛夷争市继而通好求市者和兰也……今西洋夷则所云意大里亚者也，入自明季。”[③]澳门如何落入意大利之手？“佛郎机……初奉佛教，后奉天主教。明季大西洋人故得入居澳中，后竟为所有云。”[④]书中的别处亦称，“先是有利玛窦者，自称大西洋人，居澳门二十年，其徒来者日众。至国初已尽易西洋人，无复所为佛郎机者……澳今西洋意大里亚夷人僦居”。[⑤]所以，该书认为意大利窃据澳门是由于天主教的原因。《澳门纪略》下篇“意大里亚”条目称：“康熙中西洋始通贡，其王以逖远不获诣阙下，图其像以朝。”[⑥]“雍正初，大西洋亦入朝贡，而其居香山澳者自明万历迄今几二百年，悉长子孙。其国上世有历山王，又号古总王。今有二王，曰教化王曰治世王，治世者奉教化之命惟谨。澳寺蕃僧皆教化类，夷人贸易者则治世类，西洋国岁遣官更治之。”[⑦]虽然都是放在意大利条目之下，但似乎是将“西洋”与“大西洋”视为两个国家（其实上述材料本来就是指葡萄牙和意大利两个国家分别朝贡，但《澳门纪略》有些混淆不清），只不过仍然认为澳门洋人是“大西洋人”即意大利人。其后还有如下记

① (清)印光任、(清)张汝霖:《澳门纪略》,台北,成文出版社,1968年,第177、182页。

② 《澳门纪略》记载的欧洲国家的位置,只有“意大里亚居大西洋中”是正确的,其他都是错误的,如“弗郎西明曰佛郎机,在占城西南”,“贺兰……地近佛郎机……今又析其名曰英吉利,曰瑞,曰琏。其地有噶啰吧,为南洋之会”。清朝的官方文献如《钦定四库全书·皇清职贡图》称:“法兰西,一曰弗郎西,即明之佛郎机。”(《皇清职贡图》卷一,台北,世界书局,1988年,第49页)乾隆年间成书的《皇清四裔考》称:“佛郎机一名和兰西,亦红毛蕃种也。东与荷兰接,其国都地名巴离士,至中国水程五万余里。”[(清)姚莹《康輶纪行》卷12,台北,文海出版社影印本,1974年,第31页]所以,清朝有关“佛郎机”“弗郎西”等问题虽有矛盾,但最终是与今天的法国联系在一起。

③ (清)印光任、(清)张汝霖:《澳门纪略》,台北,成文出版社,1968年,第167～168页。

④ (清)印光任、(清)张汝霖:《澳门纪略》,台北,成文出版社,1968年,第182～183页。

⑤ (清)印光任、(清)张汝霖:《澳门纪略》,台北,成文出版社,1968年,第119、69页。

⑥ (清)印光任、(清)张汝霖:《澳门纪略》,台北,成文出版社,1968年,第199页。

⑦ (清)印光任、(清)张汝霖:《澳门纪略》,台北,成文出版社,1968年,第201页。

载："大西洋去中国远，三年始至。稍西曰小西洋，去中土万里，大西洋遣酋守之。澳门头目悉禀小西洋令，岁轮一舶往，有大事则附小西洋以闻，不能自达也。"[①]这样，澳门虽是"小西洋"管理，但"小西洋"却为"大西洋"所统治，这与前面的意大利占据澳门的内容可以吻合，只不过是留下了"小西洋"这一模棱两可的说法。[②]1806年冬十一月，俞正燮在为再版的《澳门纪略》所作跋中也特别提到："佛郎机之据澳也，奉释教，后改奉天主教，不十年，澳门遂为意大里亚所有，此二事最可宝贵。意大里亚久假澳门，顺治时，乃遂置两王于此。"[③]俞正燮是著名学者并对海外世界颇有研究，从文中也可看出他的经世之意，但知识的明显错误说明了当时经世思潮的根本缺陷。

印光任、张汝霖作为管理澳门的最高地方长官，又著书立说以遗后

---

① (清)印光任、(清)张汝霖:《澳门纪略》,台北,成文出版社,1968年,第201～202页。

② 葡萄牙在清朝开始被称为"西洋",后来为"博尔都噶尔"等具体国名,但有时仍只被称为"西洋"。如康熙九年,"西洋国王阿丰肃,遣使玛讷撒尔达聂等进贡。得旨:西洋国地居极远,初次进贡,著从优赏赉"(《清实录·圣祖实录》卷33,康熙九年六月甲寅)。康熙十七年再次朝贡时也称之为"西洋"。康熙二十四年,"内阁、礼部遵旨议覆赏赉外国例。朝鲜、西洋、荷兰,赐物素厚,不必复增"(《清实录·圣祖实录》卷123,康熙二十四年十二月辛卯)。雍正五年,"西洋博尔都噶尔国王若望遣使麦德乐表贡方物,宴赉如例"(《清实录·世宗实录》卷56,雍正五年四月癸丑)。乾隆时期编纂的《皇朝文献通考》有"博尔都噶尔亚"条,称"明以前未通中国,入本朝,西洋诸部落向风内面。雍正五年四月,其国王名若望者遣陪臣麦德乐表贡方物。"乾隆十八年,"博尔都噶尔亚"再次朝贡,乾隆帝不仅赏予丰厚礼物而且以敕书赐其国王"。参见《皇朝文献通考》卷298《四裔考六·博尔都噶尔亚》。1840年,"两广总督林则徐奏:澳门寄居西洋夷人,历三百年之久。英吉利人早已垂涎其地,自嘉庆十三年间,英夷突占澳门炮台,旋被官兵驱逐,西夷始有戒心。现因西洋夷目禀称澳内华夷杂处,若兵役围拿,恐致扰动,特限以日期,驱逐净尽。若过期尚有英夷,即暂停西洋贸易,以示操纵之意"(《清实录·宣宗实录》卷332,道光二十年三月丁酉)。"西洋"指代葡萄牙不知起于何时,1616年南京教案时《会审王丰肃等犯一案》称:"一向丰肃所用钱粮,自西洋国商船带至澳中,约有六百两。"[(明)徐昌治订,夏瑰琦编:《圣朝破邪集》,香港,建道神学院,1996年,第75页]此处的西洋应该就是指葡萄牙。"明天启四年(1624年),朝廷为抗击关外崛起的满族人,购葡人的大炮,招募葡兵。一位叫若望里亚的葡籍炮手在试炮时爆炸身亡,奉旨葬于京师。其中文墓志铭载:'奴酋作乱,失我辽左,于今五年矣！我所以御之者,莫如火攻;火攻之器,铳最良;铳之制造,西洋国最良;发铳之法,西洋国人最良。'可知此时,以西洋国称葡萄牙已经出现了。"(杨继波:《明清档案文献中对葡萄牙的称谓》,《历史档案》1999年第4期)不过,明清时期,"西洋""大西洋"也泛指欧洲。

③ (清)俞正燮:《澳门纪略跋》,(清)俞正燮撰,涂小马等校点:《癸巳类稿》,沈阳,辽宁教育出版社,2001年,第292页。俞正燮在该书及《癸巳存稿》中还多次提到澳门被意大利侵占。

世，理应不该出现上述错误，导致其错误的原因主要有三：一是为名称所误，如佛郎机本来就是“Franks”的讹读，艾儒略《职方外纪》对佛郎机的解释也置于“拂郎察”即法国条目下。[①]大西洋既泛指欧洲，也专指意大利，西洋有时专指葡萄牙有时也含义模糊。二是澳门葡人等可能有意误导，因为葡萄牙在明朝就想放弃佛郎机之称而未果，明清改朝换代为其提供了良机。三是澳门是以葡萄牙人为主的西方人杂居之地，同奉天主教并且受教宗管辖，也易引起误解。所以，1744年印光任制定的清朝管理澳门的第一个规章的名称为《管理澳夷章程》，使用的是含义比较模糊的“澳夷”。

令人遗憾的是，《澳门纪略》的这种错误在鸦片战争时期参与中外交涉的清朝统治阶层中继续延续。中英《南京条约》签订后，葡萄牙人亦欲仿效英国在香港的做法图谋割据澳门，并且中葡双方就贸易问题展开交涉，但参与交涉的清朝官员却将与自己谈判的葡萄牙人误解为意大利人。1843年，在广州负责善后交涉事宜的钦差大臣耆英与两广总督祁𪧦、广东巡抚程矞采、粤海关监督文丰等在奏折中称：“又大西洋之意大里亚国，自明迄今，住居香山县之澳门地方……惟澳门向有在广州贸易各国，夷人因广州无容身之地，前赴该处，向意大里亚赁房居住。”[②]该年年底，耆英等再一次谈到澳门问题：“香山之澳门地方，向为诸番互市之地。前明嘉靖年间，佛郎机人在粤筑台建城，聚居贸易……至万历九年，有大西洋之意大里亚国人利玛窦来住澳门，迨后来者日众，以澳门为大西洋所住，岁输地租银五百两……从前入仕天朝之汤若望、南怀仁以及高守谦、毕学源等，皆意大里亚人，因其初至中土时，人但称之为大西洋，而意大里亚之名不著。此大西洋完纳租银，在澳门居住之由来也。”[③]道光帝令军机处就上述问题制定对策，而军机大臣穆彰阿等亦延续了耆英等人的错误，“臣等伏思意大里亚，僦居澳门”，并且在奏折中更是直接将中葡双方的条约称为中国与意大利之间的条约，“大学士穆彰阿等奏：据耆英等奏大西洋意大里亚国通商章程一折”[④]，令人啼笑皆非。《清史

---

① 1580～1640年葡萄牙一度并入西班牙，但澳门仍归葡萄牙管理。不过，1623年刊刻的艾儒略《职方外纪》就没有单独列出葡萄牙，而是作为西班牙的一部分予以介绍，称为“波尔杜瓦尔”，也未提其租借澳门，却在“拂郎察”即法国部分介绍了“佛郎机”的来历，传教士的这类知识应该也会影响时人对“佛郎机”的判断。

② 《筹办夷务始末》（道光朝）卷68，台北，文海出版社影印版，1970年，第27页。

③ 《筹办夷务始末》（道光朝）卷70，台北，文海出版社影印版，1970年，第1页。

④ 《筹办夷务始末》（道光朝）卷70，台北，文海出版社影印版，1970年，第28～29页。

稿》亦称，道光二十三年“十二月辛丑，议定意大利亚国通商章程”[①]。

1844年，耆英等为了回复军机处，再次就澳门问题表明自己的态度，因为耆英等在与美国交涉《望厦条约》时“驻澳门两旬”，应该比较清楚地了解到租借澳门的是葡萄牙人，但实际上他仍未明白此中曲折，故而在奏折中干脆直接称为“澳夷”；[②]在同一时间的另一奏折中，耆英等使用了“西洋”，有所谓“查上年西洋夷目所请九款内，有准令各国商船赴澳门一体贸易一条”[③]。可见，耆英等也许已经意识到自己此前的错误，但不完全明白澳门问题的始末。稍后，中法交涉再起，耆英等又一次来到澳门并考证了澳门问题的由来，但得出的依然是错误的结论，并且从中为弛禁天主教寻找理由：“再查佛兰西之崇奉天主教，与大西洋相等。考诸往籍，该夷在前明曰佛郎机，于正德十三年，遣使臣加必丹未等入粤请贡，未许，因留不去。迨嘉靖二年，遂寇新会，渐据澳门，故澳门之为夷所据，自佛兰西始。嗣后大西洋人利玛窦来澳寄居，传习天主教，佛兰西人辄以澳门让大西洋，而自归其国。该夷权力什倍西洋，而甘以地让者，服利玛窦之教也。”[④]与耆英同时在广州参与中外交涉并对“夷务”问题有一定研究的黄恩彤，也认为占据澳门的是意大利，他在致徐继畬的信中称：“窃谓唐宋以来，与中国互市者，名为西域昆仑，实则爪洼诸岛耳，否则印度各国耳。迨荷兰据葛喇巴，是班牙据玛尼喇，意大里亚据澳门，荷兰并据台湾，乃渐有他族逼处之势。”[⑤]

不过，鸦片战争后的经世学者魏源等人纠正了澳门为意大利租借这一荒谬说法，但也没有改正有关佛郎机的错误。魏源仍认为明代的佛郎机是法国，徐继畬的《瀛寰志略》等也是如此。“时佛郎机筑城室于濠镜，及明季亦旋弃澳而去，皆非今澳门大西洋。澳门大西洋者，明末布路亚人，以历法闻于中朝。礼部尚书徐光启奏用其法，并居其人于澳门。

① 赵尔巽等撰，许凯等标点:《清史稿》，长春，吉林人民出版社，1995年，第457页。

②《筹办夷务始末》(道光朝)卷72，台北，文海出版社影印版，1970年，第30～32页。

③《筹办夷务始末》(道光朝)卷72，台北，文海出版社影印版，1970年，第34页。

④《筹办夷务始末》(道光朝)卷73，台北，文海出版社影印版，1970年，第3页。

⑤ (清)黄恩彤:《与徐松龛中丞论西洋诸夷书》，中国史学会主编:《中国近代史资料丛刊·第二次鸦片战争》(二)，上海，上海人民出版社，1978年，第143页。意大利占据澳门是当时比较常见的说法，如前述余正燮的言论。1836年刊行的汤彝《盾墨》亦称:“澳门……佛郎机人始混入，岁输廛缗五百一十有五，久之遂为所据。至国初已尽易大西洋意大里亚人，迄今二百年，孳育蕃息，其户口三千有奇。”(中国史学会主编:《中国近代史资料丛刊·鸦片战争》(一)，上海，上海人民出版社、上海书店出版社，2000年，第232页)

至今相沿，呼澳夷为大西洋国。”[①]魏源在《海国图志·佛兰西国沿革》中曾指责道：“《明史》在此书〔指艾儒略的《职方外纪》——引者注〕之后，并不知据此为蓝本，而云国近满剌加，竟不知为大西洋。明人荒陋至此。”[②]可惜，魏源本人也未能避免错误，这是时代的悲剧。夏燮的《中西纪事》是鸦片战争后系统研究中西关系的著作，作者正确地指出了葡萄牙是首先租借澳门的西方国家，但夏燮也仍将明朝的佛郎机视为法国，因而他认为是法国首先武力侵占澳门，只是后来在葡萄牙的阴谋和骚扰下离开。“自濠镜之徙，则佛郎西首建城台，戍兵列炮，俨若敌国。”“佛郎西创造城台，欲图久踞，诸番逼迫不自安。葡萄牙乃纳贿于澳中官吏，请岁以五百金赁其廛而居之。”“惟葡萄牙以西洋小国先后来澳，卒藉中国之援，赁廛久居，遂为二百年专利之薮。佛虽垂涎，欲与之争，而国势已不可复振，又况强邻之耽耽而议其后哉。”[③]夏燮也注意到有关佛郎机问题的混乱并作了简单分析，只是结论并不正确：“盖《明史》所记万历以后之事，多有与澳夷混者，由不知澳夷之专属葡萄牙，又不知葡与佛之均为大西洋也。”[④]另外，广东学者梁廷枏的《夷氛闻记》也指出“大西洋葡萄亚即布路亚于前明乞得香山濠镜澳以居，曰澳门”[⑤]，但没有涉及明代的佛郎机。不过，梁廷枏在后文中称“佛兰西之来，虽远自前明，顾物产货赀并绌，其例，民不许茶食，销流内货无几”[⑥]，显然也是将明代的佛郎机视为法国，因为真正的法国商船直到明朝灭亡后的1698年才第一次抵达广州。

不但鸦片战争时期，而且其后清朝人始终没有弄清佛郎机问题，这种错误认识在晚清一直延续下来。1868年，奕䜣等人接受总税务司赫德的建议，准备收回澳门，但在考查澳门问题的来历时坚持认为：“溯查前明嘉靖十四年，移舶口于濠镜，输岁课二万金，为番人至澳通市之始。三十二年，佛郎机乘间混入，旋即暗据，为番人至澳占居之始。万历时有利玛窦者，自称大西洋人，居澳门二十年，传天主教，其徒日众。迨至国初，已尽易大西洋人，而佛郎机不知何往。”[⑦]王之春于1879年前后

① (清)魏源:《海国图志》(中),长沙,岳麓书社,1998年,第1093页。

② (清)魏源:《海国图志》(中),长沙,岳麓书社,1998年,第1197页。

③ (清)夏燮著,高鸿志点校:《中西纪事》,长沙,岳麓书社,1988年,第5～6页。

④ (清)夏燮著,高鸿志点校:《中西纪事》,长沙,岳麓书社,1988年,第5页。

⑤ (清)梁廷枏著,邵循正校注:《夷氛闻记》,北京,中华书局,1959年,第1页。

⑥ (清)梁廷枏著,邵循正校注:《夷氛闻记》,北京,中华书局,1959年,第3页。

⑦《筹办夷务始末》(同治朝)卷58,台北,文海出版社影印本,1971年,第29页。

写成的《清朝柔远记》称:“佛郎机……其市香山澳濠镜者,至筑室建城,雄踞海畔若一国。(此澳门有洋楼之始。然佛郎机旋去澳不居,今所居者乃葡萄牙也)”[①]直到清朝覆亡后,《清史稿》的编纂者也不能自圆其说:“法兰西一名佛郎机,在欧罗巴之西。清顺治四年来广东互市,广东总督佟养甲疏言:‘佛郎机国人寓居濠境澳门,与粤商互市,仍禁深入省会。’”[②]“葡萄牙在欧罗巴极西。明正德年初至中国舟山、宁波、泉州。隆庆初,至广东香山县濠镜请隙地建屋,岁纳租银五百两,实为欧罗巴通市粤东之始。清雍正五年夏四月,葡国遣使臣麦德乐表贡方物。”[③]这两种说法本身就互相矛盾,可见他们始终未弄清“佛郎机”与中国的关系。[④]

明、清时期的佛郎机现象可以从不同角度进行诠释,如果从中国中心观视角解读的话,它在某种程度上是中国中心观的两种不同表现,其中明朝末年主要是排斥西方国家,清朝则主要表现为漠视西方国家。当西方国家刚刚通过新航路来华之时,明朝既不知其来自何处,又与传教士传播的西方文化产生了严重冲突,所以明朝佛郎机现象的主流是排斥西方。清朝建立后,随着西方国家来华次数的增多和传教士的努力,时人对西方国家有了一定的了解,但他们并不深入探究,如前述《四库全书》便认为南怀仁的《坤舆图说》等“虽有所粉饰,而不尽虚构。存广异闻,固亦无不可也”[⑤]。正是因为这种模棱两可的漠视心态,清朝人虽将佛郎机改为法兰西,却又产生了新的错误。所以,排斥、漠视西方国家和西方文化是佛郎机现象的主要成因。当西方国家正蓬勃发展并向世界各地推进之时,以佛郎机现象为代表的自大与漠视,严重阻碍了中国世界认识的发展和社会的进步。

二、从世界认识角度看日本的“兰学现象”

在日本新世界认识的发展过程中,兰学是其中的一朵奇葩。“兰学现

① (清)王之春著,赵春晨点校:《清朝柔远记》,北京,中华书局,1989年,第7页。

② 赵尔巽等撰,许凯等标点:《清史稿》,长春,吉林人民出版社,1995年,第3136页。

③ 赵尔巽等撰,许凯等标点:《清史稿》,长春,吉林人民出版社,1995年,第3219页。

④ 民国年间才完全弄清“佛郎机”问题,如向达《中西交通史》指出:“从此以后,葡萄牙人来者益多,到嘉靖时,上川岛、雷白、澳门都有葡萄牙人;其后澳门竟成为葡萄牙人的租借地。”(向达编:《中西交通史》,上海,中华书局,1934年,第70页)张维华《明史佛郎机吕宋和兰意大里亚四传注释》(《燕京学报》专号之七,哈佛燕京学社,1934年)则做了详尽考释。

⑤《四库全书总目提要》卷71《史部二十七·地理类四·坤舆图说》。

象”出现的内涵与日本传统世界认识的多元化追求是一致的，同时也体现了幕府对世界的警醒意识，展现了日本对西方及其文化的热情，并由此形成了日本独立自主的学习西方的方式。

首先，兰学现象反映了锁国时代日本继续追求多元化世界观念的意愿。如前所述，日本为了摆脱中国的强大影响，在全面学习中国文化的同时，又不断强化自我中心意识，形成了其传统世界观念的多元化倾向，三国世界观是其中的典型。这种多元化意识不自觉地影响到锁国时代日本的对外政策，主要表现就是将荷兰视为与中国同等重要的通商国家。一般认为，荷兰之所以最终被选择为锁国时代日本的通商国，主要原因就是荷兰将通商与传教分离，这种只通商不传教的策略与德川幕府初期的对外政策相适应。但我们也应该看到，德川幕府确立的对外政策与日本传统的对外意识是吻合的，即一方面承认现实世界，另一方面又在各种比较强大的外部势力之间寻求平衡，从中选择适合于本国的有利因素。如果说传统的三国世界观主要是日本基于文化而构建的世界认识，锁国时代日本就是根据现实世界的状况以荷兰取代印度，形成了另一种形式的以三国为中心的世界框架，中国、荷兰、日本就是德川幕府对外政策中所涵盖的“世界”。荷兰成为日本建构的世界框架的新元素，兰学最终也发展起来。正因如此，在新旧世界认识及其价值观念的转换过程中，兰学者在世界认识方面主要是批判日本传统的三国世界观特别是中国中心观，在文化方面则是主要针对中国文化。“盖和兰之国，精乎技术，知巧之所及，无不致者矣”，汉医学则“穿凿附会，牵强疏卤，欲晰之弥暗，欲匡之弥谬”。[①]

其次，兰学现象反映了幕府对世界的警醒意识。在西方文——化主要是天主教的冲击下，日本最终形成了锁国体制，但幕府选择了新教国家、被誉为17世纪“海上马车夫”的荷兰作为通商对象，留下了一个了解西方的窗口，这是形成兰学的前提条件。幕府不想完全关闭与西方的交通有诸多原因，其中一个重要原因是幕府的警醒意识——既担心外部世界对自己构成威胁，又不能无视曾经对日本产生了重要影响的“南蛮”先进文化。所以，幕府给予荷兰通商权利的条件就是荷兰必须向幕府提供外部世界特别是西方世界的信息。从1611年开始，荷兰商馆长谒见幕府将军，1633年后更成为定制，必须按规定定时到江户参府。从1641年开始，荷兰商船每

① 杉田玄白[ほか]:『解体新书·凡例』,広瀬秀雄[ほか]校注:『日本思想大系65洋学下』,岩波書店,1972年,第321頁。

次登陆时都要向幕府呈递关于海外最新情报“荷兰风说书”。

随着担心外部世界威胁的意识逐渐淡化，幕府希望了解西方文化的意识进一步增强。1720年，幕府第八代将军德川吉宗为更广泛地引进西方文化，发布“禁书缓和令”，放宽锁国初期主要针对在中国的传教士著作实行的禁书制度，汉文西书更多地流入日本。1740年，幕府派青木昆阳、野吕元丈随江户参府的荷兰人学习荷兰语，这是兰学形成的源头。可以说，幕府的警醒意识使其通过荷兰密切关注世界，进而重新兴起了解西方文化的热情，这些都是兰学形成的条件。所以，幕府的警醒意识以及由此形成的对西方及其文化的弹性政策是兰学现象的重要一环。

最后，兰学现象体现了日本人特别是知识阶层的探索精神、科学精神和学术独立精神，充分展现了日本人的求知欲和对西方文化的热情。幕府的政策只是兰学兴起的前提条件，兰学成为一门知识系统则完全是日本人求知欲的结果。一般认为，1774年杉田玄白《解体新书》的翻译出版是兰学真正形成的标志。《解体新书》译自德国人克鲁姆斯（Johann Adam Kulmus）的《解剖学图谱》的荷兰文本，它在当时的日本之所以引起轰动，是因为杉田等人亲自观看了尸体解剖，验证了书本中的西方解剖学，提出了“实测穷理”的治学路径与目标。所以，杉田等人在该书凡例中指出：“唯《灵枢》中有解剖而视之语，则汉人古必有其法焉。后人不得其传，徒信糟粕而为无稽之言，数千年来，竟不识真面目，岂不哀哉？按解体疡科之要，不可不知焉。诸证之所在，外此而无可知焉。兰人之致精巧，亦昉乎斯。故欲能进于医焉者，苟非渊源于此，则决弗能也。而我方之医，恬不知省者，果何心哉？宜矣其不成刮骨之功也。余故于兰书之中，特拔是为翻译范初学，涂辙一定，聪明以生，过此以往，生死肉骨之妙，庶可得而至焉。”[①]杉田玄白之语可视为兰学的宣言，在这一宗旨的指引下，日本人的探索精神、科学精神和学术独立精神随着兰学的发展而不断强化，使锁国时代日本的西学逐渐形成一门系统的科学。

这种精神在兰学的分支地理学中也是如此。地理学一直是传教士等西方人士改变中日传统世界观念、打开中日闭关锁国大门的重要知识工具，也是中日修正以往世界认识、重新认识世界的主要知识资源，因而与政府对外政策和国家安危密切关联。所以，兰学时代的地理学既是兰学家研究的重要内容，也是倍受幕府注目的问题。兰学时代日本地理学

① 杉田玄白[ほか]:『解体新书·凡例』,広瀬秀雄[ほか]校注:『日本思想大系65洋学下』,岩波書店,1972年,第321頁。

的发展大致以下列著作为阶段标志。18世纪初新井白石的《西洋纪闻》和《采览异言》是日本的西方地理学，也是兰学的奠基之作。18世纪末桂川甫周的《北槎闻略》、森岛中良的《红毛杂话》等是兰学高潮时期的代表性著作。19世纪初山村昌永的《增订采览异言》、高桥景保的《新订万国全图》是兰学时代西方地理学的集大成之作。在这些著作中，幕府往往促成其事，而兰学家则在此基础上进一步研究，形成更准确系统的学术著作。新井白石的《西洋纪闻》是受幕府之命审讯潜入日本的意大利传教士西多蒂（G.B.Sidotti）的记录，但新井白石并未止步于此，他除了从各方面充实《西洋纪闻》外，还进一步撰写了日本最早的系统的西方地理学著作《采览异言》，奠定了兰学时代西方地理学发展的学术基础。桂川甫周的《北槎闻略》也是如此。“宽政中，伊势漂民自鲁西亚归，大府召见之于吹上苑，询彼中事，甫周陪臣传语，因录其问对，是为《御览记》。犹恨其不详也，召漂民于其宅，细咨询之，逐一札记，是为《闻略》。我邦未曾与鲁西亚相通，至是人识其风俗情状，甫周之功实属凿空。”[①]这种探索精神和求知欲望最终将日本的西洋地理学提升为一门比较系统的科学。山村昌永的《增订采览异言》则典型地反映了兰学家在兰学成熟期的严谨学术态度。该书参考“西洋书32种，汉文书籍42种，日本书籍52种，共126种”[②]，代表西洋地理学已成为一门成熟的学科体系。可以说，兰学时代的精神贯穿于这一时期地理学研究的始终，它推动着日本的西方地理学不断发展，使锁国时代日本的世界认识逐渐接近世界的真实面目，避免了对西方和世界的盲目态度。

所以，佛郎机现象与兰学现象充分体现了中日对西方及其文化的不同态度，扩大了两国世界认识的差距，使19世纪中叶中日近代化的起步面临不同的资源和条件。

---

① 郑彭年:《日本西方文化摄取史》,杭州,杭州大学出版社,1996年,第163页。

②『耶蘇會士日本通信』,開国百年紀念文化事業會編:『鎖国時代日本人の海外知識』,乾元社,1953年,第46頁。

第三章　19世纪中叶中日近代世界认识的知识来源、著作和群体

19世纪中叶，中日先后被强行纳入资本主义世界体系。这个体系以贸易为基础，以国际法为交往原则，以西方文明相标榜，以坚船利炮为后盾，因而中日无论是否愿意，都只能接纳并不断地适应和融入这个体系。

在适应和融入资本主义世界体系的过程中，中日都遇到了诸多问题，其中首要的直接问题是对这一体系的了解非常有限。因此，为了适应资本主义世界体系，首先必须尽可能地获取更多的有关这方面的知识，使中日的世界认识最大限度地接近世界的本来面目，同时又符合两国的现实需要。正是在此背景下，19世纪中叶的中日两国不同程度地形成了了解、研究世界的思潮，推动两国近代世界认识不断发展。

在这一过程中，世界认识的知识来源和认识世界的群体是直接作用于中日世界认识发展的两个方面。世界知识的来源渠道越多，接受世界知识者也越多，形成群体的可能性就越大；同时，认识世界之群体的状况又影响世界知识，群体规模的大小不仅会扩大或减少世界知识的来源渠道，也会影响世界知识的传播。世界认识的知识来源必须同一定规模的认识世界的群体相结合，才能使世界知识融入本国社会进而形成比较强大的力量，推动本国世界认识发展和社会转型。

19世纪中叶，中日世界认识除了继承此前两国不同的世界知识的积累外，其他新知识来源基本可以分为前后两个时期：40～50年代主要仍以间接知识为主；60年代以后走出国门直接获取域外世界的知识成为两国世界认识的发展方向，认识世界之著作和群体也随之发生变化。其实，随着中日融入世界体系进程的不断加快，近代世界认识的知识来源自然愈益广泛，著作更加多样化，群体也不断扩大。一般而言，前一个时期认识世界的方式基本会延续到后一个时期，近代世界知识和群体更是叠加在一起。

第一节　19世纪40～50年代中日近代世界认识的知识来源

19世纪40～50年代，中日尚未派人实地考察、了解世界，有关世界认识的知识主要仍是通过间接途径获得。不过，中日两国获取世界知识的具体方式有较大差异，这种差异也显示了两国对世界的关注程度和世界认识的不同发展轨迹。

一、新教传教士及其汉文书刊

新教传教士出版的汉文书刊是这一时期中国认识世界的主要知识来源，也是日本获取世界知识的重要途径。从利玛窦开始，传教士便以传播先进的世界知识、破除中国中心观作为重要目的。康熙时代中西礼仪之争引发的冲突基本中断了西学在中国的传播，清朝开始实行禁教政策，罗马教廷后来亦解散了耶稣会，留在京城的传教士几乎无所作为。19世纪初，传教士再次以中国为目标输入西学。不过，此时传播西学的传教士已非耶稣会等天主教传教士，而主要是新教传教士。19世纪初来华的新教传教士主要以东南亚为基地出版有关世界认识方面的汉文书刊，虽然这些书刊在当时基本未流入中国内地，却对鸦片战争后中国世界认识的发展产生了很大影响，也有一部分流入日本，故一并论述。

1807年，英国传教士马礼逊抵达澳门，这是第一个正式来华传教的新教传教士（荷兰占据台湾期间曾有新教传教士进入台湾）。马礼逊不久便被英国东印度公司聘为翻译，这种一身二任的角色是新时期在华传教士的显著特点，也表明西方传教士传播的世界认识与西方国家的利益结合得更加紧密。马礼逊也并不急于进入中国内地，而是在广州、澳门秘密传教，同时把海外华人作为重要传教对象在南洋一带活动。马礼逊的传教方式也为此后来华的新教传教士提供了范式。1840年以前，新教传教士出版了不少汉文书刊，这与西方社会的技术进步有关，也与他们不能进入中国内地有关，其中主要出版地是在东南亚。1834年底，以传教士为主的广州外国侨民还成立了“中国益智会”（The Society for the Diffusion of Useful Knowledge in China），联络英、美、德等国人士，“出版能启迪中国人智力的一类书籍，并把西方的技艺和科学，传授给他们”[①]。

1811～1842年，传教士共出版汉文书籍和报刊近140种，其中直接介绍世界地理、历史、政治、经济及天文等有关世界知识的主要有19种(见表3-1)。

表3-1 1811～1842年外国传教士出版的主要书刊

年份	作者	书刊名称	页数	内容
1815	米怜	察世俗每月统记传	—	杂志
1818	米怜	生益公平聚益法	10	经济
1819	马礼逊	西游地球闻见略传	29	地理
1819	麦都思	地理便童略传	21	地理
1822	米怜	全地万国纪略	30	地理
1823	麦都思	特选撮要每月纪传	—	杂志
1824	麦都思	咬留吧总论	85	历史
1828	古德	天下新闻	—	杂志
1829	麦都思	东西史记和合	40	历史
1832	马礼逊	大英国人事略说	—	政治
1833	马礼逊	杂文编	4	周刊
1833	郭实猎[②]	东西洋考每月统记传	—	杂志
1834	郭实猎	大英国统志	—	历史
1838	奚理尔	各国消息	—	杂志
1838	郭实猎	古今万国纲鉴	244	历史
1838	郭实猎	万国地理全集	—	地理
1838	裨治文	美理哥合省国志略	25	历史
1839	郭实猎	制国之用大略	24	经济
1840	郭实猎	贸易通志	63	经济

参考资料：熊月之《西学东渐与晚清社会》、方汉奇《中国近代报刊史》等。

---

① 转引自顾长声:《从马礼逊到司徒雷登》,上海,上海人民出版社,1985年,第59页。

② 德国传教士Karl Friedrich August Gützlaff的汉译名字较多,本书用他本人使用的“郭实猎”,但在引用的文献中也有“郭士立”等。参见李骛哲:《郭实猎姓名考》,《近代史研究》2018年第1期。

新教传教士出版的汉文书刊特别是有关西方社会方面的书刊，无论在种类数量方面，还是知识的时代性方面，都超越了耶稣会传教士。从世界认识的角度看，这些书刊的核心内容之一是对世界地理、历史的描述，从空间、时间两方面构成了最新的世界立体图像。在这些汉文书刊中，杂志以其内容多样、形式灵活受到关注，特别是1833年在广州创办、后迁往新加坡的《东西洋考每月统记传》，它是一份十足的世俗杂志，并且是鸦片战争前中国人接触较多的少数新教传教士汉文书刊之一，也是第一份在中国创办的汉文杂志。《东西洋考每月统记传》最初在广州创刊，发行量也较大，所以鸦片战争前曾引起一些中国人的关注。叶钟进在《英吉利国夷情记略》中提到："澳门所谓新闻纸者，初出于意大里亚国，后各国皆出，遇事之新奇及有关系者，皆许刻印，散售各国无禁。苟当事留意探阅，亦可觇各国之情形，皆边防所不可忽也。"[①]叶钟进所谓的"澳门新闻纸"应该就是指《东西洋考每月统记传》，并且看过这一杂志，因为叶上述所记的新闻纸之介绍与《东西洋考每月统记传》中的文章《新闻纸略论》的内容基本相同。"在西方各国有最奇之事，乃系新闻纸篇也。此样书纸乃先三百年初出于义打里亚国……后各国照样成此篇纸，致今到处都有之甚多也……而其理论各事更为随意，于例无禁。"[②]萧令裕《英吉利记》也提到："月刊书一种，谓之每月统记传。或录古语，或记邻藩，或述新闻，或论天度地球，词义不甚可晓，而每月皆有市价篇，取入口出口各货，分别等差，而详其价目焉。"[③]这是萧令裕在该书提到的唯一一种新教传教士出版的汉文书刊，可见《东西洋考每月统记传》在鸦片战争前确曾在广州等沿海地区流传，引起了中国部分士人的注意。

当时，传教士等曾寻机散播其编辑出版的汉文书刊，地方官员为此上奏。"谕军机大臣等：前据乐善等将英吉利夷人所递夷书，咨送军机处，当经呈览。朕详加披阅，首页标明道光甲午年夏镌字样，并有图章中引用经书等语，断非外夷所刻。该国在粤东贸易来往，必有内地奸民，通同勾引刊刻传播，殊属可恶。且此书刻自上年，何以今春即由该国传

---

① （清）魏源：《海国图志》（中），长沙，岳麓书社，1998年，第1440页。

②《新闻纸略论》，〔德〕爱汉者等编，黄时鉴整理：《东西洋考每月统记传》，北京，中华书局，1997年，第66页。

③ 中国史学会主编：《中国近代史资料丛刊·鸦片战争》（一），上海，上海人民出版社、上海书店出版社，2000年，第20页。

至闽省。从此严切追究，不难得其确情……寻总督邓廷桢等奏，拿获刻字匠屈亚熙供称，英吉利国住粤夷人雇伊父屈亚昂并梁亚发与伊三人，刊刻夷书，其底本不知来历，伊并无勾串夷人传教情事。复据该夷商供称，此书由来已久，该国刊刻汉字，不能工致，故携至澳门刊板，并非内地编造。”[①]但就整体而言，新教传教士出版的这些汉文书刊在鸦片战争前很难流入中国内地，即使有个别中国人偶尔提及，也未能引起人们的关注。

鸦片战争的失败极大地刺激了以“天朝上国”自居的中国人，一部分人开始搜集有关域外世界特别是西方世界的信息，新教传教士出版的汉文书刊成为他们了解世界的主要知识来源。这些汉文书刊既有鸦片战争以前在东南亚等地出版的旧书刊，也有鸦片战争后传教士在香港和中国内地开放的通商口岸出版的新读物。据统计，1843～1860年，传教士在香港及广州等通商口岸共出版非宗教的汉文书刊106种，其中直接介绍世界历史、地理、政治、经济等有关世界知识的有40余种，包括年鉴、报刊及专著等。与鸦片战争前相比，这些书刊受到中国一些关注域外世界形势的开明知识分子的极大欢迎。例如，祎理哲的《地球图说》于1848年出版后，1856年又将内容扩充了一倍再版。裨治文的《美理哥合省国志略》在中国内地两次修订再版，作者在1861年第三版序言中欣言：“予又迁居沪上，索书者踵接于门，惧无以应其请也，因不得已复搜初稿，与华友宋君重加删改，并创为汉字地球等图。”[②]

由于当时中国从事认识世界之人既无机会游历世界又少懂外文，因而系统的世界知识只能取自于这些传教士著述的汉文书刊。黄恩彤就认为：“彼人不解著书体例，殊无当于大雅，但以夷人言夷事，自当十得八九，又悉以汉文出之，省却翻译之劳，亦自便于检阅，似亦博物君子所不废也。”[③]当时代表性的著作如《海国图志》《瀛寰志略》《海国四说》等鸦片战争后中国人编著的世界史地著作，均是主要依据新教传教士编纂出版的汉文书刊而作。以《瀛寰志略》为例，该书作者徐继畬1843年因以福建布政使身份移驻厦门兼办通商事务，后来又任福建巡抚，因而有机会和条件接触外国人雅裨理、甘明、李太郭等人，该书的许多观点

① 《清实录·宣宗实录》卷267，道光十五年六月己丑朔。

② 〔美〕裨治文：《重刻联邦志略叙》，上海，墨海书馆，1861年，哈佛燕京图书馆中文善本特藏。

③ （清）黄恩彤：《与徐松龛中丞论西洋诸夷书》，中国史学会主编：《中国近代史资料丛刊·第二次鸦片战争》（一），上海，上海人民出版社，1978年，第144页。

也直接得自于他们。但《瀛寰志略》以五年时间数易其稿，主要文字材料仍是传教士出版的汉文书刊，“泰西诸国疆域、形势、沿革、物产、时事，皆取之于泰西人杂书，有刻本有钞本，并月报、新闻纸之类，约数十种”[①]。徐继畬自然不懂外文，这些杂书只能是传教士出版的汉文书刊，而徐本人也注意通过多种途径搜罗这些书刊。雅裨理便为徐的求知欲感动，“带了尽可能的资料送给他”[②]，当然，这也是传教士求之不得的好事。同样关心域外世界的黄恩彤，在从广东致徐继畬的信中也曾提及为徐收集这些汉文书刊：“近日英夷郭实拉撰《西洋地理志》一书，殊嫌猥杂，远不及玛基士书之明晰，而文烦事增，亦足供外史之采，此间有人将付剞劂，俟续为邮致。”[③]可见在当时比较关注域外世界的部分人士中已有了初步的联系网，并非常注意传教士出版的汉文书刊的情况。

传教士出版的汉文书刊不仅是当时中国人认识世界的主要知识来源，也有一部分流入日本，补充了日本人的世界知识，有些书刊成为日本人认识世界的重要参考书目。《琼浦笔语》是大槻磐溪1829年在长崎与华商江芸阁、朱柳桥的笔谈录，其中记载：“英吉利人模礼菘（马礼逊）者，通商广东港，淹留数年，起志汉学，习熟之久，遂能把韵府字典之文，翻为缠绵郭索之字，以编出一书。往荷兰人舶赍其书，今见在象胥吉雄某许，仆尝得一寓目。深服英人研精覃思之勤。未知足下耳目其人乎否。”[④]在19世纪60年代以前，这些汉文书刊基本是由中国商人运往日本的，书籍作为商品进行贸易是江户时代中日双方经贸往来的重要内容。这些书籍有些是中国商人根据市场行情运往日本的，有些是日本幕府、藩及私人订购的，而在19世纪40～50年代，传教士出版的汉文书刊及中国人撰写的世界史地著作成为最受日本欢迎的书籍。因此，郭实猎的《东西洋考每月统记传》和《万国地球全图集》、艾约瑟的《中国通书》、慕维廉的《联邦志略》、祎理哲的《地球图说》、伟烈亚力的《谈天》以及《遐迩贯珍》《六合丛谈》《中外新报》等书刊均相继传入日本，并被日本人重新翻刻。再加上魏源的《海国图志》等中国人撰写的世界史地

① （清）徐继畬：《凡例》，《瀛寰志略》，上海，上海书店出版社，2001年，第8页。

② 《中国丛报》（Chinese Repository）第13卷，1844年5月，转引自潘振平《〈瀛寰志略〉研究》，任复兴主编：《徐继畬与东西方文化交流》，北京，中国社会科学出版社，1993年，第86页。

③ （清）黄恩彤：《与徐松龛中丞论西洋诸夷书》，中国史学会主编：《中国近代史资料丛刊·第二次鸦片战争》（一），上海，上海人民出版社，1978年，第144页。

④ 易惠莉：《长崎贸易中的中国商人与日本汉学者》，《档案与史学》2000年第6期。

著作，汉文书刊成为幕末开国期日本认识世界的主要渠道。

以慕维廉的《地理全志》为例。《地理全志》共上、下二卷，1853~1854年初版于上海墨海书馆，随后便传入日本，并分别于1858年和1859年翻印出版了两种版本，均为爽快楼刻本。日本儒学者盐谷宕阴在1858年日本翻印本中所作序言称："近代译西舆地书，以《海国图志》、《瀛环志略》为核实。然图志失于杂，志略主于事迹，皆未能悉于方舆。此书西洋士所撰，其记国朝，虽多疏谬，而至旧所通诸邦，盖简而括。浏览三日，略足以瞭五州之大势，则讲地理者，安得不以此为捷径焉哉。"① 幕末开国论者桥本左内也深受《地理全志》的影响，他读了《地理全志》后，赋诗抒感，表达了其面对东西方形势时的强烈忧患意识："赤县文儒多空诞，实测岂容欧人嬴""东西古今几衰兴，曩时东旺今西勃。"②明治维新后，《地理全志》仍受到日本人的重视，1874年出版了阿部弘国的日文本《和译地理全志》，使该书在日本的流传更为广泛。那珂通高在《和译地理全志叙》中对该书给予了极高评价："予尝闻，欧罗巴有轻汽球者，常憾不能驾以飞行空中，历览五大洲也。顷日，阿部弘国君以国语译英人慕维廉所著之《地理全志》……较之原书更加详确，而其文明晰易了，则未毕数卷，各地风土宛在目中，亦犹冷然御风坐以历览五大洲也。予于是拍案叹曰：是我轻气球，已足以审地理矣。夫读未尝看之书，历未尝到之山水，昔人譬之获至宝。是书兼此二者，则称曰至宝，其谁为不可。"③可见，即使在19世纪70年代日本西学书籍繁盛的明治维新初期，《地理全志》仍占有不可动摇的地位，并与上述的《大英国志》《联邦志略》《地球图说》等同为当时日本各地学校的教科书，对日本世界认识的发展起到了重要作用。

二、中日翻译的西方文献

翻译西方文献是中日获取世界知识的另一条途径，但它在两国获取世界知识的重要程度相差悬殊，这一时期中国仅有林则徐一度组织人从

① 吉田寅编:『十九世紀中国・日本における海外事情摂取の諸資料—「聯邦志略」「地理全志」「大英国志」の資料的考察—』,立正大学东洋史研究室,1995年,第84頁。

② 吉田寅编:『十九世紀中国・日本における海外事情摂取の諸資料—「聯邦志略」「地理全志」「大英国志」の資料的考察—』,立正大学东洋史研究室,1995年,第31頁。

③ 吉田寅编:『十九世紀中国・日本における海外事情摂取の諸資料—「聯邦志略」「地理全志」「大英国志」の資料的考察—』,立正大学东洋史研究室,1995年,第95頁。

事少量的翻译，而由兰学者和洋学者从事的翻译活动是日本认识世界的主要方式之一。

中国翻译西方书籍始于中西文化交流第一个高峰的明朝末年，但中国人并未学习西方语言，只是与通晓汉语的传教士合作。不过，兴盛于明末的西书翻译在清代已风光不再，传教士基本不再继续与中国士大夫合作翻译西书，他们主要为宫廷服务，其中在中西关系方面比较引人注目的一次是参与中俄《尼布楚条约》的谈判和签约过程。本来，自古以来中国设有“象胥”等翻译人员，清朝礼部也有会同四译馆从事包括西方语言在内的翻译事务，如乾隆帝亦曾提及：“朕阅四译馆所存外裔番字诸书，虽分类音译名物，朕所识者西番一种，已不无讹缺。因思象胥鞮译，职在周官；輶轩问奇，载于汉史。我朝声教四讫，文轨大同。既有成编，宜广为搜辑，加之核正。悉准重考西番书例，分门别类，汇为全书。所有西天及西洋各书，于咸安宫就近查办。”[①]但从实际效果看，清朝官方翻译人员的培养显然非常差，甚至在广州从事实际翻译事务的通事也只是勉为其难地使用洋泾浜英语从事简单的中外贸易沟通。另外，洪仁辉事件后的1759年，清政府又规定不许国人私自教授西方人学习中国语言，这更增加了中西双方相互学习对方语言的困难。马戛尔尼使团来华时找到两名在意大利学习的中国人作为翻译，使团到中国后，“有一个翻译这个时候也想退出使节团的工作。因为按照中国的法律，私自无故离开本国和为外国人服务都要受处分，他有点感到恐慌。虽然处境相同，但另一个中国翻译的态度则十分坚定”[②]。1821年李兆洛在广州时，“欲求士人能通晓夷事”，“而通事驿卒，率贸然莫辨，复时为谩诞以相眩骇”。[③]

康熙、乾隆年间，清朝一度对学习俄语比较用意，这自然是现实需要，毕竟中俄已经成为邻国，双方既有纠纷也有条约规定下的贸易、文化交流。首先是俄罗斯提出派人至中国学习，“康熙间，尝遣人至中国学喇嘛经典，并遣子弟入国子监，习满、汉语言文字，居旧会同馆，以满、汉助教各一人教习之。至是，定俄人来学喇嘛者额数六人，学生额数四

---

① 《清实录·高宗实录》卷324，乾隆十三年九月壬戌。

② 〔英〕斯当东：《英使谒见乾隆纪实》，叶笃义译，上海，上海书店出版社，2005年，第178页。

③ 蒋彤编：《李申耆（兆洛）年谱》，台北，文海出版社影印本，1969年，第81页。

人，十年更代为例”[①]。1708年，清政府设立学习俄语的俄罗斯文馆，而来华学习的俄罗斯人正好可以被聘为教习。但随着时间的推移，学习俄语也成为具文。“大学士托津等奏：俄罗斯学官生诵习俄罗斯文字，乾隆二十九年以前有在京学习满文之俄罗斯协同教授，迨后仅用本学人员，迄今日久。俄罗斯来文颇有支离，承翻事件无从考查。请仍于驻京学习满文俄罗斯内挑取一名协同教授，以资校正。从之。”[②]所以，从这一渠道获取的西方信息更是少之又少。

在这种背景下，林则徐组织的翻译活动就显得难能可贵。在鸦片战争时期，林则徐网罗了当时中国少有的几位外语人才如袁德辉、梁进德等从事译书活动。袁德辉曾在传教士马礼逊等人创办的马六甲英华书院学习英语并供职于理藩院，梁进德是首位华人牧师梁发的儿子并随传教士裨治文学习英语，他们的语言学习都与传教士有关。这些翻译人员主要是根据当时现实形势的需要翻译外文书刊：一是有关外国状况，这是翻译的主要内容，如《澳门新闻纸》六册、《四洲志》等；一是了解如何与西方国家交往，翻译了滑达尔《国际法》中的一部分，译名《各国律例》。《澳门新闻纸》中也有一些关于中国如何与西方国家交往的内容，如第一册的第一篇文章便称：“钦差、总督、抚院行文与英国王后，其书上之说多是夸骄之语，英国官府岂肯为他们传送？又英国王后二字，宜用皇字，非王字，盖在中国之字义，王字不过为尊贵之称，皇帝常以王封皇亲国戚。依欧罗巴之规矩，王才能与王平行书信，盖上下之分，言语不同也。若皇帝写书与英国王后，书中之语相宜者，英国领事自然为他们传送，但若书中所论大黄，及钦差等之上好等事，以压管西边美丽清洁之女子，又以恭顺，及君临万国等语，必无英国官府肯为他们传送，虽然钦差禁止制造鸦片，并非鄙贱之事，我等亦常赞其善，惟只可行凡尔所欲人行与尔之事。”[③]在林维喜案中，林则徐也引用了西方的法律论证自己做法的合理性：“查该国向有定例，如赴何国贸易，即照何国法

---

① 赵尔巽等撰，许凯等标点:《清史稿》，长春，吉林人民出版社，1995年，第3083页。“雍正六年，鄂罗斯遣官生鲁喀等留学中国，以满、汉助教等教之，月给银米器物，学成遣归，先后络绎。”(赵尔巽等撰，许凯等标点:《清史稿》，长春，吉林人民出版社，1995年，第2112页)

②《清实录·宣宗实录》卷74，道光四年十月乙亥。

③《澳门新闻纸》，中国史学会主编:《中国近代史资料丛刊·鸦片战争》(二)，上海，上海人民出版社、上海书店出版社，2000年，第365页。

度，其例甚为明白。在别国尚当依该处法度，况天朝乎？”[①]这些文字材料的翻译和使用说明当时林则徐很关心与英国交往的方式。在林则徐组织翻译的书刊中，最著名的是《四洲志》，这本英国人慕瑞编著的《地理大全》，是美国公理会传教士、马礼逊教育会负责人勃朗赠送给林则徐的，由梁进德翻译，超11万字。《四洲志》是继艾如略《职方外记》之后另一部内容最系统的新世界地理著作，也可以说它是新时期的《职方外记》，其影响通过魏源的《海国图志》不断扩大。在两年多的时间里，林则徐能组织人翻译这些书刊实非易事，因为当时条件困难一是翻译人员及其素质有限；一是社会舆论认为，作为清朝官员特别是钦差大臣，本身就不应该从事这种事情。所以，不仅在技术层面上林则徐需煞费苦心，如曾在外国饭馆里工作、粗知英文的两名厨师亦参与了翻译，美国传教医师伯驾亦受林则徐委托帮助翻译了《各国律例》的些许内容，而且在思想观念层面上更需有勇气突破华夷体制的束缚。正是主要基于上述两种原因，在京师同文馆等从事翻译西书之前，林则徐组织的翻译成为本时期唯一一次官方性质的事例。因此，中国通过翻译吸收有关的世界知识并不多。

鸦片战争后，部分有识之士开始呼吁培养翻译人才以翻译西书。魏源在《圣武记》中提出：“夫制驭外夷者，必先洞悉夷情。今粤东番舶，购求中国书籍转译夷字，故能尽识中华之情势。若内地亦设馆于粤东，专译夷书夷史，则殊俗敌情，虚实强弱，恩怨攻取，瞭悉曲折，于以中其所忌，投其所慕，于驾驭岂小补哉!”[②]在《海国图志》又强调：“然则欲制外夷者，必先悉夷情始；欲悉夷情者，必先立译馆翻夷书始。”[③]姚莹也是如此，因为深深参与了鸦片战争又具有强烈的经世意愿，他一直为不能充分阅读西方书籍而遗憾：“余尝得英夷图书数部，皆方志也，苦无人翻译，览之茫然。颠林言，伊国海舶无不赍方志以行，盖备风飘至未经之国，以所见天文度数及人物山川稽之，可知其为某国也。倘至粤中，以其书觅人译而出之，不亦善乎？”[④]在《今订中外四海舆地总图》中，姚莹再次提到：“前载诸图，方位大略仿佛，而国名、地名互有异

① (清)林则徐:《会批澳门厅转禀义律说帖由》,中国史学会主编:《中国近代史资料丛刊·鸦片战争》(二),上海,上海人民出版社、上海书店出版社,2000年,第304页。

② (清)魏源:《圣武记》,《魏源全集》第3册,长沙,岳麓书社,2004年,第517页。

③ (清)魏源:《海国图志》(上),长沙,岳麓书社,1998年,第26页。

④ (清)姚莹:《康輶纪行》卷5,台北,文海出版社影印本,1974年,第1页。

同，或此有彼无。余更取魏默深书，以今时地名参互考订之，作此图。其不备者，可按原书。明乎此，然后四海万国具在目中，足破数千年茫昧，异时经略中外者，庶有所裁焉。余尚有英夷诸国图册，俟得通夷文者译之，详加厘正，俾无舛误，其所裨益当何如耶！”[①]

但清政府显然无此意图，直到近二十年后英法联军攻入北京，洋务运动才姗姗来迟，京师同文馆等语言学校亦陆续建立，但办学效果很难说尽如人意。“自同治二年开始授课，到了光绪十年，已实在有二十年的工夫，馆中的学生，不必说造就出来了什么样的人才，总之连一个会洋文的人也没有，腐败到这样的程度，不但是笑话，简直是怪事了。”[②]1876年两广总督刘坤一指出：“顾念闽省何尝无西学馆，同治五年冬间，左季帅纡道章门，言之津津，乃迄今十年之久，未闻有所造就。即广东亦早设同文馆，名异实同。初议兼用满汉生徒，此次荔秋星使奏调之蔡倅锡勇，系由此馆出身。嗣以专用旗人子弟，一味训课时文，虽仍聘一英员教习，略存其名而已。”[③]所以，在严复之前，传教士仍是西书翻译的主角，无论是京师同文馆还是江南制造总局翻译馆基本都是如此，几乎是明末徐光启与利玛窦式翻译的翻版。到1886年，“张之洞督粤，春间令张延秋编修告之曰：‘中国西书太少，傅兰雅所译西书皆兵医不切之学，其政书甚要，西书甚多新理，皆中国所无，宜开局译之，为最要事。’”[④]其实，不仅是西学内容的残缺影响很大，西学人才乃至群体的残缺影响更大。

语言障碍严重迟滞了中国近代世界认识的发展，而其主要原因简单地说就是天朝观念及其体制，无论是鸦片战争之前还是之后，学习西方语言都缺乏积极主动的热情，政府和士大夫阶层都是如此。张德彝晚年告诫子孙：“国家以读书能文为正途。……余不学无术，未入正途，愧与正途为伍，而正途亦间藐与为伍。人之子孙，或聪明，或愚鲁，必以读书为要务。”[⑤]严复感叹“当年误习旁行书，举世相视如髦蛮”[⑥]，并且从

① (清)姚莹:《康輶纪行》卷16,台北,文海出版社影印本,1974年,第44页。

② 齐如山《齐如山回忆录》,北京,中国戏剧出版社,1998年,第35页。

③ (清)刘坤一:《致黎召民》,中国史学会主编:《中国近代史资料丛刊·洋务运动》(二),上海,上海人民出版社、上海书店出版社,2000年,第128页。

④ 楼宇烈整理:《康南海自编年谱》,北京,中华书局,1992年,第14页。

⑤ (清)张德彝:《宝藏集序》,转引自钟叔河主编:《走向世界丛书·航海述奇》,长沙,岳麓书社,1985年,第412页。

⑥ (清)严复:《送陈彤卣归闽》,王栻主编:《严复集》第二册,北京,中华书局,1986年,361页。

英国学成归国后仍数次参加科举考试，试图取得正途出身。西学翘楚人物的如此言行反映的是当时的社会体制和氛围，在这种境况下，西学翻译人才寥寥无几自是情理之中的事。

与中国相比，日本人的译书是推动其世界认识发展的重要途径。南蛮文化时代，日本便开启了学习西方语言的路径，这也是在日本的传教士不同于在华传教士的地方之一。1594年，辞书类的《拉丁文典》问世，1595年《拉葡日对译辞典》出版。锁国时代，日本形成了独立的兰学者知识群体，他们学习荷兰文，翻译荷兰文书籍，成为推动日本世界认识进步的主要力量。据统计，1744～1852年，日本翻译洋书的学者共有近120多人，译书约500部。[①]当时，荷兰文西书是日本进口的主要图书之一，其数量虽不及汉文书籍之多，但也不少。根据长崎进口书籍的记录，1843年“临时拂落札帐”有兰书10种，1844年“贰番割落札帐”有兰书15种。[②]这些荷兰文书籍为日本翻译西书吸收西方文化提供了条件。同时，在不同时期，日本人译书的侧重点也不一样。19世纪40年代以后，随着中国在鸦片战争中的失败和日本锁国的结束，日本人感受到了强烈的危机，译书活动从早期以医学和自然科学为主转向有关世界认识方面的书籍。以兰学的传承世系为例，便可明显看出这种变化。杉田玄白（1733～1817年）等人可谓兰学始祖，他们于1774年译成的《解体新书》是兰学正式诞生的标志。第二代兰学家以杉田等人的高足大槻玄泽（1757～1827年）为代表，大槻玄泽的代表性译著是《疡医新书》（1790年），仍属于医学书籍，但他也开始注意日本面临的现实问题，编译了《环海异闻》和《捕影问答》（1807年）等书。箕作阮甫（1799～1866年）作为大槻玄泽的再传弟子，是幕末洋学的集大成者，箕作阮甫虽仍以西医作为本业，表现了主流兰学者固有的价值选择，但他译书的主要方面已是历史、地理著作，如《豪斯多辣利译说》（1844年）及《坤舆或问》（1843年）、《广舆志》（1852年）、《八纮胜览》（1852年）、《极西史影》（1855年）等。另外，一些汉文书刊如魏源的《海国图志》及祎理哲的《地球图说》、裨治文的《联邦志略》等亦由箕作阮甫和儒学者共同训点出版。1855年蕃书调所成立后，箕作阮甫任地理历史学教授。上述从杉田玄白、大槻玄泽到箕作阮甫对译书内容的选择，反映了日本兰学发展

---

① 穂亭主人编:『西洋学家訳述目録』,東京名著刊行会,1969年。

② 〔日〕大庭修:《江戸时代中国典籍流播日本之研究》,戚印平等译,杭州,杭州大学出版社,1998年,第140页。

的时代趋势，这种变化为日本提供了更多的世界认识方面的内容。

另外，从19世纪初开始，日本幕府也开始重视译书对认识世界的重要作用，成立了由兰学家组成的专门翻译机构。1811年，幕府在天文方下设立了“蕃书和解方”，这是第一个以兰学家为主体的政府翻译机构。但当时幕府的主要意图是将作为私学的兰学转变为官学，并力图限制兰学对政治的影响，因而“蕃书和解方”的主要成绩是翻译了法国人切美尔编纂的百科全书《厚生新编》，共70册，至1839年才翻译完毕。1855年，幕府正式成立独立的洋学机构“洋学所”，次年改成“蕃书调所”，这是幕末日本规模最大的洋学机构，讲授西学和翻译西书是该所的两大职责，反映了开国后幕府世界认识的变化。蕃书调所类同于清季的京师同文馆，但创办时间比同文馆早，组成人员都是日本兰学家。由此亦可看出当时中日两国的世界认识的发展已有很大差距。

除了兰学著作，英学也开始发展兴盛。1811年，随荷兰商馆人员布朗霍夫学习英语的本木正荣等，已经编成了《谙厄利亚兴学小签》(又名《谙厄利亚国语和解》)。1814年，他们又编了《谙厄利亚语林大成》，这是根据幕府的命令编纂的。1811年，吉雄忠次郎翻译了《英吉利人性情志》，德富苏峰认为“日本人对英国及英国人的研究由此开始”[①]。到日本开国前后，英语学习异军突起并迅速取代荷兰语，兰学发展为洋学。1858年在长崎开设“英语传习所”，1861年在横滨开设“英学所”“法学所”，在箱馆开设“英语稽古所”和“洋学所”等等。“日本与英、美二国交通而英语渐传播，文久二年有英、和对译字书之印行，庆应元年则有萨摩版辞书。英语之普行，实滥觞于此。”[②]

另外，不应忘记的是，前面已经提及的汉文书刊在日本开国前后起到的巨大作用。由于儒学是江户时代幕府的官方意识形态，汉语成为日本儒学者的学术语言，所以，随着鸦片战争后日本儒学者通过《海国图志》等汉文书籍了解西方世界，其影响非同小可。

因此，日本在开国前后通过汉语、荷兰语、英语等数种语言，全方位地了解西方及其世界，与中国几乎没有自己的外语人才形成鲜明对比，两国可以说有天堑鸿沟般的差距。

---

① 〔日〕信夫清三郎:《日本政治史》第一卷，周启乾译，上海，上海译文出版社，1982年，第123页。

② 〔日〕藤冈胜二:《国语略史》，〔日〕大隈重信:《日本开国五十年史》下册，上海，上海社会科学院出版社，2007年，第1328页。

三、直接得自于西方人的世界知识

19世纪40～50年代，西方国家成为清政府的直接交涉对象，虽然清朝仍未放弃天朝上国的观念，但严峻的现实问题迫使部分中国人向西方人了解世界。《南京条约》签订后，通商口岸成为中国了解世界的窗口，一些中国人出于各种原因到这些地区第一次接触了西方人，增加了对世界的了解。概而言之，这一时期直接得自于西方人的世界知识主要可分为以下几类。

一是清朝官员在办理夷务的过程中了解的有关世界的情况。从禁烟运动开始，了解世界就成为时务。“从前洋书只言贸易，官员向不过问。自林则徐到粤，欲悉洋情，多方购求，即有渔利之徒造作播传，真伪互见。”[①]这方面的一个比较典型的代表是徐继畬，他在《瀛寰志略》自序中称：“每晤泰西人，辄披册子考证之。”[②]在这些泰西人中，主要有美国传教士雅裨理、甘明及英国领事李太郭、阿礼国等，其中雅裨理的影响最大。所以，徐继畬在《瀛寰志略》中也特别强调：“道光癸卯因公驻厦门，晤米利坚人雅裨理，西国多闻之士也，能作闽语，携有地图册子，绘刻极细，苦不识其字，因钩摹十余幅，就雅裨理询译之，粗知各国之名，然匆卒不能详也。”[③]在书中的其他部分，徐继畬也多次提到雅裨理传授的世界知识，如关于南极洲，“雅裨理云：‘两年前，佛郎西、英吉利、米利坚、西班牙四国，曾遣四舟向南探之，近南冰海一带尚有国土，其广狭未详也。”[④]《瀛寰志略》中最带感情色彩的描述就是评论美国总统华盛顿和“西土之桃花源”的瑞士，大概主要是受到雅裨理和甘明的影响。徐氏在书中有关瑞士部分时称：“花旗人甘明者尝游其地，极言其山水之奇秀、风俗之淳古。”[⑤]

另外，鸦片战争时期林则徐、琦善、伊里布、耆英、黄恩彤、徐广缙等参与当时中外交涉事务的官员，都不同程度地以各种方式获取了相关的世界知识，甚至伊里布的随从张喜也留下了《探夷说帖》《抚夷日记》。当时，道光帝为了明确英国的意图，更要求地方官员积极接受英人

① 《清实录·宣宗实录》卷342，道光二十年十二月癸亥。

② (清)徐继畬：《瀛寰志略》，上海，上海书店出版社，2001年，“自序”，第6页。

③ (清)徐继畬：《瀛寰志略》，上海，上海书店出版社，2001年，“自序”，第6页。

④ (清)徐继畬：《瀛寰志略》，上海，上海书店出版社，2001年，第5页。

⑤ (清)徐继畬：《瀛寰志略》，上海，上海书店出版社，2001年，第161页。

投递的各种文书并将获取的有关信息如实上呈。1840年8月13日，道光帝即谕令琦善："所有该夷呈递该督字据，并给游击罗应鳌刊刻夷书一本，览奏均悉。惟既据称尚有别项公文应须呈递，著琦善委员查问接收一并进呈。"[①]8月15日又谕令军机大臣等，要求地方官员"如该夷只驾小舟求递字帖，务须饬令委员就近接收，由驿驰奏呈览。"[②]此后，道光帝在谕旨中不断地反复强调必须及时接收并完整上呈英人投递的各种文书，如他对裕谦的责斥："署两江总督裕谦密奏：英夷呈递夷书，语句狂悖，本不敢据以上闻，因前次奉有谕旨，不敢不代为具奏。得旨：所见大差，远不如琦善之遵旨晓事。原字原书，一并封奏，使朕得洞悉夷情，辨别真伪，相机办理。若似汝之顾小节而昧大体，必致偾事。殷鉴具在，不料汝竟效前明误国庸佞之所为，视朕为何如主耶？试思我朝之所以兴，开国时一切情伪，无不上达之故；前明之所以亡，事无巨细，率皆壅蔽，故国事日非，措置失宜，可不懔之又懔！在汝亦不值朕发此议论，遇事触怀，信笔而作。"[③]所以，鸦片战争时期，沿海地方官员一反常态，他们在体制允许的范围内设法与英人接触，探寻英国的情况和意图。不过，道光帝自己就出尔反尔，如在1841年1月6日发布谕旨："本日据琦善奏筹办英人情形一折，览奏愤恨之至。英人要求过甚，情形桀骜，既非情理可喻，即当大申挞伐。所请厦门、福州两处通商，及给还烟价银两，均不准行。逆夷再或投递字帖，亦不准收受，并不准遣人再向该夷理喻。"[④]但清政府在鸦片战争中的被动局面，使其不得不继续关注西方国家的举动，西方国家也希望清政府了解它们的意图。英国的言行更是负责外交事务的广东地方官员特别关注的重点，这些信息都是为了应急而搜集的，并且有些内容在当时就派上了用场。例如，在《南京条约》的善后税则谈判中，"先是茶叶每担税银一两三钱，棉花每担一钱五分，而行用陋规，浮于此数。余与罗伯聃议，茶叶每担增至二两，棉花每担增至三钱。余因访知英商运茶回国，每担税洋钱二十五圆，较中国加至数倍，当欲于二两外，更有所加"[⑤]。随着时间的推移，清朝统治阶级对西

① 《清实录·宣宗实录》卷337,道光二十年七月甲辰。

② 《清实录·宣宗实录》卷337,道光二十年七月丙午。

③ 《清实录·宣宗实录》卷338,道光二十年八月辛巳。

④ 《清实录·宣宗实录》卷342,道光二十年十二月庚午。

⑤ (清)黄恩彤:《抚远纪略》,中国史学会主编:《中国近代史资料丛刊·鸦片战争》(五),上海,上海人民出版社、上海书店出版社,2000年,第422页。

方的了解也不断深入，1845年耆英等人在奏折中已比较准确地描述了美国的建国始末等情形，这也是中国官方文献首次详细地介绍美国。[①]徐广缙也在奏折中指出，“香港英夷近来情形，不时差人侦探”，并且留意西人所办报刊的信息。[②]徐广缙甚至相信：“夷人举动，无论大小事件，总以新闻纸为确据。不但本国取信，永以为凭，抑且各国通知，不能更议。”[③]

二是从俘虏的英国人口中得知的有关世界的知识。鸦片战争的爆发和清军的不堪一击极大地震动了清朝统治者，但他们又不知从何着手了解世界特别是英国，审讯英国俘虏便成为权宜之计和不失体面的方式。1840年8月，道光帝给钦差大臣伊里布下达的谕旨中就有令他审讯俘虏的内容：“此次英吉利沿海内犯，攻陷定海，现已调兵云集，自可即日翦除。惟致寇根由传闻各异，有云绝其贸易，有云烧其鸦片，究竟启衅实情未能确切。著伊里布于到浙后密行查访，或拿获夷匪讯取生供，或侦探贼情得其实据。”[④]在鸦片战争进行的过程中，清政府对俘虏的少数英国人进行了数次审问，冀欲了解世界情况，其中对1840年9月定海民众抓获外出测量地形的英军上尉安突德等便进行了多次审讯，魏源、陈逢衡都参与其中并分别留下了《英吉利小记》和《英吉利纪略》。据《清实录》记载：

谕军机大臣等：本日据奕经等奏，广东送来通事二名，熟悉夷语，现派司员向逆夷等连日隔别诘问等语。白夷干布尔既属头目，必知该国一切情形，且现有通事二名，自可一面妥为抚养，一面细询该国底里。著奕经等详细询以英吉利国距内地水程，据称有七万余里，其至内地，所经过者几国？克食米尔距该国若干路程，是否有水路可通？该国向与英吉利有无往来，此次何以相从至浙？其余来浙之孟咖喇、大小吕宋、双英国夷众，系带兵头目私相号召，抑由该国王招之使来？是否被其裹胁，抑或许以重利？该女主年甫二十二岁，何以推为一国之主，有无匹配？其夫何名，何处人，在该国现居何职？又所称钦差、提督各名号，是否系女主所授，抑系该

---

① 《筹办夷务始末》(道光朝)卷61，台北，文海出版社影印本，1970年，第39页。

② 《筹办夷务始末》(道光朝)卷79，台北，文海出版社影印本，1970年，第31页。

③ 《筹办夷务始末》(道光朝)卷80，台北，文海出版社影印本，1970年，第4页。

④ 《清实录·宣宗实录》卷336，道光二十年七月庚子。

头目人等私立名色？至逆夷在浙鸱张，所有一切调度伪兵及占据郡县搜括民财，系何人主持其事？义律现已回国，果否确实，回国后作何营谋，有无信息到浙？该国制造鸦片烟卖与中国，其意但欲图财，抑或另有诡谋？以上各条，该将军等即分别诘问，详晰具奏。将此各谕令知之。[①]

一个多月之后，奕经等人基本回答了道光帝的上述疑问：

扬威将军奕经等奏：查讯白夷供称，该国至广东，风顺不过三个月，至迟六个月。所过地方，如佛兰机、欲罨、土唧、骂打喇、姑路庇冷骂勒格、星加坡等处，皆该国所属。其经过别国，均难指实名目。克食米尔即孟咖喇所属，孟咖喇又英吉利所属。此次来浙之兵，系该国王所调，只本国人当兵，别国之人乃带兵官雇来办事及充当水手。该国女主名域多唎，年二十二岁，系老国王侄女，国王无子，故立为主。其夫乃该国所属渣骂喇国王之子，名鼻连士阿喇拔，该国称为法是满，乃第一等官职，并不干与国事。兵船一切事件，从前系占那丽架阑顿调度，该逆死在定海，现系占那哥付调度。鸦片烟土出在孟咖喇孟米乡，就深山秘制，本国人非置造烟土者，不准入乡看其制法。英吉利及西洋等国，俱由该处贩入内地，但欲图利，并无诡谋。报闻。[②]

这是鸦片战争过程中清政府官方文献有关英国的比较详细的信息。

台湾是鸦片战争期间俘获英国人最多的地区，共有百余人，道光帝得知这一消息后，多次令台湾镇总兵达洪阿、台湾道姚莹等严加讯问，希望能获知有关世界的确实消息。如他在1842年5月的谕旨中便给姚莹等人列出了详细的审讯内容：

该逆夷中必有洞悉夷情之人，究竟该国地方周围几许，所属国共有若干？其最为强大、不受该国统属者，共有若干？又英吉利至回疆各部，有无旱路可通，平素有无往来？俄罗斯是否接壤，有无贸易相通？此次遣来各伪官，除朴鼎查系该国王所授，此外各伪职，

① 《清实录·宣宗实录》卷369，道光二十二年三月庚午。

② 《清实录·宣宗实录》卷371，道光二十二年四月乙巳。

是否授自国王，抑即由带兵之人派调？著达洪阿等逐层密讯，译取明确供词，据实具奏，毋任讳匿。[①]

姚莹等人对此可谓不遗余力，因为"荷天恩叠被，迥异恒常，愧恧之余，益增惶悚"，"昨又奉旨复讯夷供，已连日督同府厅，再加研讯，具得其情。谨会达镇军据实复奏，并绘图具说进呈"[②]。姚莹等人的审讯内容呈达道光帝，后来又被收入《筹办夷务始末》，魏源《海国图志》亦分别以《台湾进呈英夷说疏》和《英吉利地图说》之名收入。"颠林者，英吉利酋，道光二十三（二十二之误——引者注）年犯台湾就获者也。酋五人就获，奉上命讯其国情，地去俄罗斯远近。颠林能作图，授纸笔使绘之。既得其国情，海陆形势颇具，乃为说并图进呈。惜其仅知西南海陆事，自俄罗斯东北未能悉也。其说详余原奏，台人已有刊本，今载魏著《海国图志》中。"[③]

道光帝对英国势力能否介入中国西部地区十分忌惮，通过各种途径了解相关情况，但由于世界知识的匮乏，始终没有弄清英国在中国西部地区的状况。"谕内阁：前据御史焦友麟奏，叶尔羌有旱路与夷人交易等情。当降旨令恩特亨额确查妥办。兹据奏称，各该城并无可通英吉利国旱路，及与该夷贸易并奸民私贩焰硝之事。新疆重地，理宜严密防范。现在虽查无私贩通夷情事，该大臣仍当严饬各城，随时稽查，毋稍疏漏。"[④]可以看出，道光帝对情况还是有所了解的，但不太详细和确切，特别是对英国殖民地的情况很陌生。所以，对于英国为什么能派出如此规模的军队，与俄罗斯等国的利害关系究竟如何等问题，道光很难理解。

但这些英国俘虏中的绝大部分人世界知识并不多，因而清政府通过这种方式对世界的了解也很有限，如姚莹便称："备兵台湾，有事英夷，钦奉上询英地情事。当时第据夷酋颠林所言，绘陈图说，而俄罗斯距英地远近莫能明焉，深以为恨，乃更勤求访问。"[⑤]当然，出现这种情况也与中国当时世界知识贫乏及中外双方因语言问题很难有效沟通等有关，

---

① 《筹办夷务始末》（道光朝）卷47，台北，文海出版社影印本，1970年，第18页。

② （清）姚莹：《覆怡制军言夷事》，中国史学会主编：《中国近代史资料丛刊·鸦片战争》（四），上海，上海人民出版社、上海书店出版社，2000年，第522～523页。

③ （清）姚莹：《康輶纪行》卷16，台北，文海出版社影印本，1974年，第32页。

④ 《清实录·宣宗实录》卷342，道光二十年十二月辛酉。

⑤ （清）姚莹：《康輶纪行》，台北，文海出版社影印本，1974年，"自叙"，第1页。

如上述道光帝给姚莹等人的指示中有英国与俄国是否接壤问题，而姚莹等人得到的结果也模棱两可："问以俄罗斯及回部，皆茫然不知。惟隔贺兰、黄郝之东，有罗沙国，又东南有北叨思国，似即俄罗斯地，而字有别音也。"[①]

三是同通商口岸的外国人接触获取的世界知识。五口通商后，外国传教士、商人、外交人员等开始进入中国内地，中国士大夫等与西方人有了更多的直接交往的机会，有的慕名而来，如李善兰，有的探亲或为生活所迫，如王韬、蒋敦复，有的顺路探访，如郭嵩焘，有的则是为了躲避太平天国动乱，如冯桂芬、赵烈文等，他们从西方人那里或多或少地得到了一些有关世界的信息。例如，王韬在协助艾约瑟编辑《中西通书》后所写序言中称："泰西文史之邦，夙称犹太。自开辟至今，五千余年，历历可稽。"[②]冯桂芬曾在上海与外国人共同筹划防务，阻止太平军进攻上海，并提出"借师助剿"，《校邠庐抗议》中的许多言论得自于他在上海与洋人接触的实际经验。所以，在鸦片战争后近二十年的时间里，一方面，门户洞开的中国使人们有了更多机会接触外国人，并开始出现初步认识世界的新一代知识群体；另一方面，上述中外双方的实际接触更多是基于个人的兴趣或偶然的机遇，此时清政府的立场仍是严夷夏之防，广州、福州等相继爆发反英国人入城斗争。因而无论在制度上还是社会氛围上，这都不利于中外之间有更多的直接信息交流。

与中国相比，日本有固定的"风说书"制度，也通过其他途径从外国人那里获取相关的世界信息，这些都为日本世界认识的发展提供了较好的条件。日本在锁国的同时便确立了"风说书"制度，要求来长崎贸易的中国、荷兰商人提供域外世界的情报信息，这种制度始于1641年，一直延续到1859年。西方发生的重大历史事件，在历年的"阿兰陀风说书"中都有记录，它是使日本与域外世界联系在一起的重要方式，使处于锁国状态的日本通过"风说书"不断了解域外世界的最新情况。"凡唐船入港，即日邮报。蛮舶则速刻飞报。亦皆问取外域风说以报闻。"[③]特别是19世纪40年代以后，随着东亚国际局势的急剧变化，幕府更加重视"风说书"的作用。当时，"唐人风说书"主要是由中国赴日贸易商人提

---

① 《筹办夷务始末》(道光朝)卷62，台北，文海出版社影印本，1970年，第17页。

② 方行、汤志钧整理:《王韬日记》，北京，中华书局，1987年，第18页。

③ 转引自浦廉一『華夷変態解題』，林信篤、林春勝:『華夷変態』，東洋文库叢刊，東方書店，1981年，第2頁。

供有关鸦片战争及其后中国情况的最新消息，“阿兰陀风说书”则主要是由荷兰商馆馆长等向日本通报西方世界的动态，二者构筑的信息网使日本及时了解到世界的最新情况，特别是西方国家在东亚地区的行动。盐谷宕阴就利用在老中水野忠邦身边供职的机会，收集抄录了不少关于鸦片战争的风说书，在1847年编成《阿芙蓉汇闻》。

当时，荷兰凭借与日本二百余年交往的经验，既从本国利益出发也根据世界情势对日本提出多次劝告，不仅有“风说书”，而且在关键时刻荷兰国王亲自致函幕府，希望日本尽早做出明智的选择，主动开国。1844年8月，荷兰军舰携其国王威廉二世的亲笔信到达长崎，指出：“通观古今之时势，宜速使天下之民相亲近，其势非人力所可阻挡。”[①]美国决定派佩里率舰队前往日本后，荷兰于1852年便通过其驻长崎商馆致信幕府予以通告，希望日本及时做好开国准备。幕府对这些消息也极为重视，并进行专门讨论，虽然仍坚守祖法，但这些消息无疑带给日本巨大冲击，使其对国际形势有了更清醒的认识。1853年11月，长崎奉行大泽秉哲和水野忠德还在翻译的陪同下亲自走访荷兰商馆馆长克提俄斯，围绕日本应对美国和西方采取何种态度进行了四天的秘密会谈。克俄提斯从世界发展的现实角度出发，提醒日本“调整原有的对外限制措施”；针对长崎奉行坚持对外贸易有害无利的观点，认为“日本如果现在与外国通商，肯定能够获得与中、荷通商后仍然无法获得的物品”，同时对美国可能提出的要求做了大概的预测。[②]在幕府面临西方要求开国的压力下，从荷兰及荷兰驻长崎商馆得到有关世界情势的消息和建议，对幕府正确认识世界并选择适当的对外政策产生了较大的影响。

美国等西方国家到达日本要求其开国之时，也是日本了解西方国家的机会。当时，无论是幕府还是地方各藩抑或是个人，对西方国家既忧心忡忡又充满了神秘感，通过不同方式接触这些陌生来客。1853年美国海军将领佩里率军舰抵达日本后，福井藩士由利公正记载：

> 选派一侦探抵达浦贺。其至时恰遇军舰收起锚链，冒着黑烟去某处测量。一眼望去便觉是一庞然大物，即或从侧面亦难靠近之。

---

① 〔日〕信夫清三郎：《日本政治史》第一卷，周启乾译，上海，上海译文出版社，1982年，第176～177页。该亲笔信为曾在日本传播西医和西学的西保尔德起草。

② 参见〔日〕加藤祐三：《日本开国小史》，蒋丰译，北京，中国社会科学出版社，1992年，第71～76页。

> 军舰上装有巨炮，显然，用火枪根本不能将其击退，因我方由火绳枪装备，故被此等洋人观之，实为可笑……往昔人不识世界交往相通之事，故以锁港攘夷之苟且之计来保其国体不变。然今观其巨舰之威后略加思索，便觉原有国策实毫无用处。由此始知攘夷只是空论。彼国何以能有如此精锐之装备，应必引日本人深思，以究其根源之所在也。[①]

另外，日本也有由于其他一些偶然因素获得的有关西方世界的直接信息，漂流民带回的信息就是如此。“根据日本学者佐藤三郎的统计，在江户时代，有记录的日本人海外漂流事件至少有105件，而漂流到中国的就有45件之多。当然，这仅仅是不完全的统计而已，笔者在日本研修期间所收集的资料就表明与中国有关的漂流事件至少有87件之多。除了漂到中国之外，也有的日本人漂流到朝鲜、菲律宾、南北美洲等处。”[②]19世纪50年代漂流民万次郎提供的美国等西方世界的情况就曾经在当时产生很大影响。万次郎是一名渔夫，1841年15岁出海时遇暴风雨漂流到小笠原岛，后被美国捕鲸船救起随行到美国，1851年回国。在外滞留期间，万次郎主要从事捕鲸行业，1843～1846年曾在美国学校学习。回国后的万次郎虽被捕并受到了多次审问，但最终获释并因佩里来航受到幕府的重用，为当时的日本社会提供了直接的美国见闻。“自美国还，献《世界通览》《万国舆地图》及美国书籍数十卷。及其六年美国提督柏理来航，其书颇为之用。万次郎亦擢膺要职。”[③]1860年，万次郎充当日本第一个近代外交使团——万延遣美使团的翻译，乘坐“咸临丸”再次到达美国。其后，他主要从事教育行业，1869年被任命为开成学校英语教授，坂本龙马、后藤象二郎、岩崎弥太郎等人都曾不同程度地受其影响。

综上所述，在世界认识的知识来源方面，日本要优于中国。因为中国获取世界知识的途径日本也基本具备，如中国主要通过传教士编辑的汉文书刊认识世界，而这些书刊也流传到日本，并且往往在日本的流传更为广泛，甚至中国人撰写的世界史地著作如《海国图志》在日本的影

---

① 〔日〕家永三郎:《外来文化摄取史论》,靳丛林等译,郑州,大象出版社,2017年,第82页。

② 孟晓旭:《日本漂流民(1644～1871年)与清代中日关系》,《上海行政学院学报》2008年第2期。

③ 〔日〕浮田和民:《民间教育事业》,〔日〕大隈重信:《日本开国五十年史》上册,上海,上海社会科学院出版社,2007年,第535～536页。

响也超过了同一时期的中国。但日本获取世界知识的某些方式中国却不具备，其中最主要的便是日本拥有翻译西书的洋学者群体，中国在这一时期除林则徐一度组织人从事翻译外，其后官方翻译活动便中断了。

除了获取世界知识的途径有很大差异，中日的根本差异还在于，首先，中国主要是被动地获取，日本是主动地获取。以传教士出版的汉文书刊为例，中国其实是被动地接受了这些书刊，因为它们已经译成汉文并在中国流传，而这些书刊流入日本则主要是日本主动地搜集或制度约束的结果。至于兰学和洋学，就更是日本主动建构的西学知识系统，并由此造成了中日世界认识的巨大差距。其次，中国获取的世界知识基本是个人行为，没有形成固定的制度；日本则形成和建立了比较固定的制度与机构，如“风说书”制度、翻译机构等，这都是一种政府行为或者是有组织的行为。

从上述中日的差异看，两国对西方世界的重视程度有明显区别，它直接影响到中日两国世界认识的发展水平和社会对西方世界认识的认同程度。

第二节　19世纪40～50年代中日两国的世界史地著作与作者群体之分析

中日世界认识发展的主要标志之一是认识世界之群体及其著作的发达程度。19世纪40～50年代，代表中日近代世界认识发展状况的是两国的世界史地著作及其著作者群体。这表明，一方面，中日正在走出闭关锁国状态，全方位了解世界、认识世界成为两国共同的急迫任务，具有综合学科优势的史地著作便充当了两国世界认识的主角并走向繁荣；另一方面，中日世界认识仍处于初级阶段，对域外世界特别是西方世界还缺乏更深入、更细致、更专业的了解和研究。

一、中日两国的世界史地著作

1839年12月，澳门《中国丛报》发表评论：“中国官府全不知道外国之政事，又少有人告知外国事务，故中国官府之才智诚为可疑。中国至今仍旧不知西边，犹如我等至今尚未知阿非厘加内地之事。所最奇者，全不与邻国政事相同，即如日本国人，每年要接一包新闻，其中记载各条事务，系国中官府遍行众看之新闻，考求天下各国并天下名人所载诸事，皆甚留神。”[①]

确如评论所言，日本比中国更注意了解外情，但清朝对外部世界的无知和荒谬实在到了可笑的程度。林则徐在1839年6月的奏折中指出，满朝文武官员“不谙夷情，震于英吉利之名，而实不知其来历”[②]。其实，此时林则徐本人的域外知识也很有限，如在其同时致英王信中便称“况如茶叶、大黄，外国所不可一日无也，中国若靳其利而不恤其害，则夷人何以为生”[③]。同时，林则徐在批驳“震于英吉利之名”的畏惧心理后却得出不正确的结论：“夫震于英吉利之名者，以其船坚炮利而称其强，以其奢靡挥霍而艳其富。不知该夷兵船笨重，吃水深至数丈，只能取胜外洋……至口内则运掉不灵，一遇水浅沙胶，万难转动……从前律劳卑冒味一进虎门，旋即惊吓破胆，回澳身死，是其明证。且夷兵除枪炮之外，击刺步伐，俱非所娴，而其腿足缠束紧密，屈伸皆所不便，若至岸上，更无能为。是其强非不可制也。该夷性奢而贪，不务本富，专以贸易求赢，而贸易全在中国界以马头……是其富亦不足夸也。”[④]这种论调同前述嘉庆帝与孙玉庭的谈话毫无二致。1839年12月，林则徐在同英国三桅船“杉达”号触礁后获救者喜尔等人谈话时，还不知道盛产鸦片的土耳其在何处，询问“是否属于美国，或是美国的一部分”[⑤]。在这次接见中，林则徐的行为还引起了喜尔等人的不解：“他似乎对我们的主要负责军官特别感兴趣，让他的幕僚领着这位军官绕了一圈，一时走向这个方向，一时又走向另一个方向。他戴起眼镜来好好地看他的形状，连喊‘嘿呦’”。[⑥]外国人当然不明白，林则徐恐怕是在观察英国军官是否腿足“屈伸不便”。其实，在鸦片战争前夕，有人已经验证过这种说法

---

① 《澳门新闻纸》，中国史学会主编：《中国近代史资料丛刊·鸦片战争》（二），上海，上海人民出版社、上海书店出版社，2000年，第411页。

② 《筹办夷务始末》（道光朝）卷7，台北，文海出版社影印本，1970年，第10页。

③ 《筹办夷务始末》（道光朝）卷7，台北，文海出版社影印本，1970年，第34页。当时，林则徐在不同的场合反复强调茶叶、大黄制夷论，如《示谕夷人速缴鸦片烟土四条稿》等，直到1840年林则徐才纠正了这一错误认识并上奏道光帝。

④ 《筹办夷务始末》（道光朝）卷8，台北，文海出版社影印本，1970年，第6～7页。

⑤ 〔英〕宾汉著，寿纪瑜、齐思和译：《英军在华作战记附录》，中国史学会主编：《中国近代史资料丛刊·鸦片战争》（五），上海，上海人民出版社、上海书店出版社，2000年，第325页。

⑥ 中国史学会主编：《中国近代史资料丛刊·鸦片战争》（五），上海，上海人民出版社、上海书店出版社，2000年，第326页。

的错误，如萧令裕在《英吉利记》曾指出："或谓番舶在洋，日与海波上下，一履平地，即簸荡无主。又或谓夷以布缚两胯，屈伸不便，所曳革履，尤蹇于步，夷登陆则技穷。然广州商胡出游登山，亦殊趫捷，涉浅水则一纵即过，此所目验也。"[①]但在华夷观念的支配下，人们宁可相信种种荒唐的流言，也不愿意了解甚至不愿意承认事实真相。1840年江苏巡抚裕谦的奏折更是这种观念的典型反映："查英夷腰劲腿直，见该国王向无拜礼，嘉庆年间入京，即因夷使不能拜跪，驱逐回国，是其明证。"[②]

不仅林则徐，魏源、徐继畬、姚莹等人都是在英国侵华的战争中才真正开始注意了解外部世界，可以说都是从最基本的世界知识入手进而撰写了鸦片战争后中国第一批世界史地著作。诚如王韬所言："中士之蔽，则在甘坐因循，罔知远大，溺心章句，迂视经猷，第拘守于一隅而不屑驰观乎域外。不然者，当魏默深撰《海国图志》时，西事之书无可采撷，甚至下及马礼逊之《每月统纪传》，修辞饰句蔚然成篇，其用心亦良苦矣。"[③]尽管这些著作水平参差不齐，内容也有诸多错误，如黄恩彤评价《海国图志》所言，"魏默深学博而不精，所著《海国图志》，搜罗亦颇费力，但于外国舆图，未能有所依据"[④]，但是这些著作采取了"以西洋人谈西洋"的形式，迈出了中国了解世界的关键一步。

与中国相比，锁国时代日本一直努力了解外部世界，上述《中国丛报》也指出了这一点。但日本毕竟实行锁国政策，世界认识的发展受到幕府的诸多限制，甚至在1839年仍制造了镇压兰学者的"蛮社之狱"。幕府的镇压导致兰学一度受挫，如1838年曾有高野长英的《和兰史略》、涉川六藏的《和兰纪略》等六种世界史地著作，而1839年和1840年则空缺。但鸦片战争的消息随即震惊了日本，具有儒学者兼兰学者双重身份的佐久间象山发出警告："吾邦儒者，误读孟子，不审天下形势，不察万国情状"，日本若被西方蹂躏，"吾恐世之儒者，终亦不能逃其罪也"。[⑤]

---

① 中国史学会主编:《中国近代史资料丛刊·鸦片战争》(一),上海,上海人民出版社、上海书店出版社,2000年,第21页。

②《佚名附片》,中国史学会主编:《中国近代史资料丛刊·鸦片战争》(三),上海,上海人民出版社、上海书店出版社,2000年,第515页。

③ (清)王韬:《代上丁中丞书》,《弢园尺牍》卷8,台北,文海出版社影印本,1983年,第6页。

④ (清)黄恩彤:《与徐松龛中丞论西洋诸夷书》,中国史学会主编:《中国近代史资料丛刊·第二次鸦片战争》(一),上海,上海人民出版社,1978年,第142页。

⑤ 王晓秋:《近代中日启示录》,北京,北京出版社,1987年版,第23页。

不仅是佐久间象山，当时日本很多儒学者都受到极大冲击，因而他们编著了不少有关鸦片战争的著作，这是儒学者关注域外世界进而正确认识世界的重要一步，如斋藤竹堂的《鸦片始末》、盐谷宕阴的《阿芙蓉汇闻》等。斋藤竹堂的言论代表了当时一些儒学者的心态："同住天地之间，闻见仅止于弹丸匣子之地。不知九州之外更有九州。信井底蛙耳。且当今四方可虑之时，而晏然安固陋，不肯求飞耳长目之方可耶？此地学所以当讲也。地学以西洋之说为精博。"①

另外，兰学者亦从"蛮社之狱"的阴影中走出，编辑世界史地著作以使日本认识世界大势再次成为他们的追求目标，其中最有影响的著作是1845年箕作省吾编纂的《坤舆图识》，共五卷三册。次年又出版了四卷四册的《坤舆图识补》。《坤舆图识》是幕末世界地理巨著，在1866年福泽谕吉的《西洋事情》出版之前，是幕末日本人撰写的最有影响的启蒙地理著作。箕作省吾与《订正采览异言》的作者山村昌永也因此被誉为幕末地理学"双璧"。大槻磐溪在箕作省吾的墓志中指出："新制万国全图及坤舆图识三卷（三册之误）补四卷，绣梓以行，于是舆地之书始显于世。一时流传之盛，殆遍于都鄙矣。"②由此可以看出，《坤舆图识》时代与19世纪初的《订正采览异言》时代已迥然有别，后者当时虽然也是世界地理学名著，但其价值只是在兰学者中推动了世界地理观念的进步，甚至一直没有出版，仅以抄本形式在兰学者之间受到推崇。而《坤舆图识》不仅连续出版了正编和补编，而且出现了仿冒《坤舆图识》的伪版世界地理书籍，如署名西洋人的《新制万国舆地图说》《万国图说风土物产志》等，可见世界地理著作在当时已成为最畅销的书籍。正如大槻磐溪所言，《坤舆图识》的问世才使"舆地之书始显于世"，而"始显于世"的原因便是当时社会急需了解外部世界。经过长时期的困境和努力，兰学终于在日本面临的现实危机中得到了社会的肯定。

所以，虽然中日同样面临前所未有的形势剧变，并且都以世界史地著作作为认识世界的主要手段，但由于两国的世界知识积累有差距等原因，因而世界史地著作的发展并不平衡。而且，日本编著的世界史地著作的数量远远高于中国。在这二十年中，日本共有70余种世界史地著作，其中不包括训点、翻译的《海国图志》的各种版本等从中国传入的汉文

---

① 〔日〕家永三郎:《外来文化摄取史论》,靳丛林译,郑州,大象出版社,2017年,第147页。

② 『耶蘇會士日本通信』,開国百年紀念文化事業會編:『鎖国時代日本人の海外知識』,乾元社,1953年,第176頁。

书刊，而中国则只有近20种。

表3-2　1840～1859年中国主要世界史地著作

书名	卷册	作者	年份	备注
四洲志	一册	林则徐	1841	
洋事杂录	一册	林则徐		1846年陈培德整理
英吉利纪略	一册	陈逢衡	1841	
英吉利小记	一册	魏源	1841	
英吉利地图说	一册	姚莹	1842	
英吉利国志	一册	姚莹	1842	
红毛番英吉利考略	一册	汪文泰	1842	
海国图志	五十卷	魏源	1842	后增补到百卷
海外蕃夷录	二册	王蕴香	1844	
英吉利国记	一册	梁廷枬	1845	
海国四说	十六卷	梁廷枬	1846	
瀛寰志略	十卷	徐继畬	1848	
康輶纪行	十六卷	姚莹	1848	
西海纪游草	一册	林鍼	1849	
中西纪事	十六卷	夏燮	1851	
日本日记	一册	罗森	1854～1855	
英志	八卷	蒋敦复	1856	
海外两异人传	一册	蒋敦复	1857	
朔方备乘	八十卷	何秋涛	1858	
资政新篇	一册	洪仁玕	1859	

表3-3　1840～1859年日本主要世界史地著作

书名	卷册	作者	年份	备注
坤舆初问	一册	伊东玄朴	1843	
坤舆或问	一册	箕作阮甫	1843	

续表

书名	卷册	作者	年份	备注
豪期多辣利译说	二卷	箕作阮甫	1844	
新阿兰陀详说	一册	鹤峰戊申	1844	
坤舆图识	五卷	箕作省吾	1845	
坤舆图识补	四卷	箕作省吾	1846	
万国记闻	一册	永井则	1846	
亚墨竹枝	一卷	井上春洋	1846	
洋外通览	三册	无是公子	1848	
西洋杂记	四卷	山村岁助	1848	
西洋小史	三卷	长山贯	1848	
洋外纪略	三卷	安积艮斋	1848	
蕃史	二卷	斋藤竹堂	1848	
新宇小识	一册	安部兰甫	1849	美洲
泰西三才正蒙	三卷	永井则	1850	
地学正宗	七卷	杉田玄瑞	1851	
八纮通志	六卷	箕作阮甫	1851	欧洲
西洋学家译述目录	一卷	穗亭主人	1852	
上大地图形表	一册	德川齐昭	1852	
坤舆外纪译解	二卷	清溪	1852	
通志八材饬庀	三册	箕作阮甫	1852	
广舆志	一册	箕作阮甫	1852	
八纮胜览初稿	三册	箕作阮甫	1852	
地球说略疏证	一册	箕作阮甫	1852	
地理概说	一册	箕作阮甫	1852	
万国海路之记	五卷	过不及斋	1853	
通航一览	三一二卷	林炜	1853	
万国地名捷览	一册	新发田收藏	1853	

续表

书名	卷册	作者	年份	备注
合众国考	一册	丰田亮	1853	
海外人物小传	五册	时时梦斋	1853	
靖海全书	一册	丰田亮	1853	
地学举要	二卷	斋藤正谦	1853	
英吉利新志	一册	无闷子	1853	
海外人物辑	二卷	永山南溪	1854	
改正海外诸岛图说	二卷	关兰斋	1854	
西史略	三卷	幡泥散人	1854	
新制舆地学阶梯	一册	三浦邦救	1855	
米利干新志	五卷	鹤峰戊申	1855	
海内外杂记	一册	竹鼻则	1855	
新译合众国小志	二卷	小关高彦	1855	
远西纪略	二册	大木规西磐	1855	
泰西大事策	七册	箕作阮甫	1855	
极西史影	五册	箕作阮甫	1855	
大西春秋	一册	箕作阮甫	1855	
古今史略	一册	箕作阮甫	1855	
梅里遗稿	一册	杉田成卿	1855	
通史略	一册	神田孝平	1855	
泰西史略	三卷	手冢律藏	1858	
英吉利国纪略	一册	岭田枫江	1858	
地学示蒙	一册	青地林宗	1858	

形成上述差距的主要原因是中日两国世界认识发展的基础不同。日本经过近百年的兰学发展，已形成有利于其世界认识发展的主体条件和社会氛围，一旦现实环境改变，新世界认识便能快速成长；但自西学东渐以后，中国的世界认识虽有所进步，却缺乏连续发展的历史，故而鸦片战争前林则徐、魏源等人对世界了解甚少，鸦片战争后中国的世界认识才重新获得发展的机会，因而社会基础相当薄弱。因此，不仅世界史地著作的数量无法与日本相比，这些著作及其著作者的命运也不一样。

遗憾的是，19世纪50年代以后中国世界认识的发展再次归于沉寂，其中原因是太平天国运动的影响，而咸丰帝实行更保守的对外政策也是原因之一，如处置耆英。徐继畬等人也在社会舆论的影响下被免职。

二、中日世界史地著作者群体之状况

19世纪40～50年代中日两国世界史地著作的兴衰与著作者群体状况相互关联。整体上看，这一时期中日研究世界史地之群体正在兴起或壮大，但仍有许多不同。

首先，中国只是少数人的呐喊，还未形成真正的社会研究群体；日本则形成了比较庞大的著作者群体。鸦片战争后的19世纪40年代是中国研究世界史地的勃兴期，除了留下名著的魏源、徐继畬、梁廷枏、姚莹等人外，其他关心域外并留下文字材料的人可分为两类：一类是传统的经世致用学者，他们在外来危机的刺激下开始关注世界，但留下的相关文字材料不多，如方东树的《病榻罪言》、黄钧宰的《金壶七墨》等；另一类是与外国有过接触的官员等，他们之中也有人对世界有一定认识，如黄恩彤的《抚远纪略》、梁章钜的《浪迹丛谈》等。50年代以后，有一批士人因各种原因进入五口通商口岸，如王韬、李善兰、管嗣复、蒋敦复等，但这些人在50年代并不如意，留下的文字材料也多为西方自然科学方面的内容。即使将以上几类人综合考虑，在1860年以前中国从事世界史地研究之人数也非常少，因而很难形成群体社会效应。不仅如此，这些先行者普遍受到责难。

以姚莹为例，他是桐城学派的代表人物，一直有志经世，但也是在鸦片战争进行过程中才意识到海疆问题的严重性。为此，他勤于著述，希望了解世界、认识世界，以便为清政府制定正确策略提供参考，扭转中国的不利局面。“外蕃异域之事，学者罕习，心窃疑之。虽历代外夷，史皆有志，而今昔不同，要当随时咨访，以求抚驭之宜，非徒广见闻而已。今理藩院职掌者，特臣属朝贡之国耳。天下有道，守在四夷，岂可茫然存而不论乎？莹自嘉庆中，每闻外夷桀骜，窃深忧愤，颇留心兹事，尝考其大略，著论于《识小录》矣。然仅详西北陆路，其西南海外有未详也。及乎备兵台湾，有事英夷，钦奉上询英地情事。当时第据夷酋颠林所言，绘陈图说，而俄罗斯距英地远近莫能明焉，深以为恨，乃更勤求访问。”①

---

①（清）姚莹:《康輶纪行》,台北,文海出版社影印本,1974年,“自叙”,第1页。

1847年初，姚莹致书友人：

> 英吉利、佛兰西、米利坚皆在西洋之极，去中国五万里，中国地利人事，彼日夕探习者已数十年，无不知之。而吾中国曾无一人焉，留心海外事者，不待兵革之交，而胜负之数，已皎然矣。澳门夷人，至于著书笑中国无人留心海外，宜其轻中国而敢肆猖獗也。莹实痛心。故自嘉庆年间，购求异域之书，究其情事，近岁始得其全。于海外诸洋有名大国，与夫天主教、回教、佛教一一考其事实，作为图说，著之于书，正告天下。欲我中国童叟，皆习见习闻，知彼虚实，然后徐筹制夷之策，是诚喋血饮恨，而为此书，冀雪中国之耻，重边海之防，免于胥沦鬼域，岂得已哉？①

但姚莹认识世界的行为却不获支持，他为此解释其著述《康輶纪行》的初衷，也为魏源的《海国图志》申辩："莹为此书，盖惜前人之误，欲吾中国稍习夷事，以求抚驭之方耳，非侈新异欲贪四夷之功也。英夷及西洋人士，每笑中国无人留心海外事者其笑固宜，有志之士，乌可不一雪此言哉？然而举世讳言之，一魏默深独能著书，详求其说，已犯诸公之忌。莹以获咎之人，顾不知忌讳耶？特不忍自负其心，冀中国有人一雪所耻耳！"②1845年，姚莹与雅安知府余坤（小坡）的谈话颇有意味，余坤的言论可谓代表了当时一般士大夫心态，而姚莹也再次申明自己的理由："小坡谓余：'道不行矣。曷不引身退乎？'曰：'此事思之熟矣。得利则进，失利则退，此廉颇之客所谓市道交者，可以之事君乎？古之君子有辞美官者矣，乌有降谪而避者哉！义有所不安，命有所当受耳。'小坡咨嗟而罢。"③

值得欣慰的是，这些先行者相互之间有一定联系并相互支持，如林则徐与魏源的合作。黄恩彤也曾为徐继畬提供相关资料并寄望其著作："弟为公事所羁，不获趋侍高轩，充扫叶之役，但望成书后，速赐一二

① (清)姚莹:《复光律原书》,中国史学会主编:《中国近代史资料丛刊·鸦片战争》(四),上海，上海人民出版社、上海书店出版社,2000年,第531页。

② (清)姚莹:《与余小坡言西事书》,中国史学会主编:《中国近代史资料丛刊·鸦片战争》(四),上海,上海人民出版社、上海书店出版社,2000年,第534页。

③ (清)姚莹:《康輶纪行》卷2,台北,文海出版社影印本,1974年,第1～2页。

部，庶先睹为快耳。”[①]另外，毕竟有不同于一般士大夫和社会舆论的清醒者，他们对先行者的努力也能给予不同程度的支持。长于西北史地研究的张穆就为其山西籍同乡徐继畬如何著作《瀛寰志略》提供建议，也曾从《永乐大典》中抄出《元经世大典》中的西北舆图交给魏源刻入《海国图志》。对天文历算颇有研究的桐城学者叶棠应魏源之聘帮修《海国图志》，叶棠也为其同乡姚莹助力，在《康輶纪行·跋》中指出：“然外蕃异域之事，学者罕习。读此书者，亦第与《山海经》、《十洲记》诸书同类并观，而不知有裨国家实政，关乎世道人心，真济世之津梁，岂徒资学人之博览也哉！”[②]

与中国那些孤独的先行者相比，日本这一时期则形成了较庞大的认识世界之群体，其中除了兰学者群体外，儒学者的加入是最突出的特点。在外来危机的刺激下，兰学者的作用日益受到重视，儒学者也开始有了很大转变，形成共同促成日本世界认识发展的合力。当时，兰学者与儒学者逐渐接近，特别是儒学者开始学习和研究西学。《海国图志》的数种训点翻印本便是盐谷宕阴和箕作阮甫共同完成的，他们当时均是儒学和兰学界的领头人物。由于具有先进世界认识的兰学者和官方正统力量的儒学者的共同努力，日本世界史地著作才得以快速发展。

同时，日本开国前后，了解西方迅速成为潮流，这种环境自然更极大地扩充了相关的世界认识群体。1845年，吉田松阴师从山田赖毅学兵法，赖毅对松阴说：“吾察世运，转变非远，今子专攻诗书，徒过岁月，可惜。盍大开豁眼，见宇宙形势。”[③]松阴此后开始学习西学。当时，追逐西学成为日本社会潮流。

其次，中国多是私人化的著述者，日本著述者在很大程度上得到了官方的支持，这是中日世界史地著述者群体的不同之处。19世纪40～50年代，无论是以封疆大吏身份刻意了解世界的徐继畬，还是以士绅身份关注外情的魏源等，他们的世界史地著作均非官方授意而作，甚至出版后也不受官方重视。在这些著述中，最具官方色彩的是林则徐组织的翻译活动，但被指责为“我不似林总督，以天朝大吏，终日伺探外夷情

① (清)黄恩彤:《与徐松龛中丞论西洋诸夷书》,中国史学会主编:《中国近代史资料丛刊·第二次鸦片战争》(一),上海,上海人民出版社,1978年,第144页。

② (清)叶棠:《跋》,姚莹:《康輶纪行》卷16,台北,文海出版社影印本,1974年,第71页。

③ 朱谦之:《日本的古学及阳明学》,北京,人民出版社,2000年,第372页。

事”[①]。徐继畬最终被罢官还乡，根本原因也是他撰写了《瀛寰志略》。1845年，第二次入藏的姚莹仍未完成调处西藏地方冲突的使命，他有感而发：“万方櫜甲庆承平，小吏严符敢惮行。冰雪未消千里冻，触蛮难罢十年争。忧时绠短肱空折，怀古心长泪欲倾。佛火一龛忘异域，宵来犹待晓钟鸣。”[②]这种忧愤心态恐怕代表了他们难展抱负的无可奈何的情绪。所以，中国的世界史地著述者群体是非官方化的，甚至遭到官方和社会舆论的排挤，这也致使鸦片战争后的世界认识著作只是在40年代昙花一现。

其实，道光帝也一度有过遴选西学人才的想法，但并未付诸实施。

> 朕思广东两年有余办理夷务，剿抚均不得手，总缘该省文武员弁，不得其人，以致逆夷鸱张，一筹莫展。……总在该督抚等平日留心人材，因地器使，俾得久于其任，各展所长，不但于海疆吏治营务日有起色，且可磨励人材，豫储大器。特恐为资格所限，不能及时自效。当此需才孔亟之时，允宜破格用人，以资激劝。著祁𡎴、梁宝常、吴建勋、张青云并传谕存兴、徐继畬各就所属文武员弁勤加访察，如有才能出众，民心爱戴，及洞悉夷情，深通韬略者，随时酌量海疆地方，何人与何地相宜，不拘资格，即行奏请升调，候朕擢用。此系为地方需才起见，该督抚等总当善体朕意，虚衷延访，核实保举。如所保之人著有成效，朕必沛以殊恩，该督抚等亦蒙荐贤之赏；若虚应故事，无裨实用，不特将该员弁重加惩治，该督抚等亦难免荐举不实之咎也。将此谕令知之。[③]

这本来应该成为激励、选拔人才的重要契机，但道光帝还是不能摆脱固有的藩篱，他自己又设置条件将人才之路堵死。因为在当时的情况下，对于何为应对时务的人才并无成见，如果广开门路也许可以使这种人才逐渐涌现，但难免会有多种不合时宜的情况，若因此受到株连，绝大多数官员宁可选择不作为而明哲保身。咸丰帝继位后，清廷对外观念更趋保守，加之太平天国运动的影响，鸦片战争后的“开眼看世界”风潮也就此结束。

---

① 《夷艘入寇记》，中国史学会主编：《中国近代史资料丛刊·鸦片战争》（六），上海，上海人民出版社、上海书店出版社，2000年，第114页。

② （清）姚莹：《康輶纪行》卷12，，台北，文海出版社影印本，1974年，第22～23页。

③ 《清实录·宣宗实录》卷376，道光二十二年六月乙巳。

与中国不同，日本的世界史地著作编撰者是得到官方认可、支持的社会群体。如前所述，《海国图志》在日本翻印实际是得到官方的授意。另外，兰学者的世界史地著作从19世纪初便逐渐受到幕府重视，到19世纪40年代以后其价值愈益提升。所以，无论是儒学者还是兰学者，他们从事世界史地研究往往得到官方的支持。例如负责编辑《通航一览》的林炜是幕府最高学府的大学头，箕作阮甫是蕃书调所的教授。可以说，日本上述从事世界认识研究的重要人物都具有官方色彩，有些直接得到了官方即幕府的支持。福泽谕吉指出："宝历(1751～1764年)、明和(1764～1772年)以来八九十年间之兰学，医师好习之，弘化(1844～1848年)、嘉永(1848～1854年)以来之兰学，士族好习之。"①士族是日本社会核心阶层，他们成为世界认识群体的主导力量，意义重大。

在社会发生转折、意识形态斗争激烈的历史时期，能否得到官方某种程度的支持往往是成败的关键。中国的世界史地著作编撰者本来便很难形成一个有影响的真正社会群体，却又得不到官方支持，结果19世纪40年代一度兴盛的世界史地研究到50年代又逐渐衰微。日本不仅形成了强大的著作者群体，而且得到了幕府和各藩的支持，由此日本的世界认识发展再度领先中国。当然，日本近代世界认识的历史遗产也比中国丰厚，而丰富的历史遗产形成的社会冲击力与能否得到社会认同和官方支持又是相辅相成的关系。

另外，中日的世界史地著作者的个人素质也有很大不同，其中最突出的便是日本有懂外文的兰学者和洋学者，中国的著述者则不具备这一条件。是否具备这一素质不仅影响了这一时期中日两国的世界史地著作状况，更重要的是影响了19世纪60年代以后中日走向世界的进程和如何更深入地认识世界。1862年，一位名叫唐学埙的中国人在伦敦向福泽谕吉问及在日本能读洋书并兼教他人者有多少，福泽答曰，约500人，当福泽转问唐时，"唐氏沉吟片刻，愧答曰，只有11人"②。唐学埙的11人不知是如何计算的，但中日之间的差距由此可见一斑。

① 湯浅光朝:『科学史』,東洋経済新報社,1965年,第36～37頁。

② 李卓、高宁:《日本文化研究》,北京,中国社会科学出版社,1998年,第46页。

第三节　走出国门，认识世界

19世纪60～70年代，中日都在不同程度上积极适应世界新形势，因而认识世界之渠道及群体都有了很大扩展。此前认识世界之方式仍受到两国的重视，并且更加积极主动。如1864年北京京都崇实馆出版的惠顿的《万国公法》，便是由美国传教士丁韪良翻译、总理衙门派人进行文字润色和资助出版，并于次年传入日本。由此可见中日对传教士出版的汉文书刊的重视。1861年，清政府把翻译各国在华报纸并按月咨报总理衙门作为一项制度确定下来。

同时，19世纪60年代以后中日又出现了认识世界的新方式，即走出国门直接了解世界，这既是两国世界认识发展的一种表现，又是促进两国世界认识进一步全面深入发展的重要条件。所以，从中日世界认识发展的角度看，走出国门直接了解世界代表了这一时期两国世界认识发展的程度和方向。中日对走出国门了解世界的态度有很大差异，但形式上仍有相似之处，主要有出国使团和驻外使节、留学生及个人的海外游历几种方式。其中出国使团与留学生最具代表性，这种方式人数多，带给国内的信息量大，既是政府行为又进一步影响政府的选择，故而以出国使团与留学生为例，分析这一时期两国世界认识发展的异同。

一、中日出国使团

首先代表中日两国政府走向世界的是出国使团，其中19世纪60年代既是两国派遣使团的初始时期，也是两国的出国使团有着重大差异的历史时期。通过对两国使团不同状况的分析，可以更清楚地看到中日走向世界的轨迹。

鸦片战争时期，就有人感叹："恨不涉重洋，至英吉黎一探问之。"[①] 到19世纪60年代，出国考察成为中日两国政府的选择，1866年斌椿等人的欧洲之行和1860年万延遣美使团分别是中日两国政府在开国之后首次派人走出国门。从根本上说，两国出国的目的都是更具体地了解现实世

---

① （清）甦庵道人：《出围城记》，中国史学会主编：《中国近代史资料丛刊·鸦片战争》（三），上海，上海人民出版社、上海书店出版社，2000年，第51页。

界。奕䜣在派遣斌椿出洋的奏折中称:“查自各国提约以来,洋人往来中国,于各省一切情形,日臻熟悉。而外国情形,中国未能周知,于办理交涉事件,终虞隔膜。臣等久拟奏请派员前往各国,探其利弊,以期稍识端倪,藉资筹许……即令其沿途留心,将该国一切山川形势、风土人情,随时记载,带回中国,以资印证。”[①]日本出使的目的亦是考察美国“都府之盛昌、住民之繁华以及海陆军之整肃、合众国之强大之根源等”,为日本提供借鉴。[②]

尽管如此,斌椿一行与万延遣美使团仍有诸多不同。其一,万延遣美使团比斌椿等人的欧洲之行早六年。如果考虑到清朝与西方签订不平等条约比日本开国早十余年,那么两国对现实世界能否及时做出反应的差距就更明显了。也就是说,清朝在鸦片战争失败后的二十余年之后才派出首批出国人员,日本在开国之后的六年便走出国门。其二,二者的规模和性质不同。斌椿一行除了陪同的外国人之外,只有斌椿父子及三名同文馆学生张德仪、凤仪、彦慧;同时,考察团是在总税务司赫德的提议下成行的。所以,斌椿等人尽管名义上是代表清政府,并且奕䜣等还特意赏给曾任知县的斌椿以三品衔作为总理衙门的副总办,同行的其他人也分别破格赏给顶戴,但实际上这次出国还是接近于私人考察,这与清政府模棱两可的态度也是一致的。“惟思由中国特派使臣前赴各国,诸费周章,而礼节一层,尤难置议,是以迟迟未敢渎请”,而斌椿一行“系微员末秩,与奏请特派使臣赴各国通问,体制有间,又与该税务司同去,亦不稍涉张皇,似乎流弊尚少”[③]。与清朝犹豫、彷徨之态度相比,万延遣美使团代表了日本坚决走出国门的意志。日本最初决定派遣使团赴美是在1858年初日美议订《修好通商条约》之时,该条约第十四款规定两国在华盛顿互换条约。这一条款由日本方面负责条约谈判的代表岩瀬忠震、井上清直等人主动提出,并得到了幕府老中堀田正睦的支持。当时,岩瀬等人计划亲自率领使团赴美,借互换条约之机进行实地考察。由于围绕条约问题日本国内矛盾激化,岩瀬等人未能成行,遣美使团的行程一直被拖到1860年。但以条约形式规定派遣赴美使团表明了日本政府冲破锁国体制的决心,也正是在条约的约束下,1860年遣美使团终于

① 《筹办夷务始末》(同治朝)卷39,台北,文海出版社影印本,1971年,第1、2页。

② 『幕末外國關係文書之三十』,沼田次郎、松沢弘陽校注:『日本思想大系66 西洋見聞集』,岩波書店,1974年,第622頁。

③ 《筹办夷务始末》(同治朝)卷39,台北,文海出版社影印本,1971年,第1页。

成行。同时，遣美使团也是幕末规模最庞大的使团，共有77人。另外，日本还派军舰咸临丸随访，舰上共有90余人，福泽谕吉便是作为军舰奉行木村喜毅的随从首次走出国门。如此庞大的使团及以随访名义到达美国西海岸的咸临丸，是日本摆脱锁国走向世界的象征，这与只有五人的斌椿之行形成了强烈反差。虽然由于各种条件的限制，特别是日本国内矛盾还未能得到解决，万延遣美使团未能起到应有的作用，但从走向世界的意义看，万延遣美使团的地位并不逊于明治初年的岩仓使团。

自万延遣美使团之后，德川幕府相继以各种名义向西方国家派遣使节团，至明治政府成立之时，幕府共向西方派遣了七次使节团[①]（见表3-4）。

表3-4　幕末德川幕府派遣西方使团表

时间	正使	人数	访问国家	主要目的
1860	新见正兴	77	美	换约
1862	竹内保德	36	法、英、荷、普、俄、葡	延期开市、开港
1864	池田长发	33	法	横滨锁港
1865	柴田刚中	10	法	制铁所建设
1867	小野友五郎	8	美	购买军舰
1867	小出秀实	16	俄	边界交涉
1867	德川昭武	30	欧洲诸国	巴黎博览会

上述使团除了本身的主要使命外，考察出使的国家和区域更是其重要目的，某种程度上肩负着双重使命。特别是一些作为随从参加使团的藩士等，他们并无外交使命，出国的目的就是了解世界。例如福泽谕吉共三次出国，都是在幕府末年，除了1862年随同竹内保德使团访欧是被幕府指定为翻译的官方身份外，其他两次即1860年随咸临丸赴美和1867年随小野友五郎再度赴美都是福泽自己恳求木村喜毅和小野友五郎，以他们的随从身份出国，目的就是更深入地认识世界。曾经参加幕末出国使团的福地源一郎在《怀往事谈》中，将幕末使团人员分成两部分，上层是使团负责人，他们代表幕府出访国外只是奉命行事，是“纯乎俗

① 除了向西方派遣使团外，幕府和长州藩等于19世纪60年代先后四次派使团到上海，主要目的之一也是了解、认识世界。1865年，萨摩藩派出19人组成的使节团访欧，另有森有礼等13名留学生随行。

吏”；下层则是以使团正式成员的侍从——“贱役”身份出洋，他们是为了“探索夷情”而出洋。其实，幕末使团的主要负责人并非尽为“俗吏”，他们在日本走向世界的过程中也起到了应有的作用，但作为“贱役”参加使团者在近代日本走向世界的过程中确实发挥了重大作用。以咸临丸为例，当时以侍从身份参加咸临丸访美的成员中有很多为日本近代的成功做出了重大贡献，如福泽谕吉、大隈重信、小出千之助、中村敬直、佐野鼎等人，他们后来又随1862年竹内保德使团访欧。这些“贱役”多为下级武士、豪农子弟等，成为明治维新的中坚力量。频繁出访的使团给日本带回了大量域外世界的信息，既有使团的官方报告，也有私人日记、书信等，为日本正确认识世界提供了丰富的资料。下面仅以幕末首次出国、也是规模最庞大的万延遣美使团为例，便可窥见一斑。

表3-5　1860年万延遣美使团成员有关域外资料记录一览

作者	域外资料记录	作者	域外资料记录
森田清行	亚行日记 无题手控 亚米利加航海出入簿	嘉八	亚墨利加归帆日记 异国之言语
日高为善	米行日志	石川政太郎	安政七年日记
益头尚俊	亚行航海日记	斋藤留藏	亚行新书
名村元度	亚行日记	村垣范正	遣米日记
村山伯元	奉使日录	柳川当清	航海日记
新见正兴	亚行航海日记行咏	佐藤秀长	米行日记
加藤素毛	二夜语	佐野鼎	访米日记
野野村忠实	航海日录	玉虫左太夫	航米日录 航米诗稿
福岛义言	花旗航行日志	胜海舟	航海日记
木村喜毅	奉使米利坚纪行	木村铁太	航米记
赤松大三郎	亚墨利加行航海日记	佚名	细川藩航行日记
长尾幸作	亚记日记鸿目魁耳	佚名	米利坚纪行
长尾浩策	亚行纪录	官方报告	万延元年的美国报告

而在19世纪60年代，清政府除派遣前述斌椿一行出洋外，后来又有1868年的蒲安臣使团。蒲安臣使团是清季中国向西方派遣的第一个正式外交使团，但与斌椿欧洲之行一样留有缺憾。它未能成为真正完全独立

的外交使团，美国人蒲安臣成为使团的实际首领，使团的外交事务基本是由蒲安臣安排和负责。同时，蒲安臣使团虽有约30人，但除了三名外国人及使团的中方负责人志刚、孙家穀之外，还有六名同文馆学生以及两名供事、两名武弁和一名医官，其他是随从之仆人。所以，使团的大部分成员素质都很低，只有几个人留下了有关西方国家的文字记录。即使将19世纪60年代中国两次出洋考察的文字记录全加在一起，也只有斌椿的《乘槎笔记》和《天外归帆草》、志刚的《出使泰西记》、孙家穀的《使西书略》以及张德彝的《航海述奇》和《欧美环游记》等数种，远远不及日本初次航行美国的文字记录之多，更比不上以后日本六次出使欧美的大量域外记录。由于数量少，缺陷也在所难免，借此以了解西方只能一知半解，所谓“昔阅斌友松《乘槎笔记》，喜其可以供人玩赏，而究未能释然于西事也”[①]。

由于日本幕末频繁派遣使团出国，因而搜集域外信息的水平也不断提高。如1862年访问欧洲的竹内保德使团的官方报告书共包括《英国探索》《荷兰探索》《佛兰西国探索》《孛漏生国探索》《葡萄牙国探索》《鲁西亚探索》六部，其中每一部都进行了详细的分类。如《英国探索》分40类，包括政治、经济、军事、文化、社会等各个方面的内容。[②]使团成员的这种专业化考察为日本详细具体地了解西方世界提供了充足的资料。

所以，正是在幕末日本出国使团大量考察西方的基础之上，明治政府才能在成立之始便开启以建立资本主义政权为目标的近代化运动。在幕末出国使团的影响下，1871年12月，自横滨出港的使节团以岩仓具视为特命全权大使，木户孝允、大久保利通、伊藤博文、山口尚之为副使，共有政府要员近50人和留学生50余人参加。岩仓使团之后，日本已充分理解、掌握了近代西方世界体制的基本原则，岩仓使团既是对以往日本出国使团的承袭，也是一次集大成式的总结。

而19世纪60年代清政府只有两次派人出洋，虽然取得了一些有关西方社会的考察经验，但所获信息有限。70年代前期，清政府也只是于1870年派崇厚作为天津教案的谢罪使者到过一次法国。所以，清政府考察西方的责任只能落到70年代后期开始设置的驻外使节身上，慈禧在召见首任驻外公使郭嵩焘时强调：“问：‘到英国一切当详悉考究。’对：

---

① 《〈初使泰西记〉序》，（清）志刚：《初使泰西记》，长沙，岳麓书社，1985年，第245页。

② 沼田次郎、松沢弘陽校注：『日本思想大系66 西洋見聞集』，岩波書店，1982年，第583頁。

‘英国无多事可办，专在考求一切，此是最要紧事。’”[①]这一时期驻外使节留下的有关西方的文献中，比较著名的有郭嵩焘的《使西纪程》和《伦敦与巴黎日记》、刘锡鸿的《英轺私记》、曾纪泽的《出使英法日记》等。如刘锡鸿所言：“是以驻英、驻德，使事余暇，即遍览其纵横之道，亲履其制造之局，与其巨商、老匠悉心推求，而又博考诸各国豪酋及波斯、日本、土尔奇等国非西洋而欲效为西洋火车者，朝夕以思，如此者两年，乃叹火车实西洋利器，而断非中国所能仿行也。”[②]另外，清政府也派遣了驻日使节，明治维新后日本社会的发展状况也很受使节关注，留下了一部分相关资料，如何如璋的《使东述略》和《使东杂咏》、张斯桂的《使东诗录》、黄遵宪的《日本杂事诗》等。同时，黄遵宪还开始编著其名著《日本国志》。而另外一个特例则是在以赫德为首的总税务司运作下，在宁海关工作的李圭代表中国参加1876年美国费城世界博览会，并考察了伦敦、巴黎，撰写了在当时引起很大反响的《环游地球新录》。

从上述中日出国考察的情况看，中国比日本落后了近二十年。当日本从19世纪60年代初即开始系统考察世界之时，清政府却贻误了大好时机。直到70年代末以郭嵩焘等人为首的清朝使节常驻外国，清政府才开始比较系统地了解世界。但中日历史在这二十年内已有了不同的发展，虽说是否系统地考察世界并非唯一原因，但也是非常重要的原因。

与中日出国使团的差距相对应的是中日社会特别是知识阶层的反应也截然不同。吉田松阴1854年筹划搭乘来日本的美国军舰赴美，其师佐久间象山赠诗曰：“环海何茫茫，五洲自作邻。周游究形势，一见超百闻。知者贵投机，归来须及辰。”[③]随1860年万延使团赴美的玉虫左太夫在《航美日录》中指出，“此实为本邦开国以来之快事，有志者谁人不欲前往。唯人数有限，无可如何”，“路旁之人聚如云霞，观看米利坚行之快事。朋友数十人或以诗或以文相送”。[④]此后日本的各种使团也同样受到各方面人士的重视，如1867年德川庆喜的弟弟昭武作为幕府的代表出席在法国举行的万国博览会，同时随行的有涩泽荣一等人。涩泽对欧洲

---

① (清)郭嵩焘：《伦敦与巴黎日记》，长沙，岳麓书社，1984年，第20～21页。

② 《光绪七年正月十六日通政使司参议刘锡鸿奏折》，中国史学会主编：《中国近代史资料丛刊·洋务运动》(六)，上海，上海人民出版社、上海书店出版社，2000年，第154页。

③ 朱谦之：《日本的古学及阳明学》，北京，人民出版社，2000年，第307页。

④ 玉虫左太夫：『航米日録』，沼田次郎、松沢弘陽校注：『日本思想大系66西洋見聞集』，岩波書店，1974年，第8頁。

进行了将近两年的考察和访问，对西方资本主义经济有了系统的认识。相反，清朝士大夫的反应是一边倒地攻击出国使团，其典型是郭嵩焘出国时的社会舆论，因为此前的斌椿、志刚等人身份不高，没有受到多大的关注。1877年郭嵩焘因马嘉里案被迫出使英国时，可谓舆论沸腾，如李慈铭认为“郭侍郎文章学问，世之凤麟，此次出山，真为可惜”[①]，王闿运称“筠仙晚出，负此谤名，湖南人至耻与为伍”[②]。在英国时，郭嵩焘与副使刘锡鸿又爆发冲突，刘亦声称：“我生平不记人过，即有触犯，我亦忘却。唯此京师所同指目为汉奸之人，我必不能容。”[③]在这种氛围下，郭嵩焘的表现纯粹是异数，自然不可能出现如同日本一样蜂拥出国考察的常态。

二、中日两国的留学生[④]

19世纪中叶，中日以群体形式走出国门的另一类人是留学生。中日在结束闭关锁国状态之前，都有因为特殊原因在西方学习的个别人物，其中中国基本是传教士带往西方，日本是漂流民流落美国等地，但影响均有限。所以，中日留学西方的差距始于开国之后。在1880年以前，中日两国留学生有诸多不同之处，因而在本国世界认识发展中的作用也不一样。

首先，出国的时间、人数不同。日本幕府比清政府早十年派人到西方留学，日本的留学人数更是多于清朝派遣的留学生。

1853年佩里到达日本要求开国之时，西村茂树就向幕府上书提出留学荷兰，所以在日本开国的同时留学海外就被提上日程。1856年，幕府计划将长崎海军讲习所的学生派往荷兰的海外殖民地爪哇学习，但未能如愿。1861年，幕府又计划向美国派遣留学生，名义上是因为日本订购了两艘美国蒸汽军舰，所以派遣学生学习相关技术。同时，日本已经选择好了留学人员，包括学习海军军舰方面的内田正雄、榎本武扬等5人，以及蕃书调所的津田真道和西周，共7人。但由于美国南北战争的影响，订购军舰和留学美国之事搁浅。日本第一批海外留学生是1862年派往荷

① （清）李慈铭：《越缦堂日记》，扬州，广陵书社，2004年，第6954页。

② （清）王闿运著，马积高主编：《湘绮楼日记》，长沙，岳麓书社，1997年，第460页。

③ 郭廷以编：《郭嵩焘先生年谱》，台北，台湾“中央研究院”近代史研究所，1971年，第675页。

④ 中日国内的西学教育事业，可以说是基于几乎与留学教育同样的原因造成了两国的差异，故而只以留学生这一更典型事例进行分析。

兰的15名留学生，这基本是留学美国计划的翻版。当订购美国军舰的计划落空后，幕府马上与荷兰驻日本总领事接洽，委托荷兰建造一艘蒸汽军舰并派人留学学习，随后双方达成协议。1862年7月，15名留学生从日本出发，次年6月抵达荷兰。这15名留学生包括医学方面的伊东玄伯和林研海，社会科学方面是津田真道和西周，榎本武扬等其他人学习海军和制造。继幕府之后，长州藩于1863年向英国秘密派遣了井上馨、伊藤博文等5名留学生。萨摩藩1865年向英国派遣寺岛宗则、五代友厚、森有礼等19名留学生学习武器及纺织技术，1867年又向美国派出了留学生。佐贺藩则于1866年派遣了石丸虎五郎等留学生。另外，个人秘密留学海外的知名人士新岛襄于1864年去往美国。在1866年5月幕府正式解除留学限制之前，幕府共派出四批留学生，长州和萨摩也秘密派出了自己的留学生，日本留学海外者共有60余人。幕府解禁之后，日本各藩相继派出学生赴欧美，形成留学热潮。据统计，幕末留学生共有130人，其中幕府派遣57人，诸藩派遣的不包括私费留学的有68人。[①]

明治政府建立后，更是将留学视为赶超西方的重要手段，制定了一系列留学政策。“维新之初各朝贵侯封争遣子弟往学，明治元年海外留学者五十人，二年至百五十人，至五年大抵千余人。”[②]黄遵宪的说法不太准确，但明治初年留学生的人数确实很多，“明治七年左右，留学生的人数包括维新前就居留在外国的人在内约有580人，其中在美国居留人数最多，超过200名，居留英国和法国的人合起来占大多数，在俄、德等国家只有少数几个人”[③]。

清政府直到1872年才派出第一批留美幼童，比日本晚了10年，而清朝又比日本早12年被西方打开闭关的大门，二者相加就有22年。在此之前，中国留学西方仍是传教士所为，并且人数有限。1845年，香港英华书院院长理雅各带三个中国男学生即吴文秀、李金麟、宋佛俭和一名女

① 酒井直行［ほか］:『世界を見た幕末維新の英雄たち』,新人物往来社,2007年,第105頁。

② （清）黄遵宪:《日本国志》上卷,吴振清等点校整理,天津,天津人民出版社,2005年,第196页。

③ 〔日〕安冈昭男:《日本近代史》,林和生、李心纯译,北京,中国社会科学出版社,1996年,第131页。德国在某些方面的影响很大,如“明治三年日本政府聘德国医家任医科教授,且选拔医学生十三名派至德国留学。自是医学教育之制专取则于德国。”(〔日〕青山胤通、富士川游:《医术之发达》,〔日〕大隈重信:《日本开国五十年史》上册,上海,上海社会科学院出版社,2007年,第666～667页)

生到英国留学。[①]1847年，容闳等三人赴美留学的影响广为人知，他们也不是清政府派遣，清政府甚至都不知道此事。1854年，在上海教会学堂学习的颜永京被波因茨带至美国读书，后又进入俄亥俄州甘比尔的建阳学院并在获学士学位后返回上海。1859年，教会学校学生舒高第等人随老师到美国学习，舒高第1873年获神学博士学位后回上海，为广方言馆和江南制造总局翻译馆的发展做出了重要贡献。唐学埙是被美国传教士玛高温带往伦敦，回国之后一度受李鸿章提携，曾在上海创办洋学堂，但最终还是籍籍无名。据福泽谕吉记载，1862年日本竹内访欧使团在巴黎时，“唐学埙来交谈。此人是支那人，为了学习英语和探索事情，三年前来伦敦。日本使节在伦敦时，常常到旅馆交谈。现在来巴黎学法语，据说尚要在此逗留一年。唐学埙在欧罗巴留学，衣服鞋帽都改从欧罗巴习俗。他或到学校学习，或特别找老师学习。在伦敦留学时一年学费二百英镑，由故乡的父兄资助”[②]。

其实，在19世纪70年代之前，清政府也曾有派人留学西方的意图。第二次鸦片战争期间，黑龙江将军奕山等曾有派人学习俄语之意，咸丰帝为此申斥：“且所许二年后，差学生到俄夷屯中学艺，虽云暂时搪塞之语，将来不能如约，亦徒费周章。”[③]1865年，总理衙门一度酝酿派旗兵赴外国学习机器制造，但旋即搁浅。同年，薛福成在《上曾侯相书》中建议：“又仿俄人国子监读书之例，招后生之敏慧者，俾适各国，习其语言文字，考其学问机器。”[④]

1870年天津教案爆发后，容闳终于向曾国藩提出他怀抱已久的留学计划。次年8月，曾国藩、李鸿章联名上奏《选派幼童赴美肄业酌议章程折》并得到批准。自1872年至1875年，共选派四批120名幼童赴美留学。[⑤]所以，留美幼童是以曾国藩为中心展开活动而最终获得成功，这是

---

① 高时良:《中国教会学校史》,长沙,湖南教育出版社,1994年,第46页。

② 福沢諭吉:『西航記』,富田正文、土橋俊一編集:『福沢諭吉選集』第1巻,岩波書店,1980年,第59頁。

③《筹办夷务始末》(咸丰朝)四,北京,中华书局,1979年,第1321页。

④ 丁凤麟、王欣之编:《薛福成选集》,上海,上海人民出版社,1987年,第23页。

⑤ 随同留美幼童赴美的还有自费留学生,据徐润年谱记载,1873年,“第二批官学生三十名赴美留学,五月十八日放洋,黄平甫亲家带往;申港两处另有学生七名,自备资斧同往”。1875年,“宬臣、笏臣、赞臣三位堂弟出洋肄业,自备资斧”(《徐愚斋自叙年谱》,中国史学会主编:《中国近代史资料丛刊·洋务运动》(八),上海,上海人民出版社、上海书店出版社,2000年,第106、113页)。

清政府首次派遣留学生，也是中国首次大规模派遣留学生。

留美幼童开启了留学西方的大门，福州船政大臣沈葆桢于1872年5月乘机上奏，提出派船政学堂学生赴欧洲学习。1874年5月，李鸿章在致沈葆桢信中称："津局习枪炮工匠子弟，若能赴布厂游学，自易精进。苦于无人带往，无款接济，电报费巨骇俗，亦愧有志未逮。"[①]这样，直到1875年初留欧军事学生才勉强成行，当时沈葆桢趁日意格回欧洲采办机器等之际，从福州船政学堂前堂选派魏瀚、陈兆翱、陈季同和后堂选派刘步蟾、林泰曾共5人随行，"俟机船铁胁新机采购既便，仍随日意格同归"[②]。1876年3月，李鸿章致函总理衙门，建议派卞长胜等5人随同曾训练清军的德国人李励协赴德国留学，4月，卞长胜等7人正式随李励协"赴德国军营学习兵技"[③]。与此同时，李鸿章、丁日昌、沈葆桢等反复函商，再次提出选派福州船政学堂学生等赴法、英学习制造、驾驶，并且选定李凤苞为监督，日意格为洋监督，讨论制定了出洋章程，并且提出："此次所议章程，总以三年学有成效为限。若三年后，或从此停止，或另开局面，均由船政大臣、通商大臣会商主裁，外人不得干预。"章程对留学做了比较严格而灵活的规划，如认为留学时间可以适当缩短或延长，学习内容也可以有所变通。同时，和其他派出人员一样，留学生及其管理人员也必须记日记，"两监督及各项生徒自出洋以讫回华，凡一切肄业功课，游历见闻，以及日用晋接之事，均须详注日记，或用药水印出副本，或设循环簿递次互换，总以每半年汇送船政大臣查核，将簿中所记，由船政抄咨南北洋大臣覆核"[④]。这一方案与李鸿章等人的计划是有差距的，如1876年10月李鸿章致函郭嵩焘时曾称："学生出洋一节，未接尊函之先，已与日意格、李丹崖定议，咨商各处，以四十九人为率，经费尚待闽省咨覆，恐难多添。闽厂前后学堂于英法语言文字、测算造

① (清)李鸿章:《致沈幼丹船政》,(清)吴汝纶编:《李文忠公(鸿章)全集·朋僚函稿》卷13,台北,文海出版社影印本,1980年,第33页。

② 《光绪元年正月三十日总理船政沈葆桢等奏》,中国史学会主编:《中国近代史资料丛刊·洋务运动》(五),上海,上海人民出版社、上海书店出版社,2000年,第164页。这5名学生中,刘、林和陈季同于1876年随日意格回国,魏瀚和陈兆翱留在了法国。

③ 《光绪二年十一月二十九日钦差北洋大臣直隶总督李鸿章等奏》,中国史学会主编:《中国近代史资料丛刊·洋务运动》(五),上海,上海人民出版社、上海书店出版社,2000年,第189页。

④ (清)李鸿章等:《选派船政生徒出洋肄业章程》,中国史学会主编:《中国近代史资料丛刊·洋务运动》(五),上海,上海人民出版社、上海书店出版社,2000年,第189～192页。

驶研究有年，是以出洋五年可期蒇功。”[1]但由于经费问题，以及当时主管船政的丁日昌认为有些学生功力尚浅，最后留欧的学生人数和学习时间都做了压缩。1877年3月31日，由监督李凤苞、日意格带同随员马建忠、文案陈季同、翻译罗丰禄等工作人员，与学生一起出洋。此次选派学生28人，其中制造学生郑清濂、罗臻禄等12人及艺徒裘国安等4人共16人赴法国学习制造，上年留在法国的魏瀚、陈兆翱也纳入了此次的留法学生名额；驾驶学生刘步蟾、林泰曾等12人赴英国学习驾驶。这样，福州船政学堂的首批留学生就和留美幼童一样，人数为30人。1877年10月又应留学生监督的请求增派艺徒张启正等5人随洋员斯恭塞格赴法学习，加上一面工作一面学习的马建忠、陈季同、罗丰禄，这批留欧学生共38人。[2]

1876年10月，李鸿章在致总理衙门的公函中叙述了这一时期留欧学生的派遣过程，节录如下，从中可看出其曲折过程。

> 查同治十二年十一月间，前船政大臣沈幼丹制军奏陈船工善后事宜折内，请于前后学堂选派学生分赴英、法两国学习制造、驾驶，拟令船厂监督日意格详议章程，旋经贵衙门议覆，令仿照赴美国学习技艺章程，酌量变通办理，奏请饬下南、北洋大臣会商熟筹，期于有利无弊等因。十三年春间，幼丹即令日意格赴津筹商，适值台湾告警，倥偬未及定议。台事蒇后，幼丹复因日意格回国之便，令其带学生数名分赴英、法游学兼探询铁甲船价值。上年丁雨生中丞接办船政，迭次函商，以前后堂学生内颇多究心测算造驶之人，亟应遣令出洋肄习，以期精益求精，不致半途而废。幼丹亦屡缄催。本年三月间，鸿章请派武弁卞长胜等七人往德国练习武备函内，曾经声明拟选艺童数十名赴英国铁甲船厂学习诸法，俟筹定管带之员，再行会核奏咨。当奉钧覆，谓此举原未可缓。又经缄商幼丹、雨生，由电信催调日意格回华商办，雨生等力荐丁忧候选郎中李凤苞堪以会同管带学生出洋。五月间日意格到闽，幼丹、春帆令其携带访购铁甲船图式、价目，与李凤苞偕同赴津禀商一切。鸿章适有烟台之

---

[1] (清)李鸿章:《复郭筠仙星使》,(清)吴汝纶编:《李文忠公(鸿章)全集·朋僚函稿》卷16,台北,文海出版社影印本,1980年,第27页。

[2] 《光绪四年二月十六日督办福建船政吴赞诚片》,中国史学会主编:《中国近代史资料丛刊·洋务运动》(五),上海,上海人民出版社、上海书店出版社,2000年,第207页。

役，即带日意格等往烟，其时英、法、德各国铁甲兵船皆调集烟台，迭请鸿章上船阅操，藉以考究其利钝。英、法各船制法绝精，而驾驶操练，英尤灵捷严整，并见日本有年少武弁在英船随同操作，是知出洋学习造驶之举，实为中国海防人材根本，诚如钧示，未可缓图也。滇案议结时，曾会商威使，将遣学生赴该国水师大学堂及铁甲船学习，该使允俟接有确信，即为转致本国外部核准。兹与日意格、李凤苞再四讨论，该监督等拟呈章程，复详加驳改，经费欲其节省而缺乏则掣肘堪虞，督课专以责成而剋期则收效较速。统计薪费、路费各项，以五年为率，共关平银四十二万余两，较之赴美学生十五年需银一百二十万余两，似觉事半功倍。[①]

福州船政学堂首批留欧学生学习三年后，于1880年前后陆续回国。1879年11月，李鸿章、沈葆桢等联名上奏主张续派留欧学生："查闽局前后学堂尚有续招各生，其中不乏颖异之才，于西学已窥见门径者，以之接续派往，就已成之绪，收深造之功，取多用宏，事至乃有以应之。或谓责令学成而归者，以新得牖后进，亦可望日起有功。不知西学精益求精，原无止境，推步制造，用意日新。彼已得鱼忘筌，我尚刻舟求剑，守其一得，何异废于半途。因其已新者而日日新之，又日新之，诚正修齐治平之功如是，即格致之功何莫不如是。"[②]1881年，李鸿章与福州船政大臣黎兆棠往返咨商，决定续选前堂学生8名和后堂学生6名出洋，并分拨经费10万两，但实际上后堂学生只落实了2名。所以，1881年续派了10人，1882年又增派驾驶学生邱宝仁、林履中赴英留学。1886年再派刘冠雄等34人为第三批学员。这两批学生也主要是赴英、法学习驾驶、制造，只是第三批学生中有10名北洋水师学堂的学生。到1897年，船政学堂还派了6人赴法国学习，这实际上第四批留欧学生。所以，留欧军事学生前后近90人，时间间隔较长。

面对留学事业萎靡不振的局面，郭嵩焘提议选派湖湘子弟出国留学，李鸿章回复称："若如尊旨，募湖湘子弟十人，于洋文素未涉历，则须仿照赴美学生之例，以十余年为限，先习语言文字，再进机器、测算、汽

---

① (清)李鸿章:《议选员管带学生分赴各国学习》,(清)吴汝纶编:《李文忠公(鸿章)全集·译署函稿》卷6,台北,文海出版社影印本,1980年,第28～29页。

② 《光绪五年九月二十日直隶总督李鸿章等奏》,中国史学会主编:《中国近代史资料丛刊·洋务运动》(五),上海,上海人民出版社、上海书店出版社,2000年,第234页。

化各大学堂，与闽厂学生似觉不伦不类，势难合一。”[①]所以，留美幼童和留欧军事学生共200余人，远远低于日本的海外留学生，况且留美幼童还被中途撤回。

其次，中日留学人员的构成不同，留学生质量有差异。稍微留意一下日本明治维新前后的历史便可发现，留学生在其中起到了重要作用，很多有影响的人物都是明治政府成立前留学欧美的学生，如幕府派遣的西周、津田真道、中村正直等，以及萨摩、长州藩派遣的井上馨、伊藤博文、寺岛宗则、五代友厚、森有礼等，他们成为推动日本近代社会走向成功的中坚力量，也对19世纪中叶日本世界认识的发展起到了重大作用。但清朝的留学生在很长时间内却一直默默无闻，对当时中国世界认识的影响也微乎其微。其中的原因除了中日留学生的派遣有上述时间差之外，更重要的是两国留学人员的构成有很大不同。清廷最早派遣的留学生是14岁左右的幼童，其目标可谓长远，即“约计十余年业成而归”[②]，最终制定的章程是学习15年。即使后来留美幼童因故提前被撤回，但也已经是80年代初，对19世纪中叶中国世界认识的影响不大。当时，曾国藩已感到“为时过久”[③]这一问题。而《申报》1872年8月5日刊载的《拟西学生赴美国肄业事宜议》一文也提出两点建议：一是留学年龄应更小，8～11岁为宜；二是留学年限缩短到10年。与留美幼童相比，派往欧洲的留学生多为福建船政学堂学生，他们在国内已学有所成，本来可以对19世纪中叶中国的世界认识发展起到一定作用，但留欧学生的派遣已是70年代末，况且多为学习军事者。所以，因为留美幼童年龄偏小，社会地位低，他们在短时期内很难有所作为，而留欧学生则因其军事性质限制了他们在更大范围内发挥作用。

与清朝相比，幕末日本的留学生不仅年龄大，而且多为幕府或强藩的中坚力量，因为日本希望留学生尽快为社会提供急需的各种西方知识和人才。如1862年赴荷兰学习西方法律特别是国际法的西周、津田真道均生于1829年，出国前在幕府的西学中心蕃书调所任职。由于他们有良

① (清)李鸿章:《复郭筠仙星使》,(清)吴汝纶编:《李文忠公(鸿章)全集·朋僚函稿》卷16,台北,文海出版社影印本,1980年,第27页。

② 中国史学会主编:《中国近代史资料丛刊·洋务运动》(二),上海,上海人民出版社、上海书店出版社,2000年,第153页。

③ (清)曾国藩:《复李中堂》,中国史学会主编:《中国近代史资料丛刊·洋务运动》(一),上海,上海人民出版社、上海书店出版社,2000年,第265页。

好的西学等学问基础，两年后便学成归国，继续在开成所从事译书活动，为幕末国际法在日本的推广起到了重要作用。与幕府竞争的各强藩也抱着同样的目的派出留学生，并且不同程度地达到了目的。伊藤博文在留学之前已初露锋芒，因而成为长州藩紧随幕府之后派出的首批留英学生，对长州藩在幕末争雄起到了极大作用。“虽然当时我亦为攘夷论者，但当我初渡海外，目睹欧洲之大势，察其文化之进步后，方觉攘夷论实无立足之处。列强文明开化之状况与日本实不可同日而语，而锁国之论调亦渐不可取矣。我以为锁国即害国也。归国之后我即向上进言道：攘夷之说不可行，应倡导与外国和平共处，接受欧洲之进步文明。”[①]而作为萨摩藩首批留英学生的五代友厚则资历更深，他留英前已参与很多藩政大事，也曾于1862年随“千岁丸”号访问上海。在留英期间，五代友厚提出了他观察西方之后有关日本社会发展的18项建议，成为大久保利通在萨摩藩推行藩政改革的依据。

1876年1月，李鸿章与日本驻华公使森有礼举行会谈，这本身就显示了中日在留学西方过程中形成的巨大落差——中国留学生刚刚起步，曾经留学的森有礼已经与李鸿章就两国的利害关系展开交锋：“问：森大人多少年纪？森使云：整三十岁。问：森大人到过西洋？森使云：自幼出外国周流，在英国学堂三年，地球走过两周，又在华盛顿当钦差三年，现在外务省官大辅。”[②]当时中国方面在座的尚有黄彭年、黄惠廉，其中广东人黄惠廉“略通英语”，这在当时的中国已属洋务人才，但与森有礼的西洋学识相比恰是形成了强烈反差。1877年3月，驻英公使郭嵩焘记载并感叹：“日本上野景范、西德二郎来见。西郎能汉文，兼通俄、法、英诸国文字。东西洋人才之盛，百倍中国，岂国运然耶？抑使人才各尽其用，而遂勃然以兴也？”[③]西德二郎当时是日本驻法国使馆秘书，曾于1870年留学俄国。诸如此类的留学生，在日本社会转型之际大放异彩。所以，日本幕末明初的留学生与明治维新可谓“共生体”，留学生是推动明治维新的重要力量，明治维新则为留学生提供了演绎精彩人生的舞台。

因此，中日两国留学生的质量存在巨大差异，这种差异使19世纪中叶中日通过留学生渠道获取的域外信息和社会影响截然不同。中国开始

---

① 〔日〕家永三郎:《外来文化摄取史论》,靳丛林等译,郑州,大象出版社,2017年,第88页。

② (清)李鸿章:《日本使臣森有礼署使郑永宁来署晤谈节略》,(清)吴汝纶编:《李文忠公(鸿章)全集·译署函稿》卷4,台北,文海出版社影印本,1980年,第34页。

③ (清)郭嵩焘:《伦敦与巴黎日记》,长沙,岳麓书社,1984年,第136页。

之时只有容闳通过与曾国藩等人的关系影响了清廷的世界认识这一比较明显的事例，特别是促成了留美幼童留学海外之事，这还是容闳留学时间早的缘故，因为他也是少年时代出国。而在1870年前，日本的海外留学生便基本遍布欧美，因为他们之中有上述在言论思想、社会地位等方面均有一定发言权的留学生，他们通过半公开的书简等形式构建了日本输入世界知识的信息网，回国之后更是成为推动日本世界认识发展的骨干，如1873年“明六社”成立时近一半成员是留学生。正如1864年李鸿章就已指出：“日本君臣发愤为雄，选宗室及大臣子弟之聪秀者，往西国制器厂师习各艺；又购制器之器，在本国制习。现在已能驾驶轮船，造放炸炮。去年英人虚声恫喝，以兵临之。然英人所恃为攻战之利者，彼已分擅其长，用是凝然不动，而英人固无如之何也。”[①]可惜，李鸿章和清政府都无力甚至无意解决这一问题。

最后，中日留学西方的积极主动性不同。日本开国之后，无论是幕府还是各藩以及个人，都积极寻求出国留学。当时，幕府与强藩可谓互不相让，视留学西方为争取自身主导地位的重要方式。德川昭武留学法国也颇具象征意义，他于1867年作为德川庆喜的代表参加巴黎万国博览会，事后便作为留学生留在巴黎。幕府解禁留学之后，日本各藩更是名正言顺地派出众多学生赴欧美，形成留学热潮。明治政府建立后，留学成为新政府赶超西方的重要手段。从个人出国留学积极性来说，日本也显示了其热情，如同前述想方设法参加出国使团一样。

日本的留学热情与清廷的迟缓形成了鲜明对照。对此，清廷也有人看到这一问题。1863年，拣选知县桂文灿条陈称：“闻日本近遣幼童分往俄、美两国，学习制造船炮铅药，及一切军器之法，期以十年而回。此事如确，日本必强，有明倭患，可为豫虑。”恭亲王等人自称对此事“已有风闻”，亦认为“由外国派员前来教习，若各督抚处置不当，流弊原多，诚不若派员带人分往外国学习之便，惟此项人员，急切实难其选”。[②]留美幼童也早有议论，1868年容闳曾向丁日昌提及，但直到1872年才终于成行。留美幼童成行后，福州船政大臣沈葆桢于1872年5月上奏：“去年曾国藩有募幼童赴英国学艺之举，闽中欲踵而行之，以艰于筹费而止。拟限满后，选通晓制造驾驶之艺童，辅以年少技优之工匠，移洋人薪水为之经费，以中国已成之技求外国益精之学，较诸平地为山者

①《筹办夷务始末》(同治朝)卷25，台北，文海出版社影印本，1971年，第9～10页。

②《筹办夷务始末》(同治朝)卷15，台北，文海出版社影印本，1971年，第32～33页。

又事半功倍矣。”[①]1873年秋，左宗棠在兰州上书总理衙门：“今幸闽厂工匠自能制造，学生日能精进，兹事可望有成，再议遣人赴泰西游历各处，藉资学习，互相考证，精益求精……然即此类推，则不独英法咪应遣人前往，此外尚可商量明矣。”[②]1873年12月，随着福州船政局完成初步的造船任务，沈葆桢再次上奏：“臣窃以为欲日起而有功，在循序而渐进，将窥其精微之奥，宜置之庄岳之间。前学堂习法国语言文字者也，当选其学生之天资颖异学有根柢者，仍赴法国深究其造船之方，及其推陈出新之理。后学堂习英国语言文字者也，当选其学生天资颖异学有根柢者，仍赴英国深究其驶船之方，及其练兵制胜之理。速则三年，迟则五年，必事半而功倍。盖以升堂者求其入室，异于不得其门者矣。……三年、五年后有由外国学成而归者，则以学堂后进之可造者补之，斯人才源源而来，朝廷不乏于用。”[③]同治帝虽批复为“该衙门速议具奏”，但这一建议仍被推迟了数年。令人痛心的是，姗姗来迟的留美幼童竟被中途撤回，其中的原因也与清廷本来就不积极的留学态度有关，故而一有风吹草动便做出武断决定。曾国藩等已预知留美幼童在未来的可能变故，提醒“远适异国，储才备用，更不可以经费偶乏，浅尝中辍”[④]，可谓对当时的中国社会知之甚深。到19世纪80年代末，仍有人认为，“出洋一途，流弊滋大。黠者多染夷风，甚或私习洋教，浸假海疆多故，其不为汉奸者几希”，“此后出洋学习之例，拟请普行停止，专以实力整顿学堂”[⑤]。

另外，中日留学生在学习内容方面也有差异。郭嵩焘曾指出，日本留学英国者“学兵法者甚少，盖兵者末也，各种创制皆立国之本也”[⑥]。“嵩焘欲令李丹崖携带出洋之官学生改习相度煤铁及炼冶诸法，及兴修铁

---

① 《同治十一年四月初一日沈葆桢折》，中国史学会主编：《中国近代史资料丛刊·洋务运动》(五)，上海，上海人民出版社、上海书店出版社，2000年，第116～117页。

② (清)左宗棠：《上总理各国事务衙门》，中国史学会主编：《中国近代史资料丛刊·洋务运动》(五)，上海，上海人民出版社、上海书店出版社，2000年，第459～460页。

③ 沈葆桢：《船工将竣谨筹善后事宜折》，中国史学会主编：《中国近代史资料丛刊·洋务运动》(五)，上海，上海人民出版社、上海书店出版社，2000年，第140～141页。

④ 《同治十年七月十九日大学士两江总督曾国藩等奏》，中国史学会主编：《中国近代史资料丛刊·洋务运动》(二)，上海，上海人民出版社、上海书店出版社，2000年，第155页。

⑤ 《光绪十二年六月初八日陕西监察御史朱一新奏》，中国史学会主编：《中国近代史资料丛刊·洋务运动》(三)，上海，上海人民出版社、上海书店出版社，2000年，第31页。

⑥ (清)郭嵩焘著，杨坚点校：《郭嵩焘诗文集》，长沙，岳麓书社，1984年，第190页。

路及电学，以求实用……伏乞钧示，以凭与李丹崖会商办理。”[①]不过，正如李鸿章所言：“既申明约章在先，恐难中道变易。然如埃及派学生赴英学作火轮车路，固当及早取法也。”[②]其实，李鸿章等人在制定《选派船政生徒出洋肄业章程》时也曾提到：“制造驾驶两项学生之内，或此外另有学生愿学矿务、化学及交涉公法等事者，由两监督会商挑选，就其才质所近，分别安插学习。”[③]不过，留欧军事学生其实也顺理成章，毕竟军事技术是需要解决的重大问题，况且留美幼童并无此限制。关键是清政府派遣的留学生人数少，时间又晚，质量也不及日本，所以没有形成一个有影响的群体，在晚清近代化中发挥的作用有限。直到20世纪初留日热潮的形成才改变了这一态势，留日学生成为影响中国社会发展的重要力量，但此时的这种态势已非清政府所能控制。

19世纪中叶，中日也有通过其他途径走出国门带回一些域外信息，但基本属于偶然事件。如王韬受传教士邀请游历欧洲是其中著名的事例，而王韬带来的影响也反映了清朝通过官方形式了解世界之欠缺。日本在幕末也曾派考察团到中国上海等地了解清朝及西方人在中国的情况。

综上所述，19世纪60年代后，出国直接了解世界是日本认识世界的主要渠道；中国由于走向世界的渠道不畅通，在国内通过间接方式认识世界仍占有主导地位，特别是1870年以前更是如此。所以，江南制造总局翻译馆和京师同文馆这两大官方翻译机构，成为洋务运动时期西学的重镇，但二者其实仍主要是直接或间接地依赖传教士，属于传教士译书活动的另一种形式。这种差异对中日两国近代世界认识的形成产生了不同程度的影响。

1884年，李提摩太针对总税务司赫德设计的中国改革计划，向赫德提出了自己的建议：

> ①组织一个代表团，由一位亲王率领，如李（鸿章）、曾（国荃）、左（宗棠）等政府高级官员为成员，做一次环球旅行考察，了解一下其他国家的现状；

---

① （清）郭嵩焘著，杨坚点校：《郭嵩焘诗文集》，长沙，岳麓书社，1984年，第191页。

② （清）李鸿章：《复丁雨生中丞》，（清）吴汝纶编：《李文忠公（鸿章）全集·朋僚函稿》卷17，台北，文海出版社影印本，1980年，第12页。

③ （清）李鸿章等：《选派船政生徒出洋肄业章程》，中国史学会主编：《中国近代史资料丛刊·洋务运动》（五），上海，上海人民出版社、上海书店出版社，2000年，第191页。

②组织一个由帝国最优秀的学者组成的代表团，走出去，考察各国的教育制度；

③组织一个由最睿智最虔诚的人组成的代表团，去国外研究各国的宗教状况；

④派代表团考察其他国家工业发展情况；

⑤派出代表团，考察各国交通与通讯方面的技术手段；

⑥在北京成立专门机构，向各省全面介绍、推广考察的结果。

这个方案实施二十年后会给中国带来巨大的、富有成效的结果。[①]

李提摩太建议的中心议题就是希望中国人特别是统治集团和社会的精英人物能走出国门，了解世界，这是他在中国生活了近15年之后对中国所面临的问题得出的初步认识，也可以说是抓住了19世纪中叶中国社会问题的症结。李提摩太的建议其实正是日本在19世纪中叶已经走过的路，也许他的建议在某种程度上也受到了日本的影响。

第四节　魏源的《海国图志》与日本的《海国图志》时代

——19世纪中叶中日近代世界知识、著作和群体的典型比较

19世纪40~50年代，一部世界历史地理著作在中日产生了共同的社会影响，那就是魏源的《海国图志》。但如果仔细分析一下，便可看出《海图国志》在中日两国的传播[②]有很大差异，中国反应平淡，基本只是魏源的私人著作；日本无论是知识阶层还是幕府都非常重视《海国图志》，形成一个“《海国图志》时代”。其主要原因是《海国图志》虽成书于中国，但主要是借助传教士的世界史地著作这一特殊外部条件，中国国内并未形成与《海国图志》的观念相近的社会群体，抱残守缺的清政府也对此巨著视若无睹；日本不仅有学习西方的兰学者群体，儒学者群体的观念也与《海国图志》的观念相近，他们共同促成了《海国图志》在日本的广泛传播，急欲了解西方世界的幕府就是其背后的有力支持者。

---

① 〔英〕李提摩太:《亲历晚清四十五年:李提摩太在华回忆录》,李宪堂、侯林莉译,天津,天津人民出版社,2005年,第169页。

② 此处的传播包括两方面内容,一是社会对该书的关注程度,一是对该书内容的认同程度。

一、《海国图志》的成书条件及其在中国传播的困境

鸦片战争后，“开眼看世界”已是时代趋势，《海国图志》正代表了这一思潮的发展方向。既然如此，为什么《海国图志》未能及时得到社会的认同而广泛传播呢？这固然有很复杂的因素，但从社会认识传播的角度看，最直接的主要原因是传播内容与受传者的观念不具有相应的同构性，借助特殊外部条件成书的《海国图志》在国内找不到支撑其流传的社会群体。

魏源在《海国图志》叙中特意指出了该书的特点：“何以异于昔人海图之书？曰：彼皆以中土人谭西洋，此则以西洋人谭西洋也。”[①]《海国图志》因“以西洋人谭西洋”显现了其时代价值，却与“中土人谭西洋”群体拉开了距离。当时，“中土人谭西洋”不仅水平很低，人数也极少。从清军入关到鸦片战争的200年间，中国的世界史地著作不过数十种，陈伦炯的《海国闻见录》和谢清高的《海录》是受到时人较高评价、内容也较丰富准确的代表性著作。《海国闻见录》成书于雍正八年(1730年)，实际上是得益于喜爱西学的康熙帝及其时代，也是明末清初西学东渐的“回光返照”。《海录》晚于《海国闻见录》近百年，成书于鸦片战争前夕的1820年。作者谢清高本为广东嘉应商人，因遭遇海难被西人商船救起，遂跟随西人商船在外漂泊14年，因失明返粤，后又流寓澳门以给人充当翻译为生。在谢清高返粤二十余年后，其同乡杨炳南在澳门偶遇之，“与倾谈西南洋事甚悉”，“遂条记之，名曰《海录》”。[②]《海录》是新航路开辟后中国人亲自游历西方并留下文字记录而在国内流传的第一部著作。不过，《海国闻见录》仅万余字，《海录》两万余字，并都以记录东南亚一带为主要内容，有关欧洲本土的记载很少。《海国闻见录》“大西洋”部分介绍了欧洲八国，但只不过是用一句话说明其与东方的关系和地理位置。如葡萄牙条目为：“葡萄牙者，澳门之祖家也。东北二面，地邻是班牙，西临大洋，南俯中海。”[③]《海录》有关欧洲诸国的内容比《海国闻见录》详细一些，特别是对置于欧洲诸国之首的葡萄牙有近2000字的详细说明，占欧洲诸国内容的一半，涉及政治、军事、宗教、风俗等，尤其是重点描述了该国的风俗。但无论是《海国闻见录》还是《海录》，

---

① (清)魏源：《海国图志》(上)，长沙，岳麓书社，1998年，第1页。

② (清)杨炳南：《序》，(清)谢清高：《海录》，上海，商务印书馆，1936年，第1页。

③ (清)陈伦炯：《海国闻见录》，北京，中华书局，1991年，第51页。

短短数千字的内容显然只是非常简单的欧洲概况介绍，并且前者没有美洲的内容，后者亦只有寥寥数语，认为美国“亦海中孤岛也”[①]。而《海国闻见录》与《海录》可以说是鸦片战争前中国人所著的最高水平的世界史地著作，且前者距离鸦片战争也过于久远。除此之外，当然还有一些记载域外情况的著作，如乾隆年间郁永河的《裨海纪游》、庄廷旉的《海洋外国图编》，以及鸦片战争前夕几本有关英国的小册子，如萧令裕的《英吉利记》、叶钟进的《英吉利国夷情纪略》等，但前二者仍未超出《海国闻见录》的水准。《英吉利记》和《英吉利国夷情纪略》等是在19世纪30年代英国对华冲击不断加剧的形势下，一些知识分子开始关注英时所作国，提供了不少有关英国的新信息，但二者都成书于鸦片战争前夕，还没有引起人们的注意战争便爆发了，内容又比较简单。上述“中土人谭西洋”的著作表明，鸦片战争前中国人对世界特别对欧美诸国的了解十分有限，并且即使这些有限的著作也未得到应有的重视，更没有形成相应的社会群体。

在这种情况下，鸦片战争时期人们对英国和西方的无知便不足为怪。林则徐在1839年6月的奏折中便指责部分官员“不谙夷情，震于英吉利之名，而实不知其来历”[②]。其实林的西方知识也不多，在其同时致英王的信中仍相信当时颇为流行的大黄、茶叶制夷论。1840年4月，林则徐针对曾望颜的条陈，才纠正了此前的荒唐错误，指出：“至大黄、茶叶二物，固属外夷要需……尚非必不可无之物，不值为之厉禁。”[③]姚莹自称“自嘉庆年间，购求异域之书，究其情事”[④]，并且任台湾兵备道时仍携带着陈伦炯的《海国闻见录》、王大海的《海岛逸志》、南怀仁的《坤舆图说》等。但在鸦片战争快要结束的1842年，道光帝得知台湾俘获一批英人后，便发上谕询问：“究竟该国地方周围几许，所属国共有若干?……俄罗斯是否接壤，有无贸易相通?”[⑤]而姚莹对自己的回答并不满意，“俄

---

① (清)谢清高:《海录》,上海,商务印书馆,1936年,第33页。

② 《筹办夷务始末》(道光朝)卷7,台北,文海出版社影印本,1970年,第10页。

③ (清)林则徐:《覆奏曾望颜条陈封关禁海事宜折》,中国史学会主编:《中国近代史资料丛刊•鸦片战争》(二),上海,上海人民出版社、上海书店出版社,2000年,第202页。

④ (清)姚莹:《复光律原书》,中国史学会主编:《中国近代史资料丛刊•鸦片战争》(四),上海,上海人民出版社、上海书店出版社,2000年,第531页。

⑤ 《台湾进呈英夷图说疏》,(清)魏源:《海国图志》(中),长沙,岳麓书社,1998年,第1466~1467页。

罗斯距英地远近，莫能明焉，深以为恨”[①]。不仅林则徐、姚莹，魏源、徐继畬等人在鸦片战争前对西方的了解都很少。1841年，参加浙东抗英斗争的魏源只能根据英俘安突德的描述等写成不足2000字的《英吉利小记》，却称英国“初奉佛教，后奉天主教”[②]。

如果从上述“中土人谭西洋”的状况推断，鸦片战争后，中国不会有高水平的世界史地著作出现，《海图国志》的成书条件并不具备。但《海图国志》确实应运而生，并且从1842年的50卷到1847年的60卷，1852年扩展为100卷近90万字的皇皇巨著，而为其提供条件的除了林则徐翻译的《四洲志》等资料外，主要是19世纪以来新教传教士出版的汉文书刊。这些新教传教士的书刊可以分为两部分：一是1842年以前主要在东南亚的马六甲等地出版；一是《南京条约》签订后在通商口岸出版，其中主要以前者为主。这些汉文书刊对当时的中国人而言都是很陌生的，特别是1842年以前传教士在马六甲等地出版的汉文书刊，不仅不能在中国流通，连出版地也主要不是在中国大陆，自然不会对鸦片战争前的中国有什么影响，更不会形成接受这些书刊的社会群体。所以，不仅鸦片战争的失败使中国人感到强烈震撼，《海国图志》的出现也使国人感到突然和难以接受。其实，这种历史现象本来就不常见——当西方传教士以中国人为对象出版汉文书刊时，躲在锁国大门之内的中国人却几乎毫无所知，并一直延续了40年。《海国图志》是将本应在40余年里消化的东西一下子端到国人面前，其结果可想而知。可以说，《海国图志》是在特定的历史时期借助特殊的外部条件才得以问世，但受传者群体却不可能突然出现，这一群体只能由此前“中土人谭西洋”的状况所决定。“呜呼！读书不过圣贤经传，便成名儒。谓能得海外奇书者，妄也。治世不过古今成法，便为善俗。谓能建当时奇策者，尤妄也。”[③]丁晏之言对鸦片战争后中国社会的描述可谓入木三分，也算是对《海国图志》与清朝士大夫关系的精准解读。随着清朝与外国侵略者冲突的再度爆发，在逐渐消化了诸如《海国图志》中“以西洋人谭西洋”的部分内容之后，洋务派集团才得以充当了这一受传者群体。

另外，《海国图志》在中国只是魏源的私人著作，并没有受到清政府

---

① (清)姚莹:《自叙》,《康輶纪行》,台北,文海出版社影印本,1974年,第1页。

② (清)魏源:《海国图志》(中),长沙,岳麓书社,1998年,第1466页。

③ (清)丁晏:《书包倦翁安吴四种后》,任继愈主编:《中华传世文选·晚清文选》,长春,吉林人民出版社,1998年,第24页。

的重视，这自然影响其传播。《海国图志》在1842年最初问世有一些官方色彩，因为魏源是在林则徐组织和翻译的《四洲志》基础之上并受林则徐委托编辑出版。尽管如此，我们说《海国图志》基本是魏源的私人著作，这不仅指该书是魏源自己编辑的，更主要的是指该书在当时没有受到清政府应有的重视。“天朝全盛之日，既资其力，又师其能，延其人而受其学，失体孰甚。”[①]梁廷枏之言是直接针对魏源的“师夷制夷”论而发，它表露了士大夫和清政府的共同心态。到1858年第二次鸦片战争进行期间，兵部左侍郎王茂荫向咸丰帝上奏：“臣所见有《海国图志》一书，计五十卷，于海外诸国，疆域形势，风土人情，详悉备载，而于英吉利为尤详。且慨前此办理之未得法，为后此设种种法，于守之法，战之法，款之法，无不特详……未审曾否得邀圣览？如或未曾，乞敕左右购以进呈……其书版在京，如蒙皇上许有可采，请敕重为刊印。使亲王大臣家置一编，并令宗室八旗，以是教，以是学，以知夷虽难御，而非竟无法之可御。”[②]但此奏折的建议当时并未被清政府采纳。值得注意的是，王茂荫在奏折中只提到《海国图志》50卷本，此时距该书百卷本问世已六年。特意向皇帝推荐《海国图志》的王茂荫尚且如此，其他人便可想而知。所以，在洋务运动之前，《海国图志》只受到个别士大夫的关注，直到洋务运动才从整体上开启了《海国图志》提出的“师夷”认识及其实践。

二、日本的《海国图志》时代

1851年，《海国图志》60卷本传入日本，增补的百卷本也于1854年输入日本。1854~1856年，日本出版了20余种不同版本的《海国图志》选本[③]，占同一时期日本出版的世界史地著作的一半，形成了日本的《海国图志》时代。日本之所以如此重视《海国图志》，最主要的原因是它适应了日本开国之际的现实需要，无论是《筹海篇》中对鸦片战争的经验总结，还是其他各卷中对欧洲诸国特别是美国的系统叙述，对当时的日本而言都有重要的启示意义。可以说，从现实角度而言，中日两国都需要《海国图志》这样的著作。但为什么日本在50年代便能广泛地接受《海国图志》呢？其主要原因是日本具备了中国所没有的条件。

---

① (清)梁廷枏著，邵循正校注：《夷氛闻记》，北京，中华书局，1959年，第172页。

②《筹办夷务始末》(咸丰朝)三，北京，中华书局，1979年，第1049页。

③ 王晓秋：《近代中日文化交流史》，北京，中华书局，1992年，第33~34页。

首先，日本的世界认识水平与《海国图志》相近。根据社会认识传播的一般规律，受传者与传播主体之间的观念愈接近，传播的可能性愈大，反之则容易排斥。19世纪40～50年代，日本的世界认识水平不低于《海国图志》，这是《海国图志》在日本流行的重要前提。日本虽与中国一样实行闭关锁国政策，但注意通过与荷兰的通商关系了解世界特别是西方国家，并形成了学习西方的兰学家群体。他们学习荷兰文，翻译荷兰文书籍，创办兰学堂，兰学成为锁国时代日本又一新的学术领域，并与儒学、国学鼎足而立。兰学的主要成就在医学、天文学等自然科学领域，但随着时代的发展特别是西方对日本冲击的加深，也不断向社会科学领域延伸，其中比较突出的是对西方系统的历史、地理知识的翻译和介绍。据统计，《海国图志》在日本出版前的1730～1853年，日本人关于世界地理、历史的译著及世界地图共达260种，其中绝大部分出自兰学家之手。[①]这一数字远远超过同一时期的中国。同时，日本的世界认识水平也高于中国。1795年元旦，兰学家大槻玄泽已邀请江户兰学家等举办西方式的“新元会”，并标识为“九千里外存知己，五大洲中如比邻”[②]，说明兰学家已基本是欧化的社会群体。在兰学家的影响下，日本世界认识的整体水平有很大提高，例如非兰学系统出身的渡边华山已从文明论的角度认识世界，认为世界文明正从北纬40°以南向40°以北转移，欧洲已成为文明的中心并向世界各地扩张。[③]19世纪30年代，江户街头已有售卖地球图者，可见西方的近代世界认识在日本的普及程度，这与清朝连战争对手英国都不知在何处形成了鲜明对照。世界认识的进步为日本接受《海国图志》破除了观念上的壁垒；同时，兰学家也一直通过直接翻译荷兰文书籍认识西方世界，比《海国图志》通过传教士的中文书刊了解西方世界更进了一步，因而更容易接受《海国图志》。

其次，日本具备了接受《海国图志》的社会群体。兰学家群体是推动锁国时代日本世界认识发展的主要力量，这一群体自然不会排斥《海国图志》，并且是《海国图志》在日本流传的重要社会基础。不过，对《海国图志》在日本的流传起到主要直接作用的并非兰学者，而是儒学者

① 根据鲇泽信太郎《锁国时代日本人的海外知识》一书做的统计。

② 〔日〕源了圆：《从开明思想言实学》，葛荣晋主编：《中日实学史研究》，北京，中国社会科学出版社，1992年，第210页。

③ 渡辺華山：『外国事情书』，佐藤昌介[ほか]校注：『日本思想大系55 渡辺華山 高野長英 佐久間象山 横井小楠 橋本左内』，岩波書店，1971年，第18～19頁。

群体。首先,《海国图志》的最初日本选本是儒学者完成的。1854年4月,《海国图志墨利加洲部》出版,这是日本出版的第一部《海国图志》选本,训读者表面上是中山传右卫门,实际则是河田八之助。河田八之助是幕府官方正统儒学林家学塾的负责人,由于林家兼管日本的外交事务,故有《海国图志》藏本,河田便训读了其中的美国部分,但又忌讳用自己的名义出版,便假借了与他有交往的豪农中山传右卫门的名字。随后出版的是幕末著名儒学者盐谷宕阴训读的《翻刻海国图志》(筹海篇部分),兰学者箕作阮甫则注释了书中的人名、国名等西方名词。随着以上两种选本的问世,《海国图志》的其他选本也相继出现。其次,《海国图志》的训读者、翻译者基本都是儒学者。日本出版的21种《海国图志》选本共有11名训读、翻译者,除皇国隐士不知为何人、箕作阮甫以兰学家身份注释了某些选本的专有西方名词外,其他基本是当时著名的儒学者,如广濑达、正木笃、大木规祯、赖子春、小野元济以及前述的河田八之助和盐谷宕阴等。儒学者成为推动《海国图志》在日本流传的一个特殊社会群体。

儒学者充当了《海国图志》在日本流传的直接主导力量,是由多种因素促成的总体社会效应。兰学的影响使日本儒学者对域外世界有一定了解,儒学者的身份让他们特别关注中国的变化和言论,中国在鸦片战争中的失败强烈地刺激了儒学者,促使其不得不更积极地面对现实世界。另外,儒学者精通汉语,汉语是他们的学术语言,他们自然而然地成为《海国图志》在日本的主要传播群体。从18世纪末开始,日本儒学者、国学者、佛学者等已不同程度地受到兰学的影响,如佐久间象山是儒学系统出身,但也兼修兰学,精通荷兰文及西洋炮术等。但大部分儒学者的真正转变始于中国在鸦片战争中败给英国之后。由于儒学者同中国的特殊关系,他们对鸦片战争特别关注,日本有关鸦片战争的著作基本是由儒学者编撰的,在这些著作中,儒学者初步总结了鸦片战争的教训。深受兰学影响的佐久间象山在鸦片战争后更是指斥清朝盲目自大:“唯知本国之善,轻视外国,侮为夷狄蛮貊,而不知彼之熟练于实事,兴国利,盛兵力,妙火技,巧航海,遥出己国之上。”①儒学者关注世界并初步总结鸦片战争的教训,已与《海国图志》大致处于同一水平线上,故《海国图志》传入日本立即为儒学者所重视并得以流行。

① 佐久間象山:「ハルマ出版に関する藩主宛上書」,佐藤昌介[ほか]校注:『日本思想大系55 渡辺華山 高野長英 佐久間象山 横井小楠 橋本左内』,岩波書店,1971年,第284頁。

同时,《海国图志》也能补充日本世界认识的某些不足。当时,日本的世界认识在观念上是比较进步的,但毕竟处于锁国时代,一些具体事情往往不是很清楚。例如日本人对美国便一直未加注意,1807年兰学大家大槻玄泽的《环海异闻》还不知道美国的独立战争,甚至1838年渡边华山与荷兰驻日商馆长问答的《鴃舌或问》仍称“北美洲如今只有英国的亚墨利加领地”①。但最后打开日本锁国大门的恰恰是美国,《海国图志》中美国部分主要取材于美国传教士裨治文的《美利哥合省国志略》,这基本满足了当时日本社会的急迫需要。

所以,1860年以前《海国图志》在中日两国形成不同的社会传播效果,最直接的原因是两国的世界认识积累有很大差异,这种差异主要表现为可否找到一个在观念上接受《海国图志》的社会群体。当时的中国显然不具备这一条件,因为此前的“中土人谭西洋”不仅水平低,而且人数很少,不能构成一个单独的有影响的社会群体。没有一个从观念上接近《海国图志》的社会群体,《海国图志》即使符合时代需要并得到个别人的认同,也很难在短时间内广泛流传。与中国相比,日本在19世纪40年代以前已形成了以西方为学习对象的兰学家群体,而兰学的影响和鸦片战争的刺激又促成了儒学者世界观的转变。兰学者与儒学者共同组成的社会群体为《海国图志》广泛流传提供了深厚的社会基础。由于儒学者与中国的特殊关系,这一群体对《海国图志》在日本的传播起到了直接的主导作用。儒学者加入日本近代世界认识的群体,对日本近代世界认识的发展有很大的推动作用。

与知识群体热衷《海国图志》相对应的是幕府的重视。1851年最初输入日本的三部60卷本《海国图志》分别被御文库、学问所和老中牧野忠雅留用,其虽然名义上是禁书,但实际上却受到幕府的重视,故而随后该书又陆续流入日本。同时,《海国图志》在日本的重新翻印刊刻也受到幕府指导。如前所述,《海国图志》在日本最早的刻本《海国图志墨利加洲部》的编纂者河田八之助是日本官方正统儒学林家学塾的负责人,所以《海国图志》在日本的最初出版便与幕府密切关联。盐谷宕阴、箕作阮甫训点的《翻印海国图志》筹海篇部分出版时,更明确地指出:“此书客岁清商始所舶载,左卫门尉川路君获之,谓其有用之书也,命亟翻

① 佐藤昌介[ほか]校注:『日本思想大系55 渡辺華山 高野長英 佐久間象山 横井小楠 橋本左内』,岩波書店,1971年,第86頁。

刊。”[①]川路圣谟时任勘定奉行，负责日本对外交涉事务，他的指示实际上代表了幕府旨意。所以，《海国图志》在日本广为传播与幕府支持密不可分。

《海国图志》虽成书于中国，但无论从传播方式还是传播范围而言，在19世纪60年代以前日本更得益于该书的开风气作用。《海国图志》在中日两国的不同命运说明，中日近代世界认识的发展有着阶段性差异，两国政府及其知识阶层对近代世界认识的态度更是迥然不同。正因如此，当中日在19世纪60年代以后相继走出国门之时，近代世界认识的发展差距只会进一步拉大，进而影响两国的近代化进程。

《海国图志》不仅可以作为典型诠释19世纪40～50年代中日世界认识的发展状况，而且可以再次作为19世纪60～70年代两国世界认识发展程度的重要衡量标准。概而言之，在19世纪60～70年代，中国仍未走出“《海国图志》时代”，日本已经进入了“后《海国图志》时代”。1876年，中国重新出版《海国图志》，说明这一时期的中国缺少新的认识世界的知识渠道和著作。1888年，黄遵宪在呈送给李鸿章《日本国志》的禀文中称：“职道自奉使随槎，在外九载，尝慨中国士夫于外事不屑措意。通商五十年，惟《瀛寰志略》《海国图志》二书椎轮创始，粗具大概，积岁已久，未有续书，即留心时务者亦无所凭藉以资考证。东西之人多谓中国士夫昧于外务，职道心焉惜之。”[②]相反，19世纪60年代以后日本已经不需要《海国图志》这种泛论式的历史地理著作，更系统深入地直接认识世界的知识和著作受到日本人的青睐，其中福泽谕吉的《西洋事情》、中村正直的《西国立志篇》、内田正雄的《舆地志略》被誉为“明治三书”，它们都是走出国门的日本人编译的著作。

---

① 〔日〕大庭修:《江戸时代中国典籍流播日本之研究》,戚印平等译,杭州,杭州大学出版社,1998年,第374页。

② 李长莉:《黄遵宪〈日本国志〉延迟行世原因解析》,《近代史研究》2006年第2期。

第四章　19世纪中叶中日近代世界认识的主要内容

相对于前近代世界而言，近代世界始于新航路开辟后发生的一系列重大的、本质的转变：一是首次形成了真正完全意义上的世界，并且推动着这个世界不断趋于一体化；二是近代世界的领航者西方国家成为世界的主角，构建了新的世界秩序和东西方关系。西方国家在自身近代化和向外扩张的过程中逐渐建构了近代世界的基本原理，其中主要是以西方文明相标榜的文化世界、以国际法为交往原则的政治世界和以国际贸易为基础的经济世界，它们共同构成了近代资本主义世界体系。随着历史向世界历史的转变，现代民族国家普遍建立起来，“在经济上又处在‘世界市场的范围内’，而在政治上则‘处在国家体系的范围内’”①。

面对新的世界格局和准则，中日被迫或主动地调整甚至放弃两国的传统世界认识，以适应现实形势，形成了近代世界认识，其中主要包括以下四方面：一是从宏观方面关注世界局势，特别是如何认识东西方之间的关系，其中主要表现为在天下观方面接受地圆说、五大洲说以代替中日传统的天下观和三国世界观；二是在文化观方面重新认识中日传统的华夷观，通过对东西方文明的解读确立了彼此的关系和地位；三是在政治方面开始不同程度地接受以国际法为宗旨的国家之间的关系；四是在经济方面开始重视贸易、市场在世界一体化中的影响和作用，形成新的世界经济观念。在这一过程中，中日对传统世界认识的批判和对近代世界认识的认同错综复杂地交织在一起，而中日近代世界认识的内容更有诸多差异。

从近代世界认识的发展进程而言，16世纪，在西方国家进入中日之

① 〔德〕马克思：《哥达纲领批判》，《马克思恩格斯全集》第19卷，北京，人民出版社，2007年，第25页。

后，两国的世界认识便逐渐发生了转变，其中日本的转变更快一些，但从整体上看，在19世纪40年代以前，两国均未形成比较系统的近代世界认识，传统世界认识仍占有主导地位，具体情况前已述及。中日近代世界认识的形成主要是在19世纪中叶，本章便基本以这一时期为中心分析两国近代世界认识的形成情况与主要核心内容。这一时期的日本已基本完成“华夷变态”，西方文化及其世界认识成为其立国方针，这没有什么争议。中国也基本构筑了近代世界认识，此处仅以1879年薛福成在《筹洋刍议》中的一段言论窥其一斑。

> 降至今日，泰西诸国以其器数之学勃兴海外，履垓埏若户庭，御风霆如指臂，环大地九万里，罔不通使互市。虽以尧、舜当之，终不能闭关独治。而今去秦、汉也，亦二千年，于是华夷隔绝之天下，一变为中外联属之天下。……若夫西洋诸国，恃智力以相竞。我中国与之并峙，商政矿务宜筹也，不变则彼富而我贫；考工制器宜精也，不变则彼巧而我拙；火轮、舟车、电报宜兴也，不变则彼捷而我迟；约章之利病，使才之优绌，兵制阵法之变化宜讲也，不变则彼协而我孤，彼坚而我脆。①

另外，需要说明的是，由于中日近代世界认识的发展进程在时间上也有一定差距，因而日本方面的内容主要以幕末和明治初年为主，大致止于岩仓使团；有关中国的内容则稍微向后推延，基本叙述至19世纪70年代末。与此相关的是，明治维新是日本进入近代的象征，但从日本近代世界认识的层面而言，日本开国前后的幕末时期特别是19世纪60年代以后，近代世界认识已经基本成型，明治维新就是在此基础上进一步发展，并使之成为坚定的统一的国家政策。所以，为了叙述的连续性，本书将幕末和明治初年即19世纪中叶的日本近代世界认识视为一个整体来处理。

第一节　近代天下观：地圆说、五大洲说及现实世界

中日传统世界认识是一种区域性的世界认识，它是建立在“天圆地

① 丁凤麟、王欣之编:《薛福成选集》上海，上海人民出版社，1987年，第555～556页。

方”等基础之上，在西方近代地理知识面前自然显得荒谬。中日近代世界认识首先要面对的就是必须结束不确切的传统世界认识，重新认识“天下”，确立“近代天下观”。19世纪中叶，中日在不同程度上接受了地圆说、五大洲说，并且环游地球，目睹了自己居住的广阔而又有限的世界，放弃了此前以自我和地域为中心的传统世界观念。中日近代天下观的基本特点是在地圆说、五大洲说的基础上将世界视为一个有机的整体；同时，近代中日天下观也具有政治方面的内涵，因为中日都不同程度地认识到，以地圆说、五大洲说为象征的世界不仅仅是一种知识和观念，更是以西方为主导的现实世界，这也促使中日必须尽快接受和适应世界形势，以便在真正的现实世界中重新寻求自己的地位。

一、地圆说、五大洲说的描述

地圆说、五大洲说从16世纪便由耶稣会士传入中国和日本，但它在两国的遭遇并不相同。中国的抵制很强烈，其目的主要是维护传统的中国中心观，甚至利玛窦绘制的世界地图将中国置于中心位置也有此方面的考虑，因而地圆说、五大洲说很难在中国得到顺利发展。由于日本经历了学习西方的兰学时代，地圆说、五大洲说在兰学者中间已被接受，并且到19世纪初已逐渐影响到日本社会的其他阶层。所以，在19世纪中叶，中国主要是某些开明之士重新审视并逐渐接受了地圆说、五大洲说：日本则从兰学者延伸到儒学者及普通民众，即开始普及了地圆说、五大洲说。

鸦片战争后中国人撰写的世界史地著作是地圆说、五大洲说在中国重新兴起的重要标志。“近来谈海外掌故者，当以徐松龛中丞之《瀛寰志略》、魏默深司马之《海国图志》为嚆矢，后有作者，弗可及已。”[①]徐继畬的《瀛寰志略》正文卷一开始便以《地球》为文，又附上圆圆的东西两半球地图，而“皇清一统舆地全图”被置于地球图之后，并且在该书自序中首先声称：“地理非图不明，图非履览不悉，大块有形，非可以意为伸缩也。”[②]可见，徐继畬以客观事实坚决摒弃了中国中心观。魏源的《海国图志》也采用了东西半球图，不过放在了各国沿革图之后。东西两半球图虽非鸦片战争后在中国首次出现，却是鸦片战争后才确立了在中国的主导地位。此前对中国影响最大的世界地图是利玛窦绘制的以中国为中心的卵形图，它保留了浓厚的中国中心观色彩，也不容易使人直接

---

① (清)王韬:《〈瀛寰志略〉跋》,《弢园文录外编》,上海,上海书店出版社,2002年,第226页。

② (清)徐继畬:《瀛寰志略》,上海,上海书店出版社,2001年,“自序”,第6页。

感受到地球如圆之理。所以,《瀛寰志略》等绘制的半球图有重要的象征意义,标志着中国人世界认识的重大进步。徐继畬还在《地球》一文做了简洁明快的解释:“地形如球,以周天度数分经、纬线,纵横画之,每一周得三百六十度,每一度得中国之二百五十里。海得十之六有奇,土不及十之四。”[①]《海国图志》以广博见称,在《国地总论》中,魏源共用三卷篇幅引用了上自利玛窦下至玛吉士等西方人和中国人的著作,其间虽有地心说、日心说之别,但已明确地认同了地圆说。在百卷本《海国图志》的最后五卷,魏源又编撰了《地球天文合论》,再次阐明地圆说,并实际上认同了日心说。梁廷枏的《合省国说》虽只论及美利坚,但在卷一之首句也先申明“地形如球,其说著之史册久矣”[②]。科学家邹伯奇则详细地阐述了地球图的制作方法,据《清史稿》记载:

又手摹皇舆全图,自序略曰:“地图以天度画方,至当不易。地球经纬相交皆正角,而世传舆图,至边地竟成斜方形,殊失绘图原理,其蔽在以纬度为直线也。昔尝为小总图,依浑盖仪,用半度切线,以显迹象。然州县不备,且内密外疏,容与实数不符,故复为此图。其格纬度无盈缩,而经度渐狭,相视皆为半径与余弦之比例。横九幅,纵十一幅,合成地球滂沱四颓之形,欲使所绘之图与地相肖也。

又变西人之旧,作地球正变两面全图,其序略曰:“地形浑员,上应天度,经纬皆为员线。作图者绘浑于平,须用法调剂,方不失其形似。然视法有三,其一在员外视员,法用正弦,则经圈为椭员,纬圈为直线,其形中广旁狭,作简平仪用之。其一在员心视员,法用正切,则经圈为直线,纬圈为弧线,其形中曲旁杀,内密外疏,作日晷用之。斯二者,线无定式,量算繁难。且经纬相交,不成正角。其边际或太促褊,或太展长,以画地球,既昧方斜本形,复失修广实数,所不取也。其一在员周视员,法用半切线,经纬圈皆为平员,虽亦内密外疏,而各能自相比例,西人以此作浑盖仪,最为理精法密。今本之为地球图,分正背两面。正面以京师为中线,其背面之中,即为京师对冲之处,尊首都也。旁分二十四向,审中土与各国彼此之势,定准望也。经纬俱以十度为一格,设分率也。”[③]

---

① (清)徐继畬:《瀛寰志略》,上海,上海书店出版社,2002年,第1页。

② (清)梁廷枏著,骆驿、刘骁点校:《海国四说》,北京,中华书局,1993年,第52页。

③ 赵尔巽等撰,许凯等标点:《清史稿》,长春,吉林人民出版社,1995年,第10584~10585页。

由此看来，当时的世界史地著作已将地圆说作为普通常识予以接受，并从多种角度证实地圆说。徐继畬在论及澳大利亚被发现的过程时称："澳大利亚……地之广莫，为东南洋诸岛之冠。西班牙既探得亚墨利加两土，侈心不已，展转西寻，忽见此土，以为搜奇天外，而不知地球圜转，已至亚细亚之东南洋也。"[①]魏源亦引用裨治文的《美理哥国志略》，以实例清晰地指明地球乃圆形："正德年间，有欧罗巴人解缆西行，先到美理哥洲，而后过亚细亚之中华、之印度，又过利未亚，以还欧罗巴。亦有解缆东行，先过利未亚，再过印度，过中华，而后西至美理哥洲，以返欧罗巴。可知自西而东，自东而西，皆环圆如球明矣。"[②]1859年，李善兰在《谈天》出版的序言中，对日心说等做了最简明扼要的科学普及："西士言天者曰：恒星与日不动，地与五星俱绕日而行，故一岁者，地球绕日一周也，一昼夜者，地球自转一周也……歌白尼求其故，则知地球与五星皆绕日……刻白尔求其故，则知五星与月之道，皆为椭圆。……奈端求其故，则以为皆重学之理也……由是定论如山，不可移也。"[③]

当然，当时能真正理解并接受地圆说的中国人仍是少数，甚至姚莹也对此颇感困惑，而他依据佛教学说对地圆说的进一步释解，自然既不科学也不正确："西人地体浑圆之说，自幼闻之，以为信然。独疑其说地下人与地上人足相抵，果尔则是地下人足皆履地，不知海水在于何处？谓地下之人首上戴天可也，谓其人首上戴海可乎？及观释氏所言，则天上地下仍有定分，海自在地之下，日月环绕地之东西，非环绕地之上下，其日月经行之道，则更在海外。人以所立之地斜睨之，则若日月更行海底耳，其实非也。此说于理乃足，西人之言固未审矣。"[④]姚莹的上述困惑也与日心说在中国仍未普及有关，即与传教士传播的西学缺陷有关。1856年，郭嵩焘还对西方地理学说持怀疑的态度，他说："近见西洋书，言天不动而地动，颇以为疑。位西则言：地本静，而天以气鼓之，即易所谓承天而时行也。张子正蒙已主此说。近日西洋畅发其说，以日为主，五星环之，地轮又环其外。乾隆中，西洋蒋某曾献此议，上命钱大昕竹

---

① (清)徐继畬:《瀛寰志略》,上海,上海书店出版社,2001年,第60页。不过,当时西班牙人发现的是美洲南端的火地岛,并非澳大利亚。

② (清)魏源:《海国图志》(下),长沙,岳麓书社,1998年,第1614页。

③ (清)李善兰:《序二》,〔英〕侯失勒:《谈天》,〔英〕伟烈亚力、(清)李善兰译,上海,商务印书馆,1934年,第1页。

④ (清)姚莹:《康輶纪行》卷12,台北,文海出版社影印本,1974年,第17页。

汀等质问，终疑其说，勿用。予问经星又环何处，位西言：经星皆日，天外之天，盖无穷纪也……其说甚奇。”[①]正因如此，19世纪60年代以后走出国门的中国人仍觉得有必要宣传地圆说等西学知识。

在近代西方地理学发展史上，地圆说与五大洲说是孪生胎，正是在地圆说的启示下，西方人开始向外寻求新世界，进而形成五大洲说。所以，从利玛窦开始，二者总是被同时提及，鸦片战争后中国的世界史地著作也是如此。《瀛寰志略》卷一《地球》首先介绍地圆说，随之便是五大洲的内容：“大地之土，环北冰海而生，披离下垂如肺叶，凹凸参差，不一其形。泰西人分为四土，曰亚细亚、曰欧罗巴、曰阿非利加一作利未亚，此三土相连，在地球之东半，别一土曰亚墨利加，在地球之西半。”[②]如果联想到此前中国人对五大洲说的强烈排斥，而此时徐竟以如此平静、精确之语概括五大洲，确实说明19世纪40年代以后中国人的世界认识有了非同寻常的进步。姚莹《康輶纪行》汇集了自明末传教士到鸦片战争时期的多种世界地图，“四海万国具在目中，足破数千年茫昧”[③]。

不过，当时中国的世界史地著作也常用四大洲这一名词，这与梵典中四大洲说的影响不无关系。魏源的《海国图志》专门论述了五大洲，称为“释五大洲”。他根据《说文解字》中“水中可居曰洲”，并参照梵典的四大洲说，认为四大洲中“西人止得其二”，即亚、欧、非为一洲，美洲为一洲。“此外必有二洲，不独释典言之也，即以西人所制地球观之，两洲实止居全地之半。”[④]同时，魏源等人此时还未弄清墨瓦蜡尼加洲即火地岛与澳洲是两个不同的地区，常将两地混淆。如魏源在引用新教传教士的著作时便称澳大利亚为“阿塞亚尼亚州即南洋诸岛，今合称为五州之一也”[⑤]；而在引用耶稣会士的著作中又称“复得南极下墨瓦蜡之地……为第五洲”[⑥]。徐继畲则完全将这两个地方视为一处，“前明时，西班牙……命名曰火地，又以使臣之名名之曰墨瓦蜡尼加。……后荷兰

---

① (清)郭嵩焘:《郭嵩焘日记》(一),长沙,湖南人民出版社,1981年,第26页。

② (清)徐继畬:《瀛寰志略》,上海,上海书店出版社,2001年,第4页。

③ (清)姚莹:《今订中外四海舆地总图》,《康輶纪行》卷16,台北,文海出版社影印本,1974年第44页。

④ (清)魏源:《释五大洲》,《海国图志》(下),长沙,岳麓书社,1998年,第1847~1852页。

⑤ (清)魏源:《海国图志》(上),长沙,岳麓书社,1998年,第587页。

⑥ (清)魏源:《海国图志》(下),长沙,岳麓书社,1998年,第1848页。

人东来……名之曰澳大利亚，又称新荷兰”[①]。

尽管有如上之瑕疵，但如梁廷枏所言，当时中国流行的五大洲、四大洲“两说并与元道士邱长春所注之《西游记》称四大部洲不同……不能执以相病”[②]。这是针对鸦片战争时期的五大洲说、四大洲说均有实地所指而言，并非如释典之四大洲乃虚无缥缈之语。林则徐主持所译的《四洲志》也是参考利玛窦等人的旧说，即亚细亚、欧罗巴、利未亚、亚墨利加、墨瓦腊尼加洲。所以，四大洲之名称虽与释典四大部洲的影响有关，也说明以此表述可能更易为国人所授受，但实质内容是截然不同的，所代表的世界观念更是不同。如魏源依据新知对“中国”的重新诠释：“震旦则正当温带，四序和平。故自古以震旦为中国，谓其天时之适中，非谓其地形之正中也。”[③]当时的人们也是从近代世界观念的角度接受《海国图志》《瀛寰志略》等世界史地书籍。朱琦赠魏源诗便称“谓是《海国志》，幽遐靡弗宣”[④]，即《海国图志》突破了以往中国中心观的模式，将已知的世界诸国毫无遗漏地展现于国人面前。具有强烈的世界意识的总理衙门大臣董恂为《瀛寰志略》所作序言中的评价更清晰地表述了时人的认识，“窃见天之所覆，地之所载，华夏而外……极地球之所有，莫不毕纪，泱泱乎大风，可谓闳其中而肆其外矣”，“于以知载籍极博，而其量十世、其量百世，自有确不可易者在，而益叹文章之显晦，又各有其时也”。[⑤]如此高评价的主要原因是该书促成了中国人观念的转变，其中主要是世界观念的转变。

中国中心观不仅是中国传统世界认识的核心，而且也是日本传统世界认识包括其三国世界观的重要基础，因而日本近代世界认识也是首先以地圆说、五大洲说批驳中国中心观。从18世纪下半叶开始，兰学家已从近代西方地理学角度抨击中国中心观，兰学创始人杉田玄白指出：“夫地者一大球也，万国配居焉，所居皆中也，何国为中土，支那亦东海一隅之小国也。”[⑥]杉田所言虽有偏颇，但以地圆说否定中国中心观无疑是正确的。前野良泽在《管蠡秘言》中依据西方的地理学知识，否定了中

① (清)徐继畬:《瀛寰志略》,上海,上海书店出版社,2001年,第57页。

② (清)梁廷枏著,骆驿、刘骁点校:《海国四说》,北京,中华书局,1993年,第54页。

③ (清)魏源:《海国图志》(下),长沙,岳麓书社,1998年,第1850页。

④ (清)李柏荣著、陈新宪校点:《魏源师友记》,长沙,岳麓书社,1983年,第112页。

⑤ (清)徐崇寿编著:《徐松龛先生继畬年谱》,太原,北岳文艺出版社,1994年,第98页。

⑥ 杉田玄白:『狂医之言』,沼田次郎[ほか]校注:『日本思想大系64 洋学上』,岩波書店,1976年,第240頁。

国的天圆地方学说，并列举了地球之“六大洲”，“是吾邦以及支那、印度等古人未曾知之所。童蒙或有只知支那、天竺为大国，其余均为附属之小国，故列亚细亚之国诸国名于左”[①]，而亚细亚只不过为六大洲之一。兰学的兴起初步改变了日本的传统世界认识，并出现了支那、印度等具有新含义或西方式的称谓，表明了日本近代世界认识的发展趋向。到19世纪初，深受兰学影响的市民学者山片蟠桃也批判了古代东方传统世界认识的局限：“天文地理之学日益开化，知古之不足而有今之发明，故天竺须弥山之说、日本神代之说及汉土诸说均是天文学未开化之前的旧观念”“西洋欧罗巴诸国……乘大舶抵万国，正天文地理，故不同于梵汉日虚妄之说，以此故信其说。”[②]不过，在19世纪初，日本还不清楚英国在印度的殖民状况，1839年渡边华山的《再稿西洋事情书》才开始较详细地介绍了以英国为首的西方国家在印度殖民的最新情况：“印度为释迦降诞之地，自古制度文物繁盛，但莫卧儿人拙于航海之事，海防尤为不严，终于为英国所据。”[③]这样，作为三国世界观之一极的天竺的形象也开始褪去神圣的色彩。

所以，日本三国世界观转变的标志便是从西方世界认识评述中国、印度，这是解析传统世界认识的必要阶段。继兰学者之后，儒学者也成为抨击三国世界观的主力之一。如佐久间象山认为：“汉人之天地说，秦汉以来，至于周张程朱诸贤，影响虽多，得其实则甚少，看而厌之。故某以西洋实测之学，补大学格致之功。”[④]印度作为日本传统世界认识之一极也受到了儒学者的关注。以魏源《海国图志》在日本的流传为例，《海国图志》在日本刊刻了多种选本，其中除了美国等西方国家及筹海篇受到关注之外，其中的《印度国部附夷情备采》也作为选本之一单独刊刻出版，这也是日本首次详细地介绍印度的现状，刊刻者选择此部分内容自然也有清除日本人三国世界观的想法。赖子春在序中指出：“盖印度

① 前野良沢:『管蠡秘言』,沼田次郎[ほか]校注:『日本思想大系 64 洋学上』,岩波書店,1976年,第144頁。

② 山片蟠桃:『夢ノ代』,水田紀久、有坂隆道校注:『日本思想大系 43 富永仲基 山片蟠桃』,岩波書店,1973年,第198頁。

③ 佐藤昌介[ほか]校注:『日本思想大系 55 渡辺華山 高野長英 佐久間象山 横井小楠 橋本左内』,岩波書店,1971年,第51頁。

④ 佐久間象山:「小林柔介宛」,佐藤昌介[ほか]校注:『日本思想大系 55 渡辺華山 高野長英 佐久間象山 横井小楠 橋本左内』,岩波書店,1971年,第386頁。

处地球之中，四通八达，交通便利。如英吉利称欧罗巴大国，其所以致富强者因之据有印度。”[①]印度在此已成为日本了解西方各国利害关系、制定正确外交策略的参考对象，角色彻底转变。

日本三国世界观的彻底解体是19世纪40年代以后，其中主要表现是此前主要作为兰学家专门知识的西方世界认识开始普遍为日本民众所接受。1863年，通口龙温在《急策文》中指出：“三十余年前在江户街头看到售卖地球图者便直皱眉头，如今地球图等已充溢道路。”[②]1852年冈田春斋刊刻的《万国舆地略图》典型地反映了日本民众由三国世界观向近代世界观的转变。该图在图说中指出，“亚细亚洲，包括日本、中国、印度，此外还有多个大国”。作者特意列出日本、中国、印度，反映了日本传统的三国世界观的痕迹，但又指出三国之外亚洲尚有其他大国，表明已摆脱了三国世界观。同时，作者又指明世界有六大洲，即亚、欧、非、南北美及澳洲，“地球海七分，地三分”[③]。该图的世界认识已比前述的兰学大家前野良泽等有了很大进步，如第六大洲已由墨瓦蜡尼加即火地岛变为豪多里亚洲即澳洲，陆地面积只占地球的三分之一等。

19年纪60年代以后，随着中日两国不断走出国门，以实际行动证实了地圆说，也目睹了五大洲之概况。1860年万延遣美使团是开国之后日本首次环游地球，使团从日本出发抵美国，访美任务完成后横渡大西洋，沿非洲西海岸绕过好望角，经东南亚、香港等地返回日本。作为使团成员随从的玉虫左太夫在《航米日录》中慨言：“呜呼，此次之航海，为我国剖判以来未曾有之事。特别是从正月到九月仅十个月便绕地球一周，此事万国尚稀。”[④]1866年首次代表中国走出国门的斌椿指出：“地球之圆，非臆说也。”[⑤]而沿途乘客则是近代世界状况的最好诠释：“船客增至一百七十有奇，无余地矣。计二十七国人，言语不同者十七国。而形状服饰之诡异，亦人人殊。”[⑥]李善兰在为《乘槎笔记》所写的序言中，则以科学家的视野从更广阔的角度做了评述：“地为球体，环日而行，与五星同，故五星皆地球也。日居其位不动，与三垣二十八宿诸恒星同，故

① 田中彰、宮地正人校注:『日本近代思想大系13 歴史認識』,岩波書店,1991年,第24頁。

② 開國百年紀念文化事業會編:『鎖國時代日本人の海外知識』,乾元社,1953年,第227頁。

③ 開國百年紀念文化事業會編:『鎖國時代日本人の海外知識』,乾元社,1953年,第246頁。

④ 沼田次郎、松沢弘陽校注:『日本思想大系66 西洋見聞集』,岩波書店,1974年,第221頁。

⑤ (清)斌椿:《乘槎笔记》,长沙,岳麓书社,1985年,第129页。

⑥ (清)斌椿:《乘槎笔记》,长沙,岳麓书社,1985年,第100页。

诸恒星皆日也。……而吾人所处之地球，所有四大洲，大小数百岛，舟车所通，固不难往而游也。”[①]不过，斌椿的考察带有半官方半私人的性质，并且他只是到达了欧洲，并未真正环游世界。中国以官方形式首次环游世界的是1868年的蒲安臣使团，他们经过美国到达欧洲，又自欧洲经过刚通航不久的苏伊士运河回到上海。当时，蒲安臣使团的成员中有数人都记载了地圆说，如使团的中方负责人志刚称：“东洋有东，不但中国不知，日本亦不知”，“岂非环绕地球一周乎?”[②]而有意识地以文字来记录自己环游地球经过并广泛倡导地圆说的是1876年李圭的《环游地球新录》。李圭在书中以自己的亲身经历撰写了《地球图说》一文：“地形如球，环日而行，日不动而地动。我中华明此理者固不乏人，而不信是说者十常八九。圭初亦颇疑之。今奉差出洋，得环球而游焉，乃信。”“谨绘地球图，列之东行日记首。凡亲行之路，图中以红线别之。所历之城，以红圈别之。庶览者知地形如球，日不动而地动，无或疑矣。”[③]李圭的《环游地球新录》可谓地圆说传入中国之后的总结性文字，说明到19世纪70年代后以地圆说、五大洲说为基础的近代世界整体观在中国得到了初步传播。这种世界知识甚至被清朝统治阶级所认可，如《清史稿》记载：“同治十一年，皇帝大婚。……大婚前一日阅册宝，庆贺三章”，其中有“万国共球奉寿卮”语。[④]

中日以实际行动走出了国门，派遣使团和留学生、考察商务及学习西方技术等，这既是认同近代天下观的重要标志，也是在近代天下观基础上的进一步作为。

二、西方列强纵横五大洲的现实状况

近代世界的形成是西方国家依据地圆说向外探索世界的结果，因而它不仅是一种学说，更是西方列强纵横五大洲的事实。特别是到19世纪中期，西方殖民者的足迹已遍布世界各地，西方列强已逐渐将世界整合为一个有机的共同体。所以，中日通过对西方列强在五大洲实际状况的了解，更清晰地显示出了近代世界的轮廓，同时也引发了中日如何在新的世界形势下维护国家主权与利益的思考。

---

① 《李善兰序》,(清)斌椿:《乘槎笔记》,长沙,岳麓书社,1985年,第86页。

② (清)志刚:《初使泰西记》,长沙,岳麓书社,1985年,第371页。

③ (清)李圭:《环游地球新录》,长沙,岳麓书社,1985年,第312、313页。

④ 赵尔巽等撰,许凯等标点:《清史稿》,长春,吉林人民出版社,1995年,第1947~1948页。

中国对西方国家的殖民活动并不陌生，新航路开辟后第一个来华的西方国家葡萄牙就已受到关注，因为明朝的朝贡国满剌加曾求助明朝驱逐葡萄牙助其复国，虽然当时中国并不知葡萄牙为欧洲国家。在19世纪中叶之前，中国人撰写的几部代表性世界认识著作都有诸多西方国家殖民东南亚的内容。1729年陈伦炯的《海国闻见录》详细地叙述了西方国家在亚洲争城夺地的状况，19世纪初期出版的王大海的《海岛逸志》和谢清高的《海录》记载的更多。从来华传教士方面看，利玛窦等天主教传教士描述了欧洲人发现美洲新大陆等盛举，19世纪初的新教传教士更是无所顾忌甚至有意地宣扬西方殖民活动。以《东西洋考每月统记传》为例，1837年该刊发表的《史记和合纲鉴》描述道："自上帝生民，未有若大清年间之教化。普天下之变国，且欧罗巴权文艺布于四海，自五印度国之婆罗门，达于亚非利加之土人，一切顺之。"[①]该刊还详细叙述了英国在印度的殖民统治，其用意很明显，"中国之藩属国与大英痕都斯坦属国毗连，且云南省不隔多远。又佛邪教从印度国而出也。所以括全志撮要。总而言之，可观本国之境界南方之形势"[②]。为了从直观上使中国人更了解这一状况，该刊还附上了"北痕坦斯坦全图"，将英属印度北部与中国西藏交邻的状况描绘出来，这也是该杂志为数不多的几幅地图之一。因此，该刊希望中国人应关注域外形势，否则只知"甚贪读书，常费精神，希贤希圣，咬文嚼书"，结果却连"花旗国"也不知道。[③]可以说，《东西洋考每月统记传》以事实明确地叙述了世界的历史与现状，如果中国继续妄自尊大、闭目塞听，其后果是不堪设想的。魏源编纂《海国图志》引用《东西洋考每月统记传》时，也主要是运用了该刊登载的西方国家在各地的殖民状况材料。

显然，19世纪中叶的清王朝也注意到正在变化的世界局势，当派林则徐到广东禁烟之时，也曾讨论采用何种方式解决问题。随着林则徐世界知识的丰富和世界视野的拓宽，他的忧患意识变得更加强烈，如他主持翻译的《澳门新闻纸》就透露了英国对中国的全方位的威胁："我等若

---

① 〔德〕爱汉者等编，黄时鉴整理：《东西洋考每月统记传》，北京，中华书局，1997年，第253页。

② 〔德〕爱汉者等编，黄时鉴整理：《东西洋考每月统记传》，北京，中华书局，1997年，第175页。

③ 〔德〕爱汉者等编，黄时鉴整理：《东西洋考每月统记传》，北京，中华书局，1997年，第231页。

由尼布尔、西藏、阿三、缅甸，到中国之西边疆界亦不难。现印度有英国许多勇壮之兵，况印度本地之王，亦甚是和爱尼布尔之王，虽不甚亲爱之朋友，他拉洼地亦颇欢喜归附英国人，与度斯顿之回回人，亦诚心合会攻打中国拜菩萨之人。中国鞑子之回回人，亦想报复前在皇帝前凌迟张格尔之仇。现在中国之海岸及黄河口扬子江等处，明摆与别国人，水路攻打，如此中国保障何在？即如直隶总督琦善说，我等内地之炮台，皆有名无实。”[①]两江总督裕谦在奏折中指出：“臣查西洋诸国，唯利是视，但知贸易，无他技能。英吉利本系西洋微贱之国，为各国所役使，迨至国初，始渐强富，恃其诈力，将各国贸易马头，逐渐占据，抽收各国货税，以养兵卒。”[②]

鸦片战争的失败深深地刺激了中国人，徐继畬在《瀛寰志略》中便声明：“南洋诸岛国苇杭闽粤，五印度近连西藏，汉以后、明以前皆弱小番部，朝贡时通，今则胥变为欧罗巴诸国埔头，此古今一大变局。”[③]黄恩彤在致徐继畬的信函中指出：“迨荷兰据葛喇巴，是班牙据玛尼喇，意大里亚据澳门，乃渐有他族逼处之势……而英吉利据新嘉坡，近又受廛香港，其气益张，其声势亦颇联络，非复从前悬隔殊域者可比。”[④]魏源在《海国图志·东南洋》卷中概述了当时世界的现状：“天地之气，其至明而一变乎？沧海之运，随地圜体，其自西而东乎？……何为乎红夷东驶之舶，遇岸争岸，遇洲据洲，立城埠，设兵防，凡南洋之要津，已尽为西洋之都会。”[⑤]因为东南亚历史上是中国的藩属国和南部屏障，也是支撑中国中心观的重要支柱，因而魏源等人对这一地区形势的变化都格外关注。当然，西方列强不只是占领了邻近中国的东南亚，而是将触角伸向世界各地。魏源在《海国图志》中亦主要以西方列强特别是英国在世界各地的扩张为主要线索，所谓“志南洋实所以志西洋”“志西南洋所以志西洋”“志小西洋所以志大西洋”“志北洋亦所以志西洋”“志外大西洋亦所以志大西洋”，而“志西洋正所以志英吉利也”。可见，世界已在西方列强的控制下逐渐成为一个整体，中国也不可能摆脱这一趋势：“岂

---

① 《澳门十二月十四日新闻纸》，中国史学会主编：《中国近代史资料丛刊·鸦片战争》(二)，上海，上海人民出版社、上海书店出版社，2000年，第413页。

② 《筹办夷务始末》(道光朝)卷20，台北，文海出版社影印本，1970年，第11页。

③ (清)徐继畬：《瀛寰志略》，上海，上海书店出版社，2001年，“凡例”，第7页。

④ (清)黄恩彤：《与徐松龛中丞论西洋诸夷书》，中国史学会主编：《中国近代史资料丛刊·第二次鸦片战争》(一)，上海，上海人民出版社，1978年，第143页。

⑤ (清)魏源：《海国图志》(上)，长沙，岳麓书社，1998年，第347～348页。

天地气运，自西北而东南，将中外一家欤。”[①]徐继畬的看法同魏源基本一致，并且明确指出欧洲人开辟的世界要远远大于中国传统的“天下”：“西北之耀武功始于汉，故称中国为汉人；岭南之聚番舶始于唐，故称中国为唐人。然唐时之番舶，亦不过南洋、小西洋诸岛国。……欧罗巴诸国之东来，先由大西洋而至小西洋，建置埔头，渐及于南洋诸岛，然后内向而聚于粤东。萌芽于明中，滥觞于明季，至今日而往来七万里，遂如一苇之杭。天地之气，由西北而通于东南，倘亦运会使然耶。”[②]可以说，徐继畬看到了这一“变局”，特别是英国“四海之内，其帆樯无所不到，凡有土有人之处，无不睥睨相度，思朘削其精华”[③]。姚莹在经过二郎山飞越岭时赋诗感慨：“天心不隔华夷界，地险何须虎豹关。”[④]正是基于世界正在形成以西方列强为主导的共同体这一认识，徐继畬在神光寺案中才主张采取和缓的态度，以期“华夷相安”。

如果说鸦片战争后清政府还抱有侥幸，希望与西方列强签订的是“万年和约”，那么第二次鸦片战争就彻底击破了清政府的幻想。可以说，西方列强对中国的全方位迫压或清政府感到这种迫压从第二次鸦片战争才真正开始。在中外格局发生了根本转变的情况下，洋务运动应运而生，迈出了中国近代化的第一步。与此同时，统治阶层中的洋务派对世界格局的认识也更清醒了。1866年，广东巡抚蒋益澧在奏折中从全球角度分析了清政府面临的危险态势：

> 查泰西与我通商之国，以俄英法美为最强。俄则延袤西北，为患在陆而不在海。英人强于水师，法人强于旱队，美国精于商贾，其势各不相下，而英人尤外柔内刚，为海外杰出之雄。从前中外兵事交涉，英国取材于五印度，法人取材于亚非利加加里加而马喜等部。近年以来，东南洋各国，浸被蚕食，英则以日本、巫来由为外府，法则以安南为外府矣。凡军事日用之所需，朝发可以夕至。故昔日之言自强，可以岁月计，今则旦夕图之，犹恐其不急也；昔日之言自强，可以宣廊庙，今则帷幄谋之，犹恐其不密也。[⑤]

---

① （清）魏源：《海国图志后叙》，《海国图志》（上），长沙，岳麓书社，1998年，第8页。

② （清）徐继畬：《瀛寰志略》，上海，上海书店出版社，2001年，第113页。

③ （清）徐继畬：《瀛寰志略》，上海，上海书店出版社，2001年，第237页。

④ （清）姚莹：《康輶纪行》卷1，台北，文海出版社影印本，1974年，第12页。

⑤ 《筹办夷务始末》（同治朝）卷43，台北，文海出版社影印本，1970年，第15页。

1867年，总理衙门在致沿海各省督抚的信函中比较全面地描述了中国所面临的世界和周边形势:“泰西各国，僻处海外，其先散而无统，不过一岛夷耳。自有轮船轮车而远者可近，迟者可速，互相要约，居然一列国也。其人所嗜者利，其人所好者兵，器械精良，心志坚韧，互相吞并，居然一战国也。况海澨之波涛未息，山陬之游徼纷来，如西藏、安南及西北各边界，皆英、法、俄等国与我陆路相通，极为注意者。”[①]由此可知，清王朝已经认识到在全球化的过程中中国不过是面临诸多危机的列国之一。

兰学时代日本已经开始注意到西方列强正在向世界各地扩张的现实。“西夷都专于物理之学，故对天地四方益明，不以一国为天下而以天下为天下，颇有扩张规模之风。”[②]鸦片战争后，随着中国在战争中的失败给日本带来的强烈危机意识，日本社会的主流群体儒学者也积极探寻西方列强在五大洲扩张的现实状况，撰写了一批世界史地著作，如无是公子的《洋外通览》、长山贯的《西洋小史》、安积艮斋的《洋外纪略》、斋藤竹堂的《蕃史》、大槻西磐的《远西纪略》等，儒学者成为推动19世纪40～50年代日本世界认识发展的重要力量。这些著作仍保留了一些华夷观色彩，有些观点也未必准确，但基本看到了世界正在西方列强的作用下趋于一体，“天地之气运愈开，万国之疆域愈拓，今之蛮夷已非古之蛮夷”[③]。50年代日本开国后已经被迫融入西方世界秩序，人们的观念也随之进一步变化，正如当时的经世学者佐久间象山所言:“予年二十以后，乃知匹夫有系一国;三十以后，乃知有系天下;四十以后，乃知有系五世界。”[④]“方今之世，仅以和汉学识，无论如何也不行，非有总括五大洲之大经纶不可。”[⑤]

19世纪60年代以后，随着中日两国走出国门，进一步具体地验证了

---

① 《总理衙门信函》,《筹办夷务始末》(同治朝)卷50,台北,文海出版社影印本,1974年,第29页。

② 渡辺華山:『外国事情書』,佐藤昌介[ほか]校注:『日本思想大系55 渡辺華山 高野長英 佐久間象山 横井小楠 橋本左内』,岩波書店,1971年,第22頁。

③ 開國百年紀念文化事業會編:『鎖國時代日本人の海外知識』,乾元社,1953年,第427～428頁。

④ 佐久間象山:『省𠆾録』,佐藤昌介[ほか]校注:『日本思想大系55 渡辺華山 高野長英 佐久間象山 横井小楠 橋本左内』,岩波書店,1971年,第418頁。

⑤ 佐久間象山:「梁川星巌宛」,佐藤昌介[ほか]校注:『日本思想大系55 渡辺華山 高野長英 佐久間象山 横井小楠 橋本左内』,岩波書店,1971年,第377頁。

世界正在西方列强的主导下成为一个共同体。1866年，斌椿在英国曼彻斯特参观了纺织工厂，得知“中华及印度、美国棉花皆集于此。所织之布，发于各路售卖”①。在巴黎，他参观了电报局，“以铁线之一端画字，其一端在千万里外，即照此字写出，不逾晷刻也”②。即使在旅途中，斌椿也受到强烈的冲击，如轮船航行到斯里兰卡时，“船客增至一百七十有奇，无余地矣。计二十七国人，言语不同者十七国”③。所以，孟保在为随斌椿考察的张德彝所写《航海述奇》作序时亦指出：“近则商贾之来，涉重洋而如履平地；玉帛之使，由地东以达于泰西，未始非天地古今之一大变局也。”④王韬更以敏锐见解提醒清朝：“今日者，我欲驱而远之，画疆自守，亦势有不能；盖今之天下，乃地球合一之天下也”。王韬专门撰写了《六合将混为一》一文，认为世界将会结束分裂局面，“天将以此而变千古之局，大一统之尊也”，并希望中国积极学习外国的长处，“凡今日之挟其所长以凌制我中国者，皆中国之所取法而资以混一土宇也”。⑤郭嵩焘历数了西方近代科学技术的成就并借此将世界联为一体后指出：“然亦足见天地之气机一发不可遏。中国士大夫自怙其私，以求遏抑天地之机，未有能胜者也。”⑥

科学技术的进步是近代世界一体化的基础，在交通、通信等日新月异的形势下，世界一体化不仅是可能的，而且也是必要的，因而是历史发展不可阻挡的潮流。所以，直接负责对外事务并肩负清朝中兴巨任的李鸿章感到极大压力：“欧洲诸国百十年来，由印度而南洋，由南洋而东北，闯入中国边界腹地，凡前史之所未载，亘古之所未通，无不款关而求互市，我皇上如天之度，概与立约通商，以牢笼之，合地球东西南朔九万里之遥，胥聚于中国，此三千余年一大变局也。”⑦1874年，李鸿章在讨论海防问题的奏折中进一步强调：“历代备边，多在西北，其强弱之势，客主之形，皆适相埒，且犹有中外界限。今则东南海疆万余里，各国通商传教，来往自如，麕集京师及各省腹地，阳托和好之名，阴怀吞

① （清）斌椿：《乘槎笔记》，长沙，岳麓书社，1985年，第119页。

② （清）斌椿：《乘槎笔记》，长沙，岳麓书社，1985年，第111页。

③ （清）斌椿：《乘槎笔记》，长沙，岳麓书社，1985年，第100页。

④ 《孟保序》，（清）张德彝：《航海述奇》，长沙，岳麓书社，1985年，第436页。

⑤ （清）王韬：《弢园文录外编》，上海，上海书店出版社，2002年，第114页。

⑥ （清）郭嵩焘著，杨坚点校：《郭嵩焘诗文集》，长沙，岳麓书社，1984年，第188页。

⑦ （清）李鸿章：《筹议制造轮船未可裁撤折》，《李文忠公（鸿章）全集·奏稿》卷19，台北，文海出版社影印本，1980年，第44～45页。

噬之计，一国生事，诸国构煽，实为数千年来未有之变局。轮船电报之速，瞬息千里；军器械事之精，工力百倍；炮弹所到，无坚不摧；水路关隘，不足限制，又为数千年来未有之强敌。”[①]同时，李鸿章也认识到：“西人恃其精锐，地球诸国无不往来，实开辟以来未有之局面，自然之气运，非人力所能禁遏。”[②]李之幕僚薛福成亦指出，“降至今日，泰西诸国以其器数之学勃兴海外”，“环大地九万里，罔不通使互市”，“于是华夷隔绝之天下，一变为中外联属之天下”。[③]丁日昌这位比较早地设计了中国近代化方案的洋务领袖也从各方面分析了西方列强的威胁：“英、法船遍五大洲，一在垄断利权，一在周习险要。而且设天主教以窥我隐情，则如水银泻地，无孔不入；设鸦片烟以柔我气骨，则如白蚁蠹物，无坚不摧。”[④]

19世纪60年代走出国门的日本人也以诸多更具体生动的事例证实了列强的扩张状况和世界的一体化趋势。1862年，随竹内保德使团访问欧洲的福泽谕吉在《西航记》中记载了其行程，因为使团乘坐的是英国军舰，因而沿途都是停靠英国在各地的殖民地，包括香港、新加坡、亚丁、马耳他等战略要地，由此可见西方列强在世界各地的扩张程度。1865年撰写的《唐人往来》是福译谕吉除了访问欧美的报告、日记之外的第一篇文章，也是他对自己以往西学知识和世界考察经验的初步总结。该文指出，“欧罗巴、亚米利加等各国交往情况如同日本国内诸大名，相互亲密交往，使者也来往”，“百姓町人以本国物产相互买卖”；“现在只有日本一国自视为神国，不愿世间交往，独自闭锁，欲驱逐外国人，这无论如何都不合时宜”。[⑤]《西洋事情初编》是明治维新前后对日本影响最大的书籍，为福泽谕吉作为日本近代启蒙思想家奠定了基础，而该书扉页上的两句话便是“蒸汽济人电气传信”，“四海一家五族兄弟”，并配有地球图和五大洲人头图，旁边附有代表西方科学技术的轮船、火车、显微

---

① 《筹办夷务始末》(同治朝)卷99,台北,文海出版社影印本,1971年,第14页。

② 《李鸿章覆李裕元书》,王彦威、王亮编:《清季外交史料》卷16,台北,文海出版社影印本,1985年,第15页。

③ (清)薛福成:《筹洋刍议》,丁凤麟、王欣之编:《薛福成选集》,上海,上海人民出版社,1987年,第555页。

④ (清)丁日昌:《咨覆通商大臣商号拟购轮船试运》,中国史学会主编:《中国近代史资料丛刊·洋务运动》(六),上海,上海人民出版社、上海书店出版社,2000年,第82页。

⑤ 富田正文、土橋俊一編集:『福沢諭吉選集』第1巻,岩波書店,1980年,第74～75頁。

镜等，典型地反映了当时世界一体化的条件和状况。[1]所以，走出国门的中日两国人都直接感受到近代世界整体化这一客观事实。1865年，德川幕府第14代将军德川家茂在《奏闻书》中指出："臣家茂谨观宇内形势，近来逐渐变迁，结和亲通有无，互竞富强，是为天地自然之气数，有不得止之势。"[2]

正是在这种形势下，以"尊王攘夷"为号召的倒幕派却将"求知识于世界"作为明治政府的施政纲领。岩仓具视在1869年的《外交、会计、虾夷地开拓意见书》中指出，"大政归于朝廷之际，国人窃以为一定会断然下达攘夷之令"，"通观宇内形势，天下有几人领会今日朝廷不得不开通与外国之交际"；"依条理订立规则，以信义从事交际，修学问，交换智识，以贸易通有无，万国皆然，岂我独守锁国之旧法？且欲谋富强，不得不广交万国，是为今日宇内之形势"。[3]在这种思想的指导下，明治政府非但不可能攘夷，反而更加快了走向世界的步伐，这是在近代世界整体观的约束下唯一正确的选择，也因此成功地实现了日本的近代化。

综上所述，可以说，在19世纪中叶，中日都具备了近代天下观，但其形成的时间、认识的深度、传播的范围等仍有差异，特别是提倡的阶层及其遭遇不尽相同，这对中日近代历史发展有很大影响。仅举一例便可看出这种差异。1866年脱稿的福泽谕吉的《西洋事情初编》前后发行了20～25万部，19世纪70年代的《劝学篇》17编共发行340万部，即每编都发行了20多万部。"内容如此难懂的书竟能以160人1册的比例售出，其背景不能不认为与识字率高和学习热情的广泛存在关系。"[4]井上毅在一份文件中指出："福泽谕吉的著作每出一本，天下少年靡然遵循，似扎根脑中，浸入肺腑，父不能制子，兄不能禁弟，这种影响岂是布告号令所能挽回。"[5]福泽谕吉也成为日本家喻户晓的启蒙思想家，刚刚建立的明治政府"曾多次召用，我始终拒绝未去"[6]。与福泽谕吉相近的中国思

---

① 『福澤全集』卷一，時事新報社，1898年，第391～392頁。此版《西洋事情初编》为明治三年(1870年)尚古堂再刻本。

② 吉田常吉、佐藤誠三郎校注：『日本思想大系56 幕末政治論集』，岩波書店，1976年，第413頁。

③ 芝原拓自[ほか]校注：『日本近代思想大系12対外觀』，岩波書店，1991年，第6～7頁。

④ 〔日〕新保博、斋藤修编：《日本经济史2：近代成长的胎动》，李瑞等译，北京，生活、读书、新知三联书店，1997年，第330～331页。

⑤ 〔日〕鹿野政直：《福泽谕吉》，卞崇道译，北京，生活、读书、新知三联书店，1987年，第109页。

⑥ 〔日〕福泽谕吉：《福泽谕吉自传》，马斌译，北京，商务印书馆，1980年，第171页。

想家当是魏源，但《海国图志》却在中国受到冷遇，魏源本人也郁郁不得志。如果说魏源所处的时代尚早的话，郭嵩焘在19世纪70年代末的遭遇足可证明中日的这种差异，不仅《使西纪程》被毁版，郭本人也在卸任驻外公使后被迫在家闲居，同时遭受种种非议。所以，尽管中日都开始认同近代世界，但种种差别的存在实际是表明，19世纪中叶中国的近代世界认识仍处于舆论的形成时期，日本已完成近代世界认识的转型并开始将其上升为实际的国策。

另外，需要指出的是，与日本相比，中国传统的天下观具有比较复杂的内涵，特别是政治层面的天下观与自身统治的合理性纠缠在一起。虽然19世纪中叶中国已经承认地圆说、五大洲说并认识到西方列强争雄世界的现实，但这只是解决了中国在地理和政治上并非世界的中心这一问题。至于如何将自身统治的合理性与天下观相剥离，清政府还要经过一个痛苦的过程，有关这方面内容将在后面的近代世界政治观和外交近代化部分进一步分析。

第二节　近代世界文化观：以中日对华夷观的重新认识为中心

华夷观是中日传统世界认识的核心内涵之一，以文化别华夷一直被中国奉为处理世界事务的主要原则，而日本也袭取了它的外在形式。可以说，华夷观是中日文化观念层面的天下观。在近代之前，中日进退“华夷”、推行华夷观的主要标准是儒家文化，儒家文化不仅是中国文化的核心，而且也是日本的主体文化。正是在这种世界观的支持下，中日将新航路开辟后来到本国的西方国家也列入“蛮夷”之类，不同程度地推行闭关锁国政策，极大地影响了东西方之间的关系。所以，对华夷观的重新认识不仅是确立东西方之间文化关系的核心内容，而且也是构建东西方整体关系的重要内容。如果说以地理为中心的近代天下观是中日承认了欧洲化的现实世界，那么以文化为核心的近代华夷观则是确认本国是否能融入以及如何融入现实世界。也就是说，中日对华夷观的重新认识决定着中日近代化的基本发展方向。说到底，这关系到东西文化究竟谁更具有普遍性：一是外在方面的影响性，一是内在方面的合理性，并且二者又是相互关联相互影响的。东方文化对西方的影响不是我们讨论的内容，那么西方文化如何影响中日两国，特别是中日是如何认识进而接受西方文化呢？

英国传教士杨格菲于1869年指出，如果根据西方思想方式，西人不仅比中国人更加文明，而且在每一方面都比中国人更高贵，但根据中国思想方式，答案则断然相反，而且“要我们改变对此事的看法与要他们改变看法几乎是同样困难的”[①]。因此，问题最终还是在于到底是谁能使对方改变。下面就围绕华夷观来探讨这一复杂而重要的问题。

一、19世纪中叶中国对华夷观的重新解读

（一）中国重新解读华夷观的背景

1.明末清初西学与华夷观的继续

如前所述，华夷观是中国中心观的两大核心内涵之一，它经过数千年的积累和沉淀，已经成为中国人根深蒂固的文化理念。华夷观是具有中国特色的古代民族和国家观念，在它形成的先秦时期是具有积极进取精神的，是整合华夷建立民族国家的重要思想工具。秦汉以后，随着大一统国家的建立，华夷观逐渐成为一种僵化的模式，正如在不同时期有关它的多种争议一样，华夷观成为一种矛盾的存在。但由于中华文化与周围国家和地区相比仍具有优越性，因而华夷观也还有其存在的合理性。

16世纪西方人特别是西方传教士来华后，近代西方文化逐渐流入中国，中西文化首次直接大碰撞。利玛窦曾指出中国思想观念的症结：“因为他们不知道地球的大小而又夜郎自大，所以中国人认为所有各国中只有中国值得称羡。就国家的伟大、政治制度和学术的名气而论，他们不仅把所有别的民族都看成是野蛮人，而且看成是没有理性的动物。他们看来，世上没有其他地方的国王、朝代或者文化是值得夸耀的。这种无知使他们越骄傲，则一旦真相大白，他们就越自卑。”[②]所以，从这一时期开始应是中国修正华夷观或者完全摒弃华夷观。但历史事实是，明末清初流入中国的西方文化并未改变国人固有的华夷观，这有很多原因，笔者认为主要是因为，一方面，传教士基于各种原因而寻求儒、耶调和，儒家文化不仅没有受到挑战，而且成为传教的重要工具；另一方面，传教士主要是传播了西方的自然科学，它与以人文、社会科学为主的中国

① 罗志田:《传教士与近代中西文化竞争》,《历史研究》1996年第6期。

② 〔意〕利玛窦、〔比〕金尼阁:《利玛窦中国札记》,何高济等译,何兆武校,北京,中华书局,1983年,第181页。

传统文化没有产生直接对话，并且在某种程度上甚至加深了国人的华夷意识。所以，本来应是作为文化碰撞与发展的一破一立，实际上却是调和和缺位，因为儒、耶调和而基本没有直接冲击到华夷观，因为西学中人文社会科学的缺位而没有触及华夷观的本质内容。

明末清初的西方传教士将儒、耶调和作为在中国传播天主教的主要思想策略，它主要由利玛窦开其端，其他耶稣会传教士承其绪，其间虽有不同的声音，但调和儒、耶一直居于主流地位。利玛窦之所以采取儒、耶调和的策略，一是看到儒学在中国社会尤其是士大夫中的支配性作用，同时认为儒学的非宗教性观念与天主教没有直接冲突，并且在某些方面还有共同之处，可以为天主教的传播提供一些有权威的思想资源。“儒教是中国所固有的，并且是国内最古老的一种。中国人以儒教治国，有着大量的文献，远比其他教派更为著名。”[①]“儒家这一教派的最终目的和总的意图是国内的太平和秩序。他们也期待家庭的经济安全和个人的道德修养。他们所阐述的箴言确实都是指导人们达到这些目的的，完全符合良心的光明与基督教的真理。”[②]如果从明末清初西方在中国传教的最终结果来说，利玛窦的策略是正确的，因为正是挑起儒、耶矛盾的中西“礼仪之争”导致了清朝的禁教政策。但儒、耶调和对传教有相当大的负面影响也是非常明显的，这也是一些传教士不满的原因，而从华夷观的层面来看，这种调和自然是回避了中国文化自居于华的传统观念，并且利玛窦等传教士也被中国士大夫冠以“西儒”的称号。尽管利玛窦等人“和儒”“补儒”的目标是“超儒”，但在当时的环境下，天主教其实只有倚重儒家才能获得中国社会特别是士大夫的认同，因而绝不会实现“超儒”，“和儒”成为明末清初时期天主教的实际归宿，中国士大夫接受的天主教就更是如此。教徒张能信对天主教的态度就是其中最直接和典型的表述，他虽然极力推崇天主教，但其结论则是附和儒教：“若夫治世既不离君臣父子之经，而修性又详通生死幽明之理，得非至大至公至正之道乎！”[③]所以，天主教的传播不仅没有使作为统治阶级意识形态的儒家

① 〔意〕利玛窦、〔比〕金尼阁:《利玛窦中国札记》,何高济等译,何兆武校,北京,中华书局,1983年,第100～101页。

② 〔意〕利玛窦、〔比〕金尼阁:《利玛窦中国札记》,何高济等译,何兆武校,北京,中华书局,1983年,第104页。

③ (明)张能信:《〈孟先生〈炤迷四镜〉序》,徐宗泽:《明清间耶稣会士译著提要》,上海,上海书店出版社,2010年,第260页。

文化即中国主流文化受到挑战，而且又在更广阔的范围内得到了再一次证明。另外，儒、耶调和反而给反对天主教及其西方文化的人以口实，如杨光先就指出："往时利玛窦引用中夏之圣经贤传，以文饰其邪教，今祖白径谓中夏之圣经贤传，是受邪教之法语微言。祖白之罪，可胜诛乎！"[①]杨光先的言论若剔除攻讦性言辞还是有道理的，也就是说，以西附中或以中附西都不是文化交流的正途，特别是在文化交流不发达的历史时期，这种附和不仅会降低文化交流的应有价值，最终还会引发各种歧义和不必要的纷争。正如李约瑟所言："总而言之，耶稣会会士的贡献虽说是错综复杂的，但带有一种高级的投机性质。"[②]"利玛窦规矩"在清初受到挑战，因此导致的中西"礼仪之争"从某种程度上来说也是华夷观念之争，但由于是围绕宗教问题展开，并且最终导致清朝禁教，因而并没有真正冲击到华夷观念。

与儒、耶调和相比，人文社会科学在明末清初西方传教士所传播的西学中的缺位对华夷观产生了更严重的影响，它使中国士大夫在很长时间里一直将西学等同于技术，致使西学的价值大打折扣，也使士大夫对中国传统文化的优越性更加深信不疑，其实在某种程度上是进一步巩固了华夷观。如果说儒、耶调和只是传教士的一种策略，那么，人文社会科学在明末清初西学中的缺位既与西学的传播主体传教士有关，也同西学的接受客体中国士大夫和中国的社会环境有关，同时还与近代人文社会科学在西方的发展情况及其人文社会科学的特性有关。无论何种原因，人文社会科学缺位的结果是使中国士大夫误认为西学不过如此，这是极其严重的后果。因为根据中国传统的文化认知标准，"形而上者谓之道，形而下者谓之器"，西方自然科学属于"器"的范畴，是中国正统士大夫所不屑的领域。1615年孔贞时为阳玛诺《天问略》所作的《小序》称："五经之外，冠冕之表各自有人，不必华宗夏士，亦不必八索九丘。……予于西泰书，初习之奇，及进而求之，乃知天地间预有此理，西士发之，东士睹之，非西士之能奇，而吾东士之未尝究心也。"[③]主张学习西学的清初学者张潮在《虞初新志》中指出："华人之巧，未尝或让于彼。只因

① (清)杨光先:《与许青屿侍御书》,(清)杨光先等撰,陈占山校注:《不得已》,合肥,黄山书社,2000年,第9页。

② 〔英〕李约瑟原著,〔英〕柯林·罗南改编:《中华科学文明史》第2卷,上海交通大学科学史系译,上海,上海人民出版社,2002年,第234页。

③ 徐宗泽:《明清间耶稣会士译著提要》,上海,上海书店出版社,2010年,第208页。

不欲以技艺成名，且复竭其心思于富贵利达，不能旁及诸技，是以巧思逊泰西一筹耳。”[①]所以，在当时一些人看来，重视自然科学从另一个层面说明了西方的蛮夷性质。

当时，只有徐光启等个别学者，由于与传教士来往密切并且西学造诣深厚，能从更广阔的角度认识西学。1607年，徐光启在《刻几何原本序》中对西学做了初步的划分，认为以利玛窦为代表传播的西方文化“略有三种：大者修身事天；小者格物穷理；物理之一端别为象数”[②]。在《刻同文算指序》中，徐光启再次强调：“既又相与从西国利先生游，论道之隙，时时及于理数。其言道言理，既皆返本跖实，绝去一切虚玄幻妄之说；而象数之学亦皆溯源承流，根附叶著，上穷九天，旁该万事，在于西国胶庠之中，亦数年而学成者也。”[③]而一般主张学习西学的士大夫只是反复申陈，不应拘于中西之别而排斥西方文化特别是西方的自然科学。如明末王徵认为：“学原不问精粗，总期有济于世人；人亦不问中西，总期不违于天。”“古之好学者裹粮负笈，不远数千里往访，今诸贤从绝徼数万里外，赍此图书以传我辈，我辈反忍拒而不纳欤？”[④]李之藻在《〈浑盖通宪图说〉序》中也是如此，突出西学的实用价值：“若吾儒在世善世，所期无负霄壤，则实学更自有在。”[⑤]到清初时梅文鼎仍不断申论：“历以敬授人时，何论中西？吾取其合天者从之而已。”[⑥]

在明末清初的西学著作中，艾儒略的《西学凡》是唯一系统地介绍西方学术的著作，而乾隆年间编纂的《四库全书》则是对中国学术的一次清理，并且此时已是清朝禁教之后较长时间，因而对西学应该是更多了一些理性思考。不过，此时对西学的评价仍是强调它的技艺性以及由此导出其不足登大雅之堂的低层次性：

> 所述皆其国建学育才之法，凡分六科。……其教授各有次第，大抵从文入理，而理为之纲。文科如中国之小学，理科则如中国之

---

① (清)张潮辑，王根林校点:《虞初新志》，上海，上海古籍出版社，2012年，第81页。

② (明)徐光启撰，王重民辑校:《徐光启集》上册，上海，上海古籍出版社，1984年，第75页。

③ (明)徐光启撰，王重民辑校:《徐光启集》上册，上海，上海古籍出版社，1984年，第80页。

④ (明)王徵:《远西奇器图说录最》，徐宗泽:《明清间耶稣会士译著提要》，上海，上海古籍出版社，1984年，第228页。

⑤ 徐宗泽:《明清间耶稣会士译著提要》，上海，上海古籍出版社，1984年，第198页。

⑥ (清)毛际可:《梅先生传》，(清)梅文鼎撰，高峰校注:《勿庵历算书目》，长沙，湖南科学技术出版社，2014年，第187页。

大学，医科、法科、教科者，皆其事业，道科则在彼法中所谓尽性致命之极也。其致力亦以格物穷理为本，以明体达用为功，与儒学次序略似。特所格之物皆器数之末，而所穷之理又支离神怪而不可诘，是所以为异学耳。[①]

至于天主教类书籍，更是完全被曲解和批判：

西洋人之入中国自利玛窦始，西洋教法传中国亦自此二十五条始。大旨多剽窃释氏，而文词尤拙。盖西方之教惟有佛书，欧罗巴人取其意而变幻之，犹未能甚离其本。厥后既入中国，习见儒书，则因缘假借以文其说，乃渐至蔓衍支离，不可究诘，自以为超出三教上矣。附存其目，庶可知彼教之初，所见不过如是也。[②]

对庞迪我《七克》的评价也受天主教影响：

其言出于儒、墨之间，就所论之一事言之，不为无理；而皆归本敬事天主以求福，则其谬在宗旨，不在词说也。[③]

在列举了传教士的几部著作后，《四库全书》对其进行了总体评价：

欧罗巴人天文推算之密，工匠制作之巧，实逾前古；其议论夸诈迂怪，亦为异端之尤。国朝节取其技能，而禁传其学术，具存深意。[④]

“所格之物皆器数之末，而所穷之理又支离神怪而不可诘”，进而认为西学“不足登《册府》之编”，可以说是清人对明末清初西学的基本定论。结果是在明末清初的西学中，只有以地圆说、五大洲说为主的西方地理学成为挑战中国中心观的主要知识和观念（西学的另一主要内容天文学在当时中国也曾触动中国中心观，但其作用更主要的是成为御用科

① 《四库全书总目提要》卷125《子部三十五·杂家类存目二·西学凡》。

② 《四库全书总目提要》卷125《子部三十五·杂家类存目二·二十五言》。

③ 《四库全书总目提要》卷125《子部三十五·杂家类存目二·七克》。

④ 《四库全书总目提要》卷125《子部三十五·杂家类存目二·寰有铨》。

学),也说明这一时期在中国所传播的西学的重大缺陷,因为它只是动摇了中国中心观的主要内涵之一的天下观的部分内容,而没有从根本触及作为另一主要内涵的华夷观。正因如此,李光地才会以如下口气与南怀仁辩论:“所谓中国者,谓其礼乐政教得天地之正理,岂必以形而中乎?”①可以说,从整体而言,明末清初时期传入的西方文化没有对中国文化造成根本性的冲击,西方近代社会也正处于形成时期,中西之间实际上还没出现巨大的落差。这样,清理华夷观只能推到19世纪中叶,并且成为这一时期中国近代世界认识形成的一个重要环节和内容。

2.形式上的转变:西方的抗议与条约的规定

在两次鸦片战争期间,清政府在西方的抗议与条约的规定下放弃华夷观,可谓华夷观形式上的转变。从明末清初西方文化传入中国之后,华夷观实际上已开始受到冲击,利玛窦等西方传教士也曾隐晦地批判华夷观念。19世纪初,西方新教传教士、商人、外交官等相继来到中国及其周边地区,他们在中国的遭遇与利玛窦时期相比并无差别,甚至境况更为恶劣,他们自然会注意到造成这种状况的原因,华夷观也再度为他们所关注。“中国方面的传统的排外偏见和它的长期闭关自守是成正比例的,而且目前丝毫没有任何改变。这种偏见不仅表现在中国人的行为当中,而且由于他们对自己文化的高度优越感,这种狭隘的观念已形成为一种思想体系。”②英国东印度公司驻广州大班与粤海关等就华夷观问题有过交涉,“蛮夷二字,系外国统称,在南曰蛮,在西曰夷,犹内地民人曰汉人,只系称呼,并无轻侮之意……本司道等查此系夷目等不谙文义,应如该府等所禀称,毋庸置议”③。1827年,马礼逊针对粤海关监督的谕令,特别附加说明:“拟稿人,非常固执的使用‘夷’字。它是一个可疑的字,我们自己从来不用。”④所以,这一时期,在来华外国人中出现了批驳中国华夷之说的一些代表性言论,其中特别引人注目的是1832年英商胡夏米等与苏松太道吴其泰的辩论。1832年,英国东印度公司驻广州大班马治平,派遣“阿美士德”号商船沿中国海岸线北上考察,寻找新

① (清)李光地:《记南怀仁答问》,《榕村集》卷20,影印文渊阁四库全书本。

② 〔英〕斯当东:《英使谒见乾隆纪实》,叶笃义译,上海,上海书店出版社,2005年,第7页。

③ 《广东布政使曾燠会议详驳英吉利国大班益花臣议》,(清)梁廷枏总纂,袁钟仁校注:《粤海关志》校注本,广州,广东人民出版社,2002年,第555页。

④ 〔美〕马士:《东印度公司对华贸易编年史》第4卷,区宗华译,广州,中山大学出版社,1991年,第162页。

的通商地点，由船长礼士带领，随员有广州英国商馆办事员胡夏米及德籍传教士、翻译郭实猎等对中国文化有相当造诣之人。他们到达上海后与吴其泰就双方来往礼节产生冲突，其中就有如何称呼英国与英国人问题。首先是胡夏米对吴其泰在公文中称英国为“夷”提出抗议，吴其泰复文予以解释：

中华自上古圣人该书传世，书内说得明白：南方谓之蛮，东方谓之夷，北方谓之狄，是南蛮，北狄，东夷，西戎。自古至今，总是照此称呼。况中华舜与文王都是大圣人，孟子尚说：“舜，东夷之人也，文王西夷之人也。”岂是坏话?是你多疑了。[①]

胡夏米再次复文：

一者：贵国的古人称朝鲜东夷，夫英吉利民人的本地，向大清国西方。二者：大英国的属地方向大清国东西北南。三者：《大清会典》卷十一称苗、羌、蛮、貊等，居在中国与夷人同样。四者：苏东坡曰：“夷狄不可以中国之治治也。譬若禽兽然，求其大治，必至于大乱。先王知其然，是故以不治治之。以不治者，乃所以深治之也。”由此观之，称夷人者，为蛮貊而已矣。倘以大英国民人为夷人，正是凌辱本国的体面，触犯民人，激怒结仇。[②]

“阿美士德”号散发的《英吉利国人品国事略说》中，也有同上述文字相似的内容：

清国人民，为高明勤工兴旺者，但普天下，非独清人为如此。素有无智之人，偶然教以所有之美好人物，尽在中国，其余他国为贱陋无值何也。但人有如是之教训，则何等徒虚小儿之见哉？倘该人经往至天下别国，则可见天心无私，乃恩慈公同，赐于地球各方盛多美物。即英国一处人民，太平安居，亲体财物，皆为法律所护，

① 许地山编：《达衷集》，沈云龙主编：《近代中国史料丛刊续编》第5辑，台北，文海出版社影印本，1972年，第52页。

② 许地山编：《达衷集》，沈云龙主编：《近代中国史料丛刊续编》第5辑，台北，文海出版社影印本，1972年，第53～54页。

无人敢侵害。又英人所奉救世主耶稣之教，特谕训以于地神赐太平，且恩意向众生矣。英人经大进格物、技艺、文墨、诗书之学，可令人雅致礼义圣善之德行也。[①]

1833年，曾随“阿美士德”号商船北上的郭实猎在广州创办中文杂志《东西洋考每月统记传》，并明确地阐述了该刊出版的原因和宗旨是破除中国的华夷观。

虽然我们与他们长久交往，他们仍自称为天下诸民族之首尊，并视所有其他民族为“蛮夷”。如此妄自尊大严重影响到广州的外国居民的利益，以及他们与中国人的交往。

本月刊现由广州与澳门的外国社会提供赞助，其出版是为了使中国人获知我们的技艺、科学与准则。它将不谈政治，避免就任何主题以尖锐言词触怒他们。可有较妙的方法表达，我们确实不是“蛮夷”；编者偏向于用展示事实的手法，使中国人相信，他们仍有许多东西要学。[②]

郭实猎为了实现他的办刊宗旨，确实煞费苦心，使《东西洋考每月统记传》成为鸦片战争前西方人面向中国对华夷观进行比较系统批判的主要阵地，并产生了重要影响。该刊比较固定的三个主要栏目是《论》《东西历史合记》《地理》，都从不同角度批驳了华夷观的荒谬。《论》代表了郭实猎的主要核心思想，也是批驳华夷观的最直接言论，并且为了取得更好的效果，有时采用了在外中国人通信的方式。现节录如下：

夫蛮狄羌夷之名等，指残虐性情之民……且天下之门有三矣：有禽门焉，有人门焉，有圣门焉是也。由于情欲者，入自禽门者也；由于礼义者，入自人门者也；由于独知者，入自圣门者也。夫远客知礼行义，何可称之夷人，比较之与禽兽待之如外夷。呜呼远其错乎，何其谬论者欤！凡待人必须和颜悦色，不得暴怒骄奢。怀柔远

---

① 中国史学会主编:《中国近代史资料丛刊·鸦片战争》(一),上海,上海人民出版社、上海书店出版社,2000年,第104页。

② 黄时鉴:《〈东西洋考每月统记传〉影印本导言》,〔德〕爱汉者等编,黄时鉴整理:《东西洋考每月统记传》,北京,中华书局,1997年,第12页。

客，是贵国民人之规矩。是以莫若称之远客，或西洋、西方或外国的人。或以各国之名，一毫也不差。[①]

学问不独在一国之知，倒也包普天之下焉。莫说礼乐射御书数艺等，就是天之道、算法天文、天地海理、医学草木万物之知识，各样技艺之长，所当务心思索。因拘泥之人，贵自轻他，把外国之学问文艺，如轻浮气像。[②]

男向来视诸夷国当小洲。到那国之时，名称百路，看地方之宽，城邑之美，百姓之盛，市头之闹，色沮言塞。暗想至中国因闻夷人如饿鬼贫贱，甚实堪悯。不期而登岸游巡，城名叫做丽玛，到处瞩眺细看决疑。屋有顺便，衢有涧长，使知五伦学问最渊，生齿日繁，农商相资，工贾相让。且此地之官员推广立教，使民知礼识义……且五日后开船巡亚墨利加海边，自是观之，此夷地方比本国五分更大。不孝子叫那居民夷人甚怀羞，盖聪明通窍，身晓才艺，何可以为夷者乎？[③]

与《论》相比，《东西历史合记》以具体史实比较了中西历史的发展进程，说明中西历史都有自己的渊源和漫长的发展进程，都有各自的文明史，西方并非“蛮夷”。该杂志共刊登了11篇《东西史记和合》，其宗旨见于1837年该刊发表的总结性文章《史记和合纲鉴》：“自盘古至尧舜之时，自亚坦到挪亚，东西记庶乎相合，盖诸宗族之本源为一而已。盖前后异势，疏密异刑，各族继私风俗，故史记也不同。但诸国之体，如身之有四肢，血脉相通，而疴痒相关。”当然，文章更强调了当时世界的现实形势：“自上帝生民，未有若大清年间之教化，普天下之变国。且欧罗巴权文艺布于四海，自五印度国之婆罗门，达于亚非利加之土人，一切顺之。”[④]由此可以看出，不仅西方历史与中国一样源远流长，而且目前的西方文明已经超越中国式的地域性文明而成为世界性文明。

---

① 〔德〕爱汉者等编，黄时鉴整理：《东西洋考每月统记传》，北京，中华书局，1997年，第23页。

② 〔德〕爱汉者等编，黄时鉴整理：《东西洋考每月统记传》，北京，中华书局，1997年，第33页。

③ 〔德〕爱汉者等编，黄时鉴整理：《东西洋考每月统记传》，北京，中华书局，1997年，第111页。

④ 〔德〕爱汉者等编，黄时鉴整理：《东西洋考每月统记传》，北京，中华书局，1997年，第252、253页。

另外,《东西洋考每月统记传》对地理、科学等知识的介绍自然也是破除华夷观的重要方式。一些散见的文章也很精彩,它为中国人了解西方文化提供了非常宝贵的资源,如郭实猎在《经书》一文中列举了从古希腊、罗马到文艺复兴后西方文化的发展过程:"大清民之经书有四、有五。惟泰西之经书不胜其数,各国各话自有矣。若欲察其深浅,潜心切究其义,必焚膏继晷矣。""泰西国人不顽,各有所可取矣。若识字、学文,何不可纂书乎?惟欧罗巴之辑文,与汉之修文不同。在欧罗巴列国,每年各月,日日新撰。汉人以古者之诗书足意。泰西著作的若不自行制造者,取笑而已。是以尽心原制作新样也。智慧聪明之帝君开言路,各著其志,所以学问隆兴焉。"[①]所以,《东西洋考每月统记传》成为鸦片战争后魏源等人了解世界的主要参考文献之一,并对中国先进思想家重新认识华夷观产生了影响。

鸦片战争进行的过程中,英国也曾关注过华夷观问题,但只是一带而过,并未深究。《抚夷日记》记载耆英与璞鼎查等人在谈判条约的内容时,一度辩论过这个问题:

> 该夷呈出所拟条款和约,与各宪阅看。耆将军曰:"战费赎城等字俱属不雅,须另换字样,"该夷不允。该夷言:"夷字不美,嗣后望勿再用。"咸大人言:"孟子曰:'舜,东夷之人也。文王,西夷之人也。'夷字载之于圣经,有何不美?"彼此争论字义,良久未定。[②]

鸦片战争后,西方通过不平等条约打开了清朝闭关锁国的大门,《南京条约》也特别规定:"议定英国住中国之总管大员,与中国大臣,无论京内京外者,有文书来往,用'照会'字样;英国属员,用'申陈'字样,大臣批覆用'札行'字样;两国属员往来,必当平行照会。"[③]如马士所指出,在《南京条约》中,"两国同等的互称为'大';两国君主在条文里具有同等尊严的地位;关于全权代表们的名次及签字,英国的在英文本上列在前面,中国的在中文本上列在前面;中国绝不可能再否认

---

① 〔德〕爱汉者等编,黄时鉴整理:《东西洋考每月统记传》,北京,中华书局,1997年,第204~205页。

② (清)张喜:《抚夷日记》,中国史学会主编:《中国近代史资料丛刊·鸦片战争》(五),上海,上海人民出版社、上海书店出版社,2000年,第389页。

③《筹办夷务始末》(道光朝)卷59,台北,文海出版社影印本,1970年,第45页。

英、中两国的地位平等了”[①]。同时，英国等西方国家拥有了作为战胜国的优越心理，因而暂时撇开了华夷观问题。这种心理正如1847年1月9日的《巴麦尊子爵致德庇时爵士函》所言：

> 倘若我们采用一种卑下的口气，我们将丧失我们在对中国胜利中所得到的一切优胜的地位。我们必须特别小心不让我们已经取得的优势地位下降。倘若我们能用交涉的口气凭着道义维持住我们的地位；我们就无须采取武装行动来恢复它；但是倘若我们听任中国人在广州或在其他各地恢复他们以往那种妄自尊大的口气——无疑他们始终是努力这样做，我们不久即将被迫与他们重起冲突。自然我们（我所说的我们是指在中国的所有英国人而言）应当避免给中国人以任何控诉的理由，更要避免给他们任何激怒或侮辱；但是我们对于他们任何想把我们不当作同他们同等人的企图，必须在一开始就予以制止，我们必须，虽则是要用最文明的措辞，使他们全都明白认识我们的条约权利。必须要受尊重。[②]

但事情绝非如此简单，华夷观作为中国对外关系的核心价值理念不仅涉及中外关系，而且与中国自身统治的合理性也联系在一起，中西之间的争议必将继续。1850年《英大臣巴麦尊给大学士穆彰阿耆英照会》中对徐广缙的控诉就充分地表现了英国对此观念的愤怒：“照得贵国粤省钦差大臣徐，因向取用词旨，设立方法，均似中有贻危两国和好之处。竟将体格字样皆失礼仪之公文，欲札行驻粤领事官，其势我大英内阁各大臣，不得不转达贵国各大臣知照，深可痛恨！”[③]所以，如果说西方在第一次鸦片战争中主要是解决了通商问题，那么第二次鸦片战争时期西方就更看重在中国的政治地位，这在《中英天津条约》中有充分的反映。该条约的第二款到第七款都是有关双方政治地位的内容，如“英国自主之邦，与中国平等，大英钦差大臣，作为代国秉权大员，觐大清皇上时，遇有碍于国体之礼，是不可行”。“大清皇上特简内阁大学士尚书中一员，

---

① 〔美〕马士：《中华帝国对外关系史》第1卷，张汇文等译，上海，上海书店出版社，2000年，第349～350页。

② 〔美〕马士：《中华帝国对外关系史》第1卷，张汇文等译，上海，上海书店出版社，2000年，第434页。

③ 《筹办夷务始末》(咸丰朝)一，北京，中华书局，1979年，第11页。

与大英钦差大臣文移会晤各等事务，商办仪式，皆照平仪相待。”“大英君主酌看通商各口之要，设立领事官，与中国官员于相待诸国领事官最优者，英国亦一律无异。领事官、署领事官，与道台同品；副领事官、署副领事官及翻译官，与知府同品。视公务应需衙署相见，会晤文移，均用平礼。”而第五十一款更是专门规定：“嗣后各式公文，无论京外，内叙大英国官民，自不得提书夷字。”[①]可以说，通过第二次鸦片战争，西方才完全从形式上破除了中国的华夷观，并且在实际上取得了优越于中国的地位。

与此相对的是中国开始了洋务运动，揭开了学习西方和近代化的序幕。在这种情境下，作为传统对外关系的核心价值观——华夷观也必然被国人逐渐清理和重新解读。综合来看，19世纪中叶中国对华夷观的清理，主要涉及两方面内容：一是从有关华夷观标准的重新认识入手，提出了“师夷长技论”，提倡学习西方自然科学并主张将自然科学纳入中国正统文化范畴，希望以此打破华夷观的框架；二是关注西方人文社会文化并与中国进行了初步比较，形成了具有中西二元论色彩的文明观。

（二）从自然科学层面看19世纪中叶中国对华夷观的清理

19世纪中叶，中国社会最有意义的变化是“师夷长技”论的提出及以此为实践的洋务运动，中国对华夷观的清理也首先是从自然科学开始，并且是主动进行。当时，中国的先进思想家和洋务派在“师夷长技”论的框架里和期望中，主要通过两种方式试图突破华夷观：一是在观念层面直接批驳华夷观，将自然科学纳入“华”文化[②]范畴；一是在实际操作层面主张将自然科学纳入科举制的范畴，以尽量淡化乃至破除华夷观。二者相互补充，构成了这一时期中国自身力图清理华夷观的主要趋向——将自然科学引入中国主流文化，以真正达到“师夷长技”的目的。他们的努力既有相当程度的可操作性和现实价值，在中国近代思想史上也具有重要意义。但在保守派的阻挠和攻击下，洋务派及其思想家“西学为用”的本来目标基本没有实现，19世纪中叶中国的主流观念还是将自然科学视为具有“夷学”性质的单纯的技艺，是不能与中学相提并论的旁门左道，特别是未能实现自然科学与科举制的结合进而推广自然科

---

① 《筹办夷务始末》(咸丰朝)三,北京,中华书局,1979年,第1015～1023页。

② 这里的“华”文化有两方面的内涵:首先,它是中国正统文化的重要组成部分;其次,更重要的是,它是形而上层面的高层次文化。前者主要是针对将自然科学等同于西方文化的观念,后者是对视自然科学为技艺的观念的批判。

学，这是我们评价“中体西用”论时应该注意的一个方面。

1.19世纪中叶中国的华夷观问题与自然科学

清理华夷观首先就涉及华夷观的标准问题，其中对鸦片战争后的中国而言，最急迫的现实问题就是如何看待作为西方坚船利炮之基础的近代自然科学，自然科学是否应纳入“华”文化范畴。众所周知，科学特别是自然科学的兴盛是近代世界历史区别于以往的重要标志，是推动人类社会近代化的主要动力，是人类社会从农业时代进入工业时代的象征。“通常谓之‘近代’的这段历史时期，人的思想见解和中古时期的思想见解有许多不同。其中有两点最重要，即教会的威信衰落下去，科学的威信逐步上升。旁的分歧和这两点全有连带关系。”[①]科学的兴盛使“西欧人急速地富足起来，逐渐成为全世界的主子：他们征服了北美和南美，他们在非洲和印度势力浩大；在中国，受尊敬，在日本，人惧怕”[②]。布莱克等人则将现代化界定为“这样一个过程，即在科学和技术革命的影响下，社会已经发生了变化或者正在发生着变化”[③]。

与西方文化特别是西方近代文化不同的是，以儒学为核心的中国传统文化基本是沿着“观乎人文以化成天下”[④]的路径发展的，是比较典型的人文伦理型文化，自然科学在其中缺乏应有的地位，为主流文化所轻视和排斥。关于这一问题，新儒家代表人物唐君毅就认为：“西方文化之重心在科学宗教，中国文化之重心在道德艺术。”[⑤]中国科学史家李约瑟也指出：“要而言之，便是欧洲哲学倾向于在物质中发现真实，而中国哲学倾向于在关系中发现真实。”[⑥]我们仅以科举制为例也可看出，它作为中国培育人才的考试制度，除了唐朝一度设立不受重视的明算科、医举科，其他时期就完全排除了自然科学。所以，以儒学为主的中国传统文化与自然科学显然存在矛盾，近代科学不能在中国产生与中国传统文化

① 〔英〕罗素:《西方哲学史》下卷，马元德译，北京，商务印书馆，1976年，第3页。

② 〔英〕罗素:《西方哲学史》下卷，马元德译，北京，商务印书馆，1976年，第58页。

③ 〔美〕西里尔·E.布莱克等:《日本和俄国的现代化》，周师铭等译，北京，商务印书馆，1984年，第18页。

④ 徐澍、张新旭译注:《易经》，合肥，安徽人民出版社，1992年，第126页。

⑤ 唐君毅:《中西文化精神之比较》，郁龙余编:《中西文化异同论》，北京，生活、读书、新知三联书店，1989年，第31页。

⑥ 〔英〕李约瑟原著，〔英〕柯林·罗南改编:《中华科学文明史》第1卷，上海交通大学科学史系译，上海，上海人民出版社，2001年，第85页。

观念和结构有密不可分的关系。[①]

因此，在中国闭关锁国的大门被西方列强的坚船利炮摧毁后，如何重新衡量西方坚船利炮背后的自然科学的价值对于清王朝来说确是一个特别尖锐的问题，如果仍坚守中国传统文化观念，将自然科学视为技艺和“夷学”而排除在主流文化范畴之外，那么中国的近代化就很难顺利起步和发展。面对这种困境，19世纪中叶的中国先进思想家和洋务派提出了“师夷长技”的主张，并试图从观念层面重新评价自然科学和从实践层面通过科举制等比较系统地引入自然科学。

2.从观念层面清理华夷观：自然科学上升为“华”

鸦片战争后首次从观念层面提升自然科学地位并批判华夷观的是魏源。作为著名的经世学者，魏源的时代感是敏锐的，因而受鸦片战争的震撼也特别强烈，其中主要表现就是他对自然科学的认识在战前与战后发生了完全转变。1826年，魏源助贺长龄编成《皇朝经世文编》时，在阐述文编的宗旨和原则的《五例》中特别指出：“星历掌之专官，律吕只成聚讼，务非当急，人难尽通，则天文、乐律之属，可略焉勿详也。”[②]所以，《皇朝经世文编》选录了640余人共2236篇文章，但关于西方自然科学方面的文章几乎是空白，寥寥点缀的也是对西学的简单而消极的评价，如《礼政·正俗》部分收录的《四库全书总目提要·西学》。而清代在自然科学方面有很深造诣的几位大师，不是完全弃之不录就是象征性地选录了非自然科学方面的文章，如《礼政·丧礼》中有梅文鼎批判风水的短文《虎口余生录书后》，《礼政·服制》中有王锡阐关于五服制的《降服辨》，薛凤祚、李锐等人则没有文章入选。作为以经世自诩的学者编辑的经世致用著作，魏源在鸦片战争爆发前如此处理明末清初以来传入中国的具有重要理论和实用价值的西方自然科学，更多的是反映了时代的局限，但也给予了他本人很大刺激。[③]所以，在鸦片战争后的十年时间，自然科学在他不断增补的《海国图志》中的份量逐渐增加，百卷本《海国图志》已有17卷专门介绍西方科学技术，“师夷长技以制夷”成为

① 参见何平:《近代科学为什么不能在中国产生?——评近年来中西学者的若干解释理论》,《史学理论研究》2005年第4期。

② (清)魏源:《皇朝经世文编五例》,《魏源全集》第13册,长沙,岳麓书社,2004年,第1页。

③ 包世臣等也是如此,如包氏撰于19世纪初的《说储》提出“永禁东南开洋”,“禁一切奇器如自行人、吹气皮人、自鸣钟表、自行车一切用机巧、水法、重法之类”(《包世臣全集·说储》,合肥,黄山书社,1991年,第141页)。

《海国图志》的灵魂。同时，在代表魏源核心思想的《海国图志·筹海篇》部分，他对“长技”做了如下阐释：“古之圣人，刳舟剡楫，以济不通，弦弧剡矢以威天下，亦岂非形器之末？而《睽》《涣》取诸《易》《象》，射御登诸六艺，岂火轮、火器不等于射御乎？指南制自周公，挈壶创自《周礼》，有用之物，即奇技而非淫巧。今西洋器械，借风力、水力、火力，夺造化，通神明，无非竭耳目心思之力，以前民用。因其所长而用之，即因其所长而制之。风气日开，智慧日出，方见东海之民，犹西海之民，云集而鹜赴，又何暂用旋辍之有？”[①]由此可以看出，魏源是从两个层面对“长技”做了具有时代意义的解读：一是“长技”的不断创新和普及应用是人类社会发展的必然趋势，自然科学的价值将随着社会的进步而日益凸显，不可能“暂用而旋辍”；一是“长技”是人类文化的重要组成部分，更是形而上的高层次文化，而非仅仅是“形器之末”的低层次文化。所以，魏源的视野是开阔的，眼界是高深的，他对“长技”的认识正是针对华夷观的，这与他强调的“自古有不王道之富强，无不富强之王道”[②]也是一致的。因此，“师夷长技以制夷”是对华夷观的重要突破，它不仅仅是提出了学习西方，而且从历史和现实层面分析了“长技”的地位和价值，开始将自然科学的发展程度作为判定社会发展程度的重要标准。

其实，魏源的上述观念在明末清初主张学习西学的人士中也有所发明。1614年，徐光启在《刻同文算指序》中称：“我中夏自黄帝命隶首作算，以佐容成，至周大备。周公用之，列入学官以取士，宾兴贤能，而官使之。孔门弟子身通六艺者谓之升堂入室，使数学可废，则周孔之教踳矣。”[③]“算术之学特废于近代数百年间尔。废之缘有二：其一为名理之儒土苴天下之实事，其一为妖妄之术谬言数有神理，能知来藏往，靡所不效。卒于神者无一效，而实者无一存，往昔圣人所以制世利用之大法，曾不能得之士大夫间，而术业政事，尽逊于古初远矣。”[④]李之藻在《〈同文算指〉序》也指出：“古者教士三物而艺居一，六艺而数居一。数于艺犹土于五行，无处不寓，耳目所接已然之迹，非数莫纪；闻见所

① (清)魏源:《海国图志》(上),长沙,岳麓书社,2004年,第30～31页。

② (清)魏源:《默觚下·治篇一》,《魏源全集》第12册,长沙,岳麓书社,1998年,第36页。

③ (明)徐光启撰,王重民辑校:《徐光启集》上册,上海,上海古籍出版社,1984年,第79～80页。

④ (明)徐光启撰,王重民辑校:《徐光启集》上册,上海,上海古籍出版社,1984年,第80页。

不及，六合而外，千万世而前而后必然之验，非数莫推。”[①]到19世纪初，编辑《畴人传》的阮元再度强调：“数为六艺之一。而广其用，则天地之纲纪，群伦之统系也。天与星辰之高远，非数无以效其灵。地域之广轮，非数无以步其极。世事之纠纷繁颐，非数无以提其要。通天地人之道曰儒，孰谓儒者而可以不知数乎！自汉所来，如许商、刘歆、郑康成、贾逵、何休、韦昭、杜预、虞喜、刘焯、刘炫之徒，或步天路而有验于时，或著算数而传之于后，凡在儒林类能为算。后之学者，喜空谈而不务实学，薄艺事而不为，其学始衰。”[②]

不过，到鸦片战争时期，不仅清王朝不能从“千古变局”中觉醒，知识阶层对西方及其文化的了解也非常有限，魏源的观念仍然是空谷足音。正如郭嵩焘在《书〈海国图志〉后》中所言：“魏氏此书，征引浩繁，亦间有参差失实。要其大旨在考览形势，通知洋情，以为应敌制胜之资。其论在互市议款及师夷人长技以制夷，言之始通商之日，无不笑且骇者，历十余年而其言皆验。”[③]左宗棠在为《海国图志》重刊本所写的序言中也感慨：“书成，魏子殁。廿余载，事局如故。”[④]所以，魏源之后进一步从自然科学角度直接论述华夷观念问题的主要是1867年天文、算学馆事件时的奕䜣等洋务派。[⑤]

天文、算学馆事件是洋务运动时期洋务派与保守派之间首次发生大规模的激烈交锋，极大地影响了晚清时期近代化的走向。该事件的中心议题是科举出身的传统士人是否能进入天文、算学馆学习。按照奕䜣等洋务派人员的构想，“洋人制造机器、火器等件，以及行船、行军，无一不自天文算学中来”，“倘能专精务实，尽得其妙，则中国自强之道在此

① 徐宗泽：《明清间耶稣会士译著提要》，上海，上海书店出版社，2010年，第199～200页。

② （清）阮元：《里堂学算记序》，（清）阮元撰，邓经元点校：《揅经室集》，北京，中华书局，1993年，第681页。

③ （清）郭嵩焘著，杨坚点校：《郭嵩焘诗文集》，长沙，岳麓书社，1984年，第94～95页。

④ （清）左宗棠著，林鸣凤等整理：《左宗棠全集：家书·诗文》，长沙，岳麓书社，1987年，第257页。

⑤ 曾国藩等地方洋务派是在镇压太平天国运动的过程中使用洋枪洋炮并进而开启了洋务运动，这种形式的“师夷长技”当时并未引起争议。1865年初，御史陈廷经上奏，提出“今西洋器械……我师其所长而用之，则西洋之长技，皆可为中国之长技，诚万世之至计也”（中国史学会主编：《中国近代史资料丛刊·洋务运动》（一），上海，上海人民出版社、上海书店出版社，2000年，第14页）。

矣”。[①]至于为什么选择有科举功名的士人入馆学习，是因为“翰林院编修、检讨、庶吉士等官，学问素优，差使较简，若令学习此项天文、算学，程功必易。又进士出身之五品以下京外各官，与举人、五项贡生，事同一律，应请一并推广招考，以资博采”[②]。奕䜣等人的逻辑是，如果自强是整个社会的事业，那么作为四民之首的士大夫阶层必然是责无旁贷的核心力量，“然试问所为卧薪尝胆者，姑为其名乎？抑将求其实乎？如谓当求其实，试问当求之愚贱之人乎？抑当求之士大夫乎？此臣衙门所以有招考正途之请也”[③]。让举人特别是进士等学习自然科学的做法是否科学当属别论，[④]但从冲破华夷观的层面看它确属意义重大，甚至这种做法可以看作对华夷观念的逆向操作，是将西学凌驾于中学之上，尽管奕䜣等人他们自己可能并没有如此清醒的认识，尤其是没有全面考虑这种做法的最终结果，他们主要是从自强之道的角度提出自己的主张。另外，奕䜣等人在开始提出这一政策时，已经制定出具体的天文、算学馆章程六条，说明他们没有料到会遭到保守派的强有力阻挠。不过，这毕竟是开创性的事业，而当时一般的社会舆论往往趋于保守，为了达到目的并且先发制人，奕䜣等人首先从多层面进行了论辩。节录如下：

> 臣等伏查此次招考天文、算学之议，并非矜奇好异，震于西人术数之学也。盖以西人制器之法，无不由度数而生。今中国议欲讲求制造轮船、机器诸法，苟不藉西士为先道，俾讲明机巧之原、制作之本，窃恐师心自用，枉费钱粮，仍无裨于实际。是以臣等衡量再三而有此奏。论者不察，必有以臣等此举为不急之务者，必有以舍中法而从西人为非者，甚且有以中国之人师法西人为深可耻者，此皆不识时务也。夫中国之宜谋自强，至今日而已亟矣。识时务者

---

① 《筹办夷务始末》(同治朝)卷46，台北，文海出版社影印本，1971年，第3～4页。

② 《筹办夷务始末》(同治朝)卷46，台北，文海出版社影印本，1971年，第46页。

③ 《筹办夷务始末》(同治朝)卷48，台北，文海出版社影印本，1971年，第2～3页。

④ 奕䜣等人也考虑到正途出身人员的年龄等问题，在1867年1月上奏设立天文、算学馆的清单中，列出“至京外各衙门咨送此项人员，务须择其年在三十以内者，方可咨送。如有平日讲求天文、算学，自愿来馆学习，藉资印证，以精其业者，其年岁亦可不拘”[《筹办夷务始末》(同治朝)卷46，台北，文海出版社，1971年，台北，文海出版社影印本，1971年，第47页]。不过，如果说1866年12月的奏折中提出选择举人、贡生入天文、算学馆学习是可取、可行的政策的话，1867年1月的奏折中将进士、翰林等列入招生范围就不是明智、正确的选择，反映了奕䜣等总署大臣的盲目性，并因此招致了保守派的激烈反击。

莫不以采西学、制洋器为自强之道。疆臣如左宗棠、李鸿章等皆能深明其理，坚持其说，时于奏牍中详陈之。上年李鸿章在上海设立机器局，由京营拣派兵弁前往学习；近日左宗棠亦请在闽设立艺局，选少年颖悟子弟，延聘洋人，教以语言文字、算法、画法，以为将来制造轮船、机器之本。由此以观，是西学之不可不急为肄习也，固非臣等数人之私见矣……

至以舍中法而从西人为非，亦臆说也。查西术之借根，实本于中术之天元，彼西土目为东来法。特其人性情缜密，善于运思，遂能推陈出新，擅名海外耳。其实法固中国之法也。天文、算学如此，其余亦无不如此。中国创其法，西人袭之。中国倘能驾而上之，则在我既已洞悉根源，遇事不必外求，其利益正非浅鲜。且西人之术，我圣祖仁皇帝深韪之矣。当时列在台官，垂为时宪，兼容并包，智周无外，本朝掌故，亦不宜数典而忘。况六艺之中，数居其一。古者农夫、戍卒，皆识天文，后世设为厉禁，知者始鲜。我朝康熙年间，除私习天文之禁，由是人文蔚起，天学盛行。治经之儒，皆兼治数，各家著述，考证俱精。语曰："一物不知，儒者之耻"。士子出户，举目见天，顾不解列宿为何物，亦足羞也。即今日不设此馆，犹当肄业及之，况乎悬的以招哉？

若夫以师法西人为耻，此其说尤谬。夫天下之耻，莫耻于不若人。查西洋各国，数十年来，讲求轮船之制，互相师法，制作日新。东洋日本，近亦遣人赴英国学其文字，究其象数，为仿造轮船张本，不数年亦必有成。西洋各国，雄长海邦，各不相下者无论矣。若夫日本蕞尔国耳，尚知发愤为雄。独中国狃于因循积习，不思振作，耻孰甚焉！今不以不如人为耻，而独以学其人为耻，将安于不如而终不学，遂可雪其耻乎！

或谓制造乃工匠之事，儒者不屑为之，臣等尤有说焉。查《周礼·考工》一记，所载皆梓匠轮舆之事。数千百年，黉序奉为经术，其故何也？盖匠人习其事，儒者明其理，理明而用宏焉。今日之学，学其理也，乃儒者格物致知之事，并非强学士大夫以亲执艺事也，又何疑乎？

总之，学期适用，事贵因时。外人之疑议虽多，当局之权衡宜定，臣等于此筹之熟矣。惟是事属创始，立法宜详。大抵欲严课程，必须优给廪饩；欲期鼓舞，必当量予升途。谨公同酌拟章程六条，缮呈御览，恭候钦定。[①]

奕䜣等人的上述言论尽管掺杂着“西学中源”等当时的一些流行观念，也没有直接提到“华”与“夷”这一敏感话题，但总体而言它有理、有据、有节，从历史、时势、学术、实用等多层面以肯定西方自然科学的方式否定华夷观，是19世纪60年代洋务派就学习西方自然科学问题进行的最系统的论辩。

正如保守派所言，此举实是“溃夷夏之防，为乱阶之倡”[②]，也因此遭到他们的强力阻挠，其中倭仁的言论最具代表性，影响也最大。倭仁立论的核心是依据中国传统文化中的本末、华夷观念，即“天文算学，为益甚微；西人教习正途，所损甚大”，因而他认为“立国之道，尚礼义不尚权谋；根本之图，在人心不在技艺。今求之一艺之末，而又奉夷人为师，无论夷人诡谲，未必传其精巧；即使教者诚教，学者诚学，所成就者不过术数之士，古今来未闻有恃术数而能起衰振弱者也”[③]。倭仁尤其反对的是以正途出身的士人学习西方，“今复举聪明俊秀，国家所培养而储让有用者，变而从夷，正气为之不伸，邪气因而弥炽，数年以后，不尽驱中国之众咸归于夷不止”[④]。从整体来看，倭仁的言论触及古今文化、中西文化及中西之间和清政府内部各阶层之间的现实利害冲突等一系列复杂关系，虽然从表面上看有些言论不无道理，但由于他根本不了解近代世界及其文化，他的辩白就显得自相矛盾和空洞无力，他提出的“天文算学，为益甚微；西人教习正途，所损甚大”，则是与近代世界文化的发展方向和规律背道而驰。他认为开设天文算学馆是“今欲习其秘术以制彼死命，彼纵阳为指授，安知不另有诡谋”[⑤]，也说明他对自然科

① 《筹办夷务始末》(同治朝)卷46，台北，文海出版社影印本，1971年，第44～46页。

② 《筹办夷务始末》(同治朝)卷49，台北，文海出版社影印本，1971年，第23页。

③ 《筹办夷务始末》(同治朝)卷47，台北，文海出版社影印本，1971年，第24页。

④ 《筹办夷务始末》(同治朝)卷47，台北，文海出版社影印本，1971年，第25页。

⑤ 《筹办夷务始末》(同治朝)卷48，台北，文海出版社影印本，1971年，第11页。

学价值的了解非常有限。[①]所以，倭仁最终只能抓住并反复强调的是，“今以诵习诗书者而奉夷为师，其志行已可概见，无论所学必不能精，即使能精，又安望其存心正大尽力报国乎？恐不为夷人用者鲜矣！”[②]尽管这是一种莫须有的判断和推测，但由于两次鸦片战争以及中国人对世界的有限认识，这种在形式上诉诸民族主义的方式代表了当时社会一般人士面对中西关系时的基本态度，因而肯定会得到社会舆论的支持。据《翁同龢日记》1867年3月18日和29日记载：“同文馆之设，谣言甚多，有对联云：‘鬼计本多端，使小朝廷设同文之馆；军机无远略，诱佳子弟拜异类为师。’”“京师口语藉藉，或粘纸于前门以俚语笑骂，‘胡闹胡闹，教人都从了天主教’云云。或作对句‘未同而言，斯文将丧’，又曰‘孔门弟子，鬼谷先生’。”[③]

社会舆论方面的反应就是对奕䜣等洋务派的最好“回击”，它使学习西方自然科学成为少人问津的邪门歪道，也使洋务派始终处于弱势地位，洋务运动自然也很难顺利发展。“天文算学招考正途人员，数月于兹，众论纷争，日甚一日，或一省中并无一二人愿投考者，或一省中仅有一二人愿投考者，一有其人，遂为同乡、同列之所不齿。夫明知为众论所排，而负气而来，其来者既不恤人言，而攻者愈不留余地，入馆与不入馆，显分两途，已成水火，互相攻击之不已，因而互相倾覆，异日之势所必至也。”[④]天文、算学馆事件的结果不仅令奕䜣等人气馁，而且大大地挫

---

① 当时的士大夫对近代自然科学的价值普遍缺乏系统了解，保守派更是如此。所以，倭仁一度信口开河地提出中国有自己的自然科学人才，不需要学习西方，但最后却保举不出这样的人才。反对设立天文算学馆的候选直隶州知州杨廷熙在奏折中则将自然科学与中国传统术数中非科学层面的意蕴等同，认为：“推之孔子不言天道，孟子不重天时，非故秘也，诚以天文数学，机祥所寓。学之精者，祸福之见太明，思自全而不为世用，事事委诸气数，而或息其忠孝节义之心；学之不精，则逆理违天，道听途说，必开天下奇邪诳惑之端，为世道人心风俗之害。伊古以来，圣神贤哲，不言天而言人，不言数而言理，其用意至深远矣。”[中国史学会主编：《中国近代史资料丛刊·洋务运动》(二)，上海，上海人民出版社、上海书店出版社，2000年，第44页]

②《筹办夷务始末》(同治朝)卷48，台北，文海出版社影印本，1971年，第11页。

③ 陈义杰整理：《翁同龢日记》第1册，北京，中华书局，1989年，第519、521页。

④《同治六年三月二十七日通政使司通政使于凌辰折》，中国史学会主编：《中国近代史资料丛刊·洋务运动》(二)，上海，上海人民出版社、上海书店出版社，2000年，第39页。

伤了洋务派的锐气。[1]如当该事件初步告一阶段之后，奕䜣等人在复议礼科给事中周星誉关于“广人才”的提案时称：“惟办理洋务，与别事不同，有未可以常格拘者。即如招考天文算学，臣衙门何尝不欲于此中隐求良士，以资臂助，而急切尚难见功。”[2]“急切尚难见功”可以说是指出了晚清时期中国近代化的悖论，一方面需要赶紧补上此前所缺失的近代化进程的多个环节，另一方面却往往囿于多种因素反而不断累积着不利于近代化的各种事项，结果就是更加积重难返，天文、算学馆事件便是其中的一个典型。所以，其后的一段时间，洋务派及其思想家的言论收敛了很多，从自然科学角度批评华夷观的言论也几乎不见踪影。不过，个别洋务人员仍偶尔提及要振兴自然科学，但尽量不触及敏感话题，如1870年李鸿章奏称：“西洋军火，日新月异，不惜工费，而精利独绝，故能横行于数万里之外。中国若不认真取法，终无以自强。窃谓士大夫留心经世者，皆当以此为身心性命之学，庶几学者众，而有一二杰出，足以强国而赡军。”[3]

不过，晚清时期中国所面临的严峻形势显然不适于清政府推行一般性的保守政策，时时发生的触及重大利害关系的事件不断引发各阶层的唇枪舌剑，尤其是具有不同观念的统治阶层之间更是如此。如1874年海防、塞防之争的爆发，这是继天文、算学馆事件后又一次关系着洋务运动发展方向的重大事件。李鸿章在海塞防之争中主张“渐弃新疆”的态度无论在当时还是后世，基本不会得到认同和支持。但李鸿章毕竟是有识见的洋务大员，他借这次争议事件又重新比较激进地议论自然科学与华夷观问题，希图从更根本的层面冲破洋务发展的困境，这也应该值得我们关注。他在与自己的门生、部属刘秉璋辩论时指出：

> 又谓算学比于天文生，为六艺之一，圣人未尝不讲究，兄却未见圣人留下几件好算数器艺来。又谓格致测算无非欲其用诸制造，然天地万物万事皆有制造之法之意，何可藐视？又谓统名之洋学局，疑于用夷变夏，名不正则言不顺，是必华学即可制夷即可敌夷。若

---

① 当时投考天文、算学馆者有98人，实际参加考试者72人，录取了30人，半年后考试合格者仅10人，因人数少而并入之前的语言馆。参见《筹办夷务始末》(同治朝)，台北，文海出版社影印本，1971年，卷49、卷59。

② 《筹办夷务始末》(同治朝)卷50，台北，文海出版社影印本，1971年，第7页。

③ 《筹办夷务始末》(同治朝)卷78，台北，文海出版社影印本，1971年，第39页。

尚不足以制敌，则取彼之长益我之短，择善而从，又何嫌乎？姑不必以赵武灵王胡服为比，即须综核名实，洋学实有逾于华学者，何妨开此一途？且夷人已入内地，驻京师，公尚龂龂于夷夏之防，则必真有攘夷之本领，然后不为用夷之下策，请问公有何术乎？[①]

李鸿章的言论在有些方面突破了天文、算学馆事件时奕䜣等人的观念，也突破了西方文化传入中国以来士大夫一直强调的算学等“为六艺之一，圣人未尝不讲究”这一似是而非的说法，是对“西学中源论”的批判，并且明确地指出自然科学不仅是技艺，而且是“天地万物万事皆有制造之法之意”，将自然科学纳入形而上的范畴。所以，如果说奕䜣等人还在尽力寻求历史上中国有自己的自然科学发展脉络，以便为自己的主张提供传统文化方面的依据，那么李鸿章已经不再以中国传统文化作为学习自然科学的辩护词，并且否定中国传统文化对于自然科学发展的价值。李鸿章是从西方文化观念出发将自然科学的价值提升到一个新的层面，这是对中西文化地位的颠覆，尽管这一颠覆还仅限于自然科学领域。因为是私人通信，又是自己的门生，李鸿章表露得比较直白，这也恰恰反映了他的真实看法。可以说，李鸿章的上述言论是19世纪中叶中国人从自然科学角度对华夷观进行的最直接、最彻底的批判，展现了一位洋务领袖认识的高度。

与洋务派官僚相比，一般的开明士人尤其是对自然科学有造诣者往往更不受约束，虽然他们的认识有深有浅，观念也不尽一致，但都是将自然科学视为“学”“道”。如李善兰主要以实际行动诠释着自然科学的价值，他认为“顾圣始学于志道，终于游艺，故不独道有一贯，艺亦有焉”[②]。华衡芳在他与傅兰雅翻译的《代数术》序言中指出：“自是知代数之意，乃为数学中钩深索隐之用，非为浅近之算法设也。若米盐零杂之事，而概欲以代数施之，未有不为市侩所笑者也。至于代数、天元之异同优劣，读此书者自能知之，无待余言也。”[③]曾纪鸿在19世纪70年代为其友左潜的《缀术释明》所作序中表明了他们对华夷观的态度：“易系

---

① (清)李鸿章:《复刘仲良中丞》,(清)吴汝纶编:《李文忠公(鸿章)全集·朋僚函稿》卷15,台北,文海出版社影印本,1980年,第4～5页。

② (清)闵尔昌:《碑传集补》,沈云龙主编:《近代中国史料丛刊》(998),台北,文海出版社影印本,1973年,第2367页。

 ③ 赵尔巽等撰,许凯等标点:《清史稿》,长春,吉林人民出版社,1995年,第10588页。

云：‘极其数遂定天下之象。’则综天下难定之象以归有定，莫数若矣。在昔圣神，制器尚象，利物前民，于数理必有究极精微，范围后世者，代久年湮，渐至失传。近三百年，泰西犹能推阐古法，而中国才智之士，或反率其成辙。孔子曰：‘天子失官，学在四夷。’正今日数学之谓也。”“吾友左君壬叟，于数学尤孜孜不倦，遇有疑难，必穷力追索，务洞澈其奥窔。尝谓方员之理，乃天地自然之数，吾之宗中宗西，不必分畛域，直以为自得新法也可。”[①]晚清著名学者陈澧在为邹伯奇所撰《格术补》一书作序时也大发感慨：“格术补者，古算家有格术，久亡，而吾友邹徵君特夫补之也……有此书而古算家失传之法复明，可知西人制器之法，实古算家所有，此今世之奇书也。至若古算失传，如此者当复不少，吾又因此而感慨系之矣！”[②]著名进步思想家黄遵宪在《日本国志》中认为：“盖中土开国最先，数千年前环四海而居者，类皆蛮夷戎狄，鹑居蛾伏，混沌芒昧。而吾中土既圣智辈出，凡所以厚生利用者，固已无不备。其时，儒者能通天、地、人，农夫戍卒能知天文，工执艺事，得与坐而论道者，居六职之一。西人之学，未有能出吾书之范围者也。西人每谓中土泥古不变，吾独以为变古太骤。三代以还，一坏于秦之焚书，再坏于魏晋之清谈，三坏于宋明之性命，至诋工艺之末为卑无足道，而古人之实学益荒矣。”[③]

无论是洋务派还是一些进步思想家以及具有自然科学造诣的学者，他们在19世纪中叶都切身感到中国传统文化轻视自然科学所造成的严重危害，因而努力提升自然科学在中国文化中的地位和价值，批判华夷观念。他们的言行尽管很难得到社会的广泛认同，并且有些认识还不够深入，但毕竟是想将中国推向正确的发展道路，也是新文化运动时期科学救国思潮的先声，无疑具有重要的思想价值。

3.从实践层面冲破华夷观：自然科学融入或补充科举制

与从自然科学层面直接批判华夷观相比，19世纪中叶中国的进步思想家和洋务派更主要的策略和主张是立足于解决实际问题，提出将自然科学列入科举考试的范畴，以培养科学技术人才。这种方式其实是在观

① 赵尔巽等撰，许凯等标点：《清史稿》，长春，吉林人民出版社，1995年，第10580～10581、10581页。

② 赵尔巽等撰，许凯等标点：《清史稿》，长春，吉林人民出版社，1995年，第10586页。

③ （清）黄遵宪著，吴振清等点校整理：《日本国志》下卷，天津，天津人民出版社，2005年，第801～802页。

念上尽量淡化甚至回避华夷观的同时，从具体操作的实践层面引入近代自然科学，以解决这一困扰国人的重大问题。

自明末清初以来，利玛窦等来华的多数西方传教士一直秉承学术传教的“利玛窦规矩”，可见西方自然科学几乎是吸引中国士大夫的唯一重要内容。但西方自然科学却一直不能在中国全面地得到移植、发展，甚至与日本锁国时代的兰学相比也是天壤之别。如果说鸦片战争前中国士大夫还可以用轻松、虚骄的口吻以自然科学为技艺或“夷学”而不屑为之进行搪塞的话，鸦片战争后就很难有如此居高临下的心态了。对于19世纪中叶中国的进步思想家而言，如何使西方自然科学在中国全面地发展成为他们要解决的核心问题之一，以达到“师夷长技以制夷”的目的，其中他们提出的主要解决方法就是将学习自然科学与科举制联系起来，以制度化的强制方式和功名利禄的诱惑手段来改变士大夫不重视“技艺”、反对学习西方自然科学的观念。这种方式自然具有重大意义，因为如果不能将自然科学纳入一般士大夫的知识范畴之内，而仅仅是个别人的兴趣和愿望，即使是对华夷观进行再激烈的批判，恐怕也无济于事。

科举制在清代时有争议，而19世纪中叶最有时代感和价值的就是自然科学与科举制终于被联系在一起。鸦片战争后最早提出将自然科学纳入科举考试内容的是两广总督祁填，他在1841年的《请推广文武科试疏》中认为：“今但请文武两科，申明功令，尚恐积习既深，仍属有名无实。臣愚以为有文事者不废武备。今将于武备收得人之效，即须就武备开取士之途，似宜于奉行成法之中，微寓变通考选之制。如文试第三场策问五道，请定为五门发题：曰博通史鉴，曰精熟韬铃，曰制器通算，曰洞知阴阳占候，曰熟谙舆图情形。令士子报名应试时，照从前本经之例，于册内分别填注，考官仿元人经疑，以两书异同设作问题，果能贯通阐发，而首二场文艺尚属平顺者，即一律中式。盖经学已于二场发题考试，则发策不必复问；史学则于古今成法，无所不该，最征器识；其余四门，若兵书则详水战之阵法，图志则通外域之夷情，并足裕远谟而操胜算。至武试除默写武经外，请添问策一道，分韬略技艺火攻水战四门，仍如文试。”[①]从时代背景及“通外域之夷情”的文中逻辑看，“制器通算”当包括西方自然科学；“舆图”则主要指世界地理，甚至“阴阳占候”也属于近代自然科学的范畴。祁填之后，魏源在《海国图志》中也提出：“今

① 盛康辑:《皇朝经世文续编》,沈云龙主编:《近代中国史料丛刊》(841),台北,文海出版社影印本,1972年,第530～531页。

宜于闽、粤二省武试，增水师一科。有能造西洋战舰、火轮舟，造飞炮、火箭、水雷、奇器者，为科甲出身。”[①]魏源的主张其实尚未涉及文试这一真正的科举制，仅是认为应对武试进行改革，并且是有地区限制的，这既是魏源思想比较务实的一种反映，也与魏源了解到祁埙的上述改革科举制的奏折“欲通行于十七省之文乡试，故为部议所格”[②]有关。不过，正如王茂荫所言，祁埙的建议“议格未行，窃心惜之”，魏源的《海国图志》“未审曾否得邀御览？”[③]另外，耆英等人也在奏折中提出变通水师章程，“嗣后水师营将备员弁，专取水务枪炮，即骑射生疏，亦准录用”[④]，但改革力度太小，不会取得什么效果。

洋务运动时期，随着学习西方“坚船利炮”成为时代课题，更多的人提出从科举制入手解决科技人才问题。最早比较系统阐述这一问题的是冯桂芬，他在《校邠庐抗议》中提出，或者是在科举考试中增加自然科学方面的内容，或者是在科举制中设自然科学特科，以培养科技人才。按照冯桂芬的设想，如果将忙于科举的士子的一半吸引到自然科学的学习领域，中国的富强指日可待。

> 宜以经解为第一场，经学为主，凡考据在三代上者皆是，而小学、算学附焉。[⑤]
>
> 夫九州之大，亿万众之心思材力，殚精竭虑于一器，而谓竟无能之者，吾谁欺？惟是输倕之巧，至难也，非上知不能为也。圬镘之役，至贱也，虽中材不屑为也。愿为者不能为，能为者不屑为，必不合之势矣，此所以让诸夷以独能也。道在重其事，尊其选，特设一科，以待能者。宜于通商各口拨款设船炮局，聘夷人数名，招内地善运思者，从受其法，以授众匠。工成，与夷制无辨者，赏给举人，一体会试；出夷制之上者，赏给进士，一体殿试。廪其匠倍蓰，勿令他适。夫国家重科目，中于人心久矣。聪明智巧之士，穷老尽气，销磨于时文、试帖、楷书无用之事，又优劣得失无定数，

---

① (清)魏源:《海国图志》(上),长沙,岳麓书社,1998年,第29页。

② (清)魏源:《海国图志》(下),长沙,岳麓书社,1998年,第1955页。

③《王茂荫奏治法治人之本在明德养气折》,《筹办夷务始末》(咸丰朝)三,北京,中华书局,1979年,第1049页。

④《清实录·宣宗实录》卷386,道光二十二年十二月丙戌。

⑤ (清)冯桂芬:《变科举议》,(清)冯桂芬著,戴扬本评注:《校邠庐抗议》,郑州,中州古籍出版社,1998年,第178页。

而莫肯徙业者，以上之重之也。今令分其半，以从事于制器、尚象之途，优则得，劣则失，划然一定，而仍可以得时文、试帖、楷书之赏，夫谁不乐闻？且其人有过人之禀，何不可以余力治文学、讲吏治，较之捐输，所得不犹愈乎？即较之时文、试帖、楷书，所得不犹愈乎？即如另议，改定科举，而是科却可并行不悖。中华之聪明智巧，必在诸夷之上，往时特不之用耳。上好下甚，风行响应，当有殊尤异敏，出新意于西洋之外者。始则师而法之，继则比而齐之，终则驾而上之，自强之道，实在乎是。①

太平天国运动时期，冯桂芬寓居上海，他的思想主张深受西方人特别是传教士的影响。如传教士韦廉臣曾在《六合丛报》上撰文：

我观中国人之智慧，不下西土，然而制造平庸，不能出奇斫胜者，不肯用心也，为民上者，不以格致之学鼓励之也。我西国百年之前，亦如中国人，但读古人书，而不肯用心探索物理，故此等奇器一且未有。百年来，人人用心格致，偶得一理，即用法试验之，而农者用心造农器，工者用心造制器之器，所以人日智一日，器日巧一日，至今精进未已。讲学者愈多，其智愈深，每月必有新理出，刊入新闻纸以流传，此学日上，未知所底止。而中人乃以有用之心思，埋没于无用之八股，稍有志者，但知从事于诗古文，矜才使气，空言无补，倘一旦舍彼就此，人人用心格致，取西国已知之理，用为前导，精益求精，如此名理日出，准之制器尚象，以足国强兵，其益岂浅鲜哉……如此十年，而国不富强者，无是理也。②

所以，冯桂芬的观念既承袭了此前人们对科举制特别是八股取士的强烈不满，也接受了西方传教士等关于自然科学的观念。

冯桂芬之后，黎庶昌、李鸿章、沈葆桢、薛福成等洋务派及其思想家也相继上书或撰文，他们的基本观念和策略同冯桂芬大致相同，主要是主张将自然科学列入科举考试的内容或设立特科等，李鸿章是其中的代表人物。1864年，李鸿章致函总理衙门称："伏查泰西各国，明于制器

---

① (清)冯桂芬:《制洋器议》,(清)冯桂芬著,戴扬本评注:《校邠庐抗议》,郑州,中州古籍出版社,1998年,第198～199页。

② 〔英〕韦廉臣:《格物穷理论》,《六合丛谈》第6号,1857年6月。

尚象之理而得其用"，"西士制器，参以算学，殚精覃思，日有增变，故能月异而岁不同"，"中国欲自强，则莫如学习外国利器；欲学习外国利器，则莫如觅制器之器，师其法而不必尽用其人；欲觅制器之器与制器之人，则或专设一科取士，士终身悬以为富贵功名之鹄，则业可成，艺可精，而才亦可集。"①1867年，李鸿章代呈江苏藩司丁日昌条款，提出"似应于文场科举之制，略为变通。拟分为八科，以求实济……七曰考算数格致，以观其通；问机器制作，以尽其能。八曰试以外国情势利弊，言语文字，以观其能否不致辱命。上以实求，下亦必以实应，并特设一馆，延致奇技异能之士，则人才将日出而不竭，即海外华人之抱负绝艺者，亦将返中国以营爵禄"②。丁日昌的条款基本来自王韬，是王韬将为黄胜代写的《代上苏抚李宫保书》"别录副本"转交给了丁日昌。所以，也可以说，丁日昌的条款代表了洋务派及其思想家的共同主张，也是19世纪中叶他们对如何将自然科学融入科举制度的最详细规划。王韬后来在《变法自强》一文中对此又做了进一步补充，主张文科分十科取士，其中自然科学方面包括三科，"曰舆图，曰格致，曰天算"。除了文科之外，"至武科，亦宜废弓刀石而改为枪炮"，包括学习、利用自然科学，即所谓"其次曰制器，造防守之具，明堵御之宜；其建筑炮台，制造机器，悉统诸此，务足以尽其所长。凡此文武两途兼收并进，务使野无遗贤，朝无幸位，而天下之人才自然日见其盛矣"③。另外，值得注意的是，四川监察御史陈廷经、候选知县桂文灿也主张科举考试中加入西学，如桂文灿提出，科举考试"概发誊录，不尚楷字，则士子儒臣，均得以从容余暇，讨论经史，讲求掌故，或分习礼乐、兵刑、财赋、水利、天文、舆地之学，考试时，按其所习，分别命题。专精者固堪嘉尚，兼能者亦可并收，人材自有起色矣。"④

而从清政府推行的政策层面来说，1867年奕䜣等在同文馆中附设的天文、算学馆是晚清时期首次实际上将自然科学与科举制糅合在一起，因为该馆招收的学生是已经取得科举功名的举人、进士等，尽管这是将

① 《筹办夷务始末》(同治朝)卷25，台北，文海出版社影印本，1971年，第4、8、10页。

② 《李鸿章附呈藩司丁日昌条款》，《筹办夷务始末》(同治朝)卷55，台北，文海出版社影印本，1971年，第19页。

③ (清)王韬:《弢园文录外编》，上海，上海书店出版社，2002年，第31页。

④ (清)桂文灿:《条陈请禁楷字以挽颓风疏》(同治二年)，高时良编:《中国近代教育史资料汇编·洋务运动时期教育》，上海，上海教育出版社，1992年，第596页。

自然科学与科举制进行逆向糅合。这种做法对科举制的冲击其实比把自然科学列入科举考试的范畴更严重，也自然受到保守派的强烈攻击，甚至普通士大夫也会抵制。所以，天文、算学馆虽然在谕旨的指示下勉强创办，但报考人数寥寥，未几便无法维持。

到19世纪70年代，洋务派等追求的自然科学与科举制结合的目标仍渺无踪影。[①]为了解决问题，在1874年的“海防之议”中，李鸿章呈递了由薛福成代写的《筹议海防折》，指出沿海各省设立洋学局培养人才，以此作为科举制的补充。

> 臣愚以谓科目即不能骤更，时文即不能遽废，而小楷试帖，太蹈虚饰，甚非作养人才之道，似应于考试功令，稍加变通，另开洋务取进一格，以资造就。现在京师既设同文馆，江省亦选幼童出洋学习，似已辟西学门径，而士大夫趋向犹未尽属者何哉？以用人取进之途，全不在此故也。拟请嗣后凡有海防省分，均宜设立洋学局，择通晓时务大员主持其事，分为格致、测算、舆图、火轮、机器、兵法、炮位、化学、电气学数门，此皆有切于民生日用军器制作之原。外国以之黜陟人才，故心思日出而不穷。华人聪明才力，本无不逮西人之处，但未得其法，未入其门，无以鼓励作新之耳。如有志趣思议，于各种略通一二者，选收入局，延西人之博学而精者为之师，官按照所学浅深，酌给薪水，俾得研究精明，再试以事，或分派船厂炮局，或充补防营员弁。如有成效，分别文武，照军务保举章程，奏奖升阶，授以滨海沿江实缺，与正途出身无异。若始勤终怠，立予罢革。其京城同文馆、上海广方言馆习算学生，及出洋子弟学成回国，皆可分调入局教习，并酌量派往各机器局、各兵船差遣。如此多方诱掖，劝惩兼施，就所学以课所事，即使十人中得一成就，已多一人之用，百人中得十成就，已多十人之用。二十年后，制器驶船，自强之功效见矣。[②]

---

① 1870年，沈葆桢等人仍然上奏，再次提出开设特科：“臣等再四筹商，合无仰恳圣恩，特开算学一科，诱掖而奖进之，使家有其书，人自为学。”礼部回应称“应毋庸议”，因为“不独应试者人数不敷，即主考者亦恐骤难其选”。参见高时良编：《中国近代教育史资料汇编·洋务运动时期教育》，上海，上海教育出版社，1992年，第626、630页。

② 《筹办夷务始末》(同治朝)卷99，台北，文海出版社影印本，1971年，第30～31页。

李鸿章等人这次甚至都没有提出将自然科学纳入科举考试的范畴，只是主张另辟蹊径来鼓励人们学习自然科学，比他1867年代呈的丁日昌条款退后了一大步，不过他又特别强调一定要在比较广的范围内推广自然科学，以此作为选拔、使用人才的一种补充方式。但这一主张也未能如愿，中央政府对于李鸿章提出的改革用人制度等建议，“其时文相目笑存之，廷臣会议皆不置可否，王孝凤、于莲舫独痛诋之”[①]。奕䜣等在1875年的结论性奏折中确认：“洋学特科，尚非仓猝所能举行，必应先议现在办法。”所以，决定先派驻外公使，“将来出使各国之人，著有成效，中外臣工皆知其有益于国家，则于设学、设科之举必且众论交孚，不至再有异议矣”[②]。

在这次“海防之议”中，受李鸿章等人赏识的朱采也上书，提出了内容比较丰富的改革建议，其中既涉及在科举考试中设立自然科学专科与改革科举制问题，也有广设洋学堂以培养人才的主张。首先是科举制问题，朱采认为：“人之资性不能兼长，治繁剧者未必娴军旅，习韬略者不必擅文章。多其途则群策进，胶于一则众长废。宜更设数科，曰学通中外，曰精熟韬钤，荐而试之，超卓者不次擢用。”其次，朱采提出了上述李鸿章一样的开设洋学堂的建议，“设艺院于京师及沿海各省，专讲求造船、简器、测算、制造、海程舆图、枪炮攻守之法，设院长、斋长、内外学生之类，视其高下而廪之”[③]。

1879年，曾追随骆秉章、刘蓉等人，后在中日甲午战争中扬名的罗应旒至北京上疏，不主张在科举制中设立自然科学专科，而是提出了更开放也许是更合理的兴西学方案。他认为，“舍词章外无另设专科之理，不若改京师太学及直省书院为经世书院”，以学习各种经世之学也包括西学，“院中又延西学师一人以讲求机汽、算学、重学、电学之类，学成者则用为机器、船政各局，荣以禄位，与部臣等”，并且主张“其学西学则不必拘定举贡、生员，但能知文义、具巧思、有志愿学者，即收入之”，“其学各科之人不学西学者，亦须熟悉洋字、洋语、洋情，以备服官办理

① （清）李鸿章：《复郭筠仙星使》，（清）吴汝纶编：《李文忠公（鸿章）全集·朋僚函稿》卷17，台北，文海出版社影印本，1980年，第13页。

② 《光绪元年四月二十六日总理各国事务衙门奕䜣等奏折附单》，中国史学会主编：《中国近代史资料丛刊·洋务运动》（一），上海，上海人民出版社、上海书店出版社，2000年，第152页。

③ （清）朱采：《海防议》，中国史学会主编：《中国近代史资料丛刊·洋务运动》（一），上海，上海人民出版社、上海书店出版社，2000年，第337、349页。

交涉之事，不致为人所愚，亦不致茫然束手”。这样，“不必进士词林之人，亦与进士词林相得益彰矣”，“此所谓振天下之吏治兴天下之学校也”。[①]罗应旒的建议可以说是20世纪初兴办新式学堂的最初表达，其不为人接纳是必然的。但也可以看出，当时的中国社会确实已经处于风起云涌的大变革前夜。1880年，两广总督张树声在回复关于设立广州西学馆的奏折中指出：“伏惟学以致用为贵，本无中西之殊。欧洲界在海西，地气晚辟，其人秉性坚毅，不空谈道德性命之学，格物致知，尺寸皆本心得。由格物而制器，由制器而练兵，无事不学，无人不学，角胜争长，率臻绝诣。故英法各国皆不过当中国一省之地，挟其兵轮枪炮，跨海东来，无不雄视中土。”[②]随后，他进一步指出：“伏惟泰西之学，覃精锐思，独辟户牖，然究其本旨，不过相求以实际，而不相骛于虚文。格物致知，中国求诸理，西人求诸事；考工利用，中国委诸匠，西人出诸儒。求诸理者形而上，而坐论易涉空言；委诸匠者得其粗，而士夫罕明制作。故今日之西学，当使人人晓然，于斯世需用之事，皆儒者当勉之学，不以学步生鄙夷不屑之意，不使庸流居通晓洋务之名，则人材之兴，庶有日也。”[③]郭嵩焘在到西方后也更加推重学校的作用，其《致沈幼丹制军》称，“宜先就通商口岸开设学馆，求为征实致用之学”，“行之有效，渐次推广至各省以达县乡，期以广益学校之制，通其变而济其穷”。[④]

可以说，在19世纪中叶，为了将自然科学纳入社会主流文化，洋务派及其思想家等列出了多种方案，但基本上被束之高阁，仅有的一次逆向糅合即天文算学馆招收举人、进士等也急速流产，他们鼓动的自然科学与科举制相结合的愿望未能实现，甚至是比较大规模地兴办洋务学堂的主张也没有得到推行。这是我们评价“中体西用”时应该注意的，就是洋务运动时期“西学”实际上仍没有上升为“学”，19世纪中叶中国的主流观念还是将自然科学视为具有“夷学”性质的单纯的技艺，是不能与中学相提并论的旁门左道，西学只是个别人的兴趣和特例而无法在社会推广。以往对“中体西用”的研究，无论是否定还是肯定，往往主要

① 中国史学会主编:《中国近代史资料丛刊·洋务运动》(一),上海,上海人民出版社、上海书店出版社,2000年,第174～175页。

② (清)张树声:《筹议设立西学馆事宜折》,中国史学会主编:《中国近代史资料丛刊·洋务运动》(二),上海,上海人民出版社、上海书店出版社,2000年,第124页。

③ (清)张树声:《建造实学馆工竣延派总办酌定章程片》,中国史学会主编:《中国近代史资料丛刊·洋务运动》(二),上海,上海人民出版社、上海书店出版社,2000年,第126页。

④ (清)郭嵩焘著,杨坚点校:《郭嵩焘诗文集》,长沙,岳麓书社,1984年,第196页。

着眼于“中体西用”本身的文化逻辑和它是否适合中国的需要以及它所涵盖的具体内容，特别是否定论者承袭了严复等人的观念，过于强调“中体西用”本身的矛盾。

洋务派及其思想家的主张未能得到支持的原因很复杂，我们仅以“海防之议”中“痛诋”李鸿章的于凌辰、王家璧的言论为例，二人作为“廷议”阶段保守派的主要代言人，其言论颇为典型，也比19世纪60年代倭仁等人说得更直白，反映了晚清时期中国学习西方的根本困境。

于凌辰称：

> 夫制洋器，造洋船，即不能不学洋学，学洋学即不能不以洋学之精否为人才之用舍。在创为是议者，原为藉以制夷之具，固非欲举所谓礼义廉耻大本大原令人一切捐弃。然师事洋人，可耻孰甚？导之以甚可耻之事，而曰尔之礼义廉耻其守而勿失，此必不能之势也。①

王家璧的奏折比于凌辰更直截了当：

> 以章句取士，正崇重尧舜周孔之道，欲人诵经史，明大义，以敦君臣父子之伦也。人若不明大义，虽机警多智，可以富国强兵，或恐不利社稷。②

所以，保守派其实是比洋务派更早地预见了学习西学的必然结果：“李鸿章、丁日昌直欲不用夷变夏不止。”③而究其本质，其实保守派是看到兴办洋务也许是以民族利益为根本立足点，但恐怕不利于维护王朝利益。

另外，除了制度和观念性的原因之外，拒绝将自然科学融入科举制还有一些具体的原因，甚至包括看来近乎推脱的荒唐借口，如沈葆桢在

① 《光绪元年二月二十七日通政使于凌辰奏折》，中国史学会主编：《中国近代史资料丛刊·洋务运动》(一)，上海，上海人民出版社、上海书店出版社，2000年，第121页。

② 《光绪元年二月二十七日大理寺少卿王家璧奏折附片》，中国史学会主编：《中国近代史资料丛刊·洋务运动》(一)，上海，上海人民出版社、上海书店出版社，2000年，第129页。

③ 《光绪元年二月二十七日通政使于凌辰奏折》，中国史学会主编：《中国近代史资料丛刊·洋务运动》(一)，上海，上海人民出版社、上海书店出版社，2000年，第121页。

奏折中就曾指出:“臣尝会同前督臣英桂有请设算学科之奏,部臣因无人可以阅卷议驳。”[①]

在这种氛围下,自然科学在洋务运动时期自然不能顺利发展,传教士与个别中国人如李善兰等仍是介绍、翻译西方科学著作的主要人物;新建立的数量不多的洋务学堂如同文馆、马尾船政学堂等成为学习近代自然科学的场所。虽然一些进步思想家和洋务派也提出一些措施奖励正在兴办的只是星星之火般的西学教育,如广州同文馆成立时奕䜣等人再次强调:“该同文馆学生如三年学成后,驻防满汉旗人应准作为翻译生员,准其翻译乡试,并文乡试,汉人世家子弟准作为监生,一体乡试,并均准充翻译官;如有精通西文、才识出众者,调京考试,授以官职在案。”[②]后来,其他洋务学堂也实施了类似的政策,并且洋务学堂的学生的待遇也很优厚,如马尾船政学堂规定“各子弟饭食既由艺局供给,仍每名月给银四两,俾赡其家,以昭体恤”[③],成绩优异者还有各种奖励。但这些皮毛举措显然不能改变洋务运动时期自然科学不受重视这一大格局,中国主流士大夫对于声光化电之类的西方近代自然科学采取了冷漠的处理方式,听任个别人主要是主流群体之外的边缘人学习西方文化,拒绝西方文化对社会主流群体的渗透特别是制度性的渗透。直到1888年,戊子乡试中才开设了算学一科,总理衙门对各省及同文馆学生共32人特试以算学并取中举人一名,表达了朝廷要选拔新式人才的意向,这是戊戌维新前科举制被打开的一个小小缺口。但这一缺口其实与保守派的本来观念基本上仍然是一致的,因为这只是默认学习算学的边缘人士可以在某种程度上上升为社会主流群体,而不是社会主流群体介入西方文化,其结果就是洋务事业缺少比较广泛的社会基础。1889年恩科乡试,各省及南北洋大臣选送报考算学科的人员仅有15人,未达到规定的人数,只得停试。此后历科乡试中算学科均因不足额而作罢。所以,身处其中的李鸿章深感“虽欲变法自强,无人无才,无人主持,亦奈何矣”[④]。

直到中国在甲午战争中再次遭受重创,近代教育才开始为人广泛关

① 《筹办夷务始末》(同治朝)卷86,台北,文海出版社影印本,1971年,第21页。

② 《同治三年七月十八日总理各国事务恭亲王等奏》,中国史学会主编:《中国近代史资料丛刊·洋务运动》(二),上海,上海人民出版社、上海书店出版社,2000年,第110页。

③ 《同治五年十一月初五日左宗棠折》,中国史学会主编:《中国近代史资料丛刊·洋务运动》(五),上海,上海人民出版社、上海书店出版社,2000年,第29页。

④ 窦宗一:《李鸿章年(日)谱》,沈云龙主编:《近代中国史料丛刊续编》(700),台北,文海出版社影印本,1980年,第5087页。

注，如梁启超所言："吾国自经甲午之难，教育之论，始萌蘖焉；庚子再创，一年以来，而教育之声，遂遍满于朝野上下。"[①]同时，值得注意的是，绝大部分士大夫此时基本不再纠缠于"华"与"夷"这类已无意义的论辩，因为他们已经深知，即使从中国传统文化的标准来衡量，中西文化的华夷地位也被颠倒了。在这一背景下，洋务运动时期难以撼动的科举制在20世纪初迅速走向穷途末路，留给人们许多的无奈和思考。

4."中体西用"论再议

洋务派及其思想家从自然科学角度反思、批判华夷观，在实际操作层面主张将自然科学融入或补充科举制以淡化华夷观，说明他们在观念层面已经基本冲破华夷观。以冯桂芬为例，他在《制洋器议》中对中西之间进行了系统的比较。

> （中华）而今顾靦然屈于四国之下者，则非天时、地利、物产之不如也，人实不如耳。……以今论之，约有数端：人无弃材不如夷，地无遗利不如夷，君民不隔不如夷，名实必符不如夷。四者道在反求，（以上诸议备矣。）惟皇上振刷纪纲，一转移间耳，此无待于夷者也……然则有待于夷者，独船坚炮利一事耳……
>
> 居今日而据六历以颁朔，修刻漏以稽时，挟弩矢以临戎，曰吾不用夷礼也，可乎？且用其器，非用其礼也，用之乃所以攘之也。[②]

冯桂芬的上述言论代表了19世纪中叶中国的进步思想家和一些洋务派在思想观念和主张的实际政策之间的矛盾，尽管他提出中国"四不如夷"，认识到中国在政治、经济、文化等各方面与西方都有差距，但又认为"四者道在反求"，中国只要自我振作就可以解决这些问题，不必学习西方，唯一需要学习的只是坚船利炮。这种思想被冯桂芬概括为"以中国伦常名教为原本，辅以诸国富强之术"的"中体西用"模式，也成为洋务运动的基本纲领。所以，"中体西用"论是洋务派及其思想家提出的在实际操作层面如何学习西方的政策，但在思想观念上他们其实已有更深层次的突破，怀疑"中体西用"论，认识到"吾不用夷礼也，可乎？"这一问题。这种与观念不协调的政策本身就注定了洋务运动的悲剧命运，

---

① 梁启超:《论教育当定宗旨》,《饮冰室合集》2,北京,中华书局,1989年,第53页。

② (清)冯桂芬:《制洋器议》,(清)冯桂芬著,戴扬本评注:《校邠庐抗议》,郑州,中州古籍出版社,1998年,第197～200页。

并且当时就有人提出了委婉的批评。如郭嵩焘是晚清时期对西方及其文化有深入认识的先觉者之一，他在1875年的奏折中坦白直陈：“西洋立国有本有末，其本在朝廷政教，其末在商贾，造船、制器，相辅以益其强，又末中之一节也。”[①]19世纪到80年代，随着洋务运动的进行及其弊端的日益暴露，特别是在中法战争的刺激下，有人开始直接而且比较激烈地批评洋务政策。郑观应在1884年的《南游日记》中就认为：“余平日历查西人立国之本，体用兼备。育才于书院，论政于议院，君民一体，上下同心，此其体；练兵，制器械，铁路，电线等事，此其用。中国遗其体而效其用，所以事多扞格，难臻富强。”[②]

无论是保守派还是洋务派，他们都意识到“中体西用”论有其固有的风险和缺陷，它的被批判和被突破也是中国近代思想发展的必然过程。但遗憾的是，这种其实是洋务派和一些进步思想家在退而求其次的选择中提倡的“中体西用”论在19世纪中叶也并未得到推行其实质内容的机会。按照最初的主张和设计，当时的“中体西用”论还是有着比较丰富的内涵，无论对这一时期的先进思想家魏源、冯桂芬还是洋务派的主要领袖奕䜣、李鸿章等人而言，他们都有着更深层次的追求，而学习西方自然科学并将其纳入中国主流文化加以推广是他们追求的主要目标。如果这一目标能够实现，能够在洋务运动时期最大限度地“用夷变夏”，中国近代社会的发展当是另一种景象，因为自然科学毕竟是西方近代文化的重要组成部分，它对中国的影响更是实实在在的。但在多种因素的制约下，“中体西用”论最后只剩下了缺少自然科学支撑的“坚船利炮”这一最没有价值意义的外在躯壳，结果就是前述奕䜣等人所说的“中国议欲讲求制造轮船、机器诸法，苟不藉西士为先道，俾讲明机巧之原、制作之本，窃恐师心自用，徒费钱粮，仍无裨于实际”，这可谓对洋务运动命运的不幸言中，令人不胜唏嘘。

总之，从历史角度而言，“中体西用”论在19世纪中叶的提出仍具有重大的思想价值，其旨在将近代自然科学引入中国主流文化的主张在某种程度上是新文化运动时期高扬科学救国的先声。正如李鸿章所言：“实缘身任其事，不得不斟酌时势，启发聩聋。明知当世人才不能准行，亦

① 《福建按察使郭嵩焘条议海防事宜》，中国史学会主编：《中国近代史资料丛刊·洋务运动》(一)，上海，上海人民出版社、上海书店出版社，2000年，第142页。

② 夏东元编：《郑观应集》上册，上海，上海人民出版社，1982年，第967页。

断不能办到，但既灼见真知，亦须留此空言以待后之作者。”[①]

（三）非“技艺”层面的中西文化比较与华夷观

按照中国传统文化的分类标准，坚船利炮与自然科学都是属于“技艺”范畴，属于形而下的领域，尽管19世纪中叶的进步思想家和洋务派论证了自然科学并非仅仅是技艺，但并没有从根本上触动中国传统文化，保守派仍坚持传统的文化原则，并认为“立国之道，尚礼仪不尚权谋；根本之图，在人心不在技艺”。因此，从自然科学层面批判和淡化华夷观并不能完全否定华夷观，它的主要目的是要说明中国学习西方坚船利炮及其自然科学的必要性，是为了克服中国文化内部结构的缺陷。不过，随着对西方文化了解的深入，人们一定会不断思考和探讨：西方文化只是在“技艺”方面比中国先进吗？非“技艺”层面的西方文化究竟如何？这是彻底打破中国传统华夷观的核心问题，甚至可能导致对中国传统文化的全盘否定，因而对当时先进的中国人来说既是非常敏感但也是他们必然会进一步触及的一个问题。

另外，华夷观在当时之所以成为严重问题，主要是起因于中西关系方面，是西方对中国将其视为“蛮夷”越来越强烈不满，而从西方国家及西方人的角度看，他们驳斥中国华夷观的理由也主要是西方的整体文明程度而非仅仅是西方的坚船利炮甚至是自然科学。所以，19世纪中叶中国从非“技艺”层面清理华夷观不仅是在根本环节上反省、修正国内的华夷观，而且也是为消除中西之间的矛盾和冲突提供文化支持，缓和与西方之间的紧张关系。当然，从历史发展的角度而言，清理华夷观对中国自身的意义远远大于中外关系方面的意义。

那么，面对西方的冲击，19世纪中叶的中国是如何在非“技艺”文化层面清理华夷观以解决自己面临的问题呢？这可以从当时中国士大夫特别是进步思想家有关中西伦理道德和政治制度两个层面的代表性言论，分析他们对华夷观的基本态度。这两个方面兼顾了中西文化：从中国方面来说，“三纲五常”是传统文化的核心内容，其中“君为臣纲”体现的是政治制度，其他可以视为伦理道德规范；就西方国家而言，政治制度的民主化是其作为近代国家的主要表征，而伦理道德既是中国士大夫攻击西方的主要对象也是传教士等西方人辩驳的核心内容。所以，从伦理道德和政治制度两个层面分析中国19世纪中叶华夷观的变迁，基本可以

① （清）李鸿章：《复刘仲良中丞》，（清）吴汝纶编：《李文忠公（鸿章）全集·朋僚函稿》卷15，台北，文海出版社影印本，1980年，第3页。

透视出这一时期非“技艺”文化层面华夷观在中西文化碰撞和交流中的演变状况。

1.伦理道德观念中的“华”与“夷”

综合起来看，这一时期中国并没有系统地论述为什么西方是夷。相反，从鸦片战争开始，由于清政府战败，中西关系成为敏感的话题，“夷务”问题自然无法展开比较广泛的议论。据《软尘私议》记载：“和议之后，都门仍复恬嬉，大有雨过忘雷之意。海疆之事，转喉触讳，绝口不提，即茶房酒肆之中，亦大书免谈时事四字，俨有诗书偶语之禁。”[①]这种情况到19世纪70年代仍没有大的改观，如王闿运所言：“然而十一季中，海内寂默，忠言切谏不论徙戎。惟独皇上与皇太后宵衣旰食于宫廷之内，二三大臣深谋密记于严廊之上，自余谈士卷舌固声，以夷务为讳，以言事为耻。”[②]

尽管没有系统地讨论西方为何是夷，但从19世纪中叶中西文化冲突的主要表现看，将西方视为夷的核心问题其实是围绕伦理道德展开的。当时，中西文化冲突基本可分为官方与民间两个层面，无论是官方或民间，从留存的文献看，最突出的内容是从伦理道德方面贬低西方。

首先是民间意识，其中基本是从中国传统文化得出的笼统的泛道德论式华夷观念。如1841年的《广东义民斥告英夷说帖》说：

> 尔不过贪利而来，有何知识？尔之贪利，犹畜生之贪食，不知法度，不知道理。尔试揽镜自照，尔模样与畜生何异？不过能言之禽兽而已。何知忠孝节义？何知礼义廉耻？尔虽有大呢羽毛，非我湖丝，焉能织造？虽有花边鬼银，非我纹银白铅，焉能铸成？其余各物，皆学我天朝法度。我天朝茶叶大黄各样药材，皆尔狗邦养命之物，我天朝若不发给，尔等性命何在？尔不思报我天朝厚恩，反加仇害，用鸦片烟害我百姓，骗我银钱，尔畜邦素不食此物，何以毒我天朝？……故尔船只坚固，炮火惨烈，火箭威猛，尔除此三物，更有何能？[③]

① 中国史学会主编:《中国近代史资料丛刊·鸦片战争》(五),上海,上海人民出版社、上海书店出版社,2000年,第529页。

② (清)王闿运:《陈夷务书》,《湘绮楼文集》卷2,台北,文海出版社影印本,1970年,第6页。

③《广东义民斥告英夷说帖》,《筹办夷务始末》(道光朝)卷31,台北,文海出版社影印本,1970年,第16~17页。

民间的中西华夷观念基本如此，它是中国传统华夷观念和有关西方各种不准确乃至捏造信息的混合物，目的就是贬低和丑化西方，是一种非理性的辱骂和宣泄。尽管也有个别如痛斥贩卖鸦片等正义言论，但混杂在其中也显然泯灭了其应有价值。

1842年10月的《全粤义士义民公檄》的言论与上述《说帖》也基本大同小异，它首先说明清王朝抚有四海，随后是对英国的辱骂："乃独英吉利者，其主忽男忽女，其人若人若兽，凶残之性，甚于虎狼，贪黩之心，不殊蛇虺。"[①]

卫三畏记载了麦都思曾提到中国人写的反对他的小册子，涉及的范围比较广，"这些论据，外国人难以理解，而中国人自己认为很有力量"[②]。

> 夷人荒诞至极，企图改善天朝居民，而他们自己却如此可悲地匮乏。他们给中国人送来毒品，利己害人，就是不仁；他们派遣船舰军队，劫掠其它国家，据为己有，不可能以义来伪装；允许男女混杂，挽臂穿行大街，表明他们丝毫不知礼；拒绝先王之道，根本谈不上智；唯有信字他们勉强称得上一点。五德之中缺其四，怎能改造他人？而且，外国人慷慨花钱，分发书籍，用以取悦老人，然而践踏字纸于脚下而不惜，表明对造字者的不敬。再者，这些自命训诲者自己缺乏孝道，父母一死就忘，放进厚仅一寸的薄棺，从来不祭祀，也不烧些微纸钱给他们在阴间享用。最后一点，他们让富人和贵族不经过任何考试就可以当官，贫穷和卑微的人毫无进身之途。总述以上各点，外国人不如中国人，因此不宜教训人。[③]

鸦片战争时期的各种流言蜚语也是华夷观念的一种折射。1840年8月，浙江余姚等地相继抓获英军20余人，"中有一夷女颇饶姿色，俗称月多剌三公主。初监禁时，鄞县典史某之子，与之私通，迨其放还，怀孕已数月矣。后闻月多剌实即其女主之名，盖以犹女继世父之位者，故仍称公主，以掩其为国主耳"[④]。对于鸦片战争中比较突出的西方人，也赋

① 广东省文史研究馆编:《三元里人民抗英斗争史料》,北京,中华书局,1959年,第113页。

② 〔美〕卫三畏:《中国总论》下,陈俱译,陈绛校,上海,上海古籍出版社,2005年,第843页。

③ 〔美〕卫三畏:《中国总论》下,陈俱译,陈绛校,上海,上海古籍出版社,2005年,第843页。

④ (清)贝青乔:《咄咄吟》,中国史学会主编:《中国近代史资料丛刊·鸦片战争》(三),上海,上海人民出版社、上海书店出版社,2000年,第220页。

予了各种污名:“蒲鼎喳,宁波人,十五岁时,随父至粤贸易,夷人见之,爱其健黠,欲以重价买之,其父不舍,乃诱以赌博,其父输银巨万,夷人屡索无偿,露刃以胁之,不得已以其子折还赌债,夷人携之归国,及其长也,大见任用。郭士立曾在台州府太平营,充经制外委之职,犯罪逋逃,不知下落,今督师而来,始知其投入外夷,已博高官,见者犹复识之,土人犹呼之为郭副爷也。”[①]道光帝根据奕经奏折发布谕旨:“据奏查明最大头目,有啊咈、吧咖、朴鼎查等名字。又汉奸郭士立等随同啊咈等办事,可恨已极。总之该夷胆敢深入内地,肆行猖獗,皆恃汉奸为之羽翼。”[②]这种流言甚至影响到《清史稿》,如称“英有里国太者,嘉应州人,世仰食外洋,随英公使额尔金为行营参赞”,“是年,用里国太帮办税务”。[③]

民间意识中的华夷观一直没有什么改变。1867年苏松太道应宝时阅读了法国主教郎怀仁呈控的《湖南合省公檄》和《醒心篇》,“书中皆极言天主教之为害,以为习教之人灭绝纲常,被乱伦理,为覆载所不容,《醒心编》历引古书,以明其说之有据”[④]。1873年山东德平李家楼的一份告白说:“鬼子其形,于(与)中(国)大有不同,羊眼猴面,淫心兽行,非人也。行事不敬神,不敬先人,不学孔孟,不知礼仪(义),丙(并)无人伦。”[⑤]

相对于民间的华夷意识而言,官方对西方国家的认识更丰富一些,但从中国传统价值观念出发视之为蛮夷的做法,也与民间意识没有太大区别,其中主要强调的仍然是西方缺乏伦理道德观念。1840年琦善奏折是鸦片战争时期清朝官方文献中首次比较多地涉及英国社会情况,其中将英国视为夷的言辞如下:

> 该国王已物故四年,并无子嗣,仅存一女,年未及笄,即为今之国王。该国有大族二十余家,皆其国之权臣。议事另有公所,只须伊等自行商榷,不受约束。揣其词意,或前此粤省烧毁之烟,其

---

① (清)赘漫野叟:《庚申夷氛纪略》,中国史学会主编:《中国近代史资料丛刊·第二次鸦片战争》(二),上海,上海人民出版社,1978年,第16页。

②《清实录·宣宗实录》卷369,道光二十二年三月庚午。

③ 赵尔巽等撰,许凯等标点:《清史稿》,长春,吉林人民出版社,1995年,第3112、3113页。

④《教务教案档》第二辑,台北,“中央研究院”近代史研究所,1974年,第633~634页。

⑤《教务教案档》第三辑,台北,“中央研究院”近代史研究所,1975年,第399页。

中即有各该权臣之物。又询以此女子何不适人？据称向来该国女子许嫁，皆系自行选择，兹亦任其自主，并称此女尚有胞叔一人，待其既字之后，其国或让与伊叔，抑或让他人，亦复任其自便。是固蛮夷之国，犬羊之性，初未知礼义廉耻，又安知君臣上下。[①]

1841年底，御史蔡家玕奏称："今之英夷，国强且富，海外诸国，多被并吞，而且仁义不闻，以利为命。"[②]1842年，姚莹指出："然国俗王死无子，则传位于女。其女有子，俟女死后立之。实已数易其姓，而国人尤以为其王之后，足见其夷俗之陋。"[③]

其实，在鸦片战争后的一段时间里，中英双方都有些意气之争。以广州反入城斗争为例，当时清政府就认为："该夷远涉重洋，本为通商易货，并非为进城而来。若必因从前曾有此说以实其言，未免拘执召悔，该夷自思，当亦无以自解。如此反复开导，俾该夷晓然于有害无利，有损无益之故，谅必废然而返，不复争执前说。该夷素喜夸张，但恐心内早已寝念，而一时未必遽肯听从。"[④]而1848年担任驻华公使和香港总督的文翰在致巴麦尊的私人信函中也认为："阁下知道，由于殖民部的命令，我不能从香港调动军队；但如果不显示军事力量，我认为进城的努力是徒劳的。而且我个人一直不认为进城之事有这么重要。"[⑤]第二次鸦片战争时期领导地方团练进行反入城斗争的罗惇衍在1858年的奏折中申称："至臣等前次奏明：刊刻关防，以资号召。缘人心愤夷已极，而地方官自夷人入城以来，每讳言夷务，甚至文移公牍，称夷务为洋务，又称为外国事件，不敢斥言夷字。臣等再四商酌，应于关防内明刊办理夷务字样，方足鼓舞人心。现经刊刻完竣，业已随时盖用。"[⑥]

但宣泄式的言论显然不是全部，一些理性的分析在鸦片战争时期也开始出现。林则徐在回复道光帝询问有无外国人私买幼孩左道戕生的谕旨时，对西方的评价就比较客观："当又有《海录》一书，系嘉庆二十五

---

① 《筹办夷务始末》(道光朝)卷15，台北，文海出版社影印本，1970年，第7页。

② 《筹办夷务始末》(道光朝)卷17，台北，文海出版社影印本，1910年，第48页。

③ (清)姚莹：《康輶纪行》卷16，台北，文海出版社影印本，1974年，第35页。

④ 《清实录·宣宗实录》卷460，道光二十八年十月壬寅。

⑤ 〔美〕魏斐德：《大门口的陌生人——1839—1861年间华南的社会动乱》，王小荷译，北京，中国社会科学出版社，1988年，第101页。

⑥ 《筹办夷务始末》(咸丰朝)三，北京，中华书局，1979年，第812～813页。

年，在粤刊刻，所载外国事，颇为精审。其英吉利条下云：‘周围数千里，人民稀少，虽娼妓奸生子，必长育之，无敢残害’等语。因复参考众论，佥谓外国地旷人稀，本不能如中华之繁广，故以人为贵。且夷俗女重于男，更不肯戕其生命。”[①]在19世纪40年代的广州反入城斗争中，也曾有人反思西方文化与华夷观念问题，虽然这种反思只是基于一般的观察进行的推测，但仍有其意义。如粘贴于府学宫明伦堂的揭帖就属此类：

> 夫华夷共戴履此地厚天高，不外循于一理，岂天朝黎庶，尽敦德性，英夷人物，尽悖情理乎？诸义士义民，曾未闻孟氏所云耶？东周时，楚尚属夷狄之国，而陈良楚产，北学于中国，乃北方学者，竟不能或之先。诸先生试细思之，兹英夷既有此武略，未必无此文韬，观其上年二月四月间，在粤省会见仗，曾擅杀一人否乎？又历验其在闽、浙、江南开仗多次，亦曾有擅杀一人否乎？孔子曰：‘吾之于人也，谁毁谁誉，其有所誉者，吾有所试矣。’今观英夷历历所行之事，未尝尽谬乎理而不近诸情……君子为事，每必再思三思，尽美尽善，不失己亦不失人，万全无弊。[②]

在鸦片战争中，英国也曾指责清政府的某些野蛮行径，如针对台湾杀害英国俘虏特别是非战俘的情况，璞鼎查等多次提出抗议，有时从文明程度的角度评价这一问题。如1842年11月23日的照会称：

> 且闻该官称说，因奉王命，是以敢行杀戮，实可伤心。莫不令人发指。试思此次遭祸之民，假使手执兵械，奋勇相争，即被擒获，尚且万不容如此滥行歼杀。盖凡有自称礼义之邦者，俱以忍心为本，则交战时所有被擒兵人，军例不准于战后妄杀，而在明见我等礼义之军，比之茹毛饮血，惨酷肆戮之徒，何等迥去相异？何况此等难人，原系水手小民，及随营担夫等类，无资护己，无械伤人，既经遭风捱苦，即按大清律例，应得保护恩待，奈在台难民掳之，将近

---

① 《林则徐奏查明夷船间有私带华民并无私买幼孩左道戕生由》，中国史学会主编：《中国近代史资料丛刊·鸦片战争》（四），上海，上海人民出版社、上海书店出版社，2000年，第167页。

② 《鸦片战争史料》，中国史学会主编：《中国近代史资料丛刊·鸦片战争》（四），上海，上海人民出版社、上海书店出版社，2000年，第3页。

一年，而竟起意凶杀。鸣呼哀哉！思念及此，本公使怨恨憎恶，百喙难言。中华之辱，莫甚于此矣。[①]

中英之间一些根本性的差异在当时可能是见仁见智，但英国从人道主义立场出发攻击清朝的野蛮，说明英国注意宣传自己的“文明”形象，尽管这与贩卖鸦片乃至发动侵略战争的罪恶相比不可同日而语。这种人道主义式的宣传在英国刚刚占领香港时也有表现。1841年2月1日，义律等发布了安民告示，只是强调废除清朝的酷刑，称：“凡有礼仪所关，乡约律例，率准仍旧，亦无丝毫更改之议。且未奉国主另降谕旨之先，拟应大清律例规矩之治，居民除不拷讯研鞫外其余稍无所改。”[②]当时英国在中国的行为可谓“野蛮与文明参半”，即以具体措施而论也是如此，如英国水师副将在吴淞口发布的告示共三条，其中既有禁止英军掳掠并允许居民“诉冤”的内容，也有“倘有听从不法之徒，阻汝来卖，本副将定将带人上岸巡游村乡，到处强取拿”这种强盗式的话语。[③]

华夷观的转变基本是因为第二次鸦片战争和太平天国运动。首先是西方国家采取侵略与安抚两手政策，促使中国人的对外观念发生了改变。在排外活动最激进的广州地区，英国代理中文秘书威妥玛早在1856年1月便声称：“在郊区，游民们仍放纵地象过去一样辱骂外国人，但总的来说，即使是在那里，情况也有了向好的方面的决定性变化。在我看来，对敢于面对最近的动乱的外国人，存在着一种信任，了解外国情况，尤其是熟悉英语的愿望，也在增长。”[④]1858年英法联军占领广州后，刻意树立自己的“文明”形象，如当时受英法控制的广州将军穆克德讷等在奏折中所言：“至西关为省城殷富之区，商民云集，时有夷兵数十人出入其间，并无滋扰，民情不至惊惶……现派领事官驻扎粤城，办理一切，毫无苦累百姓之心。惟愿商民安心，重为开港贸易，日后益增中外睦好

① 《怡良单》，中国史学会主编：《中国近代史资料丛刊·鸦片战争》（四），上海，上海人民出版社、上海书店出版社，2000年，第184页。

② 《英夷在香港出示》，中国史学会主编：《中国近代史资料丛刊·鸦片战争》（四），上海，上海人民出版社、上海书店出版社，2000年，第239页。

③ 《英水师副将何告示》，中国史学会主编：《中国近代史资料丛刊·鸦片战争》（五），上海，上海人民出版社，上海书店出版社，2000年，第455页。

④ 〔美〕魏斐德：《大门口的陌生人——1839—1861年间华南的社会动乱》，王小荷译，北京，中国社会科学出版社，1988年，第203页。

之谊，实为善法等因。”[1]该奏折当是英法联军授意而为，但也恰恰说明，英法两国一方面不断以军事手段扩张权益，另一方面却力图改变自己在中国人心目中的夷人形象，特别是希望化解鸦片战争以来广州民众的反抗情绪。正如卫三畏所言：“由于英国在广州的驻军善待百姓，买东西老实付钱，关心地方政府；因此市民没有什么可抱怨的或是想报复的。那些人从孩童时期到长大，一直叫外国人‘番鬼’，现在慢慢理解这是错了——这也不是全属他们的过错。这城市被占领三年，公众舆论完全改观；广州人过去态度恶劣，现在谦恭有礼。”[2]

1858年，两江总督何桂清等接收了英、法、美、俄四国递交的外交照会，这是地方官员首次一次性地接收如此多的外交照会。照会中最引人注目之处是西方列强一致强调自身的礼义，代表了这一时期列强决心改变中国传统华夷观的强烈愿望。如葛罗的照会称：“照得本大臣躬膺简命，钦奉诏敕，予以全权便宜行事大臣，前来中国，将所有两国不协之处调处和平，俾两国前立和好贸易船只章程，彼此民人日趋礼义，于两国更有裨益，理合道达贵大学士……厥后地方安靖，各河道守堵今已开释，贸易不日可以昌炽，黎民乐业获利，可见外国人以礼相加，眷顾优隆，自必明知。”[3]美国公使列卫廉在外交照会中称：“至大背礼，系前年因有御笔文书，准由驿寄京，呈皇帝鉴。不料忽然交回，已将印封拆毁，终无照覆，此是大无礼之事，人所共愤也。”[4]所以，何桂清随后也说，“查阅其照会大学士臣裕诚公文，尚无违悖字样，惟以‘人臣无外交’一语，以为轻之，藉此为由，欲赴天津。可见该夷心虽为利，而其虚骄之气，唯恐为人所轻。”[5]

从全局来说，1861年1月，随着《北京条约》的签订，留守北京的奕䜣、桂良、文祥上呈“统计全局酌拟章程六条”：

> 自换约以后，该夷退回天津，纷纷南驶，而所请尚执条约为据。是该夷并不利我土地人民，犹可以信义笼络，驯服其性，自图振兴，似与前代之事稍异。

① 《筹办夷务始末》(咸丰朝)二，北京，中华书局，1979年，第635、636页。

② 〔美〕卫三畏:《中国总论》下，陈俱译，陈绛校，上海，上海古籍出版社，2005年，第1055页。

③ 《筹办夷务始末》(咸丰朝)二，北京，中华书局，1979年，第655、656页。

④ 《筹办夷务始末》(咸丰朝)二，北京，中华书局，1979年，第658～659页。

⑤ 《筹办夷务始末》(咸丰朝)二，北京，中华书局，1979年，第694页。

> 臣等综计天下大局，是今日之御夷，譬如蜀之待吴。蜀与吴，仇敌也，而诸葛亮秉政，仍遣使通好，约共讨魏。彼其心岂一日而忘吞吴哉？诚以势有顺逆，事有缓急，不忍其忿忿之心而轻于一试，必其祸尚甚于此。今该夷虽非吴蜀与国之比，而为仇敌则事势相同……
>
> 臣等就今日之势论之，发捻交乘，心腹之害也；俄国壤地相接，有蚕食上国之志，肘腋之忧也；英国志在通商，暴虐无人理，不为限制则无以自立，肢体之患也。[①]

这里值得注意的是，虽然奕䜣等人指出“该夷虽非吴蜀与国之比”，但仍以蜀与吴两个中国历史上的对峙政权比喻中外关系，并且强调了西方列强“所请尚执条约为据”之信义。

由于清政府陷于内忧外患，西方的示好言行必然令人感慨和反思。如曾国藩就因为西方人代收小刀会占领上海期间的部分海关税并交还给了清政府，认为“彼虽商贾之国，而颇有君子之行”[②]。而1861年问世的冯桂芬《校邠庐抗议》大胆提出“人无弃材不如夷，地无遗利不如夷，君民不隔不如夷，名实必符不如夷”，也是因为当时的清王朝风雨飘摇，必须进行自救。无论如何，这表明冯桂芬已明确抛弃华夷观，虽然为了不至于骇人听闻同时也是为了契合当时的现实目标，他补充为“四者道在反求，（以上诸议备矣。）惟皇上振刷纪纲，一转移间耳，此无待于夷者也……然则有待于夷者，独船坚炮利一事耳”[③]。冯桂芬的言论反映了19世纪60年代以后华夷观变化的趋向，有关西方的正面言论逐渐增多，华夷观不断被消解，其中走出国门的中国人对西方的观察更直接也更有说服力。

1868年，在牛津大学演讲的王韬回答“中国孔子之道与泰西所传天道若何”时称：“孔子之道，人道也。有人斯有道。人类一日不灭，则其道一日不变。泰西人士论道必溯原于天，然传之者，必归本于人。非先尽乎人事，亦不能求天降福，是则仍系乎人而已。夫天道无私，终归乎一。由今日而观其分，则同而异；由他日而观其合，则异而同。前圣不

---

① 《筹办夷务始末》（咸丰朝）八，北京，中华书局，1979年，第2674～2675页。

② （清）曾国藩：《复毛寄云中丞》，《曾国藩全集·书信四》，长沙，岳麓书社，1992年，第2521页。

③ （清）冯桂芬：《制洋器议》，（清）冯桂芬著，戴扬本评注：《校邠庐抗议》，郑州，中州古籍出版社，1998年，第198页。

云乎：东方有圣人焉；此心同，此理同也。西方有圣人焉；此心同，此理同也。请一言以决之曰：其道大同。”①在苏格兰的王韬对西方已有更多的观察和认识：“盖其国以礼义为教，而不专恃甲兵；以仁信为基，而不先尚诈力；以教化德泽为本，而不徒讲富强。欧洲诸邦皆能如是，固足以持久而不敝也……余亦就实事言之，勿徒作颂美西人观可也。”②所以，王韬以其西学修养和实际见闻诠释了中西文化和道德观念的“心同理同”。

志刚作为清朝首次派往西方的正规外交使团的负责人之一，其撰写的《初使泰西记》对中西道德观念有诸多比较。1868年，在美国的志刚已觉得西方社会更“和美”，也就是说更人性化而使人轻松愉悦：“初入耶稣教国，意其必多与中国之人有碍。及相处渐久，亦未见其有所牴牾，而反觉其有和美之意，是其性不必与人殊也。”③1869年，在法国的志刚就西方道德观念系统申论说：“有谓西国之五伦，概以朋友之道行之者。其言虽切，而未详其故，今为申之。西人于夫妇、昆弟，固犹可以朋友之道行；至于父子、君臣，而概行之以朋友之道者，非其性然也，其习使之然也。其习之所以然者，由其教使之然也。乾父坤母之说，究其理则有其同，究其情则亲疏贵贱之等杀，固不能昧没而杂之也。彼概以天为父而尊之亲之，至其君若父亦不能不以天为父，则其子与臣于其君与父不得不以雁行而视之矣。然近今西人多有究心中国之书者，久而觉焉，当必有道以处此矣。”④这是以中国文化为标准衡量西方文化，不能说毫无道理，但他并不完全理解基督教的相关理念，同时他希望中国文化能影响西方文化也是当时士大夫的普遍心态。不过，志刚所说的这种文化影响已脱离“以华变夷”的范畴，只是站在中国文化立场上的一种本土文化情结。另外，志刚对西方的男女平等观念已没有多少偏见，甚至对“泰西立君，虽不拘于男女”⑤也能以平和的心态接受。由于蒲安臣几乎包揽了使团的交涉事务，志刚等人可以轻松地考察甚至游乐，在两年多的时间里比较深入地了解、认识西方社会。美国纽约“街市喧阗，楼宇

① (清)王韬:《漫游随录》,长沙,岳麓书社,1985年,第97～98页。

② (清)王韬:《漫游随录》,长沙,岳麓书社,1985年,第127页。

③ (清)志刚:《初使泰西记》,长沙,岳麓书社,1985年,第280页。

④ (清)志刚:《初使泰西记》,长沙,岳麓书社,1985年,第310～311页。

⑤ (清)志刚:《初使泰西记》,长沙,岳麓书社,1985年,第365页。

高整。家有安居乐业之风，人无游手好闲之俗，新国之气象犹存”[①]。欧洲“至其优游逸豫，士女偕臧，则以适其情者，畅遂其天。如聚跳、冰嬉、观剧，皆不拘于男女，而不止海澡之一事”[②]。经过比较，志刚最后的结论是“中国重理而轻情，泰西重情而轻理”[③]，这是中国人在实地考察西方社会的基础上对中西伦理道德观念的首次概括性的比较总结。志刚没有指出中西道德观念孰优孰劣，但可以肯定的是在其意识中的中西道德观念已处于平等地位。

张德彝是晚清时期最早走出国门的代表性人物，并且出国次数最多，其出国日记主要内容为记载各国风俗，可谓晚清时期的世界民俗特别是西方民俗专家。1869年，在巴黎的张德彝对世界风俗曾予以了初步总结性的评价：“天下五大洲，其间生民亿兆，彼此相距数万里。聆其言语，多佶屈之聱牙；论其嗜好，每腥膻之异味。热带冰山，历寒暑之悬绝；火轮铁栈，极舟车之难通。其异有非意想所能到。然衣服虽诡异，而喜则亦喜，忧则亦忧，情无或异；风俗虽不同，而好则皆好，恶则皆恶，性实大同。盖自彼苍视之，则固遐迩一体，天下一家矣。”[④]1871年，当法国人问随崇厚出使法国的张德彝中国人为何将西方人称为“鬼子”时，他解释为将汉代西域古国“龟兹”误读成“归滋”。[⑤]这种解释自然是无稽之谈，但也说明已经三次考察西方的张德彝已不能继续堂堂正正地占据道德制高点。

到19世纪70年代后期清朝终于派遣了驻西方使节，表明了对西方外交制度的认同。首任驻英公使郭嵩焘面对国内士大夫对他的非议和斥责，继续深入观察和认识西方社会，其见解自然远迈时人，在其观念中中西华夷地位已完全翻转：“政教风俗，欧洲各国乃独擅其胜。其视中国，亦犹三代盛时之视夷狄也。”[⑥]随着在西方时间的延续和了解的增多，郭嵩焘的认识更为深入：“晚赴柏金宫殿跳舞会，男女杂沓，连臂跳舞，而皆着朝服临之。西洋风俗，有万不可解者。自外宫门以达内厅，卫士植立，皆有常度，无搀越者。跳舞会动至达旦，嬉游之中，规距仍自秩然。其

① （清）志刚：《初使泰西记》，长沙，岳麓书社，1985年，第268页。

② （清）志刚：《初使泰西记》，长沙，岳麓书社，1985年，第325页。

③ （清）志刚：《初使泰西记》，长沙，岳麓书社，1985年，第325页。

④ （清）张德彝：《欧美环游记》，长沙，岳麓书社，1985年，第758～759页。

⑤ （清）张德彝：《随使法国记》，长沙，湖南人民出版社，1982年，第181页。

⑥ （清）郭嵩焘：《伦敦与巴黎日记》，长沙，岳麓书社，1985年，第491页。

诸太子及德国太子,皆与跳舞之列。以中国礼法论之,近于荒矣。而其风教实远胜中国,从未闻越礼犯常,正坐猜嫌计较之私实较少也。"[①]郭嵩焘的见解确实深刻,他不囿于表面尤其是与中国风俗迥异的西方风俗表面而否定西方社会,反而看到其坦荡磊落的人性。接替郭嵩焘任公使之职的曾纪泽行事稳健,但他亦指出:"彼诸邦者,咸自命为礼义教化之国。平心而论,亦诚与岛夷、社番、苗猺獠猓,情势判然,又安可因其礼义教化之不同,而遽援尊周攘夷之陈言以鄙之耶?"[②]所以,这些走出国门的中国人不仅肯定了西方的伦理道德,而且在很大程度上认为西方社会文明程度更高,英法"与民同乐,则民不怨,暗合孟氏之遗说焉。此两国之所同也"[③]。

随同郭嵩焘出使的张德彝在1877年的《四述奇》中记载了他对西方社会的感悟:

> 前三次在伦敦,不及半年,一切多未详考,此次随使八九月以来,细查英国风土,人颇诚实,不尚虚文。有职役则终其事而不惰,有约令则守其法而不渝。是非论之甚确,利害辨之甚明。辞受取与,亦径情直行,不伪为殷勤,不故为谦让。有约届时必赴,一切以诚实为本,而以妄言负约等于隳节败名。可谓严以处己矣。[④]
>
> 伦敦绅富以及学士名人,相接以礼,鲜有骄傲强横,以势凌人者。仆俾亦皆循谨,虽尊贵之谒者、豪华之供奉,亦无藐视张狂恶习,亦驾驭之得宜也。[⑤]

张德彝的出国日记中,颇有价值的是他比较了俄国与其他西方国家的异同。在张德彝看来,其他西方国家虽有不足之处,但基本方面是令他惊奇和称誉的;与这种正面评价相比,他对俄国的记载基本以负面内容为主,无论是制度还是风俗抑或是近代工业技术。如"俄京绅富男女

---

① (清)郭嵩焘:《伦敦与巴黎日记》,长沙,岳麓书社,1985年,第580页。

② (清)曾纪泽:《巴黎复陈俊臣中丞》,喻岳衡点校:《曾纪泽遗集》,长沙,岳麓书社,1983年,第194页。

③ (清)曾纪泽:《出使英法俄国日记》,长沙,岳麓书社,第163页。

④ (清)张德彝:《随使英俄记》,钟叔河主编:《走向世界丛书》,长沙,岳麓书社,1986年,第489页。

⑤ (清)张德彝:《随使英俄记》,钟叔河主编:《走向世界丛书》,长沙,岳麓书社,1986年,第539页。

之乘单双马车、雪床者……御者随行呼喝，气焰颇盛。平等之马车、雪床，闻而避路。英法则否。噫，亦近亚洲之故欤？"[①]张德彝是汉军旗人，出身低微，又以外交作为职业，因而思想观念比较保守，尤其是不轻易议论中西文化特别是政治制度之是非。"是书本纪泰西风土人情，故所叙琐事，不嫌累牍连篇。至于各国政事得失，自有西土译书可考。"[②]所以，他偶然发出"噫，亦近亚洲之故欤？"反映了当时他一直有意压抑的真实心理。

可以说，走出国门的中国人几乎是一边倒地称颂西方，这与在中国本土的西方和西方人形象形成巨大反差。王韬为此指出："西人在其国中，无不谦恭和蔼诚实谨愿，循循然奉公守法，及一至中土，即翻然改其所为，竟有前后如出两人者。其周旋晋接也，无不傲慢侈肆；其颐指气使之概，殊令人不可向迩；其待仆隶下人，频加呵斥，小不遂意，辄奋老拳。彼以为驾驭中国之人，惟势力可行耳，否则不吾畏也，且欺我者随其后矣。其游历内地也亦如此，所以动至取祸。"[③]曾纪泽在十年之后也分析说："惟西人之赴华者，较少安分守礼之徒，工商教士之嗜利者无足论已，即洋官亦往往昌言于众曰：'处东方之人，不厌谲伪。去诈用诚，难以成事。'编为口诀，转相授受。此必有前人已行之陈迹，足以召侮而来讪者，思之喟然。"[④]王韬与曾纪泽的记述自有其来源和依据，但其实更根本的原因是西方近代制度和人性的缺陷。

所以，就发展趋向而言，19世纪六七十年代的中西华夷观念被不断消解，中西伦理道德观念取得了平等地位，甚至在个别人如郭嵩焘观念中，在伦理道德的某些方面如西方人的诚信，西方要优于中国。在这里值得强调的是，当时中国人非常推崇西方的诚信，甚至可以说是在一片反西浪潮中唯独对其诚信赞誉有加。早在18世纪末，侨居印尼的王大海就指出，西方"五常之中，无一存者"，"惟信之一字，其或庶几乎"[⑤]。鸦片战争时期卫三畏记载了中国人攻击西方的言论，"唯有信字他们勉强

---

① (清)张德彝:《随使英俄记》,钟叔河主编:《走向世界丛书》,长沙,岳麓书社,1986年,第770页。

② (清)张德彝:《随使英俄记》,钟叔河主编:《走向世界丛书》,长沙,岳麓书社,1986年,"凡例",第273页。

③ (清)王韬:《传教下》,《弢园文录外编》,上海,上海书店出版社,2002年,第54页。

④ (清)曾纪泽:《巴黎复陈俊臣中丞》,喻岳衡点校:《曾纪泽遗集》,长沙,岳麓书社,1983年,第195页。

⑤ (清)王大海著:《海岛逸志》,姚楠、吴琅璇校,香港,学律书店,1992年,第5页。

称得上一点。五德之中缺其四，怎能改造他人?”[①]后来，曾国藩、奕䜣等人也对西方人的诚信印象深刻，包括上述曾纪泽的“处东方之人，不厌谲伪。去诈用诚，难以成事”其实也从相反方面有所说明。

不过，伦理道德层面的中西华夷问题非常宽泛和复杂，尤其是还涉及基督教在华传教问题，就更是纠缠不清。从鸦片战争开始，中国人就不断探讨基督教问题，但基本予以否定。

魏源认为:

> 西域三大教，天主、天方皆辟佛，皆事天，即佛经所谓婆罗门天祠。其教皆起自上古，稍衰于佛世，而复盛于佛以后。然吾读福音诸书，无一言及于明心之方、修道之事也，又非有治历明时、制器利用之功也，惟以疗病为神奇，称天父神子为劫制，尚不及天方教之条理，何以风行云布，横被四海，莫不尊亲?岂其教入中土者，皆浅人拙译，而精英或不传欤?[②]

梁廷枏也指出:

> 虽然，无足虑也。其为言也浅，浅则不耐人思索，虽质至庸常者，亦将异说存之，况聪颖之士乎?其为事也虚，虚则令人疑惑，虽素讲因果者，犹必空文视之，况礼义之俗乎?且其教主之种种奇能异迹，姑无论仅从千百年后得诸传闻，就令事事不诬，不过中国道流之戏幻。彼生长穷荒，圣教之所不及之地，耳濡目染，沿递征说，凡应考筮仕，并出于斯，里巷常谈，殆同读法，牢不可破，曷怪其然。[③]

到洋务运动时期，仍有人从文化角度攻击基督教，其典型是曾经在墨海书馆帮助传教士译书的蒋敦复，他针对19世纪60年代英人赫德的《局外旁观论》和威妥玛的《新议论略》所作的《拟与英国使臣威妥玛书》，是当时具有西学知识的士人最激进的反教言说。

---

① 〔美〕卫三畏:《中国总论》下，陈俱译，陈绛校，上海，上海古籍出版社，2005年，第843页。

② (清)魏源:《海国图志》(中)，长沙，岳麓书社，1998年，第838页。

③ (清)梁廷枏著，骆驿、刘骁校点:《海国四说》，北京，中华书局，1993年，“海国四说序”第3页。

若夫天主教，明季始入中国，利玛窦、南怀仁诸人，皆通天算、舆地之学，材艺绝伦，其所著《七克》等书，切理餍心，颇近儒者，故当时士夫乐与之游。今之教士来者，问有如利、南辈其人者乎？无有也。所论教事荒谬浅陋，又不晓中国文义，不欲通人为之润色，开堂讲论，刺刺不休如梦中呓，稍有知识者，闻之无不捧腹而笑。……仁义中正之道入人者深，君臣父子昆弟夫妇朋友之序，确乎不可易；天堂地狱之说，固不足以胜之也。请一言以蔽之，中国尧舜禹汤文武周公孔子之教一日不绝，西国之教一日不行，彼行是教者岂不大愚乎哉！①

不过，就整体趋向而言，洋务运动时期时人对基督教的观念已开始改变，有的如王韬所言，归结为“心同理同”的平等模式，更多的是从现实角度出发防范中国的基督化。无论如何，基督教的文化地位还是得到了提升。

志刚为了完成外交使命浏览过《圣经》，在西方考察期间，他论及基督教时基本是将其与中国文化同等对待：

西教言灵魂，为中国圣人所未及言。殊不知灵魂者，明德之粗者也。既究其精，岂屑再言其粗。即并明德与灵魂而比观之，稍知文义者，当有雅俗之别焉。②

耶稣之道，其体在自养光明，如佛家之定慧；其用在爱上帝以爱人，如佛家之慈悲。究而言之，中国之‘智’、‘仁’也。盖天地间道理，聪明者皆能体而得之，本无奇而。③

1870年，洋务派丁日昌在奏折中肯定了基督教的为善意识：“耶稣一教，安分守己，与民无争，尚无他虞。至天主教，虽其本心并非为恶，而传教士所到之处，不择莠良，广收徒众，以多为能……教士之声名，所以日见日坏也。”④天津教案时李鸿章在奏折中指出：“揆诸各国平素道

① (清)蒋敦复:《拟与英国使臣威妥玛书》,葛士濬:《皇朝经世文续编》卷104,台北,文海出版社影印本,1972年,第2页。

② (清)志刚:《初使泰西记》,长沙,岳麓书社,1985年,第311页。

③ (清)志刚:《初使泰西记》,长沙,岳麓书社,1985年,第316～317页。

④《筹办夷务始末》(同治朝)卷76,台北,文海出版社影印本,1970年,第32～33页。

理，不肯轻易杀人，传教专为行善之意。”[①]1877年，在英国的郭嵩焘上奏，认为“窃揆摩西立诫之旨，禁人之欲，劝人之善，与圣教初无参差也”[②]，所以他提出总署向西方驻华公使交涉，确保传教士遵守教规才可以传教。

另外，传教士也从中国文化角度解读基督教，如《教会新报》经常刊载，“夫儒教重五伦，吾教亦重五伦。教曰耶稣，心同孔孟”[③]等言论。晚清时期德国传教士花之安撰写的西学名著《自西徂东》先是连载于《万国公报》，1884年出版单行本，其结构即为仁义礼智信五部分，“发明泰西之事，将此比较中国，欲令人明晓中外之人事政教，或是或非，可以得去取之益”；“是书每言移风易俗之事，在中国明理之人，亦知其弊俗当除，第用何法可除，中西虽有不同，而此书已将西国善法表出”。[④]

19世纪70年代后期发生的“丁戊奇荒”也从实践方面为基督教正名提供了机会，“生活在西方制度居支配地位下的人们，仅仅从灾难的描写，很难理解到为了消除冷漠无知的中国人对来自其他国家人们的猜疑需要有多大的影响力。基督教世界的同情和仁慈，因这次可怕的天灾引发而来，和两次战争以及半世纪的贸易、外交、社会交往相比，可以说是更有效地改善了城里外国人的讨厌形象”[⑤]。就传教士个人而言，李提摩太践行“利玛窦规矩”，1875年在山东青州传教时改换成中国人的服饰打扮后，当地人称“他现在看起来像个人了”[⑥]。“丁戊奇荒”时李提摩太积极奔走赈灾，“其中一个军官无知得很，在交接银子的时候，他一直称我为‘鬼子大人’。我克制自己不去校正他，以免他见到我不好意思”[⑦]。

“鬼子大人”诠释了19世纪中叶中国人眼中西方伦理道德观念的“夷”与“华”，一方面它是西方文化，属于“鬼子”或“夷”的范畴；

---

① 《筹办夷务始末》(同治朝)卷76，台北，文海出版社影印本，1970年，第20页。

② (清)郭嵩焘著，杨坚校补：《郭嵩焘奏稿》，长沙，岳麓书社，1983年，第370页。

③ 《消变明教论》，同治八年十一月初二日(1869年12月4日)，《教会新报》第二册，台北，华文书局影印本，1968年，第614页。

④ 〔德〕花之安：《自西徂东》，上海，上海书店出版社，2002年，“凡例”第6页。

⑤ 〔美〕卫三畏：《中国总论》下，陈俱译，陈绛校，上海，上海古籍出版社，2005年，第1105页。

⑥ 〔英〕李提摩太：《亲历晚清四十五年：李提摩太在华回忆录》，李宪堂、侯林莉译，天津，天津人民出版社，2005年，第63页。

⑦ 〔英〕李提摩太：《亲历晚清四十五年：李提摩太在华回忆录》，李宪堂、侯林莉译，天津，天津人民出版社，2005年，第118页。

另一方面又属于“大人”或“华”的范畴，因为西方伦理道德是有别于中国文化甚至优于中国文化的人类文明。所以，中西伦理道德层面的华夷观在矛盾中不断趋向消解甚至逆转。

2.中西政治制度比较中的华夷观

政治制度是文化的集中体现，它代表着一个社会的文明发展程度。在政治制度方面，19世纪中叶中国的一些进步思想家对西方近代民主给予了较高的评价，但并不主张从整体上在中国推行西式民主制，而是在某种程度上坚持中西各行其是。不过，有些西方观念如法治思想等被特别强调和称誉，皇帝的神圣性也不断褪色，表明了他们在改革中国政治制度方面的思考和选择，也代表了华夷观念的根本性转变。

“从美国独立和法国大革命的时代以来，近代意义的民主制成了重大的政治力量。”[①]马戛尔尼使团来华是清政府首次受到西方近代民主制度的冲击，尽管双方冲突集中于礼仪问题，英国使团也没有渲染西方的民主思想，但显然传达了西方国家近代政治制度的某些信息。鸦片战争前，来华的新教传教士出版的中文著作中开始出现西方近代民主制度的内容，加之中西贸易的增多以及鸦片问题的产生，清政府也关注过西方国家的统治问题。1817年，两广总督蒋攸铦在严禁鸦片的奏折中提到了美国的政治制度：

> 该夷并无国主，止有头人，系部落中公举数人，拈阄轮充，四年一换。贸易事务，任听各人自行出本经营，亦非头人主持差派。[②]

经过鸦片战争，清政府被迫不断了解西方。1844年10月，与剌萼尼就中法《黄埔条约》的谈判结束之后，耆英在奏折中向道光帝概述了西方国家的政治状况：

> 各国虽有君长，而男女不齐，久暂不一，迥出法度之外。如英夷属女主，米、佛二夷，系属男主；英、佛之主皆世及，而米夷之主，则由国人拥立，四年一换，退位后即等齐民。其称号亦有不同，大都

① 〔英〕罗素：《西方哲学史》下卷，马元德译，北京，商务印书馆，1976年，第3页。

② 《两广总督蒋攸铦奏报美鸦片船被抢现量予赏恤并晓谕严禁片》，中国第一历史档案馆编：《鸦片战争档案史料》Ⅰ，天津，天津古籍出版社，1992年，第20页。

剽窃中国文字，妄示夸张，夜郎自大，彼为自尊其主，于我无与。[①]

与耆英相比，鸦片战争时期“开眼看世界”的代表人物对西方政治制度进行了更广泛的了解和深入的思考，其中以魏源、徐继畬对英国和美国的认知为主。如对英国政治制度的介绍和认识：

> 国中有大事，王及官民俱至巴厘满衙门，公议乃行。[②]
>
> 英国之制，相二人，一专司国内之政，一专司外国之务……都城有公会所，内分两所，一曰爵房、一曰乡绅房。爵房者，有爵位贵人及西教师处之；乡绅房者，由庶民推择有才识学术者处之。国有大事，王谕相，相告爵房聚众公议，参以条例，决其可否，复转告乡绅房，必乡绅大众允诺而后行，否则寝其事勿论。[③]

与英国相比，则更为推重美国的民主制度：

> 二十七部酋分东西二路，而公举一大酋总摄之，匪惟不世及，且不四载即受代，一变古今官家之局，而人心翕然，可不谓公乎！议事听讼，选官举贤，皆自下始，众可可之，众否否之，众好好之，众恶恶之，三占从二，舍独徇同，即在下预议之人亦先由公举，可不谓周乎！[④]
>
> 墨利加北洲之以部落代君长，其章程可垂奕世而无弊。[⑤]
>
> 华盛顿……不僭位号，不传子孙，而创为推举之法，几于天下为公，骎骎乎三代之遗意。[⑥]

19世纪60年代以后，随着洋务运动的开展，人们的思想观念也开始发生变化，越来越多的人关注西方政治制度，其中既有朝廷大员，也有进步思想家；既有直接见闻，也有间接认识。1866年，首次代表清政府

---

① 《筹办夷务始末》(道光朝)卷73，台北，文海出版社影印本，1970年，第19~20页。

② (清)魏源：《海国图志》(中)，长沙，岳麓书社，1998年，第1382页。

③ (清)徐继畬：《瀛寰志略》，上海，上海书店出版社，2001年，第235页。

④ (清)魏源：《海国图志》(下)，长沙，岳麓书社，1998年，第1611页。

⑤ (清)魏源：《海国图志后叙》，《海国图志》(上)，长沙，岳麓书社，1998年，第7页。

⑥ (清)徐继畬：《瀛寰志略》，上海，上海书店出版社，2001年，第277页。

走出国门的斌椿记述了英国议会，其中写道："申刻，至会议厅。高峻闳敞，各乡公举六百人，共议地方公事。（意见不合者，听其辩论，必俟众论佥同然后施行，君若相不能强也）"[①]1874年，疾病缠身的洋务派重臣文祥毅然上陈《密陈大计疏》："说者谓各国性近犬羊，未知政治，然其国中偶有动作，必由其国主付上议院议之，所谓谋及卿士也；付下议院议之，所谓谋及庶人也。议之可行则行，否则止，事事必合乎民情而后决然行之。自治其国以此，其观他国之废兴成败亦以此……中国天泽分严，外国上议院、下议院之设，势有难行，而义可采取。"[②]所以，从鸦片战争开始，不同于中国君主专制制度的西方近代民主制度已潜移默化地影响人们的思想观念，文祥的上疏并非突兀，只不过是他的声望和临终前的勇气促成了其行动，这也是中国传统文化范畴中的忠良直谏。

晚清驻外使节进一步加深了对西方政治制度的认识，其中值得注意的是有关德治与法治的思考。德治观念是中国传统政治文化的核心价值观念，"皇天无亲，惟德是辅"[③]，进而演变为有治人无治法的人治思想，"为政在人"，"其人存，则其政举；其人亡，则其政息"。[④]由于人治思想与专制制度密不可分，重人治轻法治也使法律制度更难以健全，故而人治观念几乎成为专制时代的金科玉律，晚清时代亦是如此。仅以1875年总理衙门关于海防问题的大讨论为例，便可窥见一斑。醇亲王奕譞指出："自来有治法无治人，与有地利无人和，同一无济于事。"[⑤]礼亲王世铎如出一辙："盖有治人然后有治法，苟不得其人，虽炮利船坚，终归无用。"[⑥]当时郭嵩焘也认为："传曰：'有治人无治法。'法尽于一时，而求人之效可以持至数十百年之久，诚得其人而任之，一切之政皆可举而行也；不得其人而任之，已成之功、已安之民，亦无与善其后，殆未可持此以建非常之业者也。"[⑦]至于一般的士大夫，更是如此，如方浚颐针对

① （清）斌椿：《乘槎笔记》，长沙，岳麓书社，1985年，第114页。

② 赵尔巽等撰，许凯等标点：《清史稿》，长春，吉林人民出版社，1995年，第9024页。

③ 《尚书·蔡仲之命》。

④ 《礼记·中庸》。

⑤ 《光绪元年二月二十七日醇亲王奕譞奏折》，中国史学会主编：《中国近代史资料丛刊·洋务运动》(一)，上海，上海人民出版社、上海书店出版社，2000年，第116页。

⑥ 《光绪元年二月二十七日礼亲王世铎等奏折》，中国史学会主编：《中国近代史资料丛刊·洋务运动》(一)，上海，上海人民出版社、上海书店出版社，2000年，第118～119页。

⑦ 《福建按察使郭嵩焘条议海防事宜》，中国史学会主编：《中国近代史资料丛刊·洋务运动》(一)，上海，上海人民出版社、上海书店出版社，2000年，第142页。

赫德、威妥玛的《局外旁观论》《新议略论》指出:"第亦思律例误于因循,而律例究不能裁革也;制度成为虚器,而制度初无俟更张也。中国之患,不在无治法,而在无治人。"①

在这种社会文化氛围下,目睹西方社会状况的晚清驻外使节开始反思人治思想,开启了中国近代法治思想的先河。郭嵩焘指出:

> 圣人以其一身为天下任劳,而西洋以公之臣庶。一身之圣德不能常也,文、武、成、康四圣,相承不及百年;而臣庶之推衍无穷,愈久而人文愈盛。颇疑三代圣人之公天下,于此犹有歉者。秦汉之世,竭天下以奉一人。李斯之言曰:"有天下而不恣睢,命之曰以天下为桎梏。"恣睢之欲逞,而三代所以治天下之道于是乎穷。圣人之治民以德,德有盛衰,天下随之以治乱。德者,专于己者也,故其责天下常宽。西洋治民以法。法者,人己兼治者也,故推其法以绳之诸国,其责望常迫。②

如前所述,出使前夕郭嵩焘还曾有过人治胜于法治的观念,而出使后的实地考察促使他重新思考,其言论可谓对人治与法治及其中西文化的深入思考。王闿运对此有过质疑,其论说值得玩味,说明了认同不同制度和文化以及其建构新制度和新文化的难度,在华夷观念的影响之下更是如此。《湘绮楼日记》光绪六年二月二日记载:

> 筠仙言政事好立法度,望人遵守,以夷国能行其法为不可及。且以为英吉利有程、朱之意,能追三代之治,铺陈久之。余以为法可行于物,而不可行于人,人者万物之灵,其巧敝百出,中国以之,一治一乱。彼夷狄人皆物也,通人气则诈伪兴矣。使臣以目见而面谀之,殊非事实。③

继郭嵩焘之后,作为驻外使节的黄遵宪亦指出,在道德与法律之间,中国"所重在道德","泰西论者专重刑法","然同一法律,而中、西立

① (清)方浚颐:《议覆赫威两使臣论说》,中国史学会主编:《中国近代史资料丛刊·洋务运动》(一),上海,上海人民出版社、上海书店出版社,2000年,第456页。

② (清)郭嵩焘:《伦敦与巴黎日记》,长沙,岳麓书社,1984年,第627页。

③ (清)王闿运:《湘绮楼日记》,长沙,岳麓书社,1997年,第881页。

论相背驰至于如此者，一穷其本，一究其用故也”。[①]不过，黄遵宪显然赞同西方的法治社会，他认为，西方社会的法律“上有所偏重则分权于下以轻之，彼有所独轻则立限于此以重之，务使上下彼此权衡悉平，毫无畸轻畸重之弊。窥其意欲使天下无冤民，朝廷无滥狱。呜呼，可谓精密也已!余闻泰西人好论权限二字，今读西人法律诸书，见其反覆推阐，亦不外所谓权限者。人无论尊卑，事无论大小，悉予之权以使之无抑，复立之限以使之无纵，胥全国上下同受治于法律之中，举所谓正名定分，息争弭患，一以法行之。余观欧美大小诸国，无论君主、君民共主，一言以蔽之曰：以法治国而已矣。自非举世崇尚，数百年来观摩、研究、讨论、修改，精密至于此，能以之治国乎？嗟夫，此固古先哲王之所不及料，抑亦后世法家之所不能知者矣!”[②]黄遵宪是晚清时期第一个明确提出以法治国的人。法治思想同议会制度一样，都是对专制制度的极大冲击，西方文化越来越具有先进文明的价值，中西华夷观念逐渐发生逆转。

在19世纪中叶中西政治制度的交流和认知过程中，中文语境中的西方国家元首称谓是一个颇有意蕴的话题，也展现了华夷观念演变的又一个侧面。中国很早便建立了大一统帝国，并形成“天无二日，民无二主”的唯我独尊观念，而且通过朝贡体制得以实现。在这一体制中，只有中国君主居于金字塔顶端并有资格称为皇帝，朝贡国君主被封为国王以仰望皇帝，形成具有华夷色彩的等级秩序。所以，1816年阿美士德使团成员对清廷接待人员广惠的言语颇感奇怪：“广说，无疑，大使必须听从他的皇帝的命令，而他们也必须听从他们的皇帝的命令。广专使对双方的君主都用了‘皇帝’这一称呼。”[③]广惠是否如此说不得而知，但从鸦片战争开始，中西双方就西方国家元首的称谓问题有时确实是争得面红耳赤。在中文文本中，《南京条约》称英国女王为“大英君主”，《望厦条约》称美国总统为“大伯理玺天德”，《黄埔条约》称法国国王为“大佛兰西国大皇帝”。英、美国家元首的称谓符合或者说避开了中国规范，“大佛兰西国大皇帝”自然不符合规范，中法双方为此进行了多次交涉。最终，《黄埔条约》中文文本中仍保留“大清国大皇帝”和“大佛兰西国

① (清)黄遵宪著，吴振清等点校整理:《日本国志》下卷，天津，天津人民出版社，2005年，第653页。

② (清)黄遵宪著，吴振清等点校整理:《日本国志》下卷，天津，天津人民出版社，2005年，第654页。

③〔英〕依里斯著，叶凤美译:《依里斯日记中记载的礼仪之争》,《清史研究》2009年第2期。

大皇帝”这样的对等称谓。无可奈何的耆英在奏章所附条约中，将条约开头及各条款中的“大佛兰西大皇帝”或“大佛兰西皇上”删去，或改为“佛兰西国”。[①]为此，双方耿耿于怀，1846年初耆英奏折还强调：“缘岛夷僻处穷荒，至愚极陋，于天朝制度，茫无见闻。而又赋性多疑，强作解事，难以情喻理晓。此在各夷类然，而剌萼尼为尤甚。”[②]

第二次鸦片战争时期，西方国家元首称谓问题还是纠缠不清。如1858年美国致清廷中文国书称：“朕选拔贤能智士，姓列名卫廉，遣往驻扎辇毂之下，任以亚美理驾合众国便宜行事全权大臣之任。此臣熟识凡属我两国兴利除害之政，素谙我两国交际往来之事，兼悉朕心常欲坚定两国永久和睦友谊之意。”[③]此国书采用如此形式是为了受到清廷的重视，特别是使用“朕”指代总统，但也完全湮没了西方的近代民主理念中，结果却是徒增清廷的误解。在清政府与英、美、法签订的《天津条约》和《北京条约》中，各国元首称谓仍如第一次鸦片战争时期的各自条约文本，中俄签订的《天津条约》和《北京条约》分别称俄国元首为“大俄罗斯国大皇帝”和“大俄罗斯帝国沙皇”。不过，针对不同情况，使用皇帝名号仍有限制，尽可能避免称西方国家元首为皇帝。如薛焕解释与比利时签订的条约：“初，比使称本国主为‘大皇帝’，焕援英称君主例称‘君主’，遂定约四条。时同治元年六月也。”[④]

《北京条约》签订后，英、法等将条约张贴于京内各街道，《庚申夷氛纪略》中的言论可谓代表了士大夫阶层对此条约的态度和解读。

> 英本不逊，法尤狂谬，既已颁发通行，人人得而见之，无烦缕述。独约内一条云，不许名之为夷，不可不知。……乃将大英国大君主、大法国大皇帝，与大清国大皇帝，并列为三，殊觉华夷不分，

---

① 《佛兰西国贸易章程三十五款》,《筹办夷务始末》(道光朝)卷73,台北,文海出版社影印本,1970年,第6～17页。参见张建华:《中法〈黄埔条约〉交涉——以拉萼尼与耆英之间的来往照会函件为中心》,《历史研究》2001年第2期。

② 《筹办夷务始末》(道光朝)卷75,台北,文海出版社影印本,1970年,第1～2页。

③ 《筹办夷务始末》(咸丰朝)三,北京,中华书局,1979年,第794页。

④ 赵尔巽等撰,许凯等标点:《清史稿》,长春,吉林人民出版社,1995年,第3203页。

薰莸同器，背理越分，莫甚于此，天高地卑，必不祚此骄卤也。[①]

皇帝称谓与天下观含义的分离始于洋务运动。洋务运动时期，随着中西交往的增多，特别是《万国公法》的出版和蒲安臣使团的派遣，洋务派对西方政治制度的认识更加深入，逐渐剥离了皇帝称谓中所蕴含的中国传统观念，使其成为一般性的国家元首名称。1864年总理衙门出资刊刻的丁韪良翻译的《万国公法》，其中有对"君国之尊号"的解释："前者，君王之称莫尊于皇号，盖以为嗣续罗马之古皇故也。但日耳曼皇之外，他国之君立此号者，即以为较诸国君王更有尊位，未之有也。"[②]1869年，代表清政府的蒲安臣拜见拿破仑三世呈递国书致辞："查书内载：中国皇上特派蒲安臣等为钦使，前来法国问贵国皇上好。"[③]使团的负责人志刚在日记中详细地记载了西方君主的形象，并且留下了自己的感想和评论，这些文字肯定对总理衙门等洋务派官员产生了影响。1870年初，志刚在普鲁士，"有一妇人，问中国亦爱其君上否？使者闻此言而心动，因告之曰：'中国人若不爱君，三十年之变乱，何能一律平定。'其人曰：'我国之君主，无不爱之者也。'盖此言虽小，关系甚大。西国之炮大船坚，不如此言之可以深长思也"[④]。志刚之所以"深长思"，就是针对当时清朝普遍认为西方人"无君"，但妇人的言论使志刚了解到西方人也爱其君主，并非是不知人伦，并且君民之间更具有爱国主义的内涵，"因布人妇有爱其君主之言，而其君已能取威定霸于欧洲"，"是国家安危之机，未有不系民情之爱恶者也"。[⑤]所以，西方的君民关系更融洽，如志刚描述瑞典国王，"悃幅无华，好游猎。闻其君民乐易，毫无隔阂。游于野，可任便入民家，具乳酪，给赏赐，真有欢娱如也之趣"[⑥]。志刚也记述了普鲁士国王威廉一世："布君年七十三岁，精神矍铄，气象雄伟而质直，待人亲厚如家常。所居别宫临通衢，时自楼窗外观。途人仰见，

① (清)赘漫野叟:《庚申夷氛纪略》,中国史学会主编:《中国近代史资料丛刊·第二次鸦片战争》(二),上海,上海人民出版社,1978年,第20页。赘漫野叟具体不知为何人,但书中自称第一次鸦片战争时在浙江"予一风尘末吏耳",第二次鸦片战争时他住居北京,故为士大夫阶层。

②〔美〕惠顿:《万国公法》,〔美〕丁韪良译,上海,上海书店出版社,2002年,第71页。

③ (清)志刚:《初使泰西记》,长沙,岳麓书社,1985年,第308页。

④ (清)志刚:《初使泰西记》,长沙,岳麓书社,1985年,第333页。

⑤ (清)志刚:《初使泰西记》,长沙,岳麓书社,1985年,第333页。

⑥ (清)志刚:《初使泰西记》,长沙,岳麓书社,1985年,第327页。

则免冠而过。又尝单车一仆，乘常车出入，遇者亦免冠而过而已。使者或遇诸途，为之鞠躬为礼，则摘冠相答。君民之间，相处坦如也。惟其临阵在朝，则严威俨恪，人不敢慢。”[①]在接触和观察的基础上，志刚进一步深入分析说：“泰西立君，虽不拘于男女，然为君而不能尽君道者，国人不服，则政令有所不行，不得安其位矣。故西国君主，治法不必尽同，而不敢肆志于拂民之情，则有同揆焉。”[②]这里值得注意的是，“国人不服”致使君主“不得安其位”已非西方国家弊陋的象征，反而引起志刚对中西君主制度的“深长思”，并且他显然更认同西方“不敢肆志于拂民之情”的君主制度。

1871年，在中德交涉过程中，奕䜣等总署大臣针对德国统一后国家元首采用皇帝称谓，特别予以解释：“臣等查西洋各国，称谓虽殊，于往来交际之道，并无分别。其前后换约各国，有如此称谓者，惟俄、法、奥三国。今布国亦加此称，自系其国内诸小邦有所依赖，互相推重，以比俄、法之意。而书中仍以尊崇中国大皇帝为言，词意尚属恭顺，非妄自夸大者可比。”[③]同时，总理衙门在回复德国时采用了“大清国大皇帝问大布国大皇帝好”[④]的表述，这是清廷在对外交往中首次正式称外国元首为皇帝，虽然这不是由清朝皇帝亲自发布，而是总理衙门代为之作，因为“此次布国所递国书，仅用黄纸书写，并无蜡印。据该使臣面称：系照译伊国主之件，故未盖印。臣等公同商酌，中国给予覆书，似可不用满汉合璧式样，即由臣衙门用黄折拟缮，亦不请用御宝，以示区别”[⑤]。所以，总理衙门在中德交涉中的态度代表清政府在西方国家元首称谓问题上的初步转向，即开始主动放弃只有本国才能使用皇帝称谓的排他性，而是承认其他国家也可以使用，这意味着皇帝名号所蕴含的“天下唯我独尊”意义消失。1873年，在普法战争中建立的法兰西第三共和国照会清政府：“大法国大伯理玺天德帖尔当由法民公举会中，推重其人，俾摄国政。于此二载，于一切治理之务，力有未逮。故公举会总，于本年四月二十九日，将主摄政治之权撤去，转授予麻仁达侯爵现为本

① (清)志刚:《初使泰西记》,长沙,岳麓书社,1985年,第332页。

② (清)志刚:《初使泰西记》,长沙,岳麓书社,1985年,第365页。

③《筹办夷务始末》(同治朝)卷80,台北,文海出版社影印本,1971年,第25页。

④《覆给布国国书》,《筹办夷务始末》(同治朝)卷80,台北,文海出版社影印本,1971年,第26页。

⑤《筹办夷务始末》(同治朝)卷80,台北,文海出版社影印本,1971年,第25页。

国大将军麦麻韩躬亲代主法政，以继帖尔之位。”[①]这样，此前与清政府针锋相对的法国由于国体的变更，主动放弃皇帝称谓，其含义不言而喻。同年，亲政的同治帝首次接见了只同意行鞠躬礼的外国驻华使节，昭示着皇帝走下神坛，也表明了华夷观的重要象征的消失。

所以，西方近代民主思想的传播，造成了皇帝名号的贬值和“伯理玺天德”名号的升值，这也是中西华夷观逆转的重要表现。1876年京师同文馆翻译出版的《星轺指掌》之“凡例”，对世界各国政治制度做了介绍，这是当时有关西方政治制度的非常难得的简洁明晰之中文文献，从中也可模糊地看出皇帝并不足贵，甚至是国体落后的象征。

> 一、各国政式不一，有君位世传而君权无限者，有君位世传而君权有限者，二者皆谓君主之国。复有庶民公举国主，而其在位有年数者，是谓民政之国。
>
> 一、凡君权有限之国与民政之国，皆公举大臣，公议国政，是谓国会。君位虽尊，而权势往往操之于国会也。
>
> 一、凡君权无限之国，莫不设有议政院，其大臣皆由国君简派。而君权有限之国及民政之国所设国会，亦以议政院称之。
>
> 一、君权有限之国与民政之国，率由国会公议以制法，国君秉权而行法，复有专设法司以执法，而审讯不法之事者，此谓之法院或法堂。
>
> 一、国政既不同，国君之称号亦异，或称皇帝，或称君主，或称王，要皆以国君为通称。虽民政之国主，亦可称君，而洋语则以伯理玺天得称之。[②]

同时，《星轺指掌》中亦有专门论述皇帝称号的内容，如“查古时教皇及日耳曼皇，原有封王之权，而令他国以下礼事之。嗣因不恰舆情，经各国改立新制，则国君不论称号尊卑，俱用平行之礼”[③]。1881年，黄遵宪在与日本友人宫岛诚一郎笔谈时说，“君民共主之政体，实胜于寡人

---

① 《筹办夷务始末》(同治朝)卷91，台北，文海出版社影印本，1971年，第30～31页。

② 〔德〕马顿斯:《星轺指掌》，(清)联芳、庆常译，北京，中国政法大学出版社，2006年，“凡例”。

③ 〔德〕马顿斯:《星轺指掌》，(清)联芳、庆常译，北京，中国政法大学出版社，2006年，第96页。

政治","拟吾国,如德国似可"。[①]

不过,一般中国士大夫显然仍坚持固有的传统观念,御史吴可读针对同治帝接见外国公使的态度就是这一群体心态的重要表现:

> 窃自各国赍呈国书使臣到京,诸臣初则争以见与不见,继则又争以跪拜与不跪拜,群议未定,近半年矣!臣窃与二三同志小臣妄言,此何大事,而直举国纷纷若是乎?孟子曰:君子与禽兽何难。各国之主,由各国之臣民废置,如奕棋然,此臣所闻也。其在京者,出门时妇人居前,男子执役在后,此臣所见也。观其条约,无虑数十,问有一语述及亲亲尊贤,国之九经否?曰无有也。问有一字道及礼义廉耻,国之四维否?曰无有也。不过曰此事有利,此事于中国亦有利,以利自处,而又以利诱中国。彼本不知仁义礼智信为何物,而我必欲其率五常之性;彼本不知君臣父子夫妇昆弟朋友为何事,而我必强之行五伦之礼。是犹聚犬马羊豕于一堂,而令其舞蹈扬尘也。然则即得其一跪一拜,岂足为朝廷荣?即任其不跪不拜,亦岂足为朝廷辱?[②]

吴可读的言论表明,一般士大夫对西方文化的了解非常有限,西方近代文化仍没有在中国广泛传播和得到认同,同时也说明士大夫阶层闭目塞听,不屑于了解外部世界而陶醉于天朝上国的迷梦之中。另外,毕竟西方列强给中国人留下的印象实在与文明进步相去甚远,诸如发动侵略战争、贩卖鸦片等,甚至在中国的西方传教士等也主要是负面形象,这自然也极大削弱了西方文化的价值。不仅比较保守的士大夫,思想观念比较开放的士人群体对西方文化也往往心有疑惑。

> 昔郭筠仙侍郎每叹羡西洋国政民风之美,至为清议之士所牴排。余亦稍讶其言之过当,以询之陈荔秋中丞、黎莼斋观察,皆谓其说不诬。此次来游欧洲,由巴黎至伦敦,始信侍郎之说。[③]

---

① 李庆编注:《东瀛遗墨——近代中日文化交流稀见史料辑注》,上海,上海人民出版社,1999年,第35页。

②《筹办夷务始末》(同治朝)卷90,台北,文海出版社影印本,1971年,第35页。

③ (清)薛福成:《出使英法义比四国日记》,长沙,岳麓书社,1985年,第124页。

薛福成之言表明了19世纪中期中国社会对西方的基本态度，人们已经看到并在一定程度上接受了技术先进的西方，但很难接受社会方面也被认为近乎完美的西方，即使是提倡学习西方的开明者如薛福成，虽经多方求证却仍心有疑惑，遑论其他各色人等。另外，上述言论也反映出有些接触过西方文化并在某种程度认同西方文化的人，也基于多种原因特别是社会舆论的压力，对此缄默不言，只有郭嵩焘等极个别人将自己的感受、认识诉诸言论，也因此成为众矢之的。在这种社会氛围下，洋务思想家倡导“中体西用”也是情理之中的理性选择。

（四）华夷观的重新诠释

19世纪中叶，随着中国对西方伦理道德和政治制度的某些认同和肯定，中西华夷观念已经逐渐被消解和逆转。同时，在这一基础上，也有人直接重新诠释华夷观念的含义，其中大致有两种方式：一是沿袭传统的以文化别华夷的模式，但将西方及其文化提升为“华”的范畴；一是模糊华夷的固有含义，只在形式上保留了中国使用“华”的惯例。这两种方式可以说是相辅相成，提高了西方及其文化的地位，降低了中国及其文化的地位，中西华夷观念基本瓦解。

首先，从鸦片战争开始，“开眼看世界”代表人物就反思华夷观念，视西方及其文化是与中国及其文化不同的另一种先进文明。以徐继畬为例，他没有针对华夷观进行直接批判，但在《瀛寰志略》中他并不以“夷”指代西方或西方人，并且时时将西方与中国相比较，用这种隐晦的形式消解中国传统的华夷观。

> 欧罗巴之人，长大白皙，隆准深眶，黄睛亦有黑睛者。须多连鬓，或绕颊，有条直似中土者，有拳曲如虬髯者，有全剃者，有全留者，有分别留髭髯如中土者，不关乎老少也……其男女面貌，亦有半似中土者。男子冠平顶圆筒窄檐，高三四寸，或毡或帛，见客则释冠以为礼。……男女皆好洁，日就浴盘。①

姚莹更明确地指出：

> 夫人类万殊，一圣人不能尽天下也。天若曰：圣者觉吾民而已，何必其一哉。中国有孔子，又有老、庄焉。西域有释迦，又有三大

---

① （清）徐继畬：《瀛寰志略》，上海，上海书店出版社，2001年，第113页。

士焉。至于回部、欧罗巴，亦各有穆哈默德与耶稣其人者。他外夷吾不能知，知天必不能恝然置之也。此数子者，皆体天道以立教者也，其教不同，至于清心寡欲端身淑世忠信好善而不杀则一矣。道者何，犹路也。道之大原出于天，犹王人奉使同出京师，其至四方，则南北东西不能一辙矣。水以舟，陆以车，山以樏，泥以橇，各有宜也，可相废乎？天若曰：吾使此数人者，示人以路而由之，免为凶暴淫佚，同跻仁寿之域而已。故使人皆跻仁寿者，天之心也；必非议而相攻，是舍本而求末，岂天之心哉！虽然吾中国之民也，中国有孔子，吾终身由其道犹未能尽，乌能半途弃之更从他道哉！岐道而彷徨，虽毕其生必无一至矣。譬如六月盛夏，见美裘而好之，岂能释吾葛而从裘也乎？人能无惑乎？此斯可为知道者欤。①

在这里，姚莹首先分析了人类文化的共同性，其次指出不同的环境造就了人类文化的不同趋向。姚莹又认为，人们往往“见美裘而好之”，这其实是隐喻西方文化比中国更有吸引力，只是由于环境不同，“岂能释吾葛而从裘也乎？人能无惑乎？”不过，姚莹的观念也是矛盾的，他有时仍摆脱不了中国中心观的羁绊，如他曾以释典中“东人主即震旦”为据，“余谓天地之性人为贵，此佛法所以东来震旦，穆哈默德、耶稣之徒亦无不景企中国也”②。太平天国后期，对西方文化有一定了解的洪仁玕在《资政新篇》中提出，对外交往中，“凡于往来言语文书，可称照会、交好、通和、亲爱等意，其余万方来朝、四夷宾服及夷狄戎蛮鬼子，一切轻污之字皆不必说也。盖轻污字样，是口角取胜之事，不是经纶实际，且招祸也”③。

19世纪60年代以后，走出国门的国人更深切体会到华夷观念的局限性和荒谬。王韬指出：“自世有内华外夷之说，人遂谓中国为华，而中国以外统谓之夷，此大谬不然者也。禹贡画九州，而九州之中，诸夷错处。周制设九服，而夷居其半。春秋之法，诸侯用夷礼则夷之，夷狄之进于中国者则中国之……然则华夷之辨，其不在地之内外，而系于礼之有无

---

① (清)姚莹：《人类万殊圣人不一其教》，《康輶纪行》卷7，台北，文海出版社影印本，1971年，第20～21页。

② (清)姚莹：《四洲四主》，《康輶纪行》卷12，台北，文海出版社影印本，1971年，第18页。

③ (清)洪仁玕：《资政新篇》，中国史学会主编：《太平天国》(二)，上海，上海人民出版社，1957年，第528页。

也明矣。苟有礼也，夷可进为华，苟无礼也，华则变为夷，岂可沾沾自大，厚己以薄人哉?”[①]而在19世纪中叶，对华夷观念反思和批判比较彻底的当属郭嵩焘。作为深受传统文化影响的士大夫，1877年郭嵩焘刚到英国时仍认为：“此间富强之基，与其政教精实严密，斐然可观；而文章礼乐，不逮中华远甚。”[②]一年之后，郭嵩焘的观念就有所不同了，他在日记中写道：“盖西洋言政教修明之国曰色维来意斯得，欧洲诸国皆名之。其余中国及土耳其及波斯，曰哈甫色维来意斯得。哈甫者，译言得半也；意谓一半有教化，一半无之。其名阿非利加诸回国曰巴尔比里安，犹中国夷狄之称也，西洋谓之无教化。三代以前，独中国有教化耳，故有要服、荒服之名，一皆远之于中国而名曰夷狄。自汉以来，中国教化日益微灭；而政教风俗，欧洲各国乃独擅其胜，其视中国，亦犹三代盛时之视夷狄也。中国士大夫知此义者尚无其人，伤哉!”[③]这是近代国人文献中首次将中西华夷地位翻转，虽然是借助西方人的说法，但郭嵩焘显然是认同这种说法。所以，在致国内的信函中，他也强调：“所谓戎狄者，但就礼乐政教所及言之，其不服中国礼乐政教而以寇钞为事，谓之夷狄，为其倏盛倏衰，环起以立国者，宜以中国为宗也。非谓尽地球纵横九万里皆为夷狄，独中土一隅，不问其政教风俗何若，可以陵驾而出其上也。”[④]作为孤独的先行者，郭嵩焘可谓明知不可为而为之，“来书谓常郡人闻西洋好处则大怒，一闻垢诃则喜，谓夷狄应尔。引此为喻，是将使天下之人长此终古，一无省悟。试即今时事局思之，果有益乎?果无益乎?”[⑤]但个人的力量毕竟有限，在1879年公使任期未满就被迫回国的途中，郭嵩焘不免灰心，对衰落的中国传统文化也近于绝望，甚至担心中国文化对西方的消极影响：“三代所谓用夏变夷者，秦、汉以后，一与中国为缘，而遂不复能自振。何也？礼义之教日衰，人心风俗偷敝滋甚，一沾染其风而必无能自立也!西洋开辟各土，并能以整齐之法，革其顽悍之俗。而吾正恐中土之风传入西洋，浸淫渐积，必非西人之幸也。中西之交通，损益之数，利病之分，尚未知天时人事之果何所极也。”[⑥]

---

① (清)王韬:《华夷辨》,《弢园文录外编》,上海,上海书店出版社,2002年,第245页。

② (清)郭嵩焘:《伦敦与巴黎日记》,长沙,岳麓书社,1984年,第119页。

③ (清)郭嵩焘:《伦敦与巴黎日记》,长沙,岳麓书社,1984年,第491页。

④ (清)郭嵩焘著,杨坚点校:《郭嵩焘诗文集》,长沙,岳麓书社,1984年,第202页。

⑤ (清)郭嵩焘著,杨坚点校:《郭嵩焘诗文集》,长沙,岳麓书社,1984年,第201～202页。

⑥ (清)郭嵩焘:《伦敦与巴黎日记》,长沙,岳麓书社,1984年,第955页。

其次，19世纪中叶重新诠释华夷观念的另一种方式是模糊华夷的固有含义，只在形式上保留了中国使用“华”的惯例。魏源曾经指出：“震旦则正当温带，四序和平。故自古以震旦为中国，谓其天时之适中，非谓其地形之正中也。”[①]1870年，在西方考察访问的志刚记载了他与西方人的问答：

> 前在西国，客问使者曰：“地球上无之而非国也，‘中国’之说何谓也？”使者晓之曰：“尔谓‘中国’为在中央乎，则大地悬于太空，何处非中？谓在中间乎，则万国相依，皆有中间。谓在中心乎，则国在地面。‘中国’者，非形势居处之谓也。我中国自伏羲画卦已来，尧、舜、禹、汤、文、武、周公、孔、孟所传，以至于今四千年，皆中道也……则所谓‘中国’者，固由历圣相传中道之国也。而后凡有国者，不得争此‘中’字矣。”[②]

1874年，针对德国传教士花之安在《教会新报》上提到中国人称外国人为“夷人”是“未睹天壤之大，古今之局”，有人在《申报》发表了《夷字辨》，认为在中外称谓上“称中为华，称外为夷，虽有华夷之别，亦犹之中外之分而已，并非有意轻重美恶于其间”，外国人不必为此“斤斤计较”[③]。无论是志刚的答复，还是《申报》的《夷字辨》，其实都是有意曲解、转移华夷观念的固有内涵，成为消解华夷观念的一种方式。

晚清思想家黄遵宪更进一步，他不仅从历史的辩证角度诠释华夷，而且从近代国家建构层面分析中国国名问题，提出以“华夏”为国家的对外名称。

> 考地球各国，若英吉利、若法兰西，皆有全国总名，独中国无之，西北各藩称曰汉，东南诸岛称曰唐，日本亦曰唐，或曰南京，南京谓明，此沿袭一代之称，不足以概历代也。印度人称曰震旦，或曰支那，日本亦称曰支那，英吉利人称曰差那，法兰西人称曰差能，此又他国重译之音，并非我国本有之名也。近世对外人称每曰中华，东西人颇讥弹之，谓环球万国各自居中，且华我夷人，不无

---

① (清)魏源:《海国图志》(下),长沙,岳麓书社,1997年,第1850页。

② (清)志刚:《初使泰西记》,长沙,岳麓书社,1985年,第376页。

③《申报》第539号,1874年1月27日。

自尊卑人之意。余则谓天下万国声名文物，莫中国先。欧人名为亚细亚，译义为朝，谓如朝日之始升也。其时环中国而居者多蛮夷戎狄，未足以称邻国。中国之云，本以对中国之荒服边徼言之，因袭日久，施之于今日，外国亦无足怪。观孟子舜东夷、文王西夷之言，知夷非贬辞，亦可知华非必尊辞矣。余考我国古来一统，故无国名。国名者对邻国之言也。然征之经籍，凡对他族则曰华夏。传曰"夷不乱华"，又曰"诸夏亲昵"，我之禹域九州，实以华夏之称为最古。印度、日本、英、法所称，虽为华、为夏不可知，要其音近此二字。故今以华夏名篇，而仍以秦、汉、魏、晋一代之国号分记其事云。①

综上所述，在19世纪中叶清朝开明士大夫眼中，无论是伦理道德层面，还是政治制度层面，西方及其文化都取得了与中国及中国文化的对等甚至优越地位，基本形成了中西文明平等的调和观念。这种发展趋向到戊戌维新时期成为时代潮流，也是推动维新的重要动力。而谭嗣同在南学会发表的《论学者不当骄人》演说，可以进一步反证引起19世纪中叶中西华夷观念变迁的主要核心要素：

我国不惟好以中国骄人，且又好以夷狄诋人。《春秋》之所谓夷狄中国，初非以地言，故进于中国则中国之，流于夷狄则夷狄之，惟视教化文明之进退何如耳。若以地言，则我湘、楚固春秋之夷狄，而今何如也？且我国之骄又不止此，动辄诋西人无伦常，此大不可。夫无伦常矣，安得有国？使无伦常而犹能至今日之治平强盛，则治国者又何必要伦常乎？惟其万不能少，是以西人最讲究伦常，且更精而更实。即如民主、君民共主，岂非伦常中之大公者乎？②

需要指出的是，华夷观念自有其合理的一面，即尊重本民族文化，“大多数人将自己的文化看作中心和所有事物的标准。这种在学科领域被称为‘人文中心主义’(Ethnozentrismus)的观念在跨文化交往中起着特别

---

① (清)黄遵宪著，吴振清等点校整理：《日本国志》上卷，天津，天津人民出版社，2005年，第94页。

② 蔡尚思、方行编：《谭嗣同全集》(增订本)下册，北京，中华书局，1981年，第401页。

重要的作用”[1]。晚清时期的华夷观念之所以受到批判，主要是因为其另一面，即排斥西方文化，“他们完全不懂，学习外界的道德、科学、政治观念将会带来持久的利益。既没有地理、博物、数学，也不将别国的历史和语言作为课程的组成部分，只是一味地读经典著作，自然在他们的国家培育出扭曲的观点。官员一说到自己的力量、资源和相对影响，脑中充满了自负、无知和傲慢，一遇到更有技巧或更强大的对手，就陷于无助的地位”[2]。如何妥善地处理尊重民族文化和借鉴外国文化的关系是一个既简单又复杂的命题，而近代中国在寻找两全的方式中往往畸轻畸重，步履蹒跚，中西文化的争议成为不息的时代话题。另外，随着中国传统的华夷观念退出历史舞台，西方式的民族主义和爱国主义取而代之成为近代中国的核心思想观念。

二、日本的“华夷变态”

与中国张扬的华夷观念不同的是，在日本的传统世界认识中，华夷观念并不特别突出，但也总是或隐或显地存在。如前所述，就实际内容和影响而言，除了向中国朝贡以外，日本传统的华夷观念主要是将朝鲜半岛视为朝贡国的西蕃观。所以，华夷观念在日本的传统时代本来无足轻重，甚至日本有意消解华夷观念，以抵制中国及其文化的强大压力，三国世界观的出现就是如此。不过，在长期的历史发展过程中，中国作为日本可见的唯一强大国家，日本一直孜孜以求地学习中国文化，庞大而强盛的中国也始终从各个方面影响着日本。因此，在日本人的意识中，中国是世界的中心或退而言之的世界中心之一，中国文化成为日本衡量世界的标准。也就是说，中国及其文化被日本奉为“华”，其他国家及其文化则被日本视为“夷”，甚至日本本国有时也被某些深受中国文化影响的日本人称为“夷”。如本多利明所言：“国初以来，支那书籍之外无书籍。熟读之，会得其意味，即谓开智见。国风如是，虽支那之外诸国有之，皆以夷国待之，视其无圣人之道，圣人之道外非人之道。风俗凝固于此一途，虽外有大美事，而承引者鲜。”[3]正因如此，华夷观念在日本

---

① 〔德〕马勒茨克:《跨文化交流——不同文化的人与人之间的交往》,潘亚玲译,北京,北京大学出版社,2001年,第16页。

② 〔美〕卫三畏:《中国总论》上,陈俱译,陈绛校,上海,上海古籍出版社,2005年,第394页。

③ 本多利明:『西域物語』,塚谷晃弘、藏並省自校注:『日本思想大系44 本多利明 海保青陵』,岩波書店,1970年,第89頁。

就是一个矛盾的存在，因而也是或隐或显地存在，当需要它抬高日本或驱逐其他文化时，华夷观念就明显地张扬，否则就会有意或无意地被回避。

从日本历史的发展进程看，大致以西方及其文化影响日本为界，之前华夷观念基本不被强调，即使将朝鲜半岛诸国视为“西蕃”，也不是典型的华夷观念形态，不是和中国一样的以文化别华夷；三国世界观只是以另一种域外文化即佛教文化作为衡量世界的标准，目的是抬高日本的文化地位，自然离华夷观念更远。16世纪西方及其文化进入日本之后华夷观念才开始逐渐显现。家永三郎指出：“以天正庆长年间（1573～1615）为界，在此以前的中古以至更远时期，完全不存在所谓的排外思想。”① 其实，即使在18世纪末以前，日本与西方的文化冲突仍不明显，直到德川幕府末年日本社会的转型时期，华夷观念才真正成为争论的焦点问题。

16世纪中叶，西方国家及以天主教为核心的西方文化进入日本，当时虽被日本称为“南蛮”和“南蛮文化”，但华夷观念并不明显，所以1587年丰臣秀吉颁布的是天主教驱逐令而并非针对整体西方文化。宗教也最终成为日本锁国的关键因素，这种选择性的锁国为西学的延续及18世纪后期兰学的兴起留下了一线生机。西川如见就是日本“南蛮文化”与兰学时代之间著名的西学家，著有《华夷通商考》②等著作，并且他已开始从西方文化角度批评日本传统的华夷观念，可谓颠倒的华夷观念。如西川如见比较了中国、日本的一夫多妻与荷兰的一夫一妻等社会生活方式，认为：“所谓人道，并非仅为中国、日本所有，而且汉人、和人所作又岂不令荷兰人耻笑?”“尽管荷兰国被称为外夷，然而忠孝二字之真切仍可看到。尤其是孝乃为人之自然之天性，因而自然也是世界万国人类之常情。每年来长崎之荷兰人多在镜匣盖上嵌一画像，若问之此为何人之像，彼等答曰，乃我父母之像也。即使是在远离故国之异域，也一日不忘其父母，由此岂能说外夷无孝道?”③

---

①〔日〕家永三郎:《外来文化摄取史论》,靳丛林等译,郑州,大象出版社,2017年,第101页。

②《华夷通商考》刊行于1695年,1708年又出了增补版。这部书尤其是增补版主要参考了1602年由李之藻在北京刊行的利玛窦绘制的《坤舆万国全图》和艾儒略撰写的刊行于1623年的《职方外纪》。增补版还加上了利玛窦的世界地图。这部在京都出版的著作后来多次重版,被许多文献引用,在江户时代后期广泛流传的《地球万国全图》《地球万国山海舆地全图说》等都明显受到它的影响。

③〔日〕家永三郎:《外来文化摄取史论》,靳丛林等译,郑州,大象出版社,2017年,第199、203页。

兰学时代也有个别人从华夷观念角度批评西方文化，如儒学者林罗山等，但更多的其实是兰学者从西方文化角度批评日本传统文化特别是具有华夷观念的中国文化，具体情况前已述及。另外，日本的国学者也将矛头指向儒学。兰学、国学都批评居于日本主流文化地位的儒学，反映了日本文化在社会比较平稳的发展时期具有追求多元性的特点。

但是，18世纪末以后，日本的锁国体制遇到空前的挑战，首先是已经毗邻日本的俄国派遣拉克斯曼使团要求日本开国，随后英、美等其他西方国家也相继来到日本并提出和俄国一样的类似要求，西方文化与日本必须面对的现实问题逐渐地紧密结合在一起，引起了前所未有的纷争。这种纷争比较复杂，但从发展趋势看，从18世纪末以后到19世纪中叶，日本大致经历了从以日本传统文化拒斥西方文化，到以西方文化批判日本传统文化特别是日本的儒家文化的过程，出现了两种文化的地位前后发生根本转变的“华夷变态”。

(一)“蛮夷”之西方

日本“华夷变态”的关键是如何认识东西方文化中的人文文化特别是人伦道德问题。当时，日本将西方视为蛮夷之邦的主要理由就是西方文化缺乏人伦道德等人文文化，这种观念甚至在日本社会一度非常流行，故此才会形成“尊王攘夷”热潮。《辟邪小言》等畅销书的作者、儒学家大桥讷庵的言论可谓其中的典型：“日本与汉土风俗人情甚相近，且我天祖天孙之道亦与汉土之圣人之教极其吻合……古之汉土不能以戎狄相称，而至于其余诸国，皆可列于蛮狄之列也。况且今日之西洋为伦理紊乱、不知大道而近于异类者也。因此岂能不贱之、贬之，称之为戎狄夷蛮乎?”[①]幕末“尊王攘夷”的领袖吉田松阴亦认为：“汉土确与日本风气相近，道亦大同。但欧洲、美利坚、西班牙诸洲因土地隔远，故风气不通，乃至人伦之大道亦失其义也。”[②]这种言论在幕末时期反对西方文化者中间几乎是如出一辙。

家永三郎认为：“对西方文化拒斥的思想形态……这种思想是立于什么基础之上呢?这里有知识贫乏、单纯的不理解乃至误解的原因，也有由禁止基督教和锁国习惯而来的先入之见的原因。可是其中最重要的，是思想上的儒教思想的机械运用和社会上的维持封建秩序的企图这两大

① 〔日〕家永三郎:《外来文化摄取史论》,靳丛林等译,郑州,大象出版社,2017年,第118页。

② 〔日〕家永三郎:《外来文化摄取史论》,靳丛林等译,郑州,大象出版社,2017年,第118页。

原因。”[①]这一分析有其合理之处，但笔者认为导致幕末日本拒斥西方文化，一是知识的原因，因为此前日本所接受的西方文化基本是自然科学，自然科学几乎就是西方文化的代名词，这种畸形文化结构造成的西方人文社会科学的缺位，使日本对西方文化产生误解，进而拒斥西方文化，二是观念的原因，因为人伦道德本来就是制度的产物，是与制度相表里的社会核心价值观并具有相对独立性，它必然会与西方近代伦理道德等价值观念发生冲突，而维持封建秩序的企图也只是一种正常的观念反映之一。当然，如果再深究的话，也可以说是封建制度的原因，因为无论知识还是观念，只有适合制度的需要才会被接受和容纳。下面分别予以分析。

首先是知识的原因。如果将文化结构抽象为物质、制度、观念三个层次，物质文化是最容易比较因而也是最容易被接纳的内容。16世纪中叶葡萄牙商船抵达日本之后，处于战乱状态的日本马上被西方的火器所吸引，进而对西方的其他物质文化也赞叹不已。与此相联系的是学习西方自然科学成为一些日本人热衷的内容，因为近代西方物质文化的发达是以自然科学为基础，是科学技术在生产和生活领域的应用。特别是在兰学时代，当其他西方文化因“异学之禁”被取缔之后，自然科学却如一朵奇葩闪耀在日本文化领域。需要指出的是，在锁国之前传入日本的西方人文文化基本是宗教，锁国之后又使西方文化的输入受到限制，所以在19世纪中叶以前，日本对自然科学以外的西方文化的了解非常有限。可以说，由于自然科学本身的特性和幕府的文化政策，才造成了日本接受的西方文化的畸形结构。日本学者永田广志指出：“德川时代的洋学是自然科学。直到幕末之前，人们对欧洲的哲学或社会科学似乎不太注意。其原因是：对于封建日本来说，作为封建道德不可分割的哲学基础的儒学以及基于儒教主义的政治论—经济论是最合适不过的；人们还不知欧洲有独立于基督教的哲学，等等。”[②]无论原因如何，其结果是自从西方国家进入日本之后，西方自然科学源源不断地传入日本，成为日本近代文化的重要组成部分，并取得了相当的成就。正因如此，即使是在江户幕府末年日本与西方冲突比较激烈时期，也极少有人排斥西方的自然科学，并使日本人在与西方发生军事冲突的幕府末年多了一些理性思考。当时，盛行武士道文化的日本社会也曾经出现和鸦片战争时期中国一样

---

① 〔日〕家永三郎：《外来文化摄取史论》，靳丛林等译，郑州，大象出版社，2017年，第116页。

② 〔日〕永田广志：《日本封建制意识形态》，刘绩生译，北京，商务印书馆，2003年，第186页。

的类似言论，认为可以与西方在陆地决战，但高倡“尊王攘夷”思想的吉田松阴却认为：“有声称与美奴战于陆上而必然取胜之俗人，而吾却不信其说也。枪炮阵法西洋之制应成天下通论。”①

但日本接受的西方自然科学在幕末反而成为贬斥西方缺乏人伦道德等人文文化的理由，这就是历史发展的诡异之处。如前所述，明末清初时期的中国也曾以西学似乎只有自然科学而将西方人斥为蛮夷，这与日本有相似之处。这里所谓的西学缺乏人伦道德内容，可以从两方面理解，一是传入日本的西方文化主要是自然科学，即如上文指出的一样，因而人们认为西方文化基本就是自然科学；一是东西方文化的差异，东方文化更重视伦理道德而轻视自然科学，西方近代文化本来也是以自然科学作为文化主流，尤其是在近代西方社会的发展初期更是如此，而日本西学的结构缺陷更加深了人们的这种观念。

只承认西学在自然科学方面的成就而缺乏人伦道德，这种观念多数是一些在西学方面也有很深造诣的学者的言论。据本多利明记载：

> 有客曰：荷兰为夷蛮之地，不知圣人之道，似人而非人。简言之，为兽类无疑。然而，至于小巧之物则精妙无比。②

帆足万里既是儒学者又是西学家，他的言论颇具代表性：

> 如近古西洋人所言：人伦之道以孔子为大，他教亦应以此为是。而天文地理医学器械之学，西洋胜于唐，近来应专学西洋。③

安积艮斋是佐藤一斋的弟子，是著名的朱子学者，著有《格物论》《洋外纪略》等。他认为：“予尝曰人伦之外无学问焉，天下国家之外无事业焉。若夫星纬历算农圃医卜钓渔之类，何必竭力于其间哉？”④“大抵西学于天象地理器物之制，极其精密，至若性命之理则迂诞，而不达

---

①〔日〕家永三郎:《外来文化摄取史论》,靳丛林等译,郑州,大象出版社,2017年,第174页。

②〔日〕本多利明:『西域物語』,塚谷晃弘、蔵並省自校注:『日本思想大系44 本多利明 海保青陵』,岩波書店,1970年,第92頁。

③〔日〕家永三郎:《外来文化摄取史论》,靳丛林等译,郑州,大象出版社,2017年,第113页。

④〔日〕安积艮斋:《格物论》,转见朱谦之《日本的朱子学》,北京,人民出版社,2000年,第415页。

于大道。”[1]安积艮斋是从儒家文化价值观的角度立论的，但他对西学也有涉猎并撰写了专门著作。

中村正直在19世纪50年代写有《洋学论》一文，从中更能看出当时日本社会的一般态度：

> 洋学者，吾道所不能外也，非显然为敌，如老与佛者也。夫洋学之于吾道，不啻冰炭，而曰吾道之所不能外，是犹纳盗而揖之，卫道者恐不宜如是。曰唯唯否否。昔者樊迟请学稼为圃，孔子曰：吾不如老农老圃。夫洋学者，技艺焉耳，犹之治稼圃之类也，使少有可取，亦圣人所不弃也。盖道之于事物，犹水之在于地，海亦水也，江亦水也，掘地而得一掬之泉亦水也，小技曲艺，孰非吾道中之一物？洋学虽出于夷狄，独不可比技艺之末乎？盖尝譬之，老、佛之比于吾道，犹异邦之宾客乎？与我抗礼，岸然不屈，乌可得而为我用耶！至于洋学，则异邦之梓匠轮舆焉耳，其有不用吾命者乎？余不晓洋文，然而就西学者，尝闻其略矣。盖洋夷所长者有六：曰天文、曰地理、曰算数、曰器械、曰航海、曰医术。是六者，精致工妙，出天出地，汉土之所不及也。夫西学者，往往夸说过实，余故不尽信，姑以所闻，夷考之。[2]

中村正直是儒学者，对洋学也颇有研究，他的言论能代表当时日本主流知识分子的基本态度。同时，中村思想观念比较开放，1866年还留学英国，是幕末时期日本留学西方的代表人物，并对明治时期日本的思想界有卓越贡献。而他当时强调“洋学者，吾道所不能外也”的前提也是“洋学者，技艺焉耳”。由此也可以看出日本兰学乃至洋学的缺陷对人们的思想观念的极大影响。

佐田白茅在明治初年的《耶稣评论》也大致属于此类：

> 西洋之学术奇耀于世界，然不确究天道之有无，信耶稣之缪妄，野蛮之甚也。向欧美各国之所学，应为百工技艺之文明开化，而学

---

① 〔日〕安积艮斋：《洋外纪略》卷中，北京大学藏抄本。

② 中村正直：『洋学論』，松本三之介、山室信一校注：『日本近代思想大系10学問と知識人』，岩波書店，1988年，第5頁。

其人伦之文明开化则不可。[①]

佐久间象山提出的“东洋道德，西洋艺术”在幕末风靡一时，甚至可以说影响了一个时代。不仅他自己著书立说积极干预社会发展进程，而且或多或少地受他影响的弟子更是左右了日本近代社会的发展方向，如吉田松阴、小林虎三郎、胜海舟、河井继之助、桥本左内、坂本龙马以及加藤弘之、津田真道等幕末明初时期的政治家、思想家。佐久间象山在《省諐录》等著作中对自己的观念有许多阐述：

> 君子有五乐……生乎西人启理窟之后，而知古圣贤所未尝识之理，四乐也。东洋道德，西洋艺术，精粗不遗，表里兼该，因以泽民物，报国恩，五乐也。[②]
>
> 人谓泰西之学盛，孔子之教必衰。予谓泰西之学行，孔子之教滋得其资。夫泰西之学艺术也，孔子之教道德也，道德譬则食也，艺术譬则菜肉也，菜肉可以助食气，孰谓可以菜肉而损其味耶。[③]
>
> 仅治汉土之学不免空疏之议，且西洋之学不讲究道德义理之故，纵然能成惊人耳目之大事业，但与圣贤之作为相差悬远。因而，不使二者合并，便难成完全之事。[④]

可以看出，象山观念的出发点就是西学缺乏甚至没有人伦道德方面的内容。这种观念与日本西学的人文内容的缺失直接联系在一起，而其貌似有根据的言论也更有说服力，影响也更大，尽管这其实是似是而非的根据。所以，福泽谕吉在回忆中称：“当时的日本攘夷排外甚为严重。外国人被称为夷狄或异人，而西洋学者则被认为是搞歪门邪道。因此，崇尚西洋的学者虽想了解文明主义的内涵、想学以其道推而广之，但由于周围皆与之为敌，根本不敢言其所想，偶有愿倾耳闻者，亦只能说是学习

---

① 〔日〕家永三郎:《外来文化摄取史论》,靳丛林等译,郑州,大象出版社,2017年,第114页。

② 佐久间象山:『省諐录』,佐藤昌介[ほか]校注:『日本思想大系55 渡辺華山 高野長英 佐久間象山 横井小楠 橋本左内』,岩波書店,1971年,第413頁。

③ 佐久间象山:「題孔夫子画像」,佐藤昌介[ほか]校注:『日本思想大系55 渡辺華山 高野長英 佐久間象山 横井小楠 橋本左内』,岩波書店,1971年,第421頁。

④ 佐久间象山:「小林又兵衛宛」,佐藤昌介[ほか]校注:『日本思想大系55 渡辺華山 高野長英 佐久間象山 横井小楠 橋本左内』,岩波書店,1971年,第351頁。

西洋机械之运用，至于政治、社会的文明论则不敢吐露只言片语。”[①]

西学在幕末的悖论说明，知识一旦形成比较系统的结构，即使是畸形结构，也会在某种程度上成为一种观念。当时的世界交往毕竟受到多种条件的限制，知识的流通比较缓慢，存在某些误解是正常现象。不过，这种因知识缺陷所导致的错误观念也会因知识的丰富而修正。随着日本锁国体制的终结，西方文化更多更深入地涌进日本社会，日本人的观念也必然会发生颠覆性的转变。

其次，是日本在幕末拒斥西方人伦道德的观念原因。观念原因比较复杂，总体而言是由于日本与西方在文化和制度上的差异。当时从观念方面拒斥西方伦理道德的主要分为以下几种情况。

一是从义利关系方面批判西方的重利轻义，这是观念原因中的主要焦点问题之一。如何认识义与利的关系，是否重利就意味着轻义，义与利是不是不可调和的对立？当时，有些日本人从传统的重义轻利观念出发，将重义与轻利对立起来，认为西方是重利轻义的蛮夷。这种观念在幕末非常盛行，在不同阶层中都有所反映。

大桥讷庵《辟邪小言》说：

> 原来华夷之分在于义利两字。义利之势，如水火之不相容也。取义则害利，取利则害义，二者不可并存。彼西洋之族，不自止于失义，而只图谋利。故而万事以适用为宗，敏于其道，若非如此，便亦不称之为戎狄矣。日本之士大夫不注重于适用或不适用，而应唯以义与不义是论。与之相反，美化夷狄，竞相争利，便与戎狄无异也。[②]

《嘉永六年八月十日井伊直弼上书》说：

> 夷书之趣，以煤炭至贱之物求金银宝货之利。……所谓无耻蛮夷之常态，实是可恶之至矣。日本古今之风俗，以义勇节烈为士大夫之宗旨，鄙视金银财货商贾之业，不羡富贵荣华，其风俗于万国

① 〔日〕福泽谕吉：《福翁百话——福泽谕吉随笔集》，唐沄等译，上海，上海三联书店，1993年，第128页。

② 〔日〕家永三郎：《外来文化摄取史论》，靳丛林等译，郑州，大象出版社，2017年，第104～105页。

之上。而蛮夷之日夜常谈损益利害，在盖有国王大印致他国之书中，亦公然称颂交易之利，此等不存耻辱之习俗，实为别样矣。[①]

横井小楠认为：

西洋诸国一味求利，而无一切义理……至于富国强兵器械之事，则诚然为惊人之事业。今日之盛大成就为前古所未有也，可谓尽至矣。然仅应限于专门取用之事，至于大道，则尧舜孔子之道以外世界则无也。[②]

义利关系是幕末时期日本社会的严重问题，由于商品经济的发展，自然经济开始崩溃，造成了幕府和诸藩的财政困难，武士和农民日益穷困。因此，从义利关系角度批判西方就不仅是维护传统观念，更重要的是应对日本的现实社会问题。正因如此，日本对主要以逐利为目标的西方国家更增添了恶感，“攘夷”也有了更广阔的社会基础。

二是看到西学“穷理”对人伦道德的损害，故而否定西学，持这种观念者多数是一些儒学者等传统文化的捍卫者，其中也有维护封建秩序的意图。他们不仅批判西方缺乏伦理道德，还进一步批判西方的自然科学。

佐藤一斋《言志录》说：

泰西之说，已有渐盛之机，其所谓穷理，足以惊人。昔者程子以佛氏之近理为害。而今洋说之近理，甚于佛氏，且其所出奇技淫巧，导人奢侈，使人不觉骎骎然入于其中，学者当亦以淫声美色待之。[③]

会泽安《下学迩言》说：

西荒蛮夷其性多巧思，如鸟之善巢，蜂之善窝，奇技淫工，足眩俗目，乃视天地亦为一器，管窥蠡测，巧言如簧，以售其说，而

① 〔日〕家永三郎:《外来文化摄取史论》,靳丛林等译,郑州,大象出版社,2017年,第105页。
② 〔日〕家永三郎:《外来文化摄取史论》,靳丛林等译,郑州,大象出版社,2017年,第114页。
③ 相良亨[ほか]校注:『日本思想大系46 佐藤一斎 大塩中斎』,岩波書店,1980年,第230頁。

人情之喜新奇，浅薄之徒，争而信之，则其所谓穷理者，适足以使人亵神慢天，是其言天不啻无益于人，而其为害实有不可胜言者矣。①

大桥讷庵《邻疝臆议》说：

兰学者皆为禽兽，祸国之西洋之说必须立即禁止，以复日本国魂。我日夜盼望之，若大旱之中期盼甘露，屏息以待。②

这种言论在日本开国后也非常流行：

兰学以究理为旨，其弊端最终将不敬神佛，使父子之礼全无。而代代相承之法亦有被破之大忧。③

另外，观念原因中还有其他一些表现，有的基本属于习俗方面的差异，有的与制度差异有关。这些在幕末时期都有不同反映，特别是在能够与西方人接触的日本人中留下的言论颇具代表性。

川路圣谟是幕末开国时期与西方谈判的主要外交代表之一，著名的“俄国通”，他在《川路下田日记》记载中：

妻子等候丈夫乘船归来，当从远处望见轮船到来时，便匆匆奔下，丈夫亦象小船一般飞也似地奔来，夫妻二人相对而奔，然后抱头痛哭，丝毫不避忌在场众人之耳目。接吻良久后，夫妻携手而行，入于房内而不出，其形状与犬无异。此非礼之行为，令人不堪入目。因在场的日本人多为勤番者，故皆倔强耿介，不禁勃然大怒也。④

村垣范正是1860年日本万延遣美使团的副使，留有《遣美使日记》，在日记中他从各种角度批判西方文化：

① 朱谦之：《日本的朱子学》，北京，人民出版社，2000年，第492页。

② 〔日〕家永三郎：《外来文化摄取史论》，靳丛林等译，郑州，大象出版社，2017年，第102页。

③ 〔日〕家永三郎：《外来文化摄取史论》，靳丛林等译，郑州，大象出版社，2017年，第111页。

④ 〔日〕家永三郎：《外来文化摄取史论》，靳丛林等译，郑州，大象出版社，2017年，第100页。

在角落中用玻璃罩有三具人之干尸，据称已经千年矣……因究理于天地间万物，以至于如此将人之骸骨与鸟兽虫鱼等同并置。观此景令人流汗无语，可知彼实难避夷狄之名也。

火车凄厉哀鸣驰过，突突之声真乃大煞风景之物也。[①]

总之，在村垣看来，美国“堪称凡礼皆无之国。宰相如此招请外国使节，何止限于无礼？彼等无礼无义，唯有亲而已”[②]。当然，像村垣这样走出国门后仍坚持传统华夷之辨的日本人已非常罕见。

通过以上分析可以看出，无论是知识的原因，还是观念的原因，人文文化特别是人伦道德内容是日本判断华夷的主要标准，并且是以日本传统价值观作为判断的依据。人伦道德是社会的核心价值观，既由一个社会的制度所决定，也代表着一个社会的性质。所以，只要社会秩序能够继续维持，人们对人伦道德的维护就是必然的，就会发生两种不同文化的碰撞。

但19世纪中叶也是日本社会转型时期，社会制度的变化必然对道德观念形成广泛、深入的冲击。同时，道德也是与人们实际生活联系最紧密的文化内容之一，个人的一举一动都会影响人们对其人、其地、其国道德的判断，进而引起对道德的反思。日本在不断接触和认识西方的过程中，开始重新思考有关道德的内涵与标准，这也是促成“华夷变态”的重要原因。

(二)“文明”之西方

在19世纪中叶的幕末明初时期，“蛮夷”与“文明”这两种西方形象在日本同时存在，它们相互纠缠在一起。但从社会主流观念的发展趋势看，大致以19世纪60年代为界，西方的形象发生了转换，文明的西方形象在19世纪60年代及其以后的日本不断得到强化，结果是“文明开化”“脱亚入欧”成为日本近代化成功的象征，日本以比较彻底的方式完成了“华夷变态”。具有象征性的是，1856年幕府建立的研究西方的中心机构名为“蕃书调所”，1862年改称“洋书调所”，次年再改为“开成所”。显然，从“蕃”到“洋”再到“开成”，说明西方文化在日本的社会地位发生了根本转变。

幕末明初“华夷变态”的基础是兰学和洋学，中国在鸦片战争中的

① 〔日〕家永三郎:《外来文化摄取史论》,靳丛林等译,郑州,大象出版社,2017年,第92页。

② 〔日〕家永三郎:《外来文化摄取史论》,靳丛林等译,郑州,大象出版社,2017年,第98页。

失败特别是日本开国所引起的东亚与日本社会形势的变化是客观条件，而日本走出国门了解西方社会与世界则是完成转变的决定性力量。这些因素的结合最终摧毁了日本企图固守传统华夷秩序的知识与观念，选择了西方化与近代化。

兰学代表的是西方近代文化，本来就是埋藏于日本社会的一粒叛逆种子。尽管由于它的局限性使有些日本人在某种程度上误读了西方文化，但这种局限性与其贡献相比可以说是不能相提并论的，兰学注定会大放异彩。另外，由于兰学的局限性导致的对西方文化的误读只是暂时性的，是日本传统文化对西方文化最激烈也是最后的一次阻击，但已注定无法扭转历史的发展态势。尤其是随着日本社会内外危机的加剧，兰学的进步性和作用日益显现，对日本社会的影响不断加强。所以，到18世纪末19世纪初，尽管受到“宽政异学之禁”与幕府垄断兰学等因素的消极影响，但兰学仍显出更多地关注日本社会现实的趋向，兰学者也越来越从西方文明角度评判日本和世界。这种情况正如儒学者会泽安在1825年的《新论》中所指出的那样：“近时又有一兰学者，其学本出译官，不过读阿兰字以解其语耳，本无害于世者，而耳食之徒，谬听西夷夸张之说，盛称扬之，或至于有著书上梓欲以夷变夏者，及他珍玩奇药，所以夺目荡心者，其流弊亦至于使人反欣慕夷俗，异日使狡夷乘之以蛊惑愚民，则其复变于狗羯膻裘之俗，孰得禁之？履霜坚冰，渐不可长，其所以为广害深蠹者，可不熟察而予为之防哉？”①会泽安的感觉是敏锐的，“以夷变夏”确实已成为这一时期日本历史的潜流，“蛮社”成员渡边华山、高野长英等就是其中的代表性人物。

19世纪40年代以后东亚形势的剧变既激起了日本社会强烈的华夷观念，也使“华夷变态”呈加速度发展。中国在鸦片战争中的失败是其中的重要因素，因为从根本上说，华夷观念是中国传统文化的产物，中国的失败不啻宣告了华夷观念的“破产”。所以，从思想史角度来说，鸦片战争对日本的最大影响是促成了日本的“华夷变态”，其主要的直接表现是日本儒学者观念的转变，这些儒学者成为推动19世纪中叶日本社会进步的另一股重要力量。斋藤竹堂就是一名儒学者，因而他非常关注鸦片战争并撰写了《鸦片始末》等著作，但也通过鸦片战争摆脱了华夷观念：“宇宙万国，风土自异。孰夷孰夏？而汉土常以中夏自居，侮视海外万国

① 会沢正志斎:『新論』,今井宇三郎[ほか]校注:『日本思想大系53水户学』,岩波書店,1973年,第388頁。

如犬羊猪鼠冥顽不灵之物。不知其机智之敏，机器之精，或有胜于中夏之处者。”[①]

19世纪50年代日本的开国已预示着“华夷变态”的不可逆转。在这一过程中，兰学者及其后来的洋学者自然是时代的“弄潮儿”。福泽谕吉不无得意地回忆道：

> 开国之初，我等洋学者们之愿望是千方百计将多数国民引入到真正开国之途，欲将西洋文明变作东道之主。一面排斥汉学之固陋，一面亦谋求申明洋学之实在利益，输入其无限之方便。其中，对一般人所言之物理原则领悟更为有力。少年子弟或志成之辈即便读过一回物理之书，或听过有关论说，即从心底信之。其时，我等似乎已成为西洋化者，全然无复归汉学之意。[②]

所以，兰学及洋学时代形成的西学群体和积累的西学知识在其中起到了重要作用。

在观念正在转变的儒学者与洋学者的共同影响下，1860年，横井小楠的《国是三论》已能从富国、强兵、士道三个方面比较系统地阐述西方社会的基本原理，代表了这一时期日本西学的发展水平。

> 方今万国之形势大变，各大开治教。在美利坚，华盛顿以来立三大规则：一曰因天地间惨毒莫过于杀戮，故顺承天意以平息宇内战争为务；一曰取智识于世界万国，以裨益治教为务；一曰以全国大总统之权柄让于贤而不传子，废君臣之义，尽以公共和平为务。政法治术及其他百般技艺、器械等，凡地球上可称为善美者，悉取之为吾有，并弘扬好生之仁风。在英吉利，政体一本民情，官之所行，无论大小，必悉议于民，随其所便，不强其不好。和战亦然。因此，与俄国战与清国战，兵革数年，死伤无数，计费几万皆取之于民，然无一人怨嗟也。其他如俄罗斯等国各多文武学校不必赘言，并设病院、幼院、聋哑院等，政教悉据伦理，无不为生民之所急。

① 〔日〕斋藤竹堂:《鸦片始末》,家永三郎:《外来文化摄取史论》,靳丛林等译,郑州,大象出版社,2017年,第250页。

② 〔日〕家永三郎:《外来文化摄取史论》,靳丛林等译,郑州,大象出版社,2017年,第143~144页。

> 殆至符合三代之治教也……今则天德、据圣教，察万国之情状，因利用厚生大开经纶之道，使政教一新，富国强兵，致力于御外国之侮，并非崇洋风也。[①]

一般认为，横井小楠是幕末时期试图引进西方近代政治制度的代表人物，特别是儒学群体的代表人物，他的思想与佐久间象山有明显区别。“人们作为例证经常谈到，小楠的‘尧舜孔子之道·西洋器械之术’，与佐久间象山的‘东洋道德·西洋艺术’有根本性的不同……象山把重点放在西洋艺术上，而小楠的观点却始终是尧舜孔子之道。”即使是小楠“承认议会主义和自由主义经济，其视点也完全是尧舜孔孟之道。这一点，既区别于把西洋器械之术看作第一要义的佐久间象山和福泽谕吉等人的西洋观，也与后来那些企图脱亚入欧的人有所不同。”[②]但是，尽管小楠的思想可能昭示着日本近代社会的正确发展方向，他的思想却未能成为日本近代社会的主流思想。相反，在当时国际与日本国内的情势下，他无论从何种视角出发提出学习西方，更多的作用是加速了日本社会的“华夷变态”。

“以夷变夏”成为日本社会的潮流，东西方及其文化秩序被完全颠倒的最后的关键性事件是19世纪60年代以后日本人跨出国门走向西方世界。如前所述，日本主要是通过派遣考察团与留学生两种方式直接了解西方社会，并显示出相当的积极主动性和激情。无论是考察团成员还是留学生，由于成分比较复杂，西方社会给他们的感觉可谓五花八门，但最令他们吃惊和感兴趣的是西方社会的运作方式及其文化。在这一过程中，知识与观念相互影响，新知识改变了对西方的观念，新观念促进了对西方知识的吸纳。所以，总的来说其实是补正了此前兰学及洋学的缺陷。

福泽谕吉自然是其中最引人注目的人物，因为他是洋学者，幕末时期又是首批赴美国考察团的成员之一，以后又两次分别到欧洲、美国，而其思想观念对日本影响之大更无须多言，他几乎就是明治时期文明开化的代名词。如同其他洋学者一样，福泽谕吉在国内接受的西方文化基

---

① 〔日〕佐藤昌介[ほか]校注:『日本思想大系55 渡辺華山 高野長英 佐久間象山 横井小楠 橋本左内』,岩波書店,1971年,第448～450頁。

② 〔日〕山崎益吉:《社会改革与实学——横井小楠的综合大观》,葛荣晋主编:《中日实学史研究》,北京,中国社会科学出版社,1992年,第278页。

本是自然科学，其文明论色彩的思想观念的形成主要是实地考察西方社会的结果。正如福泽所言，美国准将佩里来航后，他所在的适塾学堂学生分为两派，虽然开国论骂倒锁国论，但对西洋事情仍如堕五里雾中的状况并没有多少改变。福泽谕吉到美国后，在自然科学及其技术方面，“对方大概猜想我们不懂这些东西，所以很仔细地讲给我们。可是我们在日本的时候曾对这种东西钻研了数年之久，所以毫不引以为奇”。但另一方面，“我们对美国社会上、政治上和经济上的情况一点也不了解”[①]。有了在美国的经验，“我打算在访问欧洲各国的时候，只把那些原文著作中不懂的问题弄清楚。我确定了这个方向之后，凡遇到自己认为合适的人，便尽力向该人请教。根据所闻，一点一点地这样记下来。回国以后，我以这本小册子为基础，并翻阅各类原文著作，又把记得的问题综合起来，这样就写出了《西洋事情》”[②]。《西洋事情》对当时的日本来说就是关于西方政治、经济、文化与社会的入门书，“但这种浅显的记事为甚么会大为得势而能在日本整个社会风靡一时呢？谈起来，乃是当时我们日本正处在匆匆开国之际，上下都不知何所适从”。“《西洋事情》好象是无鸟乡村的蝙蝠，无知社会的指南，甚至维新政府的新政令，有的可能也是根据这本小册子制订的。”[③]《西洋事情》自然是将西方视为文明的象征，并且也有直接议论文明的内容，如“支那其文明还未普及，为半开化之国，且其风俗以妇人小脚为美……今真文明开化之国不见如此害天然之甚者”[④]。福泽还列举了欧洲关于文明的六条标准——自主任意、信教、奖励技术文学开新发明之路、建学校教育人才、保任安稳及设立病院贫院，这些标准福泽自然也是认同的。福泽的这种观念后来被系统化为《文明论概略》。

福泽谕吉的表现虽然突出，但也是一个特例，因为走出国门的日本人绝大部分确实不断倾向西方文明，可倾向的方式主要是通过偶然的事件与个别的观察，也许这种方式所表达的观念转变比福泽谕吉有意识的系统考察更具有真实性。下面以幕末明初时期不同阶层日本人的西方观感为例说明日本“华夷变态”的具体情况。

---

① 〔日〕福泽谕吉：《福泽谕吉自传》，马斌译，北京，商务印书馆，1980年，第98页。

② 〔日〕福泽谕吉：《福泽谕吉自传》，马斌译，北京，商务印书馆，1980年，第113页。

③ 〔日〕福泽谕吉：《福泽谕吉自传》，马斌译，北京，商务印书馆，1980年，第293页。

④ 福沢諭吉：『西洋事情外編』，富田正文、土橋俊一编集：『福沢諭吉選集』第1卷，岩波書店，1980年，第173～174頁。

玉虫左太夫是一位儒学者，1860年参加日本开国之后的首次出国考察团万延遣美使团，著有《航米日录》，详细地记载了美国之行的见闻与感受，代表了具有一定正统意识的普通日本人思想观念的转变。

玉虫1860年2月在到夏威夷途中记载，由于日本人不习惯风浪而面有惧色，同行的美国人便予以安慰，他颇为感慨，但在观念方面仍是传统的腔调：

> 此外，无论何事，都郑重关照，以至于放下自己之事。其亲切令人感佩。如此说来夷人并非尽为卑下者。此等之人若施以圣教，必成礼仪之人。古昔圣人不出，成为耽于唯利之国，堪为悲叹。①

在夏威夷参观王宫时他的记载也是如此：

> 于礼法固如禽兽，不足取，唯器械之精密万不可及。②

但经过一个多月的观察后，到旧金山时玉虫的观念已有不同：

> 然夷礼粗，纵令在船将前，只是免冠却不礼拜。故推测，彼不仅是此时，平日也无船将、士官之别，上下相混，水夫不重船将，船将也不张威焰，如同辈。惟其情交至亲密，万一有事各尽力相救。苟有凶事垂泪悲叹。我国礼法愈严，虽是从臣亦不容易拜谒奉行，其威如同鬼神。故而，对地位稍下者大张威焰，再下者更蔑视。其规格如此之严，情交却日薄，纵有凶事，只是表面悲叹。上下之间如此，万一有缓急，谁也不尽力。是为升平长久之弊，堪为慨叹。礼法严而不至于如夷俗之相蔑视，交情厚如彼等，应为二者相宜之道。予非敢贵夷俗，乃今日之事情自然发此之叹息。③

---

① 玉虫左太夫:『航米日録』,沼田次郎、松沢弘陽校注:『日本思想大系66西洋見聞集』,岩波書店,1974年,第20頁。

② 沼田次郎、松沢弘陽校注:『日本思想大系66西洋見聞集』,岩波書店,1974年,第31～32頁。

③ 沼田次郎、松沢弘陽校注:『日本思想大系66西洋見聞集』,岩波書店,1974年,第236～237頁。

这种上下平等观念在与美国总统的接触中被进一步强化。

> 大统领来，只是御者一人女二三人同车。不带仆从，如同常人。旁人亦恬不为怪，无礼拜者。予等列其坐，不能分辨谁为总统。夷俗无上下之别由此可知。①

在宾夕法尼亚州，玉虫记载：

> 此府得海陆之便，互市极盛……所售之物无贰价，苟我国之人想减价，彼大怪，直赠与之。其风习如此。且府中无穷民、盗贼，即使残废之人也能教育成有用之人，故盲哑能知文字，无异于常人。政教之行，此府为第一。②

通过玉虫《航米日录》可以看出，作者虽深受儒家文化影响，但前后观念的变化已非常明显，尽管他的言辞比较委婉。

同为1860年万延遣美使团成员的福岛义言与玉虫大致相同，主要是从与美国人的日常接触和观察中改变观念，他在《花旗航海日志》中写道：

> 在日本，视欧洲人若犬马者十之七八，甚至欲杀者有之。……然而西洋人并非如此。彼等善待外国人，亲如一族，其中美利坚作为新国，人性尤为温和，其深意虽难分，但表面上可见其正直。如若日本人见其之时，无论如何也不会起害心。况且此国为高官者无亵侮下人或炫耀权力之事，故而亦无平民奉承高官之事，国富民泰，安如泰山。若日本人中愚昧者见此风俗，恐怕必倾心于彼，是皆诚实之处，大丈夫也会动摇其志吧。此行随从日本使节来者共七十七人，大抵半数皆怀有恶彼之心，虽然如此，但待知其实，人人皆悔前非。③

---

① 沼田次郎、松沢弘陽校注:『日本思想大系66 西洋見聞集』,岩波書店,1974年,第108~109頁。

② 沼田次郎、松沢弘陽校注:『日本思想大系66 西洋見聞集』,岩波書店,1974年,第128~129頁。

③ 松沢弘陽:『近代日本の形成と西洋経験』,岩波書店,1993年,第83頁。

与玉虫等人相比，走出国门的日本洋学者非常直白地表达了自己观念的转变。以西周为例，他早年也曾学习儒学，后来转攻洋学，是明治时期日本著名的思想家、哲学家。1862年，西周作为日本开国后幕府派遣的首批留学生留学荷兰。当西周初到荷兰之时，对西方社会还了解甚少，他在《五科口诀纪略》一书中记述了与津田真道在荷兰开始学习的经过：

> 我邦近来与外国订交，时务所急，设开成所于江户，以令演习洋语，以及地理、算术、格物、化学诸科。时唯西方政事一科，则未有传之者。讲明万国交际之通义，究察四洲政治之得失，今日所急。然鱼人等以晚学远游，岁月不长，无由力以究其蕴奥，请就师而领其大略。[①]

但经过短暂的接触和学习，同年西周在寄往日本的书信中已明确表示：

> 小生近来阅西洋性理之学、经济之学等，实公平正大之论，与素来所学之汉说趣味殊异，令人惊叹。今西洋一般所奉耶稣教，而不信卑陋之极之佛法。“哲学”述性命之理，优于程朱理学。彼立基于众顺自然之道之经济之根本，优于王政。美国、英国等国制度文物优于彼尧舜官天下之意、周召制典之心。由斯道而行斯政，国何不富？兵何不强？人民何不聊生？祺福何不可求？学术百技何不尽精尽微？[②]

与西周同时留学荷兰的津田真道在《论推进开化之方法》一文中指出：

> 夫论高远之空理，如虚无寂灭、五行性理，或良知良能之说，皆虚学也。征诸实物，质之实象，专说确实之理，如近来之西洋天

---

① 松本三之介、山室信一校注：『日本近代思想大系10学問と知識人』，岩波書店，1988年，第18頁。

② 〔日〕家永三郎：《外来文化摄取史论》，靳丛林等译，郑州，大象出版社，2017年，第166～167页。

文、格物、化学、经济、哲学等，皆实学也。此实学于国内流行于一般，使人各自明了其道理，应成为真正之文明世界。[①]

中村正直也是如此。如前所述，他本来也是认为洋学不过是“技艺”，但1866年他作为留学生监督同时也是留学生前往伦敦后，观念马上发生了转变。他翻译并夹杂评述的《西国立志篇》[②]第一次在日本系统地展示了西方社会与民众的“德”，使日本人认识到西方真正的德性世界和思想。《西国立志篇》与福泽谕吉的《西洋事情》、内田正雄的《舆地志略》并称“明治三书”，发行量均超过百万册，风行日本。

明治初年留欧学生井上省三更是直言不讳：

实不必多言，我国之政体及人民生活等与欧洲诸国相比，吾辈之处境真可称之为居于河滩乞食者也。……我之国学固执外国人或为夷狄或为禽兽者，鄙人实不知谁可谓之禽兽也。[③]

随着对西方人伦道德等内容的肯定，所谓义利关系是对立的这一传统观念已经不攻自破，并且认为广泛开展贸易是富国利民的重要方式。“观今日洋人所为，首推轮船、火车、电报、水力纺织机械等，便于民生日用之事皆讲究造作，究其极致，近来又掘红海海峡以为海路，诚莫大之利。更交通万国，广开交易之利，故渠等得以国富兵强，厚民用之利，租税等类亦较宽缓。以此经纶功业，可谓得圣人之作用。”[④]

1869年明治政府对官员的通告可以说是典型的“华夷变态”，它将日本曾经崇拜的中国和印度同西方进行了比较，以西方文明贬斥中国、印度文明，“华”与“夷”又有了新的对象：

内地人民数千百年来沐浴中国、印度之教化，讥讽西洋人为禽兽夷狄，而称赞中国、印度为圣贤之域。然而中国、印度之人民为

---

① 转见〔日〕源了圆《从开明思想言实学》，葛荣晋主编：《中日实学史研究》，北京，中国社会科学出版社，1992年，第218页。

② 此书英国人斯迈尔（Samuel Smiles，1812～1904年）著，原著名为《自助论》（*Selfhopl*）。

③ 〔日〕家永三郎：《外来文化摄取史论》，靳丛林等译，郑州，大象出版社，2017年，第129页。

④ 横井小楠：『沼山対話』，佐藤昌介［ほか］校注：『日本思想大系55 渡辺華山 高野長英 佐久間象山 横井小楠 橋本左内』，岩波書店，1988年，第504頁。

人，西洋之人民亦为人……况且当今西洋各国比之中国、印度，其人事风俗超然卓越。故攘夷之论说变得阴险偏固，已成遍世所知也。[①]

如果说日本官方言论还算有所收敛[②]，与之内容相近的福泽谕吉的言论就是赤裸裸的丑恶告白，这可以说是19世纪80年代福泽“脱亚入欧”论的雏形，也是甲午战争后他狂欢失态的早期表现，反映了福泽作为启蒙思想家的重大缺陷。

乘船回来到印度洋时，看到英国人在自己的殖民地为所欲为。在中国和其他地方也耀武扬威，颐指气使，肆意虐待，简直不像对人。那时我看到这种状况暗自心想：尽管印度人和中国人可能很痛苦，但英国人为所欲为多痛快呀。可怜一方，同时又羡慕另一方。而且至今也没能忘记，我曾在心中暗暗决心：我也是日本人，总有一天也要像英国人一样治服印度和中国人。[③]

这样，幕末明初日本经过短暂的矛盾，迅速完成了“华夷变态”，学习西方被称为“文明开化”并且是明治政府的三大方针之一，“文明”成为当时日本社会的流行语。西方文明史的代表性著作——巴克尔的《英国文明史》和基佐的《欧洲文明史》不久相继在日本翻译出版。福泽谕吉也于1875年完成了日本人自己撰写的文明论著作《文明论概略》，它是日本“华夷变态”之集大成的理论著作。“如果想使本国文明进步，就必须以欧洲文明为目标，确定它为一切议论的标准，而以这个标准来衡量事物的利害得失。”[④]这就是《文明论概略》的基本原则，也是日本近代华夷观的最后归宿。“文明与科学共同进步，科学的真理规律与人事的联系越广泛，越密切，文明进步程度越高，懂得科学原理者被称为文明之人。当今，将西方诸国称为文明国，将东方国家视为不文明之国，其原

① 〔日〕家永三郎：《外来文化摄取史论》，靳丛林等译，郑州，大象出版社，2017年，第128页。

② 明治初年政府的文化政策变化很快，如1868年的教育宗旨是“汉土西洋之学均为皇道之羽翼”，但1872年制定的学制则完全取法于法国。所以，从整体上看，日本已经完成“华夷变态”，只是有时仍依靠儒学作为维护皇权的工具。

③ 〔日〕和歌森太郎等：《日本历史故事物语》，转见谭建川：《福泽谕吉文明观批判》，《郑州大学学报》（哲学社会科学版）2005年第4期。

④ 〔日〕福泽谕吉：《文明论概略》，北京编译社译，北京，商务印书馆，1959年，第11页。

因就在于东西方科学理论的发展情况不同。”①

所以，日本以比较彻底的方式完成了“华夷变态”。“曩者自尊之反动，以为日本劣于西邦者一旦举事反恐其洋化之不及焉。于是政治、经济、学问、技艺等莫不取规矩于欧、美诸邦，暂时有可惊之进步。”②激进的举措也不罕见，如明治政府的“鹿鸣馆外交”，个人方面，“从前有个文人名田口卯吉，深恨日本肤色是黄的，曾主张戴西式礼帽，以为便显得脸白了”③。总之，“这真是个一切都在飞跃的时代，‘旧弊’成了最使人难堪的骂人话，人们对新时代的期待如火如荼”④。

当然，历史的发展过程是复杂的，个人的思想在社会转型中的表现也非直线式的。不过，福泽谕吉的言论表明，无论是非曲直如何，“华夷变态”是历史的选择，也显示了日本社会的急功近利，因为“以世界公法处理国际间的公事，外国人就不得视我为虾夷人。这就是不必探究和汉洋三学的得失，只以洋学为急需的缘由”⑤。日本的世界认识从前近代的相对中心意识转变为近代以欧洲文明为标准的绝对主义，一方面推动着日本近代化迅速发展，使日本成为19世纪唯一一个欧美之外的近代化国家，另一方面也使日本世界认识中本来具有的相对意识这一合理性丢失，昭示着日本近代化的歧路和挫折。

第三节　近代世界政治观：从传统政治到国际法的初步实践

19世纪中叶，中日在接受近代天下观的同时，也不得不重新认识近代天下观的相关规则，如世界政治、经济等一系列更具体的内容。在这一过程中，如何认识世界政治体系对中日两国来说都是敏感的问题，其中最核心的问题是如何放弃华夷体制，融入西方国家倡导的近代国际政

---

① 〔日〕福泽谕吉：《福翁百话——福泽谕吉随笔集》，唐沄等译，上海，上海三联书店，1993年，第66～67页。

② 〔日〕藤冈作太郎：《风俗之变迁》，大隈重信：《日本开国五十年史》下册，上海，上海社会科学院出版社，2007年，第1269页。

③ 周作人：《周作人论日本》，西安，陕西师范大学出版社，2005年，第153页。

④ 柳田国男：『明治文化史』第13卷『风俗篇』，洋洋社，1954年，第4頁。

⑤ 〔日〕福泽谕吉：《应当鼓励洋学私塾》，转自〔日〕远山茂树：《福泽谕吉》，翟新译，北京，中国社会科学出版社，1990年，第51页。

治体系。“这种体系无非是以‘国家主权’观念、‘国际法’原理和‘势力均衡’政策三者为支柱而构成的诸国家联合体制。”[①]对于西方推行的这种国际政治体系，中日都存在一定程度上的不适应，“事实上，关系到东亚各国时常常使用‘交往’和‘特使’二词，表明了和他们的关系存在特殊状态；直到最近，中国、日本、朝鲜和交趾支那诸国，仍然不按照派出和接纳常驻代表的国家礼仪，他们既不理解这样的原则，也不赞赏它带来的益处”[②]。不过，面对强势的西方，中日必须尽快主动或被动地调整。由于中日两国的历史积淀不同，因而两国近代世界政治观的发展也不尽一致，但其趋势都是以世界一员的身份走向与世界各国对话与交流的行列，重新确定自己在世界政治体系中的地位和交往规范。

一、19世纪40～50年代中日对近代世界政治的反应

鸦片战争以前，中日两国遵循的世界政治原理与西方是完全不同的，尽管中日之间也有区别，但都具有东方式的特点。中国奉行的是朝贡体制，向中国朝贡被视为唯一的官方关系；日本实行的是大君体制，朝鲜、琉球作为通信国家与日本有官方关系，中国、荷兰则作为通商国家与日本没有官方关系。中日建立的上述体制有一点是共同的，即不承认国家之间的平等原则，日本不仅将对外关系区别为政治、经济两种类型，并且在对外政治关系中也并非平等地对待朝鲜、琉球；而中国的朝贡体制是这种不平等原则的典型表现。如1841年在广州负责交涉的钦差大臣琦善致英国照会所言：“又所称各如兄弟一节，此指外国与外国而言。若天朝则来者臣服，不来者亦不强致。各国历有旧章，不待论也。”[③]至于广州地区中外关系的具体情况，1842年钦差大臣耆英就奏称：“从前粤中习俗，既资番舶为衣食之源，又以夷人为侮弄之具，该夷敢怒而不敢言，饮恨于心。”[④]鸦片战争前夕曾在广东多方采访的萧令裕也指出：“初粤人贪红毛番之财，横索欺凌，又长吏缙绅夷夏之辨太严，持之过急，而视

① 〔日〕信夫清三郎编：《日本外交史》上册，天津社会科学院日本问题研究所译，上海，商务印书馆，1980年，第15页。

② 〔美〕卫三畏：《中国总论》下，陈俱译，陈绛校，上海，上海古籍出版社，2005年，第873页。

③ 《筹办夷务始末》(道光朝)卷20，台北，文海出版社影印本，1980年，第4页。

④ 《筹办夷务始末》(道光朝)卷66，台北，文海出版社影印本，1980年，第40页。

之甚卑。一买办,一仆使,皆官为制置尺寸,不能逾越。”[①]

中日建立的上述体制与以主权平等标榜的西方近代世界政治体制是完全不同的。西方近代民族国家的建立就是与教皇等斗争的结果,所以它们非常注意国家之间形式上的平等。“查古时教皇及日耳曼皇,原有封王之权,而令他国以下礼事之。嗣因不恰舆情,经各国改立新制,则国君不论称号尊卑,俱用平行之礼。”[②]因此,东西方之间自18世纪末开始也进行了一系列交涉。

19世纪40年代以后,随着中日在西方列强的侵略和胁迫下被迫开国,东西两种政治体制之间的冲突进一步激化。不过,由于西方列强将经济利益置于首位,因而在1842年的《南京条约》和1854年的《神奈川条约》中都未提到设置公使这一近代西方外交关系的核心问题,只是在通商口岸或开放港口设置了领事。浙江巡抚刘韵珂当时就颇感疑惑,“该夷屡有前赴天津之谣,去年来投书之陈在锡,及今年诱获之郭逆义子陈禄,皆云虽给银两割地,总不肯不往天津,而现索通市马头,恰又不及天津,殊为可疑,能杜其北上之心,方可免事后之悔,此不可不虑者三也”[③]。可见,英国等西方国家也尽量不触动清廷的敏感神经。此后,清朝只是以五口通商大臣与西方国家进行来往,将双方关系视为纯粹的经济关系。即使后来以公使身份来华的西方外交人员也驻在通商口岸或香港等地。《神奈川条约》仅规定日本开放港口供给外国船只给养等,还未涉及通商问题,日本也仍将海防问题作为核心,由1854年设置的海防挂管理海防和对外事务。但随着东西方交往的增多,必然绕不开政治问题,特别是中西之间为此产生了尖锐冲突。下面就中日应对的具体情况分别予以分析。

19世纪40～50年代清政府面对西方的政治体系,一是尽量将与西方国家的关系固定为通商关系,二是地方政府具体负责处理与西方国家的关系,而上述两点内容的关键是清政府极力阻止外国公使进京特别是驻京。当然,清政府还有其他一些对外举措,如把西方国家作为一个整体

① 萧令裕:《英吉利记》,中国史学会主编:《中国近代史资料丛刊·鸦片战争》(一),上海,上海人民出版社、上海书店出版社,2000年,第29页。其实,鸦片战争前中外关系比较复杂,西人贩卖清政府禁止的鸦片就能说明其在华地位。

② 〔德〕马斯顿:《星轺指掌》,(清)联芳、庆常等译,北京,中国政法大学出版社,2006年,第96页。

③《刘玉坡中丞(韵珂)致伊耆牛大人书稿》,中国史学会主编:《中国近代史资料丛刊·鸦片战争》(三),上海,上海人民出版社、上海书店出版社,2000年,第359页。

来看待，但这一时期对外政策的核心是推行地方官员负责的通商羁縻政策。所以，清政府的意愿或者说在清政府看来，五口通商时期的中西关系只是此前广州一口通商制度的扩展，并且把防止中西关系性质转变的责任放到地方官员身上。如果说寻求其中原因的话，其主要原因一是鸦片战争前中西历史关系的延续，二是受传统的中国中心观的影响。

通商当然是英国的根本目的，但英国也希望在这一根本目的下解决中英之间的一些其他纠纷，尤其是不希望清政府只是将英国的目标仅仅定位为通商。张喜的《探夷说帖》记载了1840年伊里布与马礼逊等人在镇海初次会面时的一些对话就是这种情形的反映。

> 中堂云："大皇帝格外施恩，准尔通商，尔等将何以报答。"马礼逊云："通商是两国皆好，不是专为英国。"中堂又与言通商之事，彼云："通商乃是小事，两国罢兵修好，然后凡事皆可商议。"……中堂再言通商之事，马礼逊云："我等不为通商而来，为伤国威而来，伤我们船又伤了我们人，都是贵国大宪作的事，如何讲法？"①

参与1842年南京议和过程的利洛也称："他们好像以为我们的唯一的考虑是钱。如靖逆将军在他的奏折中所说，'通商乃外夷唯一求生活之术'。这事大概很讨厌。"②

为了改变清政府将西方的要求局限于通商的做法，英、美、法等国多次以各种方式提出进入北京，进京既是西方的目的，后来又成为要挟清政府的手段。1843年，耆英等人在奏折中称："西洋各国，自意大里亚之汤若望、南怀仁等，入仕天朝，及俄罗斯在京设立官学之后，夸耀示异，各自雄长一方。因之其余各国，无不同深欣羡，希冀观光上国者，已非一日，亦非一人。闻道光二十年秋间，英吉利即有情愿息兵求好，入监读书之语。上年在江南时，又有弗兰西夷人云：若准英吉利夷人，仿照俄罗斯国，有人住在京中，即可相安无事。""旋据米利坚夷目福士称其酋长派委使臣进京，瞻觐天颜。诘其所为何事？又称不过伸其景仰之忱，别无他意。"而英国也借《南京条约》善后条款中的最惠国待遇条

---

① (清)张喜:《探夷说帖》,中国史学会主编:《中国近代史资料丛刊·鸦片战争》(五),上海,上海人民出版社、上海书店出版社,2000年,第336页。

② 〔英〕利洛著,齐思和译:《缔约日记》,中国史学会主编:《中国近代史资料丛刊·鸦片战争》(五),上海,上海人民出版社、上海书店出版社,2000年,第508～509页。

款,“闻米利坚欲求进京,倘蒙大皇帝允准,伊国亦当邀恩等语”[①]。不过,在当时的主要西方国家中,英国在《南京条约》及其善后条款的交涉过程中对进京一事并未过于执着,法国驻华外交人员正在新旧交接,因而亦延缓了交涉事宜,葡萄牙亦曾提出进京要求但在清政府的压力下很快放弃。所以,是否允许西方人特别是驻华公使进京,最初主要是在中美之间展开。

1844年3月,美国新任驻华公使顾盛在致清政府的照会中开列了公使进京的理由:一是“为另有数款国家密事,必须在京都定酌”;二是“公使愿进京将正统领玺书内开列各款,呈献大皇帝御览”。为了达到进京目的,美国公使在照会中甚至抛出“贸易章程,无关紧要”,并且为了打消清政府在军事方面的疑虑,提出由内河北上进京。[②]为此,道光帝在上谕中明确指示:“倘该国果有使臣到粤,即著祁埙等督饬藩司黄恩彤婉为开导,谕以天朝抚驭外夷,悉遵定制,该夷向来未通朝贡,不但广东督抚,不能代为奏恳,即或驶往直隶海口,亦断不准该夷上岸,是该夷徒劳往返,转孤负大皇帝曲加体恤之意,不如安分通商,得沾实惠。如此明白晓谕,庶可绝其觊觎之心,并杜各国效尤之念,万勿稍有含混,以致别生枝节。”[③]不过,此前一度在广州负责中外交涉事务近一年的钦差大臣耆英,在完成中英《南京条约》善后事宜后已经北上还任两江总督,美国以此为由坚持进京。为了阻止美国公使北上,道光帝马上发布谕旨,将此前一直兼任两江总督因而急于离开广州、并已抵达江苏吴江的耆英正式任命为两广总督:“该督接奉后,著先行发给檄谕,告以现在海疆事宜,该督奉旨一手经理,并颁给钦差大臣关防,专办夷务。该使臣惟当在粤静候,毋劳远涉。即或进京,亦必仍令折回广东。有何下情应须上达之处,亦仍由本大臣具奏。”[④]同时,道光帝敕令两广督抚:“耆英未到以前,著程矞采督同黄恩彤谕知该夷,原议大臣耆英现已调任两广总督,驰驿来粤,即日可到,令其在粤静候,切勿轻举妄动为要。”[⑤]道光帝甚至威胁耆英:“此事系该督一手经办,务当筹画尽善,始终无弊,不至别

---

① 《筹办夷务始末》(道光朝)卷69,台北,文海出版社影印本,1970年,第37~38页。

② 《筹办夷务始末》(道光朝)卷71,台北,文海出版社影印本,1970年,第17页。

③ 《筹办夷务始末》(道光朝)卷70,台北,文海出版社影印本,1970年,第19页。

④ 《筹办夷务始末》(道光朝)卷71,台北,文海出版社影印本,1970年,第18页。

⑤ 《清实录·宣宗实录》卷402,道光二十四年二月己未。

生枝节，以慰朕望。”[①]

1844年6月，中美开始在澳门进行谈判。当时，美国国务卿给顾盛的训令主要是侧重签订通商条约，“前往帝国京城这项训令是用作为争取使团主要目标的一个杠杆，而不被视为主要目标的一部分”[②]。从事对华贸易的美国商人自然也主要注重经济利益并以此影响美国政府，“我们这些美国人现在和中国人相处得真是再好没有，既然我们想和中国保持的唯一关系是商业关系，我就真不知道顾盛先生想要作些甚么”[③]。从美国公使顾盛的角度来说，他依据西方近代国际法要求进京并呈递国书，本来是很简单、自然之事，但若被清政府拒绝而顾盛又接受清政府的安排的话，事情反而变得复杂起来。正如他在致耆英的照会中所指出：“前接奉贵大臣初七日来文，内开大皇帝不欲本使臣进京；又昨会晤时所说之言，本使臣亦已再三思绎。但此事本使臣若只仰副大皇帝旨意，停止北上，则大有干碍于本国，并本使臣之要害利益；又于本使臣奉命之重任，亦背弃不行。是以本使臣一奉此旨，即深忧虑。”[④]所以，此次中美围绕公使进京问题的谈判，是鸦片战争后中西外交体制和观念的首次直接交锋。就结果来说，表面上是清政府达到了目的，因为顾盛最终放弃了进京要求，“连日往复辩论，该夷使始肯将日后如有国书，即呈请办理夷务之钦差大臣，或两广、闽浙、两江总督代奏之处，载入约册”[⑤]。不过，需要注意的是，首先，美国要求进京并非仅仅是为了迫使清政府签订通商条约而使用的手段，放弃进京也不完全是因为得到了通商利益，顾盛在照会中的话是其心理的真诚流露：“但素知本国之意，及本使臣责任之事，无非以立永远真诚纯备和好为实，是以将此事再三思绎，方敢允肯停止北上，并藉此以显出本国欲立实和好之确据。”[⑥]其次，美国并未完全放弃进京要求，仍预留了将来西方各国进京的可能性。顾盛在照会中强调：“然他日西洋别国，倘有使臣进过京后，则凡所有本国使臣之到中国者，均应以格外恩礼，款接北上，故先行声明在案，以免临时又复有推阻之事。”[⑦]最后，美国虽暂时放弃了进京要求，但仍希望清政府改变自己的

---

① 《筹办夷务始末》(道光朝)卷71，台北，文海出版社影印本，1970年，第18页。

② 〔美〕丹涅特：《美国人在东亚》，姚曾廙译，北京，商务印书馆，1958年，第123页。

③ 〔美〕丹涅特：《美国人在东亚》，姚曾廙译，北京，商务印书馆，1958年，第127页。

④ 《筹办夷务始末》(道光朝)卷72，台北，文海出版社影印本，1970年，第7页。

⑤ 《筹办夷务始末》(道光朝)卷72，台北，文海出版社影印本，1970年，第14页。

⑥ 《筹办夷务始末》(道光朝)卷72，台北，文海出版社影印本，1970年，第7～8页。

⑦ 《筹办夷务始末》(道光朝)卷72，台北，文海出版社影印本，1970年，第8页。

体制和观念，在一定程度上适应西方近代国际法。“米利坚夷使顾盛……仍求拟定一京中部院衙门，接收其国中文书，如俄罗斯诸国事例。”①

1844年8月，法国新任驻华公使剌萼尼抵达澳门，中法之间也开始了谈判。与美国不同的是，法国主要从有益于中国特别是提出两国结好以应付中国海疆危机的角度，希望双方能互派外交使节长驻京师等建议，并且明确了“遣使进京朝见，即留住京城”，而非仅仅朝见一面就离开京师。鸦片战争以来，法国在华人士常常流露出支持中国的意图，清政府对此也往往抱有希冀。但在剌萼尼以西方的习惯做法提出自己的要求后，负责交涉的耆英似乎终于明白了对方的真实意图，委婉而坚决地拒绝了剌萼尼的提议。耆英针对中法交涉过程的下述奏折，比较典型地反映了这一时期清朝廷仍残存的天朝上国心态，使清政府失去了可能存在的“以夷制夷”的机会，西方列强转而联合侵华。

> 据该夷使声称，中国虽与英夷息兵通商，惟和好总不足恃，必须自为防备，方无后患，尤须结好外国，庶有事可资辅助。奴才即答以中国未尝因英夷就抚，稍弛武备，现在各省修船铸炮，训练水师，以备不虞。如弗兰西肯与中国结好辅助，尤所深愿。该夷使辄称伊等西洋诸国，若遇两相结好，必须各派使臣，往来聘问。倘中国亦可仿办，伊国当遣使进京朝见，即留住京城，中国亦遣使至伊国都城驻扎，庶两国消息常通，方可互相帮助等语。奴才因其越分妄求，当即折以定制，正言覆绝。该夷使又称伊所言实属有益中国，嘱奴才详加斟酌。揣其隐衷，显系假慕义助顺之名，为希宠观光之计，而又欲中国遣使聘问，妄自尊崇，转以有益中国为辞，冀我俯就，其用意甚为巧黠，较诸英、米二国夷情，又属另一局面。迨经相持数日，该夷使无隙可乘，始带同领事北古，前来谒见，并请颁英、米二国贸易章程。②

虽然剌萼尼为了达到目的一再强调“伊请求各款，如使臣进京朝觐，或遣明习天文之人，赴监当差，及中国使臣往伊国学习修船铸炮各事宜，并准伊等在虎门建楼居住，代防英夷，均系实有利益。至天主教弛禁一

① 《筹办夷务始末》(道光朝)卷72，台北，文海出版社影印本，1970年，第13～14页。顾盛自然不清楚负责接待俄罗斯的理藩院其实是清朝负责藩属的机构。

② 《筹办夷务始末》(道光朝)卷72，台北，文海出版社影印本，1970年，第45页。

节，不过虚有体面，伊因各款均不能行，故专以此款为请。如各款可以俯准，伊情愿舍此就彼，不敢固求。倘一概驳斥，则伊实无颜面回国”①，但清政府的目的就是维护天朝体制，贸易、传教等方面都可以让步，公使驻京则无丝毫交涉余地。至于派人赴法学习甚至是两国结盟，清政府一方面不了解法国的真实意图，唯恐坠入陷阱，另一方面也是基于谨守天朝体制的观念，总之是不可能答应法国的要求。耆英等人也确实看到了陷阱，特别是非常警惕法国提出的在虎门驻兵抗衡英国的要求，“揣其隐衷，竟欲借防守之名，为占据之计，甚为叵测”②。

在无可奈何的情况下，剌萼尼只好纠缠于传教问题，“自是以前各款，均置不议，而天主教弛禁，则坚以为请”③，希望以此争回一些颜面，并借机要挟清政府。1845年底，法国四艘火轮兵船抵达广州，耆英等倍感紧张，担心中法关系别生枝节。法国一方面指出派兵是“因恐英夷不肯将舟山退还中国，故伊国主遣来相助，并无别意”④，另一方面，再次强调传教问题。这是剌萼尼对中法关系走向的最后一次尝试，而结果自然可想而知。为了避免再起波澜，道光帝亲自颁发了有关天主教的谕旨，并且将传教范围扩大为通商口岸所在的省份：“现已照该督等所拟大意，另行寄谕。该督等接奉后，著即照缮，交该夷使赍回，并通行五口，一体遵照，其附近五口省分，亦准酌量咨行。”⑤

在这一期间，中西交涉也有其他一些问题，如“英夷要求八事，其中最重者有三：一欲于和券之上，钤以国玺；……耆英、伊里布婉转集议，英夷终以直犯天津相胁，相恳久之，始许不用国玺，改为御笔硃批‘依议’二字”⑥。这个问题其实与公使驻京相似，就是尽量减少条约的政治含义和政治影响。

当鸦片战争后的中西外交谈判终于告一阶段后，耆英等人根据自己在对外交涉过程中的经验进行了初步总结，认为西方国家“迥出法度之

---

① 《筹办夷务始末》(道光朝)卷73，台北，文海出版社影印本，1970年，第1～2页。

② 《两广夷务奏稿》，中国史学会主编：《中国近代史资料丛刊·第二次鸦片战争》(一)，上海，上海人民出版社，1978年，第75页。

③ (清)黄恩彤：《抚远纪略》，中国史学会主编：《中国近代史资料丛刊·鸦片战争》(五)，上海，上海人民出版社、上海书店出版社，2000年，第432页。

④ 《筹办夷务始末》(道光朝)卷74，台北，文海出版社影印本，1970年，第38页。

⑤ 《筹办夷务始末》(道光朝)卷75，台北，文海出版社影印本，1970年，第9页。

⑥ (清)贝青乔：《咄咄吟》，中国史学会主编：《中国近代史资料丛刊·鸦片战争》(三)，上海，上海人民出版社、上海书店出版社，2000年，第220页。

外”，“此等化外之人，于称谓体裁，昧然莫觉。若执公文之格式，与之权衡高下，即使舌敝唇焦，仍未免褎如充耳，不惟无从领悟，亦且立见龃龉，实于抚绥要务，甚无裨益。与其争虚名而无实效，不若略小节而就大谋”。此奏折是耆英等人对中西关系大局的思考，所谓“体察夷情，揆度时势，熟审乎轻重缓急之间，不得不济以权宜通变之法”，代表了这一时期以耆英为首的一部分务实派的观念。[①]不过，就实际情况而言，耆英等人不可能提出什么有时代价值的“大谋”，只是承认了中西关系的现状，其中主要就是将西方国家限制在通商范畴，不以中国的体制和观念施诸对方。

所以，如果说这一时期清政府有一个针对西方的整体政策的话，那就是推行地方官员负责的通商羁縻政策，尽量消弭西方可能给自身带来的影响，因而不谈论西方、阻止西方公使驻京、偏远的两广总督负责对西方的交涉及广州反入城斗争等成为这一政策或消极或积极的重要表现。这种政策明显不利于中国迅速适应新的世界形势，与西方列强的矛盾也不断加深。特别是广州反入城斗争成为鸦片战争后中英关系包括中西关系的试金石，中英都在围绕反入城斗争试探对方的态度和底线。从英国等西方列强角度来说，广州反入城斗争等一系列排外事件，加强了以英国为首的西方列强对其在华政治地位的关注。

随着第二次鸦片战争的爆发，争取政治权利主要是公使驻京成为列强要求的核心话题。1856年11月，英国驻华公使包令答复广州地区民众，称中英贸易“其益虽不轻，惟英民以国制为重，英国公使自不能以利为先，而以国制为次也”[②]。1858年，英国在外交照会中再次强调：“即如设照泰西诸大邦向来恒素交谊成规，各土大吏得以任意进诣京师，似则近年在粤不美之患，多为杜绝。”[③]英国甚至对前往交涉的清朝钦差大臣桂良等予以直接威胁：“必须允其进京驻扎，方能在津议事，否则仍直带兵入都。经委员等开导再三，志在必行，万难转圜。”[④]英国公使额尔金在私人信函中亦称：“我认为，公使驻京是条约所要得到的最重要的

---

① 《筹办夷务始末》(道光朝)卷73，台北，文海出版社影印本，1970年，第20页。

② 《包令答粤民》，中国史学会主编：《中国近代史资料丛刊·第二次鸦片战争》(一)，上海，上海人民出版社，1978年，第203～204页。

③ 《筹办夷务始末》(咸丰朝)二，北京，中华书局，1979年，第654页。

④ 《筹办夷务始末》(咸丰朝)三，北京，中华书局，1979年，第884页。

事。"[①]"额尔金伯爵决心要改变这种将外交事务委托给一个外省总督斟酌办理的习惯，并且还相信帝国政府与外国代表间的直接联系，将会消除误会和缓和普遍的排外偏见。"[②]与此同时，法、美、俄等国亦与英国相呼应，将中外交往规范视为必须改变的核心问题，其中以调节者身份出现的俄国公使普提雅廷宣称："英、佛所求，最要在进京一节。若有要事，或隔数年，准其到京一次，随从不过数人，中国何畏何惧？如将此节应允，伊即出头了结别事，否则不能开口，务须速给回信，以免参商。"[③]而美国则对公使驻京问题做了最详细的阐释，特别是从理念与现实层面说明了公使驻京对清政府处理好与列强的关系至关重要。

> 合众国特派钦命大臣，应准驻扎京都，或随时来往。彼处泰西各国于别国钦派大员，无一不从此制。至两国官民，遇有酌夺之事，争论之端，立可上达朝廷，善为调处，此乃各国历来通行，而大获其益者也。中国因向不许友好各国钦差与朝廷交往，致沿海督抚亦不肯会晤，人所共知，以致争端久未了结。若中华大宪与外国钦使面晤往来，既可查考其国政民俗，间遇华民被外国苦害者，亦可达知各钦使详解申理。由此观之，此款若蒙俞允，彼此均受其益。譬之交际，必须互相觌面，方能常存交谊。当咸丰六年，设使有美国钦使在京都，则粤东之祸可免。现观其究竟恐为中国之害，然使今日有钦使一位住居该处，自能息止维艰，复修和好。[④]

正如美国向清政府递交的修约条款所言："中国嗣后断难固守不与外国交往，莫若如康熙年间，大开国中各处任意往来，庶免为固执，不肯待各国以平行之礼，致中国受干戈分裂之害。华宪若肯听受斯言，定然使中国与泰西诸国一体平行，而且获其利益也。"[⑤]

其实，这种由地方督抚兼任钦差大臣办理对外交涉的体制也的确给清政府带来了极大麻烦。首先是负责外交的两广总督等需要不断请示皇

① 〔美〕卫三畏：《中国总论》下，陈俱译，陈绛校，上海，上海古籍出版社，2005年，第1050页。

② 〔美〕马士：《中华帝国对外关系史》第1卷，张汇文等译，上海，上海书店出版社，2000年，第631页。

③ 《筹办夷务始末》(咸丰朝)三，北京，中华书局，1979年，第782页。

④ 《美国要求条款十一条》，《筹办夷务始末》(咸丰朝)三，北京，中华书局，1979年，第765页。

⑤ 《筹办夷务始末》(咸丰朝)三，北京，中华书局，1979年，第766页。

帝的旨意，相关事情的处理必然拖延。其次是一些无权处理外交事务的地方官员在面对西方的要求时常常手足无措，因为按照这一时期的规章，“中外大臣非派令兼办夷务，本无外交之义”[①]，若贸然违规接触外交事宜，就有可能受到惩治。而西方列强主要是英国在与负责外交的两广总督等交涉不满意的情况下，往往四处游弋投诉。如1850年两江总督陆建瀛接受了英国公使文翰呈递的外交文件，他在奏折中描述了这一复杂过程，也显示了其个人的忐忑心理：

> 迨三月下旬，探得文安乘坐火轮船前来上海，并有面求接递公文信息。臣恐其由海入江，致骇听闻，当即藉督办盐务为名，先赴扬州。一面密饬常州府知府严正基、署江阴营游击袁贵，不动声色，于海口轮派巡查，妥为防范；一面饬令苏松太道麟桂等，探询该酋到沪情形，随时驰禀。旋据该道等禀称：文安到后，彼此接见，据称，现有公文一件，欲到天津呈递。问其公文何事？回称，由本国发来，不知何事。告以既有公文，应在广东总办五口事务大臣处呈递。回称，徐大人与我们不对，不便呈递。复以天津不在五口之内，不应违约擅往，且沿海文武亦必盘诘拦阻。再三开导，该酋执意不从。
>
> 臣思夷性犬羊，若阻其赴津，又不代为递文，海道四通八达，势必蓦越前往，因饬该道等准其接收代递，免赴天津。再，该酋现在上海，尚属安静。[②]

由此可见当时东南沿海一带的地方官员对“夷务”问题的惊恐程度，他们不知是否应插手这一事务，更不知如何处理，可谓进退维谷。所以，他们希望途经江苏的钦差大臣兼两广总督黄宗汉能够留下，以便解除他们的困境。“缘该夷到苏后，该省人心不免稍有疑虑，有谓：即不赴沪就见，或当在苏与之理说。意以为有臣在此抵当，该夷便不至与苏为难。臣当与督臣何桂清再三商议，上海非总办夷务之地，臣虽系专办夷务之人，而非遽办夷务之时。盖未到粤省，一切情形不知，但据一面之词，

---

① 《廷寄》,《筹办夷务始末》(咸丰朝)一,北京,中华书局,1979年,第12页。1667年,清廷规定:“凡督抚提镇等官,不许擅自移文外国。”[(清)梁廷枏:《海国四说》,北京,中华书局,1993年,第166页]

② 《筹办夷务始末》(咸丰朝)一,北京,中华书局,1979年,第9~10页。

何从筹议。且现在既有柏贵署理，不知如何与之议论，如何具奏？设或在沪在苏接见，该夷诛求稍有不遂，则动多挟制，不惟苏省骚动，于大局尤有关系，万无在途筹办之理。”[①]其实，负责对外交涉事务的钦差大臣兼两广总督也不知如何处理与西方的关系，特别是西方提出新的要求之后更无法应对。以第二次鸦片战争时期的修约为例，江苏巡抚吉尔杭阿在奏折中简单明了地叙述了西方使节的诉求与叶名琛的无奈：“翻译人口称：叶总督并未奉有谕旨办理变通事宜。旋接叶总督与包、麦二酋复文，仅云天朝臣下无权，但知谨守成约，其重大事件，必须奏明请旨，又无准与代奏之语。守候多日而回，虚縻经费，徒劳往返，不得不来一见，即欲前赴天津求见大皇帝及大学士申诉一切，于中外皆大有裨益。”[②]针对这种情况，咸丰帝在有关上谕中还是再次强调：“如吉尔杭阿之恳请俯允，即暂事羁縻，以代奏请旨等词搪塞，亦不准出之于口。”[③]一方面是宣称人臣无外交，另一方面却不断指示地方官员以自己的名义处理外交事务，可谓奇特而矛盾。如针对沙俄侵占中国领土的行径，咸丰帝“著景淳作为己意，告以中国法制森严，守边大臣于边界事宜违例奏请，即应革职治罪，断不敢据尔国无理之言冒昧入奏，自干罪戾。其阔吞屯所盖房屋既以防堵英夷为名，止可暂行借住，至费雅哈人等居住年久，断难令其移居。景淳俟会勘委员如何回覆，即一面剀切晓谕该国，一面将办理情形密为驰奏。切不可告以业经入奏请旨办理，以致该夷妄生觊觎之心，一旦有旨拒绝，转或滋生事端”[④]。清朝最高统治者自然明白这种政策的诸多矛盾，所以到1857年，咸丰帝发布谕旨：“控制外夷，非内地可比。定海前事，可取为鉴。其务操纵得宜，勿贻后悔，朕不为遥制也。下苏、直、闽、浙各督抚知之。”[⑤]

即使如此，清政府也绝不会轻易接受外国公使进京或驻京的要求。一方面，清政府担心会被列强挟制，因为英法联军占领广州后就进行殖民统治。“诚以辇毂之下，异类横行，万一逞广东之故智，其祸岂复忍

---

① 《黄宗汉奏江浙各兵难调赴粤并缮录杨从龙节略呈览折》,《筹办夷务始末》(咸丰朝)二,北京,中华书局,1979年,第677页。

② 《江苏巡抚吉尔杭阿奏英美法公使坚欲赴津议约折》,中国史学会主编:《中国近代史资料丛刊·第二次鸦片战争》(三),上海,上海人民出版社,1978年,第14页。

③ 《军机大臣寄长芦盐政文谦等接见英法来员不可轻有允许上谕》,中国史学会主编:《中国近代史资料丛刊·第二次鸦片战争》(三),上海,上海人民出版社,1978年,第28页。

④ 《清实录·文宗实录》卷180,咸丰五年十月丙午。

⑤ 赵尔巽等撰,许凯等标点:《清史稿》,长春,吉林人民出版社,1995年,第489页。

言。”[①]当然，主要原因还是在于体制与观念方面，因为在清政府看来，外国公使进京特别是驻京无疑是对其认可的整个世界政治秩序的挑战。“中国与外国往还，总在边界，惟有属国，始行进京朝贡，亦无钦差驻京之事。”[②]这种认识在清政府给素有来往的俄国的咨文中进一步具体化：“所以不令来京者，因查成例，凡贵国朝贡使臣来京，将奏书赍至午门，行三跪九叩礼，大皇帝赏赐食物，礼遣回国；若寻常护送学生喇嘛人等来京者，另有相待之礼。今普提雅廷既无贵国奏书，自不便照朝贡礼节，且自称头等公，又不便照寻常相待，恐有简慢，反伤友谊，此亦中国好意，本非猜疑。”[③]上述言论表明，清朝在鸦片战争之后虽然不可能再继续实行闭关政策，但也不认同西方国家的世界政治体制，只是将西方国家视为朝贡体制之外的另类，在传统和现实之间奉行双重体制。“中国抚驭外藩，惟年班及入贡诸国陪臣乃有请觐之例。该国远隔重洋，素敦礼义，中外体制，素所深知。但须恪守条约，照旧通商，正不必遣使入觐，始见诚悃也。”[④]“该夷既为与国，来者又系大臣，应如何接待之处，理藩院并未办过，恐其简慢来使，反伤友谊。不如仍照旧章，可以相安无事。”[⑤]这种模糊不清的体制是中国从“天朝”跌落过程中的一个过渡，但要真正放弃“天朝”的观念顺利实现这一过渡却绝非易事，这不仅涉及中国同外国的关系，甚至触及清朝国内统治的基础。当然，最关键的问题还是中国能否将自己视为世界诸国中的一个普通国家，甚至客观地承认自己作为战败国的地位，重新审视现实世界的政治格局。咸丰帝在廷寄中对美国所呈递的国书的言论就典型地反映了当时他仍自视为天朝上国的心态：“阅所进国书内，该国王竟自称朕，实属夜郎自大，不觉可笑。”[⑥]肃顺等人给俄国的照会亦称：“今我大皇帝普爱众生，不忍贵国之民困窘，已将黑龙江空旷之地阔吞屯、奇吉地方，借与贵国流民居止，此我大皇帝待中外之民一体同仁之至意也。”[⑦]

---

① 《陆秉枢奏请敕诸臣坚持国体仍严设战备折》,《筹办夷务始末》(咸丰朝)六,北京,中华书局,1979年,第2196页。

② 《军机大臣拟答法国各条》,《筹办夷务始末》(咸丰朝)三,北京,中华书局,1979年,第748页。

③ 《理藩院覆俄国咨文》,《筹办夷务始末》(咸丰朝)二,北京,中华书局,1979年,第576页。

④ 《筹办夷务始末》(咸丰朝)一,北京,中华书局,1979年,第219~220页。

⑤ 《筹办夷务始末》(咸丰朝)二,北京,中华书局,1979年,第538页。

⑥ 《筹办夷务始末》(咸丰朝)三,北京,中华书局,1979年,第794页。

⑦ 《筹办夷务始末》(咸丰朝)五,北京,中华书局,1979年,第1541页。

但面对内忧外患的艰难困境，咸丰帝可谓一筹莫展。1858年6月他指示军机大臣给桂良等人的廷寄，在他看来已经做了很大让步："此时俄夷既许议定后进京瞻仰，可告以速将各款定议妥协，并将兵船退至拦江沙外，然后再议进京之事。中国以诚信待人，亦断无别意，惟各国向无进京之例，此次应行礼节，亦须彼此商定，按照中国礼节。至各夷进京，中国民人亦必惊疑，更须先为晓谕，不能临时猝办。"[①]至于公使驻京，清廷就更是难以接受。咸丰帝明确指示桂良等人：

> 至进京一节。他国所议，但言有事进京，而英夷必欲在京久驻，且自居钦差名目，其窒碍之处，尤不胜言。当告以有事进京，既经允许，则遇有大事，尽可来京面诉，何必留人远驻京师？若必欲驻京，则俄夷成例具在，但能派学生留住，不能有钦差名目。须改中国衣冠，听中国约束，专令学习技艺，不得与闻公事，于尔国亦无大益。况各口通商，各有督抚，嗣后若有要事，不拘何处，皆可由本省督抚代为转奏，不必向广东钦差理论，自不至有蒙蔽之处，即与驻京同其便捷。[②]

这种态度与乾隆时期清廷对马戛尔尼使团的回复并无二致，不理解也不认同公使驻京的政治内涵。不过，为了满足列强的要求，咸丰帝允准"不拘何处"的地方督抚参与对外事务，而非仅仅局限于兼任钦差大臣的两广总督。咸丰帝还对公使进京做了更具体的规划："至天津海口，断不可许其往来，将来定议进京，亦止能自上海起，由内地北来，由中国派官护送，一切供应，俱由中国办理，不必令其自备资斧。以后或三年一次，五年一次来京，不必年年跋涉。"[③]这种做法与以往的朝贡在形式上是相通的，完全违背了西方近代外交理念，完全无视列强在这一问题上如此坚持的政治与外交含义。为了阻止公使进京，咸丰帝对在上海交涉的桂良等人可谓声色俱厉："至桂良等派办夷务，挽回条约是其专责，设或事至决裂，必须用兵，断不能归罪于议事之人。若不能阻其进京，以致夷船复至天津，则无论动兵与否，朕惟桂良等是问。"[④]

---

① 《筹办夷务始末》(咸丰朝)三，北京，中华书局，1979年，第885页。

② 《筹办夷务始末》(咸丰朝)三，北京，中华书局，1979年，第938页。

③ 《筹办夷务始末》(咸丰朝)三，北京，中华书局，1979年，第938页。

④ 《筹办夷务始末》(咸丰朝)四，北京，中华书局，1979年，第1223～1224页。

所以，清政府希望继续维持第一次鸦片战争后的做法，力图仍将中西关系定格为地方政府负责的通商关系，只是在某些方面略为变通。与之相反，西方列强在第二次鸦片战争时期又特别重视争取政治权利，以改变清政府只将其列入通商国家且由地方负责的政策。英国公使普鲁斯在1859年给何桂清的照会中就回绝了与何桂清讨论两国外交事务，因为对方只是五口通商事务大臣。

> 接据贵大臣七月初三日来文，以本大臣是否定期会同佛国布大臣北上，将上年定约交换，希即照覆等语。阅悉。查贵大臣官衔，系任总理五口通商事务钦差大臣之职，遇有通商情事，本大臣自不难照文会商外，因贵大臣督治两江之权。兹将近日在沪生端一事，内有无辜英人一名，被殴毙命，时总理税务司李偕数人俱受重伤，均六月三十日所为，迄今未见该官捕获凶犯一节，便中顺为言及。惟来文提问一层，与通商毫无关涉，皆由贵国曩日在北措置所贻者，本大臣似未便与贵大臣移文相覆也。为此照会。[①]

普鲁斯的照会有狡辩的成分，因为上海发生的事情并非通商事务，也算不上地方事务，而是西方国家贩卖华工引起的重大外交问题。但他以何桂清是通商事务大臣不能负责外交特别是国家级别的外交作为借口，仍可看出西方列强迫清政府改变以往政策的意图和决心。

中西双方因公使进京和驻京而形成僵持。不过，此时的清政府根本没有与列强讨价还价的资本，面对列强的强势态度，咸丰帝只好不断退让，并于1859年3月29日寄谕桂良等人:“因思驻京一节，为患最巨，断难允行。至进京换约，如能尽力阻止，更属妥善；倘该夷坚执不肯，务须恺切言明:议定由海口进京时，所带人数不准过十名，不得携带军械，到京后，照外国进京之例，不得坐轿摆队，换约之后，即行回帆，不许在京久住”。同时，对此前坚决反对的内陆通商、内地游行、赔偿兵费始退还广东省城等条约内容也基本批准，只是指出“如不能全行挽回，亦当于三事中予以限制，以杜该夷无厌之求”。[②]遗憾的是，英法列强无视清政府的退让已经达到极限，他们不仅要求清政府完全批准《天津条约》，而且要风风光光、大肆招摇地进京完成条约的交换，甚至比此前的

① 《筹办夷务始末》(咸丰朝)五，北京，中华书局，1979年，第1586页。

② 《筹办夷务始末》(咸丰朝)四，北京，中华书局，1979年，第1333～1334页。

清政府更重视本国的体面。诚如桂良在奏折中所言："至佛夷谓：何处定议，何处办事，惟彼与英国乃能定准。尤属夜郎自大，恶贯满盈。伏念臣等自奉命办理夷务以来，所以和颜下气不避旁人唾骂者，原为天下大局计也。今夷情如此，骄傲已甚，恐断非口舌所能争，早夜思维，实无良策。"[①]直隶总督恒福也描述了英军再次到天津海口后的情形："嗣由奴才给英酋普鲁斯照会一件……乃该酋竟不收受，并将文内贵国钦差字样，圈出挑剔应双抬书写，且止与该夷汉文正使威妥马名片一纸，内有即入天津郡城之语。该夷人向委员李同文等告知：定行接仗，不走北塘。其倨傲无礼之状，不堪悉述。"[②]在英法列强的咄咄逼人下，双方终于再次爆发军事冲突。清廷虽取得了大沽保卫战的胜利，但随后又遭受更沉重的打击。面对败局，清廷基本是无条件地接受了英法的要求，但英法又提出必须将国书等亲自呈递咸丰皇帝御览。在当时的情况下，这一要求就是迫使清廷必须进行军事对抗。咸丰帝谕示在通州谈判的载垣等人："此系该夷狡诈，故生枝节，国体所存，万难允许。该王大臣可与约定，如欲亲递国书，必须按照中国礼节，拜跪如仪，方可允行；设或不能，只宜按照米、俄两国之例，将国书赍至京师，交钦差大臣呈递，俟接受后，给予玺书，亦与亲递无异。现在抚局将有成说，不值因礼节而决裂，设该夷固执前说，不知悔悟，唯有与之决战。"[③]

结果，由于双方不能达成妥协，英法联军以蹂躏北京、火烧皇家园林争回了属于胜利者的"自尊"与自大，清政府也不得不接受了公使驻京这一既成事实。在此之前，俄国公使伊格那提也夫于1859年7月后已经驻京并滞留了近一年时间，这是西方国家最早的驻京公使，说明清廷其实早已默认了公使驻京。但逃到承德的咸丰帝仍不接受西方驻华公使向其亲递国书的要求，奕䜣等只好继续交涉，直到英法两国放弃。"臣等核其词意，备述国书只为礼节，其中并无不顺之言。如到各外邦呈递之时，立与即览，方为迅便。今臣等以召见应由大皇帝自主，不能勉强，该酋自未能满意。而既有断无勉强，亦可释然之语，是该夷亲递国书一层，作为罢论，已有定据。"[④]

在这一过程中，世界知识的缺乏又加剧了清廷与西方的矛盾。咸丰

---

① 《筹办夷务始末》(咸丰朝)四，北京，中华书局，1979年，第1351页。

② 《筹办夷务始末》(咸丰朝)四，北京，中华书局，1979年，第1456页。

③ 《筹办夷务始末》(咸丰朝)七，北京，中华书局，1979年，第2316页。

④ 《筹办夷务始末》(咸丰朝)七，北京，中华书局，1979年，第2644～2645页。

帝认为,公使驻京“在彼并无利益,无非扰乱中国,断难允准”[①],甚至推论,“进京之请,皆俄夷从中播弄,英、佛、米皆重利,从前并无此说”[②]。关于礼节问题,据《纽约时报》载,美国公使华若翰在北京换约期间,双方围绕礼仪问题展开了一系列交涉:“大清国的皇家特使答辩说……在一些欧洲国家的宫廷,即使是在英国,当君主出现在人们的面前时,人人都向他行下跪礼,而在此地这样做并不比在彼地那样做会对人的尊严稍有贬损。”“皇帝陛下本人决断说,除非美国公使肯在觐见时一膝触地,或者手指触地,否则他不会见他。”“然而,仅就这次拜见来说,最大的障碍似乎是这些清国人深信华若翰公使阁下确实已经在欧洲宫廷做过的事但来到大清国却不愿做,并且他们宣称英国驻清公使已经许诺明年进京时会遵从清国礼仪,也就是以他面对英国女皇陛下相同的礼节觐见大清国皇帝陛下。”[③]可见当时清廷由于世界知识的缺乏而造成的与西方近代外交的隔膜程度,甚至对鸦片战争后中西交往情况及其矛盾也没有清醒认识。

不过,第二次鸦片战争终于使中西关系逐渐被纳入近代西方外交体制,留守北京负责谈判的恭亲王奕䜣等人在奏折中分析了西方的外交:“亲递国书一层,据该夷声称:系两国真心和好之据,非此不足以昭美意,若不呈递,难于覆命。察其情词,似无诡谋……其屡求驻京者,总谓外省大吏不肯将实情代奏。其意必欲中国以邻邦相待,不愿以属国自居,内则志在通商,外则力争体面,如果待以优礼,似觉渐形驯顺。”[④]可以看出,奕䜣等倾向于顺应西方近代外交,故而“统计全局,酌拟章程六条”。当然,奕䜣等人也是小心翼翼,如果能限制就尽量不放松,如1861年与普鲁士议定五年后始可驻京,1862年与葡萄牙订约时要求“其通商各款内最要者,惟住京一节,兹与议定,不得与各国一律长住,惟遇有要事,尚可准其进京,每年不过一次”[⑤]。

1861年,一度参与这一时期中西关系事务的郭嵩焘,在日记中对当时的清廷外交做了尖锐抨击:“吾尝谓中国之于夷人,可以明目张胆与之

① 《筹办夷务始末》(咸丰朝)三,北京,中华书局,1979年,第804页。

② 《筹办夷务始末》(咸丰朝)三,北京,中华书局,1979年,第885~886页。

③ 《美使华若翰北京换约记》,郑曦原等编译:《帝国的回忆:〈纽约时报〉晚清观察记》,北京,生活、读书、新知三联书店,2001年,第274~276页。

④ 《筹办夷务始末》(咸丰朝)七,北京,中华书局,1979年,第2581~2582页。

⑤ 《筹办夷务始末》(同治朝)卷8,台北,文海出版社影印本,1971年,第9页。

划定章程，而中国一味怕。夷人断不可欺，而中国一味诈。中国尽多事，彝人尽强，一切以理自处，杜其横逆之萌，而不可稍撄其怒，而中国一味蛮。彼有情可以揣度，有理可以制伏，而中国一味蠢。真乃无可如何。夷患至今已成，无论中国所以处之何如，总之为祸而已。然能揣其情，以柔相制，其祸迟而小。不能知其情，而欲以刚相胜，以急撄其怒，其祸速而大。此又自古以来夷祸之一变局也。”[①]应该说，这是切中时弊之言，但对晚清社会而言，破除上述时弊几乎无解。如前所述，中国传统的天下观具有地理与政治两方面的含义，中国虽然接受了地圆说、五大洲说，但这只是地理含义上的天下观，而政治含义上的天下观却很难放弃，特别是政治层面上的天下观又与自身统治的合理性纠缠在一起，就使问题更趋于复杂化。“中国皇权统治的秘密，在于臣民承认‘天子’的神圣品格；然而，随着西方文明的进展，这一崇高的假设就会掉格，不要很久必将自行瓦解；外国人觐见时不肯接受平时礼仪，使他感到恼怒，于是将外国使节置于尴尬的境地。后来对这一问题的讨论，证明了这一象征在中国人心中埋下多深的根；在1844年还不能预见到1873年和平地解决了这一问题。”[②]

与清朝相比，开国之初的日本也是乱象纷呈，但德川幕府最终顺利地实现了向西方世界政治体制的过渡，其主要原因是日本传统世界认识中并无强烈的自我中心意识，对现实世界局势也有比较清醒的认识。另外，与中国不同的是，日本尽管有反对开国的强劲势力，但其反对的主要目标是指向幕府，因而在“尊王攘夷”中成功地实现了蜕变。

1853年，美、俄相继要求日本开国，“当时日本赖有兰人得知海外情事，能读兰书者及素与兰人接闻知一二外交机密者略通于欧美列国之形势，其余则皆无识异邦人之情伪者，其稍识外情者亦不解外交之为何。或谓美国使节已去，其国远在数千里之外，曰明年再来，其来否固未可知，若彼能来则何言以答之？于是遍谘询大小诸侯以和战之议，百论纷起不知所归”[③]。从1853年佩里要求日本开国到1868年明治政府建立，幕府将军数易其人，并且佩里来日时正值家庆病重，随之则是体弱的家

① (清)郭嵩焘:《郭嵩焘日记》(一),长沙,湖南人民出版社,1981年,第469页。

② 〔美〕卫三畏:《中国总论》下,陈俱译,陈绛校,上海,上海古籍出版社,2005年,第993～994页。

③ 〔日〕岛田三郎:《开国事历》,大隈重信:《日本开国五十年史》上册,上海,上海社会科学院出版社,2000年,第97页。

定和年幼的家茂，因而这一时期日本的外交基本被幕府老中阿部正弘、堀田正睦、井伊直弼等控制。“阿部正弘用心于海外事情，知开国之不可已，订定《神奈川约章》。常奖励诸生，令讲习兰书，且由兰人传习陆海军操练法。其后劳瘁得病不胜剧职，乃荐堀田正睦令掌外交枢机。未几而正弘殒，正睦专任重职。正睦虽不能读兰书，令家臣多读兰书，自听其说，得通于海外情事。”[①]

当时，主持日本外交事务的幕府老中堀田正睦便认为：“昔时各国或乱或治，仅限其国内，不知有战争、结盟和他国。如今同昔时完全不同，世界已联系在一起……没有一个国家能拒绝外交，孤立地享受升平。”因而他提出了日本应采取的策略：“若势均力敌，则结同盟，定和亲，与万国交往。彼国若派官吏，此方亦遣官吏；彼方若派公使，此方亦同样派遣……一切均彼此平等对待。”[②]所以，尽管幕府内部有诸多争议，但面对1856年抵达日本下田的美国第一任驻日本总领事兼外交代表哈里斯要求前往江户的请求，幕府仍以缔约国使节前往首都为“万国普通之常例”[③]，准许哈里斯进入江户。1857年11月，哈里斯终于获准到江户谒见第十三代将军德川家定，递交美国总统的信函。在晋见将军时，幕府官吏都匍匐在将军面前，唯有哈里斯一人站着，行鞠躬礼。1858年2月，日本全权代表与哈里斯经过14次谈判，终于议定了《日美修好通商条约》，规定开放通商口岸并确立了自由贸易的原则等内容，并于6月29日正式签订了条约。同时，幕府在与哈里斯交涉通商条约的过程中，还将双方交换条约地点定于美国首都华盛顿，为日本走向世界提供了借口和外在约束，实际上也是在探索如何向西方派遣正式驻外使节。在此之前的1857年10月16日，日本为了尽量减少主权损失，更是主动同传统的通商国荷兰签订了《日本荷兰两国全权代表附加条约》，这是幕府主动同西方国家缔结的最早条约，也是首个实际上的通商条约，尽管仍不准进行随意贸易。1858年下半年，以《日美修好通商条约》为蓝本，日本相继与荷兰、俄国、英国、法国签订了通商条约。1858年，幕府修改了海防挂

① 〔日〕岛田三郎：《开国事历》，大限重信：《日本开国五十年史》上册，上海，上海社会科学院出版社，2000年，第104页。

② 「堀田正睦意見書」，吉田常吉、佐藤誠三郎校注：『日本思想大系56幕末政治論集』，岩波書店，1976年，第69～70頁。

③ 〔日〕信夫清三郎编：《日本外交史》上册，天津社会科学院日本问题研究所译，北京，商务印书馆，1980年，第74页。

兼管外交的体制，建立了外国奉行官制，将海防与外交相区别，在制度上进一步向西方世界政治体制靠拢。

所以，日本在开国后迅速主动融入西方近代政治体制，同时西方国家也希望其他国家加入西方倡导的世界秩序，并且为此展开竞争。日本竹内使团在开罗时，英法两国就曾为争取日本使团的首先访问有过争议，结果先到了法国。[①]在竹内使团访问欧洲的过程中，各国也是非常热情，并且派人到使团正在访问的国家迎接使团以便访问本国。1861年，普鲁士使节艾林波就以日本为例，希望清政府能解决公使进京问题："查日本国相待外国人，与中国之例，似为相同。前本大臣至该国时，该国大臣不惟允准本大臣可进京师，抑且既知本大臣系奉命至该国，即时在京师预备相当公馆，以便居住，而本大臣至办讫公务，常在此公馆内居住。"[②]可见，中日的外交已明显不同，并开始影响西方对两国的政策。

二、中日引入国际法及其初步实践

中日在开国之初虽对西方世界政治体制采取了不同策略，但两国对西方世界政治体制的原则、运作程序等都缺乏系统的了解和认识。美国传教士丁韪良汉译的惠顿《万国公法》正是在这种背景下受到中日两国的重视。19世纪六七十年代，中日主要以国际法为依托，尝试着融入近代世界政治体系，不同程度地推动着外交的近代化。

对当时的清政府来说，引入国际法主要需要考虑如何解决以下问题：一是外国驻华使节及其觐见，二是中国向国外遣使。而实质性的问题是解决中外之间的冲突。"在1860年的危机中，中国人决定放弃徒劳无益的传统做法：借助对儒家道德权威例行公事般的申论，来达到对一个物质上更为强大的敌人加以控制的目的；改而诉诸敌人自身的道德准则。他们是一些十分敏锐的观察者，看到外国人所承认的是依据国际法、西方公法、书面协约和国际惯例的道德论证的合法性。中国人试图利用欧洲伦理中与儒家伦理相同的内容约束在华外国人的行动。这正是'中兴'

---

① 福沢諭吉:『西航記』,富田正文、土橋俊一編集:『福沢諭吉選集』第1巻,岩波書店,1980年,第21、23頁。

②《布路斯国给崇纶照会》,中国史学会主编:《中国近代史资料丛刊·第二次鸦片战争》(二),上海,上海人民出版社,1978年,第259页。

政府外交政策的本质。”[①]丁韪良翻译的《万国公法》对上述问题都有不同程度的介绍，“论通使之权”部分首先就开宗明义地指出：“古来教化渐行，诸国以礼相待，即有通使之例，惟近今又有钦差驻扎各国之例。缘近二百年内，各国通商、交际更密，每有不明之事，特派钦差以治理之。又恐各国有恃强凌弱，而碍于均势之法，故设驻京钦差以防之也。此万国公法所以立有章程，定通使往来之权。”“自主之国，若欲互相和好，即有权可遣使、受使，他国不得阻抑。若不愿遣使，他国亦不得相强。惟就常例而论，倘不通使，似近于不和。然通使虽为当行之礼，断无必行之势，其行与否，当视其交情厚薄、事务紧要而定。”[②]主权平等原则自然也被强调，“自主之国本皆平行均权”，“欧罗巴诸国之君，古来屡有争首位者。考此等战争，皆从前流俗然也，今教化既盛，为君者不至如此争虚礼，而贻害于民。公法内此等辨论，即不如前时之紧要”。[③]关于驻外使节的身份，丁韪良的翻译也可为清政府解惑：“使臣不归他国管辖，其所住之国可谓曾许之，盖无此例，则君遣使于他国，不免有伤国体也，其使不免负事二君之难，其本任安能办理裕如也。故国君与他国，或有关系甚重之事而选臣以任之，非欲臣于彼国也。是以彼国既允接待，即为默许。”[④]至于外交礼节等，也有详细介绍，“第一等国使，可在公朝觐见。前此多设仪仗款接，今则私觌公见，率从简便，概以内朝廷见，与二、三等国使同例。”“国使献玺书于君，善言称颂，君亦当善言慰答。在民主之国，国使谒见首领亦然，或部臣延接亦可”[⑤]。显然，丁韪良的翻译风格具有时代性，在遣词造句方面有意或无意地突出了清政府比较关注的内容，这种特色也同总理衙门派人帮其润色有关。

可以说，《万国公法》的翻译出版为清人认识西方近代世界政治打开了窗口，但推行国际法却充满矛盾和曲折。首先是奕䜣等洋务派并未完全认同国际法。1864年，奕䜣等在奏折中指出了引入国际法的理由：“臣等每欲借彼国事例以破其说，无如外国条例，俱系洋字，苦不能识，而同文馆学生，通晓尚需时日。臣等因于各该国彼此互相非毁之际，乘间

---

① 〔美〕芮玛丽：《同治中兴：中国保守主义的最后抵抗(1862—1874)》，房德邻等译，北京，中国社会科学出版社，2002年，第277页。

② 〔美〕惠顿：《万国公法》，〔美〕丁韪良译，上海，上海书店出版社，2002年，第77页。

③ 〔美〕惠顿：《万国公法》，〔美〕丁韪良译，上海，上海书店出版社，2002年，第68、69页。

④ 〔美〕惠顿：《万国公法》，〔美〕丁韪良译，上海，上海书店出版社，2002年，第49页。

⑤ 〔美〕惠顿：《万国公法》，〔美〕丁韪良译，上海，上海书店出版社，2002年，第81页。

探访，知有《万国律例》一书。”[①]以西方国际法处理与西方之间的外交事务，是清政府的被迫选择，但也表明了清廷在世界认识方面的进步。当然，奕䜣等并未忘记表白“中国自有体制，未便参阅外国之书”，同时又害怕引入西方国际法之后更受西方列强的挟制，不过他又借外人之口做了解释。“据丁韪良告称，《大清律例》现经外国翻译，中国并未强外国以必行，岂有外国之书，转强中国以必行之礼，因而再三恳请。”[②]《万国公法》出版之际，张斯桂所作序言也代表了清朝当时比较开明、具有一定世界知识的士人对国际法的态度：一方面，他认为国际法是世界各国共同遵守的准则，“统观地球上版图，大小不下数十国，其犹有存焉者，则恃其先王之命，载在盟府，世世守之，长享勿替，有渝此盟，神明殛之，即此《万国律例》一书耳”；但另一方面，张却不将中国视为应遵循国际法的世界成员国之一，他在序言中首先强调：“间尝观天下大局，中华为首善之区，四海会同，万国来王，遐哉勿可及已。此外诸国，一春秋时大列国也。”[③]在这种观念的影响下，清朝虽比1860年以前更进一步靠拢西方近代世界政治体制，援引国际法处理与外国之间的争端，但仍未能彻底摆脱本国作为“首善之区”的意识。尽管奕䜣等人有上述矛盾心理，同时也不十分清楚作为国内法的《大清律例》与国际法的区别，但中西之间不断增多的现实问题，促使清政府逐渐接受西方世界政治体制。所以，奕䜣不仅派人帮助丁韪良润色译稿，还出银五百两出版《万国公法》，“将来通商口岸，各给一部，其中颇有制伏领事官之法，未始不有裨益”[④]。

《万国公法》之后，推动清政府进一步走向国际社会的是1866年和1867年有关中外关系问题的讨论，而斌椿考察团和蒲安臣使团则代表这一期间清政府接纳国际法的初步实践。

1866年2月，奕䜣等人正式上奏提出派遣斌椿考察团，考察团随后顺利成行。斌椿等人出国考察，这是代表清政府首次走出国门的近代考察团，也是总理衙门推进国际法实践的又一举措。但遗憾之处是考察团规格过低，并且还是总署有意为之，“惟思由中国特派使臣前赴各国，诸费

① 《筹办夷务始末》(同治朝)卷27，台北，文海出版社影印本，1971年，第25页。

② 《筹办夷务始末》(同治朝)卷27，台北，文海出版社影印本，1971年，第25～26页。

③ (清)张斯桂：《序二》，〔美〕惠顿：《万国公法》，〔美〕丁韪良译，上海，上海书店出版社，2002年，第2～3页。

④ 《筹办夷务始末》(同治朝)卷27，台北，文海出版社影印本，1971年，第26页。

周章，而礼节一层，尤难置议”，而斌椿一行“系微员末秩，与奏请特派使臣赴各国通问，体制有间，又与该税务司同去，亦不稍涉张皇，似乎流弊尚少”①。所以，考察团对晚清外交近代化的影响有限，只能算是走出国门的一次尝试。

1866年3月，总理衙门收到英国公使阿礼国的外交照会和他转交的威妥玛的《新议略论》，加之1865年11月赫德呈递的《局外旁观论》，总理衙门以此为契机展开了1866年中外关系的一次讨论。4月，总理衙门将赫德的《局外旁观论》和威妥玛的《新议略论》下发地方督抚，提出“请旨饬下江西、湖广、江苏、浙江、闽粤各督抚，及南北通商大臣，悉心妥议，各抒所见”，而在转发给地方的上谕中亦指出：“至所论外交各情，如中国遣使分驻各国，亦系应办之事。”②但总理衙门对这次讨论的结果恐怕是失望居多，因为曾国藩、李鸿章等人都没有回复，只有六个督抚和三口通商大臣崇厚给予回应，其中湖广总督官文、闽浙总督左宗棠和两广总督瑞麟的奏折没有涉及具体的外交问题，江西巡抚刘坤一模棱两可，浙江巡抚马新贻反对近代外交，支持近代外交的只有崇厚和广东巡抚蒋益澧。刘坤一认为：“各国使臣，荣觐天颜，是否可行，在朝廷自有定夺。分遣使臣往驻各国，不得任其所指，以柱石重臣弃之绝域，令得挟以为质。”③马新贻回复称：“我如派官前往，彼必如论略所云，东西各国代国大臣前来住京，每得入朝秉政之说，而与我使臣以秉政之虚名，即藉口要挟，以求秉中国之大政，因之随其爱憎，更易百官，颠倒庶务，以重离我百姓之心。”④不知马新贻是无意误读还是有意曲解，因为《新议略论》原文应为“即如泰西各国京都代国大臣，前来住京，每得入朝，秉政各官，无不交接来往”⑤，而不应该如马新贻那样解读为“每得入朝秉政”。至于其他内容，马新贻也是信口胡言，如“至所谓会商操练者，是欲广纳其兵于中国也；会制器械者，是欲广置其民于中国也”⑥。相对而言，崇厚的言论还算积极：“遣使分驻各国一节，乃西洋立约之国，最为应办之事，藉以通和好而达情意，中国向无此事，彼转以为可疑。惟

① 《筹办夷务始末》（同治朝）卷39，台北，文海出版社影印本，1971年，第1页。

② 《筹办夷务始末》（同治朝）卷40，台北，文海出版社影印本，1971年，第11～12页。

③ 《筹办夷务始末》（同治朝）卷41，台北，文海出版社影印本，1971年，第44页。

④ 《筹办夷务始末》（同治朝）卷45，台北，文海出版社影印本，1971年，第46页。

⑤ 《威妥玛新议略论》，《筹办夷务始末》（同治朝）卷40，台北，文海出版社影印本，1971年，第31页。

⑥ 《筹办夷务始末》（同治朝）卷45，台北，文海出版社影印本，1971年，第46页。

查遣使通聘，自古有之。现在泰西各国，习列国之风，其所使有代国秉权，互相盟聘者；有修好往来，彼此长住者。其事日前虽未举行，审度各国，必将固请，应请饬下总理各国事务衙门豫筹遣使之道，并与各国君若臣相见礼节，密慎妥议，先事酌定，切宜周备，此外交第一要义。”[①]在这次讨论中，值得关注的是新任广东巡抚蒋益澧，他与瑞麟一同回复过总署，但未涉及外交，因而随后又单独上奏。蒋益澧在奏折中分析了西方列强以政治、经济、军事等方式经营世界的态势，因而中国亦须因之求变：“和约中原载彼此遣使通好，若得忠义使臣，前往各处联络羁维，居恒固可窥彼腹心，缓急亦可藉资指臂。且各国外虽相联，中实相忌，见利则合，遇害则离。我苟深图自强之实际，欲取故与，择可亲之国，优游浸渍而深交之，则彼因忌生疑，势将自涣。”[②]这是时人首次提出结盟外交，与以往的以夷制夷有本质的区别。

1866年关于中外关系的讨论虽然未能实现总署的初衷，但这种结果对总署设计1867年“修约”讨论提供了经验教训。这一时期奕䜣等总署大臣是希望有所作为，因而也引起了1867年天文、算学馆之争。在争议中，奕䜣等人再次强调，“是以臣等筹思长久之策，与各疆臣通盘熟算”，并且抄录了曾国藩等人的奏折言论，“可否谕令倭仁详细阅看”。[③]1867年7月，礼科掌印给事中周星誉应诏陈言，提出“增官制、敛商权、广人才”的主张，并且建议“请旨饬下总理衙门、海疆督抚、各口通商大臣，悉心妥议，覆请施行”[④]。1867年10月12日，总理衙门借“修约”问题，建议向中外通商口岸地区的“将军督抚大臣”等发出《总理衙门信函》和《总理衙门条说》，它是总署对中外关系的总结和筹划，以此揭开了1867年有关“修约”问题的大讨论。当时，通过军机大臣发给地方的上谕，还列出了应参与总理衙门讨论的18名地方官员，“务于十一月内奏到，毋稍延缓”[⑤]。据《筹办夷务始末》，实际参与讨论的有17人，其中官文取代刘长佑署理直隶总督并参与讨论，湖北巡抚曾国荃因已离职而未回复。所以，此次讨论规模空前，代表了这一时期清朝统治者对中外局势的认识和态度。从总体而言，通过这次讨论，觐见和遣使终于有了

① 《筹办夷务始末》(同治朝)卷41，台北，文海出版社影印本，1971年，第28页。

② 《筹办夷务始末》(同治朝)卷43，台北，文海出版社影印本，1971年，第16页。

③ 《筹办夷务始末》(同治朝)卷48，台北，文海出版社影印本，1971年，第2、4页。

④ 《筹办夷务始末》(同治朝)卷49，台北，文海出版社影印本，1971年，第42页。

⑤ 《筹办夷务始末》(同治朝)卷50，台北，文海出版社影印本，1971年，第28页。

一些眉目，获得了初步支持。

奕䜣等总署大臣在奏折中首先指出了地方督抚等讨论的必要性："窃自外洋各国议款以来，于今十载，办理一切事务，其纲领虽挈之于内，而实则行之于外，必须在外处置合宜，而后得势得机，在内不烦言而自解。"[①]他们认为，一方面，地方督抚是实际处理中外事务的主要责任者，他们的意见自然应该受到尊重；另一方面，其实地方督抚的权力越来越大，奕䜣等人希望利用地方势力特别是参与洋务的地方势力抗衡中央保守派，推进中外关系向近代方向发展。总署鉴于上次即1866年的讨论没有取得预期效果，为了使此次讨论取得实质进展，拟定了《总理衙门信函》特别是《总理衙门条说》，其中包括请觐、遣使、铜线铁路、内地设行栈和内河驶轮船、贩盐挖煤、开拓传教等六个方面内容，代表了奕䜣等人为了应对即将到来的十年修约问题而提出的参考性文件。其关于请觐、遣使的看法如下：

> 昔韩昌黎《原道》曰："孔子之作《春秋》也，诸侯用夷礼则夷之，夷而进于中国则中国之。"今夷并未自进于中国，而必以中国之礼绳之，其势有所不能。若权其适中者而用之，未卜彼之能否听从，而本衙门亦不敢主持独创此议。第不许入觐，我实无辞，究应如何，惟希公同商酌……
>
> 西洋诸国自立约后，遣使互驻，交相往来，各处皆然，而中国则并无此举，叠据各使臣来请奏派前往。本衙门以各国至中华，通商传教，有事可办，故当遣使；我中国并无赴外国应办之事，无须遣使驳之。第十余年来，彼于我之虚实，无不洞悉，我于彼之情伪，一概茫然，兵家知彼知己之谓何，而顾不一虑及。且遇有该国使臣倔强任性，不合情理之处，惟有正言折之，而不能向其本国一加诘责，此尤隔阂之大者。顾中国出使外国，其难有二：一则远涉重洋，人多畏阻，水陆跋涉，寓馆用度，费尤不赀，且分驻既多，筹款亦属不易。一则语言文字，尚未通晓，仍须倚翻译，未免为难。况为守兼优，才堪专对者，本难其选。若不得其人，贸然前往，或致狎而见侮，转足贻羞域外，误我事机，甚或勉强派遣，至如中行说之为患于汉，尤不可以不虑。[②]

---

① 《筹办夷务始末》（同治朝）卷50，台北，文海出版社影印本，1971年，第24页。

② 《筹办夷务始末》（同治朝）卷50，台北，文海出版社影印本，1971年，第31～32页。

地方督抚等本来仍在观望，1867年12月奕䜣等人复奏："迄今已届两月，仅据陕甘总督左宗棠、两广总督瑞麟、盛京将军都兴阿具折覆奏"，故而要求朝廷再次下旨，"饬令迅速筹画，逐条登答，勿稍延缓"。[1]如此，督抚等才相继迅速回奏，表达了自己的主张。

从回复情况看，多数督抚等支持派遣驻外使节，对外国公使觐见则基本主张待同治帝亲政后调和中西礼节举行。在督抚的意见中，曾国藩、左宗棠、李鸿章的话语自然更重要，故按回复时间分列于下。

左宗棠表示：

> 愚以为泰西诸国，君臣之礼本极简略，尝于无意中，询知岛人见其国主，实无拜跪之事。今既不能阻其入觐，而必令使臣行拜跪礼，使臣未必遵依，即能如来谕酌中定制，似亦于义无取。窃思彼以见其国主之礼入觐，在彼所争者，中外均敌，不甘以属国自居，非有他也，似不妨允其所请。记曰：礼从宜，使从俗。古人已言之矣。惟呈递国书仪节，须豫为商榷，或由使臣面递御前大臣，大臣代为呈进……
>
> 外国于中国山川政事土俗人情，靡不留心谘考，而我顾茫然。住京公使，恣意横行，而我不能加以诘责。正赖遣使一节，以诇各国之情伪，而戢公使之专横。[2]

曾国藩表示：

> 臣愚以为与外国交际，最重信义，尤贵果决。我所不可行者，宜与之始终坚执，百折不回；我所可行者，宜示以豁达大度，片言立定。断不宜若吐若茹，稍涉犹豫之象，启彼狡辩之端……
>
> 伏查康熙十五年，圣祖仁皇帝召见俄人尼果赉事，其时仪节无可深考，然当日与俄罗斯议界通市，实系以敌国之礼待之，与以属藩之礼待高丽者，迥不相同。道光咸丰以来，待英法美三国，皆仿康熙待俄国之例，视同敌体。盖圣朝修德柔远，本不欲胥七万里之外洋，而悉臣服之也。拟请俟皇上亲政之后，准其入觐，其仪节临时酌定，既为敌国使臣，不必强以所难，庶可昭坦白而示优容。遣

---

① 《筹办夷务始末》(同治朝)卷52，台北，文海出版社影印本，1971年，第24页。

② 《筹办夷务始末》(同治朝)卷51，台北，文海出版社影印本，1971年，第20～21页。

使一节，中外既已通好，彼此往来，亦属常事……此可慨然允许者也。[①]

李鸿章表示：

如必求觐，须待我皇上亲政后，再为奏请举行，届时权衡自出圣裁，若格外示以优容，或无不可……闻外国君主燕见，几与常人平等无异。即朝贺令节，亦不过君坐臣立，似近简亵。不得已权其适中，将来或遇皇上升殿御门各大典，准在纠仪御史侍班文武之列，亦可不拜不跪，随众俯仰，庶几内不失己，外不失人。但恐彼必欲以召对为荣施耳……

议遣使……凡遇争辩疑难之事，该国公使领事有不可情理喻者。使臣得见其君主执政，明相诘责，曲为晓譬，且得援引该国政教法律，以为比例，或可排难而解纷，其利一。各国兵制船政军火器械，精利奇巧，远过于中土，往来既熟，探赜索隐，若能深窥其曲折要领，从而学之，归而求之，我增一长，彼失一恃，足为自强根基，其利二。[②]

在这次讨论中，明确反对觐见、遣使的有沈葆桢、马新贻和官文，后两人的反对态度当属意料之中，而沈葆桢的态度却令人费解。“夫柔远有经：接以温言，厚其赐予可也；废我典章不可也”，所以沈葆桢认为外使觐见礼节不可轻易改变；至于向国外派遣使节，则是“姑取于养晦遵时之义，则徇其所请，尚于国体无伤”，但“臣以为此议可拒则拒之，否则暂出权宜可也，但不可视为抚局之关键耳”。[③]不过，沈葆桢其实是处于矛盾之中的，因为在他随同奏折呈递的五份士大夫条说中，其中《附呈生员林全初条说》就赞同觐见和遣使，并且具有一定的近代意识。林全初引用《中英天津条约》，说明双方是平等国家，并且条约已经规定以西方礼节拜见大清皇帝；同时，他认为西方来中国通商、传教等，中国也不能墨守成规，“计惟有如其所请，我亦设官分驻各国；彼以外洋百货易我金银，我亦以中国各货辇之而归；彼以异端惑众，我以圣贤正学，

① 《筹办夷务始末》(同治朝)卷54,台北,文海出版社影印本,1971年,第1～3页。

② 《筹办夷务始末》(同治朝)卷55,台北,文海出版社影印本,1971年,第11～12页。

③ 《筹办夷务始末》(同治朝)卷53,台北,文海出版社影印本,1971年,第3～5页。

用夏变夷，未尝不可”[①]。

所以，总署的“修约”讨论达到了目的，地方督抚等基本支持总署对中外关系的处理意见，并提出了一些有益建议。与此同时，蒲安臣使团得以成行，这是清政府适应近代国际法的重要一步。“同治六年十一月十二日，美国大臣蒲奉命前往有约各国，一时同派三人。恭亲王通行各国大臣照会……内中所指中国有欲谙习奉使事宜之意，此句最为紧要。嗣经钦差蒲大臣等所至各国，皆以敌体相见，彼时所有各国召见礼节，谅志、孙二大臣，必行遵为覆奏。”[②]随同蒲安臣出使的志刚，针对美国外交大臣举办的外交聚会也指出了遣使的必要性：“因思此等聚会，虽系西国之俗，而实具深意。盖总理各国事务者，时与各国亲信大臣聚首言欢，融为一气。无论潜消衅隙，即偶有牴牾，无不可尽之言，言无不可输之情。而连环交际，无非排解调处之人。是以各国之势，易于联属。此与人臣无外交之义，其用不同。”[③]可以说，经过“修约”讨论和派遣蒲安臣使团，困扰清政府的遣使问题已经得到解决。1870年奕譞奏折亦称：“出使一节，总理各国事务衙门，持念坚固，非臣一人才力所能挽回，日后自有公论圣鉴。”[④]但出乎意料的是，反而是觐见问题先解决，1873年同治帝亲政并接见了外国驻华公使，直到1875年清政府才最终决定派遣驻外使节，1877年1月中国首位驻外公使郭嵩焘抵达伦敦。

清政府之所以迟迟未派出驻外使节，一个重要原因就是总理衙门意识到外交的作用是有限的。这种意识由来已久，且在这一时期随着对西方认识的加深并没有减弱。1869年初，随同蒲安臣出访的志刚称：“惟美国打算远大，不争一时之利。余则惟视强弱为从违，别无道理。”[⑤]1870年出使法国的崇厚带给清政府的也有诸多负面认识：“法国派热福理相见，以天津一案办法未能满足，意欲请中国加崇厚全权大臣，另议办理。”[⑥]这对清政府派遣驻外使节无疑又产生了影响，特别是清政府一直担心的西方列强借机要挟中国驻外使节做出不利于国家的事情，在这次崇厚出使过程中初步得到证实。

---

① 《筹办夷务始末》(同治朝)卷53,台北,文海出版社影印本,1971年,第23～24页。

② 《各国节略》,《筹办夷务始末》(同治朝)卷89,台北,文海出版社影印本,1971年,第34～35页。

③ (清)志刚:《初使泰西记》,长沙,岳麓书社,1985年,第269页。

④ 《筹办夷务始末》(同治朝)卷73,台北,文海出版社影印本,1971年,第32页。

⑤ (清)志刚:《初使泰西记》,长沙,岳麓书社,1985年,第312页。

⑥ 《筹办夷务始末》(同治朝)卷82,台北,文海出版社影印本,1971年,第26页。

1871年1月，总理衙门针对中英修约没有得到英国批准的情况进行了总结，这种结果也进一步影响了向西方遣使的积极性。

> 伏查此次修约，为各国通商后初举行之事，英国尤为通商各国中最称强狡之邦，端宜倍加审慎。是以臣等于未经举办之先，密奏请旨饬令各将军督抚大臣通筹全局，并将尤要各条，共抒识议，期收集思广益之功。及议约时，由臣等督率本衙门章京及南北洋咨送委员，与该国使臣等笔舌争持一年之久……而外国政令，国家柄轻，商人势重，亦其实情。臣等累阅南北洋咨送新闻纸中，各洋商纷纷聚议，并呈递公禀，以新约有益于中国，无便于外国，务求国主不得批准等语……随由臣等尽情驳复，仍告以如此项新约不行，则以后办事，中外商民均不信服等语，峻词直斥。①

所以，由于以上种种原因，派遣驻外使节之事就被搁置下来，而且这恐怕也是为同治帝亲政后如何对待外国驻华使节留下一些余地。

1871年1月，李鸿章针对日本的订约请求条陈："据臣愚见，中外既定和约，均宜各派官员，往驻该国，庶消息易通，势力均敌。若有来无往，听凭该国使臣簸弄胁制，究非长策。近年奉诏迭次派员往泰西各邦通好，业与从前隔阂情形小异。惟华人往西国者绝少，中国暂未便派员久驻。日本近在肘腋，永为中土之患。闻该国自与西人定约，广购机器兵船，仿制枪炮铁路，又派人往西国学习各样技业，其志固欲自强以御侮，究之距中国近而西国远，笼络之或为我用，拒绝之则必为我仇。将来与之定议后，似宜由南洋通商大臣就近遴委妥员，带同江浙熟悉东洋情形之人，往驻该国京师或长崎岛，管束我国商民，藉以侦探彼族动静，而设法联络牵制之，可冀消弭后患，永远相安。"②在条约的内容方面，此前的不平等条约中有关最惠国待遇的条款对清政府的危害尤甚。1869~1870年中英修约谈判时，总理衙门大臣奕䜣等人就考虑如何限制最惠国待遇条款，主张将条约视为一个整体，认为其他国家如果享受中英此次谈判中的最惠国条款，也必须承担其他的附带条件。两江总督曾国藩在有关中日立约的奏折中再次强调："臣愚以为悉仿泰西之例，亦无不可。但条约中不可载明比照泰西各国总例办理等语，尤不可载后有恩渥利益

① 《筹办夷务始末》(同治朝)卷79，台北，文海出版社影印本，1971年，第39~40页。

② 《筹办夷务始末》(同治朝)卷79，台北，文海出版社影印本，1971年，第48页。

施于各国者一体均沾等语。”[①]这代表了清政府外交观念的进步，它打破了中国传统外交中所谓“一体无外”的天朝意识而开始走向务实的近代外交。正如曾国藩在同一奏折中所指出的，“总之中国之处外洋，礼数不妨谦逊，而条理必极分明”[②]。“礼数不妨谦逊，而条理必极分明”正是与此前清政府承袭的传统外交的相反路线，这是外交观念的极大进步。1871年9月13日，李鸿章与伊达宗城签订《中日修好条规》，其中第四条内容为“两国均可派秉权大臣，并携带眷属随员，驻扎京师。或长行居住，或随时往来，经过内地各处，所有费用均系自备”[③]。这是清政府首次主动在条约中列入派遣驻外使节，表明了其观念的变化，并说明准备以比较熟悉的近邻日本作为实验地。但由于日本态度反复，中日换约出现曲折，直到1872年4月30日才正式换约。

1873年同治帝亲政后，觐见问题正式提上日程，“是以十数年筹议及此，每以礼节不同，彼此议论未合。此次各使臣之请，诚属积念已久，执词甚坚”[④]。从总理衙门的想法看，他们倾向于由皇帝接见外国使节，所以，当翰林院编修吴大澂、御史吴鸿恩二人刚刚上奏反对外国公使觐见之时，清廷马上下旨“著李鸿章妥议具奏”[⑤]，随之李鸿章奏陈：

> 圣贤持论，交邻国与驭臣下，原是截然两义。朝廷礼法严肃，中国臣庶所不容丝毫僭越者，非必概责诸数万里外向未臣服之洋人。且礼与时为变通，我朝向有待属国一定之礼，而无待与国一定之礼。现在十余国通商立约，分住京师与各省口岸，实为数千年一大变局。不但列祖列宗无此定制，即载籍以来，昔圣昔贤，亦未豫订此礼经，一切交接仪文，无可援据。应如何斟酌时势，权宜变通，是在议礼制度之天子，非臣等所敢妄拟也。倘蒙皇上俯念各国习俗素殊，宽其小节，示以大度，而朝廷体制自在，天下后世，当亦无敢议其非者。[⑥]

---

① 《筹办夷务始末》(同治朝)卷80，台北，文海出版社影印本，1971年，第11页。

② 《筹办夷务始末》(同治朝)卷80，台北，文海出版社影印本，1971年，第11页。

③ 王芸生：《六十年来中国与日本》第1卷，北京，生活、读书、新知三联书店，1979年，第45页。

④ 《筹办夷务始末》(同治朝)卷89，台北，文海出版社影印本，1971年，第26页。

⑤ 《筹办夷务始末》(同治朝)卷89，台北，文海出版社影印本，1971年，第49页。

⑥ 《筹办夷务始末》(同治朝)卷90，台北，文海出版社影印本，1971年，第4～5页。

李鸿章奏折的关键是区分了内外，另外也再次强调了朝贡国和非朝贡国的不同，为清廷勉强解除了面临的艰难困境。与此同时，御史王昕、边宝泉又上奏反对外使觐见，奕䜣等总署大臣提出："请旨饬下在廷王大臣，统筹全局，详细妥议，确实奏覆。"[①]而此时刚刚亲政的同治帝在接到奕䜣等人的奏折后，没有等待"在廷王大臣"的讨论，就于1873年6月14日下旨："现在赍有国书之住京各国使臣，著准其觐见。"[②]可以说，表面上出自同治帝的决断自然对皇权的危害最小，正如李鸿章所言的如何变通"是在议礼制度之天子"。

在这一过程中，1873年5月3日，李鸿章致函总理衙门，谈及与日本特命外务大臣副岛种臣会谈时的话题，表明清政府曾有利用日本使节行跪拜礼以诱导西方的想法，李鸿章则予以否定："窃维日本君臣向有跪拜之礼，闻自今年改用西洋冠服，此礼遂废，见其国君亦不跪拜。彼既勇于舍己从人，恐未必舍彼从我。"[③]6月16日，英国公使威妥玛前来总署，对在紫光阁觐见等表示不满："以谕旨内使臣二字是与琉球等国使臣一律相待，疑为轻薄。经文堂痛加驳斥。该使又以便殿召见非是。又不愿在福华门外下轿。又以国书必须圣主亲接，否则由王大臣转递，不得跪呈，有损国书体面。欲带翻译上殿。辩论五时许，迄无成就。"[④]在沸沸扬扬的争议中，1873年6月29日，同治帝分两批接见了日本特命外务大臣副岛种臣与欧洲五国使节。日本书记官郑永宁详细地记载了日本觐见的过程和礼节：

> 7时，由宝鋆、毛昶熙引导大使及郑至紫光阁傍行幄中伺候。8时帝出宫，9时御紫光阁，宝、毛两大臣引导大使及郑自阁之左阶升，左门进(郑捧国书，在大使左肩后一步随行)。大使及郑开始进前，斜见宝座时，脱帽，作第一揖，再进至中央，正面对宝座时，作第二揖，又进，至御座所在之黄案前中央，立定，作第三揖(此为进见三揖)。郑在大使左肩侧后一步，宝、毛两大臣分立黄案两侧，

---

① 《筹办夷务始末》(同治朝)卷90,台北,文海出版社影印本,1971年,第20页。

② 《筹办夷务始末》(同治朝)卷90,台北,文海出版社影印本,1971年,第23页。

③ (清)李鸿章:《述副岛商论外交》,(清)吴汝纶编:《李文忠公(鸿章)全集·译署函稿》卷1,台北,文海出版社影印本,1980年,第45页。

④ 《各使请觐抄案》,(清)佚名编:《晚清洋务运动事类汇钞》中册,北京,全国图书馆文献缩微复制中心,1999年,第794页。

> 俱面北而立。去黄案数步之正北面设坛，坛上设高座，帝坐其上之龙椅上。座之左右，恭亲王及皇族御前大臣侍立。军机大臣、六部尚书、文武显官，则在自坛下至黄案间之两侧，分别对立。大使以国书放置黄案上后，作一揖，陈颂来意，由郑译述毕，又一揖，帝有复书，恭亲王跪接，自阶而下，至黄案前，宣称：贵国大皇帝国书，朕收到了。大使作揖，恭亲王复班。帝又下敕语，恭亲王又跪奉，下坛宣称：贵国大皇帝安康否?两国交际事宜，亲赴总理各事务衙门公平商议可也。大使作揖(此间揖无定数)。恭亲王又复班。事既毕，大使又一揖，郑随从背行后退，至中央尽头处一揖，仍背行，至将见不着御案处，又一揖(此为退出三揖)。于是戴帽，仍由宝、毛两氏前导，至时应宫憩息。①

面对“数千年一大变局”，其震撼程度非同小可，出现不同的解读也是必然。李慈铭的下述言论代表了传统士大夫的自欺欺人心态：“是日巳刻，上御紫光阁见西洋各国使臣。文武班列，仪卫甚盛。闻夷酋皆震栗失次，不能致辞，跽叩而出，谓自此不敢复觐天颜。盖此辈犬羊，君臣脱略，虽跳梁日久，目未睹汉官威仪……今一仰天威，便伏地恐后，盖神灵震叠，有以致之也。”②不过，这种维护皇权的努力在某种程度上成功了，而同治帝随后的崩逝，再次切断了外部世界对皇权的挑战。

但无论如何粉饰，同治帝以西方礼节接见外国在华使节，毕竟是突破了华夷体制的最坚硬内核。这样，派遣驻外使节便只是时机问题。1874年，因台湾事件以及随之引发的海防问题，遣使再次受人瞩目。1875年5月，清政府决定遣使并谕令推荐人选，随后总署推荐了陈兰彬等9人作为出使人选。但马嘉理事件将郭嵩焘推为驻外公使第一人，为了满足威妥玛提出的派实任一二品大员赴英道歉的要求，郭嵩焘于8月被任命为出使英国大臣。10月，总署奏准《出使章程十二条》。迄至1878年9月，清朝驻外公使先后向英、德、日、法、美等国递交国书，驻外使节制度终于初步建立。

与此同时，国际法也更深入地渗透进晚清社会，其中主要表现之一是在同文馆总教习丁韪良的指导下，同文馆师生翻译了几部国际法方面的著作，包括《星轺指掌》(1876年版)、《公法便览》(1878年版)、《公

① 东亚同文会编：《对华回忆录》，胡锡年译，北京，商务印书馆，1959年，第36页。

② (清)李慈铭：《越缦堂日记》，扬州，广陵书社，2004年，第5777页。

法会通》（1880年版）等。这些著作再次阐明了上述相关问题，如“查自欧洲分为群国，其各大国有不得不互相往来之势。始而遇事偶有通使，继则遣使常川驻扎。其所以驻扎之故，一则通两国之好，一则察邻国之政，达之本国”[①]。遣使与接受外国使节，都是本国的自主权力，“凡自主之国，除与某国立约议定不得接使外，莫不有接使之权，然非有条约言明，其国并无必接之势”[②]。

随着国际法成为社会热点问题，具有近代意识和世界视野的先进人士也在不断深入认识国际法。郑观应《易言》一书之首篇就是《公法》，他指出，西方列强“未列中国于公法，以示外之之意。而中国亦不屑自处为万国之一列入公法，以示定于一尊，正所谓孤立无援，独受其害，不可不幡然变计者也”[③]。其实，早在丁韪良翻译《万国公法》之时，法国驻华临时代办便强烈反对，“这个家伙是谁？竟然想让中国人对我们欧洲的国际法了如指掌？杀了他！——掐死他；他会给我们找来无数麻烦的！”[④]不过，直到19世纪80年代以后，人们才开始比较普遍关注西方国家“屏中国于公法之外”的用心。当然，若想不被西方国家“屏中国于公法之外”，关键的并不是接受、遵守国际法的某些原则，而是自立自强，如王韬所言：“我此时正可以通商之局牢笼而羁縻之，发奋自强，以实心行实政，毋怠缓，毋因循，毋苟且，毋粉饰，毋骄矜，毋退诿。诚如是也，则彼之待我，自当与欧洲诸国等，不必与之动援万国公法，而自入乎万国公法中。”[⑤]驻日使馆参赞黄遵宪从具体的法律层面解读了如何融入国际法，进而收回西方在华的治外法权：“窃以为今日之势不能强彼以就我，先当移我以就彼，举各国通行之律译采其书，别设一词讼交涉之条，凡彼以是施，我以是报，我采彼法以治吾民，彼虽横恣，何容置喙。而行之一二年，彼必嚣然以为不便，然后与之共商。略仿理藩院蒙古各盟案件，以圈禁罚赎代徒流笞杖，定一公例，彼此照办，或庶几其有成乎?若待吾国势既强，则仿泰西通行之例，援南京初立之约，悉使

---

① 〔德〕马斯顿：《星轺指掌》，（清）联芳、庆常译，北京，中国政法大学出版社，2006年，第6页。

② 〔德〕马斯顿：《星轺指掌》，（清）联芳、庆常译，北京，中国政法大学出版社，2006年，第15页。

③ 夏东元编：《郑观应集》上册，上海，上海人民出版社，1982年，第67页。

④ 〔美〕丁韪良：《花甲记忆：一位美国传教士眼中的晚清帝国》，沈弘等译，桂林，广西师范大学出版社，2004年，第159页。

⑤ （清）王韬：《弢园文录外编》，上海，上海书店出版社，2000年，第92页。

商民归地方官管辖，又不待言矣。”[①]不过，即使单纯从法律人才的角度，当时的清政府也完全不具备整合中西法律的条件。1877年，李鸿章曾感叹：“近来各口交涉事件日繁一日，前拟会定通商律例，迄未议办。泰西各国欺我不谙西律，遇事狡赖，无理取闹。折之以中国律例，则彼诿为不知，悍然不顾。思有以折服之，非得一谙熟西律之人不可。顾物色数年，未得其人。”[②]1878年，在巴黎的马建忠指出：“泰西之讲公法者，发议盈廷，非说理之不明，实所利之各异，以致源同派别，分立门户，上下数十家，莫衷一是。于是办交涉者，不过藉口于公法以曲徇其私。”[③]马建忠对土耳其的评述可谓间接地批评清政府：“尝慨今之不善交者，莫土人若……处递变之时，不因时而与之俱变，内无定向而知变之士穷，外无友邦而应变之方少，徒守此千百年前玛奥买所著高朗一书，欲以应夫千百年后世道之变，无惑乎日就削亡，徒为天下后世多一泥古不通今之龟鉴，可不惜哉！”[④]另外，也有如曾纪泽这样的人士理性地认识国际法：“公法者，出于刑律，虽有无数专家编辑成书，然弱国恃以自保，而强国时时犯焉。中国自有成法，与西洋各国刑律不同，而睦邻绥远之道，亦未必与公法处处符合。今日据公法以责人，则他日西洋各国凡有可以取利于吾华者，皆以曲援公法之说以相渎扰，势将辩难蜂起，步步荆棘。是目前未必真获公法律师之益，而日后之流弊有不可胜言者。”[⑤]就具体的外交事务而言，1879年奕䜣等曾有初步总结：“中国理有余而力不足，自来办理交涉事务，如津案、滇案诸大事，率以将就了结，盖因我国之防务未修，而恐猝无以应也。”[⑥]所以，清政府对国际法的认知可谓矛盾重重，但面对“理有余而力不足”的现实，也只能希望通过国际法争取一些权利。

与清朝的半遮半掩相比，日本则开诚布公地表示要加入以国际法为

---

① (清)黄遵宪著，吴振清等点校整理：《日本国志》上卷，天津，天津人民出版社，2005年，第177页。

② (清)李鸿章：《请用伍廷芳》，(清)吴汝纶编：《李文忠公(鸿章)全集·译署函稿》卷7，台北，文海出版社影印本，1980年，第20～21页。

③ (清)马建忠：《适可斋记言记行·记言》卷2，台北，文海出版社影印本，1968年，第12页。

④ (清)马建忠：《适可斋记言记行·记言》卷2，台北，文海出版社影印本，1980年，第14页。

⑤ (清)曾纪泽：《巴黎致总署总办》，喻岳衡点校：《曾纪泽遗集》，长沙，岳麓书社，1983年，第181～182页。

⑥《光绪五年闰三月二十二日总理各国事务衙门奕䜣等奏折》，中国史学会主编：《中国近代史资料丛刊·洋务运动》(二)，上海，上海人民出版社、上海书店出版社，2000年，第388页。

标志的西方世界政治体系。在幕府官员与美国外交代表哈里斯谈判之时，日本便询问“向外国派遣公使的目的、职务及为国际法所公认的公使的权限”等问题，并表示日本“对此类问题如同婴儿一般完全无知，故希望哈里斯对日本一定要格外忍耐”①。1862年，幕府派遣的首批留学生便是赴荷兰主要学习国际法，“我邦近来与外国订交，时务所急，设开成所于江户，以令演习洋语，以及地理、算术、格物、化学诸科。时唯西方政事一科，则未有传之者，讲明万国交际之通义，究察四洲政治之得失，今日所急”②。1865年丁韪良汉译的《万国公法》传入日本，同年底赴荷兰学习国际法的西周回国并着手翻译国际法，1868年出版了《和兰毕洒林氏万国公法》。一些文明开化派人士则借国际法推动日本进一步融入世界，因而对国际法作了极高评价。福泽谕吉认为：“随着世界文明的进步，设一法名之为万国公法。世界首次有了一种全权，各国必须遵守此公法，虽非命令，但某国如破坏此法，必招敌，故各国不得不共同遵奉之。各国之间相互派遣使节驻于外国，就是为了使各国不忘公法之趣意。”③国际法与文明开化成为一体，被奉为“公理”。另外，幕末出国使团也不断带回有关近代世界政治的各种信息，如1864年遣法使节池田长发等在报告中便指出：“我等在法国首都巴黎，目击欧洲各国形势，参以报纸核考，知欧洲各国国土相连，始终不敢大意，立名主竟智术……但斟酌事情之难易，且弭兵息民为一体之理，均主张交际恳笃之谊，几乎形成合纵连横之势。”④因而他提出日本必须马上采取如下政策，即：“第一，向欧洲各国派遣公使；第二，不仅欧洲各国，而且同所有独立之邦缔结条约，以备万一之时有伐谋伐交之方略”，以及多方面了解世界。⑤1866年底，幕府任命了驻英、驻法使节，这是日本首次正式向西方派遣驻外使节，表明其在行动上进一步推进近代外交。

更重要的是，中日虽然同时引进了国际法，但利用国际法的目标和

① 田中彰校注:『日本近代思想大系1開国』,岩波書店,1991年,第429頁。

② 松本三之介,山室信一校注:『日本近代思想大系10学問と知識人』,岩波書店,1988年,第18頁。

③ 福沢諭吉:『西洋事情外編』,富田正文、土橋俊一編集:『福沢諭吉選集』第1巻,岩波書店,1991年,第192頁。

④「横浜鎖港談判使節上申書」,吉田常吉、佐藤誠三郎校注:『日本思想大系56幕末政治論集』,岩波書店,1976年,第401頁。

⑤「横浜鎖港談判使節上申書」,吉田常吉、佐藤誠三郎校注:『日本思想大系56幕末政治論集』,岩波書店,1976年,第400頁。

方式不同。中国主要是借国际法抑制西方列强包括后来的日本对中国的掠夺和侵略，而日本则是利用国际法争取自己的权利，包括依据国际法修改此前日本同西方签订的不平等条约和侵略邻近的东方国家，特别是中国。当时，德川幕府迫于国内倒幕势力的压力，曾两次派使节出洋谈判开港、开市诸问题，还派人与俄罗斯进行边界交涉。这些外交活动对缓和幕末日本的压力都起了一定作用。所以，日本在开国之初虽未曾派遣驻外使节，但这些频繁出访的使团起到了驻外使节的作用，并及时为日本带回了域外世界的信息。不过，随着对西方了解的深入，目睹西方列强的军事威胁和侵略，日本自然不会天真地认为仅靠国际法便能解决与西方列强之间的冲突，甚至有人开始驳斥国际法，明治维新的领袖更是如此。木户孝允指出："兵力不整之时万国公法本不足信，以万国公法为名向弱者谋取利益不少，故余谓万国公法乃凌弱之工具。"[①]岩仓具视亦认为，万国公法"不足恃也不足守"，只是"吹捧洋癖之书"。[②]但处于弱势地位的日本又想借国际法加入近代世界体系，所以伊藤博文为岩仓使团起草的《特命全权使节之使命意见书》多次强调日本"遵从欧美各国遵奉之万国公法，处理同外国之交际"[③]。而岩仓使团也可谓日本围绕国际法认识世界政治的一次尝试，其中主要涉及修约问题。本来修约并非使团的既定目的，但使团在美国受到的隆重招待使其产生错觉，以为修约并非不可能，日本驻美使节森有礼等亦想积极促成修约。但经过交涉，岩仓使团修约的希望最终破灭。不过修约失败却使日本对近代世界政治有了更清醒的认识，认同了俾斯麦、毛奇等宣扬的强权政治理论："法律、正义、自由之理虽足以保护国内，但保护境外非靠兵力不可。万国公法也只是系于国力之强弱，局外中立、唯守公法乃小国之事，至于大国则必以其国力达成权理。"[④]所以，岩仓使团的欧美之行取得了国际法传入日本后正反两方面的经验：一方面，日本极力以国际法为依据争取自己的权利，这种政策主要是面向西方列强，是处于弱势地位国家的自然选择；另一方面，日本又确定了以自强为后盾使国际法为我所用的

① 『木户孝允日記』，明治元年十一月八日，マツノ書店，1996年。

② 『岩倉具視関係文書』一，芝原拓自[ほか]校注：『日本近代思想大系12 対外観』，岩波書店，1991年，第467頁。

③ 芝原拓自[ほか]校注：『日本近代思想大系12 対外観』，岩波書店，1991年，第29頁。

④ 久米邦武编，田中彰校注：『特命全権大使米欧回覧実記』(三)，岩波書店，1985年，第340頁。

恃强凌弱的发展路线，这种政策主要是针对邻国特别是中国，这也是日本利用国际法的主要方向和方式。

在1871年《中日修好条规》签订之际，日本对华政策还摇摆不定。李鸿章指出："该国向非中土属国，本与朝鲜、琉球、越南臣服者不同。若拒之太甚，势必因泰西各国介绍固请，彼时再准立约，使彼永结党援，在我更为失计。自不如就其纳款之时，推诚相待，俯允立约，以示羁縻。前该委员柳原前光等来谒，每称西人强逼该国通商，心怀不服，而力难独抗，欲与中国通好，以冀同心协力。又华人在该国经商者，西国领事每欲代管，必须互定条约，自为钤束等语。无论是否真心，立言亦似得体。"[①]来华换约的副岛种臣也向李鸿章表示，"各使动称万国公法，我即以公法治之"[②]。但岩仓使团确立了日本的西化战略，而西方列强也因日本的西化政策，极力怂恿其侵略行为，以便获取在东方的更多利益。1872年，美国驻日公使德朗给美国国务院的报告指出："我一向认为西方国家的外交代表们的真实政策，应当是鼓励日本采取一种行动路线，使日本政府彻底反对这种主义（指闭关自守或与中朝联盟），使日本朝廷与中国及朝鲜政府相疏隔，使它成为西方列强的一个同盟者……使日本从国内混乱中解脱出来，并巩固当今日本天皇的进步和开明的统治。"[③]在这种背景下，日本利用国际法和武力，纠缠和侵略中国及其周边地区，包括侵略台湾、吞并琉球及不断加强对朝鲜的控制和侵略。为此，中日发生一系列纠纷，而两国围绕国际法进行的交锋更反映了彼此对国际法的不同利用方式。

1874年，日本借口琉球漂流民被杀事件出兵台湾，但进展并不顺利。为了迫使清政府退让，日本派遣内务卿大久保利通为全权代表赴中国，与总理衙门进行交涉。在谈判过程中，大久保便利用自己更熟悉国际法的心理，讥讽并企图以此压制总理衙门大臣，从国际法的角度分析清政府的对台政策和统治形式以及处理涉台外国事件的方式，以此说明台湾不是中国领土。清政府也援据国际法对日本进行了驳斥。

《大久保照会》载：

---

① 《筹办夷务始末》（同治朝）卷79，台北，文海出版社影印本，1971年，第47～48页。

② （清）李鸿章：《述副岛商论外交》，（清）吴汝纶编：《李文忠公（鸿章）全集·译署函稿》卷1，台北，文海出版社影印本，1980年，第44页。

③ 王芸生：《六十年中国与日本》第1卷，北京，生活、读书、新知三联书店，1979年，第105页。

夫欧洲诸名公师所论公法，皆云政化不逮之地，不得以为所属，是为理之公者。贵王大臣每援以为证者，系《台湾府志》一书，府志所引诸书，往往叙台番狂獉，狼心嗜杀之状甚悉。而今既征之于实地，又见朝之相剽，夕之相杀，而无捕之之吏，无惩之之官，是谓有政令教化乎？……附呈《公法汇钞》[①]一册，以便照阅，幸垂熟思。[②]

总署《给大久保照覆》载：

查各国所属邦土，不得以臆度之词，任意猜疑；各国政教禁令，亦不得以旁观意有不足，径相诘难。……夫台番地方，本属中国，不待辩论，久为中外所共知。其如何绳以法律，及兼辖各厅县之处，中国本有因俗制宜之政令。如遇有中外交涉事务，当由中国照约查办。[③]

《大久保照会》载：

要之中国政教之实，未及台番，凿凿可据。今贵王大臣独揭版图虚名推论。夫万国林立，岛屿星散，彼此得指所属，名为己国版图者，将何以为保焉？必也其掌管之实明，而版图之名从，苟遗其实而取其名，虽云兼临宇内可也。本大臣特欲引公法以断此案，不据修好条规者，意实在是。讵料贵王大臣于本大臣请问之意，不详晰剖覆，以不事辩论伤和好藉口，俾此案莫从归结，是非公平协同悉心论质之道。况偏执己见，徒引条规，加人以侵越邦土，违反条约，是岂友邦所宜出于口乎？[④]

《大久保附送节略》载：

前年英美等国船客，为番民所剽杀者，何以任其自办？又我副

---

① 《公法汇钞》共500余字，节录了法、英、德等国人关于此问题的言论。

② 《筹办夷务始末》(同治朝)卷97，台北，文海出版社影印本，1971年，第48～49页。

③ 《筹办夷务始末》(同治朝)卷97，台北，文海出版社影印本，1971年，第53～54页。

④ 《筹办夷务始末》(同治朝)卷97，台北，文海出版社影印本，1971年，第55～56页。

岛钦差奉使之际，告以惩办番民之事，而何不引以为中国之责，而诿以化外，此非以番民为在中国之外者而何？[1]

《给大久保照覆》载：

我两国相交，以订换两国修好条规为始，彼此自应以条规为遵守。本王大臣笃念和好，是以引修好条规为证。岂当日著为令典者，今日可弃之如遗乎？贵大臣谓欲引公法，不据修好条规云云。即以万国公法言之，贵国举动，是否与公法中一一相合，自有公论。本王大臣未能详悉泰西公法全书精义，不敢据以问难。而修好条规，则所深悉，其应否以条规为据，亦自有公论。[2]

《大久保照会》也反映了清廷的虚弱与无奈：

果如贵王大臣历次照会所称，是我国负不容之罪于中国也。中国讨责，至继以兵戎，固其当也，而决无糊涂含忍不论之理焉，安得不以一矢相加遗自诩耶？[3]

《给大久保照覆》载：

试问中国所说法律不能尽绳，郡县官兵不能遍设，文教不能即通，民质不能即齐，凡此皆治国之恒情，岂得因此即为不入版图之实据欤？且不独中国版图如此类者甚多，即各国所属版图，如此类亦恐不少，贵大臣能概以万国公法征之欤？[4]

纵观中日两国的这次外交辩论，大久保利通开始时咄咄逼人，但因为日本出兵台湾本身就是不符合国际法的侵略行为，所以最后就有些外强中干，可以说是虎头蛇尾；总理衙门大臣最初因准备不足，并且其前提是想曲全邻好，因而外交照会就有些词不达意或者回避之处，但在大

---

① 《筹办夷务始末》(同治朝)卷97,台北,文海出版社影印本,1971年,第51页。

② 《筹办夷务始末》(同治朝)卷97,台北,文海出版社影印本,1971年,第57页。

③ 《筹办夷务始末》(同治朝)卷97,台北,文海出版社影印本,1971年,第59页。

④ 《筹办夷务始末》(同治朝)卷97,台北,文海出版社影印本,1971年,第62~63页。

久保的逼迫之下只好奋起反击，言辞愈益直接和犀利，理由也更加充分。据总理衙门的国际法顾问、同文馆总教习丁韪良回忆："日本人援引国际法著作的作者的话，振振有词地声称他们有权这么做。中国轻而易举地回敬了这批炮弹，我亲自参与了回击，可以作证。"[①]由此也可以看出，即使是总理衙门大臣，也往往在被动的情形下才更多地向西方近代国际法靠拢，而日本则是积极利用国际法争取本国权益甚至是对外侵略。

1876年1月，森有礼因朝鲜问题来华，他在保定与李鸿章再次进行了辩论：

> 森使云：据我看来和约没甚用处。答云：两国和好全凭条约，如何说没用？森使云：和约不过为通商事可以照办，至国家举事只看谁强，不必尽依著条约。答云：此是谬论，恃强违约，万国公法所不许。森使云：万国公法亦可不用。答云：叛约背公法，将为万国所不容……
>
> 答云：你兵船是去高丽海口量水，查万国公法，近岸十里之地，即属本国境地，日本既未与通商，本不应前往测量，高丽开炮有因。森使云：中国、日本与西国可引用万国公法，高丽未立约，不能引用公法……
>
> 答云：高丽与日本同在亚细亚洲，若开起仗来，高丽系中国属国，你既显违条约，中国怎样处置？我们一洲自生疑衅，岂不被欧罗巴笑话？森使云：欧罗巴正要看我们的笑话。答云：为什么要给他笑？森使云：这也没法，日本百姓要去打仗，恐国家止不住。答云：日本是民政之国，抑君主之国？郑署使云：是君主之国。答云：既系君主之国，则君与大臣为政，如何任听百姓违了条约行事，尚得为君主之国乎？[②]

李、森对话非常典型：清政府希望利用国际法约束日本，日本是将国际法为我所用因而也可以凌驾于国际法之上；清政府希望利用同洲之谊笼络日本，日本是站在西方列强的立场上侵略亚洲。总之，中日对国际法

---

① 〔美〕丁韪良：《花甲记忆：一位美国传教士眼中的晚清帝国》，沈弘等译，桂林，广西师范大学出版社，2004年，第272页。

② 《日本使臣森有礼署使郑永宁来署晤谈节略》，(清)吴汝纶编：《李文忠公(鸿章)全集·译署函稿》卷4，台北，文海出版社影印本，1980年，第34～37页。

的利用方式完全不同，可谓道不同不相为谋。1879年8月，调停中日有关琉球之争议的美国前总统格兰忒致函李鸿章："日本数年来采用西法，始能自立，无论何国再想强勉胁制立约，彼不甘受。日本既能如此，中国亦有此权力。我甚盼望中国亟求自强。"[①]其实，1876年，郭嵩焘在与慈禧太后的对话中，更直截了当地揭示了日本的情况与意图："日本向来负强，近来专意学习西法，意在兼并，高丽兵力恐不能敌。"[②]

国际法的引入以及中日的不同实践方式，反映了两国对世界政治格局的不同态度，并制约着两国世界认识的发展进程。总之，清朝加入近代世界政治体系是在极被动状态下完成的，清朝能纡尊降贵加入这一体制已属不易，很少能主动依据国际法争取自己的权利。1879年7月，曾纪泽与西方国际法人士谈及中国的国际法问题，比较清晰地分析了中西外交理念的差异，其也是中国朝贡体制与西方国际法体制的区别：

> 万国公法会友土爱师来，谈极久。言东方诸国未入公法会，中人深愿中国首先倡导云云。余答以中国总理衙门现已将公法一书择要译出，凡遇交涉西洋之事，亦常征诸公法以立言，但事须行之以渐，目下断不能锱铢必合者。公法之始，根于刑律，公法之书，成于律师。彼此刑律不齐，则意见不无小异。要之，公法不外'情理'两字，诸事平心科断，自与公法不甚相悖。至于中国之接待边徼小国朝贡之邦，则列圣深仁厚泽，乃有远过于公法所载者，西洋人询诸安南、琉球、高丽、暹罗、缅甸之人，自能知之。[③]

所以，孰是孰非，恐怕也一言难尽。国际法确实只是形式上的平等，这与西方近代社会理念是一致的，就是在形式平等的基础上进行实质上的竞争，也包括军事侵略，即所谓"物竞天择，适者生存"。在这种情况下，无论是主动还是被动，加入以国际法为基础的近代世界政治体系都是不可逆转的趋势。

---

① 《译美前总统来函》,(清)吴汝纶编:《李文忠公(鸿章)全集·译署函稿》卷9,台北,文海出版社影印本,1980年,第40页。

② (清)郭嵩焘:《郭嵩焘日记》(三),长沙,湖南人民出版社,1982年,第15页。

③ (清)曾纪泽:《出使英法俄国日记》,长沙,岳麓书社,1985年,第225～226页。

第四节　近代国际贸易与世界市场观

国际贸易与世界市场是近代资本主义世界的主要典型特征，“世界贸易和世界市场在十六世纪揭开了资本的近代生活史”①。1500年以来，“欧洲的发展，甚至是世界的发展，无非是市场经济的发展。市场经济不断扩大自己的领域，把越来越多的远近贸易纳入了理性秩序中……并创造了一个有整体性的世界”②。随着国际贸易的发展，世界市场逐渐形成，这是将世界真正联系在一起的主要纽带。所以，近代世界实质上是一个经济世界。正因如此，任何国家和地区都必须积极应对以争取自己的经济利益，否则便会陷于贫穷和衰弱。

16世纪以后，中日最早接触的西方国家和西方人就是由经济利益驱动来到东方的商人，这些嗜利之徒给中日两国都留下了深刻印象。如何理解和处理与西方国家之间的经济关系，中日也做出了各自的解读和安排。在300余年的交往过程中，中日与西方国家之间的关系形成了固定的框架——中国的广州通商体制与日本的长崎通商体制。直到19世纪中叶，中日在西方列强的武力侵略和胁迫下，相继放弃了闭关锁国时代形成的与西方的通商体制。

19世纪中叶是资本主义世界市场初步形成时期，而此时被迫开国的中日两国对此的认识也经历了不同的发展途径：中国是在19世纪40～50年代“以商制夷”论下被动而扭曲地适应国际贸易和世界市场，到60年代以后才随着国内外条件的变化和了解的深入逐渐转变，70年代形成了具有近代色彩的观念，其代表性观点是重商思想和“商战”论；日本在开国之初争论的主要焦点是贸易无用还是贸易兴国，并在贸易兴国论的基础上发展为殖产兴业论。所以，19世纪中叶中日虽先后出现代表近代资本主义时代特征的国际贸易和世界市场观，但其出发点、内涵等都有一些区别，并在一定程度上影响着两国近代化的走向。

---

① 〔德〕马克思：《资本论》，《马克思恩格斯全集》第23卷，北京，人民出版社，2007年，第167页。

② 〔法〕布罗代尔：《15至18世纪的物质文明、经济与资本主义》第2卷，顾良译，北京，生活、读书、新知三联书店，1993年，227页。

一、中国的蜕变:从“以商制夷”论到重商思想

“以商制夷”论与中国传统的朝贡体制特别是朝贡贸易有密切关系，朝贡贸易在某种程度上就是古代的“以商制夷”。董仲舒指出：“义动君子，利动贪人。如匈奴者，非可以仁义说也，独可说以厚利，结之于天耳。故与之厚利以没其意，与盟于天以坚其约，质其爱子以累其心。”[①]不过，“以商制夷”论在19世纪40～50年代的中西关系中被特别强调和利用，则有其生成的特殊环境和观念。其一，“以商制夷”论的基础是夷人贪利，而且认为中国是西方必须依赖的市场，甚至是“养命之源”。其二，中国中心观的残余使清廷急于找到制夷的手段，而且传统中国中心观的取向本来就是以政治为中心，清政府也希望通过经济方面的让步换取西方列强在政治方面的让步，以维护自身所坚持的中外政治秩序这一当时清朝统治阶层眼中的核心利益，同时还有轻视商业贸易进而轻视西方的意图。其三，通过断绝贸易以引起各国争端，达到“以夷制夷”的目的。概而言之，“以商制夷”源自中国的传统对外观念和对西方国家的片面认识，而其主要弊端是以政治方式解决经济问题，这对中西双方来说都是越来越难以承受的损失，虽然各自的利益损失有很大差异。随着中西关系不断加深及其观念的转变，双方都在寻求解决方式。

自西方人沿新航路来华后，中国便对其追逐商业利润的欲望有着深刻印象，这是生成“以商制夷”舆论和政策的基础，也是东西文化碰撞的一种反映。“红毛即荷兰国……性贪狡，能识宝气，善货殖，重利轻生，贸易无远不至。”[②]“在中国人的心目中，英国人和商人简直无法区分。”[③]这种印象到19世纪中叶仍没有什么大的变化，逐利成为洋人的象征。梁廷枏指出：“夫西国之风气，唯利是图，君民每聚赀合财，计较锱铢之末，跋涉数万里，累年经月，曾不惮其险远。”[④]而林则徐之所以断然收缴、焚毁鸦片，也与他对西方商人及其鸦片贸易的认识有关，如他1839年的奏折所称：“况所来贸易之人，不过该国之一贩户，并非贵戚达

---

① (汉)班固撰,陈焕良、曾宪礼标点:《汉书》下,长沙,岳麓书社,2008年,第1425页。

② (清)郁永河:《裨海纪游·海上纪略·红夷》,《小方壶斋舆地丛钞》第九帙,上海,上海著易堂,1894年,第165页。

③ 〔英〕斯当东:《英使谒见乾隆纪实》,叶笃义译,上海,上海书店出版社,2005年,第222页。

④ (清)梁廷枏著,骆驿、刘骁校点《海国四说》,北京,中华书局,1993年,“海国四说序”,第2页。

官。即鸦片亦皆私带而来，更非受命于其国主。且自道光十四年，公司散局，一切买卖，更与其国主无干。”[①]钦差大臣、两广总督徐广缙等奏称：“臣等窃查英吉利一国，全赖众商之贸易为生计，上下交争，无不惟利是视，该国若是有举动，转先听命于商。”[②]英国驻华公使普鲁斯也看到：“留居中国的外国臣民被看成是来自蛮族，以贸易为生（在中国人的心目中，这是最低贱的职业）的一些人，缺乏文明，愚昧无知。”[③]可以说，自西方国家沿新航路来华后，惟利是图与坚船利炮成为中国人所概括的西方国家的两大特征，而且还蕴含着中国的自我优越意识。这种自我优越意识与夷人贪利的极端表现就是将中国及其商品视为西方国家与西方人的“养命之源”：一是强调中国市场是西方富强之源，一是认为中国的茶叶、大黄是西方人的生命之源。萧令裕《粤东市舶论》就指出西方仰赖中国的两个方面：“番人性耆乳酪，胶结肠腹，惟大黄、茶叶，荡涤称神，一不得食，立致困病”；“番人近利尚功，以海商为世业，沿海埠头，竞思垄断；转相贩鬻，算及毫厘……举国上下，皆以中华为利薮。”[④]

基于以上认识，在中西关系中，明政府就曾于1606年封锁澳门并断绝与葡萄牙的贸易作为制裁西方国家的手段。清代“以商制夷”的最初成功利用是乾隆年间处理同俄罗斯的关系，中俄恰克图边贸曾三次封关停市。据《清史稿》记载：

> 乾隆二十三年春正月，俄人献叛人阿睦尔撒纳尸。初，厄鲁特辉特部阿睦尔撒纳背准噶尔来附，帝封为亲王，命副定北将军班第征准噶尔，降其部众。已复叛归，逃入俄，索之，以渡河溺死闻。既而患痘死，遂移尸至恰克图来献。未几，厄鲁特台吉舍楞戕中国都统唐喀禄，叛逃入俄，索之又不与，绝其恰克图贸易。三十年秋八月，俄绰尔济喇嘛丹巴达尔扎等请附，又恐俄人追索，中国擒送，遣人来探。瑚图灵阿以闻，帝命纳之。三十三年秋八月，复俄恰克

① 《筹办夷务始末》(道光朝)卷6，台北，文海出版社影印本，1970年，第30～31页。

② 《徐广缙等又奏广东防务情形片》，《筹办夷务始末》(咸丰朝)一，北京，中华书局，1979年，第103页。

③ 《卜鲁斯致马麦斯布尼》(1859年7月13日)，〔美〕芮玛丽：《同治中兴：中国保守主义的最后抵抗(1862—1874)》，房德邻等译，北京，中国社会科学出版社，2002年，第276页。

④ (清)魏源：《海国图志》(下)，长沙，岳麓书社，1988年，第1918页。

图互市，理藩院设库伦办事大臣掌之。四十四年，再停互市，次年复之。五十四年，又以纳叛人闭市，严禁大黄、茶叶出口，俄人复以为请。五十七年，乃与订恰克图市约五条。[①]

这种经验自然会直接影响清朝处理与其他西方国家的关系。因此，在沿海的唯一贸易口岸广州，清政府也以“封舱”为手段解决与西方特别是与英国的矛盾。如1838年初两广总督邓廷桢在奏折中所言，鸦片战争前的三十年间，由于中外特别是中英之间不断发生冲突，中国就四次“封舱”断绝同西方国家主要是同英国的贸易：

臣等伏查向例，夷人遇有抗违之事，即应封舱示惩……各国以贸易为生，众商载货前来，易货回国，断不肯轻掷赀本，守候误时。且内地大黄、茶叶、瓷器、湖丝，为各国必需之物。溯查嘉庆十三年及道光九年、十四年内，因夷人滋事封舱，旋据吁请开复，此各国不能不仰息中华，前事有可睹者。[②]

其中，嘉庆十三年的“封舱”源起于英国派兵护卫澳门。当时，英国为了对抗拿破仑领导的帝国，已经出兵占领了葡萄牙。中国自然不清楚事情的因由，但出于对自身主权和安危的考虑，两广总督吴熊光“下令封舱，禁贸易，断买办”，结果不仅英国感到“犯中国而绝市，虽得澳门，不如已”，而且各国商船“泊港外数月，货不得起，各国夷商亦咸怨”，被迫撤兵。[③]所以，在鸦片战争前，由于英国等还未计划以武力解决中英关系中存在的问题，“封舱”作为制服西方人的手段曾经起过作用。

当然，从中西关系的层面看，鸦片战争前的“以商制夷”论的立足点并不完全相同，有的是基于制衡西方“坚船利炮”的一种手段，通过“以商制夷”寻求中西关系的稳定。例如，萧令裕在《英吉利记》中对西方列强已是忧心忡忡，他的“以商制夷”论就带有一种防御英国军事侵略的战略意图：

---

① 赵尔巽等撰，许凯等标点：《清史稿》，长春，吉林人民出版社，1995年，第3083页。

② 《筹办夷务始末》(道光朝)卷2，台北，文海出版社影印本，1970年，第2~3页。

③ (清)萧令裕：《英吉利记》，中国史学会主编：《中国近代史资料丛刊·鸦片战争》(一)，上海，上海人民出版社、上海书店出版社，2000年，第26~27页。

> 英吉利恃其船炮，渐横海上，识者每以为忧，顾其人素贪，无远略，所并海外诸国，遣官镇守，取其货税而已，非有纲纪制度，为保世滋大之计。《汉书》谓匈奴贪，尚乐关市，嗜汉财物，英吉利正其伦比。诚如汉之庙略，通关市不绝以中之，则驽马恋豆栈，即穹庐贤于城郭，毡罽美于章绂，古所云匈奴安于所习，心不乐汉，是以无窥中国者，英夷亦殆有然矣。①

在这种氛围和经验之中，主持禁烟的林则徐自然不会不使用“以商制夷”这一方式，并且在1939年致英国女王的照会中也强调，中国商品为“外国所必需者，曷可胜数。而外来之物，皆不过以供玩好，可有可无。既非中国好需，何难闭关绝市”②。在奏折中，林则徐也向道光帝陈明：“盖御夷不外操纵两端，而操纵只在贸易一事。”③

鸦片战争后，战败的清廷更是将以商制夷视为对付英国的主要手段。所以，道光帝很重视《南京条约》的善后交涉，耆英在前往广州的奏折中提到：

> 奴才伏查国家之所以维制中外，全在收其利权而使之各遂其生，方克久安长治。近年以来，利权未能确操其柄，症成痞隔，致启衅端。仰蒙皇上训谕谆谆，以妥议税饷章程为善后首务，提纲挈领，烛照无遗。奴才钦服之余，惟有俟到省后，竭尽驽骀，会同督、抚、海关诸臣，督饬黄恩彤、咸龄，详核例案，体察情形，酌中定议，务求于国计、民生、夷情三者皆有裨益，以仰副圣主惠爱怀柔之至意。④

1843年9月，在广州负责中外交涉事务的耆英阐明了自己也可以说是这一时期清政府的对外交涉原则：“总之西洋各国，以通商为性命，天朝制驭之术，全在一切持平，不事苛求，务存大体，则桀骜之气，不抑而

---

① 中国史学会主编：《中国近代史资料丛刊·鸦片战争》(一)，上海，上海人民出版社、上海书店出版社，2000年，第22页。

② 《筹办夷务始末》(道光朝)卷7，台北，文海出版社影印本，1970年，第34～35页。

③ (清)林则徐：《密陈驾驭澳夷情形片》，中国史学会主编：《中国近代史资料丛刊·鸦片战争》(二)，上海，上海人民出版社、上海书店出版社，2000年，第195页。

④ 《耆(英)接受关防日期折》，中国史学会主编：《中国近代史资料丛刊·第二次鸦片战争》(一)，上海，上海人民出版社，1978年，第13页。

自消，且可收少取即所以多取之效。”[①]这其实就是以经济利益换取政治利益，尽管这种政治利益现在看来不过是虚假的，但当时的清朝统治者却是将其视为最高的核心利益。当然，清政府也并非完全不顾经济利益，但与政治利益相比，经济利益就显得微不足道了。《虎门条约》、《望厦条约》和《黄埔条约》等就是这一原则具体实施的结果。

但鸦片战争后的中英纠纷还是围绕广州入城事件不断激化。1849年，双方再次剑拔弩张，该地区的中外贸易也一度中断，这迫使英国最终放弃了入城要求。[②]事后，主持其事的徐广缙认为：“臣等查夷人之所系恋者，惟在贸易，则所以钤制之者，亦惟在贸易。”[③]所以，徐广缙虽然借重民众力量为自己壮势甚至主张以民制夷，但他认为广州反入城斗争之所以成功，关键还是英国贪恋贸易并受其他西方各国商人牵制的结果，因而将以商制夷上升为对外斗争的唯一有力手段：“窃思夷性虽桀骜难驯，而所以贪恋者惟贸易，在我所以羁縻者亦惟贸易。”[④]当时，其他一些地方官员也曾有类似说法。1850年，刘韵珂、徐继畬奏称：“彼以贸易为生，其货船虽无所不到，总以中国马头为养命之源，而一绝其贸易，即如婴儿之断乳，有不可以终日之势。”[⑤]刚刚继承皇位的咸丰帝欲重振国威，也是紧紧抓住“以商制夷”这一利器：“惟防夷之策，各省皆可筹维，而驭夷之权，粤东似有把握。将来该夷回至粤东，如果俯首听命，自可仍前贸易。傥因所求不遂，挟其故智，驾驶兵船窜扰腹地，则防之于后，仍不若制之于先。徐广缙、叶名琛惟当督率绅士，激励夷商，告知上年议欲进城，各国便停贸易，归怨英夷。使之利钝哓然，暗消桀骜，自远胜于挞伐申威。谅徐广缙等自必善体此意，设法控驭，使之颓然自沮也。”[⑥]总之，无论是封疆大吏琦善、林则徐还是著名经世学者包世臣等人都曾主张“以商制夷”，皇帝也受此影响而紧紧抓住这或许是当时唯一的制夷手段。可以说，鸦片战争前后几十年间是“以商制夷”论泛滥期，从世界认识的角度看，这也是与世界知识的匮乏联系在一起的，似

---

① 《筹办夷务始末》(道光朝)卷68，台北，文海出版社影印本，1970年，第27页。

② 当时，中方认为英国完全放弃了入城要求。茅海建认为，英方只是暂时罢议入城，是徐广缙等误解了英国公使文翰的意图。参见茅海建：《近代的尺度》，上海，上海三联书店，1998年，第127页。

③ 《筹办夷务始末》(道光朝)卷80，台北，文海出版社影印本，1970年，第4页。

④ 《筹办夷务始末》(咸丰朝)一，北京，中华书局，1979年，第101页。

⑤ 《筹办夷务始末》(咸丰朝)一，北京，中华书局，1979年，第81页。

⑥ 《筹办夷务始末》(咸丰朝)一，北京，中华书局，1979年，第24页。

是而非的说法混淆了应有的判断，故而社会主流舆论和政策才会趋同于此。

追求利润是近代资本主义的主要特征，也是促成世界市场的动力，但中西社会制度、价值观念的差异以及清廷对世界发展趋势的隔膜，使清廷只能从政治角度认识西方人的商业行为。在这种观念的错位之下，第二次鸦片战争时期咸丰帝才会想到以免除进出口关税来废除《天津条约》，其中主要是想阻止外人驻京，这在当时被称为“第一要事”。负责条约谈判的桂良等人虽然最终使咸丰帝放弃了这一打算，但其理由也并非从世界市场角度指出免税对中国经济的危害，而是强调：“盖英夷之雄长西洋，于其属国不完关税，已非一日，其志尚不全在利益，而在夜郎自大。故臣等欲留此遵奉天朝定制完纳关税之名，以崇国体，非敢惜此微末，致落下策也。”[①] 这一理由有诓骗咸丰帝的成分，因为以两江总督何桂清等人为首的地方官员起初是从经济层面反对免税：“臣维征收关税谓之稽征者，稽查其出入之货是否违禁，而征收其税也。若不征其出入口货税，则无所稽考，竟可任听该夷将我内地货物，即在内地贸易，胥天下之利柄归于该夷，而我民穷财尽矣。臣愚以为利柄必应收回，税则不可轻免者在此也。”[②]不过，咸丰帝对此予以了严厉斥责，甚至认为“何桂清受朕厚恩，断不至别有他意，特恐属员虑及免税后，无可沾润，因而设词淆惑，亦事所必有”[③]。1858年10月，桂良、何桂清等人经过反复酝酿，上奏《免税有十可虑连日会议未敢轻举折》，全面阐述了反对免税的理由，他们基本是从政治层面进行立论，如“夷人不纳贡而纳税，今日之税，譬如告朔之饩羊，使各夷之尊重天朝而不敢逞志。一旦裁之，恐长夷人骄傲之气”[④]等，这种论说方式也许有避免被咸丰帝指责为贪夷人之利的考虑，但在一定程度上也反映了桂良等人的主要观念。所以，桂良等人在上海交涉时最后确定的策略就是想方设法避免外国公使驻京，其他方面则基本遵守《天津条约》的相关条款。当然，咸丰帝最终无可奈何地接受桂良等人的建议，也是考虑到桂良等指出的“该夷曾有即使

---

① 《筹办夷务始末》(咸丰朝)四，北京，中华书局，1979年，第1177页。

② 《筹办夷务始末》(咸丰朝)三，北京，中华书局，1979年，第1133页。

③ 《筹办夷务始末》(咸丰朝)三，北京，中华书局，1979年，第1134页。

④ 《筹办夷务始末》(咸丰朝)四，北京，中华书局，1979年，第1180页。

宽免税课，条约亦不能罢弃之语”[①]。不过，由此可以看出，在当时的中国社会舆论氛围下，无论是免税还是征税，最终都只是作为制夷的手段才能获得认可，而主要目的就是继续维持“天朝上国”的形象。当然，如果说“以商制夷”论还有一定效果的话，就是第二次鸦片战争时期中西之间的奇特对策：一方面清政府与英、法两国军事冲突不断，另一方面却照常贸易。不知这种局面是对清政府有利，还是更有利于西方列强。下面这段言论非常典型，反映了时人的普遍观念。

> 金眉生都转安清负才望，喜谈天下事，亦振奇人也。自西事之兴，士大夫持正者多喜言战，眉生独主和议，曰：“人知和之可耻，而不知战不胜而求和之更可耻。人知战之为上，而不知不战而能屈人之更为上。”咸丰戊午，举朝议和约，头绪繁多，而入京入江两端所关尤巨。万藕舲尚书力阻入京，宋雪帆侍郎力阻入江，眉生作《豢夷说》一篇，请以宽其沿海关税，抵其入京入江两事，当时不能用，然实正论也。国家无洋税，岂遂不能立国，而夷夏之防，不致溃决，则所得多矣。[②]

如何认识以市场经济为主导的西方资本主义世界，对于清朝士大夫来说无疑具有很大困难。道光帝看到《南京条约》草案后提醒负责谈判的耆英诸人：“该国与内地通商已二百年，从前货物交易银钱往来，俱系自行经理，我国官员向不过问。且此中贸易曲折，价值低昂，甚为琐屑。况各国言语不通，断非地方官所能经理。嗣后各处通商，自应仍照旧章，毋庸更改。”[③]道光帝的担心是有道理的，如对世界有一定了解并在《南京条约》善后交涉中出谋划策的黄恩彤，便认为英国欲废除十三行行商而实行自由贸易是十三行商人的主意，“彼之欲去洋商，乃洋商嗾使，非其本意，在金陵无所闻，到粤始知之。且彼商与内地洋商，交易已久，未必即肯舍旧趋新也。今姑将裁商与彼不便之处，剀切具文，行知璞使，

---

① 《桂良等奏连日与各国会议条约万不能动折》,《筹办夷务始末》(咸丰朝)四,北京,中华书局,1978年,第1185页。

② (清)俞樾撰,徐明、文青校点:《春在堂随笔》,沈阳,辽宁教育出版社,2001年,第39页。这段文字原书“入京”“入江”的“入”均为“人”,引用时便直接更正。本书中引用的其他文献,在明显错误的情况下也同样直接更正,不一一说明。

③ 《清实录·宣宗实录》卷378,道光二十二年七月癸亥。

看其有无转机，再筹办法可耳”[①]。当然，中方对英方的要求也有误会的成分在里面，英方只是要废除官方式的垄断经营，而中方以为英方是要完全驱逐十三行商人。所以，黄恩彤才在上述话语之后给英方的照会中又称，“不如仍留旧商，但不存官行之名，任凭英商自投”，并且认为事实上“迨通市后，虽有新商，而旧商贸易如故，仍不出此议”。[②]1854年10月，在天津负责交涉的长芦盐政文谦上奏，其言论还是老生常谈：“又欲遣有权使者，寓居中华北京，办理来往公文一条。奴才等谕以原定条约，各国不准遣员到来，通商一事，有何公文可办?”[③]直到19世纪70年代后期，以洋务著称的左宗棠在回复总理衙门关于修约问题的咨询时，仍将商务问题排斥在公事之外。“窃维各国争执之事，约有两端：一为伊国公事，如入觐、遣使、传教是也；一为伊国商人之事，如信线、铁路、内地设行栈、内河驶轮船、请减新关洋税是也。”[④]至于中国海关最后被外国人控制，虽然其中的主要原因是西方侵略造成的，但也反映了清朝人面对近代市场经济的无知与无奈。如两广总督劳崇光称：“臣到任后，访悉情形，与监督恒祺悉心筹画，惟有仿照上海办法，用外国人治外国人，语言通晓，底蕴周知，内地奸民无从煽惑句串，于税务必有裨益。”[⑤]《北京条约》签订后负责通商事务的钦差大臣江苏巡抚薛焕亦谓：“查有英人李泰国，在上海帮办税务有年，能知洋商利弊，熟悉情形，办理一切，均属妥协。”[⑥]由于对西方的商业经济秩序不理解，清朝只能从

---

① (清)黄恩彤:《抚远纪略》,中国史学会主编:《中国近代史资料丛刊·鸦片战争》(五),上海,上海人民出版社、上海书店出版社,2000年,第420页。黄恩彤等人的言论也说明,他们不了解中英之间交涉的历史,因为鸦片战争前的1829年英商就有废除十三洋行行商的要求,并且还酿成双方之间的重大交涉问题,来华贸易的英国商人因此迟迟不肯进港。当时两广总督李鸿宾在奏折中提到:“大概总以洋行连年闭歇,拖欠夷银,欲求整顿为词。并有恳请嗣后不用保商,不用买办,并在省城自租栈房,囤贮夷货等条,皆与向定章程,俾民夷不相交结之意,大有违碍,万不可行。”(中国史学会主编:《中国近代史资料丛刊·鸦片战争》(一),上海,上海人民出版社、上海书店出版社,2000年,第75～76页。)

② (清)黄恩彤:《抚远纪略》,中国史学会主编:《中国近代史资料丛刊·鸦片战争》(五),上海,上海人民出版社、上海书店出版社,2000年,第420页。

③《筹办夷务始末》(咸丰朝)一,北京,中华书局,1979年,第328页。

④《筹办夷务始末》(同治朝)卷51,台北,文海出版社影印本,1971年,第19页。

⑤《劳崇光又奏李泰国至粤海关帮办缉私片》,《筹办夷务始末》(咸丰朝)五,北京,中华书局,1979年,第1725页。

⑥《薛焕又奏现届开办新章总税务司李泰国请敕恭亲王等发给札谕饬办片》,《筹办夷务始末》(咸丰朝)八,北京,中华书局,1979年,第2687页。

政治角度看待西方的经济行为，并从西方人求利欲望中找到了制夷的最好手段。

市场经济是资本主义制度与此前社会制度的重要区别，中国受自身制度和观念的影响，很难理解资本主义经济体系及其观念。所以，鸦片战争后中国人撰写的世界史地著作也往往漠视世界市场在资本主义体系中的作用。其实，19世纪初新教传教士出版的汉文书刊中，有一些论述国际贸易的内容，强调世界市场的形成及意义。《东西洋考每月统记传》就认为应加强各国经济往来，相互贸易是世界的发展趋势，是文明社会的标志。1837年，该刊在《欧罗巴列国之民寻新地论》一文中申陈："天下之方产，诸地之生物，各有不同。是以国者，须相交易以补自用。人初居穴，无城无邑，无所用之赀，自然足心，而不贪远方之货，故非愿与人往来"，但新航路的开辟则促成了全球通商网的形成。[①]同年，该刊在《论管子之书》中以"仓廪实则知礼节"为据指出，"远者来，为国丰盛之祥。国无通商，未有旺相，通商愈繁，国愈兴焉"。[②]这两篇文章显然都是针对中国的传统世界认识而言的。1838年，该刊连续发表十篇"贸易"文章，系统地阐述了其观点：(1)"上古以来，万国以所有者，易所无也，此不变之常道"；(2)"各国向化，自然开通商之路，通商愈广，国家愈兴，经商废衰，百姓残弱焉"；(3)"开广通商，内外两相有益矣。合四海为一家，联万姓为一体矣"。[③]这里所揭示的正是近代资本主义世界市场的内容。

魏源在撰写《海图图志》时便是主要依据新教传教士出版的汉文书刊，但他却不能理解或不接受新教传教士上述关于世界市场的言论，因而没有完全摆脱传统价值观的束缚。《海国图志·大西洋欧罗巴各国总叙》中的言论是书中的核心观点之一，魏源认为，"自意大里裂为数国，教虽存而富强不竞。于是佛郎机、英吉利代兴，而英吉利尤炽，不务行教而专行贾，且佐行贾以行兵，兵贾相资，遂雄岛夷"[④]。在此前1840年的《寰海》诗中，魏源也强调了西方列强的这种特点："寰海蚨飞尚未

---

① 〔德〕爱汉者等编，黄时鉴整理：《东西洋考每月统记传》，北京，中华书局，1997年，第234～235页。

② 〔德〕爱汉者等编，黄时鉴整理：《东西洋考每月统记传》，北京，中华书局，1997年，第271页。

③ 〔德〕爱汉者等编，黄时鉴整理：《东西洋考每月统记传》，北京，中华书局，1997年，第314～316页。

④ (清)魏源：《海国图志》(中)，长沙，岳麓书社，1998年，第1092页。

知，江河蚁溃起何时！乾坤嗜欲兴弧矢，饮食《需》《屯》召《讼》《师》。”[①]“兵贾相资”是西方列强向世界扩张的重要特点，魏源此论也深有见地，但他最终却将手段与目的颠倒，认为战舰、火器、养兵练兵之法是“宜师夷之长技”，漠视了作为其基础和目的的商业贸易，这也与他出于多种原因而急于找到直接的制夷方式有关。

与《海国图志》相比，《瀛寰志略》对资本主义世界市场的认识更深刻一些。“欧罗巴诸国皆善权子母，以商贾为本计，关有税而田无赋。航海贸迁，不辞险远，四海之内遍设埔头，固由其善于操舟，亦因国计全在于此，不得不尽心力而为之也。”[②]值得注意的是，《海国图志·大西洋各国总沿革》中选录了上述“瀛寰志略·欧罗巴”一节，但魏源却删掉了徐继畬在该节中阐述的上述观点，亦说明魏源不同意徐的认识。[③]不过，即使比较充分认识到世界市场之地位的徐继畬，在清廷“以商制夷”舆论的压力下，往往也夸大中国在世界市场中的地位，如前引之1850年与刘韵珂共同上奏中便认为英国“货船虽无所不到，总以中国马头为养命之源”。但《瀛寰志略》对西方列强特别是英国开拓世界市场的认识在当时中国人的世界史地著作中确是最深刻的，“盖四海之内，其帆樯无所不到，凡有土有人之处，无不睥睨相度，思朘削其精华”[④]。这一论断在19世纪60年代以后才逐渐为中国人所接受，看到了世界市场在资本主义世界体系中的地位。

19世纪60年代以后，随着中外关系的发展和中国人观念的更新，对国际贸易和世界市场的认识也开始发生较大的转变。1861年1月，《奕䜣桂良文祥奏统计全局酌拟章程六条呈览遵行折》标志着清朝内外政策全面转向，其中强调了“该夷等并不利我土地人民”[⑤]，这也是清朝所以能改变自身政策的前提。在这一认识前提下，加之公使驻京等导致中外形势的转变，清政府逐渐放弃了“以商制夷”的政治性话语，开始从经济角度考虑西方的经济行为，因而对世界市场的认识也更贴近其本身含义。冯桂芬指出，“今通商为时政之一”[⑥]，肯定了其时代性与合理性。1861

---

① 《魏源全集》第12册，长沙，岳麓书社，2004年，第680页。

② （清）徐继畬：《瀛寰志略》，上海，上海书店出版社，2001年，第115页。

③ 参见（清）魏源《海国图志》（中），长沙，岳麓书社，1998年，第1106页。

④ （清）徐继畬：《瀛寰志略》，上海，上海书店出版社，2001年，第237页。

⑤ 《筹办夷务始末》（咸丰朝）八，北京，中华书局，1979年，第2674页。

⑥ （清）冯桂芬：《上海设立同文馆议》，（清）冯桂芬著，戴扬本评注：《校邠庐抗议》，郑州，中州古籍出版社，1998年，第250页。

年，监察御史魏睦庭上奏：“盖西洋以商贩为立国之本，非船坚炮利，士卒整练，不能立国。”[①]1865年，薛福成在《上曾侯相书》中指出防备外患之法：“防之之策，有体有用。言其体，则必修政刑、厚风俗、植贤才、变旧法、祛积弊、养民练兵、通商惠工，俾中兴之治业，蒸蒸日上。”[②]在薛福成称为“体”的内容中，最引人注目的当为“通商惠工”，长期为封建统治者视为末业的工商业却被列为关乎国家命运之列，说明在中外通商逐渐发展的形势下人们观念的转变。1866年，广东巡抚蒋益澧在奏折中比较全面而深入地分析了世界形势，特别是强调了商业在富国强兵中的作用：“若使各口有轮船二三十号、夹板船百十号，不惟壮我声势，亦且夺彼利权。何则？五州四海，彼能往我亦能往，而时价之高下，物产之精粗，洋商必不及华民之精，则取利亦必不及华商之易，将彼之初以利厚而来者，继将以利薄而去。是在乎用人之得宜，求远功而不求速效，乃能有济耳。”[③]1867年，礼科掌印给事中周星誉奏陈：“中土往古寓兵于农。西人皆寓兵于商，故兵饷则常盈，商利则日厚。中国以逐末为耻，以与商同利为戒，虽有平准均输市易诸古法，皆偶举即辍，不能精求。此则自明以前，以中国治中国可也。今西洋数十国麇聚海洋，而犹守古之常经，势将有所不可。”[④]他的奏折彻底颠覆了中国传统重农轻商的合理性，因为商业已经不是局限于国内地区之间的互通有无，商业突破了国界，成为国家之间的竞争，关系着一个国家的强弱盛衰。1867年底《李鸿章附呈藩司丁日昌条款》则首次提出“设立市舶司”，“赴各国有华人所处，管理华人……若中国精选忠勇才干官员，如彼国之领事，至该处妥为经理，凡海外贸易，皆官为之扶持维系，商之害官为厘剔，商之利官不与闻，则中国出洋之人，必系恋故乡，不忍为外国之用，而中国之气日振”[⑤]。丁日昌在1868年关于置办轮船以运输漕粮的咨文中再次提到：“非兴各省矿物无以裕我财源，非往外国经商无以制其死命。”[⑥]

不过，在19世纪60年代，清政府在处理实际事务的过程中仍基本囿

① 《筹办夷务始末》(同治朝)卷2,台北,文海出版社影印本,1971年,第35页。

② 丁凤麟、王欣之编:《薛福成选集》,上海,上海人民出版社,1987年,第23页。

③ 《筹办夷务始末》(同治朝)卷43,台北,文海出版社影印本,1971年,第15～16页。

④ 《筹办夷务始末》(同治朝)卷49,台北,文海出版社影印本,1971年,第38页。

⑤ 《筹办夷务始末》(同治朝)卷55,台北,文海出版社影印本,1971年,第21～22页。

⑥ (清)丁日昌:《咨覆通商大臣商号拟购轮船试运》,中国史学会主编:《中国近代史资料丛刊·洋务运动》(六),上海,上海人民出版社、上海书店出版社,2000年,第82页。

于传统观念，并未改变既往的经济观念和政策。以当时围绕即将到来的修约问题为例，这是总理衙门要求南北洋通商大臣及拥有通商口岸的各地督抚将军必须讨论的大政，但综观他们关于通信、铁路、矿业等问题的有关奏章，可以看到他们完全缺乏或不认同近代社会的基本经济理念。如陕甘总督左宗棠不认同西方的贸易观念，认为西方架设电报线“意不过为贸易争先起见，不知一商因信线置货卸货，各商即从而效之，彼此齐同置货卸货，究竟不能独得便宜，于商无益，徒招民怨”[①]。署湖广总督、江苏巡抚李瀚章则基本从政治特别是军事角度看待电报问题：“查铜线之用，信息灵捷，故各国争之甚力。彼族轮船一日千里，又有小轮船之议，议而未允，又议铜线，揆其意欲使数千里信息达于俄顷。夫中外和好，岂与争信息之迟速哉。独事机紧要时，彼速我迟，利害分焉。倘能阻止，所全实多。”[②]署直隶总督官文仍然从轻视商业进而以此作为判断华夷的标准来议论中外关系，认为“中国之于各国，以客礼相待，体制较优。若不知自重，欲下同枭贩，扰乱中国盐务，不惟有负前约，且使中外传闻，以为各国之在中国，形同枭贩，贻羞海内，外藩诸国，且耻为同列，又何能觍颜与中国争礼数哉”[③]。两江总督曾国藩虽从关注民生的层面立论，但固步自封的传统观念显然也不能解决现实问题：“今若听洋人行盐，则场商贩运之生路穷矣；听洋人设栈，则行店囤积之生路穷矣；听小轮船入内河，则大小舟航水手舵工之生路穷矣；听其创办电线铁路，则车驴任辇旅店脚夫之生路穷矣。”[④]福州船政大臣沈葆桢甚至重新搬出类同于咸丰帝曾经欲实行的免税说，以换取列强在修约问题上的让步，认为“前者划四成税饷，偿其兵费，原谓安民息事，出于一时之权宜。此次修约届期，可否示以天朝宽大之恩，仍于新关结款内酌量划分成数，助其不给，其余所有条约，仍照原议，不得一字加增”[⑤]。除了封疆大吏之外，在这次讨论中，具有一定洋务知识的士大夫的观念也没有什么可称道之处，如沈葆桢代呈的《附呈吏部主事梁鸣谦条说》便代表了一般士大夫的观念，认为“俟轮船告成，分遣使臣带兵试历西海，阳为通商，阴求制敌。且近日华民，寄居外岛者不乏人，招其豪杰，扰

① 《筹办夷务始末》(同治朝)卷51，台北，文海出版社影印本，1971年，第21页。
② 《筹办夷务始末》(同治朝)卷52，台北，文海出版社影印本，1971年，第33页。
③ 《筹办夷务始末》(同治朝)卷56，台北，文海出版社影印本，1971年，第14页。
④ 《筹办夷务始末》(同治朝)卷54，台北，文海出版社影印本，1971年，第1～2页。
⑤ 《筹办夷务始末》(同治朝)卷54，台北，文海出版社影印本，1971年，第25～26页。

其封疆，挠其利权，离其党与。数年之后，中国转弱为强可也”[①]。至于对世界市场在经济方面的价值，一般人少有议论，即使偶尔有涉及这方面的文字，也不能把握其真正含义，如沈葆桢代呈的《附呈广东补用道叶文澜条说》，针对外国在中国修筑铁路问题便认为：“但市货交易，每权其成本水脚，以定价之轻重。凡货之价十者，成本居其七，水脚居其三，夫人知之矣。此法行，大省运载之劳，又无稽迟之虑。水脚既轻，欲权旧日之重价，以求捷获，顾可得乎？既无以为增利之端，又显处见害之势，尔何乐而为之？盖外国人惟利是图，怵以害庶几其畏怯乎？”[②]

当然，在这次讨论中，也有个别督抚有比较强的近代经济意识。如李鸿章就表现出他在中外关系方面的高人一筹之处，他也认为不能允许西方在中国修筑铁路、内地设立行栈等，但他不仅从一般的传统观念出发指出其对中国国计民生的危害，而且从西方的基本贸易规则层面否定其合理性：“且以泰西各国凡例论之，通商均在海口，从无准入内地贸易之事。中国准洋商赴内地置货，实较别国通商为更优待，岂可再有奢望垄断，结怨于民，自贻后患。”[③]福建巡抚李福泰对于修筑铁路虽然也抱持保留态度，但他从整个世界贸易的角度审视铁路问题，表现出一定的远见卓识：“彼国商船由海道而来，迂回数万里。若由西北陆路，行以铁路之法，旬日可达，取道捷而为费省，固各国所必争。如其议而行之，百货聚于中华，富强之资也。不知利害互为循环，利之所在，即害之所伏，是又不可不通盘筹画，深思而远虑也。”[④]但通过上述诸例也可以看到，具有近代意识的见解在当时只是个例，绝大部分人仍是囿于传统意识而不能自拔。

所以，虽然19世纪60年代中国已经开始了洋务运动，个别人也有了初步的近代世界市场观念，但从整体而言当时并没有形成近代贸易理念与世界市场观念，小农经济理念和政治高于一切的观念仍是考虑经济问题的出发点和标准。1868年，奕䜣等总理衙门大臣在上述讨论的基础上正式开始了与英国等国家的修约谈判，就中外经济问题而言，他们认为：“至中国政令，向不以通商为务，而物产丰裕，更无所需假于外洋。本不必似彼之极意要求，致蹈商贾行径。惟彼有所求于我，而我一无所责于

① 《筹办夷务始末》(同治朝)卷53,台北,文海出版社影印本,1971年,第11页。

② 《筹办夷务始末》(同治朝)卷53,台北,文海出版社影印本,1971年,第13～14页。

③ 《筹办夷务始末》(同治朝)卷55,台北,文海出版社影印本,1971年,第14页。

④ 《筹办夷务始末》(同治朝)卷55,台北,文海出版社影印本,1971年,第34～35页。

彼，虽足以示中国宽大，特恐彼视中国太易，更生非分之思，是以臣衙门亦拟数条向彼商办。”[①]这种认识与前述督抚大臣的观点是一致的，也进一步说明清政府的对外经济理念和政策仍然没有超越传统的意识。不过，在这次的修约谈判中，也有值得肯定的一点，就是奕䜣等人已开始注意维护本国商人的利益，如“所有洋货进口时，该关即将正税半税，一并征收，此后无论洋商华商，俱领单照入内地，经过关卡，但将单照呈验，概不重征”[②]；对于外商在中国国内转口贩运中国货物，“此系洋商情愿专作华商贸易，自应华洋一律，俾不碍华商生计”[③]。但由于认识的局限及财政窘困等因素的制约，他们还没有考虑到中国商品的市场竞争力问题，尽管奕䜣等人也知道外国商品的进口税与中国商品缴纳的各种税厘相比，“轻重悬殊”[④]。

中国近代世界市场观的形成基本是在19世纪70年代，洋务官僚和洋务思想家从这一时期开始纷纷著书陈言，要求清政府适应时代的要求发展工商业以振兴中国经济。1872年，洋务派创办了第一家近代民用企业轮船招商局，表明洋务派在发展中国近代经济方面已经开始实际行动。最早提出创办轮船招商局的是深受容闳影响的洋务派官僚丁日昌，李鸿章在1872年的信函中回顾了大致的过程：“此事前数年雨生中丞在苏抚任内久创斯议，并于入觐时面陈枢廷，欲广招华商购船兼运西皖漕粮。岘庄中丞同时在京，枢府即令丁、刘二公面议推行，嗣仍因循未就。”[⑤]延至19世纪70年代，轮船招商局终于在李鸿章的主持下运作成功，他也不无得意地称道为“招商轮船实为开办洋务四十年来最得手文字”[⑥]。综合起来看，轮船招商局的创立是各种因素促成的，如19世纪70年代末到达中国的一个英国海军军官就曾记载：“一位上海最聪明的商人在答覆我的询问时告诉我，‘公司是由唐景星很能干地经营着，不过他在思想上与其说是中国人毋宁说是外国人。他是李鸿章关于西方思想的一切事情上的机密顾问，最近被委为一个直隶矿物局的总办。船公司的创立和扩大就

① 《筹办夷务始末》（同治朝）卷63，台北，文海出版社影印本，1971年，第5页。

② 《筹办夷务始末》（同治朝）卷63，台北，文海出版社影印本，1971年，第34页。

③ 《筹办夷务始末》（同治朝）卷63，台北，文海出版社影印本，1971年，第35页。

④ 《筹办夷务始末》（同治朝）卷63，台北，文海出版社影印本，1971年，第24页。

⑤ （清）李鸿章：《复何筱宋制军》，（清）吴汝纶编：《李文忠公（鸿章）全集·朋僚函稿》卷12，台北，文海出版社影印本，1980年，第28页。

⑥ （清）李鸿章：《复刘仲良方伯》，（清）吴汝纶编：《李文忠公（鸿章）全集·朋僚函稿》卷13，台北，文海出版社影印本，1980年，第24页。

是他建议的'"[①]。

1874年，在围绕海防问题的大讨论中，李鸿章从世界的角度与时代的高度，首次明确、详细地向清政府阐述了发展以工商业为核心的近代经济的可能性与必然性，代表了洋务派的近代国际贸易与世界市场的观念已经基本形成。

> 丁日昌拟设厂造耕织机器，曾国藩与臣叠请开煤铁各矿，试办招商轮船，皆为内地开拓生计起见。盖既不能禁洋货之不来，又不能禁华民之不用。英国呢布，运至中国，每岁售银三千余万，又铜铁铅锡售银数百万，于中国女红匠作之利，妨夺不少。曷若亦设机器，自为制造，轮船铁路，自为转运？但使货物精华，与彼相埒，彼物来自重洋，势不能与内地自产者比较，我利日兴，则彼利日薄，不独有益厘饷也。各省诸山，多产五金及丹砂水银煤之处，中国数千年未尝大开，偶开之又不得其器与法，而常忧国用匮竭。此何异家有宝库，封锢不启，而坐愁饥寒？西土治地质学者，视山之土石，即知其中有何矿。窃以为宜聘此辈数人，分往遍查，记其所产，择其利厚者，次第开挖，一切仿西法行之。或由筹借资本，或劝远近富商，凑股合立公司，开得若干，酌提一二分归官，其收效当在十年以后。[②]

两江总督李宗羲奏称："外国轮船，以商为主，以兵为辅，所以财力厚而兵饷亦足。上年直隶督臣李鸿章试办轮船招商局，即是此意。""目前各国通商，耦俱无猜，实千古未有之创局。"[③]福建巡抚王凯泰主张在海外华人聚集地区设立领事，不仅可以保护华人，"况中国殷商，知外洋有官护持，丝茶大贾，皆可广为招徕，自行运销，不受洋人抑勒，是又暗收利权也"[④]。这样，与中国近代民办企业创办的同时，洋务官僚已形成了初步的近代世界市场观念，其理想和目标就是中国"商船能往外洋，

① 〔英〕寿尔撰，张雁深摘译：《田凫号航行记》，中国史学会主编：《中国近代史资料丛刊·洋务运动》(八)，上海，上海人民出版社、上海书店出版社，2000年，第401页。

② 《筹办夷务始末》(同治朝)卷99，台北，文海出版社影印本，1971年，第25～26页。

③ 《筹办夷务始末》(同治朝)卷100，台北，文海出版社影印本，1971年，第6、10页。

④ 《筹办夷务始末》(同治朝)卷99，台北，文海出版社影印本，1971年，第49页。

俾外洋损一分之利，即中国益一分之利”[①]。

随着19世纪70年代后民用洋务企业的陆续创办，市场问题越来越受到重视。1874年，沈葆桢为了台湾基隆煤矿就上奏要求降低煤炭的税率，以利于在市场中的竞争。他认为，基隆煤与日本煤质量相差无几，“而台煤仍不畅销者，以东洋之煤成本较轻，独擅其利故也。今欲分东洋之利，必将台煤减税，以广招徕。洋商计较锱铢，闻风而至，以后税则虽减，而总计税入，仍不至悬殊，于民间生计，当有起色”[②]。总理衙门也认识到国产煤与进口煤的税率相差悬殊，很快就同意了沈葆桢的要求。不过，出于对政府的财政收入及可能接受的改变等方面的考虑，沈葆桢等人议定的减税后的国产煤税率还是高于进口的外国煤。土货税重而洋货税轻问题以后也一直困扰着洋务企业，诚如李鸿章所言：“中国原定洋货税则过轻，土货税则较重，以致华商疲累，难与洋商颉颃。查西洋各国通例，于外来进口货税无一不重，于本国出口货税无一不轻，所以征外人之利而护本国之商，斟酌损益，实有至理。乃中国初定约时为外人所蒙，转使外洋进口之货税轻，内地出口之货税重，不啻抑华商而护洋商，此通商后数十年之流弊，隐受厥累而不觉者也。”[③]

与此同时，洋务思想家也从不同层面对近代世界经济进行了更深入的论述，其中最突出的观念是从国际贸易的角度摒弃了传统的重农抑商观念，形成了重商思想，这是中国经济思想的重大转型。重商思想在前述19世纪60年代周星誉的言论中还是个别现象，但到70年代则成为洋务思想家认同的核心价值理念，他们纷纷畅言，认为面对世界性贸易，必须重视商业竞争。游历欧洲的王韬认为，英国以区区岛国富甲天下，主要在于其以商业贸易占据全球市场，“自兴刳木之制以来，所造船舶，未有若英国之盛者也。民间贸易转输，远至数万里以外，以贱征贵，以贵征贱，取利于异邦，而纳税于本国，国富兵强，率由乎此”[④]。“时至今日，泰西通商中土之局，将与地球相终始矣。”[⑤]所以，王韬认为中国欲

---

① （清）李鸿章：《议覆梅启照条陈折》，（清）吴汝纶编：《李文忠公（鸿章）全集·奏稿》卷39，台北，文海出版社影印本，1980年，第32页。

② （清）沈葆桢：《台煤减税片》，中国史学会主编：《中国近代史资料丛刊·洋务运动》（七），上海，上海人民出版社、上海书店出版社，2000年，第69页。

③ （清）李鸿章：《请减出口煤税片》，（清）吴汝纶编：《李文忠公（鸿章）全集·奏稿》卷40，台北，文海出版社影印本，1980年，第44页。

④ （清）王韬：《弢园文录外编》，上海，上海书店出版社，2002年，第91页。

⑤ （清）王韬：《弢园文录外编》，上海，上海书店出版社，2002年，第23页。

富强，也必须适应近代世界市场，“广贸易以重货财”，“抑知古今之局变而贸易之途亦因之以变。古之为商仅遍于国中，今之为商必越乎境外”，“今诚能通商于泰西各国，自握其利权，茶丝我载以往，呢布我载以来。至于中国内地，当以小轮船为之转输济运。如是则可收西商之利，而复为我所有，而中国日见其富矣”[①]。薛福成在《筹洋刍议》中从古今时势的转变角度，明确地论述了全球性商业竞争及其中国的必然选择：“夫商务未兴之时，各国闭关而治，享其地利而有余；及天下既以此为务，设或此衰彼旺，则此国之利，源源而往；彼国之利，不能源源而来，无久而不贫之理。所以地球各国，居今日而竞事通商，亦势有不得已也。”[②]马建忠的言论再现了西方国家和世界市场的现状：“宇内五大洲国百数，自朝鲜立约，而闭关绝使者无其国矣。若英若美若法若俄若德若英属之印度，无不以通商致富。尝居其邦而考其求富之源，一以通商为准。”[③]而当时身为商人、欲图中国富强的郑观应指出：“原夫欧洲各邦，以通商为大经，以制造为本务。盖纳税于货，而寓兵于商也。其未通商之始，划疆自守，不相往来。今则百货流通，各商云集。设此国之财，竟任滔滔而去，彼国之利，不能源源而来，莫塞漏卮，久将坐困。故泰西各国，举凡利之所在，趋之如狂。”所以，中国也必须振兴商务，“举凡外洋之货，我华人自营运之；中土之货，我华人自经理之。扩其远图，擅其利薮，则洋人进口日见其衰，而华人出洋日征其盛，将富国裕民之效，可操券而得焉”[④]。到《盛在危言》问世之时，郑观应直接标以“商战”之名。1876年，李圭作为中国人代表中国第一次参加了在费城举行的世界博览会，表明中国人的世界市场观念已有了很大进步，中国也正在主动融入国际经济网络和世界市场。所以，19世纪70年代中国已逐渐具备了近代世界市场观念。在市场经济观念的影响下，中国传统的重农抑商意识得到修正，薛福成后来甚至提出“是握四民之纲者，商也”[⑤]之观念。从闭关到开放，从抑商到重商，中国终于认清了自己必然要走的道路。

另外，从19世纪70年代开始，一般的士大夫阶层之观念也发生了很

① (清)王韬:《弢园文录外编》,上海,上海书店出版社,2002年,第247～248页。

② 丁凤麟、王欣之编:《薛福成选集》,上海,上海人民出版社,1987年,第541页。

③ (清)马建忠:《适可斋记言记行·记言》卷1,台北,文海出版社影印本,1968年,第1页。

④ (清)郑观应:《易言·论商务》,夏东元编:《郑观应集》上册,上海,上海人民出版社,1982年,第73、74页。

⑤ (清)薛福成:《出使英法义比四国日记》,长沙,岳麓书社,1985年,第82页。

大转变，他们开始从世界的角度关注中国经济的发展情况。例如，时为翰林院侍读的王先谦在1879年呈递了万言奏折，提出了“审敌情”“振士气”“筹经费”“备船械”四条建议，其中有关经济方面的内容就强调了必须根据世界形势来设计中国经济：“泰西皆用开矿致富强。中国产煤铁少，则轮船所用必取给外洋。是中土添一漏卮，外洋增一利薮。故从前可以不办，今日势难缓图。国家无事之日，动不如静，有事则当与时势为变通。且地不爱宝，秘久必宣，亦自然之理也。”“外夷所需于我者，丝茶为最。近闻英国蚕桑渐兴，印度茶种甚佳，再一二十年，我将一无所恃。西人讲地质学者每言中国繁盛甲五大洲，煤铁之利外国不及，不解何以穷困。故今开矿，畅旺不独济我之用，兼可擅彼之利也。”[①]而御史李璠的奏折代表了19世纪中叶国人特别是一般士大夫阶层对世界市场的简短而精炼的概括，这说明经过鸦片战争后近四十年的中外冲突和交往，国人的观念发生了深刻变化，对国际贸易和世界市场的认识达到了相当水准。节录如下：

> 泰西各国，谓商务之盛衰关乎国运，故君民同心，利之所在，全力赴之。始而海滨，继而腹地，既蚀人之资财，并据人之形胜，盘踞已久，遂惟所欲为。古之侵人国也，必费财而后辟土；彼之侵人国也，既辟土而又生财，故大学士曾国藩谓“商鞅以耕战，泰西以商战”，诚为确论。此洋人通商弱人之实情也……
>
> 当此之时，若闭关绝市，则势有不能；若问罪兴师，则义亦不必。即使一战而胜，其盘踞如故，攘利如故，终不能驱之出境，杜绝根株，纵能外托恭顺，中国之财力已竭矣，况万不能乎！惟有以商敌商，鼓励沿海义民仿照外国凑集公司，前往贸易，收回利权。彼无所利，不驱自去，此销患无形、釜底抽薪之法也……
>
> 中国初设招商局，洋商各怀隐忧，德国公使巴兰德谓中国办理海疆十余年，惟招商局深中肯綮，其用意所在已可概见。夫轮船招商坚壁清野之策也，外洋贸易直捣中坚之策也。二者并行，办有成效，洋人之气不待战而自慑矣。[②]

---

① 《光绪五年九月二十八日翰林院侍读王先谦奏折》，中国史学会主编：《中国近代史资料丛刊·洋务运动》(一)，上海，上海人民出版社、上海书店出版社，2000年，第192、197页。

② 《光绪四年四月十九日湖广道监察御史李璠奏折》，中国史学会主编：《中国近代史资料丛刊·洋务运动》(一)，上海，上海人民出版社、上海书店出版社，2000年，第165～166页。

李璠在奏折的夹片中又强调，中国应该学习西方振兴工业特别是轻工业，“咨行南北洋大臣及沿海各督抚倡导商民，凑集公司，南省织洋布，北省织呢毡，风气既开，民皆乐利，此外一切制造皆可仿其法式，次第举行。彼所需于我者既有外洋贸易以收回利权，彼所售于我者复有机器制造以绝其销路，将诡计更无所施，此釜底抽薪之又一事也”[①]。王尔敏指出：“自光绪元年起，海关贸易册，广为流传于朝野官绅间，有心人士从事搜集，或随时录入日记，并撰著成书，如杨楷之‘通商十二表’，张謇之‘棉铁表’，沈敦和之‘中外贸易调查表’，钱恂据杨楷之所编扩充而成之‘光绪通商综核表’，均广泛流布于知识分子之间，最足以直接了解漏卮之严重，启发商业竞争之痛觉。”[②]

当然，具有世界市场观念与能真正开拓世界市场仍有相当的距离，1876年刘坤一的信函就是相当长的时期内中国面临的世界市场环境：“执事前函论及宏远公司之事，自系为富强之至计。唯是中国轮船前往外国各埠贸易，以与争此利权，即难免为洋人所忌。我既无电线以通消息，亦无兵船以资保护，各处又无中国领事、税司，遇事与之支柱，未审办理有无格碍，得以攸往咸宜。”[③]一位英国海军军官在评价轮船招商局时也指出：“中国可能成功地将沿海贸易的一大部分掌握在自己手里，但是要进入‘海商国’之行列或是把自己的活动伸展到自己沿岸范围之外的话，则还须要许多年月。”[④]

同时，在中国推广重商思想也非一蹴而就，人们还普遍受到传统观念的影响。1873年，镇江地区的京官为反对在其家乡开办煤矿致函李鸿章：“某等尝平心察之，凡以为利而可行者，大率私有所营，欲借以肥己，而外托裕国为名，以尝试侥幸于万一，其为说可无论矣。”[⑤]他们又致函两江总督李宗羲：“历观史册所载，未有盛世而贪矿利者，未有端人而言矿利者。故知开采之必非善政，则其事自不得行；知言开采之必为

① 中国史学会主编：《中国近代史资料丛刊·洋务运动》（一），上海，上海人民出版社、上海书店出版社，2000年，第168页。

② 王尔敏：《中国近代思想史论》，北京，社会科学文献出版社，2003年，第229～230页。

③ （清）刘坤一：《致黎召民》，中国史学会主编：《中国近代史资料丛刊·洋务运动》（六），上海，上海人民出版社、上海书店出版社，2000年，第129页。

④ 〔英〕寿尔：《田凫号航行记》，中国史学会主编：《中国近代史资料丛刊·洋务运动》（八），上海，上海人民出版社、上海书店出版社，2000年，第402页。

⑤ （清）韩弼元：《代同郡京官公致李相国书》，中国史学会主编：《中国近代史资料丛刊·洋务运动》（七），上海，上海人民出版社、上海书店出版社，2000年，第413页。

奸人，则其言自不得进矣。”[①]1876年，李鸿章致函盛宣怀：“惟系开创利源，易招谤忌，务望实心实力，廉正为本，精核为用，先自立于不败之地，始终不移，庶几可大可久。”[②]盛宣怀后来陈述其洋务经历时也感叹：“职道从前创设电报，整顿轮船，规复布局，扩充纱厂，无不备极艰辛；及睹成效，无不横生疑谤，以为商务之利权专属也。”[③]郑观应在19世纪80年代初创办上海机器织布局时指出：“近今士大夫耻言西学，而尤鄙锱铢，商贾规取目前，而不图久远，庸懦者但知趋步不足有为，儇薄者藉此招摇尤虞偾事，间有一二杰出之士，又苦群相訾议，噤不敢前。”[④]所以，除了思想观念的转变需要时间外，相应的利害关系的调整和制度的建设更是复杂而任重道远。

二、日本的贸易兴国论及其发展

如何认识国际贸易和世界市场，在开国前后的日本也曾引起争论。不过，日本作为偏狭的岛国，加之传统观念的影响，因而不会产生如中国式的“以商制夷”意识。当时，日本主要是围绕贸易的经济作用展开，一方坚持贸易无用论，另一方主张贸易兴国论。

幕末坚持贸易无用论的中心是深受儒学影响的水户藩。1825年，会泽安在其影响广泛的著作《新论》中指出：“番舶交易，多属无用，而弃金铜海外，不可不停也。”[⑤]当时，日本金、铜通过与其通商的荷兰、中国大量外流，成为很严重的主要社会问题之一，和中国由于输入鸦片引起白银外流一样，因而引起很多人的关注，其中主张禁断对外贸易便是当时影响很大的观点之一。当然，一些人主张贸易无用论还深受重本轻末意识和自给自足经济观念的影响，如1845年水户藩著名儒学者藤田东湖便认为：“所谓交易者，当取之于彼此互利，于今我国无任何不足，由诸国持渡之物，多是鼓励奢侈而实无用之物品也。与荷兰一国之交易，

---

① (清)韩弼元:《公致两江制府书》,中国史学会主编:《中国近代史资料丛刊·洋务运动》(七),上海,上海人民出版社、上海书店出版社,2000年,第419页。

② (清)李鸿章:《复盛杏荪观察》,(清)吴汝纶编:《李文忠公(鸿章)全集·朋僚函稿》卷16,台北,文海出版社影印本,1980年,第1页。

③《附盛道覆禀》,中国史学会主编:《中国近代史资料丛刊·洋务运动》(七),上海,上海人民出版社、上海书店出版社,2000年,第265页。

④《上海机器织布局同人会衔禀复北洋通商大臣李傅相》,中国史学会主编:《中国近代史资料丛刊·洋务运动》(七),上海,上海人民出版社、上海书店出版社,2000年,第481页。

⑤ 今井宇三郎[ほか]校注:『日本思想大系53 水户学』,岩波書店,1973年,第410頁。

尚为识者所忧。内则引入诸蛮而交易，外则出大船与外国相交往，必将夷狄风俗引入神国，此必为大害之事也。”[①]1848年，水户藩主德川齐昭上书幕府，提出《十五条事建议书》，认为“以我金银铜铁等有用之物，易彼呢绒、丝绸等无用之物，有大害而无小益。在与荷兰之交易也应停止之际，又欲在荷兰之外再开贸易，神国之大害无逾于此”[②]。

当然，不仅是水户藩，1853年佩里来航时，拒绝与外国贸易之诸藩占有绝大多数。如幕末著名活动家吉田松阴也认为：“得外国无用之物，失我国有用之宝，此不当之事皆当禁绝……然近来又不知何故，华盛顿、英吉利、鲁西亚等互市又被允诺，后年我国之财宝必至乏缺。以古察今，此事乃失计之大也”。[③]这种贸易有害无用论其实是当时日本社会的普遍舆论，据福泽谕吉回忆，他在1865年撰写《唐人往来》的目的是说服一个老太太，她是神田孝平所雇佣在家里做饭的，对外国人生性厌恶，“一天到晚无论任何事情总是令她特别憎恶外国人，如买东西时鱼价高，蔬菜价高，米价高，酒价高，豆腐的价钱一样却块小，荞麦蒸笼变小，鳍鱼盖饭分量轻……这些都是外国人造成的，都是外国人的所作所为所导致，不断地喋喋不休”[④]。据神田说他在近半年的时间里，利用闲暇给老太太讲各种道理以使她接受开国的观念，结果毫无成效，甚至使神田在与箕作秋坪谈及此事时更切身地感到“时运之非”。[⑤]所以，福泽觉得也是一个挑战，于是撰写了《唐人往来》，以改变和老太太一样的众多日本人的观念。

在这种背景下，1863年，出使法国的池田长发使团为了避免横滨开港，一度提出以海关免税作为交换条件。[⑥]可见，幕府与清政府的某些看法有相通之处，只是目的并不完全相同。

---

① 〔日〕依田熹家：《日中两国现代化比较研究》，卞立强等译，北京，北京大学出版社，1997年，第242页

② 吉田常吉、佐藤誠三郎校注：『日本思想大系56幕末政治論集』，岩波書店，1976年，第10頁。

③ 吉田松陰：「兄杉梅太郎宛」，吉田常吉[ほか]校注：『日本思想大系54 吉田松陰』，岩波書店，1978年，第171頁。

④ 福沢諭吉：『唐人往来』，富田正文、土橋俊一编集：『福沢諭吉選集』第1卷，岩波書店，1980年，第70頁。

⑤ 福沢諭吉：『唐人往来』，富田正文、土橋俊一编集：『福沢諭吉選集』第1卷，岩波書店，1980年，第71頁。

⑥ 吉田常吉、佐藤誠三郎校注：『日本思想大系56 幕末政治論集』，岩波書店，1976年，第359頁。

尽管贸易无用论弥漫日本社会，但是，从19世纪初开始，随着本多利明、海保青陵、佐藤信渊等一批经世学者的出现，贸易兴国论便在日本逐渐兴起，因此才会于开国之后很快占据了优势。

日本贸易兴国论的基础是江户时代商品经济不断发展的结果。享保改革、宽政改革、天保改革“这三大‘改革’都以‘复古’为基调，它的目标不外是阻止商业资本的发展，维持封建的身份等级制秩序”[①]。由此可见德川时代商业的发展状况，如商人学者石田梅岩所言：“士农工商乃天下之治之相，四民缺一不可”，“商人之买卖，天下之助也。”[②]所以，随着外部环境的变化，发展对外贸易的观念必然会出现。

最早提出系统的贸易兴国论者为本多利明，他在《西域物语》《经世秘策》等书中，以日本是海国作为前提，积极主张贸易兴国论。“日本既为海国，渡海从事交易，固为国君之天职，首要之国务。遣船舶而至万国，以取得国用必需之产物及金银铜输入日本，丰厚国力，此乃海国齐备之法也。仅以自国之力以为治，则国力将渐趋衰焉。”[③]当时，本多利明已受到英国以岛国称雄世界的影响，希望日本也通过振兴贸易成为“世界第一富饶强大之邦国”[④]。因此，本多利明将西方与日本贫富强弱的原因归结为“涉渡海洋”与“劝业开物”制度的有无。与贸易兴国论相适应，本多利明主张采取西方式的殖民地经营，掠夺海外财富。在《经世秘策》中，本多利明提出日本需要“四大急务”：“第一焰硝，第二诸金，第三船舶，第四开发属国。”[⑤]本多利明的外贸思想受到欧洲重商主义的影响，认为“从异国持来物产，皆非永久对国家有益之物；而从日本所出之金银铜，为永久不朽之贵重货币，实国之骨也”[⑥]。这种看法与当时日本的贸易无用论有相通之处，而且他反对商人，因为商人导致

① 近代日本思想史研究会：《近代日本思想史》第1卷，马采译，北京，商务印书馆，1983年，第9页。

② 柴田実校注：『日本思想大系42 石門心學』，岩波書店，1971年，第471、472頁。

③ 塚谷晃弘、藏並省自校注：『日本思想大系44 本多利明 海保青陵』，岩波書店，1970年，第32頁。

④ 塚谷晃弘、藏並省自校注：『日本思想大系44 本多利明 海保青陵』，岩波書店，1970年，第42頁。

⑤ 塚谷晃弘、藏並省自校注：『日本思想大系44 本多利明 海保青陵』，岩波書店，1970年，第14頁。

⑥ 塚谷晃弘、藏並省自校注：『日本思想大系44 本多利明 海保青陵』，岩波書店，1970年，第17頁。

武士阶层贫困。那么,作为对外贸易主体的就是国家和官方机构,认为“欧罗巴诸国国王抚育万民,以渡海、从事交易救饥寒,作为国王天职”[①]。所以,本多利明的对外贸易论流淌着一些历史的陈旧痕迹。佐藤信渊也认为:“夫兴国家之大利,莫如通商。痛哉!东洋之人,唯务守自国,乐一时之安逸,其治极溺华骄,忘百年之后谋……内外困乏,病根既深,使俄、英二夷,雄居全世界,岂不悲乎!岂不悲乎!”[②]

与重视对外开拓的本多、佐藤相比,海保青陵则提出“交换是万物的尺度”这一广泛的市场理论:“天地间的万物都是可以用来交换的商品,商品的法则就是商品可以生产别的商品。田生米与金生利息没有什么不同。山产木材,海产鱼盐,与金、米产利息都是天地之法则。”“自古代起,君臣关系一直就像市场交易关系。君给臣俸禄,而让臣效力作为报答。君向臣购买,臣向君出售,这就是买卖关系。买卖是好事不是坏事。”[③]所以,海保青陵批判了日本社会特别是武士阶层的以买卖为耻辱的观念:“武士不以买物为耻,而以卖物为大耻辱。如此谬误,万事遂不便……卖物者,非耻辱之事。自富家借钱而不还者,方为大耻辱,然无人以此为耻……闻荷兰国王经商,吾人皆嗤笑之,然买卖乃世界之理,奈何笑之?笑世界之理者,不得体也。唯攫取他人之物非世界之理。”[④]

本多利明、海保青陵、佐藤信渊等经世学者可以说是19世纪初日本重商思想的代表,是从经济的层面考虑如何解决日本面临的国内、国际问题。

19世纪50年代,随着东亚形势的剧变和日本开国等事件,贸易兴国论逐渐成为日本社会的主流。首先是幕府方面观念的转变及贸易政策的初步确立。幕府老中堀田正睦认为:“当今万国形势一变”,“强国皆结同盟、开贸易、通有无,以及缔结患难相救之条约”。[⑤]而负责与美国贸易

① 塚谷晃弘、蔵並省自校注:『日本思想大系44 本多利明 海保青陵』,岩波書店,1970年,第20頁。

② 〔日〕佐藤信渊:《西洋列国史略》,〔日〕丸山真男:《日本政治思想史研究》,王中江译,北京,生活、读书、新知三联书店,2000年,第284页。

③ 海保青陵:『稽古談』,塚谷晃弘、蔵並省自校注:『日本思想大系44 本多利明 海保青陵』,岩波書店,1970年,第222頁。

④ 海保青陵:『稽古談』,塚谷晃弘、蔵並省自校注:『日本思想大系44 本多利明 海保青陵』,岩波書店,1970年,第239頁。

⑤ 「堀田正睦意見書」,吉田常吉、佐藤誠三郎校注:『日本思想大系56 幕末政治論集』,岩波書店,1976年,第69頁。

代表哈里斯进行通商条约交涉事务的中坚派官员水野忠德、川路圣谟等人亦提出“航行万国，广收商利”[①]。正是在这种观念的基础上，幕府方面才比较积极地与西方国家签订通商条约。首先是1857年10月日本主动同荷兰签订了通商条约，尽管仍不准进行随意贸易。1858年7月同美国签订的《日美友好通商条约》最具代表性，它接受了西方提出的日本开港的要求，允许自由贸易。所以，有学者认为：“岩濑接受外国开港的要求，并将其作为使幕府中兴的机会，确实可以称为幕府内部独树一帜的积极精神。”[②]不过，日本在通商条约中也接受了协定关税和5%海关税率及其2.5%子口税的条款，反映了其世界认识的缺陷。1862年，幕府还派遣“千岁丸”号到上海，“盖此行，幕府欲渡支那为贸易，宽永以前朱章船以来未尝有之事。官吏皆拙于商法，因使英人及兰人为其介，官吏惟观商法形势，为他日之谋而已”[③]。

其次是桥本左内、横井小楠等思想家也从多种角度呼吁贸易兴国。面对开国的现实，桥本左内主张积极发展国内产业，开拓海外市场，“首先以外国为对手获取永久莫大之利益”，是“治国富民之要务”。[④]吉田松阴在1858年写成的《对策一道》中认为，开国得“互市之利”乃是“富国强兵之大策”，这是“夫以战为主者”，“锁国之说，以和为主者。航海通商之策，以国家大计言之，欲振雄略而驭四夷，非航海通商又何以为之耶?如仍闭关锁国，坐以待之，则势屈力缩，非亡，又何待耶?”[⑤]吉田松阴前几年还主张贸易无用，他的这种急速转变，在当时的日本并非个别现象。横井小楠指出，日本应“随万国之形势，以公共之道经纶天下，”“方今若开交易之道，以外国为范，守信践义，兴通商之利而通财用，则君得施仁政，臣可免为民贼”，并再次强调“素来与外国通商，乃交易之大者，其道乃天地间固有之定理”[⑥]。

19世纪60年代后，日本人频繁地走出国门考察世界，很快便形成了

---

① 「海防掛の大目付·目付上申書」，吉田常吉、佐藤誠三郎校注：『日本思想大系56 幕末政治論集』，岩波書店，1976年，第58頁。

② 石井孝：『日本開国史』，吉川弘文館，1972年，第245頁。

③ 〔日〕高杉晋作：《游清五录·航海日录》，引自冯天瑜《“千岁丸”上海行》，武汉，武汉大学出版社，2006年，第386页。

④ 橋本左内：「制産に関する建議手書」，佐藤昌介[ほか]校注：『日本思想大系55 渡辺華山 高野長英 佐久間象山 横井小楠 橋本左内』，岩波書店，1971年，第536頁。

⑤ 松本三之介編集：『日本名著31 吉田松陰』，中央公論社，1973年，第324頁。

⑥ 〔日〕横井小楠：《国是三论》，熊达云等译，北京，中国物资出版社，2000年，第22、24、40页。

完善的近代世界市场观，开始站在了与西方资本主义国家基本相同的水平线上。1860年随万延使团访美的儒学者玉虫左太夫怀有重义轻利观念，但到美国后仍感叹其商品经济的发达。如刚到美国西海岸城市旧金山，便注意到“欧洲及美洲之商船结队而来，看上去有数百艘”[①]。到纽约后，“万国船舶辐凑，常不下数百艘，美国第一大港（译书云：通商之盛，除英国伦敦外，全世界无出此府之右者）”[②]。“万国辐凑之大市场，货币融通尤盛，即使他邦货币，不拘位之贵贱皆好受之。故以我国方银两个作为彼之大圆银一个照常交易，或以当百钱十个作为大圆银一个也可交易。”[③]在玉虫看来，美国的富强自然与如此规模的世界市场是联系在一起的，这对拥有重义轻利意识的作者肯定有不小触动。五代友厚留学欧洲游历数国后，认为发展产业和贸易是西方国家的两项基本国策，“产业乃开动机械随意制造万物，为蓄财之基础……贸易乃商民之生计”，欧洲各国“以此二事扩充国力，以致强兵”[④]。1864年，出使法国的池田使团在深入了解西方后，提出“通商贸易为莫大之国益”。因为日本不提倡贸易，但各国与日本交易，致使日本只得其害。“如果开通海外贸易，有无相通，即使物价腾贵，也可损益相补，是为日本莫大国策。”[⑤]

福泽谕吉是明治启蒙思想的旗帜，在国际贸易思想方面也是如此。他考察美国和欧洲之后，撰写了《唐人往来》的小册子，首先驳斥了有些日本人仍坚持的贸易无用论，认为所谓以日本有用之物品换取外国无用之物品是“不辨物品道理而妄说之空言”，输入呢绒、绸缎等与输出绢丝、茶等“双方出入物品相较，何为有用，何为无用，可谓并无差别，只是多余和不足的交换，并无特别之损或得”，“学者们假装知识渊博，说何为无用，何为有用，卖之是国之损，买之是国之害，他们说这些话

① 玉虫左太夫:『航米日録』,沼田次郎、松沢弘陽校注:『日本思想大系66西洋見聞集』,岩波書店,1974年,第58頁。

② 玉虫左太夫:『航米日録』,沼田次郎、松沢弘陽校注:『日本思想大系66西洋見聞集』,岩波書店,1974年,第140頁。

③ 玉虫左太夫:『航米日録』,沼田次郎、松沢弘陽校注:『日本思想大系66西洋見聞集』,岩波書店,1974年,第143頁。

④ 日本経営史研究所編:『五代友厚伝記資料』第4巻,東洋経済新報社,1974年,第62頁。

⑤「横浜鎖港談判使節上申書」,吉田常吉、佐藤誠三郎校注:『日本思想大系56幕末政治論集』,岩波書店,1976年,第411頁。

时不觉可笑，可在商人看来简直笑死人”。[1]同时，福泽也不认为日本物价升高是同外国贸易之故，而是由于金价下跌，制钱升值，并且认为“自交易以来，日本国中金银融通转好，生活难过者反而减少”[2]。他认为，发展对外贸易进入世界市场可以提高日本人的生活水平，并以其故乡奥州为例说明人们由于从事对外贸易而修房、买衣。“同外国交易，把产物卖向世界，工作马上增多”，“故交易为我国繁昌之一般基础，应为可喜之事”。[3]福泽的上述观点虽不尽正确，但反映了一些走出国门的日本人希望日本尽快确立近代世界市场观的心理。

《西洋事情外编》是福泽谕吉据英国钱伯斯书店的《政治经济学》编译的，是阐发英国正统派经济学家自由主义经济思想和民主主义政治思想之书。福泽通过此书从理论上确立了自己的近代世界市场观。该书认为，“经济学之趣旨即是论述保护、鼓励买卖之道以及阐明繁荣贸易之理”，“买卖之道是在全世界范围内供给匮乏品，平均有余与不足，故而不仅是以天赐之物品在海内流通，为人们带来便利，而且也足以借此物品促进世上之文明开化，增长人们的知识见闻，使人类亲密地平安交往”[4]。所以，自由贸易被视为近代世界市场观的本质内容，“为了繁荣本国产业，禁止输入外国制造的一切物品，此法非但不能富国，反而足以使国家陷于疲弊。贸易富国之大道在于使诸人任意自由买卖”[5]。世界贸易的发展与近代工业的兴起也是相辅相成，因为蒸汽机等近代机器的发明和利用，生产“不必有手足之劳，以一人之力便可成数百人之功，其成本低而其制作精。蒸汽机的问世，世界生产与贸易之形势为之一变”[6]。

福泽谕吉编译的《西洋事情外编》只是《政治经济学》的上半部分，下半部分则被神田孝平于1867年翻译并以《经济小学》之名出版。《经济小学》是系统地论述自由资本主义经济的代表著作，对近代日本产生了

① 福沢諭吉:『唐人往来』,富田正文、土橋俊一編集:《福沢諭吉選集》第1巻,岩波書店,1980年,第76、77頁。

② 福沢諭吉:『唐人往来』,富田正文、土橋俊一編集:《福沢諭吉選集》第1巻,岩波書店,1980年,第79頁。

③ 福沢諭吉:『唐人往来』,富田正文、土橋俊一編集:『福沢諭吉選集』第1巻,岩波書店,1980年,第80頁。

④ 富田正文、土橋俊一編集:『福沢諭吉選集』第1巻,岩波書店,1980年,第243～244頁。

⑤ 富田正文、土橋俊一編集:『福沢諭吉選集』第1巻,岩波書店,1980年,第220頁。

⑥ 富田正文、土橋俊一編集:『福沢諭吉選集』第1巻,岩波書店,1980年,第130頁。

很大影响。该书从保护私有财产、社会分工、贸易等全面地阐述了资本主义经济，对世界市场形成的原因、意义都积极地予以肯定，认为贸易可“有无相助，公同之利润殆不可测”①。与此同时，神田孝平在1861年的《农商辨》中也认为：“以商立国，其国常富；以农立国，其国常贫。东方诸国以农立国，西洋诸国以商立国，故东方诸国常贫，西洋诸国常富。”② 这一认识与薛福成《筹洋刍议》中提出的中国“以耕战为务”而西方“以工商为先”的观点是一致的。③不过，神田孝平的《农商辨》比薛福成的《筹洋刍议》早了近20年。所以，中日近代世界市场观虽然均是受西方的冲击和影响而发展，但在形成的时间上则有差距。

日本在19世纪60年代基本形成了资本主义性质的国际贸易和世界市场观，明治政府成立后继续发展并上升为政府政策，“政府效西洋诸先进国之例，以奖励各种产业为方针，且尤注意于外国贸易。于是明治元年设通商司，其翌年设通商会社及为替会社，试行从事于外国贸易”④。通过岩仓使团的出访，日本的近代经济理念进一步完善，“殖产兴业”成为明治政府的三大目标之一。《美欧回览实纪》指出：“今日世界乃舟楫相通、贸易交际之世。建国权，保国益，使国民上下一和，第一须重财产，悉心注意致富强之事。”⑤大久保利通在考察期间写给国内的信中说：“无论到什么地方，没有地里生产的东西，有的只是煤铁。工厂都从外国输入原料，加工后再向外国输出，工厂的兴盛，远远超过过去的传闻，到处黑烟冲天……这就足以明白英国富强的原因。”⑥

综上所述，中国的近代国际经济与世界市场观萌芽于鸦片战争之后，但主要形成于19世纪70年代以后，这与洋务运动的发展阶段也是基本一致的，并且二者也是相互影响的，而上升为政府政策则更晚。如芮玛丽所言：“就整个中兴时期的书面材料来看，清政府感兴趣的是作为行政问题的关税征收，而不是作为经济问题的对外贸易。赫德……他们提出的

① 小林通[ほか]:『明治の国際化を構築した人びと』,多賀出版株式会社,1992年,第57頁。

② 小林通[ほか]:『明治の国際化を構築した人びと』,多賀出版株式会社,1992年,第48頁。

③ (清)薛福成:《筹洋刍议》,丁凤麟、王欣之编:《薛福成选集》,上海,上海人民出版社,1987年,第540页。

④ 〔日〕天野为之、盐泽昌贞:《商业教育》,〔日〕大隈重信:《日本开国五十年史》上册,上海,上海社会科学院出版社,2007年,第566页。

⑤ 久米邦武编,田中彰校注:『特命全権大使米欧回覽実記』(二),岩波書店,1985年,第83頁。

⑥ 〔日〕井上清:《日本的军国主义》第2册,尚永清译,北京,商务印书馆,1958年,第87页。

着眼于扩大商业来调整帝国总的经济结构的总建议，则受到冷落。”[①]与中国相比，日本从19世纪初贸易兴国论便逐渐兴起，50年代日本开国以后已经成为社会的主流思潮，60年代特别是明治政府成立后则已经上升为基本国策。

另外，从世界认识的角度看，中日国际贸易和世界市场观的重大差异是对本国与外部世界关系的不同认识：中国由于受“天朝”观念的影响和现实中的被侵略，总是不能摆脱与外部世界的对立意识，无论是“以商制夷”观还是“商战”论，都是将中国与外部世界的关系置于对立的地位；日本主要是从本国国内是否需要国际贸易和世界市场入手提出自己的认识，因而能将本国与外部世界置于一个统一的框架之中，外部世界成为日本“贸易兴国”“殖产兴业”的重要条件。这种不同的认识取向也是应该引起我们思考的。

不过，在中日近代世界认识中，与文化、政治观念相比，作为经济内容的国际贸易和世界市场观是中日比较接近和相似的部分。

① 〔美〕芮玛丽:《同治中兴:中国保守主义的最后抵抗(1862—1874)》,房德邻等译,北京,中国社会科学出版社,2002年,第223页。

第五章　中日近代世界认识的差异、形成原因及带来的影响

近代世界是随着新航路开辟和西方资产阶级革命而逐渐形成的。对于远离西方及其文明的中日两国而言，近代世界认识就是如何认识西方及其文明在世界范围内的有效性，如何处理与西方及其文明的关系。从宏观层面来说，中日在19世纪中叶基本实现了从传统世界认识向近代世界认识的转变，两国被迫打开闭关锁国的大门，与西方国家签订了一系列条约，而且走出国门主动了解和适应西方建立的近代世界。但中日近代世界认识有很大差异，这是导致两国选择相异的近代化道路的重要原因。以往的一些学术著作不同程度地涉及这一问题，本章即在此基础上对中日近代世界认识的差异、原因与影响进行综合的比较分析。

中日近代世界认识形成于16世纪到19世纪中叶，无论是19世纪中叶以前东西方相对和平时期中日世界知识的累积，还是19世纪中叶东西方剧烈冲突时期中日世界认识的转型，两国的近代世界认识都有诸多差异，具体情况前已述及。那么，在这些诸多差异中，对中日近代世界认识的发展造成根本性、全局性影响的究竟有哪些？其深层原因是什么？造成了怎样的影响？本章从形式与内容两方面对中日近代世界认识的差异进行总结：从形式方面而言，主要是纵向对比中日近代世界认识发展进程的间断性与连续性，横向对比两国近代世界认识群体的依附化、边缘化与独立化、核心化；从内容方面而言，主要比较中日近代世界认识理念的技利观与文明论。而造成这种差异的原因，主要有中日中心与边缘的自我世界意识，科举制和世袭制下的士与武士这一社会中坚阶层的区别，而中央集权制与幕藩制进一步强化了这种差异。中日近代世界认识的差异是导致19世纪两国近代化成败的关键因素之一。总而言之，“传播活动总是流向社会上需要它的地方。它预告危险的来临，揭示机会之所在。

它把社会的力量聚集起来以应付非常事变。它帮助人们做出决定。”[①]

中法战争后兵部侍郎黄体芳比较了李鸿章与曾纪泽的不同，特别是二人在世界认识方面的不同，字里行间也露出着清流派意识，但也说明了这一时期中国近代世界认识的发展和不足。另外，如果可以把它再看作是中日近代世界认识的比较的话，也有些吻合之处。故先节录于此：

> 李鸿章之讲洋务皆得之传闻；曾纪泽则能通外洋语言文字，目击身亲，已历年所。李鸿章事事酷喜西法，如富贾巨商玩器盈前而无济于用；曾纪泽于各国风土人情、政教技艺，习见习闻，必能切究要图，有所抉择。李鸿章屡定和约，率以赔费撤兵了事，故洋人议约者每昵而就之；曾纪泽使俄时，敌焰方张，卒能改定成约；及中法构兵，洞烛狡谋，设计间敌，函致李鸿章，言必须御之以刚者其故有八，始终坚持备战之议，法人甚畏而恶之。李鸿章曩平‘发捻’，锐气无前，迨年位浸高，遇事每多迁就；曾纪泽少年随侍故大学士曾国藩军营，多见兵事，现在气盛力强，正当感激图报之日，倘加大任，必不苟安。凡此数者，众所共知，以曾纪泽视李鸿章，有过之无不及，较然明矣。[②]

第一节　中日近代世界认识的差异

从新航路开辟到19世纪中叶，中日近代世界认识的发展可以分为两个时期：19世纪中叶以前东西方的相对和平时期是近代世界认识的累积阶段；开国前后的19世纪中叶是由传统世界认识到近代世界认识的转型阶段。在这一发展过程中，中日近代世界认识有诸多差异，其中主要可以从以下三个方面进行分析，一是世界认识的发展进程能否及时为社会提供必要的知识和信息，其中关键环节是和平时期世界认识的累积过程；二是在累积与转型的过程中，能否形成一个世界认识群体，它既支撑着和平时期世界认识的不断累积，也在转型时期有充足的能量影响社会，

---

① 〔美〕威尔伯·施拉姆、威廉·波特：《传播学概论》，陈亮等译，北京，新华出版社，1984年，第51页。

② 《光绪十一年十二月十六日兵部左侍郎黄体芳奏》，中国史学会主编：《中国近代史资料丛刊·洋务运动》(三)，上海，上海人民出版社、上海书店出版社，2000年，第18～19页。

使近代世界认识成为社会思潮的主流，上升为政府的政策；三是世界认识的内容能否为社会确立正确的发展方向，特别是在19世纪中叶的转型时期，世界认识能否引导社会迅速走向正确的发展道路。同时，世界认识的发展进程及其内容与世界认识群体具有互为因果的关系，世界认识的持续性发展会形成一个以认识世界为目标的阶层和群体，群体的形成又会推动世界认识的进一步发展，确立世界认识的正确发展方向，并最终促成世界认识的近代转型，而世界认识群体也会因此上升为社会的主流阶层。

一、近代世界认识发展进程的差异：间断性发展与连续性发展

中日近代世界认识发展进程的最大差异是中国的间断性发展与日本的连续性发展。

自西方国家沿新航路到达中国后，中国世界认识的发展基本可以分成以下三个时期：明末清初西方世界认识的初步传入、鸦片战争后十年间的重新认识世界和19世纪60～70年代近代世界认识的初步形成。这一发展过程中的最大断层是鸦片战争以前的一个多世纪特别是19世纪前的近百年，中国的世界认识基本处于停滞状态，世界认识的累积阶段中断；其次是19世纪60年代洋务运动开始之前的十余年，这是在世界认识发展的转型期出现的断层。所以，间断性发展可以说是中国近代世界认识发展进程的最大特点和重大缺陷。

18世纪初，中西礼仪之争造成了双方严重对立，康熙帝发布禁教令，导致西学东渐的衰落甚至中断。19世纪初，当新教传教士以中国为目标出版宣传新世界知识的汉文书刊之时，其出版地和流通范围主要面向南洋华侨，而在闭关大门里面的中国人对此所知甚少。所以，中国是在对现实世界状况了解极少的情况下受到英国的军事重创，这使当时的中国人很难接受，故而出现了广州反入城斗争和福州反入城斗争等事件，也加重了鸦片战争后世界认识承担者的负担。郭嵩焘在《书〈海国图志〉后》中指出："魏氏此书，征引浩繁，亦间有参差失实。要其大旨在考览形势，通知洋情，以为应敌制胜之资。其论在互市议款及师夷人长技以制夷，言之始通商之日，无不笑且骇者，历十余年而其言皆验。"①郭氏此论从两方面涉及鸦片战争后二十年间中国世界认识的困境，一是世界

① (清)郭嵩焘著,杨坚点校:《郭嵩焘诗文集》,长沙,岳麓书社,1984年,第94～95页。

认识本身的局限性——“间有参差失实”；一是世界认识不为时人接受——“无不笑且骇者”。这两个问题都与鸦片战争前后中国世界认识的发展出现断层有直接关联，其中前一个问题是发展断层导致的结果，后一个问题又造成了新的断层。“因思洋炮之入中国，自明季已然，弟到平凉，见城上旧设洋炮一尊，镌有天启年号，其形式与今无殊。四月间德克碑来平凉亦见之，谓大吕宋物也。又凤翔城楼尚存明代开花炮弹子三百余枚，虽间有剥蚀，而空心有管，与今式亦同。是此等物事早来中国，何待道光年间海上用兵始诧为创见乎！”①此为1870年左宗棠之语，由此也可看出西学在中国发展的断裂，所以即使是左宗棠在鸦片战争后也有过如下谬言：“米里坚即明之洋里干，西海中一小岛耳。乃亦俨然以敌国自居，思踵英人故辙，实为可笑。”②

19世纪前期特别是鸦片战争前后，在中外局势和经世致用思潮的推动下，一度出现“开眼看世界”的趋向，王大海的《海岛逸志》、魏源的《海国图志》都是其中的典范。但遗憾的是，这种趋向未能演变为强大的思潮，并且在鸦片战争后很快又沉寂下去。由于鸦片战争的失败，“夷务”问题甚至成为禁忌话题，暴露了清王朝自欺欺人的天朝心态。

今日之事，苟有议征用西洋兵舶者，则必曰借助外夷恐示弱，及一旦示弱数倍于此，则甘心而不辞；使有议置造船械师夷长技者，则曰糜费，及一旦糜费十倍于此，则又谓权宜救急而不足惜；苟有议翻夷书、刺夷事者，则必曰多事。嘉庆间，广东有将汉字夷字对音刊成一书者，甚便于华人之译字，而粤吏禁之。则一旦有事，则或询英夷国都与俄罗斯国都相去远近，或询英夷何路可通回部，甚至廓夷效顺，请攻印度而拒之，佛兰西、弥利坚愿助战舰，愿代请款而疑之。以通市二百年之国，竟莫知其方向，莫悉其离合，尚可谓留心边事者乎？汉用西域攻匈奴，唐用吐番攻印度，用回纥攻吐番；圣祖用荷兰夹板船攻台湾，又联络俄罗斯以逼准噶尔。古之驭外夷者，惟防其协寇以谋我，不防其协我而攻寇也；止防中华情事之泄于外，不闻禁外国情形之泄于华也。然则欲制外夷者，必先悉

① (清)左宗棠:《答杨石泉中丞》,中国史学会主编:《中国近代史资料丛刊·洋务运动》(四),上海,上海人民出版社、上海书店出版社,2000年,第486页。

② (清)左宗棠:《上贺蔗农先生》,(清)杨书霖编:《左文襄公(宗棠)全集·书牍》卷1,台北,文海出版社影印本,1979年,第34页。

夷情始；欲悉夷情者，必先立译馆翻夷书始；欲造就边才者，必先用留心边事之督抚始。[①]

19世纪50年代初太平天国运动兴起后，清政府将主要精力集中于此，而太平天国运动又借“拜上帝”作为发动群众的工具，更加剧了清政府对西方列强的疑惧，致使中国世界认识的发展又受到一定程度的影响，鸦片战争后兴起的世界史地研究更趋冷寂。亲历当时中外纠纷的卫三畏称，第二次鸦片战争时期清朝统治者“没有任何方便手段去调查外国的真实情况及其统治者的政策，还不如可怜的孩子卡斯帕·豪塞对他邻居的了解”[②]。确如所言，冯桂芬就指出：“通市二十年来，彼酋之习我语言文字之者甚多，其尤者能读我经史，于我朝章、吏治、舆地、民情类能言之。而我都护以下之于彼国则懵然无所知。相形之下，能无愧乎？”[③]所以，19世纪60年代，左宗棠曾形象地揶揄当时的朝廷：“今有人患病十数年，而不知所患何处，险症叠见，见良剂尚疑不敢进，岂有幸乎！”[④]曾国藩作为晚清封疆大吏，学问与功名并受时人推崇与艳羡，但他在同治六年十月初五的日记中记载：“余阅《瀛寰志略》四十页，盖久不看此书，近阅通商房公牍，各外洋国名茫不能知，故复一涉览耳。”[⑤]由此可以看出，时人对鸦片战争后的西方国家了解到何种程度。所以，王韬在19世纪60年代初曾痛陈：“不知知兵者不当在既用之后，而当在未用之先；稔西情者不当在西人方张之时，而当在西人始入之日。有心者方且瞻顾咨嗟，仰盱旁瞩，而叹其祸之烈之一至于斯也。然而来轸方遒，补牢未晚，则所以为目前计，为后日虑者，诚不得不早言之矣。”[⑥]可是，由于中国总是只能“补牢”，结果就不是“未晚”了。

即使洋务运动时期，西学的发展也不顺畅。如针对同文馆等洋务事业成效不大的原因，张之洞就认为：“其时皆在同治中年、光绪初年国家闲暇之时，惜时论多加吹求，继者又复无识，或废阁，或减削，无能恢

① (清)魏源:《海国图志》(上),长沙,岳麓书社,1998年,第26页。

② 〔美〕卫三畏:《中国总论》下,陈俱译,陈绛校,上海,上海古籍出版社,2005年,第1048页。

③ (清)冯桂芬:《采西学议》,(清)冯桂芬著,戴扬本评注:《校邠庐抗议》,郑州,中州古籍出版社,1998年,第211页。

④ (清)左宗棠:《答周受三》,中国史学会主编:《中国近代史资料丛刊·洋务运动》(五),上海,上海人民出版社、上海书店出版社,2000年,第447页。

⑤ 温林编:《曾国藩全集·日记(下)》,北京,京华出版社,2001年,第60页。

⑥ (清)王韬:《弢园文录外编》,上海,上海书店出版社,2002年,第186页。

张之者，其效遂以不广。”① “闲暇之时”不能积累西学知识进而学习西方可以说是16世纪以来中国西学发展的最大缺陷。1867年，沈葆桢在回复总理衙门的咨询时，有《附呈吏部主事梁鸣谦条说》：“我势急则苟且迁就，图救目前；势缓则泄泄沓沓，若无事者。甚至盗已操戈入室，尚与讲进退之礼，谈道义之交，不亦迂甚耶?”②即使从纯粹的技术层面而言，近代知识的断层和落后也使中国学习西方的脚步显得比日本迟缓，正如左宗棠在准备创办轮船招商局时所言：“惟轮船为彼中数十年甫有之奇器，中国欲一旦夺其巧争其奇，势必不能，既无制作之器具，又无制作器具之器具，不但无可为师匠之人，并无多识洋字、熟谙洋算、通晓洋书之人堪随其学习，故数年以来群知以此为当务之急，然稽延至今，思其艰而不能图其易者，盖以目前之经费难筹，日后之咎责莫逭也。”③在这种情形下，不仅不能深入地认识西方社会，甚至一般的西学知识也少得可怜。如1870年天津教案发生后，清政府担心与法国爆发军事冲突，要求各地认真防范，而署湖广总督李瀚章等在奏折中却因不知如何区分西洋人，称“即火轮夹板等船，所竖旗帜，仅分颜色，而无国名字号，亦属难以辨认”，并且还理直气壮地要求总理衙门与英、美等国驻华公使对此进行交涉并秘示各省辨别方法，“毋俟臣等鳃鳃过虑也”。④ 晚清西学泰斗严复曾感慨：“吾国大患，自坐人才消乏。盖旧式人才既不相合，而新者坐培养太迟，不成气候，即有一二，而孤弦独张，亦为无补。复管理十余年北洋学堂，质实言之，其中弟子无得意者。”⑤王韬虽然认为中国“补牢未晚”，但他同时也哀叹：“中国之大病，一切皆事后为之备。”⑥

与中国相比，日本世界认识发展表现出很强的连续性，特别是18世纪70年代兰学正式兴起后，直到19世纪70年代日本近代世界认识的形成，这期间日本世界认识的发展基本可以分为连续发展、不断提高的三个阶段：1770～1840年兰学时代近代世界认识的初步形成、1840～1860年洋学时代近代世界认识的进一步发展和1860年以后近代世界认识的成

① (清)张之洞:《劝学篇》,苑书义等主编:《张之洞全集》第十二册,石家庄,河北人民出版社,1998年,第9747页。

② 《筹办夷务始末》(同治朝)卷53,台北,文海出版社影印本,1971年,第8页。

③ (清)左宗棠:《上总理各国事务衙门》,中国史学会主编:《中国近代史资料丛刊·洋务运动》(五),上海,上海人民出版社、上海书店出版社,2000年,第442～443页。

④ 《筹办夷务始末》(同治朝)卷74,台北,文海出版社影印本,1971年,第35页。

⑤ (清)严复:《与熊纯如书》,王栻主编:《严复集》第三册,北京,中华书局,1986年,第687页。

⑥ (清)王韬:《弢园文录外编》,上海,上海书店出版社,2002年,第240页。

熟并上升为国策。[1]因此，从19世纪初西方列强开始对日本施加压力之后，日本虽仍坚持锁国，但对于世界形势的认识还是比较清醒的。“神州四面皆海，号为天险。今西夷驾巨舰大舶，电奔数万里，驶如风飚，视大洋为坦路，数万里之外，直为邻境。四面皆海，则无所不备，向者所谓天险者，乃今之所谓贼冲也。”[2]这是会泽安1825年《新论》之语，可以看出他对世界有一定了解，但该书是当时水户学攘夷思想的著名代表作，说明日本的攘夷论并非对世界不了解。垄断外部信息的幕府对世界的了解就更多一些。1811年，幕府便在天文方设立了“蕃书和解方”，招募兰学人才翻译西书，开国之后又改为蕃书调所、开成所等，最后发展成为东京大学。所以，在19世纪40年代以前，日本世界认识的初步发展已为其近代世界认识的形成奠定了良好基础，1838年甚至发生了锁国与开国之争的“蛮社之狱”，而此时的中国仍沉睡于“天朝之迷梦”中，对外部世界的了解极其有限。

另外，日本开国晚于中国，受西方列强威胁的程度也弱于中国，因而19世纪40年代后日本及时总结了鸦片战争的教训，世界认识的发展也进入一个新阶段，不仅兰学者关注外部世界，儒学者、国学者甚至佛学者等都从不同角度阐述了自己的世界认识，虽然有些内容仍带有传统世界观色彩，但主要是向近代世界认识方向发展。在这种形势下，19世纪50年代的日本与西方列强之间在世界认识方面的冲突便不十分明显，并比较顺利地签订了和亲条约以及通商条约。当时，尽管日本也出现了强烈的攘夷风潮，但作为攘夷大本营的长州藩却随后秘密派人出国实地考察西方，这与清朝的盲目排外也有很大区别，并最终促使长州藩放弃了攘夷主张。在这一过程中，最典型的人物是伊藤博文。伊藤博文本来是长州藩中攘夷派的一员，1863年初被长州藩秘密派往英国留学。在英国的六个月中，伊藤完全被英国之强盛所震撼，当他听说英、美、荷、法四国舰队正因长州藩攘夷事件准备联合征讨时，便迅速回国并首先去了英国驻日使馆保证不再攘夷，请求英国延缓攻击。随后伊藤回到长州藩，

---

① 关于兰学、洋学的概念及其划分时期，参见佐藤昌介的《洋学史研究序説》等。本文之所以将1840年以后称为“洋学”时期，主要是世界认识之主体已超出兰学者范畴，特别是儒学者成为认识世界的重要组成部分，世界知识的来源和传播也更广泛。

② 会沢正志斎:『新論』,今井宇三郎[ほか]校注:『日本思想大系53 水户学』,岩波書店,1973年,第396頁。

为长州藩最终放弃攘夷起到了一定作用。①

可以说，兰学时代日本世界认识的发展为开国前后幕府顺利实现从锁国走向开国提供了必要的准备；幕末特别是19世纪60年代以后日本走出国门考察世界又为明治政府确立“求知识于世界”做了铺垫。而上述这些条件中国都不具备，鸦片战争前中国世界认识的断层使19世纪40~50年代的清政府在盲目的状态中疲于应付西方列强；洋务运动才开始了鸦片战争后部分开明之士提出的“师夷长技以制夷”的实践，世界认识在中西之间比较短促的冲突和接触之中急剧转型。

“十年树木，百年树人”，文化的影响是一个长期积累的过程。正如雷德菲尔德等人所说，“文化适应用于理解这样一类现象，具有不同文化的群体通过不断的接触，使双方或两个群体最初的文化类型发生变化”②。日本的西方文化发展历程明显不同于中国，成长于兰学家庭中的明治时期著名的学者箕作佳吉也曾总结道：“盖文化之发酵素能于维新之后收效者，因其前百年有以促此发酵于日本群会之全体也。微此则我辈未必有现时之隆盛。”③与日本相比，中国由于缺乏西方文化的长期积累过程，其世界认识其实是在19世纪中叶突然间发生转向，不适与不谐的程度也随之成倍提升。所以，晚清思想家薛福成在19世纪80年代也感叹：“嗟乎！西洋诸国之勃兴，亘古以来未有之奇局也。其得失利弊，与前史所著迥殊，非默究数十年，不能得其窾要。或视为寻常，忽不加察，而大受亏损；或上下内外，坚持力争，而无关至计。”④薛福成之言可谓反映了当时人特别是洋务派人士面对国内外形势力图振兴国家却又彷徨疑虑的状态，令人唏嘘。

二、近代世界认识群体的差异：依附化、边缘化与独立化、核心化

与中日世界认识发展进程的差异相通的是，两国世界认识的群体也有根本的不同：一是19世纪中叶以前近代世界认识累积阶段中日世界认识群体的依附化与独立化；二是19世纪中叶世界认识转型时期中日世界

① 星新一:『明治の人物誌』,新潮社,1978年,第87頁。

② 转自王晓朝《文化传播的双向性与外来文化的本土化》,《江海学刊》1999年第2期。

③〔日〕箕作佳吉:《博物学》,〔日〕大隈重信:《日本开国五十年史》上册,上海,上海社会科学院出版社,2007年,第635页。

④（清）薛福成:《书汉阳叶相广州之变》,中国史学会主编:《中国近代史资料丛刊·第二次鸦片战争》(一),上海,上海人民出版社,1978年,第233页。

认识群体的边缘化与核心化。也就是说，依附化和边缘化成为中国近代世界认识群体的特点，日本的近代世界认识群体则呈现为独立化和核心化的特点。这种差异对中日近代化产生的影响是巨大的，特别是在19世纪中叶的社会转型时期，因为实现社会转型不仅需要向社会提供新的信息，而且需要有相当大的社会能量的群体才能使社会接受此种信息，进而促成社会的发展和进步，完成社会转型。所以，近代世界认识群体的差异是影响中日近代化发展的重要核心因素。

（一）依附化与独立化

19世纪中叶以前，中日在传教士和西方的影响下，都不同程度地出现认识西方及其文化的历史时期，产生了西学东渐。但中日又有巨大差异，其中从世界认识群体角度而言，主要表现为两方面。一是群体学习西学的方式不同，中国没有通过学习西方语言认识西方及其文化，只能依赖传教士学习西学；日本在兰学时代形成了通过学习荷兰语认识西方及其文化，在学习西学的方式上趋于独立。二是群体的形成方式不同，中国的西学群体没有固定的形成场所，西学及其群体主要依附于个别人物，未能出现制度化的社会群体；日本在兰学时代出现兰学堂，兰学堂成为培养西学人才的固定方式，形成了以学习西方文化为目标的兰学群体，拥有了自己的西学知识系统和价值观念，西学和西学群体成为日本社会的独立文化系统和社会阶层。所以，中国的西学群体依赖西方传教士和中国的个别西学人物，这种依附化最终导致没有形成能独立发展的西学体系和世界认识群体；日本则通过语言及其翻译著作、兰学家、兰学堂自成体系地构成了日本的西学和西学群体，形成了能自我繁衍的西方文化体系和群体，并且成为日本的代表性文化和有影响的社会群体之一。

自耶稣会士来华后，中国主要通过传教士及其出版的汉文西书接受西方世界知识，没有形成通过学习西方语言认识西方的方式，因而明末清初中国的西学和西学群体基本依附于传教士，随着传教士在华情况的变化而变动。明朝末年是西学东渐的繁荣时期，在利玛窦、徐光启等杰出人物的影响下，一些士大夫倾心西学。无论是“利玛窦规矩”还是徐光启的“会通超胜”，都为西学发展提供了机会和条件。利玛窦等传教士采取的是走上层路线的文化传教策略，他们小心翼翼，正如1584年1月罗明坚致函耶稣会总会长所言：“在开始阶段，必须非常文质彬彬地与这一民族交往，不能以不谨慎的狂热行事。因为我们冒着非常容易丧失自己已取得的成果之危险，我们不知道将来怎样才能重新取得这些成就。”[①]所以，“利玛窦规矩”是传教士在一系列探索之后形成的传教策略，而康熙年间因中西礼仪之争导致中国禁教，也说明它是基督教在华发展的前提条件。徐光启等明末西学家同传教士的做法类似，那就是用西学的价值吸引士大夫，“昔人云：‘鸳鸯绣出从君看，不把金针度与人’，吾辈言几何之学，政与此异。因反其语曰：‘金针度去从君用，未把鸳鸯绣与人’，若此书者，又非止金针度与而已，直是教人开矿冶铁，抽线造针；又是教人植桑饲蚕，湅丝染缕。有能此者，其绣出鸳鸯，直是等闲细事”[②]。就具体方式而言，传教士与徐光启等人合作翻译西学著作是他们传播西学的主要方式，这种方式显然不是一般人能介入的西学，尤其是针对自然科学而言更是如此。因而，明末有西学精英人物却没有形成社会性的西学群体，就是上述西学传播方式的必然结果。当时，也有人意识到西学传播的语言学习问题，如1626年王徵为明末出版的唯一语言学著作《西儒耳目资》所作《叙》云：“昔我高皇帝定鼎之初，即取音韵百家，命诸儒臣翻校董正，以昭同文，著为《洪武正韵》，精核典要，洵足跨轶前代。然时始御极耳，可考证者一代之章程、一成之余说；至于今日，职方九译莫不献琛，我明诚万国文字之宗国哉。异日者天禄、石渠采先生是书而更为之表章，即命之为‘万国耳目资’也，夫谁曰不可?其尚俟之知言君子。”[③]不过，整体而言，明末西学的发展势头非常好，但明清鼎革改变了西学的发展路径，传教士基本成为宫廷的御用学者，清初西学几乎失去进步的源泉。以康熙帝及其西学为例，据《清史稿》记载，康熙帝阅读了梅文鼎的《历学疑问》后，“上谓光地曰：‘历象算法，朕最留心，此学今鲜知者，如文鼎，真仅见也。其人亦雅士，惜乎老矣！’”[④]由此可见西学人物在当时中国的稀缺，因为清初传教士集中在宫廷，康熙帝自然可以自诩精通西学，但其实是窒息了西学在更广阔社会的发展。到康熙末年，随着中西礼仪之争，宫廷西学也趋于衰落。下面这些事件就是代表着18世纪中国西学发展几乎中断的典型案例，如洪仁辉事件后的1759年，清政府规定不许国人私自教授西方人学习中国语言；1773年罗马教廷解散耶稣会，两年后中国耶稣会宣布解散。直到19世纪中叶鸦片战争后西学东渐重新启动，但接受西学的方式主要还

---

① 〔法〕谢和耐:《中国与基督教(增补本)》,耿昇译,上海,上海古籍出版社,1991年,第1页。

② (明)徐光启撰,王重民辑校:《徐光启集》上册,上海,上海古籍出版社,1984年,第78页。

③ 徐宗泽:《明清间耶稣会士译著提要》,上海,上海书店出版社,2010年,第247页。

④ 赵尔巽等撰,许凯等标点:《清史稿》,长春,吉林人民出版社,1995年,第10543页。

是依靠传教士，如《海国图志》等世界史地著作基本是来源于传教士的汉译书刊，李善兰、王韬等与传教士的合作翻译方式同徐光启时代也没有什么变化。所以，明末清初西学的局限性仍在延续，但其又在弥补之前西学传承的断裂，步履维艰地蹒跚前行。

日本在天主教时代便注意学习西方的语言文字，传教士也编纂了《日葡词典》等语言工具书，并在教会学校讲授拉丁文。锁国时代开始后，传教士被驱逐，日本又形成了直接学习荷兰文并通过翻译荷兰文书籍认识世界，逐渐发展为专业的知识领域——兰学。这种不依赖传教士的方式是日本形成独立的西学群体的前提，也是西学不断发展的重要条件。日本西学群体以语言为基础，随着时代的发展更新自己的知识，从拉丁文过渡到锁国时期的荷兰文，19世纪中叶又延伸到英文、法文等。"读荷文书也好、读英文书也好，就是以文法为基础，其次靠查字典，其他则没有甚么可依赖的。"[①]

语言的独立应用使日本的西学群体走上了自我发展的道路，兰学是日本西学成功地自我发展的第一步。兰学基本可以分为两个时期：18世纪后半期是兰学勃兴期，这一时期兰学的基本特征是兰学家不受统治者的约束，完全以在野的身份从事启蒙活动；19世纪以后是"兰学权力隶属化"时期，兰学家成为为幕府服务的专业知识群体。[②]不过，兰学作为一门专业知识系统的性质并未改变，也就是说，兰学是以独立的知识系统在日本发挥作用，取得了与儒学、国学等鼎足而立的社会地位。兰学作为一门独立学科，其作用主要有两方面：一是它使兰学研究不断深化，同时保证了其发展的连续性；二是它吸引了一批人专门从事兰学研究，特别是建立了兰学堂，以固定方式逐渐扩大了兰学者群体。自兰学初兴到明治维新前夕，30余所洋学堂培养了9000余名"洋学生"。独立发展的兰学不仅为锁国时代的日本提供了丰富的世界知识，而且也为开国之后日本考察世界培养了必要的社会群体，他们通过多种途径，以使节团成员和留学生身份走出国门。1860年日本幕末首次考察使团——万延遣美使团正使新见正兴有一随从玉虫左太夫，他是一名儒学者，在夏威夷与中国商人潘丽邦笔谈时便感叹："今出使花旗者，大抵有文武之辈也。但近来不同于过去的是，出使者多为西洋学之人耳，而专学圣道者才七八

---

① 〔日〕福泽谕吉：《福泽谕吉自传》，马斌译，北京，商务印书馆，1980年，第289页。

② 佐藤昌介：『序説』，『洋学史研究序説』，岩波書店，1964年。

人而已。是亦堪为感慨。”[①]万延遣美使团共有77人，而儒学者才七八人，可见本来负责日本外交的儒学者随着日本主要外交对象的改变已让位于洋学者。

在中日世界认识发展的过程中，中国也有自身的优势，并对日本世界认识的发展产生了重要影响。但中国的优势主要表现为某些杰出的个人或著名的著作，并且这些也是依赖传教士的，如明末徐光启以及鸦片战争后魏源及其《海国图志》、徐继畬及其《瀛寰志略》等，因而这些优秀的个人或著作并不能保证中国世界认识的持续性发展。日本也有一些著名的世界认识著作及其代表性人物，但日本与中国的最重要区别是日本形成了保证其世界认识能得到连续性发展的独立的西学体系及其群体。世界认识群体的独立化程度是制约中日世界认识发展的重要因素，特别是在1840年以前中日与西方列强相对和平的发展时期，能否形成独立化、专业化的世界认识群体对中日世界知识的主动积累和世界认识的顺利发展起到了关键性作用。

（二）边缘化与核心化

中日世界认识群体的另一重要区别是：在19世纪中叶中日世界认识的转型时期，中国的近代世界认识群体是边缘化阶层，日本的近代世界认识群体则上升为社会的核心化集团。

自西学传入中国后，除了极少部分士大夫如明朝末年徐光启等人主张学习西学外，主流社会成员的绝大部分一直对西学持强烈的排斥态度。沈潅在《参远夷疏》中指出：“臣初至南京，闻其聚有徒众，营有室庐，即欲修明本部职掌，擒治驱逐。而说者或谓：‘其类实繁，其说浸淫人心，即士君子亦有信向之者，况于闾左之民，骤难家喻户晓。’”[②]明末确实有一些士大夫倾心西学，但清朝建立后，士大夫与西学的距离越来越远，特别是中西礼仪之争后的近百年，西学及国人对世界的认识几乎就是空白。1839年12月《澳门新闻纸》的言论说明了当时的状况：“天朝在各国中算是大有王化之国，胜于其邻近之国，我等在中国有何所见，只见中国甚无学问而已。中国果欲求切实见闻，亦甚便，通事引水人等所知固少，而浩官（即伍怡和洋商）算是多有历练之人。我等恐本地人

---

① 玉虫左太夫:『航米日錄』,沼田次郎、松沢弘陽校注:『日本思想大系66 西洋見聞集』,岩波書店,1974年,第231頁。

② (清)沈潅:《参远夷疏》,(明)徐昌治订,夏瑰琦编:《圣朝破邪集》,香港,建道神学院,1996年,第59～60页。

究未知道详细，纵有人知道一二，皆系卑微之人，又无官职鼓励，究系他们所知事情比别人较多，反又轻慢之，以为与夷人交易。”[①]

鸦片战争后，由于中外矛盾的加剧，虽然正确认识世界是当时中国的急迫任务，但世界认识群体却仍不能摆脱边缘化，其中主要表现为以下两个方面。

其一，打压、限制社会主流阶层人士进入近代世界认识群体，甚至是洋务派也在主流社会的排挤下泛边缘化。

从鸦片战争开始，林则徐与琦善这两位主战与主和的代表性人物均受到议处后，参与处理中外关系的大臣便如履薄冰，特别是主和派更是首当其冲，因而尽量回避卷入这一不可知的领域。黄恩彤就回忆道：“几番欲即仍离，亦若限于局外，讵意二十二年，金陵议抚，乃竟入乎其中，遂致始终无以自脱哉？”[②]虽然急欲抽身，但污名已成，当时的江苏巡抚李星沅记录了广州流传的“八大汉奸之目，而黄石琴为首，次则耆介春、刘浔、吴廷献、赵长龄、潘仕成也”[③]。

19世纪中叶，作为中国社会核心成员的上层统治者能摆脱传统世界观的束缚正确认识世界者可谓寥若晨星，其中最有影响的人物则是徐继畬和郭嵩焘，但他们二人却因此受到社会、士大夫特别是保守的统治者上层的重点打压，从主流成员跌落为边缘人物。徐继畬被咸丰帝视为“乃老成人，何谓欺诈？”[④]但这位“老成人”只因身为封疆大吏而撰写《瀛寰志略》受到排斥。该书初稿编成后，徐继畬曾寄给其山西同乡、地理学家张穆，请其先为审阅。作为徐之好友的张穆对《瀛寰志略》称颂备至，认为“考据之精，文词之美，允为海国破荒之作”，却提出了善意的忠告：“春秋之例最严内外之词，执事以控驭华夷大臣，而谈海外异闻，不妨以彼国信史，姑作共和存疑之论。进退抑扬之际，尤其慎权语助以示区别。至周孔之教不宣重译，正如心之精神不淆于藏府，倘有邪气攻心，则卢扁为之色变。前明徐、李止缘未洞此义，遂尔负谤至今。”徐也接受了张的部分建议，如“本朝舆图，必应挪居亚细亚图之上，尊

① 中国史学会主编:《中国近代史资料丛刊·鸦片战争》(二),上海,上海人民出版社、上海书店出版社,2000年,第411～412页。

② (清)黄恩彤:《抚远纪略·后序》,中国史学会主编:《中国近代史资料丛刊·鸦片战争》(五),上海,上海人民出版社、上海书店出版社,2000年,第434页。

③ 袁英光、童浩整理:《李星沅日记》下册,北京,中华书局,1987年,第655页。

④ 方闻:《清徐松龛先生继畬年谱》,新北,台湾商务印书馆,1982年,第194页。

说不必更动，即已吻合”[①]。但事情并非如此简单，《瀛寰志略》“甫经付梓，即腾谤议”[②]。李慈铭《越缦堂日记》批评徐继畬：“于华盛顿赞其以三尺剑取国而不私所有，直为环宇第一流人。于英吉利尤称其雄富强大，谓其版宇直接前后藏。似一意为泰西声势者，轻重失伦，尤失国体。况以封疆重臣，著书宣示为域外观，何不检点至是耶！”[③]甚至到19世纪80年代仍有人称《瀛寰志略》“侈张博物，皆无当于经世之实用”[④]。徐继畬于1851年因神光寺事件调离福建巡抚，降为太仆寺少卿，虽因《三渐宜防疏》受到咸丰帝赏识又破例被任命为四川乡试正考官，却再次受到弹劾，因而在返京途中便被彻底贬职回乡。十多年后的1865年，徐继畬被奕䜣等洋务派重新起用，担任为时人所鄙夷的总理衙门大臣，1867年主持同文馆，“徐继畬老成望重，品学兼优，足为士林矜式，拟请旨饬派徐继畬作为总管同文馆事务大臣，以专稽查而资表率”[⑤]。显然，迟暮之年的徐继畬难以承担“士林矜式”的角色以扭转社会舆论，他也曾自嘲：“不料本年闰五月间，忽奉陛见之旨，不敢复辞，勉强扶病入都，遂入此无了休之局。年逾七十，乃复作春梦婆，知必为海内高人所笑。”[⑥]

徐继畬之后，另一个从中心跌落到边缘的典型人物是郭嵩焘。郭与曾国藩、左宗棠、李鸿章等人同为湘淮集团核心人物，曾任署理广东巡抚等职。第二次鸦片战争期间，郭嵩焘作为参与办理中外关系的大臣，对清政府在对外交涉中的策略便极为不满：“中国与西夷交接，二十余年，至今懵然莫知其指要，犹为国有人乎？京师知者，独鄙人耳。”[⑦]郭嵩焘关于西方世界的议论虽然当时便引起士大夫的反感，但使他跌落至边缘的主要原因是出任驻外公使这一代表近代世界认识形成的标志性事件。作为中国首任驻外公使，郭嵩焘可谓受尽了士大夫的百般辱骂，“出乎其类，拔乎其萃，不容于尧舜之世；未能事人，焉能事鬼，何必去父

---

① 谭其骧主编：《清人文集地理类汇编》第7册，杭州，浙江人民出版社，1987年，第508～509页。

② （清）徐继畬：《松龛先生全集·文集》卷3，台北，文海出版社影印本，1977年，第20页。

③ （清）李慈铭：《越缦堂日记》，扬州，广陵书社，2004年，第323页。

④ （清）卫荣光：《卫叙》，（清）王之春：《清朝柔远记》，北京，中华书局，1989年，第5页。

⑤ 《筹办夷务始末》（同治朝）卷47，台北，文海出版社影印本，1971年，第7～8页。

⑥ （清）徐继畬：《松龛先生全集·文集》卷3，台北，文海出版社影印本，1977年，第30页。

⑦ （清）郭嵩焘：《致曾国藩书》，《近代中国对西方及列强认识资料汇编》第一辑，台北，“中央研究院”近代史研究所，1984年，第671页。

母之邦”[①]。虽因朝廷之命终于踏上赴英伦三岛之路，却因《使西纪程》再次被顽固派抓住把柄，受到又一轮猛烈攻击。作为少有的能理解和支持郭嵩焘的洋务官僚李鸿章也只能感慨：“筠仙虽有呆气，而洋务确有见地，不谓丛谤如此之甚！若达官贵人皆引为鉴戒，中土必无振兴之期，日后更无自存之法，可为寒心。”[②]郭嵩焘自称：“嵩焘，楚人也，生长愚顽之乡，又未一习商贾，与洋人相近。盖尝读书观理，历考古今事变，而得之于举世哗笑之中，求所以为保邦制国之经，以自立于不敝。沛然言之，略无顾忌。而始终一不相谅，窜身七万里之外，未及两月，一参再参。亦遂幡然自悔其初心，不敢复有陈论。”[③]此后郭嵩焘不仅不再向朝廷表达自己对洋务的看法，而且从驻外公使回国后未能再入仕途，其多舛的命运可谓洋务运动及其结局的写照。所以，徐继畬和郭嵩焘是19世纪中叶促进中国近代世界认识发展的两个阶段的代表性人物，同时也是从中心被排挤到边缘的两个典型。一方面是洋务人才奇缺，另一方面则是百般压制个别洋务人才，造成了一种怪诞的局面。

如果说徐继畬、郭嵩焘主要由于个人因素成为中国近代世界认识发展的推动者，保守的士大夫群体并不能完全控制这种现象，只有将他们排挤出社会核心集团，那么，在清政府制定、实行涉及世界认识群体的某些政策时，保守派就完全有可能左右这些政策，防止社会核心成员流入近代世界认识群体，严格区分中心与边缘的界限。其中典型的事例之一是1867年同文馆天文、算学科招收学员之争，在保守的士大夫领袖倭仁等人的攻击下，洋务派准备招收举人、进士甚至翰林等正途人员入馆学习的计划未能如愿，奕䜣等策划的主流士大夫加入洋务派以推动洋务运动和世界认识群体发展壮大的政策流产。与天文、算学馆事件相比，更重要的边缘化现象是西学与国家人才培养体制之间的隔绝，从鸦片战争到洋务运动时期，一些进步人士主张的西学与科举制结合的努力一直未能付诸实施，致使西学成为远离主流社会的异端。

其实，洋务派本身也是被泛边缘化，因为赞同、支持、实行洋务的人是极少数，不仅洋务事业几乎处处受制，而且洋务派官僚也几乎没有不被非议甚至谩骂。19世纪中叶，具有一定近代世界认识的上层统治者

① (清)王闿运著，马积高主编:《湘绮楼日记》，长沙，岳麓书社，1998年，第460页。

② (清)李鸿章:《复周筱棠京卿》，中国史学会主编:《中国近代史资料丛刊·洋务运动》(一)，上海，上海人民出版社、上海书店出版社，2000年，第271页。

③ (清)郭嵩焘著，杨坚点校:《郭嵩焘诗文集》，长沙，岳麓书社，1984年，第190页。

本来就风毛麟角，“往与宝相论今时洋务，中堂能见其大，丁禹生能致其精，沈幼丹能尽其实，其余在位诸公，竟无知者。宝相笑谓嵩焘既精且大。”[①]但也正因为人数少，办理的事情又溢出传统范围，因而受到主流社会的攻击。早在1864年，太常寺卿署左副都御史王拯就上疏：“总理各国事务大臣侍郎崇纶、恒祺、董恂、薛焕委琐龌龊，通国皆知，窃恐外邦轻侮，以为中朝卿贰之班，大都不过如若曹等，未免为中朝耻辱。就令人材难得，或于总理衙门位置为宜，上应量为裁抑，或处以散职，或畀以虚衔，庶外邦服我旌别之严。四方闻之，亦释然于朝廷宥纳群伦、羁縻彼族之意。”[②]这种轻视并分别对待的言论发展为后来的清流与浊流，如吴汝纶与人言及：“近来世议，以骂洋务为清流，以办洋务为浊流。”[③]王之春指出：“今之自命为通儒者，以洋务为不屑，鄙西学为可耻，有习其言语文字者，从而腹诽之，且从而唾骂之，甚至屏为名教之罪人。嘻!甚矣。”[④]身受其害的郭嵩焘则认为，“办理洋务三十年，疆吏全无知晓，而以挟持朝廷曰公论，朝廷亦因而奖饰之曰公论”[⑤]。在这种社会氛围下，洋务派可谓处于荆棘之中，难以有所作为。首先是从事主要实际洋务事业的地方洋务派官僚经常处在风口浪尖，动辄受到攻击。曾国藩的名望何等之高，但只因天津教案就让他几乎身败名裂，自称是“内疚神明，外惭清议”。至于其他洋务派的遭遇就可想而知，如丁日昌被称为“丁鬼奴”。丁日昌为此甚至以激愤的言辞诉诸奏折，可见其对此耿耿于怀：“臣自同治年间，奉命办结洋人潮州入城案、天津戕毙法国领事案而众谤兴，及在闽抚时，陆续办结洋案数大起，而谤更甚。光绪二三年间，臣屡次奏称日本立意窥伺中国，数年之后必将与我开衅，必须及早购办铁甲船以免临时筹措不及等因，而谤生尤循环无端，甚有谓臣藉此图利者，其实臣疏中原指明闽台无殷实洋商可以承办铁甲船，必须由南北洋举办方无流弊也。虽屡蒙圣主鉴其无他，不加谴责，然众毁铄金，积羽沉舟，直觉天壤间无地可以自容。”[⑥]李鸿章更是谤满天下，“全国国民，

---

① (清)郭嵩焘著，杨坚点校：《郭嵩焘诗文集》，长沙，岳麓书社，1984年，第195页。

② 赵尔巽等撰，许凯等标点：《清史稿》，长春，吉林人民出版社，1995年，第9370页。

③ (清)吴汝纶：《与陈右铭方伯》，(清)徐寿凯、施培毅校点：《吴汝纶尺牍》，合肥，黄山书社，1990年，第70页。

④ (清)王之春著，赵春晨点校：《清朝柔远记》，北京，中华书局，1989年，第367页。

⑤ (清)郭嵩焘著，杨坚点校：《郭嵩焘诗文集》，长沙，岳麓书社，1984年，第190页。

⑥《光绪五年四月二十五日前福建巡抚丁日昌奏》，中国史学会主编：《中国近代史资料丛刊·洋务运动》(二)，上海，上海人民出版社、上海书店出版社，2000年，第392页。

则皆都不满意于李。尤其是旗人更恨之入骨，故北京又有一联曰：‘杨三已死无昆丑，李二先生是汉奸。’”[①]正因如此，李鸿章在表达自己意见时总是抬出曾国藩为自己辩护。1874年关于海防问题的大讨论时，李鸿章在奏折中又多次提到已经故去的曾国藩，如“曾国藩前有暂弃关外，专清关内之议，殆老成谋国之见”；“曾国藩与臣叠请开煤铁各矿，试办招商轮船，皆为内地开拓生计起见”；“同治十年，日本初议条约，臣与曾国藩均奏请该国立约后，中国应派员驻扎日本，管束我国商民，藉探彼族动静，冀可联络牵制，消弭后患”。[②]李鸿章以曾国藩的言论为自己的主张作注脚，这一方面说明曾、李二人的观念确有共同之处，李也受到曾的提携和影响，但如此频繁地采用这种方式，主要是反映了李鸿章感到自己处于孤立无援的窘境，他的观念与做法不能得到占绝大多数的正统士大夫阶层的支持，只有借用曾国藩这个在当时士大夫眼中近乎圣人式的完美形象来增加自己话语的权威性。1886年翁同龢日记中的言论也可谓对李鸿章上述心情的佐证：“陈俊臣中丞士杰来长谈，与合肥水火，不无过当语，然曾在湘乡幕府，胜于谈洋务者流。”[③]所以，当后来张之洞投入洋务运动之时，李鸿章是比较积极支持的，其重要原因就是张之洞曾经是清流派的主将，代表着正统主流群体的力量。

在洋务官僚中，作为林则徐女婿的沈葆桢比较另类，颇有清誉。1867年他受左宗棠推荐总理福州船政局，“总理船政惟沈幼丹中丞最宜，以其夙负清望，又在籍绅士无更替之烦也”[④]。可惜，在当时很少能找到这类人物，而沈葆桢之所以接任，与他在家守制有很大关系。即使如此，沈葆桢也焦虑不安：“臣自束发受书，及官成归里，颇不见恶于乡党。乃奉命之日，荐书盈箧，户为之穿，舌敝唇焦，立成怨府。匿名揭贴，倡自官场，浸成风俗，辄思摇撼大局，以快其志。”[⑤]

可以说，攻击洋务派成为当时的社会潮流，一些次要人物也难以幸免，当时从事洋务者都深有感触，“弟深痛海疆不能自强，办洋务者动辄

① 齐如山:《齐如山回忆录》,北京,中国戏剧出版社,1998年,第61页。

② 《筹办夷务始末》(同治朝)卷99,台北,文海出版社影印本,1971年,第24、25、33页。

③ 陈义杰整理:《翁同龢日记》第四册,北京,中华书局,1992年,第2032页。

④ (清)左宗棠:《答蒋芗泉》,中国史学会主编:《中国近代史资料丛刊·洋务运动》(五),上海,上海人民出版社、上海书店出版社,2000年,第446页。

⑤ 《筹办夷务始末》(同治朝)卷50,台北,文海出版社影印本,1971年,第2~3页。

忍辱含垢"[①]。1874年，李慈铭评论："定远人方浚师《蕉轩随笔》十二册。浚师由举人中书充通商衙门章京，得擢广东道员。其人本不足齿，而复强作解事，妄谈经学，中言诗文，谄附时贵，卑鄙无耻，文理又极不通，梨枣之祸，至于此极，乃叹鬼奴之为害烈也。京师人称通商衙门官员为鬼奴，以其谄媚夷人无所不至也。"[②]李慈铭虽有名士作风，但在《越缦堂读书记》中如此辱骂亦绝无仅有。到1892年，周汉发布的《湖南通省公议》仍指斥倡导洋务的湖南巡抚吴大澂为"鬼奴"，称本省熟悉洋务的郭嵩焘、曾纪泽、朱克敬、张自牧为"四鬼"，[③]而当时四人均已作古却还不得安宁。

在这种社会氛围下，洋务事业的困难程度可想而知，尤其是因此造成洋务人才的匮乏，更是雪上加霜。如李鸿章也在奏折中发泄不满，可见他受到的社会压力之大。"士大夫见外侮日迫，颇有发奋自强之议。然欲自强必先理财，而议者辄指为言利；欲自强必图振作，而议者辄斥为喜事；至稍涉洋务，则更有鄙夷不屑之见横亘胸中。"[④]1874年，李鸿章在有关海防之议的奏折中痛陈：

> 抑臣更有陈者：用人最是急务，储才尤为远图。洋人入中国已三十余年，住京已十余年，以兵胁我，殆无虚岁，而求练达兵略，精通洋法者，恒不数觏，由于不学之过，下不学，由于上不教也。军务肃清以后，文武两途，仍舍章句弓马，未由上进，而以章句弓马为务，于洋务隔膜太甚。是以沈葆桢前有请设算书科之奏，丁日昌前有武试改枪炮之奏，皆格于部议不行。而所用非所学，人才何由而出？近时拘谨之儒，多以交涉洋务为浼人之具；取巧之士，又以引避洋务为自便之图。若非朝廷力开风气，破拘挛之故习，求制胜之实济，天下危局，终不可支，日后乏才，且有甚于今日者。以中国之大，而无自强自立之时，非惟可忧，抑亦可耻。[⑤]

---

① 《黎兆棠函》，中国史学会主编：《中国近代史资料丛刊·洋务运动》（二），上海，上海人民出版社、上海书店出版社，2000年，第130页。

② （清）李慈铭著，由云龙辑：《越缦堂读书记》，上海，上海书店出版社，2000年，第722页。

③ 王明伦选编：《反洋教书文揭帖选》，济南，齐鲁书社，1984年，第224页。

④ 《光绪六年十二月初一日直隶总督李鸿章奏》，中国史学会主编：中国史学会主编：《中国近代史资料丛刊·洋务运动》（六），上海，上海人民出版社、上海书店出版社，第149页。

⑤ 《筹办夷务始末》（同治朝）卷99，台北，文海出版社影印本，1971年，第29～30页。

1876年，李鸿章针对正在启动的驻外使节制度，再次宣泄心中的郁闷："使才本难其选，欲稍有资望者更难。总署再四催索，敝处亦无以应。人莫不求官而不求出使，其愿使者又恐不甚可靠也。"①

地方洋务派官僚的处境如此，中央的总理衙门大臣奕䜣等洋务派官僚也很难施展作为。1867年的天文、算学馆招生计划的实际搁浅就是对他们的最大打击，其他因各种阻碍而无法实施的事项更是不少。1874年海防之议时，奕䜣等人无奈地指出："臣等承办各国事务，于练兵裕饷习机器制轮船等议，屡经奏陈筹办。而歧于意见，致多阻格者有之；绌于经费未能扩充者有之；初基已立，而无以继起久持者有之。同心少，异议多；局中之委曲，局外未能周知；切要之经营，移时视为恒泛。以致敌警猝乘，仓惶无备。"②方浚颐在书信中也得意地写道："三月二十二日奉到大柬，适浚颐作机器论未脱稿，因急开函读之，乃知朝中于防海六事疏，召集九卿会议天下安危大局，所关匪浅，弃本务末，舍己从人，变乱成法，不明利害，五十余疏阅十三日甫毕，何言之繁重枝蔓若是耶？足下忧之，兢兢焉存不画诺之心；既而询谋佥同，无一随声附和者，遂作罢论。读竟拊掌称快曰，国家之福也！天下之幸也！而亦见政府之有人也。"③

张树声作为参与洋务运动的重要人物，其最受瞩目的事件当是他耸动人心的遗折，而他在19世纪80年代初已屡次直陈时事，如他在1882年的奏折中指出："今日之西学，当使人人晓然于斯世需用之事，皆儒者当勉之学，不以学步生鄙夷不屑之意，不使庸流居通晓洋务之名，则人材之兴，庶有日也。"④这种鞠躬尽瘁且满含焦虑的心态，使我们不难想象当时的洋务群体希望得到士大夫这一社会主流阶层大力支持的强烈愿望，也使我们比较清晰地感受到了洋务运动的困境。

其二，边缘化人物成为推动近代世界认识发展的主要承担者。由于限制了正途人员即社会核心成员向近代世界认识群体流动，统治者上层如徐继畬、郭嵩焘者毕竟只是个别现象，甚至洋务派官僚也很少对世界认识发展能有所建树，反而颇多顾忌。所以，社会主流群体之外的边缘

---

① (清)李鸿章:《复沈幼丹制军》,(清)吴汝纶编:《李文忠公(鸿章)全集·朋僚函稿》卷16,台北,文海出版社影印本,1980年,第2页。

② 《筹办夷务始末》(同治朝)卷98,台北,文海出版社影印本,1971年,第19～20页。

③ (清)方浚颐:《答陈小航书》,中国史学会主编:《中国近代史资料丛刊·洋务运动》(一),上海,上海人民出版社、上海书店出版社,2000年,第458～459页。

④ (清)张树声:《建造实学馆工竣延派总办酌定章程片》,中国史学会主编:《中国近代史资料丛刊·洋务运动》(二),上海,上海人民出版社、上海书店出版社,2000年,第126页。

化人物便成为推动19世纪中叶中国世界认识发展的主要力量，是近代世界认识发展的主要承担者。

边缘与核心是相对而言的，中国传统社会是以士农工商为社会结构和阶层标准，士和士大夫是社会主流与核心阶层。不过，士大夫阶层本身也有边缘与核心，“许多通过初级考试的生员，捐监生以及其他一些有较低功名的人都属于下层集团。上层集团则由学衔较高的以及拥有官职——但不论其是否有较高的学衔——的绅士组成”[①]。在这个划分标准中，我们选择“学衔较高”即正途出身的贡生[②]及其以上人员是世界认识的核心群体，因为他们已达到仕途功名标准，而其他是边缘群体，这一标准与1867年同文馆开设天文算学馆时奕䜣等人的看法一致。“现拟添设一馆，招取满汉举人及恩拔岁副优贡……并准令前项正途出身五品以下满汉京外各官，少年聪颖，愿入馆学习者……一体与考。”[③]“翰林院编修、检讨、庶吉士等官，学问素优，差使较简，若令学习此项天文、算学，程功必易。又进士出身之五品以下京外各官，与举人、五项贡生，事同一律，应请一并推广招考，以资博采。”[④]《酌拟同文馆学习天文算学章程六条》也首先强调“请专取正途人员，以资肄习也”[⑤]。按照这一标准，19世纪中叶中国的世界认识群体基本是边缘人物，奕䜣等人试图将正途核心成员引入洋务事业的计划未能实现。

当时，近代世界认识边缘群体大致可以分为两部分：其一，清政府按计划培养的西学人才，主要有洋务学堂学生和留学生；其二，在清政府计划之外出现的西学人才，这部分人是在晚清社会潮流的影响和刺激下产生的，是世界认识边缘群体的代表人物和近代世界认识发展的主要推动者，包括容闳、王韬、郑观应等人。

洋务学堂学生和留学生这部分边缘群体比较单一，容易分析一些，同时他们的主要影响在19世纪80年代以后，在19世纪中叶的世界认识发展中不占有核心地位。可以确定的是，他们是社会的边缘群体。据同文馆学生齐如山回忆：

---

① 张仲礼:《中国绅士:关于其在19世纪中国社会中作用的研究》,李荣昌译,上海,上海社会科学院出版社,1991年,第6页。

② “恩、拔、副、岁、优,时称‘五贡’。科目之外,由此者谓之正途。所以别于杂流也。”(赵尔巽等撰,许凯等标点:《清史稿》,长春,吉林人民出版社,1995年,第2112页)

③《筹办夷务始末》(同治朝)卷46,台北,文海出版社影印本,1971年,第3~4页。

④《筹办夷务始末》(同治朝)卷46,台北,文海出版社影印本,1971年,第46页。

⑤《筹办夷务始末》(同治朝)卷46,台北,文海出版社影印本,1971年,第46页。

> 馆是成立了，但招不到学生，因为风气未开，无人肯入，大家以为学了洋文，便是降了外国。在汉人一方面，政府无法控制，招学生太费事，于是由八旗官学中挑选，虽然是奉官调学生，但有人情可托的学生谁也不去，所挑选者，大多数都是没有人情，或笨而不用功的学生。因为这种的学生，向来功课成绩不好，八旗官学虽腐败，这种学生也站不住，或将被革；倘到同文馆，或者还可以混一个时期。这是最初招生的情形，而且还有一层，这些学生入了同文馆以后，亲戚朋友对于本人，因为他是小孩，还没有什么鄙视，对于学生们的家庭，可就大瞧不起了，说他堕落，有许多人便同他们断绝亲戚关系，断绝来往。甚而至于人家很好的儿媳妇，因她家中弟弟入了同文馆，便一家瞧不起这个媳妇，而且因之便受了公婆之气。社会的思想，对于这件事情看得这样的严重，大家子弟不但不愿入，而且不敢入，因之后来之招生就更难了。①

1867年徐继畬为首任管理同文馆事务大臣，1869年因老病乞休之后，直到1889年才任命曾纪泽、徐用仪为第二任管理同文馆事务大臣，由此亦可管窥同文馆的状况。1883年，御史陈锦在奏折中指出："迩来讲求洋务，制造机器，凡海关、粮务、水师、陆队，在在需才，故特开同文馆以肄习之，典至重也。乃行之数年，迄鲜成效。"为什么会如此不尽人意，陈锦提到的理由之一是"馆中诸生，本多寒畯"，却"奖赏不实"。②其实，"本多寒畯"本身就是弊端。

相比较而言，随后成立的上海同文馆及福州船政学堂中，上海同文馆和福州船政学堂招收的学生素质更好。上海同文馆由李鸿章建立，"选近郡年十四岁以下，资禀颖悟根器端静之文童"③。广州同文馆根据清廷谕旨本来是"于广州驻防内公同选阅"④，但1864年新任两广总督毛鸿宾等人在奏章中扩大了招生范围，以造就更多人才。"即在广州驻防满汉八旗，向习清书翻译子弟内，拣选资质聪慧年岁二十左右者十六人，又访择汉人世家子弟才堪造就者四人，共肄业生二十名，送人馆中，于同治

---

① 齐如山:《齐如山回忆录》,北京,中国戏剧出版社,1998年,第28～29页。

②《光绪九年六月二十一日掌广东道监察御史陈锦奏》,中国史学会主编:《中国近代史资料丛刊·洋务运动》(二),上海,上海人民出版社、上海书店出版社,2000年,第59、60页。

③《筹办夷务始末》(同治朝)卷14,台北,文海出版社影印本,1971年,第3～4页。

④《筹办夷务始末》(同治朝)卷14,台北,文海出版社影印本,1971年,第5页。

三年五月二十日开馆。”“如有清白安分之人，自愿入馆附学，亦准公正官绅保送入馆，一律训习。考试仍定额十名，示以限制。”[①]同时制定《广东开设同文馆章程》15条，规定“每年甄别一次，其于西洋语言文字无所通晓者，即行撤退，挑选更换”[②]。福州船政学堂由左宗棠建立，招收学生很务实，“挑选本地资性聪颖、粗通文字子弟入局肄业”[③]。值得一提的是，船政学堂的规模在当时的洋学堂中名列前茅，专业性更强，沈葆桢在1872年奏称：“原议学堂两所，艺童六十名；后添绘事院、驾驶学堂、管轮学堂、艺圃四所，艺童徒共三百余名。”[④]

从培养人才的长远角度而言，以幼童为招生对象是合理的，但世界认识更涉及价值观念问题，最重要的是推动主流士大夫群体的观念转型，那么培养幼童的作用在短时期内就显得微不足道。由于没有主流群体参与，也缺乏制度性变革，同文馆等新机构出身的边缘群体越发孤立。汪凤藻是上海广方言馆首批学生，后荐入京师同文馆学习，是洋学堂中的佼佼者，并且1883年殿试赐进士出身。即使如此，他仍感到“我辈身任外事，均世俗所谓‘浊流’者”[⑤]。

与国内洋学堂一样，以后的留学也首先是幼童出洋。在清政府筹备留美幼童方案时，英国公使威妥玛很关注此事并且提醒李鸿章等人注意幼童留学的弊端，李鸿章也曾同曾国藩商量如何定案：“威使询及派幼童出洋学习，甚以为然。谓须选二十岁内外通习中国文义者，到洋后专习洋学，乃易会通，十年可成；若华洋书兼肄，恐致两误。渠颇通华学，此语似有阅历。陈、容诸君前拟派十五岁以上并延汉文教师同去，本虑多费而少益，可否再令妥商更订。”[⑥]但选派幼童都颇费周折，更遑论其他。直到19世纪末，随着社会形势的剧变，留学再次受到关注，而且特

① 中国史学会主编：《中国近代史资料丛刊·洋务运动》(二)，上海，上海人民出版社、上海书店出版社，2000年，第106页。

② 中国史学会主编：《中国近代史资料丛刊·洋务运动》(二)，上海，上海人民出版社、上海书店出版社，2000年，第108页。

③ 中国史学会主编：《中国近代史资料丛刊·洋务运动》(五)，上海，上海人民出版社、上海书店出版社，2000年，第24页。

④ 中国史学会主编：《中国近代史资料丛刊·洋务运动》(五)，上海，上海人民出版社、上海书店出版社，2000年，第115～116页。

⑤ (清)黄庆澄：《东游日记》，长沙，岳麓书社，1985年，第354页。

⑥ (清)李鸿章：《上曾相》，(清)吴汝纶编：《李文忠公鸿章全集·朋僚函稿》卷11，台北，文海出版社影印本，1980年，第4页。

别强调“游学之益，幼童不如通人，庶僚不如亲贵”[①]。张之洞还具体分析了之前的留学状况，“或谓‘昔尝遣幼童赴美学习矣，何以无效?’曰:‘失之幼也。’”[②]

当然，洋务派开办洋学堂，派遣留学生，本来是希望造就一批能引领时代潮流的西学人物。冯桂芬指出:“今之习于夷者曰通事，其人率皆市井佻达游闲，不齿乡里，无所得衣食者始为之。其质鲁，其识浅，其心术又鄙，声色货利之外不知其他。且其能不过略通夷语，间识夷字，仅知货目数名与俚浅文理而已，安望其留心学问乎?……今欲采西学，宜于广东、上海设一翻译公所，选近郡十五岁以下颖悟文童……此议行，则习其语言文字者必多，多则必有正人君子通达治体者出其中，然后得其要领而驭之。”[③]但从结果看，洋学生只是地位稍高一些的另一边缘群体。

到19世纪80年代末，人们才再次醒悟，也看到了人才培养人数过少这一重大缺陷:“泰西兵法之精，制造之巧，虽擅一时之长，究其所由，无非习之者多，教之者专。查教练之处，仅有天津水师学堂、武备学堂、福建船政局，似取之稍隘。拟请推广其制，于沿江海各省分设学堂，择青年子弟之聪颖、通顺、忠信、廉洁者分习各艺，以备海军洋务之用。风气既开，人才辈出，今日之子弟即为异日之干城。”[④]

除了洋学堂学生和留学生，19世纪中叶世界认识群体的另一个组成部分是随时代潮流出现的西学人物，主要是我们称为洋务思想家或早期维新思想家的这一群体。这一群体人数不多，但比较复杂，如果说具有共同特点的话，那就是边缘人物占大多数，他们还不够传统仕途功名的标准，是秀才及其以下的人群。这些边缘人物基本来自东南沿海，他们主动或是被动地卷入中外关系和西学东渐的潮流，在大浪淘沙中成为时代的弄潮儿。容闳、王韬、李善兰、郑观应、李圭、薛福成、马建忠等人是其中的佼佼者，在这些人中，王韬、李善兰、薛福成是秀才，其他

① (清)张之洞:《劝学篇》,苑书义等主编:《张之洞全集》第十二册,石家庄,河北人民出版社,1998年,第9737页。

② (清)张之洞:《劝学篇》,苑书义等主编:《张之洞全集》第十二册,石家庄,河北人民出版社,1998年,第9738页。

③ (清)冯桂芬:《采西学议》,(清)冯桂芬著,戴扬本评注:《校邠庐抗议》,郑州,中州古籍出版社,1998年,第210~211页。

④《赵世骏呈》,中国史学会主编:《中国近代史资料丛刊·洋务运动》(三),上海,上海人民出版社、上海书店出版社,2000年,第36页。

人没有获取科举功名。他们从边缘走向认识世界的路径大致可以分为以下几种类型。容闳、郑观应出生于“买办的故乡”广东香山，容闳回忆“父母独命予入西塾……冀儿子能出人头地，得一翻译或洋务委员之优缺乎?”[①]郑观应“年十七，小试不售，即奉严命，赴沪学贾”[②]，这对几乎是买办家族的郑观应来说更是自然而然。王韬、李圭都是受雇于西人，这是通商口岸地区个别士人的选择，并且往往是在仕途不顺的情况下出现。王韬因乡试受挫和父亲病故到墨海书馆谋生，“当余初至时，曾无一人剖析义利，以决去留，徒以全家衣食为忧，此足一失，后悔莫追。苟能辨其大闲，虽饿死牖下，亦不往矣。虽然，已往者不可挽，未来者犹可致，以后余将作归计矣。”[③]家居南京的李圭因太平天国造成家庭变故，1862年沦落上海为“常胜军”充当文案，1865年受聘为宁波海关税务司好博逊之文牍，直到十年后代表清政府参加费城世博会并留下影响广泛的《环游地球新录》。李善兰代表的是追求科学的类型，他“方年十龄，读书家塾，架上有古《九章》，窃取阅之，以为可不学而能，从此遂好算”[④]，“壬叔谓少于算学，若有天授，精而通之，神而明之，可以探天地造化之秘，是最大学问”。[⑤]所以，1852年，李善兰来到上海，“一日，到上海墨海书馆礼拜堂，将其书予麦先生展阅，问泰西有此学否。其时有住于墨海书馆之西士伟烈亚力，见之甚悦，因请之译西国深奥算学并天文等书，又与艾约瑟译《重学》，与韦廉臣译《植物学》，以至格致等学，无不通晓。又与伟烈亚力译《奈端数理》数十页”[⑥]。薛福成、马建忠从幕僚群体中脱颖而出成为近代世界认识的推动者，他们关注现实，思想观念开通，并且是在洋务运动兴起之时加入曾国藩、李鸿章等洋务官僚的幕府，与时代潮流相互激荡。上述这些类型在发展的过程中也相互接近，汇集成为19世纪中叶近代世界认识的核心力量，如容闳和马建忠是留学生，容闳后来为留美幼童副监督和驻外副使，马建忠兼任驻法使馆翻译等。

在19世纪中叶具有近代世界认识的思想家群体中，也有一部分是举

---

① (清)容闳著，沈潜、杨增麒评注:《西学东渐记》，郑州，中州古籍出版社，1998年，第67页。

② (清)郑观应:《复考察商务大臣张弼士侍郎》，夏东元编:《郑观应集》下册，上海，上海人民出版社，1988年，第619页。

③ 方行、汤志钧整理:《王韬日记》，北京，中华书局，1987年，第92～93页。

④ (清)阮元等:《畴人传汇编》下，扬州，广陵书社，2009年，第767～768页。

⑤ 方行、汤志钧整理:《王韬日记》，北京，中华书局，1987年，第69页。

⑥〔美〕傅兰雅:《江南制造总局翻译西书事略》，黎难秋等编:《中国科学翻译史料》，合肥，中国科学技术大学出版社，1996年，第416页。

人以上的传统功名出身者，他们人数不多，其中主要包括魏源、冯桂芬和黄遵宪等人，他们分别代表不同时期主流士大夫认识世界的典型。与徐继畬、郭嵩焘不同的是，他们并非高踞庙堂，并且魏源、冯桂芬诉诸"师夷制夷""中体西用"等观念，因而没有受到社会舆论的强烈冲击。但从整体而言，这种具有近代世界认识的主流人物较少，如李鸿章所谓"大抵关涉洋务，自好者已不愿为"[①]。

边缘化的结果是19世纪中叶中国的近代世界认识群体始终不能摆脱弱小的困境，不仅人才匮乏现象日益严重，洋务事业更是很难得到社会的认同与支持。虽然边缘化人物成为世界认识的主要承担者并最终得到社会的认同，但在这一过程中中国却付出了沉重代价，它延缓了中国近代世界认识的发展，特别是使近代世界认识一直不能成为当时社会的主流观念。对此，身处其中倍受挫折的王韬在19世纪60年代曾深深痛惜：

> 吾与泰西诸国通商以来，已历二十余年，而在廷诸臣之于洋务，昏然如堕云雾中。一二草茅之士，或能通达时事，叹息时艰，偶言之于当道，则必斥之曰"多事"，鄙之曰"躁妄干进"，呵之为"不祥之金"。于是乎而噤口卷舌者多矣。不然，徐松龛中丞、魏默深司马之书具在，探夷情，师长技，坐而言者可以起而行，何一非驭外之要图?奈何当道者，熟视若无睹也，是诚我不知之矣。[②]
>
> 嗟乎！远情非甚难悉也。贵者不知而贱者知之，贵者不言而贱者言之，无怪乎谓其所告者妄也，所谋者非也。此辛有所以见祭而兴嗟，江统所以料远而著论也。[③]

"贱者言之"的社会效果往往可想而知，王韬本人就有深切体会："屡上书当事，代画方略，言过切直，当事外优异而内忌嫉之，顾所言颇见施行，能多见效……然用其言而仍弃其人，并欲从而中伤之，此老民之所以扼腕太息痛哭流涕长往而不顾者也。"[④]李鸿章也指出："洋务交涉日烦，人才日少。其由科目进者，平素未习军事，未谙洋清，或视为畏途，一经艰巨，非茫昧无措，即制驭失宜，由于所用非所学也。其由他

---

① 《筹办夷务始末》(同治朝)卷78，台北，文海出版社影印本，1971年，第41页。

② 方行、汤志钧整理：《王韬日记》，北京，中华书局，1987年，第151～152页。

③ (清)王韬：《弢园文录外编》，上海，上海书店出版社，2002年，第145页。

④ (清)王韬：《弢园文录外编》，上海，上海书店出版社，2002年，第270页。

途进者，间有熟悉机宜，或又以资望不足短之。”[①]

到19世纪80年代，社会主流群体的言论也开始更加关注洋务群体的边缘化这一现象，这一方面说明边缘化的洋务群体社会地位的上升，并有取代传统社会主流群体的趋势，使主流群体不得不调整自身的观念；另一方面他们自然也看到洋务群体边缘化的重大缺陷，希望能够扭转这种局面。我们可从以下正反两方面的议论中一窥当时的社会舆论。首先是比较正面肯定边缘群体但也指出其不足的言论。如御史金寿松认为：“计自通商以来，讲洋务者骎骎乎有风气日开之势，岂无蒿目时艰、留心实学之士？第上之人不以是求，则伏处草茅者有之，屈居闲散者有之，甚至为贫所累佣食外洋者亦容或有之，此不可不急为收罗广为察举也。”[②]1887年，御史陈琇莹在奏折中指出了边缘群体充当学习西方主体的局限性，而清政府选拔游历使出国考察等也表明其有意识地引导社会主流群体了解、学习西方：“窃自中外交涉以来，言西学者，内而同文馆，外而机器局、船政局、广方言馆，其渊薮也；出洋学童，于测绘制造一切，尤具有师法。特迹其议论，不免怵于先入为主之说，以事事为必效法洋人，素持庄论者遂执用夷变夏一言，起而诘难，交讥互病，姑勿具论，而缓急之时，学童亦实不尽足恃。迩者皇上诏各部院保出洋游历，窃意正途人员，宜可以藉此练习洋务；而迁延三月，保送未闻，则留心西学者之难其选也。”[③]甲申易枢后主持大局的醇亲王奕譞针对当时的舆论环境，提出引导主流士大夫介入洋务事业，以形成合乎时宜的社会舆论和有力的洋务群体。奕譞的建议与19世纪60年代奕䜣等人的做法并无本质区别，但时间和时机早已不在。

图维者何？仍须从建言者设法感化。凡议论时事，略合机宜，稍通局势者，派往海疆随同督抚学习办事，或交出使大臣出洋游历，定以年限，仍其俸资。见闻既广，心思自充，归而以语年谊戚党，展转宣播，藉一人之传述，扩无数之见识，阅时既久，风气日开。

① 《同治十一年五月十五日直隶总督李鸿章片》，中国史学会主编：《中国近代史资料丛刊·洋务运动》（四），上海，上海人民出版社、上海书店出版社，2000年，第26页。

② 《光绪十一年十一月二十一日御史金寿松奏》，中国史学会主编：《中国近代史资料丛刊·洋务运动》（三），上海，上海人民出版社、上海书店出版社，2000年，第13页。

③ 《光绪十三年三月二十五日江南道监察御史陈琇莹奏》，中国史学会主编：《中国近代史资料丛刊·洋务运动》（二），上海，上海人民出版社、上海书店出版社，2000年，第207页。

加以清问博采，量加任使，党同伐异之习已化，斯众擎易举之效可期。较之出身微贱偏重洋俗之徒，其益何止倍蓰。[①]

另外则仍是恶意地完全否定边缘群体，但透过这种否定也可看出边缘群体的某些不足，特别是他们难以引领社会舆论，难以融入主流群体以成为更有影响的社会群体。如1884年满洲八旗出身的清流派重要成员盛昱称：

道员唐廷枢，闻偕马建忠一同送部引见，该员贪鄙近利，由轮船帐房出身，不过因粗习洋人语言，为李鸿章所信任。往者招商总办，亏空甚深，近来开平煤矿侵挪尤巨。当时事需才之日，奔走末秩，使贪使诈，或可驭以权谋。传闻李鸿章于唐廷枢、马建忠保奏内，咸有“堪备各国使臣”字样。夫使不辱命，圣人所难；况此细民，陋甚驵侩，既不知立身之本末，更何识国体之重轻。[②]

清流派主将黄体芳认为：

李鸿章所最赏识信任者，则皆李凤苞、马建忠、唐廷枢、徐润一流人也。夫李鸿章亦岂真丑正好邪、有心误国哉？彼直以为如李凤苞诸人者，真今日能识时务、能办大事之人才，而不知其贪诈卑污毫无天性，凡忠勇廉朴、不爱钱、不惜命之人所引避若浼而羞于为伍者也。夫以此数人分道献勤，或任出使，或管招商，或办矿物，犹止于辱国启戎、殃民耗帑耳。若尽聚贪诈卑污之辈，朝夕谋议而遍布之海军，一旦有警，祸甚噬脐，悔之何及？[③]

所以，“同光时代士大夫之清流，大抵为少年科第，不谙地方实情及国际形势，务为高论”[④]。与之相对的洋务群体沦为“浊流”，由其引领

① 《光绪十五年一月十四日总理海军事务奕譞奏》，中国史学会主编：《中国近代史资料丛刊·洋务运动》(六)，上海，上海人民出版社、上海书店出版社，2000年，第232～233页。

② (清)盛昱：《论唐廷枢奏》，中国史学会主编：《中国近代史资料丛刊·洋务运动》(六)，上海，上海人民出版社、上海书店出版社，2000年，第76页。

③ 《光绪十一年十二月十六日兵部左侍郎黄体芳奏》，中国史学会主编：《中国近代史资料丛刊·洋务运动》(三)，上海，上海人民出版社、上海书店出版社，2000年，第18页。

④ 陈寅恪：《陈寅恪集·寒柳堂集》，北京，生活、读书、新知三联书店，2001年，第219页。

的洋务运动亦可想而知。可以说，社会地位低、人数少，这既是洋务群体边缘化的表现，又是边缘化的必然结果。

同清朝相比，幕末明初日本的近代世界认识群体顺利实现转型，成为社会核心阶层和明治维新的领导力量。如前所述，在兰学的发展过程中，兰学者在日本的社会地位本来也不高。这是正常的现象，因为非主流的边缘知识、思想等一般是从社会底层发展起来的。在政治、学术上都居于正统地位的水户派学者藤田东湖在斥责兰学者时就指出："世之修西洋学，非天文医术之徒则译者舌人之流，大抵皆无识不达国体。舍此从彼，亵天慢神，其为害不可胜言。"①不过，到19世纪中叶，随着日本面临的内外情势的急剧转变，以洋学者为主体的日本世界认识群体的社会地位发生了逆转，开始上升为社会主流阶层。与中国相比，19世纪中叶，日本的近代世界认识主体主要有两种趋向：一是洋学者日益受到重视；一是社会的中坚力量特别是儒学者加入了世界认识群体。二者相辅相成，使日本的近代世界认识群体逐渐占据了社会的核心位置。

在这一过程中，幕府起到了重要作用。幕府在巨大的外来压力面前，一方面将压力向各藩及京都朝廷转移，另一方面又要保住征夷大将军的地位。因此，幕府积极地与西方列强协调关系，这在幕末使团的规模、次数等方面都表现出来。1860年指挥"咸临丸"号访美的胜海舟、木村喜毅是幕府海军的最高官员，至1867年德川幕府最后一次出国使团由德川昭武率团参加巴黎博览会，使团的规格越来越高，与当时的清政府形成了鲜明对比。德川昭武是将军德川庆喜的弟弟，他亲自率团出访后，福泽谕吉致信幕府留学生监督川路太郎等，称之为"是未曾有的盛举，实在难得的形势，令人感慨系之。照此下去，文明开化指日可待"②。在这种形势下，近代世界认识群体的地位必然愈益提高，如福泽谕吉的《西洋事情初编》发行了二十余万部，作者也成为日本最著名的启蒙思想家。与此同时，各藩为了同幕府竞争，也尝试与西方列强建立联系，西南强藩长州、萨摩首先打破了幕府的垄断，向西方国家派出了留学生并兼做外交代表，这些人物自然会从本藩的骨干力量中进行选择。岩仓使团将这一形势推至高峰，明治政府的主要领导者成为直接的世界认识群体。大隈重信曾指出："维新后政府求智识于海外亦颇急，或派使节，或

---

① 藤田東湖:『弘道館記述義』,今井宇三郎[ほか]校注:『日本思想大系53 水户学』,岩波書店,1971年,第435頁。

② 〔日〕远山茂树:《福泽谕吉》,翟新译,北京,中国社会科学出版社,1990年,第36页。

遣学生，陆续至欧美诸邦。其使节取改革家之首领，在枢要之位者；其学生选有望之青年，学有素养，且富有研究之精神者……使节及学生派遣至外国者，于各国之政治、教育、群会诸端，多见闻其可惊异之事物，而还日本。由是主制帝国运命者，自致其思想之大变化。”①

就思想的深刻性和杰出人物而言，无论是明末还是清初甚至是19世纪中叶，中国都不劣于日本或者说差距并不大，但中国却没有形成一个比较大的能独立发展近代世界认识的群体，同时近代世界认识的人物和群体在社会中的地位也一直很低，因而无力扭转当时中国的沉沦，这确实值得我们反思。

三、近代世界认识理念的差异：技利观与文明论

在中日两国的世界观念中，以西方为主导的近代世界的根本精神和理念是什么，这是判断中日两国近代世界认识发展水平的主要标准，也是中日近代世界认识的核心内容，并指导着中日学习西方的发展方向。从新航路开辟后到19世纪中叶，中日对西方国家和西方文化的认识有很多不同的表述。综合起来看，中国对近代世界的基本定位是技利观，其中明末清初主要是从自然科学这一技艺层面认识西方国家及其文化，坚持中国中心论；19世纪中叶主要是一方面继续强调西方世界的“坚船利炮”及其自然科学，另一方面，突出西方的唯利是图，并以此来衡量近代世界，形成了以“中体西用”为主要模式的中西二元论的世界认识框架。日本对近代世界的基本定位始终没有发生大的转变，主要是从文明论的角度认识近代世界，其中19世纪中叶以前是从西方文化某一具体方面透视西方文明，并以此批驳日本传统的中国中心论；19世纪中叶以文明论为中心全方位地认识近代西方世界，形成了比较系统的文明论，也倒向了西方中心论。

明末清初是西方国家和西方文化在中国开始受到广泛关注时期，也是技利观初步形成时期，其中主要是看到了西方在技艺方面的优势。《明史》定稿于1735年，有欧洲四国列传，代表了明末清初官方对欧洲国家的基本认识与态度。“其人长身高鼻，猫睛鹰嘴，拳发赤须，好经商，恃强陵轹诸国，无所不往。”②这里便涉及“技”与“利”两个方面，但这

---

① 〔日〕大隈重信:《日本开国五十年史》上册，上海，上海社会科学院出版社，2007年，第41～42页。

② (清)张廷玉等撰，王天有等标点:《明史》，长春，吉林人民出版社，1995年，第5515～5516页。

时西方国家并未对中国构成严重威胁，同西方国家的贸易被某些沿海官员视为“助国裕民，两有所赖”[①]。只是西方恃其坚船利炮，在中国东南沿海制造了一些冲突，并可能成为中国的大患，所以主要强调西方在军事技术方面的威胁。“佛郎机最凶狡，兵械较诸蕃独精”，“官军得其炮，即名为佛郎机，副使汪鋐进之朝”。[②]荷兰“其所恃惟巨舟大炮”，“世所称红夷炮，即其制也”。[③]意大利“其国善制炮，视西洋更巨”[④]。至于这种表象背后西方文化的更本质意义，除徐光启等极个别人物外，中国并未深究，并且对来华传教士传播的西方文化持有否定性倾向，“其徒又自夸风土人物远胜中华”，“其所言风俗、物产多夸”。[⑤]

从世界认识的角度看，传教士传播的西方地理学是对中国传统世界观的最直接冲击，利玛窦最初受到中国士大夫的注意，也正是因在广东肇庆传教时悬挂了西方世界地图。明末先后刻印多种利氏世界地图，一些士大夫也纷纷为之作序，倍加赞许。这种对世界地理的兴趣到艾儒略的《职方外纪》出版时达到了顶峰，也因此使受西学影响较深的个别士大夫开始批判中国传统文化特别是其中的夷夏观念：“独笑儒者未出门庭，而一谈绝国，动辄言夷夏夷夏。若谓中土而外，尽为侏离左衽之域，而王化之所弗宾。呜呼，是何言也！”[⑥]这是明末清初时期针对夷夏观念的最激进言论之一。徐光启也模糊地意识到西方文明的整体优越性，指出：“余尝谓其教必可以补儒易佛，而其绪余更有一种格物穷理之学，凡世间世外、万事万物之理，叩之无不河悬响答，丝分理解；退而思之，穷年累月，愈见其说之必然而不可易也。”[⑦]在《刻几何原本》序中，徐光启将西学分为“修身事天”“格物穷理”和“象数”三种，“余乃亟传其小者，趋欲先其易信，使人绎其文，想见其意理，而知先生之学，可信不疑，大概如是，则是书之为用更大矣”[⑧]。

不过，整体而言，这一时期只是将西方文化局限于技艺层面，徐光

① (清)张廷玉等撰，王天有等标点：《明史》，长春，吉林人民出版社，1995年，第5514页。

② (清)张廷玉等撰，王天有等标点：《明史》，长春，吉林人民出版社，1995年，第5513、5514页。

③ (清)张廷玉等撰，王天有等标点：《明史》，长春，吉林人民出版社，1995年，第5518页。

④ (清)张廷玉等撰，王天有等标点：《明史》，长春，吉林人民出版社，1995年，第5532页。

⑤ (清)张廷玉等撰，王天有等标点：《明史》，长春，吉林人民出版社，1995年，第5532、5533页。

⑥ (明)瞿式榖：《职方外纪小言》，〔意〕艾儒略著，谢方校释：《职方外纪校释》，北京，中华书局，1996年，第9页。

⑦ (明)徐光启撰，王重民辑校：《徐光启集》上册，上海，上海古籍出版社，1984年，第66页。

⑧ (明)徐光启撰，王重民辑校：《徐光启集》上册，上海，上海古籍出版社，1984年，第75页。

启等的主要功绩也只是翻译了作为西方文化“绪余”的《几何原本》等自然科学。为了反驳保守派的攻击，徐光启也要求传教士多输入“新奇而有证明”的西学，这在当时只能是某些自然科学，甚至地圆说、五大洲等地理知识也不在此范围内，因为它不容易给人以直接的证明，只是传教士的一己之说。由于《几何原本》等自然科学被视为一种工具，没有突破宏观的技艺范畴，所以方以智《〈物理小识〉自序》称：“万历年间，远西学入，详于质测而拙于言通几。”①

随着明朝的灭亡，中国对西方社会文明的朦胧意识完全被技艺文明所淹没，这种技艺文明特色通过传教士在清初的一首一尾事迹便可得到最好诠释。清军入关占领北京后，汤若望是作为传教士最初供职于清朝的象征人物，其首次上书并得到新朝廷认同而留在北京内城的主要理由，就是保护历书及其科学仪器，将自身与西方技术联系在一起：“作宾于京，已有年所。曾奉前朝故皇帝令修历法，著有历书多帙，付工镌版，尚未完竣，而板片已堆积垒垒；并堂中供像礼器、传教所用经典、修历应用书籍并测量天象各种仪器，件数甚伙。若一并迁于外城，不但三日限内不能悉数搬尽，且必难免损坏。”②传教士的这种技术使命在清初一直延续下来，并且主要围绕宫廷活动。康熙朝中西发生“礼仪之争”，标志着这一时期的西学东渐基本结束，而康熙帝最终留下部分传教士的理由再次清晰地表达了这种技艺认同的指向：“尔教王条约与中国道理大相背戾，尔天主教在中国行不得，务必禁止。教既不行，在中国传教之西洋人亦属无用，除会技艺之人留用，再年老有病不能回去之人仍准存留，其余在中国传教之人，尔俱带回西洋去。”③

由于对西学认同的这种狭隘取向，明末清初时期中国的新世界认识呈现逆发展的态势，即随着时间的推移，否定西方世界认识的倾向愈益强烈。到编辑《四库全书》之时，甚至传教士撰写的世界地理著作也被排斥，认为艾儒略的《职方外纪》“所述多奇异，不可究诘”；南怀仁的《坤舆图识》是“疑其东来之后，得见中国古书，因依仿而变幻其说，不必皆有实迹”④。因此，“国朝节取其技能，而禁传其学术，具存深

---

① (明)方以智：《物理小识》上，上海，商务印书馆，1937年，“自序”，第1页。

② 转引自张力、刘鉴唐：《中国教案史》，成都，四川省社会科学院出版社，1987年，第54页。

③ 北平故宫博物院编：《康熙与罗马使节关系文书》影印本，1932年，第17页。

④《四库全书总目提要》卷71《史部二十七·地理类四》。

意”[①]。这样，明末清初时期传教士传入的西方世界认识基本被否定，传统的中国中心观没有受到大的冲击。

学者比较普遍认为，明末清初耶稣会士时代中国的西学水平高于日本，但这仅限于在两国传播的西方自然科学。[②]若从文明传播的层次而言，日本的西学传播其实是不同于中国，因为日本是毫无选择地接收西方文化，包括在中国引起巨大纷争的天主教。日本的天主教时代匆匆结束，但吸收西方文明的热情和方式依然延续下来，形成锁国时代的兰学热潮，兰学成为改变日本近代历史命运的重要前提和基础。

兰学包括哪些内容？它与明末清初的西学有何区别？大体来说，兰学的主干是医学和世界地理学。从世界认识的角度而言，无论是作为自然科学的医学或以人文知识为主的世界地理学，兰学的重要价值之一在于其以西方文化为标准否定中国文化，批判日本传统的以中国为中心的世界观，进而提出文明比较及其标准问题，这是兰学不同于明末清初西学的主要标志。

自兰学正式形成之日起，兰学始祖杉田玄白就在《狂医之言》中以西方科学为依据论及人类文明，否定日本视中国为文明中心的华夷观念。当时，杉田等人根据西方解剖学完成了人体的实际解剖，证明了西方医学的科学性，否定了日本传统的中国医学，并进一步从整体上怀疑中国文化。“腐儒庸医从中国之书，以其国为中土。夫地者一大球也，万国配置焉，所居皆中，何国为中土？中国亦东海一隅之小国也。”[③]“夫礼乐文物，以分尊卑也。何国无尊卑无礼乐？孔子曰：‘夷狄之有君’，有君尊之则礼也。”“道非支那圣人所立，乃天地之道。日月所照，霜露所下之处，便有国、有人、有道。道者何？去恶进善者也。”[④]另一兰学大家前野良泽则从文化影响的普及性角度看到了西方文明的世界性：“夫五行

---

① 《四库全书总目提要》卷125《子部三十五·杂家类存目二·寰有铨》。

② 参见赵德宇《西学东渐与中日两国的对应——中日西学比较研究》，北京，世界知识出版社，2001年，第207～211页；于桂芬《西风东渐——中日摄取西方文化的比较研究》，北京，商务印书馆，2001年，第57页。

③ 杉田玄白：『狂医之言』，沼田次郎［ほか］校注：『日本思想大系64 洋学上』，岩波書店，1976年，第230頁。

④ 杉田玄白：『狂医之言』，沼田次郎［ほか］校注：『日本思想大系64 洋学上』，岩波書店，1976年，第229頁。

之说，仅支那一区之私言；四元说[①]不同，乃浑天浑地之公言。”[②]“大致佛教所到之处只亚洲之内，占十分之二，儒教所及之处仅十分之一；其他多数是天主教，遍及诸大洲。”[③]所以，日本近代世界认识的核心内容从起始之时便不同于中国，是通过西方的某一具体科学透视西方的整体文明，是围绕文明论来探讨近代世界的发展进程，这种趋向随着日本西学的发展和西方对日本压力的增大而不断强化。

19世纪30年代，渡边华山等“蛮社”成员已清醒地认识到西方近代文明席卷世界的必然趋势，要求幕府放弃锁国政策。渡边等人认为，世界是不断变化的，野蛮进于文明、新文明超越旧文明是人类历史发展规律，并指出了西方国家在世界扩张的态势：“今天下五大洲中，美洲、非洲、澳洲已为欧罗巴诸国所有。即使亚洲也仅有我国、中国、波斯三国保持独立。而三国之中不与西人通信者只有我邦……自西人视人，我邦如路上之遗肉，饿虎饥狼必会光顾。”[④]

正是沿着兰学的这种发展脉络，最终形成了明治维新前后以福泽谕吉为代表的文明论。这一时期日本的文明论已摆脱兰学时期以具体科学透视西方文明的形式，开始全方位地认识西方文明，进而提出了文明的本质问题，形成了系统的文明论。

《西洋事情》（主要是1866年的初编和1868年的外编）是福泽的第一部重要著作，也是他文明论形成的基础，其中初编的主要内容是西方社会的一般常识性问题，是“读西方出版的原著而不能理解、或用字典也查不到的事情”[⑤]。这是对日本以往兰学和洋学时期通过书籍了解西方文化的重要补充，切合了当时社会的需要，成为明治维新时期的三大著作之一。《西洋事情》的各部分内容都含有“文明”，包括“文明开化”、“政治文明”“世界文明”等内容，也以“文明”作为标准划分世界，表明“文明”已成为福泽认识世界的核心词语。“该书是江户时代西洋史研

---

① 四元说是近代以前西方关于物质要素的理论，即水、气、土和火四种元素。

② 前野良澤：『管蠡秘言』，沼田次郎[ほか]校注：『日本思想大系64 洋学上』，岩波書店，1976年，第135頁。

③ 前野良澤：『管蠡秘言』，沼田次郎[ほか]校注：『日本思想大系64 洋学上』，岩波書店，1976年，第147頁。

④ 渡辺華山：『慎機論』，佐藤昌介[ほか]校注：『日本思想大系55 渡辺華山 高野長英 佐久間象山 横井小楠 橋本左内』，岩波書店，1971年，第69頁。

⑤〔日〕福泽谕吉：《福泽谕吉自传》，马斌译，北京，商务印书馆，1980年，第292页。

究的归结点，也是通向明治初期文明史观的过渡期的重要路标。”[①]明治维新的总体目标和最典型特点是文明开化，各种文明论及其著作蜂拥而至，其中巴克尔的《英国文明史》和基佐的《欧洲文明史》便有几种译本并多次再版。在这一风潮之中，福泽的《文明论概略》代表了当时日本文明论的最高水平，表明自兰学时代以来文明论发展的成熟。“‘文明论’是探讨人类精神发展的理论。其目的不在于讨论个人的精神发展，而是讨论广大群众的总的精神发展。所以，文明论也可称为群众精神发展论。”[②]至于以何为标准衡量精神发展，这是福泽世界认识的主要内容。福泽固然从历史发展的角度强调文明的相对论，不过他在横向比较中提出：“如果想使本国文明进步，就必须以欧洲文明为目标，确定它为一切议论的标准，而以这个标准来衡量事物的利害得失。”[③]也就是说，西方文明是世界文明的目标，西方价值观是判断世界认识的标准，文明论在当时其实就是西方中心论。

启蒙之后日本应如何发展，福泽并没有找到正确的道路，他思想深度毕竟不够，又过于思虑日本的国家利益和出路并且急于求成。同时，他也不相信西方文明主要是自由民主可以在短时间内扎根日本社会。

> 首先要确保日本国家和人民的生存，然后才能谈到文明的问题；没有国家，没有人民，就谈不到日本的文明。这就是我所以将讨论的范围缩小，只以本国的独立作为文明的目的的缘故。因此，我的议论是考虑目前的世界形势和目前日本的切身利益，并适应日本的急需而提出的，这些议论当然没有高深奥妙之处，希望学者不要遽然根据

---

① 開國百年紀念文化事業會編:『鎖國時代日本人の海外知識』,乾元社,1953年,第452頁。

② 〔日〕福泽谕吉:《文明论概略》,北京编译社译,北京,商务印书馆,1959年,“序言”,第1页。福泽的这个文明论概念有很大问题,它强调群体而忽略了个人,并不符合自由、平等、博爱这一近代文明精神。“即使是仅限于启蒙初期,福泽也并没有把‘推进’‘文明精神(对内自由与对外独立)’和丸山所说的完成‘国民独立’当做自己的课题,只是总把它当做‘最后、最高之大目的’而已。”(〔日〕安川寿之辅:《福泽谕吉与丸山真男——解构“丸山谕吉”神话》,刘曙野译,北京,中国大百科全书出版社,2015年,第292页)不过,笔者认为,在19世纪70年代末以前,福泽谕吉对日本的影响主要是积极方面的,因为当时日本对西方文明的认识是有限的,福泽又主要是强调输入西方近代文明,因而日本社会无论是对西方近代文明还是对福泽谕吉思想的认识都具有朦胧、整体的特点。所以,安川寿之辅也强调,福泽谕吉将“国民独立”当作“最后、最高之大目的”,只是福泽后来也并没有继续完成这一近代文明的根本宗旨的著述,却在国家主义的道路上越走越远。

③ 〔日〕福泽谕吉:《文明论概略》,北京编译社译,北京,商务印书馆,1959年,第11页。

这个，而误解文明的本义，以致轻视文明和污蔑文明这两个字。[①]

与日本相比，19世纪中叶的中国主要是继续强调西方的“坚船利炮”，同时也突出了西方国家以贸易追逐利润的表象，并以此来衡量近代世界。鸦片战争后的世界史地著作是中国“开眼看世界”的标志，也是理解这一时期中国近代世界认识的主要文献。毫无疑问，《海国图志》《瀛寰志略》等都在某种程度上突破了中国传统世界观，向国人展示了一个真实的近代世界。近代世界的主角西方列强不仅船坚炮利，而且“至墨利加北洲之以部落代君长，其章程可垂奕世而无弊”[②]，华盛顿“不僭位号，不传子孙，而创为推举之法，几于天下为公，骎骎乎三代之遗意”[③]。不过，这些从军事、政治等不同层面对西方国家的表述并不是近代世界认识的核心内容，魏源、徐继畬等并没有将这些引申为理解近代世界的主要标准，而是从国际贸易的角度诠释近代世界的形成及其本质特点。

魏源在《大西洋欧罗巴洲各国总叙》中分析了近代欧洲不同于中世纪的主要特点，认为中世纪的欧洲是宗教世界，近代欧洲是商业世界。“大秦者，西洋之意大里亚国也……为天主教之宗国，代有持世之教皇，代天宣化。”“自意大里裂为数国，教虽存而富强不竞。于是佛郎机、英吉利代兴，而英吉利尤炽，不务行教而专行贾，且佐行贾以行兵，兵贾相资，遂雄岛夷。”[④]这种观念在《海国图志》的其他部分也时有所见。不仅是魏源，徐继畬也将近代世界的特点归结为商业贸易，他在《瀛寰志略·凡例》中特别指出，西方列强在世界各地抢夺通商口岸是“古今一大变局”，是近代世界形成的主要表现。“南洋诸岛国苇航闽粤，五印度近连西藏，汉以后、明以前皆弱小番部，朝贡时通，今则胥变为欧罗巴埔头，此古今一大变局。”[⑤]“欧罗巴诸国皆好航海，立埔头，远者或数万里，非好勤远略也，彼以商贾为本计，得一埔头则擅其利权而归于我，荷兰尤专务此。”[⑥]

---

① 〔日〕福泽谕吉:《文明论概略》,北京编译社译,北京,商务印书馆,1959年,第191页。

② (清)魏源:《海国图志》(上),长沙,岳麓书社,1998年,第7页。

③ (清)徐继畬:《瀛寰志略》,上海,上海书店出版社,2001年,第277页。

④ (清)魏源:《海国图志》(中),长沙,岳麓书社,1998年,第1092页。

⑤ (清)徐继畬:《瀛寰志略》,上海,上海书店出版社,2001年,“凡例”,第7页。

⑥ (清)徐继畬:《瀛寰志略》,上海,上海书店出版社,2001年,第196页。

值得注意的是，魏源在此提出“兵贾相资”的命题，认识到坚船利炮是西方开拓商业世界的手段，这在某种程度上是说是正确的。但魏源据西方“兵贾相资”的状况，却将师夷长技的内容定位为“兵”——“夷之长技三：一、战舰，二、火器，三、养兵、练兵之法”[①]，恐怕就有些本末倒置。而魏源等人的这种认识与清政府后来的政策取向基本是一致的。鸦片战争后清政府也只是将西方国家作为通商的对象，并据此提出“以商制夷”，以至于咸丰帝仍希望限定总理衙门为“总理各国通商事务衙门”。但清朝统治者强调西方的商贾色彩的同时，并未及时发展出重视本国商业的结论，甚至准备采用免除关税换取公使驻京这样的相反对策。随后，以学习西方为目标的洋务运动也将西方通商世界的手段——坚船利炮作为学习的核心内容，直到70年代以后又加入了重商观念。这种选择的直接原因是清政府面对严重的内忧外患，坚船利炮成为迫在眉睫的现实需要，也是在不改变本国体制的前提下看起来最容易达到的目标。无论主张和政策如何，“技利观”代表了戊戌变法以前中国近代世界认识的核心理念。

近代社会的根本特点之一是形成世界规模的商业贸易，但支撑商业贸易的则是近代社会体制及其价值观念，是系统的近代文明。所以，19世纪中叶中国的近代世界认识只是一个残缺的内容，是天朝意识破灭过程中的一种过渡形态。由于尽量避开中西文明这一根本问题，中国在19世纪中叶形成中西二元论式的世界框架：一是中国传统的世界观及其体制，一是西方的近代世界观及其体制。以《瀛寰志略》为例，就具体内容而言，《瀛寰志略》是晚清时期最早最准确简练的世界史地著作；从宏观层面而言，书中将《地球平圆全图》置于《皇清一统舆地图》之前表明其近代世界意识。但“皇清”毕竟还是居于特殊地位，而徐继畬仍然不得不对此做出解释：“坤舆大地，以中国为主，疆界之界画、山川之形势，人人知之，不烦覙缕。”[②]这种二元论和矛盾心理在围绕出版丁韪良翻译的《万国公法》中有充分的表现。当时，总理衙门大臣奕䜣等不仅派人帮助丁韪良润色译稿，还拿出500两白银出版《万国公法》，但奕䜣等并未忘记表白“中国自有体制，未便参阅外国之书”[③]。所以，张斯桂为《万国公法》作序，一方面认为国际法是世界各国共同遵守的准则，

---

① (清)魏源:《海国图志》(上),长沙,岳麓书社,1998年,第26页。

② (清)徐继畬:《瀛寰志略》,上海,上海书店出版社,2001年,第6页。

③《筹办夷务始末》(同治朝)卷27,台北,文海出版社影印本,1971年,第25页。

另一方面强调“中华为首善之区”,“此外诸国,一春秋时大列国也”[①]。

技利观的最大缺陷是它使学习西方成为孤立的事情,学习西方与其它的社会系统是分离甚至是冲突的,其结果可想而知。以洋务人才的培养为例,可以说这是决定洋务运动成败的关键因素之一,各阶层人士也屡以振兴人才建言,但洋务人才却始终匮乏,因为科举制才是吸纳人才的主要渠道,而改革科举制的呼吁却迟迟不能实行。至于培养西学人才的洋务学堂也只是个别洋务派官僚的事情,与其他人没有关系,致使洋务学堂也不能广泛兴办。所以,不仅西学人才屈指可数,而且往往会遭到排斥和攻击,最典型的事例就是留美幼童被中途召回。

1884年,曾任驻外使节的徐承祖提出大规模地遣留学生的建议,认为应每个县选派两人赴西方学习。至于如何选派和学习,他则主要从既能学到西方科技又能有利于清朝统治的角度进行了设计:

> 前曾文正公挑取幼童出洋肄业,法至善而意亦深。惟前次所挑之幼童,多系贫贱小户子弟,于诗书、伦纪、政治、纲常,举不通晓。一到外洋,见其屋宇之华丽,饮食之丰美,多有此间乐不思蜀之意。且洋书中多有毁谤我国之言,伊等日见日习,不禁心志皆移,其鄙薄中国较洋人为尤甚。后经李傅相奏请裁撤,此举遂废,徒糜国帑,未得人才,此诚后来办理者之过也。鄙意宜令各省学政于科岁两考所取二等前二十名内,择其年未二十、气体强壮、口齿伶俐者,每县挑取两名,送入总理衙门同文馆学习洋语二年。察其稍通洋语,即派令妥员带领该生等前赴各国,分投学习。三年后,取其性之所近,于天文、算学、化学、矿学、机器、测量、绘图、陆路、水师、船主等事,再学三二年,俾专一艺,回国备用……
>
> 惟在外洋,必须自立书院,访请各种名师,在院传习,切不可似前次令学生散处洋人家内,赴伊国书院就学,致令学生沾染洋气,甚有入教等事,总期学业有成而心术不至变坏为要。[②]

徐承祖的建议类同于19世纪60年代奕䜣等人设立天文算学馆时的主张,

---

① (清)张斯桂:《序二》,〔美〕惠顿:《万国公法》,〔美〕丁韪良译,上海,上海书店出版社,2002年,第2页。

② 《光绪十年闰五月初二日候选知府徐承祖呈》,中国史学会主编:《中国近代史资料丛刊·洋务运动》(一),上海,上海人民出版社、上海书店出版社,2000年,第232~233页。

不过是在国外设立书院学习。这种既要培养人才又多方限制的做法，反映了洋务运动仍陷于无法走出的困局。当然，徐承祖的建议如果能够推行的话，自然是有益于中国社会的进步和发展。

其实，从纯粹技术层面而言，学习西方的坚船利炮也并非易事。鸦片战争时期萧令裕曾指出："或又谓船炮之精，中国无难仿效……今英吉利铜炮，大至数千斤，无机括运用，转恐将以资敌，是在讲求用器之人，与行军之纪律，尤制御之要云。"[①]黄恩彤已经看到西方的坚船利炮是西方社会整体的一个有机组成部分，认为"人能用器，非器用人。夷之所以雄于外洋者，匪直以其船也。盖其立国以通商为根本，欲通商必谋航海，欲航海必资坚固大船，而货船须有兵船以护之。其番卒大都以海为家，以船为命。所有制造之精，金木之利，驾驶之灵，炮火之猛，传之非一代，习之非一人，成之非一时一事，其由来甚渐，而致力亦难乎其难。"[②]不过，洋务运动兴起之时，洋务派局限于表面现象，想当然地以为学习坚船利炮很简单。曾国藩在1861年奏折中称："购买外洋船炮，则为今日救时之第一要务""购成之后，访募殚思之士，智巧之匠，始而演习，继而试造，不过一二年，火轮船必为中外官民通行之物，可以剿发逆，可以勤远略。"[③]1863年，李鸿章"钦奉寄谕，饬令中国员弁，学习洋人制造各项火器之法，务须得其密传"，他本人认为"惟须精益求精，并添派好学深思之文员，会同讲求，必期得其密传，推广尽利"。[④]1864年总理衙门咨询了李鸿章，李鸿章称："惟制器之器，中国所作者，一时不能如法，现亦设法购求，以期一体学制。"[⑤]这些言论都说明洋务派过于乐观，并未认识到问题的复杂性，这种复杂性包括近代科学技术的系统性与洋务运动的艰难性。左宗棠在创办福州船政局时也比较乐观，认为可以先进口机器，"此后机器、轮机可令中国匠作学造，约计五年限内可得大轮船十一只，小轮船五只"，尽管他也提到"事属创举，成否未可

① (清)萧令裕:《英吉利记》,中国史学会主编:《中国近代史资料丛刊·鸦片战争》(一),上海,上海人民出版社、上海书店出版社,2000年,第22页。

② (清)黄恩彤:《上督部祁公论粤东炮台战船书》,中国史学会主编:《中国近代史资料丛刊·鸦片战争》(五),上海,上海人民出版社、上海书店出版社,2000年,第439页。

③《筹办夷务始末》(同治朝)卷1,台北,文海出版社影印本,1971年,第23～24页。

④《筹办夷务始末》(同治朝)卷20,台北,文海出版社影印本,1971年,第13页。

⑤《筹办夷务始末》(同治朝)卷25,台北,文海出版社影印本,1971年,第2页。

预知”[①]。其实，左宗棠的规划还是比较严密的，他设立了学堂，以便“精研算学，乃能依书绘图，深明制造之法，并通船主之学，堪任驾驶”[②]。但以后的历史事实也证明，马尾船政学堂主要是培养了一批轮船驾驶等使用近代技术的人才，而机器制造这类近代科学技术的学习并不成功或者说并未实现初衷。随着洋务运动的展开，洋务派才比较清醒地意识到制造坚船利炮并不容易。1865年初，李鸿章已感到有些困惑：“但苦机器未能购全，巧匠不可多得，造成炮弹虽与外洋规模相等，其一切变化新奇之法窃愧未遑。”[③]1873年11月，福州船政局完成了初步的造船规划，船政大臣沈葆桢在奏折中声明：“然中国员匠能就已成之绪而熟之，断不能拓未竟之绪而精之，虽则岁告成船，究竟毫无进境，与我皇上力图自强之旨迥不侔矣。”[④]1875年沈葆桢的奏折更是道出了近代工业的复杂性：“窃维国家自强之计，于创造轮船肇其端，其办之难，其费之巨，臣未受事以前，虽心知之，究所谓难者如何，所谓巨者如何，尚无能预揣。累年以来，身亲其役，始知前此筹及者，不过曰厂工、船工、购器、雇匠、学习制造、驾驶数大端，而一端之中始终之层次，分出之条目，曲折之变态，何止百十端。事既日增，费亦日溢，诚非笔墨所能罄。”[⑤]所以，总理衙门也指出：“风闻各省所造，形制参差，用法不一，屡经赫总税务司言之，谓为中国办理不能得法。”[⑥]1880年，两广总督张树声指出：“西学入门，层累曲折，皆有至理，不从学堂出者，大抵皮毛袭之，枝节为之，能知其所当然，不能明其所以然也。”[⑦]但一些士大夫仍然囿于见识，提出空中楼阁式的想法，如曾经任封疆大吏并留心时务

① 《同治五年十一月初五日调陕甘总督左宗棠折》,中国史学会主编:《中国近代史资料丛刊·洋务运动》(五),上海,上海人民出版社、上海书店出版社,2000年,第24页。

② 中国史学会主编:《中国近代史资料丛刊·洋务运动》(五),上海,上海人民出版社、上海书店出版社,2000年,第25页。

③ 《同治三年十二月二十七日江苏巡抚李鸿章奏》,中国史学会主编:《中国近代史资料丛刊·洋务运动》(四),上海,上海人民出版社、上海书店出版社,2000年,第10页。

④ 《船工将竣谨筹善后事宜折》,中国史学会主编:《中国近代史资料丛刊·洋务运动》(五),上海,上海人民出版社、上海书店出版社,2000年,第140页。

⑤ 《光绪元年正月三十日总理船政沈葆桢奏》,中国史学会主编:《中国近代史资料丛刊·洋务运动》(五),上海,上海人民出版社、上海书店出版社,2000年,第151页。

⑥ (清)李鸿章:《论各省购制枪炮》,(清)吴汝纶编:《李文忠公(鸿章)全集·译署函稿》卷8,台北,文海出版社影印本,1980年,第10页。

⑦ (清)张树声:《筹议设立西学馆事宜折》,中国史学会主编:《中国近代史资料丛刊·洋务运动》(二),上海,上海人民出版社、上海书店出版社,2000年,第125页。

的内阁学士梅启照就信口开河，称应下令福州船政局、江南机器制造局等仿造铁甲船。李鸿章在回复梅启照的议案时提出："欲仿造铁甲船，尚恐机器未全，工匠未备，不若西洋购材制料取携较便，厂肆既多，可以任意选择。"①

在19世纪中叶，对清政府从坚船利炮层面学习西方的做法，也有人提出批评和建议，认为应该从更根本层面学习，郭嵩焘是其中的代表人物。1875年，他在复出后的条陈中认为，"嵩焘窃谓西洋立国有本有末，其本在朝廷政教，其末在商贾，造船、制器，相辅以益其强，又末中之一节也。故欲先通商贾之气以立循用西法之基，所谓其本未遑而姑务其末者。"②出使西方之后，郭嵩焘的认识进一步深入，对洋务运动的看法也更悲观，"中国大本全失，西法从何举行？勉强行之，亦徒劳耳"③。1879年，回国后的郭嵩焘与人论及洋务时特别记载："合肥伯相及沈幼丹、丁禹生诸公专意考求富强之术，于本源处尚无讨论，是治末而忘其本，穷委而昧其源也；纵令所求之艺术能与洋人并驾齐驱，犹末也，况其相去尚不可以道里计乎!"④应该说，洋务运动的弊端十分明显，19世纪70年代曾考察中国的英国海军军官对洋务派致力于军队的近代化有如下评论："当人们看到这个国家的落后状态，缺乏道路、铁道、电报，以及可以获得近代教育的学校与大学，缺乏具有广大或科学规模的工业，而且农具粗笨，政府的特色是腐败与压迫等事实时，人们便要怀疑这些庞大的战争准备事业的开拓者们是否是有智慧与眼光的人。这些战争准备是没有收益的事业，并且完全不能引起外夷们心中的畏惧。"⑤

另外，洋务运动时期也有人关注明治维新，但认识并不全面和准确。1874年日本侵略台湾事件后，大学士文祥认为应购铁甲舰加强防范，而对日本的体制性改革却不认同："尤可虑者，彼国近年改变旧制，大失人心，叛藩乱民，一旦崩溃，则我沿海各口，岌岌堪虞，明季之倭患，可

---

① 《光绪六年十二月十一日直隶总督李鸿章奏》，中国史学会主编：《中国近代史资料丛刊·洋务运动》(二)，上海，上海人民出版社、上海书店出版社，2000年，第495～496页。

② 《福建按察使郭嵩焘条议海防事宜》，中国史学会主编：《中国近代史资料丛刊·洋务运动》(一)，上海，上海人民出版社、上海书店出版社，2000年，第142页。

③ (清)郭嵩焘：《伦敦与巴黎日记》，长沙，岳麓书社，1984年，第497页。

④ (清)郭嵩焘《郭嵩焘日记》(三)，长沙，湖南人民出版社，1981年，第855页。

⑤ 〔英〕寿尔：《田凫号航行记》，中国史学会主编：《中国近代史资料丛刊·洋务运动》(八)，上海，上海人民出版社、上海书店出版社，2000年，第392页。

鉴前车。”[①]同时期的李鸿章也有类似性评价，不过肯定的趋向更强：“该国近年改变旧制，藩民不服，访闻初颇小哄，久亦相安。其变衣冠，易正朔，每为识者所讥。然如改习西洋兵法，仿造铁路火车，派置电报煤窑铁矿，自铸洋钱，于国计民生，不无利益。”[②]

与洋务派相比，王韬在19世纪70年代对中日两国的看法显然更具时代性和价值。首先，他指出了日本学习西方的特点：

> 日本海东之一小国耳，一旦勃然有志振兴，顿革平昔因循之弊。其国中一切制度，概法乎泰西，仿效取则，惟恐其入之不深。[③]

其次，他指出了中国的不足之处与对策：

> 其道奈何？曰：毋因循也，毋苟且也，毋玩愒也，毋轻忽也，毋粉饰也，毋夸张也，毋蒙蔽也，毋安于无事也，毋溺于晏安也，毋狃于积习也，毋徒袭其皮毛也，毋有初而鲜终也，毋始勤而终怠也。必有人焉，深明制治之道，周知通变之宜而后可。否则，机器固有局矣，方言固有馆矣，遣发子弟固往美洲攻西学矣，行阵用兵固熟练洋枪矣，而何以萎靡不振者仍如故也？洞明时变大有干谋者，仍未能见其人也！徒令论者以为西法不足效而已。或以为靡费也，或以为多事也，或以为无益于上而徒损于下也。呜呼！是非西法之不善，效之者未至也，所谓变之之道未得焉。彼言者，直坐井窥天，以蠡测海耳，西法必不受过也。[④]

技利观和文明论代表了中日近代世界认识的根本理念和核心内容，制约着两国世界认识的发展方向，也反映了中日近代世界认识的发展水平，中国更多的是强调近代世界的表象，日本则透过表象把握近代世界的实质。本来，日本与欧洲有相似之处，重视武力，中国则重文轻武，但中国形成了技利观，日本却从文明层面透视西方文化的价值。这或许有些悖论，不过，历史的发展显然并非一蹴而就。以文明论标榜的日本

---

① 《筹办夷务始末》(同治朝)卷98，台北，文海出版社影印本，1971年，第40页。

② 《筹办夷务始末》(同治朝)卷99，台北，文海出版社影印本，1971年，第32页。

③ (清)王韬:《弢园文录外编》，上海，上海书店出版社，2002年，第33页。

④ (清)王韬:《弢园文录外编》，上海，上海书店出版社，2002年，第33页。

实际上没有以此为目标推进其近代化，尤其是没有建立民主制度，反而强调对外扩张，形成一种前近代色彩的民族主义，因而更野蛮残暴，也注定了其赤裸裸的非正义性。

第二节　中日近代世界认识差异的原因

中日近代世界认识的发展受到多种因素的制约，世界认识发展出现差异的原因也很复杂，其中可分为本国所处的外部环境和本国自身状况两大方面。在这两方面，中心与边缘这一本国在世界中的地位及其相关意识，中央集权制与幕藩制对社会控制的强度与逆转，以及作为社会主流群体的士与武士的不同状况，是影响两国近代世界认识产生差异的主要原因。

一、中心与边缘中的中国与日本

中心与边缘是相对而言的，但也并非绝对没有中心与边缘。以中日两国为例，在19世纪之前，中国便处于中心位置，日本则处于边缘位置。这可以从以下三方面理解，一是地理学意义上的，中国地域广大，在亚洲特别就中日两国而言，中国自然是中心，日本是边缘岛国；一是文化意义上的，儒家文化一直是古代东亚地区的主体文化，作为儒家文化之母国的中国也被奉为中心；三是经济意义上的，中国地大物博，人口众多，其经济地位在当时也是日本所不能比拟的。而朝贡体制就是中国中心观的实现方式，日本也在不同时期曾经加入这一体制。所以，无论从哪一个层面看，中国的中心地位都是很明显的，并且在相当长的历史时期内也是区域性的世界中心之一，这使中国人形成了根深蒂固的“天朝上国”意识，中国中心观成为中国认知世界的基本价值标准。

16世纪以后，作为上述中心与边缘的标准随着新地理知识的发展和西方文化的东传而逐渐被改变甚至颠覆，但中心与边缘的历史、现实和习惯性定式却影响了中日两国世界认识的发展，主要表现如下。

其一，中心与边缘的差异使中日与外部世界主要是西方世界的依存度不同，一方面，西方对中日的看法和要求不一样，另一方面，中日对西方的依赖程度不同，这些都在很大程度上影响着中日近代世界认识的发展。“从15世纪以来，‘中国’一直是欧洲殖民者最好奇、最向往、抱有幻想最多的地方，它不应被孤立于全球进程之外。”[①]李提摩太在总结明末清初以后的中西关系时认为：“教皇一直将自己看作整个世界的惟一统治者——他已经把东方赏给了葡萄牙，把美洲赏给了西班牙，使得清政府担心西方的政治入侵。反过来，他们同样想当然地认为，‘天子’是全世界的惟一主宰。当东印度公司到达广州时，清廷向律劳卑（Napier）爵士颁发了一道敕令，命令他恭恭敬敬地接受管理。两种同样的心态发生了冲突，正是这种冲突而不是其他任何因素，导致了英国与中国之间的第一次战争。”[②]在鸦片战争后的19世纪中叶，中西关系更加复杂，矛盾激烈，向西方列强复仇雪耻的言论比比皆是，特别是1860年英法联军攻占北京造成的庚申之辱更令时人切齿。曾国藩指出：“承示驭夷之法，以羁縻为上，诚为至理名言。自宋以来君子好痛诋和局，而轻言战争，至今清议未改此态。有识者虽知战不可恃，然不敢壹意主和，盖恐群情懈弛，无复隐图自强之志，鄙人今岁所以大蒙讥垢，而在己亦悔憾者此也。”[③]不过，有识之士也深知，“且夷贪恋中国市埠之利，亦断不肯即如安南、日本之绝交不往”[④]。姚莹通过中外文献介绍了英国的相关情况后认为：

> 嗟乎！海外诸国，其地之幅员何若，其人之生齿何若，吾不知也。海外夷人讲求世务者，乃能知之而且言之，并吾中国之土地、人民亦能知之言之。确与否，吾亦未知也，然大略可睹矣。夫以中国土地之大，人民之众，甲乎四海，如此，海外诸国无不震惊而尊之。如此，彼区区英吉利者，地不及吾二十之一，人不及吾百之一，且其本国有佛兰西，其新开西海之地有弥利坚，新开印度之地又有俄罗斯，皆强邻逼近，与为仇雠者。彼之患在肘腋，实有旦夕之虞。苟能知其虚实与其要领，何难筹制驭之方略乎？曷不尽取外夷诸书，与留心时事者日讲求之，更进外夷之人素仇英吉利者日咨访之乎？[⑤]

---

① 〔美〕何伟亚:《怀柔远人:马嘎尔尼使华的中英礼仪冲突》,邓常春译,刘明校,北京,社会科学文献出版社,2002年版,第28页。

② 〔英〕李提摩太:《亲历晚清四十五年:李提摩太在华回忆录》,李宪堂、侯林莉译,天津,天津人民出版社,2005年,第135页。

③ (清)曾国藩:《复李中堂》,中国史学会主编:《中国近代史资料丛刊·洋务运动》(一),上海,上海人民出版社、上海书店出版社,2000年,第265页。

④ (清)魏源:《海国图志》(上),长沙,岳麓书社,1984年,第34页。

⑤ (清)姚莹:《康輶纪行》卷12,台北,文海出版社影印本,1974年,第35～36页。

姚莹的言论比较客观地反映了当时中英的现状，一方是“甲乎四海”的存在，一方是扩张到四方的世界帝国，说明双方不可能相互隔绝，只会更深入地纠缠，因而必须从全局出发进行充分的认识和利用。19世纪60年代初，冯桂芬亦指出：“据英人《地理全志》稽之，我中华幅员八倍于俄，十倍于米，百倍于法，二百倍于英”，“五州之内，日用百须，无求于他国而自足者，独有一中华……天时、地利、物产无不甲于地球而已。”[①]“中华为地球第一大国，原隰衍沃，民物蕃阜，固宜百国所垂涎。”[②]到1872年，理雅各在分析中国与世界的关系时，仍然强调“天下”观念对中国的影响：

> 在过去四十年，她与世界上更先进国家的地位关系彻底改变了。她与他们以平等的式样在签订条约；但我并不认为她的臣民已经看到了事实的真面目，知道中国不过是世界上许多独立的民族之一，而她的王国统治的“天下”，也并不是普天之下，而只不过是在地图上可以指得出的，局限于地球表面的一个部分而已。但如果他们不承认这一点，并严格遵守他们已经签订的条约，那么其后果将会比曾降临在这个帝国的任何灾难都要严重。[③]

与中国相比，日本的边缘地位缓和了其与西方的关系，更容易建构新的世界认识及其体制。曾任驻华领事的英国首任驻日公使阿礼国在他的《大君之都》中写道：“对日贸易对我们来说或许没有也行。日本供给的茶和绢，在其他地方也能弄到。”“另一方面，我国制造业所获得的利益，将不足弥补为保护贸易而派遣的小舰队的经费。”[④]同时，随着日本的不断西化，其外部环境也愈益好转，这与清政府形成了强烈对比，正如李鸿章所言：“西人亦乐其倾心亲附，每遇中东交涉事件，往往意存袒护。”[⑤]

---

① (清)冯桂芬《制洋器议》，(清)冯桂芬著，戴扬本评注：《校邠庐抗议》，郑州，中州古籍出版社，1998年，第197页。

② (清)冯桂芬：《善驭夷议》，(清)冯桂芬著，戴扬本评注：《校邠庐抗议》，郑州，中州古籍出版社，1998年，第205～206页。

③ 转引自何俊编：《余英时英文论著汉译集·人文与理性的中国》，上海，上海古籍出版社，2007年，第345～346页。

④ 转引自冯玮《概论20世纪以前日本“西学”的基本历程》，《日本学刊》1996年第1期。

⑤《光绪八年八月二十二日北洋通商大臣李鸿章奏》，中国史学会主编：《中国近代史资料丛刊·洋务运动》(二)，上海，上海人民出版社、上海书店出版社，2000年，第530页。

从文化交流和世界认识角度而言，语言自然是其中的重要元素，由此也可进一步认识中心与边缘的差异对中日世界认识的影响。同中国的帝国地位相通的是，汉语在当时为区域性的通用语言，明末清初来华的传教士又多精通汉语和中国文化，当时的中国人几乎不认为有学习西方语言的必要。王徵晚年拜金尼阁为师学习拉丁文，这是国人最早学习拉丁文者，并于1626年出版他同金尼阁、韩云等人合作完成的学习和研究汉语的《西儒耳目资》，这表明开始关注语言类工具书，但中国人学习西方语言的工具书仍未见踪影。王徵在《西儒耳目资》叙中也提到："夫天下一家也。一家之中，华梵侏离，如鼻语角听之不同类，将家必以为怪。今重门而八，九译而通，似皆绝徼异域之人乎！自主天下视之，犹然家人耳，家之人而独云文字之不相通也，忍乎哉！"[①]另外，王徵在《〈西儒耳目资〉释疑》中再度提醒国人。

> 说者谓："允若是，是书信高矣，美矣，可梓而传矣。其奈中多西号，我辈不易晓何？"余曰："嘻！君又何甘自逊之若是耶？夫西儒梯航远来，学我华言，不数年间，辄能遍晓此中文义。所通六经史传，何啻数万之字、之音！今观西号，自鸣之母，号不过五；同鸣之父，号不过二十；及传生诸母之摄统计之，才五十号耳。肯一记忆，一日可熟。视彼习等韵者，三年尚不能熟；即熟矣，寻音寻字，尚多不得便遇者。谁难谁易？而反甘自逊为！且余独非此中人乎？闇愚特甚，一见西号，一二日中，亦尽了了。又况聪明特达之士，高出万万者乎！然则人自不欲晓耳，宁患不易晓哉！倘高明君子，虚怀省览，不惟不以西儒为标异，而且嘉与之，以赞我文教之大同。异日者，献之圣天子、宗伯、群诸儒绅，大为校订，颁布海宇，传之无穷，亦足以彰我明千古来同文之盛治也。谁复问中西哉！"[②]

能否掌握西方语言成为影响中国近代世界认识发展的关键要素之一，但当时的中国人显然是从其他角度看待这一问题。"中国语言文字的知识是取得人民信任的护照，外国人一旦学会了，当地人就会卸下偏见和歧

---

① (明)王徵著,林乐昌编校:《王徵全集》,西安,三秦出版社,2011年,第178页。

② (明)王徵著,林乐昌编校:《王徵全集》,西安,三秦出版社,2011年,第182页。

视。”[①]1868年，奕䜣等再次指出：“中国与外洋互市二十余年，洋人之来中土者，无不讲习中国文字，而中土读书人，于西语西文，往往鄙弃不道，无怪于彼之情伪虚实，不能动中窾要。”[②]其实，到19世纪60年代才开始学习西方语言文字，已经很是迟缓，况且这种学习还只是零星点缀，没有发挥应有的作用。

与中国相同的是，日本在与西方的交往中也曾使用汉语，其与1543年首次到来的西方国家葡萄牙学习西方火枪的制作方法就是通过汉语。据《种子岛时尧谱》载：“天文十二年癸卯八月廿五日，南蛮人来。时尧见所持之铁炮，其用奇学之。然言语不通，幸客中有明儒者，以文字通之，时尧大悦，由之闻之，熟习之，得百发百中之功。”[③]不过，对日本和西方来说，汉语只是一种交往工具，而且并非真正的通用语言，随着西方传教士进入日本，拉丁文很快成为沟通双方的重要媒介。所以，通过学习西方语言认识西方及其文化，成为日本很自然的选择，江户时代的兰学以及后来的洋学也是如此。日本文化的发展一直有赖于外来文化的输入，自觉地引进外来文化成为日本历史的良好传统，这种传统与日本的边缘地位和边缘意识无疑有极大的关系。

其二，中日两国的危机感不同。在中日外部环境相对宽松之时，中日两国的危机感便有差异。例如德川幕府完成锁国后，却又害怕被驱逐的西方国家给自己带来威胁，特别是需要防范天主教士重返日本，因而要求获得通商特权的荷兰必须为日本提供此类消息，兰学也因此应运而生。但清朝因大礼仪之争禁止传教士传教后，却无任何危机感。对西方文化颇有造诣的康熙在晚年曾经有过只言片语，提出“海外如西洋等国，千百年后中国恐受其累。此朕逆料之言”[④]，但也仅限于此。不仅相对和平时期如此，在战争环境下中日两国的危机感依然不同。清朝在鸦片战争中失败后，除了极少部分人看到了严重的外来危机外，绝大部分人并未有这种危机意识，鸦片战争不过是中英两国在中国东南沿海的军事冲突，广阔的内陆腹地根本没有受到大的冲击。所以，鸦片战争虽发生在中国，但对日本的冲击甚至比中国更强烈，这也是魏源的《海国图志》在日本的影响超过中国的原因之一。从幕府层面而言，“天保改革本是因

① 〔美〕卫三畏：《中国总论》上，陈俱译，陈绛校，上海，上海古籍出版社，2005年，第432页。

② 《筹办夷务始末》（同治朝）卷59，台北，文海出版社影印本，1971年，第36页。

③ 转引自赵德宇《西方科学初传日本及其历史影响》，《日本学刊》2001年第5期。

④ 《清实录·圣祖实录》卷270，康熙五十五年十月壬子。

幕府为对付鸦片战争造成的局面而进行的”[①]。具有浓厚扩张意识的国学者佐藤信渊也指出:“古人有云,唇亡齿寒。自今以后清国若不能微振如故,则西夷贪婪无厌,祸恐殃及本邦,不可不虑哉,是以愚老窃欲盼清国之复兴,永成本邦之西屏者也。”[②]1863年,长州藩秘密派往英国留学的井上馨途经上海时便感叹:上海的外国“船这么多,如果驶往日本的话恐怕日本一刻也支撑不住。所谓攘夷实在是不合时宜之语”[③]。

所以,面对西方列强的冲击,中日两国的危机感相差很大,因而人们对域外世界的关注程度和重视程度也很悬殊,这直接影响了两国世界认识的发展。

其三,中心与边缘的差异使中日世界认识的转变方向和难度不同,因而对近代世界认识的抵制强度也不一样。中国的传统世界认识一直以自我为中心,在向近代多中心世界体制甚至是西方中心世界体制的转变过程中,其困难程度可想而知。坚持中国中心观的士大夫不仅自己不承认现实世界的变局,而且也封杀任何有此种意图者,特别是来自其阵营内部的变故,徐继畬和郭嵩焘的遭遇就是如此。鸦片战争时期的著名学者梁廷枏针对当时“师夷”的动向,认为“彼之火炮,始自明初。大率因中国地雷飞炮之旧而推广之。夹板舟,亦郑和所图而予之者。即其算学所称东来之借根法,亦得诸中国。但能实事求是,先为不可胜,夷将如我何。不然而反求胜夷之道于夷也,古今无是理也。虽然,服之而已矣,何必胜”[④]。与此相对,1846年,法国在致清廷的万言照会中充满了威胁,但对中国抵制西方文化的原因与后果的分析还是有道理的:“中国不知万国之志,所爱者惟中国古事古理,最惧者新奇事件。岂知凡益国益民之事,虽是外国所传,所过者化,至一国而一国无不取法照行,其如是孰能御之?秦始皇建长城而御满蒙,今中国用古法阻外国,斯亦清朝之建长城也。”[⑤]中西双方言论和态度的这种错位,可以用当时的美国驻华使节卫三畏的观察来概括:“也许,两个世纪以来欧洲人研究自然界所有门类取得了迅速进步,使我们对中国书籍中以蠢话作为炫耀感到难

① 〔日〕信夫清三郎:《日本政治史》第一卷,周启乾译,上海,上海译文出版社,1982年,第176页。

② 佐藤信淵:「『存华挫夷論』序」,滝本誠一编:『佐藤信淵家学全集』下卷,岩波書店,1927年,第866頁。

③ 星新一:『明治の人物誌』,新潮社,1978年,第86頁。

④ (清)梁廷枏著,邵循正校注:《夷氛闻记》,北京,中华书局,1959年,第172页。

⑤《筹办夷务始末》(同治朝)卷43,台北,文海出版社影印本,1971年,第35页。

以忍受。”[①]

所以，洋务运动在内忧外患的环境下艰难启动，但洋务派在举办洋务事业的过程中可谓慎之又慎，曾国藩等在派遣留美幼童的奏折中称：“伏查挑选幼童出洋肄业，固属中华创始之举，抑亦古来未有之事。所有携带幼童委员，联络中外，事体重大，拟之古人出使绝域，虽时地不同，而以数万里之遥，需之二十年之久，非坚忍耐劳、志趣卓越者，不足以膺是选。”[②]即使如此，反对的声音仍铺天盖地，被迫中止或有名无实的洋务事业也不在少数，包括留美幼童事业的功败垂成。诚如1874年浙江巡抚杨昌濬所言：“愚民但快一朝之忿，而不顾异日之忧；旁观惟工指摘之谈，而不知当局之苦。故目前即勉强敷衍，总难免决裂之一日。”[③]在这种氛围下，坚船利炮还可以为社会认可，进一步地认识西方、学习西方就会受到强烈反对和排斥。因此，近代中国文化的发展趋向虽然是不断西化，但曾经强势的中国文化也不断地令国人反思中西文化的地位和价值。西学宗师严复在《天演论》中的议论使我们更体味到文化的复杂性以及时人的复杂心态：“至于今日，若仅以教化而论，则欧洲中国，优劣尚未易言。”[④]

日本与中国不同，即使是有浓厚神国意识的国学者也不得不正视地域辽阔、文化发达的邻邦中国，因而其传统世界观是相对和多元的，以中国、印度与日本建构其三国世界观便是典型反映。所以，西方列强势力的扩张不过是在更大范围内代表了日本传统世界观中的中国形象，因而在开国前后日本国内的争论主要是围绕西方列强同日本的利害关系，害怕列强吞并日本，价值观念的冲突并不剧烈。水户藩藩主德川齐昭是最坚决的锁国论者，在1853年《十条五事建议书》中更多的也只是强调西方列强的威胁：“外国开始是以交易作为诱因，继而散布邪教，随之又提出种种难题。彼等有此国风，远者有宽永以前邪宗门之患，近者有清朝鸦片之乱，均为前车之鉴”。[⑤]由于日本传统的多元世界观的影响，各种观点之间虽相互争论，但并非和中国一样有一个唯一的价值判断标准；

---

① 〔美〕卫三畏：《中国总论》下，陈俱译，陈绛校，上海，上海古籍出版社，2005年，第628页。

② 《同治十一年正月十九日曾国藩等折》，中国史学会主编：《中国近代史资料丛刊·洋务运动》(二)，上海，上海人民出版社、上海书店出版社，2000年，第157页。

③ 《筹办夷务始末》(同治朝)卷99，第36页。

④ 王栻主编：《严复集》第五册，北京，中华书局，1986年，第1390页。

⑤ 吉田常吉、佐藤誠三郎校注：『日本思想大系56幕末政治論集』，岩波書店，1976年，第10頁。

同时，日本由于基本处于边缘位置，其世界认识发展的一个重要特点基本是以一种外来文化贬低或否定另一种外来文化，如古代日本便是以佛教文化压低强势的中国文化，形成三国世界观。在这种思维模式的脉络中，随着西方列强威胁的加剧，日本又不断地向文明开化的方向倾斜，西方文化及其世界认识成为日本新的选择，近代世界认识群体也逐渐成为引导日本社会进步的中坚阶层。可以说，中心与边缘的不同定位在很大程度上制约着中日近代世界认识如何发展以及能否顺利发展。

日本学者指出：

> 对于日本来说，中国曾经是一个巨大的他者存在，现在依然如此……为了日本及其文化作为自立的东西得以存在确立起来，或者为了有可能去主张这种自立的存在，日本也需要将自己与中国及其文化差异化。只有把与自己的异质性强加给中国及其文化，也就是强有力地将中国他者化，才可能来主张日本及其文化的独立自主性。中国及其文化是日本及其文化成立的重大前提。然而，或者说正因如此，不通过对中国的彻底他者化，日本就无法主张其自主性。中国对日本来说是一个巨大的他者……从日本的历史进程来辩证中国与日本的异质性，乃是明治时期文明论·文明史论的课题。最终日本在中国大陆甚至展开了与杀父行为相仿佛的否定性行动。[①]

所以，日本的边缘位置在某种程度上成就了其世界认识特别是近代世界认识，而中国始终不能完全摆脱的自我中心意识致使近代世界认识的发展充满坎坷。也可以说，中心与边缘意识使19世纪中叶中日近代世界认识的发展道路不同，日本选择的是文明替代方式，西方文明成为其近代世界认识的基本内容；中国选择的是文明融合方式，中西文明在中国的世界认识中都有其地位。从结果看，日本的发展更顺利似乎也更成功，中国的发展显得缓慢并且带有不确定性。

二、中央集权制与幕藩制及其逆转

清王朝承袭了中国传统的中央集权制，江户时代的日本是幕藩体制。与清朝的中央集权制相比，日本的幕藩制是多元体制，主要表现为以下

---

① 〔日〕子安宣邦:《东亚论——日本现代思想批判》,赵京华编译,长春,吉林人民出版社,2004年,第78～79页。

两个方面：一是形式上的二元体制，即拥有京都朝廷与江户幕府两个政治中心。幕府掌控着日本内外大政的实权，它对京都朝廷的控制在武家政治时代也是空前的，制定了禁中及公家诸法十七条，但还是保留了天皇及其名义上的最高地位，天皇与朝廷成为有名无实的形式机构。二是实际上的多元体制，幕府将军与各藩大名分别掌控着自己的领地。将军尽管以多种方式加强对大名的控制，但大名毕竟是以臣服于将军的方式拥有对自己领地的实际统治权力。

从世界认识发展的角度而言，中央集权制与幕藩制各有优劣，也可以说这两种制度同世界认识的发展没有直接关系。但在西学东渐这一长达近300年的特定的历史时空背景下，中央集权制与幕藩制对中日世界认识的发展却起产生重要影响。因为毫无疑问，新航路开辟后传入中日两国的西方文化基本是近代文化，也是一种异质文化。既然是异质文化，它与中日固有文化产生冲突就是正常的；更重要的是西方文化的近代性，这就使东西方文化冲突趋于复杂，后果更加严重。而中央集权制与幕藩制在面对东西方两种文化冲突时具有不同甚至是相反的调解机制，致使近代世界认识在中日两国就具有了不同的历史命运。具体而言，中央集权制与幕藩制对中日近代世界认识的影响大致可以分为以下两个阶段和两种情况。

首先，在19世纪中叶以前的东西方相对和平的历史时期，中国的中央集权制对社会的控制更为严密，幕藩制下的日本比中央集权制下的中国更有利于世界认识的多元化选择与近代世界认识的累积和发展。

在19世纪以前，中日虽然在不同时期都曾不同程度地认同西方文化和西方世界认识，但并不像19世纪特别是19世纪中叶以后那样比较清醒地认识到东西方文化的巨大差距，主流文化之外的西方文化在两国的发展更多是一种无意识的积累和渐变过程，尤其是从整个社会角度来说更是没有明确的指向性。在一种比较先进的异质文化传入本国之时，如果没有清晰地意识到这种文化的价值，自然是政府对社会控制的程度越低就越有利于文化在社会上进行潜移默化式的渗透和传播。福泽谕吉认为，幕府时代的日本，“至尊和至强的两种思想取得平衡，于是在这两种思想当中便留下了思考的余地”，如果没有这种平衡，“而集中至尊和至强于一身，并且控制着人们身心，则绝不会有今日的日本”。所以，“中国是一个因素，日本则包括两个因素……在汲取西洋文明方面，可以说，日本是比中国容易的"。[1]福泽谕吉的这一认识，是符合19世纪中叶以前中日西方文化及其世界认识的发展状况的。

新航路开辟后的中西文化交流始于明朝末年，但自利玛窦入华后西学东渐比较顺利，且明朝很快被清朝取代，所以中央集权对中西文化交流的影响主要是清朝统治时期。清朝是中国最后一个封建王朝，其中央集权制度特别是君主专制也可以说达到顶峰。"我清之兴，承明之后。明之时，大臣专权，今则阁部督抚，率不过奉行诏命。明之时言官争竞，今则给事御史，皆不得大有论列。明之时士多讲学，今则聚徒结社者渺焉无闻。明之时士持清议，今则一使事科举，而场屋策士之文，及时政者皆不录。"[2]正如乾隆帝所言："本朝家法相承，纪纲整肃，太阿从不下移。"[3]这种"一夫为刚，万夫为柔"的制度造成的结果可想而知，龚自珍对此做了极致的刻画："衰世者，文类治世，名类治世，声音笑貌类治世。黑白杂而五色可废也，似治世之太素；宫羽淆而五声可铄也，似治世之希声；道路荒而畔岸隳也，似治世之荡荡便便；人心混混而无口过也，似治世之不议。左无才相，右无才史，阃无才将，庠序无才士，陇无才民，廛无才工，衢无才商，抑巷无才偷，市无才驵，薮泽无才盗，则非但鲜君子也，抑小人甚鲜。"[4]从历史发展的结果看，19世纪之前清朝最灿烂的文化发展是乾嘉汉学的兴盛，但它本身却是疏离现实的无奈选择，"家有智慧，大凑于说经，亦以纾死，而其术近工眇踔善矣"[5]。而来华的西方传教士几乎成为清朝宫廷的御用学者，也说明了君主专制下新世界认识发展的命运。因此，到鸦片战争前，中国对西方及其世界的认识反而不及明朝末年，近代世界认识处于停滞甚至是倒退的窘境。

与中国相比，德川幕府时代的日本进入文化发展的繁盛时期，是"日本历史上的文艺复兴时代"[6]。黄遵宪在《日本国志》中描述了江户时期儒学者的状况："三百年来，国家太平，优游无事，士夫每立一义、创一说，则别树一帜，如宋明人聚徒讲学之风。为之党徒者若蚁慕膻，以千百计，及其党羽已盛，名望已成，则王公贵人、列藩侯伯，争贲束

---

① 〔日〕福泽谕吉:《文明论概略》,北京编译社译,北京,商务印书馆,1959年,第18页。

② (清)管同:《拟言风俗书》,《魏源全集》第13册,长沙,岳麓书社,2004年,第318页。

③ 《清实录·高宗实录》卷1248,乾隆五十一年二月壬午。

④ (清)龚自珍:《乙丙之际箸议第九》,《龚自珍全集》,上海,上海人民出版社,1975年,第6页。

⑤ 章炳麟:《訄书·清儒第十二》,《章太炎全集》(三),上海,上海人民出版社,1984年,第155页。

⑥ 〔日〕小原国芳:《日本教育史》,吴家镇等译,上海,商务印书馆,1935年,第123页。

帛、馈兼金，或自称门下，或冀得其尺牍手书以为荣。其上者拔之草茅，命参机密；其次者广借声誉，亦得温饱。”[①]朱谦之认为，在德川幕府早期，“幕府所提倡的朱子学虽能为幕府服务，而朝廷提倡的朱子学却不能为幕府服务，因此朱子学的内部也形成了矛盾”；中期又有代表幕府的朱子学同“代表不当权的地主阶级主张王政复古”的古学派斗争；古学派衰落后，“代表下层武士和市民阶级”的阳明学兴起，“渐进而威胁日本封建制度的基础”。[②]可以说，幕藩体制是日本文化多元化发展的基础，而社会的稳定为文化发展提供了条件。在这一前提下，享保改革后，随着禁书缓和令的实施，日本的西方文化也重新发展起来，兰学迅速成为日本多元文化的重要组成部分。“德川时代之昌平不仅助学术文艺之进步，由诸藩交互之争竞炼磨其智及气力使日本得所准备以进世界角逐场。至美使来遂发挥其所蓄矣。”[③]

所以，与中国的中央集权制相比，日本的幕藩制更重视对人才的笼络，这种情况在开国前后的19世纪中叶也有突出表现。当时，幕府与强藩之间对人才展开了竞争，这自然有利于人才群体的发展。以19世纪中叶中日走出国门学习西方为例，1862年日本幕府便派榎本武扬等人出国留学，但为了保持幕府的垄断地位，1866年5月才正式解除留学限制。不过，长州、萨摩等诸强藩早已不顾禁令秘密派人出国学习。中国则缺少这种多元选择的机会，李善兰曾为此感慨：“即曰不畏风涛，视险若夷，而中外限隔，例禁綦严，苟无使命，虽怀壮志，徒劳梦想耳。故曰：游必有福。”“然则斌君非独一人游，率天下之人而共游之也。”[④]但是，“独一人游”毕竟不能代替“共游”，二者之间有本质的区别，只有“共游”才能形成有社会影响的群体。

其次，19世纪中叶东西方剧烈冲突的历史时期，日本通过明治维新建立了比清王朝更强有力的中央集权制，进而促成了日本近代世界认识的发展和实践，完成了社会转型；清王朝则在内忧外患中不断失去对社会的控制力，近代化群体势单力薄，近代世界认识也因此居于边缘地位，未能实现真正的社会转型。

---

① （清）黄遵宪著，吴振清等点校整理：《日本国志》下卷，天津，天津人民出版社，2005年，第785页。

② 朱谦之：《日本的古学及阳明学》，北京，人民出版社，2000年，“前言”，第4页。

③〔日〕大隈重信：《日本开国五十年史》上册，上海社会科学院出版社，2007年，第39页。

④ （清）斌椿：《乘槎笔记》，长沙，岳麓书社，1985年，第87页。

近代化无疑是人类社会发展的重大转型，它不仅使世界趋于一体化，也使本国国内趋于一体化，国家的组织能力和要求都发生了本质转变。中日作为后发外生型近代化国家，是在西方的侵略和威胁下的急剧转型，是一种自上而下的强制性转型。因此，更需要强有力的中央政府调动全国的社会资源，将国家带入近代化发展的道路。日本明治维新正是因应这一局势的结果，并顺利地完成了国家的初步整合。所以，布莱克等人也特别强调："在迅速实行现代化的种种必要条件中，一个重要条件是在中央、中层和地方各级要有强有力的政府……在这个变革时期里，日本和俄国有一个非常重要的一致之处，那就是政府领导有能力动员人民和资源来进行十分重大的改革。"[①]尽管日本的社会转型也非一蹴而就，既发生了以上迫下的"安政大狱"，也发生了以下克上的"樱田门事件"，既有"公武合体"的拥护者，更有"尊王攘夷"运动，社会形势极度混乱，但也说明要求改变现状的有组织的势力控制了局势，并且最终在可控制的范围内完成了社会转型。明治维新政府成立的关键是"外样大名"特别是西南部的长州、萨摩、土佐、肥前四藩成为倒幕的根据地。"维新之改革虽以舆论公议为标榜，实因诸藩联合之兵力，能威制天下始克有功，其中以萨、长二强藩势力为最大。"[②]但"公议"也很重要，其中最重要的是在西方列强威胁下形成的国家统一意识抑制了幕藩各方的私欲，为它们相互妥协提供了支撑。从18世纪末俄国使团达到日本，经过鸦片战争，到日本开国，这种统一意识不断增强。1842年，佐久间象山得知鸦片战争的消息后，给本藩松代藩主真田幸贯上书《海防八策》，认为对外危机不是德川家一家的危机，而是天下、民族的危机，力陈建立大规模海防体制的必要。1850年，象山为了出版《和兰语辞书》向幕府上书："海防乃天下之海防……使天下之人悉知彼之情，不若读夷书，欲读夷书，以出版辞书为先。"[③]在这种社会舆论下，德川庆喜在奉还大政的表文中指出："当今外交日滋，非朝权出于一途，则纲纪难立。苟改旧例将政权奉还，广令天下尽其公议，万机仰诸圣断。同心协力，共保护皇国，

① 〔美〕西里尔·E.布莱克等:《日本和俄国的现代化》,周师铭等译,北京,商务印书馆,1984年,第304、301页。

② 〔日〕浮田和民等:《政党史》,〔日〕大隈重信:《日本开国五十年史》上册,上海,上海社会科学院出版社,2007年,第230页。

③ 〔日〕丸山真男:《日本政治思想史研究》,王中江译,北京,生活、读书、新知三联书店,2000年,第276页。

则庶几其能与万邦并立。庆喜之所以尽于国家者止此一事。”[①]所以，明治政府建立后发布的“五条誓文”也是以国家统一为主旨。

相比而言，在19世纪中叶中国近代化启动之时，清王朝处于江河日下的政治衰败之中，已无从扮演领导近代化的轴心角色。在这一衰败过程中，君主的软弱是最重要的表征。道光帝与鸦片战争联系在一起，是19世纪中叶中国近代历史的开端。1847年初版的卫三畏《中国总论》对道光帝的评价为：“从流传的画像看，他是个温和而无能的人，表现出小心谨慎、思虑周详的样子，丝毫没有放纵的迹象。”“他的个性不像他父亲那么坏，没有一点突出的性格——他是个适宜于和平年代而不足以应付紧急状态的人。”[②]《清史稿·宣宗本纪》论道：“宣宗恭俭之德，宽仁之量，守成之令辟也。”[③]不过，道光帝对此却没有清醒的认识，他选择了文弱的奕詝继承皇位，结果咸丰帝以“奄忽一纪，遂无一日之安”[④]。但咸丰帝之后，清王朝江河日下，以“垂帘听政”结束了无奈的统治。在需要权威君主的转型时期，却出现连名正言顺都欠缺的“垂帘听政”，其造成的影响可想而知。“综一代之兴亡，系于宫闱。呜呼！岂非天哉？岂非天哉？”[⑤]1878年，郭嵩焘在与德国驻华公使巴兰德谈及中国时亦称：“中国幅员太广，地大民殷，一切须有成法，遵行已三千余年，本不易言变通。而自天津定约至今二十年，并值圣躬幼弱，大臣无敢主事者。此须候至十余年亲政后，能考求变通，始可望有前进之机。”[⑥]郭嵩焘深受舆论攻击之苦，因而非常希望朝廷特别是皇帝能乾刚独断，实行明确的政策：“《传》曰：‘天之生此民也，使先知觉后知，使先觉觉后觉也’。先知先觉之任，必朝廷大臣任之。是以政教明则士大夫之议论自息，亦在朝廷断行之而已。”[⑦]

洋务运动作为中国近代化的开端就是处于这种政治环境下，其中总理衙门应该是最重要的洋务结构，它是依据中外条约成立的，负责处理

---

① 〔日〕浮田和民等:《政党史》,〔日〕大限重信撰:《日本开国五十年史》上册,上海,上海社会科学院出版社,2007年,第225～226页。

② 〔美〕卫三畏:《中国总论》上,陈俱译,陈绛校,上海,上海古籍出版社,2005年,“注释”,第279页。

③ 赵尔巽等撰,许凯等标点:《清史稿》,长春,吉林人民出版社,1995年,第468页。

④ 赵尔巽等撰,许凯等标点:《清史稿》,长春,吉林人民出版社,1995年,第506页。

⑤ 赵尔巽等撰,许凯等标点:《清史稿》,长春,吉林人民出版社,1995年,第7173页。

⑥ (清)郭嵩焘:《伦敦与巴黎日记》,长沙,岳麓书社,1984年,第739页。

⑦ (清)郭嵩焘著,杨坚点校:《郭嵩焘诗文集》,长沙,湖南人民出版社,1981年,第192页。

与西方有直接或间接关系的一切事情，几乎是一个无所不包的机构，其实是另立上头，这预示着整个清朝统治的二元化：一方面是传统的机构并负责原有的事务，另一方面是以总理衙门为核心的新机构负责与西方有关的事情。这种二元化加剧了非总理衙门系统的官员与洋务事业的疏离和对立，总理衙门一方面权力不断膨胀，但另一方面却门庭冷落地唱着“独角戏”。1876年，再次复出的郭嵩焘同李鸿藻等人接触后表达了自己的忧虑：“兰生相见一谈，所言多中肯綮。政府自分门户，而以兰生辈不谙洋务，一切不使与闻，实亦使人难堪也。”[①]郭嵩焘认为：“士大夫相与蚩蚩，横生议论。朝无大臣，遂使群口嚣然，莫有能禁遏者，所关殆非浅也。”[②]郭嵩焘并非夸大其词，一直主持总理衙门事务的灵魂人物文祥此时处于病危之际，故而毅然上奏指陈政治弊端：“自设立总理衙门，其事始有责成，情形渐能熟悉，在事诸臣亦无敢推诿。然其事非在事诸臣之事，而国家切要之事也。既为国家切要之事，则凡为大清臣子者，无人不应一心谋画，以维大局……乃十数年来，遇有重大之端，安危呼吸之际，事外诸臣以袖手为得计；事甫就绪，异议复生，或转讬于成事不说；不问事之难易情形若何，一归咎于任事之人。是从前之误以无专责而仔肩乏人，今日之事又以有专属而藉口有自……是以历来练兵、造船、习器、天文、算学诸事，每兴一议而阻之者多，即就一事而为之者非其实。”[③]其实，早在1867年天文算学馆事件中，奕䜣等人就指责倭仁：“该大学士久著理学盛名，此论出而学士大夫从而和之者必众。臣等向来筹办洋务，总期集思广益，于时事有裨，从不敢稍存回护。惟是倭仁此奏，不特学者从此裹足不前，尤恐中外实心任事不尚空言者，亦将为之心灰而气沮，则臣等与各疆臣谋之数载者，势且隳之崇朝，所系实非浅鲜！”[④]倭仁则认为：“方今时事多艰，义当共济，岂忍以游谈侈论，邀誉沽名。第议论不为苟同，正所以求其至是。若谓奴才此论一出，不特学者裹足不前，即中外实心任事者，亦心灰而气沮，则持论亦过激矣。夫利之所在，众所必趋，既有薪水，又得优保，人亦何乐而不从？而谓一人之空言，遂能阻千万人向往乎？至任事诸臣，公忠体国，修内攘外，

---

① (清)郭嵩焘:《郭嵩焘日记》(三),长沙,湖南人民出版社,1981年,第61页。

② (清)郭嵩焘:《郭嵩焘日记》(三),长沙,湖南人民出版社,1981年,第19页。

③ 赵尔巽等撰,许凯等标点:《清史稿》,长春,吉林人民出版社,1995年,第9026页。

④《筹办夷务始末》(同治朝)卷48,台北,文海出版社影印本,1971年,第3页。

应办之事甚多，何至因此一议，群相解体？此尤不待辩而自明者也。”①倭仁所言自然有其合理之处，但也说明当时的社会环境不利于洋务运动，必须依靠中央政府的明确政策来强制快速推行，这是后近代化国家的共同特点，而晚清时期恰恰缺乏强有力的中央集权这一条件。针对当时的朝局，眼光一向犀利的曾国藩1869年与赵烈文谈话时指出：“两宫才地平常，见面无一要语；皇上冲默，亦无从测之。时局尽在军机恭邸、文、宝数人，权过人主。恭邸极聪明，而晃荡不能立足；文柏川正派，而规模狭隘，亦不知求人自辅；宝佩蘅则不满人口。朝中有特立之操者，尚推倭艮峰，然才薄识短，余更碌碌，甚可忧耳!”②

所以，面对保守派的阻挠，慈禧太后又依违其间，19世纪70年代以后奕䜣等总理衙门大臣已不断趋于消极。1872年初，内阁学士宋晋上奏主张停办洋务企业，其中主要针对目标是福州船政局，清廷最高权力机构对此的反应也极为儿戏，军机大臣在给曾国藩等人的寄信中称：“制造轮船原为绸缪未雨，力图自强之策。如果制造合宜，可以御侮，自不应惜小费而堕远谋。若如宋晋所奏，是徒费帑金，未操胜算，即应迅筹变通。著文煜、王凯泰通盘筹画，应否将轮船局暂行停止之处，酌量情形，奏明办理。其上海轮船应否一律停造，并著曾国藩、张之万、何璟妥筹熟计，据实奏闻。”③这说明最高统治阶层本来就不是真正支持洋务运动，更没有一个统筹规划的方案，因而稍有风吹草动就会摇摆不定，致使清廷的最高统治者在如何引领中国走向自强方面缺乏应有的自信心与权威性。左宗棠因此上奏：“臣于同治五年奏请试造轮船时，即豫陈非常之举，谤议易兴，事败垂成，公私两害，所虑在此。兹幸朝廷洞瞩情形，密交疆臣察议，成效渐著，公论尚存。微臣得于钦承垂询之余，稍申惓惓不尽之意，否则微臣虽矢以身家性命殉之，究于国事奚所裨益。兴念及此，实可寒心。”④另外，李鸿章也致函福州船政大臣沈葆桢：“京朝士夫不顾念中外大局，讼言船政之非，总署心知其理而怵于成效之难，亦遂泄沓依违，若非我公大声疾呼，挺身独任，鲜不蹶中道而贻笑柄者。鸿章涉历洋务已十余年，尝苦有倡无和，今季帅与执事业有成局，敢不

① 《筹办夷务始末》(同治朝)卷48，台北，文海出版社影印本，1971年，第11页。

② (清)赵烈文：《能静居日记》，台北，台湾学生书局，1964年，第2224～2225页。

③ 《同治十年十二月四日军机大臣字寄》，中国史学会主编：《中国近代史资料丛刊·洋务运动》(五)，上海，上海人民出版社、上海书店出版社，2000年，第106～107页。

④ 《筹办夷务始末》(同治朝)卷86，台北，文海出版社影印本，1971年，第8页。

藉事直陈，稍佐远略。”[1]李鸿章此论可以说是道出了总理衙门的根本弱点。

所以，洋务运动的主要成就是曾、左、李等地方洋务派兴办的事业。“近世非疆吏不能治军办事，惟所欲为。”[2]但1866年总理衙门要求部分督抚讨论《局外旁观论》和《新议略论》并提出相关意见时，赵烈文就指出：“恭邸得此，张皇入告，密旨交沿江沿海各督抚妥筹速议，设法自强。嗟乎!自强之道，端在政本，疆吏能设法乎?”[3]这也可以解释曾国藩、李鸿章为什么没有参与这次讨论。的确，以地方为主导的洋务运动的缺陷显而易见，1867年候选直隶州知州杨廷熙在反对同文馆增设天文、算学馆的奏折中说得非常明白：“此事疆臣行之则可，皇上行之则不可；兵弁少年子弟学之犹可，科甲官员学之断不可。何也？疆臣之制作，信从者不过一省一时；朝廷之诏令，遵守者则在天下万世。兵弁子弟，学之不过成其艺事；科甲官员，学之即可浸成风俗也。盖科甲官员，四民之瞻仰，天下所崇奉者也。”[4]杨廷熙的言论虽然被上谕痛斥，但在诸多因素的掣肘下，洋务运动的实践却基本是以如同杨廷熙所言的方式延续，洋务举办人员的地方性和洋务人才培养的边缘性成为突出现象。在这种情况下，地方洋务派一方面举办洋务事业，另一方面却忧心忡忡，担心半途而废等不利情况出现，这种矛盾一直伴随着洋务运动，在中法战争之前更严重。例如在洋务举办之初，李鸿章就指出：“朝廷即欲变计，亦恐部议有阻之者，时论有惑之者，各省疆吏有拘泥苟且而不敢信从者，天下事终不可为矣。”[5]左宗棠在创办福州船政局时也一再强调：“至非常之举，谤议益兴，始则忧其无成，继则议其多费，或更讥其失体，皆意中必有之事。”[6]“公家之事，往往缚于文法，摇于物议，故敢任此事者

---

① (清)李鸿章:《复沈幼丹船政》,(清)吴汝纶编:《李文忠公(鸿章)全集·朋僚函稿》卷13,台北,文海出版社影印本,1980年,第2页。

② (清)李鸿章:《复沈幼丹船政》,(清)吴汝纶编:《李文忠公(鸿章)全集·朋僚函稿》卷13,台北,文海出版社影印本,1980年,第2页。

③ (清)赵烈文:《能静居日记》,台北,台湾学生书局,1964年,第1729页。

④《筹办夷务始末》(同治朝)卷49,台北,文海出版社影印本,1971年,第21页。

⑤ (清)李鸿章:《复陈筱舫侍御》,(清)吴汝纶编:《李文忠公(鸿章)全集·朋僚函稿》卷5,台北,文海出版社影印本,1980年,第34页。

⑥《同治五年五月十三日左宗棠折》,中国史学会主编:《中国近代史资料丛刊·洋务运动》(五),上海,上海人民出版社、上海书店出版社,2000年,第7页。

绝少其人。”[①]沈葆桢之所以主持福州船政局，也是因为“深恃者，谕旨谆切，知自强之道断自宸衷，以万不得已之苦心，创百世利赖之盛举，必不为浮说所摇”[②]。1878年，张树声在陛见时回答有关洋务问题时称：“自强之策，不外从前总署所陈海防六条，言言切要，而吃紧尤在持久一条。自洋人入中国数十年矣，人人皆知言自强，逾时辄视为泛务；及至事变复来，仍旧张皇失措……总祈朝廷坚志定力主持于上，各省疆吏戮力同心合作于下，乃能持久不懈，有备无虞。”[③]可以说，由于缺少中央中枢权力机关强有力的明确支持，地方洋务派时时处于惶恐之中，极大地影响了洋务事业的发展。李鸿章的下述言论可谓对此的最好诠释：“自同治十三年海防议起，鸿章即沥陈：煤铁矿必须开挖，电线铁路必应仿设，各海口必应添洋学格致书馆以造就人才。其时文相目笑存之，廷臣会议皆不置可否，王孝凤、于莲舫独痛诋之。曾记是年冬底，赴京叩谒梓宫，谒晤恭邸，极陈铁路利益，请先试造清江至京，以便南北转输。邸意亦以为然，谓无人敢主持。复请其乘间为两宫言之，渠谓两宫亦不能定此大计。从此遂绝口不谈矣。”[④]郭嵩焘也只能叹息，正如他后来所言：“窃以为天下大政，总之枢府。枢府得其人即万事理，如不得其人，各以所存之志，所处之时与地，求自靖焉可也。”[⑤]

1878年1月31日（光绪三年十二月廿九日）驻英公使郭嵩焘与到访的威妥玛的对话颇有意味。

> 吾曰：“两宫前苦无人能将利病得失告知。然大小事一付之政府，未尝自主也。恭王能谙悉一切情形，而苦不能任事。”威问何故，吾曰：“直苦人言庞杂，不敢任耳。”威曰：“亦知之。动辄怕说是汉奸。合淝伯相亦是半明半昧。”……吾曰：“合淝直是不能主持，无从直切定议。但使恭王肯任事，外得合淝助之，天下事尽可为。

---

① 《同治五年十一月初五日左宗棠片》，中国史学会主编：《中国近代史资料丛刊·洋务运动》（五），上海，上海人民出版社、上海书店出版社，2000年，第31页。

② 《同治六年六月十七日总理船政沈葆桢折》，中国史学会主编：《中国近代史资料丛刊·洋务运动》（五），上海，上海人民出版社、上海书店出版社，2000年，第51页。

③ （清）张树声：《戊寅年召对恭纪》，中国史学会主编：《中国近代史资料丛刊·洋务运动》（三），上海，上海人民出版社、上海书店出版社，2000年，第609页。

④ （清）李鸿章：《复郭筠仙星使》，（清）吴汝纶编：《李文忠公（鸿章）全集·朋僚函稿》卷17，台北，文海出版社影印本，1980年，第13页。

⑤ （清）郭嵩焘：《致李傅相》，《郭嵩焘诗文集》，长沙，岳麓书社，1984年，第243页。

中国地利、人才原自不乏,勿轻视也。”威曰:“我持论亦如此。政府无人便无如何。”吾亦不能置对也。[①]

所以,没有强有力的中央政府支持,缺乏明确的一贯政策,致使洋务运动难以承担中国近代化的重任。李鸿章在甲午战争中称“以北洋一隅之力,搏倭人全国之师”[②],虽有为自己开脱之意,但也道出了部分事实。其实,中日的这种不同更体现在19世纪中叶两国近代化的整个进程中,而且造成了无可挽回的后果,而甲午战争只是其一。1872年初,李鸿章针对之前提及的宋晋请求停办洋务的奏折,在给曾国藩的信中比较了中日近代化的政治环境,说明李鸿章早有此看法:

兴造轮船兵船,实自强之一策。惟中国政体,官与民、内与外均难合一,虑其始必不能善于后……前兴之而后毁之,此信之而彼疑之。及今吾师与左公尚存,异议已多,再数年、十数年后,更当何如?财欲其费,效欲其缓,百年或有与洋制争胜之日。今世不欲多费财,又不欲缓收效,士大夫恒情皆然,岂独雪帆,雪翁此奏,亦采中外众论而出之也……师门本创议造船之人,自须力持定见。但有贝之财、无贝之才,不独远逊西洋,抑实不如日本。日本盖自其君主持,而臣民一心并力,则财与才日生而不穷。中土则一二外臣持之,朝议夕迁,早作晚辍,固不敢量其所终极也。[③]

这是李鸿章致其师曾国藩的最后一封信,凄凉无助的心态跃然纸上。

总之,从历史发展的结果看,在19世纪中叶西方国家加强对中日侵略和威胁的情势下,中央集权制下的中国与幕藩制下的日本对社会控制的程度却发生了逆转,中国对社会的控制特别是中央政府的权威越来越弱,更没有在中央形成支持洋务运动的强有力的组织和势力;日本则建立了以天皇为中心的中央集权制,加强了对社会的控制,完成了体制转型。这种逆转对中日近代世界认识的发展和实践产生了很大的影响,两

---

① (清)郭嵩焘:《伦敦与巴黎日记》,长沙,岳麓书社,1984年,第485页。

② (清)李鸿章:《据实陈奏军情折》,(清)吴汝纶编:《李文忠公(鸿章)全集·奏稿》卷78,长沙,岳麓书社,1980年,第62页。

③ (清)李鸿章:《复曾相》,(清)吴汝纶编:《李文忠公(鸿章)全集·朋僚函稿》卷12,长沙,岳麓书社,1980年,第3~4页。

国的近代化建设出现巨大差异。不过，日本的转型也出现了问题，它并没有建立起近代性质的民族民主国家，而是成为天皇制军国主义国家，其实也是背离了文明论的真正精神。

三、士与武士：中日主流社会阶层分析

士与武士分别是中日两国传统社会的主流阶层，同为四民之首。中国士人总数在太平天国前为109万，太平天国后增为144万。[①]德川幕府时期，日本约有40万武士。[②]他们的不同也是中日近代世界认识发展产生差异的重要原因。

其一，制度层面上的士与武士的差异。中国的士人是与科举制联系在一起，因而是与固定的知识系统联系在一起，谋生的需要更使他们无力兼顾其他知识；日本的武士是世袭身份制，既不受固定知识系统的限制，也不用为谋生受制于某一知识系统。这种不同的制度影响着中日能否形成独立自由的知识选择及其群体，决定了两国这一主流阶层的知识系统的内容和影响会出现很大差异。

在中国，只有通过科举这条路才能成为士人，所以科举就是他们立身之根本。他们必须将精力全部用于儒学特别是八股文方面，才能在科举考试中获取功名成为士人进而走上仕途。在这一制度的约束下，科举制度以外的知识学问很少能进入士人的视野，特别是西方科学知识距离他们更远。宋应星在《天工开物》付梓之际，自我解嘲道："丐大业文人，弃掷案头！此书与功名进取毫不相关也。"[③]顾炎武感叹："余少时见有一、二好学者，欲通旁经而涉古书，则父师交相诮呵，以为必不得颛业于帖括，而将为坎轲不利之人。"[④]到晚清时期，随着内忧外患不断加剧，科举制弊端被日益诟病，但相关言论同时也强调了士人在其中的无可奈何。如1856年左宗棠家书说："读书非为科名计，然非科名不能自养，则其为科名而读书，亦人情也。"[⑤]1867年沈葆桢奏陈："国家之待翰

① 参见张仲礼：《中国绅士：关于其在19世纪中国社会中作用的研究》，李荣昌译，上海，上海社会科学院出版社，1991年，第182～183页。

② 参见阎德学编著：《武士之路·日本战略文化及军事走向》，北京，人民出版社，2006年，第28页。

③ (明)宋应星著，钟广言注释：《天工开物》，香港，中华书局香港分局，1978年，"《天工开物》卷序"，第4页。

④ (清)顾炎武著、陈垣校注：《日知录校注》，合肥，安徽大学出版社，2007年，第906页。

⑤ (清)左宗棠著，林鸣凤等整理：《左宗棠全集：家书·诗文》，长沙，岳麓书社，1987年，第4页。

林最优，而得其用者甚寡。词章之学，竭毕生精力，犹虑弗工，遑问经世……其一切考试诗赋，悉予停罢，则天下士知所向，而国家食养士之报于无穷也。”[①]1878年李鸿章在“论晚明积习之弊，以志余慨焉”中指出：“是时科第既益重，豪俊之士槁项没齿，冀得当于一试。幸而得之，英光锐气耗减略尽，奚暇他求?”[②]所以，无论是为了功名利禄，还是迫于生活，科举制下的士人都没有什么选择余地，只能在体制设定的道路上耗费毕生精力。

这种状况在外人眼中更显而易见，所以来华西方人特别是晚清时期的传教士对此多有议论。利玛窦曾分析说：“在这里每个人都很清楚，凡有希望在哲学领域成名的，没有人会愿意费劲去钻研数学或医学。结果是几乎没有人献身于研究数学或医学，除非由于家务或才力平庸的阻挠而不能致力于那些被认为是更高级的研究。钻研数学和医学并不受人尊敬，因为它们不象哲学研究那样受到荣誉的鼓励，学生们因希望着随之而来的荣誉和报酬而被吸引。”[③]卫三畏指出：“在中国，没有人去搜集、探究事实，或是广泛阅读立论可靠的书籍，以扩大人们的精神境界，促使知识修养的提高。”[④]“钻研学问的促进因素在于希望获得官职和荣誉，按法律规定，只有遵循研读经典和历史的教育路径才能实现。由于对经典的过分重视，学生的思想不能受到均衡的训练，他们轻视那些同直接追求上述大目标无关的各门学问。”[⑤]李提摩太称：“秀才们有好多人来自最贫困的家庭。一个家庭往往做出很大牺牲培养他们的一个子弟，获取功名以光宗耀祖。”[⑥]

1897年，面临中国被瓜分局面的王先谦指出：

> 一统之天下之士，以制艺造之；列国之天下之士，不可以制艺造之。今之世，论海内则一统，合环球为列国。然而设科校艺，儴

① 《筹办夷务始末》(同治朝)卷53,台北,文海出版社影印本,1971年,第27页。

② (清)李鸿章:《李鸿章全集·遗集》,长春,时代文艺出版社,1998年,第7354页。

③ 〔意〕利玛窦、〔比〕金尼阁:《利玛窦中国札记》,何高济等译,何兆武校,北京,中华书局,1983年,第34页。

④ 〔美〕卫三畏:《中国总论》下,陈俱译,陈绛校,上海,上海古籍出版社,2005年,第628页。

⑤ 〔美〕卫三畏:《中国总论》上,陈俱译,陈绛校,上海,上海古籍出版社,2005年,第360～361页。

⑥ 〔英〕李提摩太:《亲历晚清四十五年:李提摩太在华回忆录》,李宪堂、侯林莉译,天津,天津人民出版社,2005年,第91页。

> 仍前政，用时文取士而罔识变通，殆未抉其弊也……俾士人抟心奋志，求合有司，餍其宠荣，不生佚志。魁杰俛首而趋入吾彀，椎愚者固知其无能为。君上息偃于深宫，而常有鞭笞万里之势。然逮及末造，积弱势成，外侮凭陵，群熟视而无策。为下者虽有忠义之气，手足如被桎梏，徒嗔目张胆，效死以殉。前事昭然可睹已。所以然者，知束缚其民之为利，而不暇计及其民不足用之为害，纽于一成而不知变化，以至此也。[①]

王提出废除制艺，“宜以策论代”，认为士人对于制艺“侔而取科目入仕途，唾弃如刍狗”，才成就了“远大之学业”。“上之人睹通才辈出，不以为早达历练而成，而归其效于科目。至于深山困饿，把卷穷年，饮恨入地，不知几千万人，使生附志士之列，而死蒙鄙儒之称，谁之咎也?”[②]所以，在中国已经实行千余年的科举制，在欧风美雨的侵蚀下变得千疮百孔，从维护国家统治的核心支柱沦为阻碍社会发展的重大障碍。

与中国士人奔波于科举制不同，自镰仓时代以来，日本社会就确立了严格的士农工商四类身份区分制度，这些身份都是世袭的，不能随意改变。“幕府新定阶级制度，区分国民为武士、平民之别。武士赐以世袭之封禄，而禁其营利，且教育以武士道之精神。”[③]与科举制下的中国士人相比，日本的身份世袭制有可能使人从纯粹的知识兴趣研究西方学术，特别是德川幕府长期处于和平时期，武士几乎无所事事，更容易走上学问之路。兰学的兴起就是如此。杉田玄白在《兰学事始》中指出：“回顾兰学兴起之时，我们二三人突然立志修习此学，迄今已近五十年。完全没想到像今天这样流行，其盛况确实令人惊奇。”[④]杉田比较了兰学与汉学在日本流传的区别，认为汉学是由日本政府组织人前往中国学习并以官方的形式在日本普及，而兰学纯粹是由于个人兴趣自然流传的。由于从事何种学问与自己的功名利禄没有直接的必然联系，才有可能在各种学术系统中加以选择，兰学自然也可以成为一种选择。同时，兰学的主流是西方医学，兰学家一般都兼习医术，所以杉田玄白认为兰学的兴盛

① （清）王先谦:《科举论上》,《虚受堂文集》卷1,台北,文海出版社影印本,1966年,第1页。

② （清）王先谦:《科举论上》,《虚受堂文集》卷1,台北,文海出版社影印本,1966年,第2～3页。

③ 〔日〕富井政章:《法制史略》,〔日〕大隈重信:《日本开国五十年史》上册,上海,上海社会科学院出版社,2007年,第280页。

④ 杉田玄白著、野上豐一郎校訂:『蘭学事始』,岩波書店,1930年,第27頁。

“或医家在指导方法上皆以就实为先，故领悟反而快吧？或世人也感到荷兰医学新奇，且有异方妙术似的，于是奸猾之徒借此追名逐利，故而随之传播开来的吧”[①]。兰学以兰医这一与民众生活有密切关系的领域作为主要内容，确实比中国在西方学术中选择天文、历法和数学更容易得到传播。兰学之所以成功，主要是基于它的民间性，并且如细水长流般渗透；如果是如徐光启一类的官员型学者，容易与国家政策和政治产生扯不断的关系，从而引发纠纷和冲突。其实，日本的天主教时代之所以短暂，也与大名等统治阶层人士成为教徒，天主教具有了强烈的政治色彩有相当大的关系。从个人来说，学习兰医也可以解决谋生问题，甚至因此改变自己的命运，因为日本家庭实行长子继承制，许多武士被迫自谋出路。“在统治机构贯彻血统制和世袭制的日本，研究新兴的学问——西洋学是摆脱下层地位最切实的途径，很多有为的青年都转向西洋学研究。”[②]所以，科举制与世袭制决定了西学在中日两国的不同命运，尤其是在中日两国与西方国家相对和平的发展时期，制度的决定性作用就更加明显，这是日本和中国的世界认识及其群体能不能独立化的根本原因。有制度的支持，可以保证在历史的发展过程中涌现出新知识群体，进而推动社会的转型；缺少制度的支持，或许会在历史转折关头出现个别拥有新知识、新观念的优秀分子，但绝不会出现具有相当规模的新式知识群体，因而社会的转型更加艰难。日本开国后，英语人才奇缺，很多人都是通过自学掌握英语，如福泽谕吉，这一方面体现了日本人对了解西方文化的主动性，另一方面也表明他们有这样的机会、时间和精力，武士世袭制就是其前提条件。

科举制应该优于世袭制，但也并非绝对，中日近代世界认识的发展状况就属于后者这种情况。“中国等级开放的这种情况，继续使人们的注意力集中在最理想的职业上，这与日本和俄国完全不同。日、俄的阶级封闭使大多数人无法接近上层社会，遂使他们的兴趣转移到其他各种各样的职业上去了。”[③]所以，科举制与世袭制不仅影响了中日近代世界认识的发展，而且也影响了两国整个的文化教育。以书院为例，“书院自唐

---

① 杉田玄白著、野上豊一郎校訂:『蘭学事始』,岩波書店,1930年,第27～28頁。

② 〔日〕依田熹家:《日中两国现代化比较研究》,卞立强等译,北京,北京大学出版社,1997年,第27页。

③ 〔英〕吉尔伯特·罗兹曼主编:《中国的现代化》,陶骅等译,上海,上海人民出版社,1989年,第195页。

以来，为藏书、讲学、祠祀、考课之地，但明重讲学，而清重考课”，“而考课大抵又重在诗、文两项，故书院仍不外为士子作科举的准备”。[①]与清代书院官学化、科举化相比，德川幕府时期在开始就确认了私人讲学制度，这可以说是与世袭制相辅相成，成就了日本的“文艺复兴”时代。从荻生徂徕的言论就可窥见江户时代文化教育的一般状况：“昌平坂和高仓公馆这两处地方位置也不好。应当在江户城各处多安置一些儒官，让人们能自由地去学习听讲。让讲课的人和学习的人都比较随意自由才好。学问和职务分内的公务不同，这终究是私事，所以，没有自由是学不成的。”“目前，即使不建很正规的学校，也可以由幕府下令在儒官们的宅邸中设立讲习所来代行学校的职能。”[②]因此，兰学也成为私学之一。这种私人讲学制度在发生激烈冲突的明治维新前后仍继续维持，如吉田松阴欲乘美国军舰游历西方而犯国禁，入狱一年后被处私家禁锢，却允许他主讲松下村塾，为藩士讲兵学、汉学。福泽谕吉、西周、中村正直也在这一时期相继开办庆应义塾、育英社、同人社。

所以，一般而言，从培养、选拔人才的层面而言，科举制明显优于世袭制；但通过比较可以认为，科举制也容易造成固化、封闭的知识系统，世袭制会带来松散、开放的知识体系。结果，科举制造就的新知识人才反而落后于世袭制，中日近代世界知识群体的状况恰恰就是如此。

其二，价值观层面上的士与武士的差异。世界认识的形成主要受两种因素制约，一是获取世界知识，一是对所获取知识的价值判断。在这一过程中，价值观念是世界认识形成的核心因素，它既影响人们获取世界知识的欲望，也影响人们如何处理所获取的世界知识。所以，价值观是世界认识形成和发展的重要前提和保证。

由于士与科举制是密不可分的，因而也与固定的价值观联系在一起，并排斥相异的文化价值系统。“夫设科取士，将使分治天下之事也。欲治天下之事，必折衷于理；欲明天下之理，必折衷于经。其明经与否不可知，则以所言之是非醇驳，验所学之得失，准诸圣贤以定去取，较他途尚为有凭。而学者求工经义，不得不研思于经术，藉以考究古训，诵法先儒，不涉于奇袤之说，于民心士习，尤为先正其本原。经义一法，至

---

① 王德昭：《清代科举制度研究》，北京，中华书局，1984年，第104～106页。

② 〔日〕荻生徂徕：《政谈》，龚颖译，北京，中央编译出版社，2004年，第222、223页。

今不变，明体达用之士，亦时时挺出于其间，职是故也。”[1]所以，经过科举制训练的士人，其价值观念是正统的儒学观念，是与官方意识形态相一致的观念。同时，他们也主动地维护和坚持这种观念，因为这是其功名利禄所系，是经过长期学习才获得的人生保障。

当时，给晚清时期学习西方造成重大障碍的主要还是身居高位的统治者，如倭仁等，包括绝大部分清流派。倭仁提出的“立国之道，尚礼义不尚权谋；根本之图，在人心不在技艺”，也是士大夫阶层的共通观念，或者说是中国传统文化的核心理念。所以，本末、义利、华夷等概念在当时被信手拈来，成为隔绝中西文化的壁垒。王韬便贬斥墨海书馆同人——其实也包括他自己，认为“屈身谋食，岂有端人”，“一溺利薮，谈吐可憎”[2]。在华传教士的下述言论可谓一针见血，当然也不免偏颇。“这样的学习课程不能造就头脑清醒的人才，不过为国家提供未来的统治者，他们充分理解治理的原则和最高当局的政策，他们运用这些来巩固自己的政权。”[3]“从整体上看，这些文人都是无耻之徒。他们的智慧通过学习得到了提高，但与此同时，他们的道义感却好像变得麻木了。他们是社会进步的绊脚石，对外国人，他们的痛恨之情是最强烈的，也是根深蒂固的，不论这个外国人来自哪个国家。”[4]1875年7月6日《纽约日报》发表了《令人恐怖的考试制度》一文，对科举制下的士人进行了辛辣的讽刺：

> 在大清国，士，或称知识分子，通常都非常仇恨外国人。他们反对电报、铁路及一切新鲜的东西。他们阅读的经典著作是孔夫子时代创作的，世界历史或人类思想、智慧的发展史，以及所有事物发展和学问的来源之一切最本质的东西，就在那个时刻停顿下来。从那以后，华人就一直不断地咀嚼着那几块干骨头，并且，如果有任何其他知识的小舟敢于向他们靠近的话，他们就会咆哮不止。
>
> 把教育模式限制在如此狭窄的道路上，致使人的心智就像大清国女人的小脚一样被挤压而萎缩。清国女孩的脚在幼年时代就被人

① (清)纪晓岚著，孙致中等校点:《纪晓岚文集》第1册，石家庄，河北教育出版社，1995年，第148页。

② 方行、汤志钧整理:《王韬日记》，北京，中华书局，1987年，第65页。

③〔美〕卫三畏:《中国总论》上，陈俱译，陈绛校，上海，上海古籍出版社，2005年，第361页。

④〔英〕麦高温:《中国人生活的明与暗》，朱涛、倪静译，北京，中华书局，2006年，第37页。

为强制地束裹起来，迫使它们停止生长。而清国男人们心智的发展也被抑制在孔夫子时代的古老水平。这里的女人走起路来活像一只尝试着只用两条后腿行走的山羊，而这里的男人在现代知识的道路上行走时也如他们的女人一般无能为力。

知识的缺陷使他们难以理解近年来侵入他们领土的那些外国人，洋人对他们而言几乎是不可思议的。[①]

所以，如果科举制度不进行相应的调整和改革，中国就很难形成学习西方的群体。

深处中西价值观念冲突旋涡的郭嵩焘自然看到了固守华夷之辨等传统价值观念的士大夫给中国带来的危害，他反复强调“南宋以后虚文无实之弊”，认为“持论者徒曰间隔华夷，无穷兵而已”。[②]“儒生俗吏，不谙时务”，“见浅骛小，徇私近利者俗吏。据一隅之见，持一端之论，侃侃语天下事者儒生也。其弊同归于无用”[③]。郭嵩焘甚至认为：“自古成大功，立大名，多出自武夫。盖惟武夫不读书识字……其心中无多计较也。”[④]

郭嵩焘对儒生的批评以及赞同武夫成大事，与福泽谕吉的认识可谓同出一辙。福泽谕吉认为，“日本国内的武家大都无知，不懂学问”，“日本的文明乃是士人无知所赐”。武士不仅容易接受西方世界认识，而且勇于实践。“日本士人的头脑有如白纸，一听说是国家的利益，立即印在心底，断然实行，毫不踌躇”，“中国人和朝鲜人等身受儒教主义教养，他们能在脑中纵横乱书骄矜自夸之虚文”。[⑤]所以，福泽谕吉在回忆“咸临丸”号1860年访美时称“日本人胆量大”，“看看现在的朝鲜人、中国人以及东方各国人，不论在事业上讲或在勇气上讲，绝没有学五年航海术就想横跨太平洋的”。[⑥]虽然福泽谕吉此言有夸耀明治维新后日本近代化成功之意，但武士善于接受新知识、勇于进行实际尝试是确实的，所以幕府末年的出国使团人员特别是随从人员，都认为出国使团是“此实为

---

① 郑曦原等编译:《帝国的回忆:〈纽约时报〉晚清观察记》,北京,生活、读书、新知三联书店,2001年,第90～91页。

② (清)郭嵩焘著,杨坚点校:《郭嵩焘诗文集》,长沙,岳麓书社,1984年,第33页。

③ (清)郭嵩焘:《郭嵩焘日记》(一),长沙,湖南人民出版社,1981年,第158页。

④ (清)郭嵩焘:《郭嵩焘日记》(一),长沙,湖南人民出版社,1981年,第193页。

⑤ 福沢諭吉:『福澤全集』第一冊,国民図書株式会社,1926年,『緒言』,第35～36頁。

⑥〔日〕福泽谕吉:《福泽谕吉自传》,马斌译,北京,商务印书馆,1980年,第94页。

本邦开国以来之快事，有志者谁人不欲前往”[①]。这与清朝士人视出国为畏途甚至是“去父母之邦”形成了强烈对比，中国的世界认识群体也因此而边缘化。胜海舟在《冰川清话》中也认为：“我觉得阳明学整体的学风，因其简易直截，所以适合于我国国民之风气。”[②]当然，武士也须遵循武士道这一自身的核心价值观念，“其特性，在克己制欲，在质素勤俭；其事，在弓马兵法；其学，在治国齐家之道。若弄戏曲小说，而耽于伎乐，则非武士所为”[③]。但与中国士人相比，武士并没有同固定的知识系统捆绑在一起，传统文化及其价值观念对二者的影响程度是不可同日而语的。

可以说，从价值观念层面而言，中央集权制与科举制下的士人是“单面人”，幕藩制与世袭制则为武士提供了更加多元化的选择，尤其是在日本开国前后各种势力之间的斗争非常激烈，这为拥有不同观念的群体提供了舞台。

另外，士与武士毕竟是一文一武，他们的根本特点是不同的，特别是面对强横乃至武力冲突时反应更是不同。1862年“千岁丸”号上海之行留下的言论可谓从一个侧面比较士与武士不同特点的典型史料。“为什么制止不了外国人如此专横跋扈呢?反而言之，为什么清朝会被外国人统治呢?不论向哪个中国人询问都没有能够得到适当的答案。”[④]在目睹了作为儒学者的施渭南见到荷兰人吓得低头后退的情景后，纳富介次郎似乎找到了答案：“有一天，因事碰到了荷兰的领事。施渭南看到他，脸色顿时变得土黄，战战兢兢地站在那里向其鞠躬行礼。这使我感到很奇怪，询问其理由。在告别之际他瞪了我一眼。示意道：在荷兰人看来，我一个中国人到你们日本人这里来一定不是一件好事，早晚他们会因此而发怒，引来麻烦。……如此畏惧外国人的国情实在是可悲可叹。”[⑤]1884年

---

① 玉虫左太夫：『航米日録』，沼田次郎、松沢弘陽校注：『日本思想大系66 西洋見聞集』，岩波書店，1971年，第8頁。

② 转引自吴光辉：《传统与超越：日本知识分子的精神轨迹》，北京，中央编译出版社，2003年，第103页。

③ 〔日〕藤冈作太郎：《风俗之变迁》，〔日〕大隈重信：《日本开国五十年史》下册，上海，上海社会科学院出版社，2007年，第1277页。

④ 納富介次郎：『上海雜記』，小島晋治编：『幕末明治中国見聞録集成』第一卷，ゆまに書房，1997年，第14頁。

⑤ 納富介次郎：『上海雜記』，小島晋治编：《幕末明治中国见闻录集成》第一卷，ゆまに書房，1997年，第19～20頁。

日本学者冈千仞在上海与张焕纶等人的对话也颇有意味：

> 架上有姚子梁《琉球志》，经甫序卷首，痛摈我县琉球之为无名。余曰："往时英法二国隔一海峡，百战争雌雄，淬砺锐锋，世以其战亘百年，曰百年之役。二国之强，雄视欧土，实由是战也。我东洋各国各锁四疆，其与隔海邻国接锋，有蒙古寇我邦，我邦伐朝鲜二役而已。其兵威不振，速欧米之侮，实有故也。而中土一旦以我邦县琉球之故，大举问罪，则我邦虽弱小，独立东海二千年，势不得不一战。一战而败则再战，再战而败则三战，不以千败百挫，少屈其锐锋，决雌雄于百战之后，如英法百年之役，则中日大舰巨炮，猛将健卒，视大海如平地。于是两国解怨讲和，协心戮力，西其锋，则欧米各国无一足惧者。此可以雪东洋积年之辱也。仆林下人，不知县琉球之何故，惟一目东洋威武震欧土，则足矣。"众皆大笑。①

冈千仞的这种言辞显然是为侵略辩护，但从东亚乃至亚洲角度的陈说也在某种程度上反映了日本人的心态，而更重要的是反映了武士精神对日本社会的影响。

需要指出的是，清王朝统治下的中国也有一个同日本武士类似的社会阶层，即世袭的八旗子弟特别是满洲八旗子弟，但八旗子弟中没有生成拥有近代西方世界知识的群体。这是为什么呢？首先，笔者认为当时的统治者毕竟文化落后，他们对文化的重视程度是有限的，并且满汉分治政策也不利于满洲八旗子弟文化的发展。其次，清王朝是以少数民族统治庞大的汉族，八旗负有维护清王朝统治的重任，这与德川幕府时期社会秩序比较安定因而职责相对比较轻松的武士阶层也有很大区别。所以，"政府公开声称的政策是劝阻满人做学问，目的是维持年代久远的民族活力"②。当八旗兵丁无论在作战能力上还是在生活上都陷入困境之时，作为最高统治者的皇帝主要仍是强调重返过去，如嘉庆谕旨所言："凡我八旗兵丁，务须各知撙节，损有余以补不足，并勤练弓马，谙习清语，无失向来淳朴之风，俾生计渐臻宽裕，以副朕谆谆训戒至意。"③

---

① 〔日〕冈千仞著，张明杰整理：《观光纪游》，北京，中华书局，2009年，第69页。

② 〔美〕卫三畏：《中国总论》上，陈俱译，陈绛校，上海，上海古籍出版社，2005年，第388页。

③ 《清实录·仁宗实录》卷64，嘉庆五年四月戊申。

所以，无论是对外方面的中心与边缘意识，还是对内方面的中央集权制与幕藩制、科举制与世袭制下士与武士的差异，都反映了一个关键问题，即中日观念与体制的根本差异：中国是一元的，日本是二元或多元的，因而在不断趋于多元化或西方化的近代世界中，两国的选择注定不一样，或者如一般而言的中日近代化的失败与成功。换言之，中国是一个自足的独立的文明世界，政治、经济、文化、社会等相互融合并构成一个统一的体系；日本始终没有形成和中国一样的成熟的一统的文明世界，政治、经济、文化、社会等并未融合为一个统一的体系而留有空隙。

第三节　中日近代世界认识差异的影响

中日世界认识发展的差异对两国近代历史的影响是多层面的，从根本上来说则是关系到中日近代化的成败。近代化是人类社会从农业时代进入工业时代，社会各方面都发生了深刻变化，昭示着社会的发展方向。在近代社会的先行者——西方列强虎视眈眈的形势下，中日必须尽快选择近代化，抓住近代化的最佳机会。这样，才能减轻乃至免受西方蹂躏，进而引领人类社会走向更高的发展阶段。同时，近代化又是一个艰难漫长的过程，中日都经历了其中的曲折，只是形式不尽相同，其原因与两国的近代世界认识也有不可分割的关系。

一、近代化的舆论导向

中日是在受西方列强经济掠夺、武力威胁和侵略、社会价值观将发生根本转变的背景下进入近代历史发展进程，因此，舆论导向非常重要。从基本方面来说，在开国初期，中日都有不同程度的攘夷现象，这是历史转折期引发的价值观念冲突等诸多因素的结果。但关键是要尽快结束不正常现象，将社会导向正常的发展路径。由于中日世界认识发展的差异，中国在舆论导向方面明显不如日本。19世纪中叶，中国主张学习西方的先进人士从个别人发展为洋务派，但洋务派依然是少数派，保守派占有绝对优势，清流派控制了社会主流舆论，一直强烈抵制向西方学习。日本从江户时代进入明治时代，但就舆论导向而言，主张学习西方的言论始终具有比较强大的力量，特别是日本中央政府基本上一直主张和推行开放政策，明治政府不必说，幕府也是开放的主要推动者。

西方国家及其传教士沿新航路来华后，其文化及其坚船利炮都在不同时期受到中国关注和学习，但显然没有认识到这是“数千年来未有之变局”，特别是鸦片战争前的一个多世纪正是中国的世界认识停滞时期。在这种背景下，中英兵戎相见，战争的失败更使清王朝进退失据，“制夷”成为核心话题，而“制夷”却使本身愈益陷入困境，社会舆论也随之推波助澜。鸦片战争后中外关系的热点问题是持续八年之久的广州反入城斗争，但在五口通商的环境下，这种冲突根本毫无意义。与其他通商口岸相比，广州的特殊之处是曾经作为清政府唯一的对外贸易口岸，但这一窗口非但没有收到认识世界的效果，反而成为反入城的典型，其中的悖论令人唏嘘。“广州通商数百年，并无夷人进城之事。而民之于夷，无论妇孺，皆呼为番鬼，不以齿于人类。故一旦骤闻其进城，则以为有紊旧制，群起而拒之。”[①]究其根本原因，主要还是清政府乃至士绅等意欲寻求“制夷”的方法，却因不了解西方而对自身造成更深的伤害。随着英法联军占领广州，在内忧外患的煎熬下，广州地区的舆论也发生了转变。“以前，当外国人企图进入广州城门时，清国人中流行的口头禅就是：‘洋鬼子就要进城了，快磨利你们手中的刀，砍掉他们的脑袋。’这种说法现在已经不攻自破，如今清国人和英国人之间客气得不能再客气了。”[②]不过，1858年曾国藩致函左宗棠，称：“英夷土固不广，其来中国者人数无几，欲恃虚声以慑我上国。粤民习知其人之寡、技之浅，故官畏鬼，而民不甚畏鬼，与之狎也。此次与之确斗，彼必不能坚守，此后官兵之气日强矣。往时徐松龛中丞著书，颇张大英夷。筠仙归自上海，亦震诧之。鄙意彼蹈骄兵、贪兵之二忌，恐不能久。得尊缄开示，益知吾圉之无虞耳。”[③]曾、左的看法如此，可见当时的世界认识和社会舆论状况。第二次鸦片战争时期力争和谈的郭嵩焘回忆说：“京师论者，咎仆以议和。笑应之日：‘宋、金，和也，有遣使朝聘之烦，有岁币之扰。诸君亦知战为何事，和为何名乎?’世人所见大都如此，可笑也。”[④]另外，以咸丰帝为首的庙堂人士极力阻止外国公使驻京，视之为头等要事，这

---

① 《筹办夷务始末》(道光朝)卷75，台北，文海出版社影印本，1970年，第36～37页。

② 郑曦原等编译：《帝国的回忆：〈纽约时报〉晚清观察记》，北京，生活、读书、新知三联书店，2001年，第23页。

③ 温林编：《曾国藩全集·书信(上)》，北京，京华出版社，2001年，第108页。

④ (清)郭嵩焘著，杨坚点校：《郭嵩焘诗文集》，长沙，岳麓书社，1984年，第147页。

与广州反入城斗争如出一辙，清朝统治者的世界认识和统治能力可见一斑。

19世纪60年代以后，在华列强不同程度地接受了美国公使蒲安臣主张的合作政策，学习西方的洋务运动也拉开帷幕。但洋务运动时期的社会舆论仍不利于洋务事业，清流派崛起并控制了这一时期的社会舆论，洋务派成为浊流，不断受到责难和攻击。1867年，奕䜣等针对倭仁反对同文馆设立天文算学科的言论，申述了洋务派学习西方的困境：

> 臣等反复思维，洋人敢入中国，肆行无忌者，缘其处心积虑在数十年以前，凡中国语言文字，形势虚实，一言一动，无不周知。而彼族之举动，我则一无所知，徒以道义空谈，纷争不已。现在瞬届十年换约之期，即日夜图维，业已不及。若安于不知，深虑江河日下；及设法求知，又复众论交攻。一误何堪再误。左宗棠创造轮船各厂，以为创议者一人，任事者一人，旁观者一人，事败垂成，公私均害。李鸿章置办机器各局，以为无事则嗤外国之利器为奇技淫巧，以为不必学；有事则惊外国之利器变怪神奇，以为不能学。并引宋臣苏轼之言，以为言之于无事之时，足以有为，而恒苦于不信；言之于有事之时，可以见信，而已苦于不及。①

而这种令人难以有所作为的舆论环境一直没有改变，诚如郭嵩焘所言："窃以为中国办理洋务三十年，议论纷繁，至今未息，朝廷亦为之瞻顾避就，若以为迫不得已与之交接，一切谋所以掩护之，是以气日靡而无识者之议论亦日嚣，甚非所以昭示天下，为制国之经，以立久远无穷之基者也。"郭嵩焘认为办理洋务同处理其他事务并无不同，也是依据理、势、情，"知情与势，而后有以处人，猜疑之见自不生于其心。知理而后有以自处，即矜张无实之言亦不屑出于其口"。②1877年，郭嵩焘到英国后给李鸿章写了一封长信，提出有关洋务的多种建议，以达到"但须一引其端，庶冀人心之所趋向也"③。但是，郭嵩焘毕竟是时代的先行者，而从理、势、情层面认识世界并非易事，同时这也是当时中国社会稀缺的知识与观念，至于基于正确认识进一步推动社会转型就更艰难了。"各

---

① 《筹办夷务始末》(同治朝)卷48,台北,文海出版社影印本,1971年,第3页。

② (清)郭嵩焘著,杨坚校补:《郭嵩焘奏稿》,长沙,岳麓书社,1983年,第353页。

③ (清)郭嵩焘著,杨坚点校:《郭嵩焘诗文集》,长沙,岳麓书社,1984年,第191页。

国人材政教如此之盛，而勤勤考求，集思广益，不遗余力。中国漠然处之，一论及西洋事宜，相与哗然，以谓夸奖外人，得罪公议；至唐景星寓书李丹崖，切切焉以评论西人长处为大戒。中国士大夫愦愦如此，虽有圣者，亦且奈之何哉！”[①]当然，不仅仅是郭嵩焘，在洋务运动进行的过程中，洋务派越来越感到力不从心，如1874年总理衙门大臣奕䜣等人所言：“及今亟事绸缪，已属补苴之计；至此仍虚准备，更无求艾之期。惟有上下一心，内外一心，局中局外一心，自始至终，坚苦贞定，且历之永久一心，人人皆洞悉底蕴，力事讲求，为实在可以自立之计，为实在能御外患之计。庶几自强有实，而外侮潜消。”[②]而李鸿章在回复总理衙门时也再次强调：“惟有中外一心，坚持必办，力排浮议，以成格为万不可泥，以风气为万不可不开，勿忽近功，勿惜重费，精心果力，历久不懈，百折不回。庶几军实渐强，人才渐进，制造渐精，由能守而能战，转贫弱而为富强，或有其时乎？”[③]

所以，在19世纪中叶，中国始终未能形成支持近代化的社会舆论。相反，反对近代化乃至极端的言论随处可见。1869年，醇郡王奕譞在参与修约讨论的奏折中提出由各省督抚激励民众，“焚其教堂，掳其洋货，杀其洋商，沉其货船”[④]，这种义和团式的对外心理在晚清社会始终或隐或显地存在。在这种氛围下，认识世界以推动近代化的发展可谓步履维艰。因此，留美幼童的半途而废也就见怪不怪，以致李鸿章与容闳在天津见面时相互抱怨，“文忠忽转诘予曰：‘汝何亦任学生归国乎？’”，而容闳本来以为李也同意撤回，“身居四万五千里外，安能遥度总督心事？”[⑤]

与中国相比，日本的世界认识基本与世界现实相一致，并且能在危机面前快速调整。仅以1858年佐久间象山致梁川星岩函为例，其中蕴含的世界认识及其引导舆论的价值，就凸显了与中国的巨大差距。“方今之世，仅以和汉学识，无论如何也不行，非有总括五大洲之大经纶不可。全世界之形势，自哥伦布以穷理之力发现新大陆、哥白尼提出地动说、牛顿究知重力引力之实理三大发明以来，万般学术皆得其根底，无丝毫

---

① (清)郭嵩焘:《伦敦与巴黎日记》,长沙,岳麓书社,1984年,第733页。

②《筹办夷务始末》(同治朝)卷98,台北,文海出版社影印本,1971年,第20页。

③《筹办夷务始末》(同治朝)卷99,台北,文海出版社影印本,1971年,第31页。

④《筹办夷务始末》(同治朝)卷64,台北,文海出版社影印本,1971年,第5页。

⑤ (清)容闳著,沈潜、杨增麒评注:《西学东渐记》,郑州,中州古籍出版社,1998年,第169页。

虚诞之处，悉皆实理。由是欧罗巴、弥利坚诸洲渐改其面目，及至创制蒸汽船、电信机，实夺造化之工，可愕可怖。"[①]而象山作为著名学者，其地位、声望及影响自然毋庸置疑。19世纪中叶的日本就是在这种形势下，比较顺利地实现了社会转型。

首先是幕府推行学习西方的开放政策，与西方国家顺利签订开港和通商条约，从全局上确立日本的发展方向，引导了有利于近代化的社会舆论。为了切实了解、学习西方，日本开国之后便频繁地派遣使团考察，向西方国家派遣留学生，他们在西方的经验又对扭转日本社会的攘夷风气、协调与西方列强的关系起到了重要作用。所以，日本虽有攘夷风潮，但并未出现如中国那样长达八年之久的广州反入城斗争，也没有围绕使节驻京等问题的长期争论，这些均源于两国世界认识的不同发展。

日本虽然更了解西方，但国内局势复杂，幕府、朝廷、强藩为争夺统治权进行激烈角逐，福泽谕吉的回忆基本反映了当时的状况：

> 元治元年（1864）我去中津劝说同藩子弟，包括小幡笃次郎兄弟在内约有七、八个人学洋学。我们一起离家时，先从中津乘船启程。走了两三天以后，因天气不好，看风力的情况说不定要停泊在哪个港口。天呀!结果我们的船驶到了攘夷最盛的长州室津。当时我借用的是同行者当中的一个少年的名字叫三轮光五郎(今天这个人在东京目黑区一家啤酒公司供职)。刚一上岸我就到理发店去了。可是理发店的老板却对我喋喋不休地说："打倒幕府!""赶跑洋人!"另外又看到一群女孩子在唱歌，歌词内容我忘了，大概是"不久长门就会变成江户"这样的意思，唱得很有趣。[②]

福泽在攘夷的氛围中，依然担惊受怕地招募洋学生，这就是当时日本社会的写照，也是攘夷风潮似乎一夜之间烟消云散的根本原因。1869年，岩仓具视提出《外交、会计、虾夷地开拓意见书》，称"大政归于朝廷之际，国人窃以为一定会断然下达攘夷之令……天下有几人领会今日朝廷不得不开通与外国之交际"[③]。其实，学习西方在日本已经形成强大的舆

---

① 佐久間象山:「梁川星巌宛」,佐藤昌介[ほか]校注:『日本思想大系55 渡辺華山 高野長英 佐久間象山 横井小楠 橋本左内』,岩波書店,1971年,第377～378頁。

② 〔日〕福泽谕吉:《福泽谕吉自传》,马斌译,北京,商务印书馆,1980年,第190～191页。

③ 芝原拓自[ほか]校注:『日本近代思想大系12対外觀』,岩波書店,1991年,第6頁。

论，因而明治政府成立后便发布了“五条誓文”，自然而然地标榜“求知识于世界”，迅速地安抚、引领社会舆论。所以，攘夷只不过是强藩和朝廷取代幕府的手段，对长州、萨摩藩而言更是如此。“故当时之攘夷之论，要其所归，不在攘夷，而在尊王。尊王所以亡幕府也。迨王室尊、幕府亡，而知夷终不可攘。遂决然变计，大开外交，仍与德川氏末年无异，然而德川氏亡矣。”①

二、近代化的最佳机会

从中日与西方交往的发展进程看，中日选择步入近代社会和近代化的机会大致有三次：一是16世纪中后期以后的百年左右，这是新航路开辟后东西方关系发展的第一个时期，也是中日能够迅速追随西方国家的发展方向，迈入近代社会门槛的最佳机会。二是18世纪末19世纪初，英、俄等提出建立新型的东西方关系，这是中日能够选择的第二次重要机会。三是19世纪中叶，在西方列强的威胁和侵略之下，中日被迫或主动地加入近代世界秩序，也先后不同程度地走上了近代化道路。机会的选择自然是越早越好，同步发展才能有同等的机遇。但中日是在19世纪中叶才逐渐认清近代世界，因而基本错失了前两次机会，只是为19世纪中叶的发展提供了些许的条件和基础。

就19世纪中叶而言，中日又面临不同的选择机会。简而言之，中国由于鸦片战争前世界认识的发展出现断层，鸦片战争后的二十年便白白浪费了，因而完全失去了这一次机会，仅仅出现“开眼看世界”的几个代表性人物；19世纪60年代后世界认识发展的第二个阶段即实地学习、考察西方，中国再一次落后，因而又失去了一半机会，造成“非牛非马”的洋务运动之形象。与中国不同的是，19世纪40年代以前兰学的发展为日本较顺利地实现开国奠定了世界知识和世界认识基础；开国之后日本又迅速地派人考察、留学西方国家，这又为明治维新提供了条件和借鉴，可以说世界认识的发展使日本在19世纪中叶成功地抓住了适当的机会。诚如大隈重信在《开国五十年史》序中所言：“初也顺焉不逆，乘焉不失；终也疏而通之，导而利之。”②

卫三畏根据亲身经历，针对鸦片战争后的中外关系指出：“然而这16

---

① (清)黄遵宪著，吴振清等点校：《日本国志》上卷，天津，天津人民出版社，2005年，第76页。

② 〔日〕大隈重信：《开国五十年史序》，《日本开国五十年史》上册，上海，上海社会科学院出版社，2007年，第1页。

年间最确切地证明了，除非施加压力，帝国政府不会进步，不会打开门户弄清自己在世界各国中的地位，仍然顽固地抱着自己的愚蠢无知、闭关自守、骄傲自满，直到这些因素毁了自己，即使天真地想要避免也不可能了。”[①]以当时清朝的体制和对世界的了解程度，出现卫三畏痛斥的这种状况其实是正常的，但我们期望出现非常的情况，因为这是历史的转型时期。“开眼看世界”无疑就是这种非常的表现，林则徐、魏源、徐继畬等人使中国人看到了近代历史的曙光。但这一曙光微弱而摇曳，未能迅速壮大。如徐继畬认为林则徐“忠正，惟不悉外情，致误事机”[②]。在福州反入城的神光寺事件中，徐与林的态度也确实不同。梁廷枏反对魏源的“师夷”说，认为“天朝全盛之日，既资其力，又师其能，延其人而受其学，失体孰甚”[③]。至于道光帝及其群臣，《清史稿》的评价是允当的：“论曰：宣宗恭俭之德，宽仁之量，守成之令辟也。远人贸易，构衅兴戎。其视前代戎狄之患，盖不侔矣。当事大臣先之以操切，继之以畏葸，遂遗宵旰之忧。所谓有君而无臣，能将顺而不能匡救。国步之濒，肇端于此。呜呼，悕矣！”[④]因此，无论从何种角度看，鸦片战争后的清王朝注定失去了二十年的宝贵机会，况且太平天国运动的兴起更使其无暇他顾。

在太平天国运动和第二次鸦片战争的震荡和冲击下，洋务派崛起，洋务运动成为中国近代化的开端。19世纪60年代初，洋务派思想家冯桂芬指出：“孟子曰：‘国家闲暇，及是时，明其政刑。’又以敌国外患同于法家拂士。尹铎曰：‘委土可以为师保。’今者诸夷互市，聚于中土，适有此和好无事之间隙，殆天与我以自强之时也，不于此急起乘之，只迓天休命，后悔晚矣。”[⑤]1875年，赋闲在家近十年之久的郭嵩焘复出后，针对马嘉理案上奏陈言：“顷年以来，西洋诸国环集中土，事故繁多，乃稍讲求三代宾客之礼，而其强兵富国之术，尚学兴艺之方，与其所以通民情而立国本者，实多可以取法。洋人又乐与中国讲求，助之兴利，以蕲至富强。此正列圣在天之灵所以佑启国家，相与激发，以立亿万年无

---

① 〔美〕卫三畏:《中国总论》下,陈俱译,陈绛校,上海,上海古籍出版社,2005年,第1051页。

② (清)徐崇寿编著:《徐松龛先生继畬年谱》,太原,北岳文艺出版社,1994年,第58页。

③ (清)梁廷枏著,邵循正点校注:《夷氛闻记》,北京,中华书局,1959年,第172页。

④ 赵尔巽等撰,许凯等标点:《清史稿》,长春,吉林人民出版社,1995年,第468页。

⑤ (清)冯桂芬:《制洋器议》,(清)冯桂芬著,戴扬本评注:《校邠庐抗议》,郑州,中州古籍出版社,1998年,第199页。

穷之基者也。”[①]所以，有识之士认识到，列强侵华也为中国提供了学习西方的机会。

但近代化并非易事，尤其是随着洋务运动的进行，其弊端也显而易见，说到底洋务运动所开启的近代化，只是少数人的、有限的、地方性的近代化。所以，晚清包括洋务运动时期的奇怪现象，似乎总是处在亡羊补牢的过程中，只抓住了部分机会而无力扭转危局。以李鸿章为例，他一再强调时间的重要性。1863年，在谈及西方坚船利炮时，“中土若于此加意，百年之后长可自立”[②]，这主要是看到坚船利炮并不简单但依然有雄心。1872年，在论及福州船政局事务时，认为“财欲其费，效欲其缓，百年或有与洋制争胜之日”[③]，这更多地是感到了洋务受到的掣肘和艰难。1886年，针对李提摩太提出的教育改革并且20年后见效的计划，李鸿章指出“我们等不了那么长的时间”[④]，这就是有些无可奈何了。可以说，随着时间的推移，李鸿章对洋务的信心不断降低，心情也愈益急迫。1881年初，醇亲王奕譞等在奏折中指出：“窃念天下之大患，莫患乎事未至而茫然莫知，事已来而皇然失措，事已过而冥然若忘，自古及今，未有如此而不败者也。”[⑤]也就是说，晚清近代化是在不断失去的机会中陷入更加无力扭转的困局。从世界认识层面看，洋务运动时期的近代世界认识仍是稀缺资源，无论是进步的思想还是其依附的群体都显得势单力薄，与之相应的近代化也就残缺不全。

日本在19世纪50年代正式开国，到60～70年代明治政府已通过文明开化、废藩置县、殖产兴业等完成了近代国家的初步建设。对日本而言，在19世纪中叶可谓迅速地抓住了近代化的机会。如果分析其中的原因，笔者认为主要是同其世界认识有关：日本的传统世界认识并无绝对中心观念，江户时代兰学的发展拉近了日本与西方近代世界认识的距离，幕末和明初频繁考察西方进一步明确了日本的发展方向。所以，日本能顺

---

① (清)郭嵩焘著，杨坚校补：《郭嵩焘奏稿》，长沙，岳麓书社，1983年，第348页。

② (清)李鸿章：《上曾相》，(清)吴汝纶编：《李文忠公全集·朋僚函稿》卷3，台北，文海出版社影印本，1980年，第17页。

③ (清)李鸿章：《复曾相》，(清)吴汝纶编：《李文忠公全集·朋僚函稿》卷12，台北，文海出版社影印本，1980年，第3页。

④ 〔英〕李提摩太：《亲历晚清四十五年：李提摩太在华回忆录》，李宪堂、侯林莉译，天津，天津人民出版社，2005年，第188页。

⑤ 中国史学会主编：《中国近代史资料丛刊·洋务运动》(一)，上海，上海人民出版社、上海书店出版社，2000年，第214页。

利接受西方的近代世界秩序理念，并从中发现有利于自己的内容。另外，以洋学者为中心的新知识群体的形成和不断壮大是日本能够成功抓住机会的重要基础。也就是说，日本不仅是开国，而且是成功地开国，快速走上近代化发展道路。

幕末历史的一个突出现象是各种社会力量非常活跃，纷纷参与到拯救本国的使命中，看到并欲抓住属于自己领导时代发展的机会。所以，有人认为幕末“是最充分发挥了日本历史的神髓和国民精神精华”的“光明、美好时代”，有人斥为“充分暴露了卑鄙无耻的人性的历史”[①]。当时，从幕藩体制中的幕府、朝廷、诸藩，到社会阶层中的中下级武士、公卿等，都不断地以言论和行动诠释着各自的思想主张，尊王攘夷、公武合体等变幻不定。不过，在纷扰的现象中也有某些共性，就是日本如何在新的世界形势下成功蜕变。这一时期，日本出现不少正确认识世界进而谋划本国出路的对策，例如佐久间象山于清朝在鸦片战争失败后的1842年向其所在的松代藩上书提出《海防八策》，1860年横井小楠撰写《国是三论》，1867年坂本龙马与后藤象次郎提出《船中八策》，这些都是幕末历史上著名的时务论策，也产生了不同程度的影响。坂本、后藤还以《船中八策》的认识为基础，向德川庆喜上呈归还大政建议书：“现在，正是根据光明正大之道理，一举改变数百年间延续下来的国体；以至诚对待世界各国，建立王政复古伟业的绝好机会。”[②]这些策论既是争夺利益的表面借口，也是对国内外局势的正确认识，因而使受其影响的各种势力在关键时刻可能选择妥协。也就是说，面对西方列强的威胁，日本能准确地认识世界，审时度势，完成了国家体制的转型，这是近代化的最重要一步。

遗憾的是，日本成功地抓住近代化的机会却意味着清王朝进一步丧失了机会。1867年，在湖北任职的王文韶记载的法国领事的言论，是中国较早记录日本崛起的文字，而王文韶也意识到，日本的发展对中国而言可能并非福音，后续的历史悲剧已经证明这不是杞人忧天。“又言东洋日本国近年与法国和好甚挚，学造轮船，学制兵器，学习战阵，无一不取法于法国，数年之后必为大国，为其力求自强也。言之津津乐道，若深愿其如此，而尤愿中国以后如此，似亦不致包藏祸心之一证。惟东洋与中华最近，其力

① 〔日〕坂本太郎:《日本史概说》,汪向荣等译,北京,商务印书馆,1992年,第349页。

② 〔日〕坂本太郎:《日本史概说》,汪向荣等译,北京,商务印书馆,1992年,第369页。

求自强如此，于我不无可虑耳，识之以告有志之士。”[①]

所以，从19世纪中叶对近代化机会的把握情况来说，清王朝的表现相当滞后，更多的是对近代化的排斥；相反，日本的反应似乎过于积极，幕末时期更是如此，这也是日本走上激进道路的重要原因。

三、近代化的中坚阶层

就社会发展而言，看到机会需要正确的世界认识，而抓住机会需要比较强大的社会群体。只有形成一定规模的近代化社会群体，特别是具有比较强大力量和影响的社会群体构成近代化的中坚阶层，才能推动近代化的不断发展。所以，近代化是整个社会的共同事业，但中坚阶层力量更为突出。

中日近代化的根本目标是学习西方，因而具有西方化的近代世界认识是其成为近代化中坚力量的必要条件。19世纪中叶，中日近代化中坚力量大致可分为统治阶层与非统治阶层两部分，无论从哪方面看，中国的近代化群体都很弱小，日本是近代化群体上升为社会发展的主导力量。

从鸦片战争到洋务运动，中国参与认识世界和洋务事业的人一直是极个别的存在，很少获得制度方面的支持。鸦片战争后的二十年在中外纠纷中结束，迎来了洋务运动。不过，如前所论，洋务运动时期建立了总理衙门等新机构，但在庞大的社会体系中，新机构不过是孤立的零星点缀，得不到旧体系制度的支持，甚至遭到其排斥。因此，19世纪中叶中国的近代化群体沦为边缘化，甚至人数少得称不上为群体。

首先是洋务派领袖，包括中央的奕䜣、文祥和地方的曾国藩、李鸿章、左宗棠以及郭嵩焘等人，他们个人的威望和权势姑且不论，但几乎没有不受到谩骂攻击的，甚至是铺天盖地的诋毁。所以，居于少数地位的洋务派不能掌控国家的发展大势。当时的日本人通过本国近代化的推进过程，也会更清楚地看到中国的缺陷。据朱采1876年信函，“去岁日本使臣森有礼抵保定，谓合肥相曰：‘贵朝办事人少，如有中堂者二三十人列布内外，则封疆政府皆得人矣’。其言至为轻薄”[②]。

其次是洋务群体的基础人员，他们基本是洋务机构所吸附和培养的，主要通过洋务机关和企业、洋学堂、留学西方等方式产生，但洋学堂和

---

① 袁英光、胡逢祥整理：《王文韶日记》上册，北京，中华书局，1989年，第6页。

② (清)朱采：《遗夏侍郎》，中国史学会主编：《中国近代史资料丛刊·洋务运动》(一)，上海，上海人民出版社、上海书店出版社，2000年，第355页。

留学需要成长时间，其他的基本算不上真正的洋务群体，也许买办是具有些许西方知识的群体。可以说，洋务运动几乎没有一个像样的群体作为支撑。

洋务派官僚自然很快意识到这一问题，1867年天文、算学馆事件特别是不断提出的科举制改革是他们期望扩大新式人才群体的重要举措，但均以失望告终。当时，京城士大夫几乎一致抵制天文算学馆，甚至可以说非常恶劣。据王文韶日记1867年记载："湘岑、省三昨言同文馆之设，京师议论不一，两湖京官首出知单，言凡我同乡，如有报考同文馆者，薪水较优，此后可以不分印结，公事较繁，庆吊可以不相闻问，措辞绝妙。张盛藻春陔一折，为一时推重，蔡滋斋中翰世保投名与试，其夫人力阻之，好事者遂有张侍御与蔡夫人合传之作，真新闻也。"[①]这种风气成为当时士大夫的常态，进而形成清流派，洋务人才由何而出？郭嵩焘在1876年初的日记中，记载了他对帝师翁同龢等人的告白："能知洋情，而后知所以控制之法；不知洋情，所向皆荆棘也。吾每见士大夫，即倾情告之，而遂以是大招物议。为语及洋情，不乐，诟毁之。然则士大夫所求知者，诟毁洋人之词，非求知洋情者也。京师士大夫不下万人，人皆知诟毁洋人，安事吾一人而附益之？但以诟毁洋人为快，一切不复求知，此洋祸所以日深，士大夫之心思智虑所以日趋于浮嚣，而终归于无用也。"[②]1874年李鸿章在筹议海防问题时的奏折，可以说是对培育洋务事业人才的最强烈呼吁。当时，同治帝刚刚亲政，而正在兴办的洋务事业并不顺畅且处在如何发展的十字路口。李鸿章此时既焦虑又抱有极大的期望，所以才慷慨陈词，上呈了包括奏折和《条陈清单》在内的总共多达8000余字的建言，全面表达了自己的洋务主张，其中人才问题是李鸿章关注的主要核心内容。"总之居今日而欲整顿海防，舍变法与用人，别无下手之方。伏愿我皇上顾念社稷生民之重，时势艰危之极，常存欿然不自足之怀，节省冗费，讲求军实，造就人才，皆不必拘执常例，而尤以人才为极要，使天下有志之士，无不明于洋务，庶练兵制器造船

① 袁英光、胡逢祥整理：《王文韶日记》上册，北京，中华书局，1989年，第37页。

② （清）郭嵩焘：《郭嵩焘日记》（三），长沙，湖南人民出版社，1981年，第11页。讽刺的是，翁同龢在日记中也同样谩骂郭嵩焘："适郭筠仙来，遂论洋务，其云：滇事将来必至大费大辱者是也。其以电信、铁路为必行，及洋税加倍，厘金尽撤者谬也。至援引古书，伸其妄辩，直是丧心狂走矣！"（孔祥吉：《清人日记研究》，广州，广东人民出版社，2008年，第12页）

各事，可期逐渐精强。积诚致行，尤需岁月迟久，乃能有济。”[①]对于洋务事业迟滞的原因，李鸿章也主要归结为时人不明瞭世界大势的陈旧观念而导致的人才缺乏：“环顾当世，饷力人才，实有未逮。又多拘于成法，牵于众议，虽欲振奋而未由。”[②]

洋务派尽管声嘶力竭地呼吁，但遇到保守派风淡云清的阻挠也无能为力。“今之设馆教幼童以洋学者，不过欲备他日船主、通事及匠作之用，非谓体国经野之才皆在此中，此外更无人也。洋人在中国者，尚请中国文士教习经史，是能用夏变夷。李鸿章何乃欲胥中国士大夫之趋向，尽属洋学乎?”[③]这种似是而非的华夷色彩言论却使士大夫沉醉其中，完全罔顾事实，似乎洋务派不是为了新式人才争得一席之地，而是取而代之。直到1888年，戊子乡试中才开设了算学一科，而洋务运动也接近落幕。

推广新式教育本来就是长期而艰苦的事情，下面的言论算是对洋务教育本身的省察，但其实还是与社会环境密切相关。福州船政学堂前堂是学习制造的学生，他们与后堂学习驾驶的学生即刘步蟾等北洋水师将领相比，基本是默默无闻，可见学习制造业难度更大。据记载，前堂学生的淘汰率非常高，“这个学堂对学习的要求是严格的。在日意格当监督任内，共招收一百零五名学生。到了1874年，仅有三十九名学生留下来。六名学生死亡，其他六十名由于各种原因没有完成学业”[④]。1895年，终身致力于在中国传播西方自然科学的傅兰雅总结道：“光绪初年，中西名士创办格致书院于沪渎。经年始成。咸以为从此格致可以盛行，西学不难振兴。然历多年，仍无实效。一由于风气未开，鲜知格致之益。一由于经费不足，未能推广扩充。一由于无合宜之师，足课有志诸士。”[⑤]

1896年，李端棻上奏推广学校：“巨厦非一木所能支，横流非独柱所能砥，天下之大，事变之亟，必求多士，始济艰难。今十八行省只有数

---

① 《筹办夷务始末》(同治朝)卷99，台北，文海出版社影印本，1971年，第15页。

② 《筹办夷务始末》(同治朝)卷99，台北，文海出版社影印本，1971年，第14页。

③ 《光绪元年二月二十七日大理寺少卿王家璧奏折附片》，中国史学会主编：《中国近代史资料丛刊·洋务运动》(一)，上海，上海人民出版社，上海书店出版社，2000年，第129～130页。

④ 高时良编：《中国近代教育史资料汇编·洋务运动时期教育》，上海，上海教育出版社，1992年，第357页。

⑤ 〔英〕傅兰雅：《格致书院西学课程序》，高时良编：《中国近代教育史资料汇编·洋务运动时期教育》，上海，上海教育出版社，1992年，第745页。

馆，每馆生徒只有数十……于治天下之才万不足一。”[①]亲身经历晚清西学发展过程的严复指出：“复自入学官以来，所谓同学者，以十数；所谓后进者，以百数，又其中以他途进者，不识几何人，此皆通其文语，亲见国俗，习其艺数者也。而试求所谓殚众生之便蕃，察教派之流变者几人哉?”[②]

所以，无论从哪一方面看，洋务运动时期并没有形成近代化中间阶层，缺少推动洋务运动发展的社会群体，因而所谓的近代化也只是勉强迈出一小步。

与中国相比，日本形成了稳定的近代化中坚阶层，并且通过明治维新实现了转型，走上了近代化道路。毫无疑问，锁国时代形成的兰学以及洋学群体为日本近代化储备了人才，且随着西方威胁的加深得到更快的发展。为了稳固和扩张自己的势力，幕府和强藩争相延揽人才，学者也以讲学相标榜，这种风气在幕末时代尤其兴盛，儒学塾尤其是洋学塾遍布各地。[③]佐藤一斋可谓儒学的代表人物，他早年四处求学，34岁成为林家学塾的塾头，从1841年起担任幕府官学昌平黉的儒官，“天下人目为泰山北斗，侯伯以下迎聘讲学者数十家，或枉驾官舍，凡士庶入门者不下三千人”[④]。佐藤一斋“阳朱阴王”，“门下人才辈出，由于一斋兼取朱陆，其门人有阳明学者，也有朱子学者。以朱学著名的如大桥讷庵、安积艮斋、中村敬宇，阳明学者著名的则有佐久间象山、池田草庵、奥宫慥斋、柳泽芝陵、山田方谷、吉村秋阳、横井小楠、东泽泻等。”[⑤]洋学的典型可以坪井信道为例，他生于美浓，1818年到江户入宇田川玄真门下学习兰学，成为兰医且创办兰学塾。“故世人感其德者多，遂为长州毛利侯所闻，延为侍医。信道又能选人材而教育之，前后及门者约二千数百人。青木周弼、川本幸民、绪方洪庵、杉田成卿、黑川良安、赤泽宽

---

① (清)朱寿朋编，张静庐等校点:《光绪朝东华录》(四)，北京，中华书局，1958年，第61页。

② 严复:《与梁启超书》，王栻主编:《严复集》第三册，北京，中华书局，1986年，第515页。

③ 德川幕府时期，自由讲学的风气盛行。林罗山21岁时曾于京都设私塾讲学。外史清原秀贤要求严惩，“自古无敕许则不能讲书，廷臣犹然，况俗士耶，请罪之”。德川家康认为“讲书者可谓奇，而告状者心胸太狭窄。由此儒学教育的民间化与公开化，得到了官许”。参见王家骅:《儒家思想与日本文化》，杭州，浙江人民出版社，1990年，第83页。

④ 朱谦之:《日本的古学及阳明学》，北京，北京人民出版社，2000年，第289~290页。

⑤ 朱谦之:《日本的古学及阳明学》，北京，北京人民出版社，2000年，第306页。

堂、广濑元恭及女婿坪井信良、坪井芳洲等，各成一家”[①]。1824年，荷兰商馆德国籍医生西博尔德在长崎开设诊所并兼办“鸣泷塾”，一时风云际会，伊东玄朴、高野长英等人纷纷受业求教，引动了兰学的一波热潮。1838年，绪方洪庵在大阪设医馆并建家塾适适斋，并因其名声被原藩的备中藩主擢为侍医，“当时江户有杉田成卿，大阪有绪方洪庵，对峙东西，一时仰为泰西新学山斗”[②]。佐久间象山1839年在江户开设象山书院，门下弟子更是成为明治维新的核心人物，如胜海舟、坂本龙马、吉田松阴、桥本左内、小林虎三郎、加藤弘之、津田真道、西村茂树等。吉田松阴犯国禁入狱一年，后被处禁锢，但却允许他主讲松下村塾，门人包括久坂玄瑞、高杉晋作、伊藤博文、山县有朋、井上馨等均是倒幕维新的领袖。明治维新后，这种讲学风气依然不减，如西周于1870年开办私塾育英社，中村正直于1873年设立同人社，新岛襄于1875创办同志社，福泽谕吉的庆应义塾也在明治维新后得到快速发展。

与学者相比，幕府也在1856年建立蕃书调所，经过洋书调所、开成所发展为维新后的东京大学。1872年，明治政府制定了第一个近代学制，实行小学义务教育。

正是基于丰厚的人才储备，明治维新的领导集团顺理成章地发展起来。当然，幕府本来是日本开国的主角，但在当时复杂的局势下，西南强藩联合朝廷终于取代了幕府，成为近代化的领导力量。英国翻译萨妥的记载也能反映出其中诡谲的一面：“打败了长州人之后，我们渐渐喜欢他们，并且开始尊敬他们。对于优柔寡断而又阴险的幕府人，我们渐渐嫌恶。”[③]另外，需要提及的是武士阶层特别是中下级阶层，他们作为日本的“四民之首”，无论是在兰学、洋学的发展中，还是幕末维新的浪潮中，都是绝对的核心力量，自然也是日本近代化中坚阶层的主要来源。

1872年，李鸿章致函曾国藩，比较了中日正在进行的自强的差异：“师门本创议造船之人，自须力持定见。但有贝之财、无贝之才，不独远逊西洋，抑实不如日本。日本盖自其君主持，而臣民一心并力，则财与才日生而不穷。中土则一二外臣持之，朝议夕迁，早作晚辍，固不敢量

① 〔日〕浮田和民：《民间教育事业》，〔日〕大隈重信：《日本开国五十年史》上册，上海，上海社会科学院出版社，2007年，第532～533页。

② 〔日〕浮田和民：《民间教育事业》，〔日〕大隈重信：《日本开国五十年史》上册，上海，上海社会科学院出版社，2007年，第536页。

③ 〔日〕久米正雄：《伊藤博文传》，林其模译，北京，团结出版社，2003年，第95页。

其所终极也。”[①]确如李鸿章所言，19世纪中叶中国的近代化群体远远不及日本，在这种人才群体的差异中，中日近代化的成败昭然若揭。我们常说中国地大物博，人口众多，在这一基础上，出现杰出人才的概率比较高是常态，晚清时期也是如此。但杰出人才只是历史发展的风向标，一定规模的人才群体才是决定历史发展的决定性因素。

四、近代化的发展模式

中日是后发外生型近代化国家，正确认识外部世界以确立本国近代化的发展模式，其意义是不言而喻的。19世纪中叶，面对西方列强的冲击，中日相继出现一些不同的应对之策，其中代表性的如中国方面的“中体西用”“求强”“求富”和日本方面的“和魂洋才”“文明开化”“殖产兴业”等，都是不同层面的近代化理念和模式。不过，综合起来看，笔者认为中日的近代化模式分别可称为“局部模式”和“整体模式”。这可以从形式和内容两方面诠释：从形式而言，中国只是一小部分人推进洋务运动，日本是整个社会特别是社会的主体力量实行明治维新，是为了在日本建立统一的强有力的近代国家；从内容而言，中国是有选择地学习西方并且浅尝辄止，日本是从政治、经济、文化等方面全方位地学习西方。关于前者在前面主要是上一部分已有分析，下面主要从内容方面比较一下中日近代化模式的差异。

鸦片战争时期，伊里布曾对黄恩彤言：“洋务只可粗枝大叶去画，不必细针密缕去缝。”[②]这种粗枝大叶式的做法几乎成为晚清时期中国对外关系和学习西方的常态，对中国近代化的消极影响可谓不小。为什么只能粗枝大叶，其中的重要原因之一就是不了解世界，不知道如何细针密缕。19世纪60年代初，冯桂芬指出：“以今论之，约有数端，人无弃材不如夷，地无遗利不如夷，君民不隔不如夷，名实必符不如夷。四者道在反求，(以上诸议备矣。)惟皇上振刷纪纲，一转移间耳，此无待于夷者也。”[③]显然，由于体制和观念的原因，冯桂芬是回避了问题，而现实中这些问题是无法回避的，否则近代化就步履维艰。即使如此，冯桂芬的

---

① (清)李鸿章:《复曾相》,(清)吴汝纶编:《李文忠公(鸿章)全集·朋僚函稿》卷12,台北,文海出版社影印本,1980年,第3~4页。

② (清)黄恩彤:《抚远纪略》,中国史学会主编:《中国近代史资料丛刊·鸦片战争》(五),上海,上海人民出版社、上海书店出版社,2000年,第419页。

③ (清)冯桂芬著,戴扬本评注:《校邠庐抗议》,郑州,中州古籍出版社,1998年,第198页。

言论还是很难被社会接受，如1867年王文韶日记记载："阅冯敬亭桂芬《校邠庐初稿》，议论纵横，颇多可采。敬亭先生居乡，颇不洽于时论，为其近利也，然其才自不可及，正未可以人废言。"①1870年天津教案发生后，清廷虽然在谕旨中也指出，"近来内外臣工，往往遇事机紧急，徒事张皇；迨祸患略平，则又泄沓成风，为目前苟安之计"②，但其自强观仍然只是着眼于坚船利炮，认为"即使创立战守章程，而在事诸臣，奉行不力，事事有名无实，遂使朝廷深谋远虑，均属具文。似此因循成习，何时可冀自强？何时可平外患？"③当时，曾在清政府引起广泛讨论的《威妥玛说帖》和《新议略论》已经看到这种弊端。"今阿大臣询及中国目今大势，以及将来何如，不能不为切直之言。目前时势，较前稍有进步，而各国每有缓不济急之言，体谅之心，似觉减少。"④"日阅京报，确知天下大臣中，实有认真出力者，有为国忘身者，此不能不言，惜其得立功效，甚足嘉尚。然而中华欲凭此等一处偶建之功，即将天下大局换回，决属不能。"⑤1874年，朱采在致友人信中提出："我之所自强自立者，仅仅从皮毛下手，是犹弱症已成，色脉皆变，而庸医尚以轻描淡写之剂，恋药资，冀天倖也，岂不悲哉！"⑥可以说，洋务运动的内容自始至终就受到不同程度的怀疑，而且这种状况也一直没什么改变。

所以，洋务运动不能充分发展是其致命缺陷，这种不能充分发展的洋务事业基本可分为两方面：一是"中体西用"本身导致的学习西方内容的缺陷，一是未能真正推行"中体西用"，如同后来张之洞在《劝学篇》中阐述的内容丰富的"中体西用"。笔者认为，从19世纪中叶晚清社会的现实情况考量，后者即"中体西用"应该能够作为国家政策进行大规模推广，但实际并非如此。洋务运动失败的主要原因和表现，说到底是由于近代世界认识的滞后，没有形成强有力的洋务集团，以致"中体

---

① 袁英光、胡逢祥整理：《王文韶日记》上册，北京，中华书局，1989年，第26～27页。

② 《筹办夷务始末》(同治朝)卷74，台北，文海出版社影印本，1971年，第31～32页。

③ 《筹办夷务始末》(同治朝)卷74，台北，文海出版社影印本，1971年，第32页。

④ 《威妥玛说帖》，《筹办夷务始末》(同治朝)卷40，台北，文海出版社影印本，1971年，第23页。

⑤ 〔英〕威妥玛：《新议略论》，《筹办夷务始末》(同治朝)卷40，台北，文海出版社影印本，1971年，第25页。

⑥ (清)朱采：《复许竹筼》，中国史学会主编：《中国近代史资料丛刊·洋务运动》(一)，上海，上海人民出版社、上海书店出版社，2000年，第354页。

西用”并不能真正推行，甚至改革科举制以推动“西用”的发展也难以实现，洋务事业只不过是当时社会的零星点缀。当然，“中体西用”观念指导下的洋务运动，也导致洋务群体与主流社会群体的疏离，洋务群体得不到快速发展，进一步强化了近代化的局部模式及其效应。

与洋务运动相比，以明治维新为标志的日本近代化模式具有整体性的特点。从兰学形成开始，兰学者就开始从整体性角度关注文明问题，特别是将西方文明视为批判中国文明的工具。如兰学创始人之一的前野良泽比较了中国的“五行说”与西方的“四元说”，认为“夫五行之说，仅中国一区之私言，四元说不同，乃浑天浑地之公言”；从宗教层面而言，“大致佛教所到之处只亚洲之内，占十分之二；儒教所及仅十分之一；其他多数是天主教，遍及诸大洲”。[①]不过，19世纪中叶日本开国后，虽然有关西方的知识比中国丰富许多，但问题依然错综复杂。“当是时先进之士非通译家则笃志兰学家，不过解兵事海事之一斑，如文物之全豹、技术之蕴奥，无由精探之。”[②]幕府很快成为症结的焦点，“各国竞派使节迫幕府，促其开国通商。事急幕议逡巡不辄归决，乃缔结假约章，以弥缝一时。于是议论百出纷然不知所底止”[③]。据德川庆喜回忆：“攘夷之为论，要在讲国防不由外取屈辱。然其政策如之何无一人有定见者，惟口唱‘攘夷’以衒其强勇而已。开国之说谓和平以交于外国，是当然，然其次序纲要如何又无一人抱其筹略者，惟言开诸港、广商贾、适于时宜而已。”[④]所以，如何全面地认识西方，进而寻求日本的出路，成为明治维新前后面临的重大核心问题。

首先初步满足这一要求的，当属福泽谕吉的《西洋事情》。《西洋事情》的特点是简明扼要，并且面向社会公开发行。1866年脱稿的《西洋事情初编》不到五万字，但其目标明确，内容全面，从政治、经济、文化、社会等方面介绍了西方社会的基本运作机制。同时，卷三的美国部

① 前野良泽:『管蠡秘言』,沼田次郎[ほか]校注:『日本思想大系64 洋学上』,岩波書店,1971年,第135頁。

② 〔日〕井上胜:《铁道志》,〔日〕大隈重信:《日本开国五十年史》上册,上海,上海社会科学院出版社,2007年,第413～414页。

③ 〔日〕富井政章:《法制史略》,〔日〕大隈重信:《日本开国五十年史》上册,上海,上海社会科学院出版社,2007年,第281页。

④ 〔日〕大隈重信:《德川庆喜公回顾录》,《日本开国五十年史》上册,上海,上海社会科学院出版社,2007年,第74页。

分收入了《独立宣言》和《1787年美国宪法》。次年成书的《西洋事情外编》是福泽谕吉的翻译之作，是英国正统派经济学家阐发的自由主义经济思想和民主主义政治思想。“此书一出国人始悉泰西各国之文化与世界大势。当时朝野识者苟谈文明开国之时务者，莫不坐右置《西洋事情》一本，视如金科玉律。明治政府所措画举办，亦率折衷于此书。即谓明治维新之政令，胚胎于一部之《西洋事情》中，亦无不可也。”①此论也许有过誉之处，但日本通过《西洋事情》比较完整地认识了西方社会，输入了自由、民主、平等等近代西方社会的基本理念，该书使用的“文明开化”②成为时代思潮。

不仅是福泽谕吉，由于幕末日本频繁派遣使团出国，因而搜集域外信息的内容也相当广泛丰富。如1862年访问欧洲的竹内保德使团的官方报告书共包括英、荷、法、葡、俄、普鲁士六部，其中每一部都进行了详细的分类。如《英国探索》分40类，包括政治、经济、军事、文化、社会等各个方面的内容。③使团成员的这种全面且专业化的考察为日本详细具体地了解西方世界提供了充足的资料。

正是在幕末日本出国使团大量考察西方的基础之上，明治政府才能在成立之始便以建立资本主义政权为目标的近代化运动。为了进一步推进近代化，1871年，岩仓使团出访西方，它在日本的近代化“整体模式”中也最具有典型意义：一是明治政府的重要领导人纷纷加入使团，其中岩仓具视为特命全权大使，木户孝允、大久保利通、伊藤博文、山口尚之为副使，共有政府要员近50人；二是考察内容无所不包，在近两年时间里遍历欧美12国，在政治、经济、文化、军事等方面都确立了日本的主要学习对象和发展方向。

需要指出的是，日本在较短时间内迅速走上成功的近代化之路，是当时非西方国家中的唯一特例，也可以说不具有普遍意义。同时，日本的急进转型更是留下了诸多问题，约而言之就是国内民主化的薄弱和对外侵略意识的浓厚，其造成的影响是深远的。以福泽谕吉为例，如何评价他，其实基本就是如何评价日本的近代化。丸山真男指出：“由于在谕

---

① 〔日〕浮田和民：《民间教育事业》，〔日〕大隈重信：《日本开国五十年史》上册，上海，上海社会科学院出版社，2007年，第543页。

② 福沢諭吉：『西洋事情外編』，富田正文、土橋俊一編集：『福沢諭吉選集』第1巻，岩波書店，1980年，第172頁。

③ 沼田次郎、松沢弘陽校注：『日本思想大系66 西洋見聞集』，岩波書店，1974年，第583頁。

吉的思想中，国际关系始终优先于国内问题，因此其国权论越发展，其对国内政治的态度便越妥协。无疑，他在抽象的意义上始终坚持了自由进步的原则，但这些原则的具体化日程却因对外问题越来越往后推迟。”“他的素质里本来就潜藏着‘伪恶’的玩世不恭成分。”[①]不过，丸山认为:“福泽的国际社会观到写《劝学篇》时为止，基本上是以启蒙主义的自然法为根基的。在这个意义上，可以说与国内社会观的立场完全一致，即主张国际社会中以‘自然法’（道理）支配的国家平等观。”[②]对于丸山真男的福泽谕吉是“典型的市民式自由主义政治观”，安川寿之辅则做了系统辩驳，称之为“丸山谕吉”神话。安川认为，“福泽在一生中反复发表权谋术数的言论和主张，以至于难称其为思想家”，“日本的近代化走过了从‘不明明治’到‘黑暗昭和’的路程，而福泽是整个路程的总‘导师’”。[③]总之，学界思考的问题是“在日本社会，民主主义（教育）为什么如此难以扎下根呢?”[④]以及由此出发进行的对外侵略。

整体而言，19世纪中叶日本的近代化可谓取得了成功，尽管留下了诸多问题，但基本完成了近代社会的初步建设和社会的转型。与日本相比，中国的最大问题是未能比较大规模地展开近代化，这是以上分析的基本结论。

历史的发展是各种因素互为因果的过程，中日世界认识发展的差异、原因及影响也错综复杂地交织在一起，并成为其他更微观或宏观历史的原因或结果。

---

① 〔日〕丸山真男:《福泽谕吉与日本近代化》，区建英译，北京，北京师范大学出版社，2018年，第4、93页。

② 〔日〕丸山真男:《福泽谕吉与日本近代化》，区建英译，北京，北京师范大学出版社，2018年，第85页。

③ 〔日〕安川寿之辅:《福泽谕吉与丸山真男——解构“丸山谕吉”神话》，刘曙野译，北京，中国大百科全书出版社，2015年，第211、73页。

④ 〔日〕安川寿之辅:《福泽谕吉与丸山真男——解构“丸山谕吉”神话》，刘曙野译，北京，中国大百科全书出版社，2015年，第62页。

结　语

“沉舟侧畔千帆过，病树前头万木春。”当我们站在新世纪回望东亚近代历史，似乎既熟悉又陌生，仿佛历史只是一个既定的轮回。“实际上，一个社会实现现代化的能力所受的限制只能来自以下两个方面，即现代以前的形式和现代化形式的生命力。”[①]不可否认的是，以儒家文化为主体的东亚文化具有旺盛的生命力和不可磨灭的价值，这是东亚之所以为东亚的标志，也是中日近代化的基础条件。

如果说在西方及其文化的冲击下，中日近代世界认识的比较带来了什么经验教训的话，笔者认为，首先就是中国过于执着于以自身的价值观衡量世界，结果是外部的压力持续增强而内部的变革也不断激化；日本则是对外在世界过于敏感，将外在世界的变化作为处理本国问题的根本着眼点，甚至走上了侵略别国的军国主义道路。所以，中日如能相互包容并借鉴对方认识世界的观念的话，可能会有更理性、更理想的结果。

其次是在社会稳定时期，尽量营造宽松的思想文化氛围，社会转型时期，要果决地推动系统的变革，这是中日近代世界认识比较的另一经验教训。日本德川时代总体而言是一种多元化文化体制，在社会稳定时期可以容纳异端文化发展，并且有一个武士这样的有闲阶层，使纯粹的知识追求具有相应的社会载体和社会群体，兰学就是其中之一。19世纪中叶，日本更是不断强化学习西方的力度，在短时期内缩小了与西方的差距。与日本相比，同一时期的中国缺乏这样的发展阶段，明末清初的中西文化交流戛然而止，洋务运动徒具空荡的形式，不能不令人扼腕叹息。思想观念若要发展为潮流，形成具有一定规模的社会群体，必须有体制和制度的支撑和保障，也需要强有力的方式和手段，否则也只能表现为不能真正得以实现的历史发展趋势。总之，在可能的历史条件下，

① 〔美〕西里尔·E.布莱克等：《日本和俄国的现代化》，周师铭等译，北京，商务印书馆，1984年，第23页。

文化交流不能遏制，也不能局限于某一方面，更不能流于形式，需要全方位地吸取和借鉴，在交流的过程中大浪淘沙，最后才能留下精彩的内容。这样，“有心栽花”和“无心插柳”就都能在历史的发展过程中发挥其作用。如果开始就局限于某一方面甚至遏制文化交流，就有可能错失历史的发展机会，遗失历史发展的核心要素，只能在以后的交流过程中不断调整，造成更剧烈的动荡，甚至最终失去选择的机会。

另外，从世界范围看，国际社会应当支持合理的非主流价值观，而不是一味强化主流价值观，这从中日近代世界认识的对比及中日近代社会的发展结果来说也可资证明。1903年，英国传教士李提摩太对日本进行了短暂访问，“在返回上海的轮船上有十一个日本教授，他们应总督张之洞的邀请前往武昌。我问其中的一位——一个化学教授，他们要去中国做什么。他回答说，他们将要去教中国人弄明白欧洲的确切位置。‘他们的位置在这里，在我们的脚下’。他跺着甲板，大声狂笑着说”[①]。这件事虽发生在20世纪初，但它典型地反映了19世纪中叶中日近代世界观念的差异：一方面日本人为自己更了解世界而嘲弄中国人，另一方面也说明日本选择的融入世界的方式同中国的方式是根本不同的。但了解世界后却是以征服世界作为目标，并且日本的选择方式在当时更成功，也得到了西方的纵容和支持，这可以说是对以西方为主的近代世界及其观念的莫大讽刺。1907年，留学日本的杨度指出：“今日有文明国而无文明世界。今世各国对于内则皆文明，对于外则皆野蛮；对于内惟理是言，对于外惟力是视。故自其国而言之，则文明之国也；自世界而言之，则野蛮之世界也。”[②]所以，主流文明的名义下掩盖的丑陋和罪恶也需要不断深入清理，这样人类才能拥有真正文明的世界，在这一过程中非主流文化和文明在其中能起到重要的作用。

最后，我们以1876年李鸿章的信函（薛福成代写）来结语，它表达了当时李鸿章辈的认识、焦虑与期望，也与我们当下的话语颇为切合：“来书谓世界日开，其机自外国动之，其局当自中土结之，实为远识至论。其效即不在今日，亦当见诸千百年后也。”[③]

---

① 〔英〕李提摩太:《亲历晚清四十五年:李提摩太在华回忆录》,李宪堂、侯林莉译,天津,天津人民出版社,2005年,第305页。

② 杨度:《金铁主义说》,刘晴波编:《杨度集》,长沙,湖南人民出版社,1986年,第218页。

③ (清)薛福成:《代李伯相答彭孝廉书》,丁凤麟、王欣之编:《薛福成选集》,上海,上海人民出版社,1987年,第104页。

参考文献

一、中国部分

（一）资料

《简体字本二十六史》，长春，吉林人民出版社，1995年。

（清）王锡祺辑：《小方壶斋舆地丛钞》，上海，上海著易堂本。

（清）阮元等撰，彭卫国、王原华点校：《畴人传汇编》，扬州，广陵书社，2009年。

（汉）桓宽著，王利器校注：《盐铁论校注》（增订本），天津，天津古籍出版社，1983年。

《明实录》，台北，“中央研究院”史语所校印，1962年。

李国祥、王玉德主编：《明实录类纂》（涉外史料卷），武汉，武汉出版社，1991年。

《清实录》，北京，中华书局，1985～1987年。

（清）朱寿朋编，张静庐等校点：《光绪朝东华录》，北京，中华书局，1958年。

《清代起居注册》（道光朝），台北，联合报文化基金会国学文献馆，1985年。

《清代起居注册》（咸丰同治朝），台北，联合报文化基金会国学文献馆，1983年。

《筹办夷务始末》（道光朝），台北，文海出版社影印本，1970年。

《筹办夷务始末》（咸丰朝），北京，中华书局，1979年。

《筹办夷务始末》（同治朝），台北，文海出版社影印本，1971年。

（清）王彦威、王亮编：《清季外交史料》，台北，文海出版社影印本，1985年。

（清）葛士濬辑：《皇朝经世文续编》，台北，文海出版社影印本，

1972年。

（清）盛康辑：《皇朝经世文续编》，台北，文海出版社影印本，1972年。

（清）陈忠倚辑：《皇朝经世文三编》，台北，文海出版社影印本，1972年。

张星烺编：《中西交通史料汇编》，北京，中华书局，1977～1979年。

谭其骧主编：《清人文集地理类汇编》，杭州，浙江人民出版社，1986～1990年。

《近代中国对西方及列强认识资料汇编》第一、二、三辑，台北，“中央研究院”近代史研究所，1972～1984年。

陈翰笙主编：《华工出国史料》，北京，中华书局，1985年。

钟叔河主编：《走向世界丛书》，长沙，岳麓书社，1984～1986年。

陈元晖主编：《中国近代教育史资料汇编》，上海，上海教育出版社，1990～1995年。

孙毓棠编：《中国近代工业史资料》第一辑，北京，科学出版社，1957年。

聂宝璋编：《中国近代航运史资料》第一辑，上海，上海人民出版社，1983年。

（明）徐昌治订，夏瑰琦编：《圣朝破邪集》，香港，建道神学院，1996年。

（清）杨光先等撰，陈占山校注：《不得已（附二种）》，合肥，黄山书社，2000年。

《大义觉迷录》，长春，北方妇女儿童出版社，2001年。

（明）徐光启撰，王重民辑校：《徐光启集》上、下册，上海，上海古籍出版社，1984年。

（明）宋应星著，钟广言注释：《天工开物》，香港，中华书局香港分局，1978年。

《宋应星佚著四种：野议 论气 谈天 思怜诗》，上海，上海人民出版社，1976年。

林乐昌编校：《王徵全集》，西安，三秦出版社，2011年。

（元）汪大渊著，苏继庼校释：《岛夷志略校释》，北京，中华书局，1981年。

（明）严从简著，余思黎点校：《殊域周咨录》，北京，中华书局，1993年。

（明）罗曰褧：《咸宾录》，北京，中华书局，1983年。

（明）叶向高：《四夷考》，北京，中华书局，1991年。

（清）陈伦炯：《海国闻见录》，北京，中华书局，1991年。

（清）王大海著，姚楠、吴琅璇校注：《海岛逸志》，香港，学津书店，1992年。

（清）谢清高：《海录》，上海，商务印书馆，1936年。

（清）陆次云：《八纮译史》，上海，商务印书馆，1939年。

（清）印光任、张汝霖：《澳门纪略》，台北，成文出版社，1968年。

（清）梁廷枏总纂，袁钟仁校注：《粤海关志》校注本，广州，广东人民出版社，2002年。

（清）阮元等：《广东通志》，上海，商务印书馆影印本，1934年。

中国第一历史档案馆编：《英使马戛尔尼访华档案史料汇编》，北京，国际文化出版公司，1996年。

许地山编：《达衷集》，台北，文海出版社影印本，1972年。

〔日〕佐佐木正哉：《鸦片战争前中英交涉文书》，台北，文海出版社影印本，1977年。

〔日〕佐佐木正哉：《鸦片战争之研究（资料篇）》，台北，文海出版社影印本，1983年。

中国第一历史档案馆编：《鸦片战争档案史料》，天津，天津古籍出版社，1992年。

中国史学会主编：《中国近代史资料丛刊·鸦片战争》，上海，上海人民出版社、上海书店出版社，2000年。

中国史学会主编：《中国近代史资料丛刊·第二次鸦片战争》，上海，上海人民出版社，1978年。

中国史学会主编：《中国近代史资料丛刊·洋务运动》，上海，上海人民出版社、上海书店出版社，2000年。

《四国新档》，台北，“中央研究院”近代史研究所，1966年。

李星、刘长桂点校：《包世臣全集》，合肥，黄山书社，1991年。

《林则徐集》，北京，中华书局，1962～1963年。

《龚自珍全集》，上海，上海人民出版社，1975年。

《魏源全集》，长沙，岳麓书社，2004年。

（清）魏源撰，陈华等点校注释：《海国图志》，长沙，岳麓书社，1998年。

李柏荣著，陈新宪校点：《魏源师友记》，长沙，岳麓书社，1983年。

（清）徐继畬：《松龛先生全集》，台北，文海出版社影印本，1977年。

（清）徐继畬：《瀛寰志略》，上海，上海书店出版社，2001年。

（清）梁廷枏著，骆驿、刘骁校点：《海国四说》，北京，中华书局，1993年。

（清）梁廷枏著，邵循正校注：《夷氛闻记》，北京，中华书局，1959年。

（清）夏燮著，高鸿志点校：《中西纪事》，长沙，岳麓书社，1988年。

（清）姚莹：《康輶纪行》，台北，文海出版社影印本，1974年。

（清）冯桂芬著，戴扬本评注：《校邠庐抗议》，郑州，中州古籍出版社，1998年。

方行、汤志钧整理：《王韬日记》，北京，中华书局，1987年。

（清）王韬：《弢园文录外编》，上海，上海书店出版社，2002年。

（清）王韬：《漫游随录》，长沙，岳麓书社，1985年。

（清）王韬：《弢园尺牍》，台北，文海出版社影印本，1983年。

（清）王韬：《瓮牖余谈》，台北，文海出版社影印本，1990年。

（清）王韬：《瀛壖杂志》，台北，文海出版社影印本，1969年。

（清）郭嵩焘：《郭嵩焘日记》（一）（二）（三）（四），长沙，湖南人民出版社，1981～1983年。

（清）郭嵩焘著，杨坚校补：《郭嵩焘奏稿》，长沙，岳麓书社，1983年。

（清）郭嵩焘著，杨坚点校：《郭嵩焘诗文集》，长沙，岳麓书社，1984年。

温林编：《曾国藩全集》，北京，京华出版社，2001年。

（清）吴汝纶编：《李文忠公（鸿章）全集》，台北，文海出版社影印本，1980年。

（清）杨书霖编：《左文襄公（宗棠）全集》，台北，文海出版社影印本，1979年。

苑书义等编：《张之洞全集》，石家庄，河北人民出版社，1998年。

喻岳衡点校：《曾纪泽遗集》，长沙，岳麓书社，1983年。

丁凤麟、王欣之编：《薛福成选集》，上海，上海人民出版社，1987年。

夏东元编：《郑观应集》上、下册，上海，上海人民出版社，1982、

1988年。

（清）马建忠：《适可斋记言记行》，台北，文海出版社影印本，1968年。

（清）黄遵宪著，吴振清等编校整理：《黄遵宪集》（上、下卷），天津，天津人民出版社，2003年。

（清）黄遵宪著，吴振清等点校整理：《日本国志》（上、下卷），天津，天津人民出版社，2005年。

王栻主编：《严复集》，北京，中华书局，1986年。

（清）翁同龢著，陈义杰整理：《翁同龢日记》，北京，中华书局，1989～1998年。

（清）王闿运著，马积高主编：《湘绮楼日记》，长沙，岳麓书社，1997年。

袁英光、胡逢祥整理：《王文韶日记》，北京，中华书局，1989年。

（清）李慈铭：《越缦堂日记》，扬州，广陵书社影印本，2004年。

（清）容闳著，沈潜、杨增麒评注：《西学东渐记》，郑州，中州古籍出版社，1998年。

齐如山：《齐如山回忆录》，北京，中国戏剧出版社，1998年。

〔意〕利玛窦、〔比〕金尼阁：《利玛窦中国札记》，何高济等译，何兆武校，北京，中华书局，1983年。

〔意〕艾儒略原著，谢方校释：《职方外纪校释》，北京，中华书局，1996年。

〔比〕南怀仁：《坤舆图说》，上海，商务印书馆，1937年。

〔法〕杜赫德编：《耶稣会士中国书简集：中国回忆录》，郑德弟等译，郑州，大象出版社，2001年。

〔英〕马戛尔尼：《1793乾隆英使觐见记》，刘半农译，天津，天津人民出版社，2006年。

〔英〕斯当东：《英使谒见乾隆纪实》，叶笃义译，上海，上海书店出版社，2005年。

〔德〕爱汉者等编，黄时鉴整理：《东西洋考每月统记传》，北京，中华书局，1997年。

〔美〕卫三畏：《中国总论》，陈俱译，陈绛校，上海，上海古籍出版社，2005年。

〔美〕惠顿：《万国公法》，〔美〕丁韪良译，上海，上海书店出版社，2002年。

〔德〕马斯顿著：《星轺指掌》，[清]联芳等译，北京，中国政法大学出版社，2006年。

〔美〕丁韪良：《花甲记忆：一位美国传教士眼中的晚清帝国》，沈弘等译，桂林，广西师范大学出版社，2004年。

〔英〕李提摩太：《亲历晚清四十五年：李提摩太在华回忆录》，李宪堂、侯林莉译，天津，天津人民出版社，2005年。

〔德〕花之安：《自西徂东》，上海，上海书店出版社，2002年。

〔英〕麦高温：《中国人生活的明与暗》，朱涛、倪静译，北京，中华书局，2006年。

郑曦原编：《帝国的回忆：〈纽约时报〉晚清观察记》，李方惠等译，北京，三联书店，2001年。

广东省文史研究馆译：《鸦片战争史料选译》，北京，中华书局，1983年。

（二）著作

梁启超：《中国近三百年学术史》，北京，中国书店，1985年。

章太炎：《国学概论》，上海，上海古籍出版社，1997年。

杨联陞：《国史探微》，北京，新星出版社，2005年。

洪业：《洪业论学集》，北京，中华书局，1981年。

岳玉玺、李泉编选：《傅斯年选集》，天津，天津人民出版社，1996年。

张维华：《中国古代对外关系史》，北京，高等教育出版社，1993年。

张维华：《明史欧洲四国传注释》，上海，上海古籍出版社，1982年。

李云泉：《朝贡制度史论——中国古代对外关系体制研究》，北京，新华出版社，2004年。

黎虎：《汉唐外交制度史》，兰州，兰州大学出版社，1998年。

黄枝连：《天朝礼治体系研究》，北京，中国人民大学出版社，1992～1995年。

甘怀真：《皇权、礼仪与经典诠释：中国古代政治史研究》，台北，喜马拉雅基金会，2003年。

方豪：《中西交通史》，长沙，岳麓书社，1987年。

何兆武：《中西文化交流史论》，北京，中国青年出版社，2001年。

沈福伟：《中西文化交流史》，上海，上海人民出版社，1985年。

徐行言主编：《中西文化比较》，北京，北京大学出版社，2004年。

周宁：《2000年中国看西方》，北京，团结出版社，1999年。

万明：《中国融入世界的历史足迹：明与清前期海外政策比较研究》，北京，社会科学文献出版社，2000年。

沈定平：《明清之际中西文化交流史——明代：调适与会通》，北京，商务印书馆，2007年。

沈定平：《明清之际中西文化交流史——明季:趋同与辨异》，北京，商务印书馆，2012年。

朱雍：《不愿打开的中国大门》，南昌，江西人民出版社，1989年。

徐宗泽编著：《明清间耶稣会士译著提要》，上海，上海书店出版社，2010年。

方豪：《中国天主教史人物传》，北京，中华书局，1988年。

孙尚扬、〔比〕钟鸣旦著：《一八四〇年前的中国基督教》，北京，学苑出版社，2004年。

黄一农：《两头蛇：明末清初的第一代天主教徒》，上海，上海古籍出版社，2006年。

徐海松：《清初士人与西学》，北京，东方出版社，2000年。

中科院地学组编：《中国古代地理学史》，北京，科学出版社，1984年。

王庸：《中国地理学史》，北京，商务印书馆，1956年。

盛叙功：《西洋地理学史》，重庆，西南师范大学出版社，1992年。

郭双林：《西潮激荡下的晚清地理学》，北京，北京大学出版社，2000年。

邹振环：《晚清西方地理学在中国》，上海，上海古籍出版社，2000年。

张仲礼：《中国绅士：关于其在19世纪中国社会中作用的研究》，李荣昌译，上海，上海社会科学院出版社，1991年。

王德昭：《清代科举制度研究》，北京，中华书局，1984年。

王尔敏：《中国近代思想史论》，北京，社会科学文献出版社，2003年。

郭廷以：《近代中国的变局》，台北，联经出版事业公司，1987年。

钟叔河：《走向世界——近代中国知识分子考察西方的历史》，北京，中华书局，1985年。

郑学益：《走向世界的历史足迹——中国近代对外开放思想研究》，北京，北京大学出版社，1990年。

李扬帆：《走出晚清：涉外人物及中国的世界观念之研究》，北京，北京大学出版社，2005年。

曹雯：《清朝对外体制研究》，北京，社会科学文献出版社，2010年。

尤淑君：《从宾礼到礼宾——外使觐见与晚清涉外体制的变化》，北京，社会科学文献出版社，2013年。

《陈旭麓学术文存》，上海，上海人民出版社，1990年。

熊月之：《西学东渐与晚清社会》，上海，上海人民出版社，1986年。

罗志田：《权势转移：近代中国的思想、社会与学术》，武汉，湖北人民出版社，1998年。

桑兵：《晚清学堂学生与社会变迁》，桂林，广西师范大学出版社，2007年。

田涛：《国际法输入与晚清中国》，济南，济南出版社，2001年。

顾长声：《传教士与近代中国》，上海，上海人民出版社，1981年。

王立新：《美国传教士与晚清中国现代化》，天津，天津人民出版社，1997年。

马廉颇：《晚清帝国视野下的英国——以嘉庆道光两朝为中心》，北京，人民出版社，2003年。

萧致治等编：《鸦片战争前中西关系纪事》，武汉，武汉大学出版社，1986年。

茅海健：《天朝的崩溃——鸦片战争再研究》，北京，三联书店，1995年。

王家俭：《魏源对西方的认识及其海防思想》，台北，大立出版社，1984年。

任复兴主编：《徐继畬与东西方文化交流》，北京，中国社会科学出版社，1993年。

汪荣祖：《走向世界的挫折——郭嵩焘与道咸同光时代》，长沙，岳麓书社，2000年。

陈胜粦：《林则徐与鸦片战争论稿》，广州，中山大学出版社，1985年。

苑书义：《李鸿章传》，北京，人民出版社，1991年。

张海林：《王韬评传》，南京，南京大学出版社，1993年。

王立群：《中国早期口岸知识分子的文化特征：王韬研究》，北京，北京大学出版社，2009年。

刘俊文主编：《日本学者研究中国史论著选译》，北京，中华书局，1992～1993年。

〔日〕滨下武志：《近代中国的国际契机：朝贡贸易体系与近代亚洲经济圈》，朱荫贵、欧阳菲译，虞和平校审，北京，中国社会科学出版社，1999年。

〔英〕李约瑟原著，〔英〕柯林·罗南改编：《中华科学文明史》，上海交通大学科学史系译，上海，上海人民出版社，2001～2003年。

〔德〕马克斯·韦伯：《儒教与道教》，洪天富译，南京，江苏人民出版社，1997年。

〔法〕费赖之：《在华耶稣会士列传及书目》，冯承钧译，北京，中华书局，1995年。

〔法〕荣振华：《在华耶稣会士列传及书目补编》，耿昇译，北京，中华书局，1995年。

〔法〕谢和耐：《中国与基督教（增补本）——中西文化的首次撞击》，耿昇译，上海，上海古籍出版社，2003年。

〔法〕安田朴：《中国文化西传欧洲史》，耿昇译，北京，商务印书馆，2000年。

〔美〕马士：《中华帝国对外关系史》，张汇文等译，上海，上海书店出版社，2000年。

〔美〕马士、宓亨利：《远东国际关系史》，姚曾廙等译，上海，上海书店出版社，1998年。

〔美〕费正清、刘广京主编：《剑桥中国晚清史》上、下卷，中国社会科学院历史研究所编译室译，北京，中国社会科学出版社，1985年。

〔美〕费正清等：《中国：传统与变革》，陈仲丹等译，南京，江苏人民出版社，1996年。

陶文钊编选：《费正清集》，林海等译，天津，天津人民出版社，1992年。

〔美〕列文森：《儒教中国及其现代命运》，郑大华、任菁译，北京，中国社会科学出版社，2000年。

〔美〕柯文：《在中国发现历史——中国中心观在美国的兴起》（增订本），林同奇译，北京，中华书局，2002年。

〔法〕佩雷菲特：《停滞的帝国——两个世界的撞击》，王国卿等译，北京，三联书店，1995年。

〔美〕何伟亚：《怀柔远人：马嘎尔尼使华的中英礼仪冲突》，邓常春译，刘明校，北京，社会科学文献出版社，2002年。

〔美〕何伟亚：《英国的课业：19世纪中国的帝国主义教程》，刘天路、邓红风译，北京，社会科学文献出版社，2007年。

〔美〕约·罗伯茨编著：《十九世纪西方人眼中的中国》，蒋重跃、刘林海译，北京，时事出版社，1999年。

〔美〕M.G.马森：《西方的中国及中国人观念（1840~1876）》，杨德山译，北京，中华书局，2006年。

〔美〕魏斐德：《大门口的陌生人——1839~1861年间华南的社会动乱》，王小荷译，北京，中国社会科学出版社，1988年。

〔美〕芮玛丽：《同治中兴：中国保守主义的最后抵抗（1862~1874）》，房德邻等译，北京，中国社会科学出版社，2002年。

〔美〕史景迁：《利玛窦的记忆之宫》，陈恒、梅义征译，上海，上海远东出版社，2005年。

〔美〕柯文：《在传统与现代性之间——王韬与晚清革命》，雷颐等译，南京，江苏人民出版社，1998年。

二、日本部分

（一）资料

『日本書紀』，岩波書店，1967年、1971年。

島良尚順：『（和漢）三才図絵』，1715年，北京大学图书馆藏本。

林煒：『通航一覽』，東京国書刊行会，1912~1913年。

林信篤、林春勝编：『華夷変態』，東洋文库叢刊，東方書店，1981年。

山崎美成：『海録』，東京国書刊行会，1915年。

青木和夫[ほか]校注：『日本思想大系1 古事記』，岩波書店，1982年。

海老沢有道校注：『日本思想大系25 キリシタン書 排耶書』，岩波書店，1970年。

松村明[ほか]校注：『日本思想大系35 新井白石』，岩波書店，1975年。

柴田実校注：『日本思想大系42　石門心學』，岩波書店，1971年。

水田紀久、有坂隆道校注：『日本思想大系43 富永仲基 山片蟠桃』，岩波書店，1973年。

塚谷晃弘、藏並省自校注：『日本思想大系44 本多利明 海保青陵』，岩波書店，1970年。

中村幸彦[ほか]校注：『日本思想大系47 近世后期儒家集』，岩波書店，1972年。

松本三之介、小倉芳彦校注：『日本思想大系48 近世史論集』，岩波書店，1972年。

今井宇三郎[ほか]校注：『日本思想大系53 水户学』，岩波書店，1973年。

吉田常吉[ほか]校注：『日本思想大系54 吉田松陰』，岩波書店，1978年。

佐藤昌介[ほか]校注：『日本思想大系55 渡辺華山 高野長英 佐久間象山 横井小楠 橋本左内』，岩波書店，1971年。

佐藤誠三郎、吉田常吉校注：『日本思想大系56 幕末政治論集』，岩波書店，1976年。

沼田次郎[ほか]校注：『日本思想大系64 洋学上』，岩波書店，1976年。

広瀬秀雄[ほか]校注：『日本思想大系65 洋学下』，岩波書店，1972年。

沼田次郎、松沢弘陽校注：『日本思想大系66 西洋見聞集』，岩波書店，1974年。

田中彰校注：『日本近代思想大系1 開国』，岩波書店，1991年。

中村政則[ほか]校注：『日本近代思想大系8 経済構想』，岩波書店，1988年。

松本三之介、山室信一校注：『日本近代思想大系10 学問和知識人』，岩波書店，1988年。

芝原拓自[ほか]校注：『日本近代思想大系12 対外觀』，岩波書店，1991年。

田中彰、宮地正人校注：『日本近代思想大系13 歴史認識』，岩波書店，1991年。

杉田玄白著，野上豊一郎校訂：『蘭學事始』，岩波書店，1930年。

『幕末維新外交史料集成』，財政経済学会，1942—1944年。

日本史籍協会編：『遣外使節日記纂輯』，東京大学出版会，1972年。

宮永寿編：『万延元年の美国報告』，新潮社，1990年。

久米邦武編，田中彰校注：『特命全権大使米欧回覧実記』，岩波書店，1985年。

福地源一郎：『懐往事談』，人物往來社，1968年。

福地源一郎：『幕府衰亡論』，東京大学出版会，1978年。

田辺太一著：『幕末外交談』，東京大学出版会，1976年。

東京大学史料編纂所：『明治維新史料選集』，東京大学出版会，1970年。

『新聞集成明治編年史』，東京財政経済学会，1936年。

明治文化研究会編：『明治文化全集』，日本評論新社，1955~1956年。

富田正文、土橋俊一編集：『福沢諭吉選集』，岩波書店，1980~1981年。

『吉田松陰全集』，岩波書店，1939~1940年。

『伊藤博文関係文書』，（東京）塙書房，1973~1981年。

『伊藤博文秘錄』，（東京）春秋社，1929年。

多田好問編修：『岩倉公実記』，岩倉公旧跡保存会，1927年。

西郷隆盛：『大西郷全集』，大西郷全集刊行會，1926年。

松本三之介[ほか]編：『中江兆民全集』，岩波書店，1983年。

『大久保利通日記』，（東京）北泉社，1997年。

〔日〕大隈重信：《日本开国五十年史》上、下册，上海，上海社会科学院出版社，2007年。

〔日〕荻生徂徕：《政谈》，龚颖译，北京，中央编译出版社，2004年。

〔日〕福泽谕吉：《文明论概略》，北京编译社译，北京，商务印书馆，1959年。

〔日〕福泽谕吉：《福泽谕吉自传》，马斌译，北京，商务印书馆，1980年。

〔日〕福泽谕吉：《福翁百话——福泽谕吉随笔集》，唐沄等译，上海，上海三联书店，1993年。

〔日〕中江兆民：《一年有半·续一年有半》，吴藻溪译，北京，商务印书馆，1979年。

（二）著作

藤田元春：『日本地理学史』，東京刀江書院，1942年。

応地利明：『絵地図の世界像』，岩波書店，1996年。

朝尾直弘[ほか]編：『日本の社会史』第一巻~第八巻，岩波書店，1986~1988年。

溝口雄三[ほか]編：『アジアから考える』（七巻），東京大学出版会，1993~1994年。

井上秀雄:『古代日本人の外国観』,学生社,1991年。

森公章:『古代日本の対外認識と通交』,吉川弘文館,1998年。

石母田正:『中世的世界の形成』,岩波書店,1985年。

田中健夫:『中世海外交渉史の研究』,東京大学出版会,1959年。

田中健夫:『中世対外関係史』,東京大学出版会,1975年。

田中健夫編:『前近代の日本と東アジア』,吉川弘文館,1995年。

田中健夫:『前近代の国際交流と外交文書』,吉川弘文館,1996年。

中田易植[ほか]:『近世対外関係史論』,有信堂,1979年。

山本博文[ほか]編:『新しい近世史』(五巻),新人物往來社,1996年。

和辻哲郎:『鎖國——日本の悲劇』,岩波書店,1982年。

開國百年紀念文化事業會編:『鎖國時代日本人の海外知識』,乾元社,1953年。

穂亭主人編:『西洋学家訳述目録』,東京:名著刊行会,1969年。

沼田次郎:『洋学伝来の歴史』,至文堂,1960年。

佐藤昌介:『洋学史研究序說』,岩波書店,1964年。

松沢弘陽:『近代日本の形成と西洋経験』,岩波書店,1993年。

日本国際政治学会編:『日本外交史研究:幕末・維新時代』,有斐閣,1960年。

酒井直行[ほか]:『世界を見た幕末維新の英雄たち』,新人物往来社,2007年。

吉田寅編:『十九世紀中国・日本における海外事情摂取の諸資料—『聯邦志略』『地理全志』『大英国志』の資料的考察—』,立正大学东洋史研究室,1995年。

飯島鼎:『英國外交官眼中の幕末日本』,吉川弘文館,1995年。

増田毅:『幕末期の英國人』,有斐閣,1980年。

宮永寿:『慶応二年幕府の英国留学生』,新人物往來社,1994年。

土居良三:『咸臨丸渡海——曽祖父・長尾幸作の日記より』,未來社,1992年。

高橋邦太郎:『花のパリへ少年使節:慶応三年パリ万国博奮闘記』,東京三修社,1979年。

玉川治三:『尊攘論』,東京四海書房,1943年。

羽仁五郎:『日本における近代思想の前提』,岩波書店,1949年。

石井孝:『日本開国史』,吉川弘文館,1972年。

石井孝[ほか]編著:『幕末維新期の研究』,吉川弘文館,1978年。

石井孝：『明治初期の日本と東アジア』，横浜有隣堂，1982年。

石井孝：『明治維新の国際環境』，吉川弘文館，1966年。

小林通[ほか]：『明治の国際化を構築した人びと』，多賀出版株式会社，1992年。

星新一：『明治の人物誌』，東京新潮社，1978年。

藤森成吉：『渡邊華山』，角川書店，1954年。

広瀬豊：『吉田松陰の研究』，東京至文堂，1944年。

安西敏三：『福沢諭吉と西欧思想』，名古屋大学出版会，1995年。

安川寿之輔：『福沢諭吉のアジア認識：日本近代史像をとらえ返す』，高文研，2000年。

大久保利謙編：『岩倉使節の研究』，宗高書房，1976年。

田中彰：『岩倉使節団「米欧回覧実記」』，岩波書店，1994年。

銭国紅：「徳川時代の知識人と「世界」」，国際日本文化研究中心『日本研究』第20集，2000年。

〔日〕坂本太郎：《日本史概说》，汪向荣等译，北京，商务印书馆，1992年。

〔日〕中根千枝：《纵向社会的人际关系》，陈成译，东尔校，北京，商务印书馆，1994年。

〔日〕内藤湖南：《日本文化史研究》，储元熹、卞铁坚译，北京，中华书局，1997年。

〔日〕家永三郎：《日本文化史》，刘绩生译，北京，商务印书馆，1982年。

〔日〕家永三郎：《外来文化摄取史论》，靳丛林等译，郑州，大象出版社，2017年。

〔日〕大庭修：《江户时代中国典籍流播日本之研究》，戚印平等译，杭州，杭州大学出版社，1998年。

〔日〕杉本勋编：《日本科学史》，郑彭年译，北京，商务印书馆，1999年。

〔日〕永田广志：《日本封建制意识形态》，刘绩生译，北京，商务印书馆，2003年。

〔日〕信夫清三郎：《日本政治史》，周启乾等译，上海，上海译文出版社，1982~1988年。

〔日〕信夫清三郎编：《日本外交史》，天津社会科学院日本问题研究所译，北京，商务印务馆，1980年。

〔日〕井上清：《日本的军国主义》，姜晚成、尚永清译，北京，商务印书馆，1958～1959年。

〔日〕速水融等编：《日本经济史》（全8卷），厉以平等译，北京，三联书店，1997～1998年。

〔日〕加藤祐三：《日本开国小史》，蒋丰译，北京，中国社会科学出版社，1992年。

〔日〕森岛通夫：《日本为什么成功》，胡国成译，成都，四川人民出版社，1986年。

〔日〕丸山真男：《日本政治思想史研究》，王中江译，北京，三联书店，2000年。

〔日〕丸山真男：《福泽谕吉与日本近代化》，区建英译，北京，北京师范大学出版社，2018年。

〔日〕远山茂树：《福泽谕吉》，翟新译，北京，中国社会科学出版社，1990年。

〔日〕安川寿之辅：《福泽谕吉与丸山真男——解构"丸山谕吉"神话》，刘曙野译，北京，中国大百科全书出版社，2015年。

〔日〕小川原正道：《福泽谕吉与日本政府》，尤一唯译，北京，九州出版社，2016年。

黄遵宪著，吴振清等点校整理：《日本国志》，天津，天津人民出版社，2005年。

吴廷璆主编：《日本近代化研究》，北京，商务印书馆，1997年。

王桂：《日本教育史》，长春，吉林教育出版社，1987年。

万峰：《日本资本主义史研究》，长沙，湖南人民出版社，1984年。

沈仁安：《日本起源考》，北京，昆仑出版社，2004年。

朱谦之：《日本的朱子学》，北京，人民出版社，2000年。

朱谦之编著：《日本的古学及阳明学》，北京，人民出版社，2000年。

王家骅：《儒家思想与日本文化》，杭州，浙江人民出版社，1990年。

孙歌：《求错集》，北京，三联书店，1998年。

孙歌：《思想史中的日本与中国》，上海，上海交通大学出版社，2017年。

孙歌：《寻找亚洲：创造另一种认识世界的方式》，贵阳，贵州人民出版社，2019年。

韩东育：《日本近世新法家研究》，北京，中华书局，2003年。

韩东育：《从「脱儒」到「脱亚」：日本近世以来「去中心化」之思

想过程》，台北，台湾大学出版中心，2009年。

韩东育：《从「请封」到「自封」：日本中世以来「自中心化」之行动过程》，台北，台湾大学出版中心，2016年。

武安隆：《文化的抉择与发展——日本吸收外来文化史说》，天津，天津人民出版社，1993年。

郑彭年：《日本西方文化摄取史》，杭州，杭州大学出版社，1996年。

戚印平：《日本早期耶稣会史研究》，北京，商务印书馆，2003年。

伊文成等：《明治维新史》，沈阳，辽宁教育出版社，1987年。

武寅：《近代日本政治体制研究》，北京，中国社会科学出版社，1997年。

冯天瑜：《"千岁丸"上海行》，武汉，武汉大学出版社，2006年。

〔美〕本尼迪克特：《菊花与刀——日本文化的诸模式》，孙志民等译，杭州，浙江人民出版社，1987年。

〔美〕赖肖尔：《日本人》，孟胜德等译，上海，上海译文出版社，1980年。

三、中日比较及其他

王芸生编著：《六十年来中国与日本》，北京，三联书店，1979~1982年。

王晓秋：《近代中日启示录》，北京，北京出版社，1987年。

王晓秋：《近代中日文化交流史》，北京，中华书局，1992年。

王晓秋：《近代中日关系史研究》，北京，中国社会科学出版社，1997年。

王晓秋：《东亚历史比较研究》，北京，北京大学出版社，2012年。

周一良：《中日文化关系史论》，南昌，江西人民出版社，1990年。

盛邦和：《内核与外缘——中日文化论》，上海，学林出版社，1988年。

葛荣晋主编：《中日实学史研究》，北京，中国社会科学出版社，1992年。

赵德宇：《西学东渐与中日两国的对应——中日西学比较研究》，北京，世界知识出版社，2001年。

于桂芬：《西风东渐——中日摄取西方文化的比较研究》，北京，商务印书馆，2001年。

胡连成：《走向西洋——近代中日两国官派欧美留学之比较研究

(1862～1912)》,长春，吉林大学出版社，2007年。

钱国红:《走近“西洋”和“东洋”——中日世界意识形成的比较研究》，北京，商务印书馆，2009年。

西嶋定生:『中国古代国家と東アジア世界』，東京大学出版会，1983年。

〔日〕依田熹家:《日中两国现代化比较研究》，卞立强等译，北京，北京大学出版社，1997年。

〔日〕东亚同文会编:《对华回忆录》，胡锡年译，北京，商务印书馆，1959年。

〔韩〕黄秉泰:《儒学与现代化——中韩日儒学比较研究》，刘李胜等译，北京，社会科学文献出版社，1995年。

〔美〕费正清等:《东亚文明：传统与变革》，黎明等译，天津，天津人民出版社，1992年。

〔高丽〕金富轼著，孙文范等校勘:《三国史记》，长春，吉林文史出版社，2003年。

罗荣渠:《现代化新论》，北京，北京大学出版社，1993年。

许纪霖、陈达凯主编:《中国现代化》第1卷（1840—1949)，上海，学林出版社，2006年。

〔美〕吉尔伯特·罗兹曼主编:《中国的现代化》，陶骅等译，上海，上海人民出版社，1989年。

〔美〕布莱克:《现代化的动力——一个比较史的研究》，景跃进、张静译，杭州，浙江人民出版社，1989年。

〔美〕布莱克编:《比较现代化》，杨豫、陈祖洲译，上海，上海译文出版社，1996年。

〔美〕布莱克等:《日本和俄国的现代化》，周师铭等译，北京，商务印书馆，1984年。

《马克思恩格斯全集》第19、23卷，北京，人民出版社，2007年。

〔德〕马克斯·韦伯:《新教伦理与资本主义精神》，黄晓京等译，成都，四川人民出版社，1986年。

〔英〕罗素:《西方哲学史》（上、下)，何兆武等译，北京，商务印书馆，1963、1976年。

〔英〕汤因比:《历史研究》，曹未风等译，上海，上海人民出版社，1966年。

〔英〕汤因比:《一个历史学家的宗教观》，晏可佳、张龙华译，刘建荣校，成都，四川人民出版社，1990年。

〔美〕沃勒斯坦:《现代世界体系》第一、二、三卷,尤来寅等译,北京,高等教育出版社,1998、2000年。

〔美〕保罗·肯尼迪:《大国的兴衰》,梁于华等译,北京,世界知识出版社,1990年。

〔美〕塞缪尔·亨廷顿:《文明的冲突与世界秩序的重建》,周琪等译,北京,新华出版社,1998年。

葛兆光:《思想史研究课堂讲录》,北京,三联书店,2005年。

范达人:《当代比较史学》,北京,北京大学出版社,1990年。

John K. Fairbank, 1953: *Trade and Diplomacy on the China Coast: The Opening of the Treaty Ports, 1842—1854*, Cambridge: Harvard University Press.

Ssu-yü Teng and John K. Fairbank, 1954: *China's Response to the West: A Documentary Survey, 1839—1923*, Cambridge: Harvard University Press.

John K. Fairbank, 1968: *The Chinese World Order: Traditional China's Foreign Relations*, Cambridge: Harvard University Press.

后 记

本书是在我博士论文基础上修改完成的。从最初确立选题到现在，已过漫长时间。流水华年，令人不胜唏嘘。原来在自己踟蹰不前时，时间是一如既往地计入了生命历程。

首先感谢我的导师王晓秋先生，从论文的选题到资料的收集以至如何写作，先生都倾注了极大的心血，先生的平和态度与治学方式也影响了我，在此再次向先生致以诚挚的谢意和衷心的祝福。

本书参考了诸多学者的著作及其中的一些资料，在此致以由衷的谢意。特别是日本已故著名学者家永三郎先生撰写、靳丛林等先生翻译的《外来文化摄取史论》，本书在分析日本近代华夷观时引用较多，因为我自己很不容易搜集到如此广泛而适用的日文资料。同时，由于写作环境的变化，有的文献已不方便查阅，故有时同一种文献用的是不同版本，我尽量做了统一，个别情况在书中已注明。

另外，特别需要感谢各位评审专家的厚爱和宝贵意见，感谢全国哲学社会科学规划办公室的大力支持，感谢山东大学出版社编辑的细心校勘，这使本书得以最终面世。

本书涉及的问题比较宏大，作者在写作的过程中主观上是尽力使其完善，但仍有种种不如意之处，敬请读者指正。

最后，感谢鲁东大学的各位同事，谢谢我的家人。

李存朴

2023年7月于鲁大佳苑

后记

[illegible]